ALIMENTS
SANTÉ

◆

ALIMENTS
DANGER

ALIMENTS
SANTÉ

◆

ALIMENTS
DANGER

De A à Z, le guide essentiel
d'une nutrition saine

Sélection
Reader's Digest

MONTRÉAL

ALIMENTS SANTÉ, ALIMENTS DANGER

est une réalisation de Sélection du Reader's Digest.

Équipe éditoriale

RÉDACTION :
Agnès Saint-Laurent

LECTURE-CORRECTION :
Gilles Humbert

DIRECTION ARTISTIQUE :
John McGuffie

GRAPHISME :
Andrée Payette

COORDINATION :
Susan Wong

FABRICATION :
Holger Lorenzen

CONSEILLERS DE LA RÉDACTION :

Judith Bourcier, diététiste Dt.P.
(membre de la Corporation professionnelle des diététistes du Québec)
Joseph A. Schwarcz, Ph.D.

Pour obtenir notre catalogue ou des renseignements sur d'autres produits
de Sélection du Reader's Digest (24 heures sur 24), composez le 1 800 465-0780.
Vous pouvez aussi nous rendre visite sur notre site Internet : www.selectionrd.ca

Nous remercions tous ceux qui ont contribué
à la réalisation de cet ouvrage.

AUTRES COLLABORATEURS À CETTE ÉDITION :
Geneviève Beullac (rédaction et index)
Joseph Marchetti (lecture et correction)
Marie-Thérèse Ménager (glossaire)

TRADUCTEURS :
Christine Berkovicius, Carole Girard, Suzanne Govaert-Gauthier,
Ghislaine Mialaret, Jean-Luc Piningre, Esther Viens

PHOTOGRAPHES :
Karl Adamson ; Gus Filgate ; Vernon Morgan ; Carol Sharp ; Jon Stewart.
Les crédits de la page 384 sont par la présente incorporés à cette notice.

ILLUSTRATEURS :
Julia Bigg, Liliane Blondel, Dick Bonson, Glynn Boyd Harte, Denis Horvath, Régis Macioszczyk, Clare Melinsky,
Francis Scappatricci, Lesli Sternberg, Sam Thompson, Michèle Trumel, Charlotte Wess

AVERTISSEMENT
Les renseignements contenus dans ce livre sont proposés aux fins de référence et d'éducation seulement.
Ils ne visent en aucun cas à remplacer un médecin ou une thérapie. Pour un problème de santé précis,
suivez en priorité l'avis d'un médecin.

DONNÉES DE CATALOGAGE AVANT PUBLICATION (CANADA)
Vedette principale au titre :
Aliments santé, aliments danger
Comprend un index.
Ce livre s'inspire d'un concept anglais :
Foods That Harm, Foods That Heal.

ISBN 0-88850-561-2

1. Alimentation. 2. Valeur nutritive. 3. Cuisine santé. 4. Santé — Aspect nutritionnel.
5. Aliments — Composition. 6. Maladies — Aspect nutritionnel.
I. Sélection du Reader's Digest (Canada) (Firme).
RA784.F65914 1997   613.2   C97-940009-0

01 02 03 04 / 5 4 3

PRÉFACE

Le public canadien est de plus en plus conscient de l'importance que revêt l'alimentation. Bien s'alimenter permet non seulement de mieux se porter, mais sans doute aussi d'améliorer son espérance et sa qualité de vie.

Cependant, depuis que l'alimentation est devenue un sujet à la mode, tout ce qui était simple se complique de jour en jour. Il faut manger plus de ceci ou moins de cela pour vivre plus vieux, pour paraître plus jeune, pour courir plus vite, pour avoir la peau plus douce et le ventre plus plat… Le sujet est si intéressant que tous en parlent, et les nombreuses sources d'information sont souvent discordantes. Les œufs ont-ils retrouvé la faveur des nutritionnistes ? Les aliments biologiques sont-ils vraiment meilleurs que les autres ? Les fruits et les légumes abaissent-ils réellement les risques de cancer ?

ALIMENTS SANTÉ, ALIMENTS DANGER a été rédigé par une équipe de médecins, chimistes et diététistes, spécialisés dans les problèmes actuels d'alimentation. Ils commentent le plus objectivement possible les hypothèses courantes et traditionnelles et, s'appuyant sur des preuves solidement étayées, s'efforcent de faire la part entre croyance populaire et vérité scientifique. Pour s'alimenter sainement, il suffit de choisir chaque jour des aliments tirés des quatre grands groupes alimentaires dans les proportions recommandées par le Guide alimentaire canadien (p. 130). Le principe qui sous-tend ce guide est qu'avec un régime équilibré, varié et modéré, il y a rarement lieu de se priver des aliments qui nous plaisent. De cette façon, on est sûr aussi de recevoir les apports nutritionnels recommandés (ANR) sans avoir besoin de recourir à des compléments de vitamines, de minéraux ou d'oligoéléments.

ALIMENTS SANTÉ, ALIMENTS DANGER a été réalisé pour apporter des réponses simples et précises aux questions concernant l'alimentation des Canadiens. Sa présentation par ordre alphabétique le rend facile à consulter. Vous y trouverez l'essentiel des informations dont vous avez besoin, que votre quête concerne un aliment en particulier ou l'alimentation la mieux adaptée à une affection.

Au fil du dictionnaire, des doubles pages traitent des sujets clés de manière plus complète : les additifs alimentaires, l'alimentation de la femme enceinte ou du nourrisson, le cholestérol, les régimes amaigrissants, les vitamines sont quelques-uns des thèmes ainsi développés.

Chaque aliment présenté dans ce livre est accompagné d'une fiche signalétique qui vous permet de vérifier d'un coup d'œil ses avantages et ses inconvénients majeurs. En général, si l'aliment est décrit comme étant une « excellente » source d'un nutriment donné, c'est qu'il fournit la totalité ou une grande partie de l'ANR pour la journée. S'il est décrit comme une « bonne » source ou comme étant « riche en », la teneur, quoique inférieure, demeure significative.

En ce qui concerne les grandes maladies décrites dans ce livre, elles sont également accompagnées d'un tableau résumant les grandes lignes d'une alimentation destinée à soulager les symptômes ou à les prévenir.

Quand les mots utilisés vous paraissent difficiles, vous pouvez vous reporter au glossaire (p. 362). Enfin, un index (p. 370) vous permet de trouver rapidement le sujet qui vous intéresse.

Réalisé avec un réel souci de clarté, cet ouvrage a pour but de vous aider à vous alimenter en consommateur averti. Il présente la nutrition comme l'une des fonctions vitales de l'homme, et non comme une science compliquée et miraculeuse. Il va de soi cependant que les conseils donnés ne remplacent pas le diagnostic et le traitement d'un médecin. La nutrition a ses limites : une alimentation saine et équilibrée améliore bien-être et qualité de vie ; elle peut même prévenir l'apparition de certaines maladies graves, mais aucun aliment ni aucun régime n'est en mesure de guérir, par exemple, un cancer déclaré.

Souhaitons que l'alimentation reste un plaisir et que nous échappions aux fameuses pilules que les films de science-fiction prévoyaient pour nous en l'an 2000 !

LA RÉDACTION

ABATS

AVANTAGES
- contiennent des protéines
- riches en fer et en zinc

INCONVÉNIENTS
- apportent du cholestérol
- sont riches en acide urique
- accumulation excessive de vitamine A dans le foie

On regroupe sous la dénomination d'abats les parties accessoires des animaux vendus pour la consommation : le foie, les reins (rognons), le cœur, le thymus (ris), les tripes, ainsi que les pattes et la tête (y compris la cervelle et la langue). Comme les viandes, les abats représentent une source très intéressante de protéines, bien que la teneur en soit variable selon le type – les tripes, les pieds, la tête et la cervelle en contiennent moins que les autres.

Les abats sont riches en vitamines B (en particulier B$_{12}$), en fer et en zinc. Par ailleurs, ils contiennent souvent beaucoup d'acide urique et sont déconseillés aux personnes sujettes aux crises de goutte.

Fragiles, les abats doivent être achetés dans un parfait état de fraîcheur et consommés rapidement.

FOIE

Pauvre en graisses, le foie est riche en protéines et très riche en vitamine A ; il contient toutes les vitamines du groupe B (B$_1$, B$_2$, B$_6$, PP, B$_5$...), ainsi que des quantités intéressantes de vitamines D et C. C'est, du point de vue vitaminique, un produit très complet. Le foie est en outre l'un des aliments les plus riches en fer, qui a un rôle antianémique et présente l'avantage d'être très bien assimilé par l'organisme. Cependant, la teneur en vitamine A étant extrêmement élevée, il ne faut pas en consommer plus d'une fois par semaine. Une consommation excessive pourrait entraîner une hypervitaminose A, avec vertiges, nausées, maux de tête et vomissements. Les femmes en âge de concevoir doivent être particulièrement vigilantes à cet égard car, même si elles ne ressentent aucun de ces symptômes, un excès de vitamine A dans l'organisme risque éventuellement de causer des problèmes au fœtus.

Le foie de veau, le plus réputé mais aussi le plus cher, peut être avantageusement remplacé par du foie de jeune bœuf, d'agneau ou de porc, qui offrent autant d'intérêt nutritif. Au moment de l'achat, le choix doit se porter sur des foies fermes, d'aspect lisse et brillant et de couleur franche.

CERVELLE

La cervelle est à la fois l'abat le plus riche en cholestérol et le plus pauvre en protéines. Quoique riche en vitamine B$_{12}$, c'est le moins intéressant du point de vue nutritif.

ROGNONS

Ils font partie des abats riches en acide urique et en cholestérol. On les déconseille aux personnes ayant de la goutte et à celles présentant des troubles du métabolisme lipidique. Néanmoins, ils contiennent du fer et du zinc. Leur teneur en vitamines B est intéressante, surtout en vitamine B$_{12}$ et en acide folique. Cette vitamine joue un rôle important dans le fonctionnement cérébral. À l'achat, il faut veiller à ce qu'ils aient un aspect lisse et une couleur uniforme.

RIS

Cet organe glandulaire ne se trouve que chez les jeunes animaux (veau, agneau) ; il disparaît chez l'animal adulte. C'est une denrée chère car assez rare. Cet abat est relativement maigre et ne contient pas trop de cholestérol, comparativement à d'autres abats. Un ris de bonne qualité doit avoir une couleur blanc rosé.

LANGUE

Comme le cœur, la langue est un muscle et possède donc une teneur en protéines élevée et de bonne qualité. Sa teneur en vitamine B$_{12}$ est appréciable.

CŒUR

Le cœur est un muscle. Comme la viande, il est donc riche en protéines de bonne qualité et contient des quan-

Composition moyenne pour 100 g

ABAT	PROTÉINES (g)	LIPIDES (g)	FER (mg)	APPORT ÉNERGÉTIQUE (kcal)
Cervelle d'agneau	10,9	9,1	3,8	125
Cœur de bœuf	16,8	6,0	5,1	121
Foie de poulet	22,1	4,7	7,4	135
Foie de veau	19,2	4,1	7,9	130
Langue de porc	16,0	16,3	3,2	211
Ris de veau	17,2	3,4	2,0	99
Rognon de bœuf	16,6	5,1	9,5	113

tités importantes de vitamine B$_{12}$ – indispensable car elle intervient dans la fabrication des globules rouges. C'est l'abat qui renferme le moins de cholestérol.

TRIPES, TÊTE ET PATTES

Ils contiennent une forte proportion de cartilages et de tissu conjonctif. En ce qui concerne les pattes et la tête, la qualité des protéines est inférieure à celle des autres abats.

ABRICOT

AVANTAGES
- *frais ou sec, riche en bêta-carotène*
- *contient des fibres et beaucoup de potassium*

INCONVÉNIENTS
- *des sulfites dans les abricots secs peuvent provoquer des crises d'asthme chez les sujets sensibles*
- *contient un salicylate pouvant provoquer une allergie chez les personnes allergiques à l'aspirine*

La couleur orange de l'abricot est due à des pigments caroténoïdes, et notamment au bêta-carotène. Plus la couleur est intense, plus la teneur est élevée. L'abricot est l'un des fruits les plus riches en bêta-carotène, précurseur de la vitamine A. À eux seuls, deux abricots permettent de couvrir la moitié de l'apport quotidien recommandé pour un adulte en vitamine A. Celle-ci est indispensable à l'organisme, car elle entre dans la composition des pigments de la rétine et améliore la vision crépusculaire ; elle joue également un rôle protecteur de la peau et des muqueuses. C'est, en plus, un antioxydant naturel.

Bien mûr, l'abricot est un fruit très digeste. Les fibres qu'il renferme, es-sentiellement des pectines, sont parfaitement tolérées, même par les intestins fragiles. C'est l'un des premiers fruits à proposer aux nourrissons.

ABRICOTS SECS

Déshydratés, les abricots deviennent des fruits très caloriques. La teneur en éléments minéraux et en oligoéléments est alors de 4 à 5 fois supérieure à celle du fruit frais, faisant de l'abricot sec un fruit très riche en potassium (on en trouve 1 600 mg pour 100 g) et assez riche en fer (5,1 mg). Alors que la vitamine C disparaît lors du processus de déshydratation, le bêta-carotène est totalement préservé. L'abricot sec est une des meilleures sources alimentaires de provitamine A. Quant aux vitamines du groupe B, leur teneur aug-mente, à l'exception de celle de la vitamine B$_1$. Afin de conserver aux abricots secs leur couleur et certains nutriments, on leur ajoute parfois des sulfites. Ceux-ci peuvent provoquer des crises d'asthme ou des réactions allergiques chez des sujets sensibles.

COMPOSITION MOYENNE POUR 100 G D'ABRICOT FRAIS :

protéines	0,8 g
lipides	0,1 g
glucides	10 g
apport énergétique	42 kcal

POUR 100 G D'ABRICOT SEC :

protéines	4 g
lipides	0,5 g
glucides	39,3 g
apport énergétique	204 kcal

Prunus armeniaca

L'abricot frais n'est pas aussi calorique que l'abricot sec.

Ajouté à la confiture ou à la compote, le noyau donne une saveur agréable.

Les abricots secs constituent un en-cas énergétique sain qui apporte glucides, potassium, fer, vitamines B.

Fruit d'été parfumé, l'abricot est très digeste. Il est recommandé de le choisir orange vif, car plus il est coloré, plus il est riche en bêta-carotène.

ACCIDENT CÉRÉBRO-VASCULAIRE (ACV)

PRIVILÉGIER

- *les fruits et légumes frais, riches en vitamine C et autres antioxydants*
- *les noix, les graines, le germe de blé, les légumes feuillus vert foncé pour la vitamine E*
- *les poissons gras pour leurs acides gras oméga-3*
- *le son d'avoine, les légumineuses et les fruits pour la pectine et les fibres solubles*
- *l'oignon et l'ail qui aident à prévenir la coagulation*

RÉDUIRE

- *la viande et les produits laitiers*
- *le sel*
- *l'alcool*

Troisième cause de mortalité au Canada après l'arrêt cardiaque et le cancer, l'accident cérébro-vasculaire (communément appelé ACV) affecte plus de 500 000 Nord-Américains chaque année, ce qui représente en moyenne un ACV par minute. Environ 80 % des ACV sont causés par un caillot qui bloque le flot sanguin au cerveau, la plupart du temps dans une artère déjà rétrécie par l'athérosclérose. Les autres consistent en un saignement intracérébral consécutif à un traumatisme crânien ou à la rupture d'un vaisseau sanguin sous l'effet d'une tension artérielle trop élevée.

Parmi les signes avant-coureurs d'une crise, on note : fatigue soudaine ; engourdissement d'un côté du visage, d'un bras ou d'une jambe ; difficulté à parler ou à comprendre ; vision altérée dans un œil ; étourdissement ou chute inexplicable. Une intervention immédiate s'impose même si les symptô-mes disparaissent, comme dans le cas d'une insuffisance cérébrale transitoire (ICT), prélude commun à un ACV complet. Un traitement rapide peut sauver la vie et diminuer les séquelles permanentes.

MESURES PRÉVENTIVES

Le taux de mortalité a chuté de moitié depuis 1950, grâce à une meilleure compréhension des causes sous-jacentes les plus communes de l'ACV : hypertension artérielle, maladie cardiaque, athérosclérose, diabète... De mauvaises habitudes de vie, par exemple la cigarette, l'abus d'alcool et la sédentarité, augmentent aussi les risques.

Le régime alimentaire joue un rôle important dans la diminution ou l'élimination de ces facteurs de risque. En fait, la plupart des recommandations alimentaires faites aux personnes souffrant d'une maladie cardiaque, d'hypertension artérielle ou de cholestérolémie s'appliquent aussi aux personnes à risque ou ayant été victimes d'un ACV.

Diminuer l'apport en gras, surtout les gras saturés et les huiles tropicales (de palmier et de noix de coco), constitue certainement un bon point de départ. Environ 60 % des calories devraient provenir d'hydrates de carbone, en mettant l'accent sur les produits riches en amidon comme les pâtes, les céréales, les légumineuses, et 5 à 10 portions quotidiennes de fruits et de légumes. Ces aliments, riches en fibres solubles, aident à contrôler le taux de cholestérol et à réduire les risques d'athérosclérose, responsables du rétrécissement des artères et de la formation des caillots.

Certains aliments spécifiques semblent diminuer les risques d'ACV. Les acides gras oméga-3 préviennent la formation de caillots en diminuant l'adhérence des plaquettes. Ils se trouvent surtout dans les poissons gras – saumon, maquereau, sardines –, mais le germe de blé, les noix et leurs huiles, l'huile de canola, le soja et le pourpier en renferment aussi.

En plus de prévenir la formation de caillots, il semblerait que l'ail et l'oignon renforcent les mécanismes d'anticoagulation.

Un champignon chinois, qu'on trouve dans les épiceries spécialisées sous le nom anglais de *tree ear*, aurait les mêmes effets bénéfiques. Réhydraté avec un peu d'eau bouillante, il aromatise les soupes et les ragoûts. Une étude récente a démontré que consommer 1 cuillerée à soupe de ce champignon réhydraté 3 à 4 fois par semaine s'avère aussi efficace pour prévenir les ACV et les infarctus qu'un comprimé d'aspirine par jour, sans le risque d'irritation gastro-intestinale.

D'autres études ont vanté les mérites de la vitamine E, antioxydant qu'on retrouve dans les noix, les graines, le germe de blé et les légumes feuillus vert foncé. D'autres antioxydants comme la vitamine C, présente dans la plupart des fruits (en particulier les agrumes) et les légumes, renforcent la paroi vasculaire et fournissent une protection contre les hémorragies cérébrales. Plusieurs de ces aliments, tout comme les noix et les légumineuses, sont riches en potassium, un électrolyte qui contribue à maintenir la tension artérielle.

Enfin, une personne hypertendue ou ayant des antécédents familiaux d'hypertension ou d'ACV devrait limiter sa consommation en sel ; l'abus de sodium, principale composante du sel de table, augmente le volume hydrique du corps et, en conséquence, élève la tension artérielle.

De manière générale, un mode de vie sain, une bonne alimentation et des séances régulières d'exercice physique, tout en contribuant à maintenir un poids et un taux de cholestérol satisfaisants, diminueront les risques d'ACV.

ACIDES AMINÉS

Les acides aminés sont les éléments constitutifs des protéines. Dans tous les organismes – végétal, animal, humain –, les protéines renferment une vingtaine d'acides aminés. Une protéine est caractérisée par la nature et la proportion des acides aminés qui la composent.

La synthèse protéique est permanente. Elle utilise les acides aminés des aliments séparés peu à peu au cours de la digestion, et ceux qui proviennent du renouvellement des protéines cellulaires. Cette synthèse se fait d'une façon très ordonnée, les acides aminés étant sélectionnés et incorporés dans un ordre très précis, mais elle ne peut avoir lieu qu'en présence de tous les éléments. Si certains acides aminés manquent à cette construction, l'organisme peut effectuer des transformations pour les remplacer. Toutefois, il existe huit acides aminés dont le corps humain ne peut faire la synthèse : ce sont les acides aminés essentiels. Ils doivent obligatoirement être fournis par l'alimentation. Si un acide aminé essentiel est manquant ou apporté en quantité insuffisante, la construction des protéines est alors impossible.

Les protéines de l'œuf, qui servent d'ailleurs de protéines de référence, sont les mieux équilibrées en acides aminés essentiels. Les protéines d'origine animale (viande, poisson, produits laitiers) ont elles aussi une bonne valeur biologique. Elles sont cependant légèrement déficientes en un acide aminé : la méthionine. Les protéines d'origine végétale ont un déficit en lysine pour les céréales et en méthionine pour les légumes secs. Lorsque l'alimentation est variée, il s'établit une complémentarité entre les diverses sources alimentaires, et les déficits en acides aminés sont compensés sans difficulté.

ACIDES GRAS

La majeure partie des graisses alimentaires que nous consommons est constituée de triglycérides. Les triglycérides se composent de glycérol, la branche sur laquelle se fixent trois rameaux : les acides gras. Ceux-ci peuvent être plus ou moins longs et saturés ou non, c'est-à-dire qu'ils ont ou n'ont pas la possibilité de s'associer à d'autres substances. Les acides gras sont dits saturés lorsque l'association est impossible, monoinsaturés si une liaison peut se produire, et polyinsaturés si plusieurs associations peuvent s'effectuer.

Du degré de saturation des acides gras dépendra la consistance du corps gras. Ainsi, les matières grasses contenant une majorité d'acides gras saturés ont tendance à être dures à température ambiante : c'est le cas du beurre, du saindoux et de certaines margarines. À l'inverse, plus la proportion d'acides insaturés est grande, plus le corps gras sera fluide (huiles).

L'organisme humain a la possibilité d'utiliser et de remanier la plupart des acides gras fournis par les aliments pour en fabriquer de nouveaux, à l'exception de certains, qu'on a coutume d'appeler acides gras essentiels. Ceux-ci sont des acides gras polyinsaturés que l'organisme ne sait pas fabriquer. L'être humain doit impérativement les trouver dans son alimentation, car leur rôle est fondamental : ils interviennent dans l'intégrité des membranes cellulaires et dans la croissance, ont une action sur la peau, le système nerveux, la rétine et les fonctions de reproduction. Dans l'alimentation, ces acides gras sont surtout présents dans les huiles végétales. Ceux qui sont d'origine marine (huiles de poisson et chair de poisson gras) contribuent à diminuer les lipides et le cholestérol du sang.

ADDITIFS

Voir p. 12

ADOLESCENT (alimentation de l')

Voir p. 20

AGNEAU

AVANTAGES
- *riche en minéraux, fer, phosphore et calcium surtout*
- *excellente source de protéines et de vitamines B*

INCONVÉNIENTS
- *apport de graisses important selon les morceaux*

Au Canada, l'agneau n'a jamais connu la popularité du bœuf. En 1994, par exemple, la consommation par personne n'a pas atteint 1 kg, à comparer à 22,5 kg pour le bœuf. Le jeune animal est prêt pour la consommation dès l'âge de 6 semaines, mais il continue d'être vendu sous l'appellation d'« agneau » jusqu'à l'âge de 14 mois ; quant à l'« agneau de 1 an », il peut être âgé entre 14 et 24 mois.

VALEUR NUTRITIVE

La viande d'agneau surpasse les autres viandes rouges sur le plan nutritionnel. Elle n'est pas marbrée comme celle du bœuf : le gras peut être facilement retiré avant la cuisson. Une portion de 85 g de viande maigre rôtie contient environ 215 calories, 20 g de protéines et 15 g de gras saturés dont 80 mg de cholestérol. Facile à digérer et rarement allergisant, l'agneau constitue donc une bonne source de protéines pour les personnes de tout âge.

LES ADDITIFS : UTILES OU DANGEREUX ?

Depuis toujours, les hommes ont cherché à mieux conserver les aliments, à en améliorer la saveur ou l'apparence. Les additifs utilisés aujourd'hui ne risquent-ils pas d'être dangereux pour la santé ? Ont-ils une réelle utilité ?

La loi canadienne définit un additif comme « toute substance dont l'emploi produit ou peut vraisemblablement produire comme résultat que ladite substance ou ses sous-produits deviennent partie intégrante d'un aliment ou modifient les caractéristiques propres d'un aliment ».

Ne font pas partie des additifs proprement dits les ingrédients alimentaires (le sucre, par exemple) ainsi que les vitamines, minéraux, arômes, épices, résidus de produits chimiques agricoles ou de médicaments d'usage vétérinaire qui se retrouvent dans les aliments. Leur utilisation et leur présence sont toutefois vérifiées et réglementées.

L'utilisation des additifs suscite beaucoup de controverse mais, sans eux, les aliments se gâteraient très rapidement et leur prix en serait d'autant plus inabordable. Il y aurait également beaucoup plus de cas d'empoisonnement alimentaire, car les additifs servent entre autres à empêcher la croissance des bactéries pathogènes.

ÉTUDES ET CONTRÔLES

Le Canada est un leader mondial en matière de sécurité alimentaire. La législation ayant trait à l'alimentation est fondée sur le principe que la protection, la sécurité et la santé des consommateurs doivent primer en tout temps. À l'égard des additifs, les critères sont les suivants :
– l'additif ne doit pas présenter de danger pour la santé, même s'il est utilisé de façon continue ;
– l'additif ne doit pas induire le consommateur en erreur ;
– l'additif doit présenter un avantage réel : soit améliorer, soit conserver la valeur nutritive, la quantité, la qualité ou l'acceptabilité de l'aliment.

Par conséquent, même si un additif est jugé inoffensif, il pourrait être interdit sous prétexte que le consommateur n'en retire aucun avantage ou qu'il donne lieu à des pratiques frauduleuses.

Pour déterminer l'innocuité d'un additif, on procède à différents tests sur des animaux de laboratoire en vue d'établir la dose qui ne cause pas d'effets nocifs perceptibles chez eux. On détermine ensuite la dose journalière admissible chez l'être humain. Pour cela, on divise la « dose inopérante » chez les animaux les plus sensibles par un important facteur de sécurité, le plus souvent 100. On tente ensuite de déterminer quelle sera probablement la dose totale de cet additif consommée par la population (le plus souvent à l'aide d'enquêtes et de statistiques de consommation). En comparant la dose journalière probable à la dose journalière admissible, on est en mesure de prendre une décision raisonnable quant à l'innocuité d'un additif pour l'usage projeté. Tout nouvel additif doit obligatoirement

L'apparence des aliments peut être modifiée par des facteurs naturels : la chair de la truite varie de couleur selon son alimentation, le jaune d'œuf varie selon l'alimentation de la poule. Pour le beurre, l'intensité du jaune dépend de la richesse en bêta-carotène de l'herbe consommée par la vache. Le vin est rouge, rosé ou blanc selon que le jus de raisin a macéré ou non avec la peau des grains...

Les principaux additifs et leurs utilisations

L'inquiétude des consommateurs au sujet des additifs alimentaires résulte souvent de la mauvaise information et de la confusion reliée à la longueur des noms. Un nouvel additif doit subir toute une série de tests avant d'être approuvé. Les additifs plus anciens, dont l'emploi est quasi traditionnel, sont présumés avoir fait leurs preuves.

ADDITIFS	UTILISÉS DANS	LEURS EFFETS
Conservateurs		
Nitrites et nitrates	Viandes traitées et fruits séchés	Conservent la couleur, prolongent la conservation.
Acide benzoïque et ses dérivés	Boissons gazeuses, bière, produits à base de fruit, margarine, aliments acides	Prolongent la durée de conservation et protègent les aliments contre la croissance des moisissures et bactéries.
Sulfites et bisulfites	Fruits séchés, noix de coco râpée, achards	Prolongent la durée de conservation et protègent les aliments contre la croissance des moisissures et bactéries.
Antioxydants		
Acide ascorbique et ses dérivés	Produits à base de fruit, aliments acides, aliments gras susceptibles de rancir	Empêchent les jus de fruits de brunir et les aliments gras de rancir.
BHA, BHT	Aliments gras, graisses et huiles	Empêchent le rancissement.
Colorants		
Bêta-carotène Bleus # 1, 2 (FDC) Caramel Chlorophylles Huiles de carotte Rouge citron # 1 Rouge de betterave Rouge # 2, jaunes # 5, 6	Friandises, boissons gazeuses, viandes traitées, pelure des oranges, pâtisseries, produits utilisés dans la confection des desserts	Rendent les denrées plus appétissantes, répondent aux attentes de beaucoup de consommateurs en ce qui concerne l'apparence des aliments. Certains de ces colorants peuvent provoquer des réactions allergiques chez des sujets prédisposés.
Exhausteurs de saveurs		
Bioctylsulfosuccinate de sodium Glutamate de sodium Guanylate bisodique Protéines végétales hydrolysées	Produits asiatiques, bouillons en cube, potages déshydratés, aliments préparés, croustilles assaisonnées	Renforcent les saveurs des préparations salées et leur apportent un goût spécifique rappelant l'extrait de viande.
Émulsifiants, stabilisants, épaississants et gélatinisants		
Agar-agar Carraghénine Cellulose et ses dérivés Glycérol Gomme arabique Gomme de guar Lécithine Pectine	Mayonnaises, sauces, soupes, pain, margarines et matières grasses allégées, condiments, chocolat, crèmes-dessert, desserts congelés, crème glacée, confitures et gelées	Améliorent la texture et la consistance des aliments traités pour les rendre plus moelleux, plus lisses et plus crémeux. Empêchent la séparation de l'huile et de l'eau. Retiennent l'humidité. Gommes, pectine et celluloses peuvent causer des flatulences et des désordres intestinaux.

LE GLUTAMATE DE SODIUM

L'industrie alimentaire utilise le gluta-mate de sodium pour renforcer la saveur de certains produits. Il est toutefois présent de façon naturelle dans plusieurs aliments dits « à goût fort », comme le parmesan, le camembert ou les anchois. L'extrait, obtenu par fermentation et employé par les industriels, remplace parfois le sel dans la cuisine asiatique. De là le supposé « syndrome du restaurant chinois » ressenti par certaines personnes après un repas asiatique : gonflement des lèvres, irritation des yeux, digestion difficile et, même, vomissements. Mais, selon des recherches récentes, les vrais coupables seraient plutôt d'autres substances, comme le soja fermenté ou les sauces à base de fruits de mer.

être approuvé avant d'être ajouté à la liste des additifs alimentaires permis.

Certaines personnes peuvent être allergiques ou sensibles à un quelconque additif alimentaire, tout comme elles peuvent l'être à un composant naturel. C'est pourquoi le fabricant ou le distributeur est tenu par la loi d'énumérer la liste complète des ingrédients et des additifs qui entrent dans la composition d'un produit préemballé.

LE PLAISIR DES YEUX

Pour certains produits, c'est la couleur, presque autant que le goût, qui permet leur identification : tout le monde s'attend à ce que le jello à la menthe soit vert et que le jello à la fraise soit rouge !

Sans l'ajout d'un colorant, il y a fort à parier que peu de gens parviendraient à les différencier.

Les fabricants vont donc ajouter des colorants dans leurs produits afin de leur donner un aspect plus agréable ou, simplement, pour répondre aux attentes d'un public habitué à certaines couleurs. Ainsi, sans colorants, les cerises confites seraient rose clair, l'écorce des oranges fraîches vert pâle et la crème glacée à l'érable plutôt pâlotte. On trouve des colorants dans de nombreux aliments : boissons sucrées, biscuits, margarines, certains desserts laitiers, divers produits de charcuterie, etc. Ils sont omniprésents dans les bonbons et les confiseries.

Parmi les colorants, on retrouve des substances naturelles comme la chlorophylle, les caroténoïdes, l'extrait de paprika et le rouge de betterave, mais également des composés susceptibles d'entraîner des réactions allergiques chez des sujets prédisposés : c'est le cas, par exemple, de la tartrazine, du rouge cochenille ou de l'amarante.

Les aliments additionnés de colorants seraient-ils réellement moins appétissants s'ils étaient proposés couleur nature ? Est-il indispensable que la crème glacée à la pistache soit colorée en vert ? Couleur nature, elle serait probablement tout aussi attrayante. Et que penser de ces bonbons et confiseries, adorés de tous les bambins, dans lesquels on multiplie les colorants (on en compte parfois 4 ou 5 à la fois), y compris du rouge cochenille ou de l'amarante ? S'il est vrai, comme l'affirment les fabricants, que ce sont les coloris vifs et gais qui attirent les enfants, pourquoi ne pas les réserver aux seuls papiers d'emballage ?

UNE MEILLEURE CONSERVATION

Conservateurs et antioxygènes ont pour fonction de protéger les aliments des moisissures, des levures ou des bactéries... Certes, des procédés de conserva-

tion tels que la stérilisation, la surgélation, la déshydratation peuvent freiner la multiplication microbienne ou stabiliser l'aliment. Mais ils ne sont pas toujours suffisants et ne s'appliquent pas à toutes les denrées.

Certains additifs comme l'acide ascorbique (ou vitamine C), la vitamine E et ses dérivés, l'acide lactique et l'acide citrique sont bien connus, sûrs et parfaitement maîtrisés. D'autres suscitent plus de réserves : c'est le cas, par exemple, du BHA (butylhydroxyanisol) et du BHT (butylhydroxytoluène), utilisés notamment dans les emballages de céréales à déjeuner. L'innocuité de ces deux conservateurs a donné lieu à de multiples controverses. Selon certaines études, des rats soumis à de très fortes doses de BHA et de BHT se sont montrés relativement vulnérables au cancer. Inversement, d'autres tests ont démontré que des rats recevant des doses moins importantes de ces mêmes additifs vivaient plus longtemps que les animaux témoins. Il semblerait qu'à faibles doses ces antioxydants puissent avoir un effet protecteur.

Sont également critiqués pour leur capacité à provoquer des réactions allergiques chez des personnes prédisposées : l'anhydride sulfureux et les sulfites et bisulfites, couramment ajoutés aux vins blancs, aux fruits secs et à la bière ; l'acide benzoïque et ses dérivés, souvent employés dans les boissons sucrées de type sodas. Les jeunes enfants en étant de grands consommateurs, ils risquent même de dépasser la dose journalière admissible.

RÉSERVÉS À LA CHARCUTERIE

Le cas des nitrites et nitrates est particulier. Ces additifs présentent l'inconvénient de pouvoir produire dans l'organisme des composés ayant une action potentiellement cancérogène. En revanche, ce sont les seules substances capables d'empêcher la prolifération du redoutable *Clostridium botulinum*, à la

toxine mortelle, susceptible de se développer dans les charcuteries non stérilisées. C'est pourquoi la législation les
autorise dans ces produits, en très petites
quantités et dans des conditions sévère-
ment contrôlées.

MÉLANGER ET ÉPAISSIR

On se sert d'additifs spécifiques, les émulsifiants, pour stabiliser un mélange d'eau
et d'huile. Il peut s'agir de lécithine, de
mono- et diglycérides d'acides gras et de
leurs dérivés... Ces substances sont nécessaires à l'élaboration des mayonnaises et
sauces du commerce, de la margarine et
de ses dérivés à basses calories. Notons au
passage que le jaune d'œuf renferme de la
lécithine à l'état naturel, d'où son utilisation pour confectionner la mayonnaise
maison.

Dans beaucoup de préparations (potages, sauces, desserts, crèmes glacées...),
on emploie également des épaississants,
destinés à donner au produit une consistance satisfaisante. Ces additifs sont de
natures très variées : dérivés de cellulose
ou d'amidon de maïs ; gommes ; dérivés
d'algues (alginates , agar-agar, carraghé-
nates) ; pectine extraite de la pomme ou
des agrumes.

LES NOUVEAUX ALIMENTS

L'industrie alimentaire ne cesse de mettre au point des aliments nouveaux dont
l'élaboration serait impossible sans l'utilisation d'additifs (arômes, colorants,
agents de texture). Or, il est maintenant
confirmé que certaines de ces créations,
comme les produits de substitution de
la viande à partir du soja ou le surimi à
base de chair de poisson, peuvent présenter certains avantages d'un point de
vue économique ou diététique. Pour fabriquer les produits allégés, par exemple,
on remplace une partie des graisses par
des gélifiants ou des épaississants, et
de l'eau : on obtient ainsi des aliments
moins riches en calories, mais qui gardent néanmoins un volume suffisant et
une apparence classique.

Constatez la différence !

En haut du tableau sont réunis des aliments courants préparés industriellement
tels que vous les trouvez sur votre table. En bas figurent les mêmes aliments, mais
dépourvus de tout additif.

*Les additifs permettent de colorer
les aliments, de leur donner plus
de consistance et, éventuellement,
d'en renforcer le goût.*

Des alginates, ajoutés dans certaines bières,
maintiennent la mousse. Colorants et émulsifiants
améliorent la margarine.

Gélifiants et colorants
donnent consistance et
couleur à un pouding.

Des colorants donnent
au cola sa teinte caramel,
à une boisson à l'orange
sa couleur caractéristique.

Amidon modifié et agents
de texture apportent du corps
au potage instantané.

Grâce à de nombreux colorants,
les bonbons deviennent
multicolores et attirants.

*Sans additifs, les produits industriels
seraient sans doute moins attrayants,
plus fades et, même, moins faciles
à reconnaître.*

La crème-dessert ne serait qu'un
pâle mélange liquide, la margarine
une masse inconsistante et grisâtre,
et la mousse de la bière
tomberait rapidement.

L'orange gazeuse
serait
pratiquement
incolore.

Le cola serait
clair comme
de l'eau.

Le potage perdrait
son moelleux et les bonbons
seraient blancs ou translucides.

AIL

AVANTAGES
- *consommé quotidiennement, peut favoriser la baisse de la tension artérielle et du taux de cholestérol sanguin*
- *action diurétique*
- *propriétés antibactériennes*

INCONVÉNIENTS
- *donne une haleine forte*
- *mal toléré par des personnes souffrant de troubles digestifs*

Les herboristes et les naturopathes ont tendance à considérer l'ail comme une sorte d'aliment miracle et en font un remède à des dizaines de troubles allant de l'asthme à l'arthrite. Certaines vertus médicinales de ce condiment tiennent à ses composés soufrés : l'alliine et ses dérivés. Dans le bulbe intact, l'alliine est dépourvue d'odeur, mais sitôt le bulbe coupé ou écrasé, il se dégage une forte odeur. En effet, l'alliine entre alors en contact avec une enzyme, l'alliinase, qui la décompose en acide pyruvique et en allicine. C'est cette dernière qui est responsable de l'odeur caractéristique de l'ail.

Des études scientifiques ont démontré que divers constituants de l'ail avaient des effets appréciables sur le système cardio-vasculaire. Ils diminueraient la tension artérielle, fluidifieraient le sang, évitant ainsi la formation de caillots, et feraient baisser le taux de cholestérol sanguin, en particulier le « mauvais » cholestérol. Leur action diurétique est aussi prouvée.

D'autres recherches tendent à prouver que l'ail aurait un effet antiallergique, qu'il agirait comme un antioxydant au même titre que la vitamine A et qu'il pourrait même présenter une action antitumorale dans le cas de certaines cellules cancéreuses. L'allicine ou ses dérivés expliqueraient aussi son action antibactérienne déjà démontrée expérimentalement par Pasteur.

Il reste cependant à connaître quelles sont les quantités à absorber pour profiter de toutes ces vertus, et il n'est pas clair que, consommé cuit ou séché, l'ail ait les mêmes effets. Quant aux comprimés que l'on retrouve sur le marché, leur teneur en composés actifs varie grandement et, en l'absence d'une réglementation, le consommateur ne dispose d'aucune garantie.

ALCOOL

Voir p. 28

ALGUES

AVANTAGES
- *certaines sont riches en protéines*
- *fournissent de nombreux sels minéraux*
- *contiennent des vitamines B en quantité variable et du bêta-carotène*
- *riches en fibres*

INCONVÉNIENTS
- *concentration de métaux toxiques pour l'organisme*

Il existe dans le monde quelque 2 500 variétés d'algues qu'on a l'habitude de classer en quatre types, déterminés par leur couleur :

– les algues vertes, qui poussent en surface ; parmi elles, la laitue de mer, riche en bêta-carotène ;
– les algues brunes, riches en éléments minéraux : varech, goémon, kombo, wakamé, laminaires ;
– les algues rouges, comme les nori, qui poussent en profondeur et contiennent beaucoup de protéines ;
– les algues bleues, telles les spirulines, particulièrement riches en protéines.

La plupart d'entre elles sont une excellente source d'iode, élément essentiel au fonctionnement de la glande thyroïde. Elles contiennent en outre des protéines, très peu de calories, des sels minéraux (calcium, fer, zinc), des vitamines et des fibres en quantité importante. Diverses études ont montré que celles-ci avaient des propriétés particulières : elles sont hypocholestérolémiantes (abaissent le taux de cholestérol) et hypoglycémiantes (abaissent le taux de glycémie).

Parmi les vitamines, on trouve du bêta-carotène, antioxydant naturel jouant un rôle préventif contre certaines maladies dégénératives comme le cancer, et de la vitamine B_{12}, qui intervient dans la fabrication des globules rouges. La présence de vitamine B_{12} ailleurs que dans un produit d'origine animale est d'ailleurs étonnante.

Cependant, les algues présentent l'inconvénient de concentrer des métaux dits lourds potentiellement toxiques comme le plomb, l'arsenic et le mercure. En outre, à cause de leur forte teneur en sodium, elles devraient être évitées par les personnes qui ont une tension artérielle élevée.

Même si elles figurent rarement au menu en dehors des restaurants japonais, les algues font partie de notre alimentation car elles servent à la fabrication d'additifs alimentaires. Certaines, comme le varech et la spiruline, sont vendues en tant que suppléments pour augmenter l'énergie, sans preuve scientifique à l'appui. Il faut savoir qu'un excès d'algues peut causer une poussée d'acné, des dérèglements thyroïdiens ou une charge excessive de fer, selon l'algue utilisée.

ALIMENTS GÉNÉTIQUEMENT MODIFIÉS

Le génie génétique est une science qui permet d'introduire dans une cellule un gène qu'elle ne possède pas. L'expression du gène introduit dans la cellule aboutit à la fabrication d'une protéine qui, normalement, n'aurait pas été fabriquée. Cette possibilité est déjà utilisée dans le domaine pharmaceutique pour obtenir des protéines d'origine humaine en faisant produire par des micro-organismes génétiquement modifiés des substances qui leur sont normalement étrangères. C'est le cas de l'insuline, par exemple, utilisée dans le traitement du diabète.

D'autres applications sont envisageables, notamment dans l'agroalimentaire, où elles pourraient permettre d'augmenter les ressources alimentaires. Mais, à l'heure actuelle, le coût très élevé de ces nouvelles technologies limite leur développement dans ce domaine. Cette science pourrait également fournir des produits nouveaux par combinaison de gènes d'espèces différentes... Mais se pose alors le problème du maintien de la diversité biologique et de l'équilibre des écosystèmes.

POSSIBILITÉS DU GÉNIE GÉNÉTIQUE

Beaucoup de produits issus du génie génétique sont d'ores et déjà commercialisés au Canada, tout comme aux États-Unis et en Grande-Bretagne. D'autres produits semblables devraient faire sous peu leur apparition sur le marché, cette science faisant des progrès très rapides. En utilisant des micro-organismes, on est dès à présent capable de fabriquer :
– des auxiliaires technologiques utilisés dans des processus de fabrication de denrées alimentaires (des enzymes, par exemple ; c'est d'ailleurs dans ce domaine que les réalisations sont le plus avancées) ;
– des substances ajoutées aux denrées alimentaires pour les améliorer (conservation, arômes) ;
– des souches de bactéries pour améliorer, par exemple, la production des produits laitiers fermentés ;
– des souches de levure pour rendre les bières plus légères ou pour réduire le temps de fermentation de la pâte à pain.

L'action du génie génétique sur les plantes est également un domaine en plein développement. On essaie notamment de modifier les caractères des plantes afin de leur permettre de résister aux maladies et aux insectes – ce qui éviterait l'utilisation d'insecticides chimiques – et de supporter certaines conditions climatiques habituellement défavorables (sécheresse, froid).

La qualité des plantes peut être améliorée. Le gène introduit aurait alors pour effet de modifier les teneurs en certains nutriments ou assurer une meilleure conservation du produit. On envisage, par exemple, d'augmenter la durée de vie des légumes et des fruits, de modifier la teneur en amidon des pommes de terre ou encore de changer la composition en acides gras des huiles végétales pour répondre aux besoins nutritionnels.

Pour les aliments d'origine animale, on sait obtenir par transgenèse des animaux porteurs d'un gène étranger. Cependant, la difficulté de réalisation ralentit encore sérieusement ce domaine d'application qui se limite surtout à la production de substances présentant un intérêt thérapeutique. Mais les possibilités sont énormes. Les conditions d'élevage des animaux seront certainement améliorées en augmentant la résistance aux maladies. La qualité nutritionnelle des viandes sera également modifiée, en réduisant la teneur en matières grasses.

LE POUR ET LE CONTRE

Pour un certain nombre d'aliments, le risque de danger lié à la présence d'un organisme génétiquement modifié ne se pose pas, car le matériel génétique modifié est normalement éliminé de l'aliment par les procédés de fabrication. Dans le cas où le matériel génétique fait partie intégrante de l'aliment, le fragment d'ADN étranger qui a été introduit ne présente pas de risque, car il est dégradé dans le tube digestif. Cependant, le risque pourrait provenir du transfert du gène vers un organisme non modifié, entraînant ainsi la diffusion involontaire et non contrôlée de l'information génétique modifiée.

Le risque allergène est également évoqué. Un gène issu d'un aliment connu pour provoquer des allergies pourrait être transféré à un autre organisme et entraîner les mêmes phénomènes allergiques.

Les applications du génie génétique au domaine agroalimentaire représentent un énorme potentiel d'innovation. Faisant l'objet d'un grand nombre de recherches, ces nouvelles techniques peuvent contribuer à des améliorations des moyens de production. Comme pour toute innovation, des menaces potentielles pour la santé et l'environnement, inconnues jusqu'à maintenant, peuvent surgir et constituer un frein à la mise en pratique de ces nouvelles technologies et à leur diffusion. Des structures de contrôle sont mises en place afin d'évaluer le danger de toutes ces manipulations, l'objectif étant de maîtriser les risques aussi bien pour l'environnement que pour le consommateur.

ALLÉGÉS (produits)

AVANTAGES
- *produits moins caloriques que les produits de référence*

INCONVÉNIENTS
- *qualités organoleptiques (goût, texture...) différentes*

Il existe sur le marché différents aliments que l'on dit allégés. Ce sont des produits alimentaires semblables aux aliments traditionnels mais dont l'une des composantes a été réduite. Il s'agit le plus souvent des matières grasses, du sucre ou du sel.

Parmi les produits allégés, on retrouve des produits à usage diététique spécial destinés à des clientèles particulières (voir p. 110), mais aussi tout un éventail de produits destinés à répondre à une diversité d'attentes chez les consommateurs.

ALLÉGATIONS NUTRITIONNELLES

Pour faire savoir en quoi l'aliment est allégé, les fabricants utilisent diverses allégations nutritionnelles qu'ils mettent bien en évidence sur les emballages (voir tableau ci-contre). Ces allégations influencent énormément les comportements d'achat des consommateurs : aussi importe-t-il de bien comprendre leur signification. Dès qu'une allégation nutritionnelle est utilisée, l'étiquetage nutritionnel (voir p. 134) devient obligatoire. Si l'on apprend à lire la fiche nutritionnelle, on saura ce qui en est.

LÉGER OU PAS ? LISEZ L'ÉTIQUETTE !

Avant d'acheter un produit allégé, prenez le temps de vérifier ce qui suit :
– en quel élément nutritif le produit est-il allégé ?
– à quel autre aliment compare-t-on celui qui est allégé ?
– quelle est l'importance de cette réduction (la loi exige un minimum de 25 %) ?
– quelle est la teneur de l'élément nutritif réduit pour une portion de l'aliment ?

Le terme « léger » apparaissant sur les emballages crée parfois de la confusion : il peut en effet s'utiliser pour qualifier la texture ou la saveur d'un aliment. C'est le cas de l'huile d'olive « légère ». En comparant son étiquette avec celle d'une huile d'olive régulière, on verra que toutes deux contiennent, pour une portion identique, la même valeur énergétique et la même teneur en matières grasses. C'est sur le goût que porte la différence.

La mention « réduit en sel » pourrait laisser croire qu'un aliment n'est pas salé, c'est parfois plutôt l'aliment de référence qui est excessivement salé ! C'est le cas de certaines charcuteries.

COMMENT SONT-ILS ALLÉGÉS ?

Afin d'alléger les produits, les fabricants ont recours à différentes méthodes. Pour les produits sucrés, ils utilisent des édulcorants dont le pouvoir sucrant est plus élevé que celui du sucre, ce qui réduit les valeurs du produit en énergie et en glucide. Pour les produits déjà riches en matières grasses, de l'eau et des additifs permettent de conserver une texture comparable à celle du produit authentique, sans apport supplémentaire de lipides.

Parfois ce sont les méthodes de cuisson qui diffèrent. La cuisson au four peut remplacer la friture, comme pour

Quelques allégations et leur signification

ALLÉGATION	SIGNIFICATION
Pour l'énergie	
teneur réduite en calories	contient 50 % moins de calories que l'aliment qui ne serait pas réduit
Pour les matières grasses	
faible teneur en matières grasses	pas plus de 3 g de gras par portion
faible teneur en acides gras saturés	pas plus de 2 g d'acides gras saturés par portion et pas plus de 15 % de l'énergie provenant de ceux-ci
faible teneur en cholestérol	pas plus de 20 mg de cholestérol par portion et par 100 g et faible en acides gras saturés
Pour le sucre	
faible teneur en sucre	ne contient pas plus de 2 g de sucre par portion
non sucré ou sans sucre ajouté	peut contenir du sucre naturellement présent, mais aucun sucre n'y a été ajouté
sans sucre	ne contient pas plus de 25 mg de sucre par 100 g et pas plus de 1 kcal par 100 g
Pour le sodium	
réduit en sodium	contient au moins 25 % moins de sodium que l'aliment qui ne serait pas réduit
sans sel ajouté ou non salé	aucun sel n'a été ajouté à l'aliment et aucun des ingrédients n'est très salé

les croustilles par exemple. Enfin, la proportion et la nature des ingrédients d'un plat cuisiné peuvent varier (moins de gras, viande maigre, légume peu énergétique). Bien qu'on ne puisse pas s'attendre à retrouver exactement la saveur ou la texture auxquelles on est habitué, les produits allégés donnent parfois d'excellents résultats.

ALLERGIES ET INTOLÉRANCES ALIMENTAIRES

Voir p. 34

ALZHEIMER (maladie d')

PRIVILÉGIER
● *les aliments riches en coenzyme Q$_{10}$*

ÉVITER
● *les ustensiles en aluminium*
● *l'excès d'alcool*

La maladie d'Alzheimer est un type de démence progressive et continue, consécutive à une dégénérescence des cellules nerveuses qui affecte les fonctions cérébrales. Seuls certains tests médicaux appropriés, comme la tomographie assistée par ordinateur, permettent d'identifier la maladie d'Alzheimer dont on reconnaît au Canada quelque 300 000 victimes.

Si elle peut frapper à tout moment de la vie, la maladie d'Alzheimer est en général le lot des personnes âgées. Elle se manifeste par un état de confusion croissante, de graves pertes de mémoire, de l'apathie et, au stade terminal, par une profonde dépression.

Ce qui semble n'être au départ qu'une altération presque insensible des facultés mentales – particulière-

ment de la mémoire immédiate – est susceptible d'empirer sur un laps de temps a priori imprévisible, pour atteindre finalement un stade où le malade n'est plus capable de reconnaître visages et lieux familiers ni de prendre soin de lui-même.

CONSEILS POUR LES PROCHES

La maladie d'Alzheimer est une affection particulièrement cruelle et déprimante pour l'entourage du malade, notamment pour le conjoint et les enfants, qui se verront peu à peu privés d'un être qu'ils ont aimé en pleine possession de ses facultés. Les proches, le plus souvent, ne pourront qu'offrir au patient la meilleure qualité de vie possible et veiller à ce que son alimentation soit très nutritive. La maladie diminue en effet l'appétit des personnes atteintes, qui finissent, en outre, par négliger toute hygiène de vie et encourent le risque de différentes carences alimentaires.

De minces progrès dans le traitement de la maladie ont été effectués grâce à un apport de coenzyme Q$_{10}$, qui est d'une façon générale bénéfique aux personnes âgées. Il n'est donc pas inutile d'inclure divers aliments qui en contiennent dans l'alimentation des patients. C'est le cas des abats, des épinards, des pommes de terre et des pousses de soja.

À mesure que le mal progresse, ces personnes peuvent avoir de grandes difficultés à manipuler leurs couverts. Il est alors indispensable de leur offrir des repas qui ne demanderont qu'un minimum d'efforts et de coordination.

CAUSES

Malgré de nombreuses recherches, on ne saisit pas encore les causes de la maladie. Selon certaines études américaines, les facteurs à considérer ne seraient pas seulement d'ordre génétique. Depuis plus d'une décennie, les

chercheurs ont fréquemment attribué à l'aluminium un rôle néfaste, particulièrement en ce qui concerne les maladies mentales. Si aucun lien de cause à effet n'est encore réellement établi, on a toutefois décelé la présence d'aluminium sous forme de plaques dans des résidus de cellules cervicales abîmées de personnes atteintes de la maladie d'Alzheimer. Il n'est pas possible aujourd'hui de savoir si ces dépôts d'aluminium sont une cause ou une conséquence de la maladie d'Alzheimer. Néanmoins, dans le doute, et puisque l'ingestion d'aluminium ne présente pas d'avantage pour la santé, le bon sens conseille d'éviter toute absorption massive de ce métal.

L'aluminium n'a été extrait et produit industriellement en grande quantité que vers la fin du siècle dernier ; cependant, il s'agit d'un métal très abondant, qui représente environ 8 % de la croûte terrestre. Il est présent en très faible quantité dans de nombreux aliments et boissons et ne présente à ces doses aucun danger. La cuisson dans des casseroles en aluminium est, quant à elle, à l'origine d'apports plus importants. Il est donc recommandé de proscrire les poêles et cocottes en aluminium pour la préparation de tous les fruits et légumes acides, dont la rhubarbe, les tomates, les oranges (confitures, marmelades, sauce tomate, etc.), car ils risqueraient de se gorger de métal du fait même de leur acidité. Mieux vaut d'une manière générale éviter tous les ustensiles de cuisson en aluminium et leur préférer l'acier inoxydable ou la fonte.

Les médicaments destinés à traiter les brûlures d'estomac contiennent aussi de l'aluminium. Ces médicaments doivent donc être consommés avec discernement. Toutefois, lorsqu'ils sont prescrits par un médecin et soulagent efficacement la douleur, il ne serait pas raisonnable d'interrompre le traitement.

L'ALIMENTATION DE L'ADOLESCENT

Période de transformations et de croissance accélérée, l'adolescence est aussi une époque sensible sur le plan nutritionnel : les jeunes doivent, bien sûr, manger davantage, mais surtout trouver dans leur alimentation les nutriments nécessaires à leur évolution physique.

Pas facile, l'adolescence : les jeunes naviguent entre révolte et envie de sécurité, désir d'indépendance et besoin d'encadrement... Côté alimentation, ce sont les mêmes fluctuations, avec des appétits nouveaux et des aversions soudaines, une certaine anarchie au niveau des repas... Les déséquilibres nutritionnels peuvent être lourds de conséquences sur un organisme « en devenir », et donc fragilisé. D'où l'importance des repas pris en famille, qui permettent de proposer des menus bien adaptés... et éventuellement d'évoquer l'influence de l'alimentation sur la qualité de vie.

La ration quotidienne type de l'adolescent

Isabelle et Jean ont des besoins nutritionnels différents et consomment des quantités d'aliments différentes.
Ils ont tous les deux une saine alimentation

Pour Isabelle qui prend soin de sa santé :
- *120 à 150 g de viande maigre (ou poisson, œufs, légumineuses)*
- *500 ml de lait à 1 %, 2 % ou écrémé et 1 yogourt*
- *40 g de fromage*
- *1 plat de légumes à chaque repas*
- *2 ou 3 fruits*
- *Du pain de blé entier (2-3 tranches), du riz, des pâtes (2 portions) et des céréales (1 portion).*
- *10 à 15 ml de beurre ou de margarine*
- *10 à 15 ml d'huile de bonne qualité*

Isabelle prend fidèlement ses trois repas par jour et souvent une collation au retour de l'école. Elle adore manger des salades, avec un peu d'huile d'olive et de vinaigre balsamique. Elle évite les frites et les pâtisseries la semaine mais en consomme à l'occasion les fins de semaine lorsqu'elle sort au restaurant avec ses amis.

Pour Jean qui s'entraîne et qui a toujours faim :
- *150 à 180 g de viande maigre (ou poisson, œufs, légumineuses)*
- *500 à 750 ml de lait à 1 %, 2 % ou écrémé*
- *50 à 60 g de fromage*
- *1 plat de légumes par jour*
- *3 ou 4 fruits*
- *Du pain (4 à 6 tranches), des pâtes, du riz (3 à 4 portions), des céréales (2 portions)*
- *20 à 25 ml de beurre ou de margarine*
- *15 à 20 ml d'huile pour les vinaigrettes ou la cuisson*
- *Du miel et des confitures le matin*

Jean prend souvent des collations : maïs soufflé nature, galettes de riz avec beurre d'arachide... Le frigo regorge toujours de

bâtonnets de céleri et de carottes ! Jean a un faible aussi pour les biscuits à l'avoine. Il les fait lui-même et ils sont excellents !

DES BESOINS ACCRUS

L'adolescence constitue – ainsi que la première année de la vie – l'époque de la croissance la plus intense. En 4 ou 5 années, le poids va parfois doubler, et la taille s'accroître à un rythme annuel de 8, 10, voire 12 cm... Les besoins nutritionnels vont donc considérablement augmenter, en particulier durant les phases de croissance maximale, car cette évolution se fait par à-coups. Pour les filles, la croissance s'accélère entre 11 et 15 ans, alors que, pour les garçons, ce pic se situe entre 14 et 18 ans. C'est alors que les besoins en protéines (nécessaires à la synthèse des cellules) et en calcium (indispensable à la croissance osseuse) sont le plus élevés : ils sont supérieurs à ceux de l'enfant, bien entendu, et souvent à ceux de l'adulte.

L'adolescence est une période clé pour le développement osseux : les os doivent recevoir jusqu'à 1 100 mg de calcium par jour ; c'est à cette époque qu'ils le fixent de façon optimale. Un déficit d'apport calcique est relativement fréquent pendant l'adolescence. Il peut, hélas, entraîner une fragilité osseuse (et même, plus tard, chez la femme ménopausée, une prédisposition à l'ostéoporose). Les produits laitiers représentent la meilleure source de calcium alimentaire et devraient figurer au menu de chaque repas.

Autre priorité nutritionnelle durant l'adolescence : le fer. Les besoins sont accrus du fait de la croissance, de l'augmentation du nombre des globules rouges et, pour les filles, de l'apparition des règles. Selon différentes enquêtes, les carences toucheraient jusqu'à 12 % des garçons et 25 % des filles. La meilleure prévention consiste à consommer régulièrement de la viande – dont le fer est particulièrement bien assimilé – ainsi que des légumes frais.

LE TEMPS DES EXCÈS

Les jeunes sont capables de tous les excès en matière d'alimentation. Certains font preuve de la plus totale indifférence vis-à-vis de la nourriture et mangent n'importe quoi. D'autres, en revanche, en deviennent si préoccupés que cela frise l'obsession.

Les garçons ont souvent faim, même très faim, et donnent parfois l'impression de ne jamais pouvoir être rassasiés. Ils dévalisent le réfrigérateur, se resservent systématiquement à table et terminent le repas en se gavant de pain. Alors que les filles, soucieuses de leur ligne, vont lutter contre leur appétit et s'imposer des restrictions plus ou moins judicieuses, de durée variable. Assez souvent, on voit alterner chez elles périodes de grignotage et de « régimite » avec, comme conséquence, des déviations évidentes dans l'alimentation, et parfois même un dérèglement complet du rythme alimentaire.

Les jeunes ont parfois aussi des relations difficiles avec leur corps... Ils cherchent des solutions en s'efforçant de contrôler radicalement leur façon de se nourrir ou, au contraire, en refusant ostensiblement de s'en soucier. Ces attitudes extrêmes, bien que courantes à cet âge, sont à prendre au sérieux car des dérives graves – telles l'anorexie ou la boulimie – peuvent survenir.

L'ADOLESCENT ET LES AUTRES

Contrairement à ce qu'on pourrait imaginer, l'adolescent accorde beaucoup de prix aux repas en famille. Certes, il a horreur des repas qui n'en finissent pas. Et les réunions à table sont parfois aussi des occasions de disputes. Mais, même s'il ne l'avoue pas, il aime la cuisine « faite à la maison » (qui restera sa référence, à l'âge adulte !). Un attrait qu'il ne faut pas manquer d'exploiter pour lui proposer des menus qui lui plaisent et l'aideront à bien se nourrir.

Les apports nutritionnels recommandés (ANR) pour certains nutriments

Les besoins varient en fonction du poids, de la taille, du sexe, de l'activité physique, sans parler de la maladie et du stress. Ce sont donc des valeurs moyennes.

	11 à 14 ans		15 à 18 ans	
	GARÇON	FILLE	GARÇON	FILLE
Taille moyenne Poids moyen	1,58 m 45 kg	1,58 m 44 kg	1,75 m 66 kg	1,63 m 54 kg
Calories *(privilégier les aliments sains plutôt que le grignotage à calories vides)*	2 500 kcal	2 200 kcal	3 000 kcal	2 200 kcal
Protéines *(apportées par : viande, volaille, poisson, œuf, fromage, lait et laitages ; produits céréaliers, légumes secs)*	49 g	46 g	58 g	47 g
Calcium *(apporté par : tous les fromages, lait et laitages, légumes verts, agrumes)*	1 100 mg	1 100 mg	800 mg	800 mg
Fer *(fourni par : viande, notamment de bœuf et d'agneau, poisson, légumes verts bien colorés)*	10 mg	13 mg	10 mg	13 mg

ANANAS

AVANTAGES
- *contient de la vitamine C*
- *source intéressante de bêta-carotène*

INCONVÉNIENTS
- *peut, dans de rares cas, déclencher des réactions allergiques*

L'ananas est un fruit à chair juteuse et sucrée disponible tout au long de l'année. Originaire d'Amérique du Sud il est désormais répandu un peu partout dans le monde. Contrairement à d'autres fruits, une fois cueilli, l'ananas ne mûrit plus. La transformation de l'amidon en sucres ne peut se produire que lorsque l'ananas est encore sur tige.

Certains ont prêté à ce fruit divers pouvoirs curatifs, mais c'est surtout sur la broméline, enzyme qui décompose les protéines, qu'ont porté la plupart des études. Le pouvoir de cette enzyme est si puissant que les ouvriers qui travaillent dans les plantations d'ananas doivent porter des gants pour préserver leur peau, qui serait littéralement digérée par la broméline.

Compte tenu que la broméline est surtout présente dans la tige et peu dans le fruit lui-même, la consommation d'ananas frais ne contribue pas à la digestion des protéines. Extraite de la plante, cependant, cette enzyme est utilisée en pharmacologie pour traiter certains cas

---

LE SAVIEZ-VOUS ?

- *L'ananas est un ingrédient tout indiqué pour les marinades. La broméline que renferme le fruit frais a pour propriété de décomposer les protéines. Tirez-en parti pour attendrir de façon naturelle la viande et la volaille.*
- *La broméline empêche également la gélatine de se solidifier. Si vous voulez ajouter de l'ananas à un aspic ou à un dessert en gelée, choisissez le fruit en boîte ou faites-le bouillir au préalable.*
- *Pour choisir un ananas frais, fiez-vous à son poids et à son odeur.*

---

de déficiences du pancréas et divers troubles de la digestion.

L'ananas est un fruit moyennement énergétique. Il contient du potassium, du bêta-carotène et de la vitamine C. Cette dernière est d'ailleurs bien protégée par l'écorce. Son rôle dans l'organisme est indispensable. Elle intervient dans la synthèse des anticorps et la résistance aux infections et à la fatigue. Elle joue également un rôle en tant qu'antioxydant et aurait donc une action de protection contre certaines maladies (cancers, athérosclérose). L'apport en fibres, très appréciable, de l'ananas permet de lutter contre la paresse intestinale.

COMPOSITION MOYENNE POUR 100 G D'ANANAS FRAIS :

protéines	0,4 g
lipides	0,2 g
glucides	11,3 g
apport énergétique	47 kcal

POUR 100 G D'ANANAS AU SIROP :

protéines	0,4 g
lipides	0,1 g
glucides	16,3 g
apport énergétique	64 kcal

ANÉMIE

PRIVILÉGIER
- *la viande, les abats, le poisson*
- *les fruits et les légumes riches en vitamine C*

ÉVITER
- *de boire du thé aux repas*

Lorsque le taux d'hémoglobine – cette molécule protéique et vitale qui conduit l'oxygène dans le sang – diminue, ou que la quantité de globules rouges descend en dessous du seuil normal, les tissus organiques voient leur apport en oxygène réduire. Il en résulte une anémie. Bénigne, celle-ci se traduira par un état de fatigue générale et un affaiblissement. Dans le cas d'une anémie plus grave, la léthargie s'accompagnera d'autres symptômes : pâleur, palpitations, essoufflement, vertiges, pieds gonflés et jambes douloureuses.

L'anémie peut avoir des origines différentes. La forme la plus courante, l'anémie ferriprive (carence en fer), est due à une mauvaise alimentation ou à des pertes de sang (règles abondantes ou hémorragie interne). Lorsque les hématies (globules rouges) sont mises à contribution par l'organisme plus vite qu'il ne peut les remplacer, comme lors de la drépanocytose, il s'agit d'une anémie hémolytique. Certaines anémies sont provoquées par une maladie, notamment la leucémie, qui contrarie la production des hématies.

Enfin, l'anémie peut être causée par un déficit en acide folique (vitamine B_9) ou en vitamine B_{12}. Lorsque l'organisme est incapable d'assimiler la vitamine B_{12}, on parle alors d'anémie pernicieuse.

IMPORTANCE DE L'ALIMENTATION

Contrairement à la croyance populaire, les épinards ne sont pas la meilleure source alimentaire de fer. En effet, l'aliment le plus riche en fer est le foie, juste devant les viandes rouges. Un régime trop pauvre en viande, abats, volaille et poisson conduit tout droit à l'anémie, le fer apporté par les végétaux étant plus difficile à assimiler par l'organisme que celui contenu dans la viande et le poisson. D'autre part, certains aliments nuisent à son assimilation, comme le tanin du thé – que l'on évitera donc de boire à table – et l'acide phytique, présent, entre autres, dans le germe de blé et le riz complet. Pour faciliter l'assimilation du fer, aussi bien d'origine animale que d'origine végétale, il est recommandé d'absorber en même temps que ces aliments des fruits et légumes frais riches en vitamine C (par exemple, une salade de tomates, des poivrons verts ou rouges ou du jus d'orange).

Dans certains cas, l'insuffisance d'hémoglobine peut être comblée uniquement grâce à un régime alimentaire très étudié. Cependant, à partir d'un certain stade, on devra recourir à des doses concentrées de fer et de vitamines. Une fois l'anémie diagnostiquée par un dosage du fer dans le sang, un médecin prescrira des compléments de fer, généralement sous forme de comprimés. L'anémie pernicieuse est soignée par des injections de vitamine B_{12}, à raison d'une tous les 3 mois. La carence en acide folique est traitée par des comprimés de cette vitamine. Un régime bien équilibré devrait ensuite permettre d'éviter les rechutes.

SUJETS LES PLUS EXPOSÉS

L'anémie ferriprive touche plus particulièrement les femmes non ménopausées et les adolescentes. Les tout-petits en sont aussi parfois victimes, les produits laitiers qu'ils consomment n'étant parfois pas assez riches en fer. Pour pallier ce problème, certains aliments sont maintenant enrichis en fer (pain, céréales…).

L'anémie provoquée par une insuffisance de vitamine B_{12} ou d'acide folique est moins fréquente que l'anémie ferriprive. Cependant, les végétariens et, surtout, les végétaliens encourent le risque d'une carence en vitamine B_{12}, absente des aliments végétaux. Les femmes enceintes sont, elles, exposées à une carence en acide folique. Pour prévenir toute anémie pendant la grossesse et l'allaitement, les médecins peuvent prescrire, après dosage et constat de réserves en fer insuffisantes, des comprimés de fer à prendre quotidiennement. Comme une supplémentation en fer entraîne parfois des nausées, elle doit toujours faire l'objet d'une prescription médicale.

ANOREXIE MENTALE

L'anorexie est un trouble psychique complexe qui se traduit par un désir obsessionnel de manger le moins possible. Il découle souvent de la mauvaise image que le sujet a de lui-même. L'anorexique s'efforce de s'élever au-dessus des appétits et des problèmes de la vie quotidienne en se privant de nourriture – parfois au point de mourir de faim. Les personnes affectées semblent confondre une extrême maigreur avec la beauté elle-même et se trouvent parfois trop grosses alors qu'elles sont pourtant sous-alimentées. Après un rare repas, elles iront jusqu'à se forcer à vomir ou prendre un laxatif, pour effacer toute trace de cette concession imaginaire à la laideur. Ce trouble s'accompagne souvent d'une hyperactivité physique, et d'une absence de règles chez la jeune femme.

L'anorexie mentale est une maladie grave puisque, dans 15 % des cas environ, elle conduit à la mort – conséquence directe de la dénutrition ou, plus rarement, suicide.

À mesure que la privation de nourriture devient obsessionnelle, le sujet absorbe de moins en moins d'aliments riches en vitamines et minéraux et peut donc souffrir de carences. La privation prolongée de nourriture provoque de plus un phénomène appelé cétose, qui érode l'appétit, ce qui ne fait qu'amplifier le processus.

SIGNES AVANT-COUREURS

Certains signes semblent indiquer un terrain propice à l'anorexie. On note, par exemple, un dégoût croissant de certains aliments, l'obsession de faire beaucoup d'exercice physique ou celle de ne pas prendre de poids. Pendant toute la puberté – période durant laquelle on observe le plus de cas d'anorexie –, il est essentiel de veiller à ce que les adolescents aient un régime varié, équilibré et assez bien pourvu en protéines, fruits, légumes et aliments riches en amidon, comme le pain et les pommes de terre. Si possible, on évitera les graisses et les sucreries, qui se substituent trop facilement aux repas ; cependant, quand on diagnostique une anorexie, on ne saurait trop encourager toute forme d'appétit, l'objectif principal étant d'éviter une perte de poids et de fournir beaucoup de calories.

PORTRAIT DE L'ANOREXIQUE

Bien que l'anorexie paraisse être un désordre alimentaire, les causes en sont souvent beaucoup plus profondes et plus complexes. L'anorexique est souvent une jeune fille très intelligente qui obtient d'excellents résultats scolaires et sportifs : c'est une adolescente modèle. Elle se conforme si bien à tout ce qu'on attend d'elle et exerce tant de pression sur elle-même pour rester à la hauteur de ses attentes qu'elle en vient à perdre son identité et à oublier ses propres besoins et ses propres aspirations. Son corps reste le seul élément sur lequel elle garde encore un certain contrôle.

La jeune anorexique est souvent si malheureuse qu'elle souhaite en finir avec la vie. Son entreprise risque d'ailleurs de réussir à moins que l'entourage ne saisisse à temps son appel de détresse et ne donne à cette jeune fille le soutien et l'amour inconditionnel dont elle a besoin.

TRAITEMENT

L'approche préconisée pour aider les personnes victimes d'anorexie est une approche multidisciplinaire. La psychothérapie en est l'élément principal. Si les fonctions vitales de la jeune fille sont atteintes, un suivi médical s'impose. Un diététiste peut tenter de corriger les effets de la malnutrition. Mais le véritable défi pour l'anorexique reste d'apprendre à se connaître, à se comprendre et à s'aimer pour ce qu'elle est véritablement.

L'anorexie incite à une profonde réflexion sur les valeurs qui sont véhiculées par nos sociétés occidentales. Les canons de minceur et de beauté proposés sont inaccessibles pour la majorité des femmes mais celles-ci se sentent obligées de s'y conformer pour être aimées et désirées. N'y a-t-il pas lieu de s'interroger sur les modèles que nous proposons à nos jeunes filles ?

ANTIADHÉSIFS

Le revêtement antiadhésif est un matériau utilisé pour certains ustensiles de cuisine. Son véritable nom est le polytétrafluoroéthylène, que l'on connaît sous l'appellation de Téflon. Son intérêt réside dans le fait que l'on utilise peu ou pas de corps gras pour la cuisson des aliments. Pour cette raison, son usage est souvent recommandé par ceux qui préconisent la réduction des apports en lipides pour une alimentation santé. Son emploi nécessite cependant certaines précautions.

En effet, si à température de cuisson normale le Téflon ne présente aucun risque, il ne résiste pas à une température trop élevée, et se décompose. Il se dégage alors des substances que l'on soupçonne d'être toxiques.

D'autre part, il est indispensable de proscrire les objets métalliques (couteau, fourchette) et les éponges abrasives, avec lesquels on risque d'arracher des particules au revêtement.

Dès que le revêtement est rayé ou entamé, l'ustensile ne doit plus être utilisé.

ANTIOXYDANTS

PRIVILÉGIER
- *légumes et fruits frais (agrumes surtout), poisson, huiles végétales, noix et légumineuses*

BIENFAITS
- *protègent du cancer, des maladies cardio-vasculaires, des cataractes et autres maladies dégénératives*
- *ralentiraient le vieillissement*
- *retardent la détérioration des huiles et des aliments préparés*

ATTENTION: *Les suppléments peuvent avoir l'effet contraire !*

On sait que l'oxygène est indispensable à la vie. Mais on a aussi fini par comprendre qu'il prépare la voie au vieillissement et à de nombreuses maladies. Heureusement, il semblerait

Antioxydants: Les fruits et les légumes de couleurs vives sont importants pour leur richesse en bêta-carotène. Noix, graines, avocats et huiles végétales renferment de la vitamine E. Le sélénium est présent dans les produits de la mer.

que les antioxydants fournis par les aliments ralentissent ces effets.

QUE SONT LES RADICAUX LIBRES ?

Chacune des cellules de notre corps a besoin d'un apport constant d'oxygène pour puiser dans les aliments l'énergie dont elle a besoin. Mais cette combustion d'oxygène a aussi pour effet de libérer des molécules instables. Ces molécules, appelées radicaux libres, peuvent endommager les cellules saines en circulant à travers l'organisme. Bien qu'elles produisent toutes des radicaux libres en petite quantité, les cellules saines, si elles sont attaquées par un trop grand nombre de ces molécules, subiront des dommages à leur ADN et au reste de leurs composants génétiques.

Les radicaux libres sont hautement réactifs car ils possèdent des électrons libres à la recherche de molécules avec lesquelles entrer en réaction, c'est-à-dire à oxyder. Les cellules humaines contiennent cependant des enzymes protectrices capables de réparer à 99 % des dommages causés par l'oxydation.

MUTATIONS CELLULAIRES

La transformation de l'oxygène n'est pas la seule cause des dommages dus à l'oxydation. Ceux-ci peuvent aussi résulter de l'exposition aux rayons X, aux rayons ultraviolets, au radon, au tabac et aux polluants atmosphériques. L'effet cumulatif de tous ces éléments nocifs peut causer des changements irréversibles – les mutations cellulaires – provoquant le cancer ou d'autres maladies. Notre système immunitaire repère et détruit ces cellules mutantes de la même façon qu'il élimine les bactéries et les autres organismes étrangers.

Ce mécanisme de protection s'affaiblit cependant avec l'âge : le corps devient alors plus vulnérable aux radicaux libres et l'incidence des maladies dégénératives augmente. Ces dernières peuvent prendre la forme de taches cutanées brunes et inoffensives, mais aussi de problèmes bien plus sérieux comme les cataractes, le cancer et une foule de maladies dégénératives. C'est ici que les antioxydants entrent en jeu.

COMMENT FONCTIONNENT LES ANTIOXYDANTS

Ce sont des molécules qui, en se combinant aux radicaux libres, les rendent inoffensifs. Les principaux antioxydants sont les vitamines C et E, le bêta-carotène que l'organisme transforme en vitamine A et le sélénium. Les bioflavonoïdes, que l'on retrouve dans les agrumes, les raisins et d'autres fruits et légumes frais, ont des propriétés antioxydantes, tout comme d'autres substances phytochimiques. De nombreuses études ont fait état d'une plus faible incidence de cancer et de crises cardiaques chez les gens qui consomment beaucoup de fruits, de légumes et de céréales à grains entiers, tous d'excellentes sources alimentaires d'antioxydants.

Des recherches récentes indiquent que des antioxydants comme la vitamine E pourraient prévenir l'apparition de maladies cardio-vasculaires en retardant l'oxydation des lipoprotéines de basse densité (LDL), c'est-à-dire la production du mauvais cholestérol. Lorsqu'elles n'ont pas subi d'oxydation, les LDL sont relativement peu dommageables, mais une fois oxydées, elles peuvent causer de l'athérosclérose (plaque d'athéromes qui bouche les artères). L'oxydation facilite aussi le cheminement des LDL le long des parois des artères ; ce processus peut être bloqué par l'absorption de bêta-carotène.

Par contre, les connaissances sur la façon dont les antioxydants retardent l'apparition du cancer sont moins développées. Selon l'une des théories avancées, ils contribueraient à la prévention des dommages à l'ADN des cellules. Des études récentes ont indiqué que la vitamine C constituerait une protection contre le cancer de la peau et les mélanomes.

COMPRIMÉS ANTIOXYDANTS

Si on les consomme à forte dose, les nutriments qui sont normalement antioxydants peuvent provoquer l'effet contraire et devenir oxydants. La vitamine C, par exemple, prise en grande quantité par une personne ayant des réserves de fer élevées devient oxydante. De la même manière, loin de prouver les bienfaits de l'absorption de fortes doses de bêta-carotène en comprimés, de récentes recherches ont même suggéré qu'elle pouvait accroître les risques de cancer du poumon chez les fumeurs.

Les comprimés d'antioxydants dont les doses excèdent l'apport nutritionnel recommandé (ANR) ne devraient donc être absorbés que sous surveillance médicale. La vitamine E absorbée à forte dose peut, quant à elle, interférer avec le processus de coagulation du sang et augmenter les risques d'hémorragie. Malgré cela, il se peut que le médecin prescrive des suppléments de cette vitamine à un patient cardiaque pour lui assurer la dose préventive quotidienne (200 à 400 U.I.) dont il a besoin.

APÉRITIF

Traditionnellement, la consommation de boissons apéritives s'accompagne du grignotage de ce que l'on nomme des amuse-gueule. Cette habitude peut se justifier par le fait que l'ingestion d'aliments solides en accompagnement d'une boisson alcoolisée permet de ralentir l'absorption digestive de l'alcool, et donc ses effets sur l'organisme.

Cependant, sans que l'on s'en rende compte, l'association d'une boisson alcoolisée et d'amuse-gueule constitue un apport calorique considérable. Un petit whisky (50 ml) et une poignée d'arachides (50 g) représentent à eux seuls 420 kcal. Non seulement les amuse-gueule sont-ils très gras et très salés, mais ils ont pour la plupart l'inconvénient de ne pas fournir de nutriments intéressants.

On peut remplacer la boisson alcoolisée par des jus de fruits ou de légumes frais. On peut aussi préférer de l'eau gazeuse accompagnée d'une rondelle de citron, ou une eau pétillante aromatisée. Les sodas sont déconseillés car très riches en sucre, à l'exception des boissons dites « diète », qui sont sucrées avec des édulcorants intenses et ne fournissent pratiquement pas de calories.

Enfin, en guise d'amuse-gueule, on peut associer des crudités à des trempettes à base de yogourt ou de fromage maigre bien assaisonné.

APHTE

PRIVILÉGIER
- *les aliments riches en fer, en vitamine B$_{12}$ et en acide folique*

ÉVITER
- *les aliments provoquant des irritations*

Les aphtes – aussi appelés ulcères buccaux – sont des ulcérations blanchâtres qui se forment dans la bouche. Ils ont souvent des contours enflammés rouge brique et se présentent isolément ou en grappe. Bien que la cause de ces ulcères buccaux soit inconnue, les médecins croient qu'une réaction immunitaire anormale ou une infection virale pourraient être à l'origine du problème. Un stress ou un traumatisme local, comme des prothèses dentaires mal ajustées, peuvent aussi provoquer leur apparition.

Dans certains cas inhabituels, les aphtes peuvent être le symptôme d'un trouble systémique, comme une allergie alimentaire, l'anémie, la maladie cœliaque, la maladie de Crohn et le lupus érythémateux. Les femmes constatent parfois que les éruptions coïncident avec leur cycle menstruel. Une infection accompagnée de fièvre élevée peut aussi entraîner un aphte.

Des carences en fer, en vitamine B$_{12}$ et en acide folique ont également été associées à une augmentation des risques d'aphtes buccaux. Manger des aliments qui contiennent de ces nutriments contribue à en prévenir la formation : viandes rouges, légumineuses, légumes vert foncé, céréales.

En présence d'un aphte, évitez les boissons chaudes, l'alcool, les aliments épicés ou salés et tout ce qui est acide. Si la douleur vous empêche de manger, essayez de boire avec une paille des aliments liquides ou réduits en purée fine. Optez pour le riz, le poulet poché, le yogourt, les desserts à la gélatine et les flans aux œufs.

Dans les cas extrêmes, votre dentiste vous prescrira une pâte protectrice pour couvrir la région affectée, diminuer la douleur et hâter la guérison.

ARTICHAUT

AVANTAGES
- *bonne source d'acide folique, de vitamine C et de potassium*
- *pauvre en calorie, riche en fibres*

INCONVÉNIENTS
- *ne peut être conservé après cuisson*
- *peut provoquer des ballonnements*

Ce légume moyennement énergétique fournit essentiellement des glucides, dont la moitié se trouve sous forme d'inuline. Ce sucre lui donne une saveur sucrée très caractéristique. Cependant, l'inuline n'est que partiellement digérée et limite la tolérance des aliments qui en contiennent. Consommé en trop grandes quanti-

LE SAVIEZ-VOUS ?

L'artichaut cuit est très fragile et donne naissance à des moisissures toxiques pouvant être responsables de troubles digestifs. Une fois cuit, il doit être conservé au réfrigérateur et consommé dans les 24 heures.

tés, l'artichaut peut donc provoquer des ballonnements et une gêne intestinale. Riche en potassium, l'artichaut a une action diurétique, renforcée par l'inuline.

Différentes études ont été réalisées sur une substance propre à l'artichaut, la cynarine. Celle-ci posséderait la propriété de stimuler la sécrétion biliaire et faciliterait l'évacuation de la bile hors de la vésicule. Cependant, la cynarine est surtout présente dans la tige et les feuilles de l'artichaut ; la partie comestible en contient très peu. La cynarine entre dans la fabrication de médicaments qui favorisent la fonction hépatique et biliaire.

À l'achat, il faut toujours veiller à choisir des artichauts fermes, bien fermés et propres. Des taches noires à la base des feuilles sont l'indice d'un cœur abîmé. La cuisson à l'autocuiseur est rapide et parfaite. L'excès de sauce mayonnaise ou vinaigrette peut en faire une entrée très calorique. Mieux vaut l'assaisonner d'un jus de citron et d'un soupçon d'huile d'olive.

COMPOSITION MOYENNE POUR 100 G :
protéines	2,1 g
lipides	0,2 g
glucides	6,8 g
apport énergétique	37 kcal

Les artichauts font partie de la famille des composés. Ils renferment des antigènes à réactions croisées pouvant déclencher des symptômes chez les personnes allergiques au pollen de l'herbe à poux.

L'ALCOOL : AMI OU ENNEMI ?

Les rares bénéfices d'une consommation modérée pèsent souvent bien peu devant les risques associés aux boissons alcoolisées. Même les « petits excès » sont dangereux, surtout s'ils sont fréquents.

On admet de nouveau aujourd'hui que certaines boissons alcoolisées (le vin rouge en particulier) puissent avoir un effet favorable sur la santé – dans la mesure où l'on s'en tient à une consommation modérée (en moyenne un verre par jour pour une femme et deux pour un homme). Il n'en reste pas moins que l'abus d'alcool et l'alcoolisme sont à l'origine d'un nombre considérable de maladies et de décès.

Scientifiquement parlant, il n'est pas possible d'établir un seuil de consommation non dangereuse. En effet, tous les individus ne réagissent pas de la même façon à l'alcool, dont les effets varient selon de multiples paramètres tels que l'âge, le sexe, l'origine ethnique...

AVANTAGES
- *consommé raisonnablement, l'alcool peut réduire les risques de problèmes cardio-vasculaires*
- *les boissons alcoolisées sont utiles à la convivialité*

INCONVÉNIENTS
- *nuisible pendant la grossesse*
- *dangereux lorsqu'il est associé à certains médicaments*
- *augmente le risque de cancer du sein*
- *consommé en excès, augmente les risques de certains autres cancers*
- *les abus occasionnels peuvent produire crises de goutte, pancréatites et infarctus*
- *les abus répétés peuvent entraîner des troubles incurables du foie*

LES EFFETS DE L'ALCOOL

L'alcool éthylique (éthanol), principal élément actif des boissons alcoolisées, provient de la fermentation de fruits, de grains ou de fleurs : on obtient ainsi le vin, le whisky ou la bière. La concentration d'alcool, et donc le nombre de degrés alcooliques, peut être artificiellement élevée par distillation, tel que cela se pratique pour le whisky, le gin ou les eaux-de-vie. Des substances dites congénères, formées au cours de la fermentation, donnent à chaque boisson son goût et ses arômes distinctifs. C'est d'ailleurs à elles que l'on doit un grand nombre des symptômes de la « gueule de bois ». Dans les vins rouges, par exemple, ce sont les polyphénols – et non pas l'alcool – qui provoquent des maux de tête. Quoi qu'il en soit, le vrai danger, qu'il s'agisse de n'importe quel breuvage alcoolisé, réside dans la consommation totale d'alcool exprimée en pourcentage par volume – par exemple, un vin à 12 % d'alcool contient 96 g d'alcool pur par litre (la densité de l'alcool est de 0,8 g/l). L'affirmation selon laquelle les vins biologiques seraient bien meilleurs pour la santé n'a guère de fondement scientifique.

L'alcool est avant tout une source de calories « vides », bien que certaines boissons alcoolisées fournissent des oligoéléments – en particulier le vin et quelques sortes de bière –, dont plusieurs minéraux et des vitamines B.

Quantité d'alcool pur et calories

1 g d'alcool renferme 7 calories à comparer à 4 calories pour 1 g de protéine ou d'hydrate de carbone et 9 calories pour 1 g de gras.

TYPE	TENEUR D'ALCOOL (%)	QUANTITÉ D'ALCOOL (ml)	APPORT ÉNERGÉTIQUE (kcal)
Spiritueux			
Bloody mary	12	140l	115
Gin tonic	9	200	170
Martini	38	75	160
Pina colada	12	125	260
Vin d'apéritif			
Porto	19	115	160
Xérès	19	85	125
Vin de table			
Sec, rouge ou blanc	10 à 14	115	85
Doux, blanc	10 à 14	115	100
Cooler	3,5 à 6	340	220
Bière locale			
Ordinaire	3 à 5	340	150
Légère	3 à 5	340	100
Bière forte (liqueur de malt)	5 à 8	340	150

Cependant, l'ingestion de fortes doses d'alcool entraîne la suppression de l'appétit et, par là même, une carence en nutriments, qui seraient pourtant d'autant plus nécessaires.

Les effets de l'alcool sur l'organisme dépendent par ailleurs de l'alimentation générale du sujet et de prédispositions génétiques.

L'abus d'alcool altère le foie, à savoir ses capacités à stocker les vitamines liposolubles et à générer des protéines. Sous toutes ses formes, l'alcool favorise l'obésité, la prise de poids étant plus liée aux quantités ingérées qu'à la teneur en alcool de la boisson consommée. Ainsi la bière, qui contient moins de calories que le vin et les alcools forts à volume égal, peut entraîner des prises de poids considérables, car les consommateurs en ingè-

Une consommation modérée est toujours de rigueur, que ce soit chez soi, au restaurant ou dans une soirée chez des amis. L'excès d'alcool peut tout gâcher, la bonne humeur faisant place à l'excitation ou à la dépression.

rent habituellement de plus grandes quantités que de vin. La bière brune est plus calorique que la plupart des autres bières.

Les « coups de trop » accidentels peuvent provoquer crises de goutte et pancréatites. Pire encore, ces derniers sont responsables d'altérations du rythme cardiaque, qui, à terme – des jours, sinon des semaines plus tard –, se traduisent parfois par des infarctus.

ASSEZ OU TROP, COMMENT SAVOIR ?

Les femmes assimilent l'alcool plus lentement que les hommes, car leur foie est plus petit et leur organisme doit souvent métaboliser des graisses supplémentaires. Selon les groupes de population, il existe des différences quant à la vitesse à laquelle les enzymes décomposent l'alcool pendant la digestion. On a remarqué, par exemple, que les Orientaux toléraient en général bien moins l'alcool que les Occidentaux. Mais, pour tous, il existe un moment où un verre, a fortiori deux, est de trop, notamment lorsque l'on prend le volant de sa voiture ou d'engins de travaux, dans le cas de certains traitements médicaux et pendant la grossesse.

Si la consommation d'alcool n'est évidemment pas la cause unique des accidents de la route, elle constitue un facteur parfois décisif, et le plus souvent aggravant. Un bébé dont la mère est alcoolique a souvent à la naissance un poids très inférieur à la moyenne, sans

À QUOI ÉQUIVAUT UNE PORTION ?

Il y a la même quantité d'alcool dans 45 ml de spiritueux, 125 ml de vin et 340 ml de bière. La différence tient au pourcentage d'alcool par volume. Il faut donc en tenir compte dans sa consommation. Et plus la portion est petite, plus vite elle est bue !

compter qu'il est sujet à certaines déficiences intellectuelles ou à des malformations physiques. Une femme désireuse de concevoir un enfant a tout intérêt à éviter l'alcool d'une façon générale, et particulièrement jusqu'à la fin de la 12e semaine de grossesse.

CAUSES ET EFFETS

L'assimilation proprement dite de l'alcool prend généralement entre 15 et 90 minutes après l'ingestion. Lorsque l'on boit sur un estomac vide, la diffusion de l'alcool dans les tissus de l'organisme se fait plus rapidement qu'au cours ou à la suite d'un repas, la nourriture faisant dans ce cas l'effet d'un buvard et ralentissant le processus. Les boissons de 20 % d'alcool par volume (porto, xérès) sont celles que l'on assimile le plus vite. Les alcools forts à 40 % d'alcool par volume (cognac, vodka) irritent l'estomac, et leur assimilation est plus lente. D'une façon générale, tous les alcools agissent plus vite lorsqu'ils sont mélangés à un liquide gazeux ou sucré – soda, eau gazeuse ou autre. Ces derniers ont pour propriété de stimuler l'absorption des molécules d'alcool, qui entrent alors plus vite en contact avec les cellules gastriques. Les mélanges d'alcools forts et de boissons gazeuses sont particulièrement redoutables.

Après dissolution dans le sang, une certaine quantité de l'alcool ingéré est relâchée dans les poumons – ce qui explique le fonctionnement de l'alcootest. Mais cette quantité est minime. La plus grande part est décomposée par le foie. C'est précisément l'effort continuel qui est imposé au foie par de longues années d'éthylisme qui est cause de cirrhose. Il faut environ 1 heure au foie pour dissocier chaque unité d'alcool. La capacité de cet organe à métaboliser l'alcool varie selon les individus, mais elle atteint toujours une limite. Après l'ingestion de 12 petites bières ou de 2 bouteilles de vin, il reste encore, au bout de 8 heures de sommeil ou plus,

LE SAVIEZ-VOUS ?

● *Selon l'opinion des médecins, l'estimation que donnent les patients de leur consommation d'alcool à la consultation serait inférieure d'environ 50 % à la réalité.*

● *L'association alcool/tabac est redoutable : le risque de cancer de la cavité buccale, du larynx et de l'œsophage est alors multiplié par 10, voire par 100.*

● *Conduire avec la gueule de bois serait aussi dangereux que conduire en état d'ivresse. Les réflexes normaux seraient encore altérés de 20 % environ, même si le taux d'alcool dans le sang est revenu à zéro.*

● *D'origine néerlandaise, le gin était au départ un médicament. Son nom provient du hollandais jenever (genièvre), que l'on ajoutait autrefois au seigle distillé en raison de ses propriétés diurétiques.*

suffisamment d'alcool dans le sang du buveur pour que celui-ci soit en infraction vis-à-vis de la loi s'il prend le volant.

Si les effets de l'alcool diffèrent selon les gens, il suffit quand même de 1 ou 2 verres pour constater une accélération du rythme cardiaque et une sécrétion accrue des sucs gastriques. À ce stade, le buveur se sent bien et désinhibé ; ses fonctions intellectuelles répondent encore normalement. C'est cet effet stimulant qui est souvent recherché par les buveurs occasionnels pour leur permettre d'être plus à l'aise dans certaines circonstances.

CONSÉQUENCES À COURT ET À LONG TERME

L'ingestion d'un verre de vin ou d'apéritif peut, certes, avoir un effet bénéfique sur les rapports sociaux et ne conduit pas forcément à l'alcoolisme. Mais il convient, comme en toute chose, de

savoir se modérer et d'être conscient que, passé les avantages recherchés, les conséquences de l'alcool sont de plus en plus néfastes.

Au fil des verres, le manque de coordination physique s'accentue. L'alcool inhibe la sécrétion de plusieurs hormones, avec certaines conséquences que l'on connaît : déshydratation, propos inintelligibles, maladresse et réduction de la sensibilité à la douleur. La meilleure arme contre la gueule de bois – soit l'effet conjugué de la déshydratation et des congénères éthyliques – consiste à boire autant d'eau plate que possible avant de se coucher.

Beaucoup plus graves sont les conséquences à long terme d'une alcoolisation importante. Un gros buveur sur 5 finit par contracter une cirrhose, et près de 1 cirrhotique sur 5 meurt d'un cancer du foie. La prise régulière d'alcool augmente les risques de cancer de la bouche, de la gorge, de l'œsophage, de l'estomac et du foie, et cela peut même jouer un rôle dans l'évolution des cancers du sein et du côlon.

L'ALCOOLISME

Bien des alcooliques souffrent de malnutrition, la plus grosse part de leur apport calorique provenant de la boisson, et leur état psychique étant souvent à l'origine de négligences alimentaires. L'alcoolisme est une forme maladive de dépendance, à laquelle certains chercheurs voient une origine génétique.

On estime de façon conservatrice que 5 % seulement des gens qui boivent trop sont victimes d'alcoolisme. Alors que le gros buveur sait en général se limiter, l'alcoolique est obsédé et boit par besoin. Un seul verre lui fait office de déclencheur. Toutefois, la consommation excessive et prolongée d'alcool entraîne les mêmes effets sur l'un que sur l'autre. L'abus se traduit peu à peu par une réduction de la sensibilité de l'organisme à l'alcool, et le cerveau a besoin de doses toujours plus fortes pour obtenir l'ivresse – passagère – souhaitée.

L'excès prolongé peut donner naissance à des troubles de la personnalité ou à des comportements asociaux, et les deux catégories de buveurs ont tendance à « oublier de manger », ce qui ne fera qu'aggraver les effets de l'alcool. Il en résulte des carences en vitamine B_{12} et, parmi d'autres oligoéléments, en thiamine, qui provoqueront une détérioration du système nerveux. Une carence sévère en thiamine se traduit par une certaine désorganisation, un affaiblissement de la mémoire et un penchant à l'affabulation – soit le recours à l'invention pour pallier une mémoire diminuée. L'excès prolongé d'alcool fait grossir le foie, qui devient graisseux.

La cirrhose alcoolique est la cause la plus fréquente de cancer du foie et d'autres maladies hépatiques mortelles.

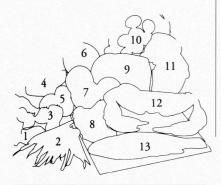

Un régime équilibré, dans lequel on inclura beaucoup de fruits, de légumes, de poisson, de fruits de mer, de viande maigre et de pain complet, aidera à limiter les déficits souvent liés à la cirrhose : lentilles (1), haricots verts (2), fraises (3), bœuf maigre (4), kiwis (5), melon (6), oranges (7), huîtres (8), pain aux céréales (9), œufs (10), pain complet (11), crabe (12), truite (13).

Elle est accélérée par une alimentation faible en protéines et en d'autres nutriments essentiels – notamment les acides gras, les vitamines A, C et E, la thiamine et le zinc – qui permettent à l'organisme de décomposer l'alcool et de désengorger le foie du surplus de graisse. La viande, le poisson et les fruits de mer sont riches en protéines et en zinc, tandis que le poulet, le foie de veau ou d'agneau, consommés à raison d'une fois par semaine, procureront vitamine A et thiamine et fourniront un apport modéré en vitamine C. Les huiles végétales, les œufs et le pain complet contribueront à satisfaire les besoins en vitamine E. Les fruits et légumes seront aussi une bonne source de vitamines. L'organisme tolérant mal les graisses en cas d'inflammation du foie (hépatite), on suivra un régime pauvre en lipides et riche en glucides.

L'ABSTINENCE, SEULE CURE À L'ALCOOLISME

Quand l'alcoolisme a été diagnostiqué, l'abstinence est le seul remède à court et à long terme. Des organismes comme celui des Alcooliques Anonymes peuvent à ce moment-là apporter une aide précieuse.

ARTICULATIONS (inflammation des)

PRIVILÉGIER
- *les poissons gras*
- *les fruits, surtout les agrumes*
- *les aliments riches en fibres*

ÉVITER
- *les huiles saturées, le bœuf et le porc gras*

L'arthrite se caractérise par l'inflammation, la raideur, et la douleur aux articulations. Environ 1 Canadien sur 7 souffre de l'une ou l'autre des quelque 100 formes d'arthrite dont les plus courantes sont l'arthrose et la polyarthrite rhumatoïde.

ARTHROSE

Classée parmi les maladies dégénératives, l'arthrose résulterait de l'usure du cartilage des articulations. Situé entre les os, le cartilage a pour fonction de permettre à ceux-ci de glisser en douceur les uns contre les autres et de faciliter les mouvements. Lorsqu'il s'use ou s'abîme, les os se mettent à frotter, infligeant douleurs et raideurs, tout particulièrement par temps humide ou après un effort intense. L'arthrose peut causer des déformations caractéristiques des articulations.

POLYARTHRITE RHUMATOÏDE

Le rhumatisme articulaire est une maladie inflammatoire auto-immune qui se manifeste extérieurement par une articulation rougie. Intérieurement, c'est une attaque des moyens de défense de l'organisme, les anticorps, contre les tissus articulaires. Le rhumatisme articulaire touche d'abord les articulations des mains et des pieds.

ALIMENTATION

Jusqu'à récemment, les médecins écartaient le traitement basé sur l'alimentation, le taxant de charlatanisme; toutefois, une étude récente a démontré que le régime alimentaire pouvait effectivement apporter une amélioration.

Bien que la preuve soit sommaire, il semblerait que le bœuf et d'autres viandes rouges, les aliments gras et les huiles végétales riches en acides gras polyinsaturés oméga-6 puissent aggraver l'inflammation chez certains patients.

Dans le cadre de cette étude, des patients souffrant de polyarthrite rhumatoïde sévère ont suivi un régime rigoureux, faible en gras et principalement végétarien, assorti à des exercices quotidiens et de la méditation. Il en est nettement ressorti une baisse des symptômes. Les chercheurs en ont conclu que l'alimentation était responsable de la plupart des effets bénéfiques, d'autant plus que ceux-ci disparurent après un retour aux anciennes habitudes alimentaires.

LES HUILES BÉNÉFIQUES

Au moins deux sortes d'huile aident à combattre l'inflammation : les acides gras oméga-3 que l'on retrouve dans le saumon, les sardines et autres poissons d'eau froide, et l'acide oléique gamma (AOG), dérivée des onagres, des myosotis et des graines de cassis et de chanvre. Ces huiles sont aussi efficaces contre d'autres formes d'arthrite inflammatoire, incluant le lupus.

Les médecins recommandent à leurs patients de puiser les acides gras oméga-3 dans la consommation de 2 ou 3 portions de poisson gras par semaine plutôt que dans des suppléments. En revanche, la surconsomma-

---

Histoire vécue

Claude, âgé de 55 ans, employé dans une agence de presse, souffrait depuis quelque temps de douleurs persistantes dans le bas du dos. Récemment, ses douleurs se propagèrent vers le bas de la jambe droite et devinrent insupportables à la moindre flexion en avant. Claude consulta son médecin et apprit que son mal était dû d'une part à un poids excessif, d'autre part à une mauvaise position quand il soulevait de lourdes liasses de journaux. Le médecin lui conseilla de diminuer sa dose d'alcool, de manger moins – sans toutefois déroger à la règle des trois repas quotidiens – et de faire régulièrement de l'exercice – trois fois 20 minutes par semaine, juste assez pour « transpirer un peu ». En 9 mois, Claude a perdu 12 kg. Il a trouvé la bonne position pour soulever ses liasses – sans courber les reins, le dos bien droit et les genoux pliés. Son dos ne lui pose presque plus de problèmes.

À privilégier

les poissons gras pour leurs huiles oméga-3. En manger 3 fois par semaine.

les légumes verts et les légumes orange 2 portions par jour pour le bêta-carotène, la vitamine C et les autres antioxydants qu'ils renferment.

les pamplemousses ou autres agrumes pour les flavonoïdes, substances tenues pour anti-inflammatoires et passibles de rehausser l'effet antioxydant de la vitamine C ; I agrume par jour.

les légumineuses pour le zinc, essentiel au bon fonctionnement du système immunitaire. I portion par jour ou l'équivalent en huîtres, germe de blé, blé entier ou produit laitier.

le gingembre pour ses propriétés anti-inflammatoires. I ou 2 morceaux confits par jour ou 5 g en cuisine tous les 2 ou 3 jours.

tion d'acides gras oméga-3 augmente les risques de saignements, surtout chez les personnes qui prennent des médicaments contre l'arthrite. Il est donc préférable d'absorber les AOG sous forme de capsules.

ALLERGIES ALIMENTAIRES

Chez certaines personnes souffrant d'arthrite inflammatoire, une allergie alimentaire peut déclencher une crise. Les aliments le plus souvent mis en cause sont les crustacés, le soja, l'avoine, le maïs, l'alcool, le café et certains additifs. Notez votre menu quotidiennement de façon à déceler le ou les coupables. Pour vérifier si un aliment est en cause, évitez d'en manger pendant deux semaines, puis réessayez. Si une crise

survient, bannissez l'aliment de façon définitive.

LE FACTEUR POIDS

Dans l'arthrose, l'obésité est un facteur aggravant : même quelques kilos en trop imputent un stress additionnel au niveau des deux articulations les plus sollicitées : les genoux et les hanches.

On note le problème inverse dans la polyarthrite rhumatoïde. La douleur chronique entraîne souvent un manque d'appétit, une maigreur extrême, l'anémie et la dépression. Afin de pallier les carences alimentaires, les médecins recommandent souvent des suppléments liquides riches en calories et en nutriments.

ASPERGE

AVANTAGES
- *contient du bêta-carotène et des vitamines B et C*
- *a une action diurétique*
- *apporte des fibres*

INCONVÉNIENTS
- *urines odorantes*
- *peut déclencher des crises de goutte*

Cuites à la vapeur pour en préserver les vitamines, les asperges constituent une entrée raffinée. Trois variétés sont disponibles : blanche, verte et à pointe violette. L'asperge est un légume moyennement calorique, car elle contient des glucides et des protéines, mais pratiquement pas de lipides. Les pectines et les mucilages présents dans la pointe

aident à réguler le transit intestinal. Les fibres contenues dans la tige (hémicelluloses, celluloses, lignine) sont efficaces contre la constipation.

Les substances minérales que renferme l'asperge sont variées, mais c'est surtout le potassium qui domine, d'où l'action diurétique de l'asperge. L'apport vitaminique varie en fonction de la variété. Les asperges à pointe violette sont plus riches en vitamine C et en bêta-carotène, deux antioxydants naturels qui joueraient un rôle préventif contre l'apparition de certaines maladies, comme le cancer et l'athérosclérose. Les asperges à pointe verte sont plus riches en vitamines B_1 et B_2. La présence d'acide urique dans l'asperge explique qu'elle soit déconseillée aux personnes souffrant de goutte.

COMPOSITION MOYENNE POUR IOO G :
protéines . . . . 2,7 g
lipides . . . . 0, 3 g
glucides . . . . 1,5 g
apport énergétique . . . . 19 kcal

LES ALLERGIES ET INTOLÉRANCES ALIMENTAIRES

Diverses substances présentes dans les aliments peuvent déclencher toutes sortes de troubles, allant du simple rhume des foins à l'étouffement parfois mortel. Les allergies deviennent de plus en plus fréquentes, et leur mécanisme n'est pas encore parfaitement compris des spécialistes.

Responsables de toutes les allergies, les allergènes sont de minuscules particules de matière présentes dans l'environnement ou l'alimentation. Notre organisme voit en ceux-ci autant de corps étrangers potentiellement dangereux, auxquels il réagit en déployant un arsenal d'anticorps dans le sang et les tissus. L'intensité de cette réaction est fonction des individus : les troubles peuvent varier des éternuements accompagnant un léger rhume des foins, jusqu'à des manifestations graves pouvant entraîner la mort. Des symptômes identiques peuvent être dus à des allergènes différents. Le problème est d'autant plus complexe que l'on a tendance à confondre allergie et intolérance.

ALLERGIE OU INTOLÉRANCE ?

Les allergies d'origine alimentaire peuvent affecter pratiquement tout l'organisme et déclencher, par exemple, des crises d'eczéma, d'asthme, ou d'urticaire. Un sujet allergique au poisson ou aux arachides est exposé à de brusques gonflements de la langue, de la gorge, voire à une violente crise d'asthme.

Dans les cas les plus extrêmes, une petite particule de poisson (provenant éventuellement d'un bain de friture), une trace de beurre d'arachide sur un couteau (ou un biscuit contenant de l'huile d'arachide) peuvent entraîner des troubles extrêmement graves, voire mortels. Aux victimes de ces allergies violentes, appelées chocs anaphylacti-ques, réagissant de façon anormale et intense, il faut immédiatement faire une injection d'adrénaline.

Lorsque des troubles apparaissent avec l'absorption d'un aliment, mais que les tests d'allergie se révèlent négatifs, on parle plutôt d'intolérance alimentaire. Celle-ci fait encore l'objet de nombreuses recherches et, bien que le système immunitaire soit parfois impliqué, ses causes restent difficiles à identifier, à quelques exceptions près. On sait, par exemple, que les personnes qui souffrent d'intolérance au lactose ont perdu la capacité de produire une enzyme intestinale spécifique, la lactase, nécessaire pour la bonne assimilation du lait ; et que le gluten peut provoquer des altérations de la muqueuse de l'intestin grêle et entraîner de nombreux troubles de malabsorption, comme dans la maladie cœliaque. Enfin, l'organisme peut tout simplement réagir de façon excessive à la présence d'histamine, un acide aminé présent notamment dans les crustacés, les fromages forts, etc.

QUI EN SOUFFRE ?

Les problèmes d'allergie semblent s'accroître. Selon différentes enquêtes menées en Amérique du Nord, 1 personne sur 4 en est atteinte. Cependant, seule une infime partie de la population souffrirait à proprement parler d'allergie ou d'intolérance alimentaire. Une allergie, quelle qu'en soit la nature, peut se

Histoire vécue

Caroline, âgée de 27 ans, souffrait de ce qu'elle croyait être des boutons de fièvre. Au cours de certains repas, ses lèvres et sa langue commençaient à piquer puis, rapidement, devenaient gonflées et douloureuses.

Un été, elle eut une crise particulièrement sévère et le médecin qu'elle consulta s'enquit de son alimentation. Il en ressortit que Caroline consommait régulièrement des tomates d'une variété particulière cultivées par son père. Depuis qu'elle n'en mange plus, les symptômes incriminés ont complètement disparu.

déclencher à tout âge. À mesure que l'on grandit, la vulnérabilité aux allergies alimentaires peut changer. Ainsi, il arrive souvent, vers l'âge de 7 ou 8 ans, lorsque le système immunitaire et digestif de l'enfant acquiert une plus grande maturité, que les phénomènes d'allergie disparaissent. Mais d'autres allergies peuvent apparaître au fil des années, avec des symptômes identiques ou différents.

Quand on soupçonne un certain aliment d'être à l'origine d'une allergie, on en recherche la confirmation à l'aide de tests cutanés, ou par un régime d'exclusion (qui consiste à éliminer l'aliment suspect du régime). Les deux méthodes, simples dans leur principe, sont relativement précises. Mais, à défaut d'un résultat concluant, identifier l'aliment responsable de l'allergie peut devenir aussi compliqué que chercher une aiguille dans une botte de foin !

IDENTIFICATION DES ALLERGÈNES

Certains allergènes sont facilement identifiables car, dès l'ingestion de l'aliment, les symptômes se manifestent. En revanche, il faut, dans certains cas, noter l'heure et le menu de tous les repas, y compris les collations, pour les relier à l'apparition des premiers symptômes. Au bout d'un certain temps, on est en mesure d'éliminer quelques aliments suspects. Si les symptômes disparaissent, on réintroduit les aliments en cause, ce qui permet une contre-expertise.

Dans les cas plus complexes, il faut recourir à des tests d'allergie. Les plus courants sont les tests cutanés, qui consistent à scarifier la peau pour permettre à une petite quantité de divers allergènes de pénétrer. L'apparition d'irritation ou d'enflure indique généralement une réaction allergique. Dans des cas plus complexes, le médecin pourra prescrire un RAST (radioallergosorbent test), qui consiste à prélever un peu de sang du patient et à le mélanger avec des extraits d'aliments pour vérifier la réaction des anticorps.

Les aliments le plus souvent incriminés et leurs effets

Presque tous les aliments sont susceptibles de déclencher des réactions allergiques. Voici quelques-uns des « coupables » le plus fréquemment rencontrés dans notre mode d'alimentation.

CLASSIFICATION	ALIMENTS À RISQUE	SYMPTÔMES
Œufs	Généralement le blanc. Gâteaux et pâtisseries, crêpes, crème glacée, meringues, brioche, pâtes aux œufs, sauces du commerce, pâtés industriels...	Éruption cutanée, ballonnements, troubles digestifs. Mais aussi asthme et eczéma.
Poisson	Tous les poissons frais et en conserve, fumés ou surgelés ; les préparations qui en contiennent (paella, pizza, soupe, salades composées, etc.). Les pâtés d'anchois, de saumon. Le caviar et les œufs de poisson.	Migraines, nausées, éruption cutanée, ballonnements, troubles digestifs.
Produits laitiers	Lait, fromages frais, desserts au lait et crèmes-dessert, crème glacée, certains fromages et toutes les préparations qui en renferment.	Constipation, diarrhée, flatulences ; migraine (certains fromages). Les bébés peuvent souffrir de coliques, parfois d'eczéma.
Noix	Beurre et noix d'arachide, noix de Grenoble, noix de cajou, pacanes, et toute préparation en contenant (biscuits, pâtisseries, crème glacée...), ainsi que leurs huiles.	Éruption cutanée, œdème, asthme et eczéma. Quelques cas mortels par choc anaphylactique.
Fruits de mer	Coquillages (palourdes, huîtres, moules, pétoncles...), crustacés (homard, scampis, crevettes, crabe, etc.).	Troubles digestifs persistants, ballonnements, migraines, nausées.
Fruits et légumes	Céleri, fruits exotiques (kiwi, papaye, banane, avocat), fraise, orange, tomate, raisin...	Démangeaisons, éruption cutanée, maux de tête, indigestion, asthme et eczéma.
Additifs	Préparations et boissons renfermant des colorants de synthèse, ou des conservateurs tels les sulfites ou l'acide benzoïque et ses dérivés.	Éruption cutanée, asthme, troubles digestifs.
Gluten	Tous les produits contenant du blé, de l'orge, du seigle ou de l'avoine, et tout aliment industriel contenant des farines ou des dérivés de ces céréales.	Migraines, colopathies (entraînant notamment diarrhées et perte de poids).

Il existe d'autres formes de test, comme le régime éliminatoire, qui consiste à éliminer un à un les aliments les plus souvent incriminés, et le régime éliminatoire strict, qui consiste à les éliminer tous pendant 7 à 10 jours. Si, au bout de ce temps, l'allergie se manifeste encore, c'est qu'elle trouve son origine ailleurs que dans l'alimentation.

HISTAMINES HYPERACTIVES

La peau et les muqueuses, c'est-à-dire la paroi interne de la bouche, du nez, des intestins et d'autres organes du corps, produisent une substance nommée histamine. Celle-ci a notamment pour fonction de stimuler la production de sucs gastriques après les repas et de déclencher la dilatation des capillaires sanguins (de tout petits vaisseaux) pour augmenter la circulation du sang. Lorsque des allergènes d'origine alimentaire pénètrent dans l'organisme ou entrent en contact avec la peau, l'organisme réagit en libérant de grandes quantités d'histamine. C'est cette « explosion histaminique » qui est responsable de la plupart des symptômes allergiques : yeux larmoyants, éternuements, respiration difficile, éruptions cutanées, diarrhées, etc. Dans certains cas, la réaction peut se limiter à des picotements sur la langue ou dans la bouche – après absorption, par exemple, de pommes, cerises, prunes ou tomates crues. Ce type d'allergie est fréquent chez les personnes sujettes au rhume des foins provoqué par le pollen de certains arbres, comme le bouleau blanc.

SYMPTÔMES À COURT OU À LONG TERME

Les allergènes peuvent affecter n'importe quelle partie du corps – le nez, les poumons, la peau, et même le cerveau. Lorsqu'une réaction allergique se déclenche aussitôt après l'ingestion d'un aliment, il s'agit probablement d'une allergie alimentaire, et non d'une intolérance. Cependant, il existe certains allergènes alimentaires, responsables de crises d'asthme ou de rhinite chronique par exemple, qui n'agissent pas avant plusieurs heures, voire plusieurs jours. On peut donc consommer certains aliments de façon quotidienne sans soupçonner qu'ils sont la cause de ces manifestations d'allergie. Ce n'est qu'après avoir supprimé ces aliments pendant 2 à 3 semaines que les symptômes disparaîtront. Les troubles réapparaîtront si on les consomme à nouveau.

LES FAUTEURS DE MIGRAINE

Différents aliments sont souvent incriminés par les sujets souffrant de migraine. Ils accusent notamment le vin blanc, le chocolat, les œufs, la charcuterie, le beurre d'arachide et le café. Mais aussi le fromage (en particulier les fromages bleus), l'alcool – notamment le porto –, la banane, l'avocat, les bouillons en cube à base de viande.

L'EXCÈS DE FATIGUE

La somnolence peut parfois résulter d'une intolérance alimentaire. S'il est normal d'éprouver une légère envie de dormir après un repas – le repos est propice à une bonne irrigation sanguine des intestins, au détriment des muscles et du cerveau –, certaines personnes sont victimes d'une somnolence excessive. Dans bien des cas, on a pu diagnostiquer une sensibilité particulière aux céréales – notamment au blé. Pour ce type de situation, l'exclusion pure et simple d'aliments à base de blé est habituellement bénéfique, et permet d'obtenir une amélioration significative de l'état général.

LE LAIT : SOUVENT EN CAUSE

À l'âge adulte, 90 % de la population mondiale souffre d'une carence de lactase, cette enzyme intestinale qui permet l'assimilation du lactose. (Pour obtenir plus de détails à ce sujet, voir LACTOSE, p. 188.)

HABITUDES ALIMENTAIRES

Quels sont les aliments le plus souvent accusés d'entraîner une allergie alimentaire ? Ils diffèrent d'un pays à l'autre, et leur fréquence relative reflète souvent les habitudes alimentaires nationales. Il est en effet certain que la fréquence de consommation d'un aliment est un facteur de risque de sensibilisation : plus un aliment est consommé, plus il est susceptible de provoquer des réactions allergiques. Ainsi, l'allergie au riz, rarissime en Occident, est fréquente au Japon. Aux États-Unis, les arachides sont très souvent incriminées, alors qu'en Italie, la farine de blé – et donc les pâtes – arrive en tête de liste. Au Canada, œufs, poisson, lait et crustacés sont les aliments le plus fréquemment signalés. Mais les allergies aux fruits exotiques augmentent (ils sont de plus en plus nombreux sur les marchés), de même que celles au soja, de plus en plus utilisé dans les aliments industriels. Ces changements sont directement liés à l'évolution récente de notre alimentation.

ÉVITER LES CARENCES

En cas d'allergie alimentaire, l'objectif est d'éliminer totalement l'aliment responsable. Cela nécessite une vigilance de tous les instants. Ainsi, les œufs, le lait, le soja, fréquemment en cause dans les allergies, sont présents dans un très grand nombre d'aliments, et souvent sous une forme masquée. Il est préférable, pour cette raison, de consommer des aliments « simples », non transformés. Chaque fois que l'on achète un produit nouveau, il faut examiner attentivement la composition indiquée sur l'étiquetage et s'abstenir au moindre doute.

Lorsqu'un enfant souffre d'allergies alimentaires multiples, il est contraint de suivre un régime extrêmement limité. Pour éviter les carences (notamment en vitamines et en minéraux), très préjudiciables pendant la période de croissance, il est vivement conseillé de faire appel à un diététiste, qui sera à même de lui établir un régime alimentaire équilibré.

LES MÉDICAMENTS

Certains médicaments irritent la muqueuse intestinale et favorisent l'apparition d'allergies et d'intolérances alimentaires. C'est le cas, par exemple, de l'aspirine, des anti-inflammatoires non stéroïdiens et de médicaments qui renferment des additifs. Les colorants sont les plus faciles à détecter. Certains agents de conservation comme les sulfites, utilisés parfois dans des antibiotiques injectables, peuvent provoquer des réactions violentes chez des patients sensibilisés. Il faut donc être très vigilant également vis-à-vis des médicaments et avertir le médecin d'un éventuel terrain allergique.

LA PLACE DU RÉGIME DANS LE DIAGNOSTIC

Pour identifier une allergie alimentaire, et surtout les aliments qui la provoquent, on préconise parfois une démarche basée sur l'utilisation d'un régime aussi équilibré et varié que possible, mais constitué d'aliments réputés peu allergénisants. Elle est réalisée sous surveillance médicale, après un bilan diététique approfondi. Les aliments généralement autorisés sont les suivants :

● légumes cuits : tous sauf tomate, céleri-rave et épinards ; crus : chou-rouge et laitue ;

● fruits cuits : tous ; crus : pomme, poire, pêche, raisin, sauf en cas d'allergie pollinique ;

● viandes : poulet, bœuf, agneau, dinde, lapin, veau ;

● poissons : surgelés (sole, aiglefin, truite, goberge), uniquement si on a la preuve de l'absence d'une allergie aux protéines du poisson ;

● œufs, en très petite quantité à la fois, uniquement si on a la preuve de l'absence d'une allergie aux protéines de l'œuf ;

● produits laitiers : lait en petite quantité, fromage blanc, fromage à la crème, uniquement si on a la preuve de l'absence d'une allergie aux protéines du lait ;

● féculents, uniquement si on a la preuve qu'il n'y a pas d'allergie au gluten : riz, pain (en quantité modérée, et bien cuit), farine, pâtes ;

● boissons : eau, thé, café léger.

On écarte toute substance susceptible d'irriter la paroi intestinale (poivre, paprika, piment, moutarde, alcool).

Ce régime doit entraîner une nette amélioration en 4 à 6 semaines, voire la suppression des symptômes. Lorsque c'est le cas, on est très probablement en présence d'une allergie d'origine alimentaire.

Si des troubles persistent, on va rechercher très précisément les aliments qui en sont responsables. En fonction des informations fournies par l'interrogatoire alimentaire, on supprimera successivement des aliments précis (pain, fruit, viande de bœuf, etc.), jusqu'à ce qu'on détecte celui ou ceux qui sont en cause. Ensuite, on prendra le chemin inverse en élargissant peu à peu le régime.

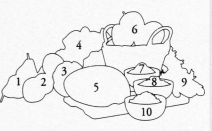

Selon les experts médicaux, certains aliments entraînent peu – voire pas – de risques de réactions allergiques. Ce sont : les poires (1), les pêches (2), les artichauts (3), la laitue (4), l'agneau (5), les pommes (6), le riz complet (7), le riz sauvage (8), les carottes (9), le riz blanc (10).

ASTHME

PRIVILÉGIER
- *les bouillons, la soupe au poulet et tous les liquides, qui aident à attendrir le mucus dans les bronches*
- *les aliments riches en acides gras oméga-3 pour contrer l'inflammation*

ÉVITER
- *les aliments susceptibles de provoquer une crise (selon la sensibilité personnelle)*
- *l'automédication*
- *les compléments alimentaires*

L'asthme est une affection chronique des voies respiratoires dont les conséquences sont parfois très graves. Une crise peut durer de quelques minutes à plusieurs jours. Elle se manifeste par des difficultés respiratoires, accompagnées parfois de toux et de sifflements, avec une sensation d'oppression dans la poitrine due à l'inflammation des bronches. Pollens, acariens, poils d'animaux, pollution, anxiété, fatigue, maladies infectieuses, allergies alimentaires peuvent provoquer une crise.

LES FACTEURS ALLERGÈNES

L'allergie étant par essence un problème individuel, il n'est pas possible d'énumérer tous les fautifs : il n'y a pas de « mauvais » aliments. En revanche, si l'on soupçonne certains produits, il n'est pas inutile de se faire une liste personnelle et de la soumettre à un médecin. Toutes les substances détaillées ci-après, si elles peuvent être la cause de crises d'asthme, ne sont pas dangereuses en elles-mêmes : le risque ne provient que de la sensibilité de chacun.

Chez certaines personnes, ce sont les allergènes présents dans l'environnement et ingérés accidentellement qui sont responsables des réactions allergiques, plutôt que les aliments en eux-mêmes. Par exemple, une personne allergique aux moisissures pourra réagir à des aliments qui en comportent : champignons, fromage, hot-dogs et autres viandes traitées, de même que les produits fermentés, incluant la sauce soja, la bière, le vin et le vinaigre.

Parmi les facteurs allergènes les plus fréquents – et potentiellement mortels – se rangent les sulfites. Ceux-ci sont des additifs ajoutés aux aliments dans le but d'en faciliter la conservation et d'en préserver la couleur. On les retrouve surtout dans les fruits séchés, les mélanges à soupe déshydratés ou instantanés, la purée de pommes de terre instantanée, le vin, la bière et le jus de raisin blanc. Toute personne sensible aux sulfites devrait vérifier la liste des ingrédients sur l'étiquette des aliments et se méfier de tout ce qui semble être relié au soufre : bisulfite de potassium ou bioxyde de soufre, par exemple. En plus de provoquer des crises d'asthme, les sulfites peuvent, chez les personnes hypersensibles, causer un choc anaphylactique.

Les salicylates, des substances de la même famille que l'ingrédient actif de l'aspirine et naturellement présentes dans plusieurs fruits, peuvent aussi provoquer des crises d'asthme. Le

Histoire vécue

C'est à l'âge de 34 ans que Marie-Jeanne commença à souffrir d'un asthme léger. Si elle n'était pas sujette à de violentes crises, elle remarqua toutefois que ses problèmes respiratoires et sa toux s'intensifiaient le dimanche matin. Comme Marie-Jeanne avait l'habitude de fréquenter un bar à vins le samedi soir, elle en avait rapidement conclu que ses crises avaient pour cause l'atmosphère enfumée de ce lieu, jusqu'au jour où elle fut invitée à une dégustation de bordeaux. Au cours de cette soirée, personne n'alluma la moindre cigarette. Or, le lendemain matin, Marie-Jeanne se sentit particulièrement oppressée. Elle fut obligée d'admettre que la fumée de tabac n'était pas à l'origine de sa crise. Elle soupçonna alors les vins qu'elle avait bus et chercha à découvrir ceux qui étaient en cause. Après plusieurs essais, elle se rendit compte que ses réactions étaient provoquées uniquement par les vins rouges. Elle prit alors la ferme résolution d'arrêter d'en consommer. Son « asthme du dimanche matin » disparut comme par enchantement.

colorant alimentaire jaune tartrazine, bien que moins puissant, est chimiquement semblable aux salicylates.

PRODUITS PHARMACEUTIQUES

Les médicaments, les compléments alimentaires et les produits reliés à la médecine alternative peuvent également, selon la susceptibilité de chacun, entraîner des crises. Les risques sont cependant minimes avec les médicaments car ils sont de plus en plus contrôlés et soumis à des tests sérieux, ce qui n'est pas le cas des diverses spécialités parapharmaceutiques. On conseille donc aux asthmatiques d'éviter l'automédication et les compléments alimentaires.

ALIMENTS BÉNÉFIQUES

S'il n'y a pas d'aliment miracle pour conjurer l'asthme, il en est toutefois quelques-uns qui peuvent réduire les complications. Les acides oméga-3, par exemple, présents dans l'huile de canola, le saumon, le maquereau, les sardines et tous les poissons gras d'eau froide, peuvent contribuer à réduire l'inflammation des bronches. Pour se constituer une résistance contre les bronchites et d'autres infections secondaires des poumons, certains nutritionnistes recommandent de consommer des portions supplémentaires de fruits et de légumes pour tirer profit de la vitamine C qu'ils contiennent. Pour sa part, le zinc, présent dans la viande maigre, les huîtres, les céréales complètes et le yogourt, protège le système immunitaire.

RÔLE DE LA CAFÉINE

Avant que l'on ne mette au point les médicaments appropriés pour traiter les crises, les asthmatiques avaient parfois recours au café pour minimiser les symptômes consécutifs à une attaque. En effet, la caféine est relativement proche de la théophylline, un corps chimique qui entre dans la composition de certains médicaments contre l'asthme. Ces deux substances dilatent les bronches et facilitent la respiration. En cas d'urgence, on peut donc avaler deux tasses de café fort, qui devraient apporter un certain soulagement au bout de 2 heures. L'effet peut durer jusqu'à 6 heures en tout. Toutefois le café, le thé et les colas contenant de la caféine doivent être évités par les personnes suivant un traitement à base de théophylline, l'effet conjugué des deux apports risquant d'être toxique. L'excès de caféine est également néfaste pour les asthmatiques sensibles au stress et à l'anxiété.

ATHÉROSCLÉROSE

PRIVILÉGIER
- *fruits et légumes pour la vitamine C*
- *germe de blé, volaille, fruits de mer, légumes feuillus pour la vitamine E*
- *poissons gras pour l'oméga-3*
- *pommes, gruau, céréales complètes, pour la pectine et les fibres*
- *l'exercice physique*

RÉDUIRE
- *les aliments riches en cholestérol*

ÉVITER
- *cigarette, alcool, surpoids, sédentarité*

Avec l'âge, nos artères finissent par se durcir et il se forme sur leur paroi interne de petits nodules liés à la présence d'un dépôt fibreux et calcaire, l'athérome. Ce phénomène porte le nom d'athérosclérose. Le processus s'engage progressivement sur plusieurs décennies, quoique plus rapidement chez les fumeurs et les personnes dont le taux de cholestérol est élevé.

Dans les pays occidentaux industrialisés, la plupart des hommes commencent à souffrir d'athérosclérose à l'approche de la cinquantaine. Chez les

femmes, les œstrogènes aident à garder un taux de cholestérol LDL assez bas. Cependant, après la ménopause, le processus peut se déclencher très rapidement.

CAUSES ET SYMPTÔMES

Le durcissement des artères nuit à leur élasticité. À mesure que leur étirement devient difficile, la pression artérielle augmente et l'irrigation des tissus est gênée. Lorsque les coronaires sont sérieusement atteintes, diverses maladies cardio-vasculaires sont susceptibles de se déclarer, dont l'angine de poitrine.

Chez les personnes âgées, infarctus et crises cardiaques sont la plupart du temps les conséquences de l'athérosclérose et résultent d'une accumulation de lipoprotéines de faible densité

(LDL) dans les macrophages des parois artérielles. (Les LDL sont les lipoprotéines qui véhiculent le cholestérol dans le sang.) Les macrophages, cellules qui ont pour fonction de nettoyer les débris cellulaires, ne s'occupent en général pas des LDL, sauf quand celles-ci sont oxydées. Dans ce cas, ils les avalent et se retrouvent tellement gorgés de cholestérol qu'ils déposent des traînées de graisse sur les parois artérielles.

Si la plupart de ces dépôts graisseux disparaissent avec le temps, certains se transforment en excroissances ou plaques fibreuses. Cet autre phénomène résulte souvent de l'étouffement des macrophages à l'intérieur des traînées de graisse. Sur le point de dépérir, les macrophages libèrent des signaux chimiques qui provoquent la formation de tissus cicatriciels.

Alors que la concentration de LDL dans le sang accélère la formation de traînées de graisse, la concentration de lipoprotéines de haute densité (HDL) a pour effet de retarder le processus. En effet, ces autres lipoprotéines détachent le cholestérol des dépôts graisseux et les renvoient au foie. C'est pourquoi le cholestérol transporté par les lipoprotéines à haute densité (HDL) est communément appelé « bon cholestérol ».

COMMENT GARDER DES ARTÈRES SAINES ?

Tout d'abord, il vaut mieux ne pas fumer et éviter les aliments qui élèvent le taux de LDL, surtout les aliments riches en graisses d'origine animale. Mais, attention, un régime hypocholestérolémiant devra toujours être adapté à chacun. De plus, son efficacité devra être contrôlée régulièrement par dosage sanguin du cholestérol LDL, mais aussi du cholestérol HDL.

Il est également recommandé de faire attention à sa consommation de café, ce dernier pouvant faire monter le taux de cholestérol total, et particulièrement de cholestérol LDL. On a supposé jusqu'ici que le phénomène était dû à la caféine, mais il est en fait provoqué par deux substances, le cafestol et le kahweol, présentes dans les graisses du café. On ne les trouve toutefois que dans le café des percolateurs (expresso) ou celui que l'on a laissé un certain temps sur la plaque chauffante de la cafetière. On peut donc toujours consommer sans danger du café instantané et du café-filtre (non réchauffé), car les substances lipophiles citées plus haut restent sur le filtre. Le café bouilli pourrait, d'après une étude finlandaise, entraîner une augmentation de 3 à 7 % de la cholestérolémie moyenne d'une population.

Une hypothèse a été émise selon laquelle une consommation abondante de poissons gras — comme le maquereau, le hareng, le saumon, les sardines, la truite et le thon frais — serait salutaire, ceux-ci contenant des acides gras oméga-3 censés combattre le durcissement des parois artérielles, augmenter leur élasticité et, par là même, leur propension à se distendre facilement. Cependant, plusieurs travaux récents semblent montrer que les huiles de poisson n'exercent aucune action préventive contre l'infarctus du myocarde. Ces huiles sont malgré tout utiles pour la santé cardio-vasculaire.

La consommation excessive d'alcool est, dans tous les cas, déconseillée. Cependant, à l'occasion, un verre de vin peut s'avérer bénéfique. Il aura pour effet d'augmenter le niveau de cholestérol HDL dans le sang, donc, logiquement et selon toute probabilité, de retarder le développement de l'athérosclérose.

L'exercice physique régulier offre encore la meilleure protection. Mais il conviendra d'éviter les sports violents impliquant des accélérations brutales du rythme cardiaque et un essoufflement important.

AUBERGINE

AVANTAGES
- *peu calorique*
- *riche en fibres*

INCONVÉNIENTS
- *peut absorber beaucoup de graisses*

L'aubergine fait partie des légumes les moins caloriques. Elle contient assez peu de glucides, très peu de protéines et pratiquement pas de lipides. Cependant, selon son mode de préparation, et en particulier lorsqu'elle est frite, sa teneur en graisses augmente considérablement, car la chair s'imbibe d'huile ; sa digestibilité en devient alors médiocre.

Si l'aubergine contient une grande variété d'éléments minéraux et de vitamines, c'est toujours en très petites quantités. Seul le potassium domine largement, ce qui donne à ce légume une action diurétique indéniable.

Les fibres, assez abondantes, sont composées en majeure partie de pectines. Celles-ci sont très bien tolérées par les intestins et régulent en douceur le transit intestinal.

Des études réalisées aux États-Unis ont montré que l'aubergine serait capable de limiter l'augmentation des lipides et du cholestérol dans le sang. Selon les chercheurs, l'aubergine

LE SAVIEZ-VOUS ?

- *Moussaka, curry, ratatouille, bab ghanoush : l'aubergine est la base de plats traditionnels dans plusieurs pays.*
- *Depuis des millénaires, l'aubergine carbonisée et réduite en poudre est utilisée en Orient pour se frotter les dents et les rendre éclatantes.*

Riche en eau, l'aubergine n'apporte que très peu de calories. On trouve maintenant sur les marchés des variétés originales : des rondes, comme celles présentées à côté du plat, mais aussi des blanches, des jaunes, des noires…

AVOCAT

AVANTAGES
- *riche en vitamine E*
- *contient beaucoup de graisses monoinsaturées*

INCONVÉNIENTS
- *riche en calories*

L'avocat est un fruit très calorique par rapport aux autres fruits frais en raison de sa teneur élevée en lipides : un seul avocat peut apporter jusqu'à 400 kcal ! C'est pourquoi il est préférable de le déguster sans ajout de corps gras (vinaigrette ou mayonnaise), mais en l'accommodant de jus de citron et d'un peu de sel et de poivre.

L'avocat se caractérise par sa richesse en vitamine E. Il contient également de la vitamine C. Ces deux vitamines sont des antioxydants naturels qui s'opposent à la prolifération de radicaux libres, laquelle offrirait un terrain favorable à certains cancers, aux maladies cardio-vasculaires et au vieillissement cellulaire prématuré.

D'autre part, l'avocat, tout comme l'huile d'olive, présente une forte teneur en acides gras monoinsaturés, qui permettent, pense-t-on, de diminuer le taux de cholestérol du sang.

COMPOSITION MOYENNE POUR 100 G :
protéines . . . . 1,9 g
lipides . . . . 14,2 g
glucides . . . . 0,8 g
apport énergétique . 139 kcal

contiendrait des substances qui auraient la propriété de garder le cholestérol dans l'intestin sans qu'il puisse être absorbé. Ces substances n'ont cependant pas encore été identifiées.

COMPOSITION MOYENNE POUR 100 G :
protéines . . . . 1 g
lipides . . . . 0, 2 g
glucides . . . . 3, 2 g
apport énergétique . . . . 18 kcal

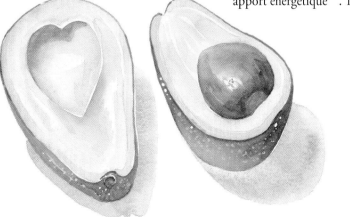

BANANE

AVANTAGES
- *riche en glucides et en potassium, en acide folique et en vitamines C et B₆*

Les bananes sont des fruits tropicaux qui poussent toute l'année. Cueillies encore vertes, elles mûrissent très vite dès qu'on les amène à la température ambiante. À la maison, vous pouvez hâter le processus en les enfermant dans un sac de plastique en même temps qu'une pomme.

Par sa teneur élevée en glucides, la banane est un fruit plus calorique que les autres. Avant maturité, les glucides sont constitués d'amidon, élément très indigeste. La consommation de bananes vertes non cuites entraîne des troubles digestifs car l'amidon, non digéré, fermente dans l'intestin. Avec la maturité, l'amidon se transforme en sucres assimilables, ce qui fait disparaître les problèmes de digestibilité. On ne devrait jamais conserver les bananes au réfrigérateur car, en dessous de 12 °C, elles noircissent et perdent toute leur saveur.

La banane contient des fibres qui se répartissent entre des substances cellulosiques accélérant le transit et des pectines le régularisant. Ce juste équilibre explique sans doute l'absence d'effets irritants de ses fibres et en fait un fruit qui, mûr, est très bien toléré, même des personnes aux intestins fragiles. Elle fait partie des premiers aliments qu'on donne aux bébés.

Par sa richesse en glucides et en divers éléments minéraux, dont une forte proportion de potassium, la banane est un aliment conseillé aux sportifs. Elle permet de compenser les pertes en éléments minéraux et assure une recharge en sucres.

La banane plantain est une variété que l'on consomme cuite, comme légume. Sur le plan nutritif, elle se compare à la banane, mais sa teneur en vitamine A est bien supérieure.

BANANES SÉCHÉES

Comme tous les fruits secs, la banane séchée est beaucoup plus calorique que le fruit frais, la déshydratation entraînant une concentration de tous les éléments constitutifs. La proportion des éléments minéraux est multipliée par 4 ou 5 : 100 mg de magnésium et 1 300 mg de potassium pour 100 g de banane séchée. De ce fait, elle est très appréciée des sportifs.

COMPOSITION MOYENNE POUR 100 G DE BANANE FRAÎCHE :

protéines . . . . 1 g
lipides . . . . 0,4 g
glucides . . . . 21 g
apport énergétique . . . . 91 kcal

POUR 100 G DE BANANE SÉCHÉE :

protéines . . . . 3 g
lipides . . . . 1,2 g
glucides . . . . 60 g
apport énergétique . . . . . . 263 kcal

BETTE

AVANTAGES
- *peu calorique*
- *riche en potassium*

La bette à cardes appartient à la même famille que la betterave. Peu calorique, elle contient, comme la plupart des légumes, très peu de lipides. Alors que sa teneur en glucides et en protéines est assez faible, elle est riche en potassium, donc diurétique, et en magnésium, qui joue un rôle essentiel dans la contraction musculaire. Elle renferme beaucoup de calcium (80 mg pour 100 g) et peut apporter un complément calcique appréciable pour les personnes consommant peu de produits laitiers. Les feuilles de ce légume fournissent une grande quantité de bêta-carotène, un antioxydant naturel. Du fait de sa grande teneur en sodium, on le déconseille généralement aux personnes suivant un régime hyposodé sévère.

Les côtes de bette sont consommées cuites, agrémentées de beurre, de crème fraîche ou de béchamel, ou encore gratinées. On peut utiliser les feuilles dans un potage ou les faire cuire comme des épinards.

COMPOSITION MOYENNE POUR 100 G :

protéines . . . . 1,8 g
lipides . . . . 0,1 g
glucides . . . . 2,3 g
apport énergétique . . . . 17 kcal

BETTERAVE

AVANTAGES

- *contient de l'acide folique et de la vitamine C*
- *les feuilles sont une excellente source de potassium, de calcium, de fer, de bêta-carotène et de vitamine C*

Bien que les feuilles soient supérieures sur le plan nutritif, c'est la racine de la betterave qui est le plus souvent consommée, toujours cuite. Riche en glucides, comme toutes les racines, elle appartient à la même famille que la betterave sucrière dont on extrait le saccharose. Bien qu'elle contienne plus de sucre que tous les autres légumes, elle ne représente pourtant que 50 kcal par tasse.

Contrairement à d'autres légumes colorés, le rouge caractéristique de la racine cuite n'est pas dû à la présence de bêta-carotène, mais à celle, en grande quantité, d'un pigment azoté, la bétanine. C'est à celle-ci que l'on doit l'éventuelle coloration rouge des urines qui a parfois tendance à effrayer. Ce phénomène inoffensif s'explique par le fait que la bétanine, bien qu'absorbée au niveau intestinal, n'est pas métabolisable, c'est-à-dire qu'elle n'est pas utilisée par les cellules. Elle est prise en charge par la circulation sanguine pour être épurée par les reins et éliminée dans les urines, ce qui ne présente d'ailleurs aucun danger pour la santé. Compte tenu de son fort pouvoir de coloration, la bétanine est extraite de la betterave et utilisée en industrie agroalimentaire.

La betterave, riche en potassium, possède une action diurétique. Elle offre un apport intéressant d'acide folique, vitamine qui intervient dans le métabolisme des acides aminés et dans le renouvellement cellulaire, en particulier des globules rouges.

Pour qu'elles conservent leur belle couleur et un maximum d'éléments nutritifs, la meilleure façon de faire cuire les racines de betteraves est de les faire bouillir sans les peler ou encore de les mettre au four 1 h 30 à 2 heures, enveloppées dans de l'aluminium. Une fois refroidies, il suffit de faire glisser leur enveloppe. Les feuilles se cuisinent comme des épinards.

COMPOSITION MOYENNE POUR 100 G :
protéines	1,3 g
lipides	0,1 g
glucides	7,6 g
apport énergétique	37 kcal

BEURRE, MARGARINE

Voir p. 44

BIÈRE

AVANTAGES

- *apporte des petites quantités de niacine, d'acide folique, de vitamine B$_6$ et quelques minéraux*

INCONVÉNIENTS

- *une consommation exagérée peut causer un excès de poids et mener à l'alcoolisme*

La bière est une boisson alcoolisée obtenue par fermentation d'un moût généralement fabriqué avec du houblon et du malt d'orge. Sa fabrication se fait en quatre étapes : maltage, brassage, cuisson et fermentation.

VALEUR NUTRITIVE DE LA BIÈRE

On a tendance à exagérer les vertus de la bière. En fait, elle perd, en cours de brassage, la plupart des propriétés nutritives des céréales ayant servi à sa fabrication. Une petite bouteille de bière (341 ml) renferme 150 kcal, dont les deux tiers proviennent de l'alcool, et à peine quelques traces de protéines. En revanche, elle fournit 10 % des apports nutritionnels recommandés en acide folique, niacine, vitamine B$_6$, phosphore et magnésium. Le type de levure qui sert à fabriquer les bières canadiennes contient du sélénium, un antioxydant, et du chrome, un minéral servant à métaboliser les hydrates de carbone. À cause de l'action diurétique de la bière, ces vitamines et ces minéraux ont toutefois de fortes chances d'être éliminés avant d'être absorbés.

On a coutume de grignoter, tout en buvant de la bière, des noix, des croustilles et des bretzels dont le sel incite à boire davantage. Pour équilibrer ses apports importants en glucides, il vaut mieux l'accompagner d'aliments riches en protéines et en amidon : œufs, viande, volaille, fruits de mer, pâtes alimentaires, pain et biscottes à base de farine entière.

BIÈRE ET ALLAITEMENT

Contrairement à ce que pensaient nos grands-mères, rien ne prouve que la bière augmente la sécrétion de lait. Comme toute boisson alcoolisée, il est préférable de l'éviter en période d'allaitement, car presque tout ce qui est absorbé par la mère passe dans le lait.

BIÈRE SANS ALCOOL

La bière dite sans alcool est obtenue en stoppant la fermentation alcoolique. On tolère cependant un taux d'alcool de 1,2° maximum.

BIOLOGIQUES (produits)

Voir p. 48

BEURRE OU MARGARINE?

Même si ces deux corps gras se ressemblent, ils possèdent des caractéristiques gustatives et nutritionnelles bien différentes. L'un comme l'autre doivent être consommés avec modération.

Au XIXe siècle, on inventa la margarine pour disposer d'un corps gras plus économique que le beurre, pouvant être obtenu à partir de corps gras très divers, d'origine végétale ou animale (huiles de palme, de coprah, de soja, de tournesol, de poisson, etc.). La graisse de baleine, longtemps employée, n'est plus utilisée aujourd'hui. Entrent également dans la composition de la margarine de l'eau (ou du lait) et du sel, ainsi que de nombreux additifs : émulsifiants, conservateurs, acidifiants, arômes, colorants.

Comme le beurre, la margarine doit renfermer au moins 80 % de matières grasses. Elle est donc aussi grasse... et aussi calorique.

De plus en plus de gens ont remplacé le beurre par la margarine parce qu'ils la croyaient meilleure pour la santé. Bien qu'on s'entende généralement pour dire que le beurre est plus savoureux, on sait aussi qu'il est relativement élevé en cholestérol et que ses calories proviennent du gras, le fléau alimentaire des années 90. De plus, le gras du beurre est principalement saturé, ce qui fait augmenter le taux de cholestérol plus que les autres types de gras. Plusieurs études ont également associé une diète riche en gras à l'augmentation des risques de cancer.

DES ARGUMENTS SANTÉ

Dans le débat qui oppose partisans de la margarine et amateurs de beurre, les arguments avancés sont d'ordre nutritionnel. Ainsi, la margarine renferme moins d'acides gras saturés que le beurre (18 à 39 % des acides gras totaux, au lieu de 67 %). Et elle est dépourvue de cholestérol (le beurre en renferme 250 mg aux 100 g).

Tout compte fait, changer pour la margarine semblait un choix logique, jusqu'à ce que, en 1993, des chercheurs de Harvard viennent affirmer que certains types de margarine – à cause de leur forte teneur en acides gras trans – augmentent les risques de maladies cardiaques plus encore que le beurre. Cette découverte ne manqua pas de ranimer la confusion.

Le beurre fournit des vitamines A et D naturelles, ainsi que des acides gras variés, dont certains jouent un rôle important pendant la période de croissance (en particulier pour le développement des cellules cérébrales). Son processus de fabrication est naturel, et ne donne pas naissance à des composés indésirables, tels de nouveaux acides gras « trans »

Beurre ou margarine : tableau comparatif

	APPORT ÉNERGÉTIQUE (kcal)	LIPIDES (g/c. à soupe)	CHOLESTÉROL (mg/c. à soupe)	NUTRIMENTS (par c. à soupe)
Beurre régulier				
	720 pour 100 g (100 par c. à soupe)	Graisses totales 11 Saturées 7,1 Monoinsaturées 3,3 Polyinsaturées 0,4	33	Vitamine A 459 UI Vitamine E 0,20 mg
Beurre à teneur réduite en calories				
	350 pour 100 g (50 par c. à soupe)	Graisses totales 5,9 Saturées 3 Monoinsaturées 1 Polyinsaturées 0,3	18	Vitamine A 230 UI
Margarine dure				
	720 pour 100 g (100 par c. à soupe)	Graisses totales 11 Saturées 2,2 Monoinsaturées 5 Polyinsaturées 3,6	0	Vitamine A 460 UI Vitamine D 60 UI
Margarine molle				
	720 pour 100 g (100 par c. à soupe)	Graisses totales 11 Saturées 1,9 Monoinsaturées 4 Polyinsaturées 4,8	0	Vitamine A 460 UI Vitamine D 60 UI Vitamine E 8 mg
Margarine à teneur réduite en calories				
	350 pour 100 g (50 par c. à soupe)	Graisses totales 5 Saturées 1,1 Monoinsaturées 2,2 Polyinsaturées 1,9	0	Vitamine A 460 UI Vitamine D 60 UI Vitamine E 0,4 mg

(voir encadré ci-dessus). Or, on sait de source sûre que les acides gras trans augmentent la concentration des lipo-protéines de basse densité (LDL) qui peuvent bloquer les artères coronaires.

Les rapports d'étude de l'université Harvard démontraient donc que le beurre était meilleur pour la santé que la margarine. Mais cette position ne tarda pas à être réfutée par les sommités en matière de métabolisme des graisses. Tout en concédant que le procédé d'hydrogénation augmente effectivement les niveaux d'acides gras trans dans un bon nombre de margarines, ces spécialistes insistèrent pour faire remarquer que les gras saturés contenus dans le beurre augmentent encore davantage la cholestérolémie.

UNE QUESTION DE GOÛT

Le choix n'est pas aussi compliqué à faire que le laissent supposer ces rapports conflictuels. Les acides gras trans augmentent effectivement le LDL, mais ils ne constituent qu'un faible pourcentage du gras total dans un régime courant, disons entre 2 et 8 %, à comparer aux gras saturés qui représentent, pour leur

part, entre 12 et 14 % du total des calories. En outre, toutes les margarines ne sont pas les mêmes : plus elles sont molles, et même liquides, moins elles ont été hydrogénées, et donc moins elles contiennent d'acides trans. Il en existe aussi de non hydrogénées.

Le beurre cru a sans aucun doute plus de goût et, pour cette raison, on peut en utiliser moins. Comme il perd ses vertus avec la cuisson, réservez-le aux tartinages et aux assaisonnements.

Si vous optez pour la margarine, vérifiez l'étiquette : elle devrait contenir au moins deux fois plus de graisses polyinsaturées que des graisses saturées.

Les margarines réduites en calories ne conviennent pas à la cuisson.

Choisissez-la molle pour tartiner, plus ferme pour la cuisson. Canola, carthame, tournesol et maïs sont les meilleures huiles de base.

À chacun de choisir en fonction de ses goûts et de ses problèmes de santé éventuels. Mais, qu'il s'agisse de beurre ou de margarine, il est bon de s'en tenir à une quantité raisonnable et de varier son alimentation en utilisant d'autres sources de gras comme des huiles d'olive, de tournesol ou de canola pressées à froid.

BLEUET

AVANTAGES
- *bonne source de fibres insolubles*
- *renferme de la vitamine C et du fer*

Bien que savoureux, les bleuets ne renferment pas beaucoup d'éléments nutritifs, mais ils sont riches en fibres et pauvres en calories, ce qui en fait un excellent dessert. Il vaut mieux les manger crus car la cuisson détruit la vitamine C qu'ils contiennent.

Les bleuets séchés ont longtemps été utilisés pour soulager les dérangements intestinaux. Des études récentes sont venues endosser cette pratique. Le bleuet contiendrait en effet de l'anthocyane, substance douée de propriétés antibiotiques efficaces contre certaines souches de *E. coli,* bactéries souvent à l'origine de la diarrhée tropicale et d'autres infections semblables.

Les bleuets contiennent aussi une substance qui fortifie la paroi urinaire contre les bactéries. Ils augmentent en outre l'acidité de l'urine, aidant ainsi à détruire les bactéries qui envahissent la vessie et l'urètre. Néanmoins, ils peuvent colorer les selles en noir, phénomène inoffensif mais qui pourrait faire croire à une hémorragie interne.

BŒUF

AVANTAGES
- *riche en protéines de bonne qualité*
- *riche en fer et en zinc*

INCONVÉNIENTS
- *les graisses animales augmentent le risque de maladies cardio-vasculaires*

L'image de la viande de bœuf a bien changé au cours des dernières décen-

Une fois le gras visible enlevé, le bœuf est un excellent choix santé.

nies. Dans les années 50, elle était jugée indispensable, surtout si l'on exerçait une activité physique. La viande rouge était considérée comme un excellent fortifiant dont on « gavait » les enfants et les convalescents. La diététique n'en était qu'à ses débuts.

À partir des années 70, la viande de bœuf devint suspecte, au même titre que d'autres produits d'origine animale : la diététique venait de découvrir la relation entre les graisses et les maladies cardio-vasculaires. Des études confirmaient le lien entre les maladies cardiaques et le taux de cholestérol sanguin, ainsi que l'augmentation de ce dernier avec l'ingestion de lipides saturés alimentaires. Aujourd'hui, les conclusions ne sont plus aussi rigides. Limiter l'apport de matières grasses reste une priorité, manger de la viande, notamment du bœuf, en est une autre. Il n'y a pas d'incompatibilité, à condition de bien choisir les morceaux, de savoir les cuisiner et d'en consommer raisonnablement.

LES DIFFÉRENTES CATÉGORIES

Comme pour les autres viandes, les morceaux de bœuf peuvent être ran-

gés en trois catégories, qu'il ne faut pas confondre avec la qualité de la viande. Alors que celle-ci dépend de l'état de la bête, la catégorie dépend de l'emplacement anatomique du morceau. Cha-

LA VACHE FOLLE

L'encéphalopathie spongiforme bovine est une maladie qui touche les bovins anglais depuis plusieurs années et dont l'origine semble venir des produits d'alimentation pour bétail fabriqués à partir d'organes d'animaux contaminés. La France a interdit l'importation de ces produits en 1989 et, l'année suivante, toute utilisation de farine de viande et d'os y était proscrite dans l'alimentation du bétail. Pour l'Organisation mondiale de la santé (OMS), le risque de transmission de cette maladie à l'homme n'est pas confirmé, l'agent responsable n'ayant jamais été retrouvé ailleurs que dans la cervelle, la moelle épinière et le thymus des vaches malades. La consommation de viande de bœuf ou de lait ne menacerait donc pas la santé de l'homme.

que catégorie, définie d'après la tendreté de la viande, correspond à un mode de cuisson.

– Les parties les plus tendres, telles que grillades et rôtis, demandent une cuisson rapide. Saisies par la chaleur, les protéines musculaires de surface changent de couleur et durcissent légèrement, tandis que l'intérieur du morceau reste tendre et saignant.

– Les morceaux plus fermes s'attendrissent après une cuisson de durée moyenne utilisant une chaleur humide avec peu ou pas d'eau dans un récipient clos. C'est ce que l'on appelle le braisé, ou cuisson à l'étouffée.

– La cuisson des morceaux de troisième catégorie est lente, longue et destinée à attendrir des morceaux durs. Elle se fait à l'eau bouillante ou dans un autocuiseur. Les fibres de collagène sont alors transformées en gélatine, et la viande devient facile à mastiquer.

CONGÉLATION ET DÉCONGÉLATION

Crue ou cuite, la viande de bœuf se prête bien à la congélation. Emballez les morceaux séparément avant de les congeler pour éviter le dessèchement de la viande et ne prélevez que la quantité nécessaire au moment voulu. Une fois congelée, la viande de bœuf peut se conserver jusqu'à 12 mois.

Le froid stoppe le processus de maturation des viandes et empêche le développement des microbes. Lors du retour à la température ambiante, tous les processus reprennent. Il convient donc de laisser décongeler la viande au réfrigérateur afin de freiner la prolifération des microbes. Prévoyez de 12 à 24 heures selon la taille du morceau.

COMMENT RÉDUIRE LES LIPIDES

Il faut d'abord retirer tout le gras visible. On peut ensuite faire rôtir ou griller la viande en la plaçant sur une grille de façon à laisser s'écouler librement le gras. Les soupes et les bouillis peuvent être dégraissés une fois refroidis. Enfin, il

faut apprendre à réduire les portions. Une portion d'aloyau avec filet (steak T-bone), des côtes levées, une tranche de rosbif non dégraissée peuvent atteindre 1 000 kcal alors qu'une tranche de 125 g d'intérieur de ronde dégraissée en fournit 200, dont 70 en gras.

QUALITÉS NUTRITIONNELLES

Les protéines de la viande de bœuf sont de très bonne qualité. Elles contiennent tous les acides aminés essentiels en quantités équilibrées, ce qui les rend très efficaces pour effectuer la synthèse de nouvelles cellules nécessaires à l'entretien de l'organisme. 100 g de viande de bœuf cuite fournissent de 25 à 50 % des apports recommandés en protéines, qui sont de 81 g pour l'homme et de 60 g pour la femme.

La sélection des races, l'évolution des techniques d'élevage, le parage des morceaux au moment de la découpe ont contribué à faire baisser la teneur en lipides de la viande. Les graisses contenues dans la viande de bœuf sont composées pour moitié de lipides saturés, qui seraient responsables de l'élévation du taux de cholestérol sanguin, et pour l'autre moitié de lipides insaturés. La teneur en lipides est liée au choix du morceau. Une viande persillée de gras est plus tendre, mais son apport en lipides est plus important. Pour les plats qui mijotent longuement, il suffit de choisir des morceaux maigres, comme le collier pour le bourguignon et le jarret pour le pot-au-feu. Quant à la graisse visible, elle peut être prélevée avant la cuisson.

Le bœuf est une excellente source de fer, élément indispensable entrant dans la fabrication des globules rouges, qui ne survivent que 3 mois. Les besoins en fer sont difficiles à satisfaire, car c'est un élément mal assimilé par l'organisme. Son taux d'absorption dépend de la forme sous laquelle il se présente : de 2 à 3 % pour le fer non héminique, 25 % pour le fer héminique.

Ce dernier n'est fourni que par les poissons et les viandes, celle de bœuf en contenant la plus forte quantité. Consommer de la viande avec un légume vert au cours d'un même repas accroît le taux d'absorption du fer contenu dans les légumes. Enfin, la viande de bœuf fournit du zinc et des vitamines, B_{12} surtout.

LE STEAK HACHÉ

Hacher la viande permet de consommer en grillades des morceaux de deuxième ou de troisième catégorie. L'opération de hachage est délicate, car elle favorise la contamination de la viande en introduisant en profondeur les microbes répandus en surface. Elle doit donc être effectuée dans des conditions d'hygiène rigoureuses et immédiatement suivie d'une cuisson ou d'une mise au froid. Dans le cas inverse, un steak haché cru ou saignant risque d'héberger des bactéries, dont les plus fréquentes, Escherichia coli, sont responsables de troubles digestifs. Le steak haché vendu réfrigéré ou surgelé doit faire mention de la teneur en matières grasses. Pour être appelé extra-maigre, il ne doit pas contenir plus de 10 % de gras ; dans le steak maigre, le gras ne dépasse pas 17 % ; dans le mi-maigre, 23 % ; quant au steak haché ordinaire, il peut contenir jusqu'à 30 % de gras.

BOISSONS GAZEUSES ET BOISSONS AROMATISÉES

Voir p. 52

LES PRODUITS BIOLOGIQUES

« *Manger bio* », *c'est vouloir manger plus sain, plus naturel. C'est aussi participer à la préservation de l'environnement. Mais cela impose des choix parfois contraignants, des dépenses en général plus élevées. Et rien ne permet d'affirmer que l'équilibre nutritionnel en est amélioré.*

Les produits biologiques sont souvent mal connus, parfois confondus avec des produits traditionnels de la ferme, ou avec des aliments « naturels » sans conservateurs, ou encore avec des aliments pour régime végétarien... En réalité, un produit biologique est un produit (végétal ou animal) d'origine agricole obtenu sans apport de substances chimiques de synthèse. Il arrive néanmoins que ces diverses appellations soient attribuées à des produits cultivés selon des méthodes conventionnelles. C'est pourquoi, afin de prévenir la fraude et de clarifier les définitions, l'industrie de l'alimentation biologique tente d'établir ses propres normes : au Québec, par exemple, le logo Québec Vrai. Il n'existe toutefois, à l'heure actuelle, aucune directive nationale qui définisse un produit biologique.

MOINS DE CONTAMINANTS

Les aliments bio, et c'est logique, renferment beaucoup moins de pesticides et de contaminants. C'est très appréciable pour les céréales et le pain complets. Ils sont aussi moins chargés en nitrates. Les risques engendrés par la consommation de nitrates résultent de leur transformation possible en nitrites, impliqués dans la formation de composés cancérogènes, les nitrosamines (et, dans certaines conditions particulières, ils peuvent également provoquer chez le nourrisson un trouble grave, la méthémoglobinémie).

MOINS DE PESTICIDES

Il va sans dire que plusieurs pesticides sont toxiques. En revanche, ils ne sont pas nocifs pour la santé pourvu qu'on les utilise selon les directives. S'ils représentent un danger, c'est pour les ouvriers agricoles qui ne prennent pas les précautions adéquates pour les épandre ou qui circulent sans protection dans les champs fraîchement traités.

En revanche, certains d'entre eux diminuent les risques de maladie. Les fongicides, par exemple, retardent la croissance des champignons qui produisent des toxines cancérigènes.

En matière de pesticides, les Canadiens sont protégés par une législation rigoureuse, laquelle ne trouve pas toujours son équivalent dans les pays exportateurs de fruits et de légumes. Il faut donc toujours laver les fruits et les légumes avant de les consommer et, dans certains cas, de les peler.

VALEUR NUTRITIVE

Les consommateurs qui adoptent une alimentation biologique en attendent bien entendu des avantages pour leur santé. À ce jour n'a encore été réalisée aucune étude épidémiologique qui aurait pu montrer le bénéfice formel apporté par la consommation d'aliments biologiques.

D'aucuns affirment que les aliments cultivés avec du fumier ou du compost naturel comportent des avantages sur le plan nutritif. Ce n'est toutefois pas le cas. Le génotype du plant, le climat, l'eau et la saison des récoltes ont une bien plus grande influence sur la valeur nutritive que le type d'engrais utilisé. Tout au long de sa croissance, la plante extrait du sol différentes substances comme des minéraux et les convertit en matière organique nouvelle. Par conséquent, la présence de nutriments est plus importante que leur origine. Des essais en laboratoire ont même démontré que les engrais de synthèse pouvaient, dans certains cas, améliorer la valeur nutritionnelle en fournissant des nutriments comme l'iode, par exemple, souvent déficient dans les sols.

UNE QUESTION DE GOÛT

Même si l'on admet qu'il y a peu de différence sur le plan nutritionnel entre les produits biologiques et les autres, on ne peut pas nier qu'il y en ait au niveau du goût et de l'apparence. Les fruits et les légumes biologiques sont généralement plus petits et plus savoureux. Ils présentent parfois aussi des imperfections causées par les insectes et ne possèdent pas la couleur uniforme et intense obtenue avec les colorants et les cires.

La chair du poulet de ferme a un goût différent de celle d'un poulet provenant d'un élevage intensif. Elle tend à être plus maigre, un peu plus ferme et plus goûteuse. La même remarque s'applique sans doute à la viande de porcs et de bœufs qui n'ont pas été nourris avec des hormones de croissance.

UN SOUCI ENVIRONNEMENTAL

Les personnes soucieuses de protéger l'environnement s'inquiètent de l'effet des méthodes agricoles modernes et de l'utilisation libre des insecticides sur l'équilibre écologique. Nous avons eu un échantillon avec le DDT dont l'utilisation massive a entraîné l'intoxication à diverses étapes de la chaîne alimentaire.

Un potager biologique

Voici quelques conseils pour vous éviter d'avoir recours aux engrais et aux pesticides chimiques.

● Convertissez vos déchets organiques en compost, lequel vous dispensera d'utiliser un engrais du commerce.

● Si vous optez pour ces derniers, choisissez un produit naturel comme le fumier stérilisé, la farine de poisson, la poudre d'os ou le sang séché. Facilement absorbés, ces engrais restructurent le sol et nourrissent les bactéries et les lombrics qui favorisent le développement des plantes.

● Utilisez du paillis d'écorce pour amender la terre en nutriments, ralentir la croissance des mauvaises herbes et retenir l'humidité.

● Certaines mauvaises herbes sont utiles. Les orties, par exemple, attirent les coccinelles qui se nourrissent de pucerons.

● Apprenez à différencier les insectes utiles : abeilles, lucioles, chrysopes, coccinelles et araignées en sont les principaux. Les grenouilles, les crapauds et les couleuvres aideront à vous débarrasser des autres.

● Faites alterner vos rangs de culture avec des fleurs colorées et odorantes pour attirer les insectes utiles.

● Installez des mangeoires ou des arbustes pour attirer les oiseaux insectivores.

● Si votre jardin est infesté de vers destructeurs, essayez les parasites naturels comme les nématodes, des micro-organismes qui dévorent les larves, ou le Bacillus thuringiensis, une bactérie qui se nourrit de vers à chou.

● Pratiquez le compagnonnage : plantez du romarin avec des crucifères pour éloigner les phalènes du chou, des soucis pour repousser les parasites de la carotte et de la sarriette pour protéger les fèves.

À l'heure actuelle, les nutritionnistes canadiens n'encouragent pas la consommation des produits biologiques car il n'existe ni législation ni réglementation pour régir les méthodes utilisées. Force est de dire qu'il y a beaucoup de fraude dans ce domaine et si l'on tient véritablement à une alimentation naturelle, le mieux est de faire pousser soi-même ses légumes en évitant de recourir aux engrais et aux insecticides chimiques (voir l'encadré ci-dessus). Sans compter que le jardinage est un excellent exercice pour la santé !

Pour répondre à la demande du public, les marchands offrent toutes sortes de produits biologiques. Mais attention ! ces produits ne sont ni inspectés ni régis par la loi.

49

BOULIMIE

La boulimie est un trouble du comportement alimentaire se manifestant par un besoin incontrôlable d'absorber de grandes quantités de nourriture. Ses causes sont le plus souvent d'ordre psychologique. Les victimes sont prisonnières d'un cercle vicieux de fringales, de vomissements et de privations. Elles sont parfois difficiles à identifier car, contrairement aux anorexiques, qui sont d'une maigreur alarmante, elles apparaissent le plus souvent normalement proportionnées.

La boulimie frappe en très grande majorité les femmes. Souvent perfectionnistes dans leur travail, les femmes boulimiques ont une image négative d'elles-mêmes et reportent leurs difficultés personnelles sur la nourriture. Sans doute les hommes, de façon générale, subissent-ils moins de pression sociale en ce qui concerne leur physique, ou peut-être trouvent-ils d'autres exutoires que la nourriture à leurs problèmes émotionnels.

Les boulimiques se contraignent subitement à des régimes violents dont les conséquences peuvent être désastreuses. Après avoir ingurgité entre 3 000 et 6 000 kcal d'un seul coup, ils sont saisis de crises de culpabilité, suivies de vomissements forcés, de dépressions parfois sévères, voire suicidaires. Soucieux de ne pas prendre de poids, ils absorbent toutes sortes de laxatifs, de pilules amaigrissantes et de diurétiques, ou jeûnent des jours durant. Le recours à de fortes doses d'alcool pour noyer les problèmes n'est pas rare. D'autres symptômes peuvent apparaître : absence ou irrégularité des règles, gonflement des glandes du cou, oscillation du poids, altération des

Plus le brocoli est foncé, plus sa teneur en bêta-carotène est élevée.

dents due à l'effet des vomissements acides sur l'émail dentaire, etc. Un mauvais fonctionnement rénal peut entraîner des œdèmes, notamment aux pieds et aux chevilles. Certains sujets souffrent d'arythmie cardiaque, d'affaiblissement musculaire, ou sont en proie à des crises d'épilepsie.

COMMENT SOIGNER LA BOULIMIE

Le traitement consiste souvent à soigner la dépression chronique sous-jacente à l'aide d'un antidépresseur qui inhibe la recapture de la sérotonine au niveau des neurones. Les plus courants sont la fluoxétine (Prozac) qui supprime aussi l'appétit, et la sertraline (Zoloft). Une fois sa dépression maîtrisée, la personne est mieux en mesure de corriger son équilibre alimentaire. Le régime, généralement prescrit sous surveillance médicale, s'appuie sur trois repas équilibrés par jour et sur la suppression des aliments gras et sucrés.

Les vomissements forcés et l'usage abusif de diurétiques et de laxatifs provoquent des carences en potassium, qui nuisent au fonctionnement des reins, affaiblissent les muscles et dérèglent le rythme cardiaque. Les aliments comme les fruits séchés et les oléagineux (noix), les avocats et les bananes, riches en potassium, peuvent y remédier. L'objectif à atteindre est de convaincre le patient de renouer avec

---

SIGNES DE BOULIMIE

- *Vomissements volontaires répétés*
- *Usage fréquent de laxatifs et de diurétiques*
- *Régime draconien ou jeûne total*
- *Exercice physique intense dans le but de perdre du poids*
- *Au moins deux fringales irrationnelles par semaine sur une période de trois mois*
- *Souci permanent de son poids*

---

une alimentation régulière et un régime équilibré dans lesquels il retrouvera tous les nutriments essentiels. Son alimentation doit comporter des glucides en quantité raisonnable (pain, pâtes et riz complets), être riche en protéines et réduite en lipides et en sucre. Tout excitant – café, thé, alcool – est à proscrire.

Enfin, il faudra inclure des fibres au régime afin de faciliter le transit intestinal et réduire la dépendance aux laxatifs. Cela devra se faire progressivement pour ménager le système digestif du patient, gravement perturbé par des années d'excès et de privations.

BROCOLI

AVANTAGES
- *riche en vitamine C et en bêta-carotène*

Le brocoli est l'un des légumes les plus riches en vitamine C : cru, il en renferme environ 110 mg pour 100 g. Cuit, particulièrement à l'autocuiseur, qui préserve mieux les vitamines, il en contient encore des quantités appréciables. Sa coloration est due à sa teneur en bêta-carotène.

La vitamine C et le bêta-carotène sont des antioxydants naturels qui auraient une action préventive contre certaines dégénérescences comme les maladies cardio-vasculaires et les cancers. Il contient, comme tous les choux, des substances azotées nommées indoles, dont l'effet protecteur contre le cancer est reconnu. Ses fibres, abondantes (environ 3 g pour 100 g), stimulent le transit intestinal.

COMPOSITION MOYENNE POUR 100 G :
protéines . . . . 3 g
lipides . . . . 0,3 g
glucides . . . . 1,3 g
apport énergétique . . . . 20 kcal

BOISSONS SUCRÉES GAZEUSES ET BOISSONS AROMATISÉES

On les apprécie pour leur saveur agréable et le plaisir qu'elles procurent :
du point de vue de la nutrition, elles sont très peu rentables.

Eau gazeuse ou gazéifiée, boissons fruitées ou vrais jus de fruits... Pour se repérer dans l'univers des boissons rafraîchissantes non alcoolisées, une bonne méthode : lire l'étiquette. On peut ainsi connaître la nature véritable de la boisson et ses constituants.

EN COMMUN : LE SUCRE

Les boissons rafraîchissantes gazeuses sont particulièrement variées et nombreuses sur le marché : sodas, tonics, bitters de toute marque, sans oublier évidemment les célèbres et incontournables colas. Apparemment très différentes les unes des autres, ces boissons ont cependant beaucoup de points communs. Toutes renferment une forte quantité de sucre. Elles sont acidulées avec de l'acide citrique (ou de l'acide tartrique, lactique ou phosphorique), et on les rend pétillantes grâce à du gaz carbonique. Ainsi, elles paraissent désaltérantes et rafraîchissantes... À condition, toutefois, d'être servies très fraîches, faute de quoi elles se révèlent sous leur vrai jour, c'est-à-dire très sucrées ! Les boissons aux édulcorants (baptisées « diète »), si elles ne sont pas supérieures sur le plan nutritif, permettent au moins de réduire l'apport en sucres et en calories.

D'AUTRES COMPOSANTS

Ce sont des substances aromatisantes (extraits végétaux le plus souvent), des colorants comme le caramel ou comme la tartrazine (responsable de certaines allergies), des conservateurs (acide benzoïque ou anhydride sulfureux). Les colas, pour leur part, sont additionnés de caféine : 80 à 110 mg par litre, soit presque autant que dans une tasse de café. À déconseiller aux jeunes enfants et aux personnes insomniaques (mais il existe des colas sans caféine). Pour sa saveur amère, de la quinine est ajoutée aux bitters et aux tonics. Bref, ces boissons rafraîchissantes sont des mélanges complexes.

DES CRITIQUES

Parce qu'elles sont très attrayantes, ces boissons sont parfois absorbées en grandes quantités, particulièrement par les enfants et les adolescents. Elles risquent alors d'entraîner chez eux une surconsommation de sucre : certains enfants absorbent jusqu'à 1,5 litre de boisson gazeuse par jour ! Non seulement cette habitude risque-t-elle de favoriser l'embonpoint, mais elle est dommageable aussi pour les dents : le sucre y encourage la prolifération des bactéries, tandis que l'acidité en érode l'émail. Les boissons sucrées sont accusées, à juste titre, de déséquilibrer l'alimentation. Mais ne faudrait-il pas aussi critiquer l'habitude d'offrir trop systématiquement aux enfants ce type de boissons ?

On consomme en toute bonne conscience les boissons aux fruits (ou fruitées, ou à la pulpe de fruits), qui paraissent naturelles. Pourtant, les fruits (leur jus ou leur pulpe) n'y représentent pas plus de 12 à 30 % du total des constituants. Le reste ? De l'eau, du sucre (10 à 12 %), des arômes, des acidulants, parfois des colorants, et du gaz carbonique pour les boissons gazeuses. Finalement, à part la petite fraction de jus de fruits, ces boissons ne sont rien d'autre que des boissons rafraîchissantes sucrées.

Pour étancher la soif, on a le choix entre l'eau du robinet et tout un éventail de boissons du commerce incluant les jus de fruits reconstitués, les boissons au cola, les eaux pétillantes, le thé glacé et les boissons gazeuses.

LES BOISSONS « DIÈTE »

Elles permettent de répondre à la demande des consommateurs qui désirent limiter leur apport calorique. Le sucre y est remplacé par des édulcorants intenses autorisés (aspartam, acésulfate de potassium, saccharine...). Selon qu'il s'agit de boissons du type colas ou de boissons aux fruits, un verre n'apporte qu'entre 1 et 10 kcal. Une solution intéressante aussi pour ceux qui doivent limiter leur consommation de glucides (les personnes diabétiques, par exemple).

BOISSONS AROMATISÉES

Pas toujours facile de faire la différence entre les vrais jus de fruits et les boissons aux fruits. Pour s'y retrouver, il faut lire l'étiquette. Si c'est écrit jus, il y a 100 % de fruits dans le produit. Le fabricant y aura parfois ajouté de la vitamine C pour compenser les pertes survenues en cours de transformation. « Boisson », « cocktail », « punch » sont des dénominations qui indiquent que le produit renferme du sucre ajouté : glucose, fructose, sucre inverti, sirop, etc. On ajoute parfois du vrai jus de fruits aux boissons aux fruits, d'où une confusion possible.

Les boissons aromatisées se présentent sous plusieurs formes. Parmi les plus courantes, le concentré congelé, le concentré reconstitué, la bouteille, le carton, la conserve et les cristaux. Les concentrés sont souvent plus économiques. La reconstitution se fait à la maison ou à l'usine. Leur enrichissement est obligatoire en vitamine C et on y ajoute parfois aussi de l'acide folique, de la thiamine, du fer et du potassium parce qu'ils peuvent servir de substituts aux vrais jus de fruits. Ceci évite à bien des enfants des carences en ces vitamines.

LES BOISSONS POUR SPORTIFS

Les boissons destinées aux sportifs ont la particularité d'avoir une concentration proche de celle du sang, ce qui les rend rapidement absorbables par l'organisme. Tout en étanchant efficacement la soif, elles fournissent un apport équilibré de sodium et de potassium qui compense les pertes causées par la sudation. Ces boissons sont composées essentiellement de sucres simples (le plus souvent, du glucose, du fructose ou du sucrose), rapidement assimilables, qui compensent les pertes énergétiques entraînées par l'activité physique. On les recommande surtout pour les exercices intenses et soutenus. Elles sont à éviter si l'on souhaite perdre du poids car leur apport calorique dépasse largement les dépenses reliées à l'exercice.

Même pour les sportifs, ces boissons ne sont pas indispensables. De l'eau, du jus de fruits dilué ou du jus de légumes peuvent tout aussi bien faire l'affaire et ce à moindre coût.

Ce que vous apportent les boissons sucrées

POUR 100 G (soit environ l'équivalent de 100 ml)	POUR UN GRAND VERRE DE 200 ML		À SAVOIR
	Calories (kcal)	Apport en sucre (g)	
Jus de fruits			
Jus d'orange : 40 kcal ; 8,5 g de glucides ; vitamine C = 50 mg dans le jus frais, 39 mg dans le jus d'orange à base de concentré	80	17	Les jus d'agrumes (orange, pamplemousse...) sont parmi les plus riches en vitamine C.
Jus de pomme : 45 kcal ; 11 g de glucides ; vitamine C = 2 mg	90	22	Le jus de pomme, peu acidulé, est généralement bien toléré.
Jus de raisin : 60 kcal ; 15 g de glucides ; vitamine C = 1,5 mg	120	30	Le jus de raisin fournit des flavonoïdes, qui protègent les parois des capillaires sanguins.
Jus d'ananas : 50 kcal ; 12 g de glucides ; vitamine C = 9 mg	100	24	Le jus d'ananas, bien équilibré, est riche en minéraux variés.
Boissons pour sportifs			
Toutes saveurs : 35 kcal ; 8,5 g de glucides ; vitamine C = 0 mg	77	17	Apportent du sodium et du potassium ; les glucides proviennent de glucose, fructose ou sucrose
Boisson aux fruits			
Au jus d'orange : 42 kcal ; 10,5 g de glucides ; vitamine C = 1 à 6 mg	84	21	Parmi les constituants : eau, jus d'orange, sucre, arôme, acide citrique, conservateurs.
Soda aromatisé aux fruits			
Boisson gazeuse à l'orange : 45 kcal ; 11 g de glucides ; vitamine C = 0	90	22	Gazéifiée par du gaz carbonique, aromatisée par des extraits végétaux et des arômes.
Boisson gazeuse type citron-limette : 40 kcal ; 10 g de glucides	80	20	Jamais de colorant ajouté, mais sucre, arôme et acidulant.
Bitter et tonic : 50 à 55 kcal ; 12 à 13 g de glucides	100 à 110	24 à 26	Présence de quinine (amère) et d'extraits aromatiques.
Boisson au cola : 45 à 50 kcal ; 10 à 11 g de glucides	90 à 100	20 à 22	Présence de caféine (sauf pour les colas sans caféine).

CACAO ET CHOCOLAT

Voir p. 56

CAFÉ ET CAFÉINE

AVANTAGES
- *stimulant propice à l'activité cérébrale et à une certaine vivacité*

INCONVÉNIENTS
- *entraîne une accoutumance avec d'éventuels symptômes de sevrage*
- *peut provoquer des insomnies*
- *risque d'hypercholestérolémie*
- *pourrait accroître le risque d'ostéoporose*

Le café, principale source de caféine, est une boisson dont des milliers de Canadiens se servent pour rester alertes. Outre la caféine, le café renferme près de 400 autres éléments chimiques, y compris des traces de plusieurs vitamines, minéraux, tanins et sucres caramélisés. Cette boisson stimulante se caractérise néanmoins par sa teneur élevée en niacine (vitamine PP). Indispensable au bon fonctionnement du système nerveux, cette vitamine apparaît au cours de la torréfaction, lors de la conversion de la trigonelline en vitamine active.

On appelle cerises les fruits du caféier. Chaque fruit est composé d'une enveloppe de couleur rouge, qui contient deux grains de café vert, noircis ensuite par le processus de torréfaction.

Peu calorique en lui-même (4 calories par tasse), le café donne souvent lieu à des ajouts de sucre, de lait ou de crème.

CAFÉ ET CHOLESTÉROL

Des études réalisées en Scandinavie ont mis en évidence que les gros buveurs de café ont un taux de cholestérol élevé. Des études italiennes ont mené aux mêmes conclusions. Or, en Scandinavie, le café est bouilli ; en Italie, il est préparé au percolateur. On en a conclu que c'est le mode de préparation du café qui est déterminant. Dans les deux cas, le moût entre directement en contact avec l'eau en ébullition. Ce phénomène libère deux corps chimiques – le cafestol et le kahweol, présents dans les graisses du café – qui ont pour effet d'augmenter le taux de cholestérol dans le sang et, par conséquent, le risque de maladies cardio-vasculaires. Lorsque le café est préparé avec un filtre, ces substances ne passent pas.

AUTRES PROPRIÉTÉS DE LA CAFÉINE

La caféine, que l'on trouve principalement dans le café, est présente aussi dans le thé, le chocolat, les colas et d'autres boissons gazeuses. La caféine agit sur le système nerveux central. Elle joue un rôle de stimulant en accroissant la vigilance et aide notamment à garder une attention soutenue lors de tâches répétitives. En revanche, elle risque de retarder le sommeil ou de le rendre plus léger. Même à des doses modérées, elle peut élever le niveau d'anxiété chez les individus les plus fragiles. Elle semble avoir une action stimulante sur la production des acides digestifs dans l'estomac, ce qui explique l'habitude de prendre un café après le repas. Enfin, en augmentant la ventilation pulmonaire, elle est d'une efficacité reconnue pour les crises d'asthme.

Bien que peu toxique, la caféine peut toutefois engendrer une accoutumance. Un gros buveur de café qui cesse brusquement d'en consommer risque de voir apparaître des symptômes de sevrage tels que fatigue, faiblesse, somnolence, éventuellement maux de tête, tremblements, voire nausées et vomissements. Des symptômes de sevrage ont été également observés chez des nouveau-nés issus d'une mère grande consommatrice de café au cours de sa grossesse. Ainsi, les femmes enceintes et, au même titre, celles qui allaitent (il y a passage de la caféine dans le lait) doivent limiter leur consommation de boissons renfermant de la caféine. Enfin, il vaut mieux éviter de donner aux enfants une boisson à base de cola juste avant l'heure du coucher.

La caféine a une action diurétique importante. Elle augmente ainsi l'excrétion urinaire des divers minéraux, et plus particulièrement de calcium. La consommation quotidienne de 400 mg de caféine peut avoir des effets néfastes sur le calcium osseux du fait de la perte calcique urinaire, ce qui augmente le risque d'ostéoporose, surtout chez les femmes ménopausées. Néanmoins, ce risque guette plutôt les personnes ayant des apports alimentaires en calcium insuffisants.

CALCULS BILIAIRES

PRIVILÉGIER
- *les féculents comme le pain et le riz*
- *les fruits et les légumes frais*
- *le son d'avoine et les légumineuses, pour leurs fibres solubles*

ÉVITER
- *les aliments frits et gras*
- *le surpoids*

Les calculs biliaires sont des « pierres » formées par la précipitation de certains composants (cholestérol, calcium ou pigments) de la bile. Ils se développent et cristallisent dans la vésicule biliaire ou le canal cholédoque. Les femmes en sont atteintes deux fois plus que les hommes.

Un régime alimentaire peut contribuer à stabiliser l'évolution des pierres. Il ne réduit pas le calibre des calculs existants, mais sert à excréter les plus petits dans l'intestin. Il sera composé de féculents, ainsi que d'une quantité accrue de fruits et légumes pour leur richesse en fibres. Tant les repas riches en graisses que le jeûne sont à éviter, car ces pratiques facilitent le déclenchement d'une crise en provoquant une sécrétion de bile.

Un niveau élevé de cholestérol dans le sang et dans la bile peut contribuer à la formation de calculs. On peut réduire la cholestérolémie en consommant beaucoup de fibres solubles. Enfin, l'obésité est un facteur aggravant les risques de calculs.

CALORIES

Même au repos, nous dépensons de l'énergie : notre cœur bat, nos poumons respirent, notre température corporelle est sans cesse régulée...

C'est ce qu'on appelle le métabolisme de base. À ces dépenses constantes s'ajoutent, au moindre mouvement, les dépenses d'activité.

Toutes ces dépenses sont compensées par l'énergie puisée dans l'alimentation. En principe, grâce à des mécanismes régulateurs, nous ajustons notre consommation à nos besoins. En revanche, si nous mangeons au-dessous de nos besoins, nous prélevons le complément dans nos tissus. Inversement, si nous consommons trop, nous constituons des stocks de graisses. Le meilleur témoin d'un apport énergétique juste est un poids correct et stable.

Pour évaluer l'énergie, on a longtemps utilisé la kilocalorie, ou Calorie, comme unité de chaleur. Depuis 1979, l'unité internationale est devenue le kilojoule. Pourtant, les publications spécialisées et les milieux scientifiques continuent à utiliser la kilocalorie. La conversion est celle-ci : 1 kcal = 4,18 kJ, 1 kJ = 0,24 kcal.

CALORIES ET ALIMENTATION

Tous les aliments et les boissons que nous consommons, sauf l'eau pure, fournissent de l'énergie. Leur apport énergétique est fonction de la quantité de nutriments qui les composent : les protéines, les glucides, les lipides, sans oublier l'alcool. C'est ainsi que 1 g de protéines apporte 4 kcal ou 17 kJ ; 1 g de lipides, 9 kcal ou 39 kJ ; 1 g de glucides, 4 kcal ou 17 kJ ; 1 g d'alcool, 7 kcal ou 30 kJ. À partir de ces données, il est facile de calculer l'apport énergétique d'un aliment en multipliant par les coefficients correspondants la valeur des nutriments qu'il contient. Par exemple, 100 g de pain se composent de 8 g de protéines, 1 g de lipides et 58 g de glucides. Leur apport énergétique est donc égal à 273 kcal ou 1 161 kJ. Les éléments minéraux et les vitamines, quant à eux, ne fournissent aucune énergie.

LE CACAO ET LE CHOCOLAT

Déguster du chocolat procure souvent un délicieux sentiment de culpabilité. Longtemps controversé, cet aliment tentant et séduisant possède pourtant d'étonnantes qualités nutritionnelles.

C'est en 1502 que l'équipage de Christophe Colomb rapporta les premières fèves de cacao en Europe. Les Espagnols en tirèrent une boisson dans laquelle il entrait du sucre, du lait, de la vanille et d'autres substances aromatisantes. Ce n'est que deux siècles plus tard, en France, que le chocolat prit la forme solide, mais il devait ressembler alors davantage à la pâte d'amandes qu'au chocolat que nous connaissons aujourd'hui. D'abord servi comme déjeuner éclair, on le jugea bientôt utile comme stimulant pour les soldats qui faisaient le guet la nuit.

C'est d'ailleurs à l'occasion d'une guerre – celle de 1914-1918 – que la tablette de chocolat fit son entrée dans nos mœurs, quand les Américains se mirent à en distribuer aux troupes à titre d'« aliment de combat ».

D'OÙ VIENT LE CHOCOLAT ?

Le cacayer, une plante tropicale originaire de l'Amérique du Sud, produit les fèves de cacao qui servent à préparer le chocolat. Il fut une époque où ses fèves servaient de monnaie chez les Amérindiens : c'est dire à quel point ils le prisaient. De nos jours, près des trois quarts de la production mondiale de chocolat provient de l'Afrique occidentale et le reste surtout du Brésil.

Les fèves récoltées subissent une phase de fermentation et de séchage, puis elles sont cuites à basse température afin d'en faire ressortir la saveur. Suivent ensuite divers procédés manufacturiers qui varient selon le produit désiré : solide ou en poudre.

En 1828, le marchand Van Houten d'Amsterdam, cherchant à produire une boisson au chocolat moins grasse, inventa un pressoir pour extraire le maximum de beurre de cacao des graines. Non seulement la boisson au chocolat fut-elle meilleure ainsi, mais il s'avéra que si l'on combinait le beurre de cacao obtenu avec les fèves moulues, il en résultait une pâte plus onctueuse, capable d'absorber le sucre. Cette découverte fut à l'origine du « chocolat qui se mange ».

QU'Y A-T-IL DANS LE CHOCOLAT ?

Dans 30 g de chocolat, il y a environ 150 calories et 2 ou 3 g de protéines. La fève du cacayer renferme une quantité significative de vitamines E et B. Cependant, celles-ci sont presque inexistantes dans notre chocolat. Sucré ou semi-sucré, il contient entre 40 % et 50 % de

Quelle qu'en soit la forme proposée, le chocolat représente pour beaucoup la plus grande des gourmandises.

gras, soit de beurre de cacao. Le chocolat et la poudre de cacao fournissent du chrome, du fer, du magnésium, du phosphore et du potassium, mais leur contenu élevé en gras et en calories n'en fait pas des aliments recommandés pour leurs sources en minéraux, sauf comme rations d'urgence.

Le chocolat est solide à la température ambiante, mais son point de fusion se situant tout juste au-dessous de la température corporelle, il commence à fondre et à libérer ses saveurs dès qu'il entre dans la bouche.

Sa composition chimique qui l'empêche de rancir rapidement fait du beurre de cacao un aliment et une huile cosmétique de longue conservation.

Le chocolat blanc, un mélange de beurre de cacao, de solides du lait et de sucre, ne contient aucun solide de cacao. Il se conserve moins bien que le chocolat noir ou que le chocolat au lait parce qu'il ne renferme pas les composantes qui l'empêchent de rancir.

LES BIENFAITS DU CHOCOLAT

Le chocolat contient deux stimulants alcaloïdes, la théobromine et la caféine, dans un rapport d'environ 10 pour 1. Contrairement à la caféine, la théobromine ne stimule pas le système nerveux central ; ses effets sont essentiellement diurétiques. Le chocolat au lait contient moins de 0,1 % de caféine et il est beaucoup moins stimulant, toutes proportions gardées, qu'une tasse de café décaféiné. Le chocolat noir, surtout le chocolat amer qu'on utilise en cuisine, en contient beaucoup plus. Le chocolat est également riche en phényléthylamine (PEA), un composé naturel ayant des effets semblables à ceux de l'amphétamine et pouvant occasionner des migraines chez certaines personnes.

Bien des gens, surtout des femmes, ont tendance à se gaver de chocolat dans les moments de stress. Bien qu'il n'existe aucune preuve scientifique à l'appui de ce comportement, certains psychiatres

ont suggéré que chez ces mordus du chocolat, le mécanisme régularisant le taux de PEA pouvait accuser une déficience ; d'autres attribuent les rages de chocolat à des changements hormonaux, comme ceux de la puberté ou de la période prémenstruelle.

En revanche, après des siècles de recherches, les fameuses vertus aphrodisiaques du chocolat sont définitivement à écarter. Il n'en demeure pas moins que, sous ses multiples formes, le chocolat est une éternelle tentation et une source de plaisirs gustatifs.

LES DIFFÉRENTS TYPES DE CHOCOLAT

Le chocolat renferme de 35 à 42 % de cacao (dont au moins 18 % de beurre de cacao). Le chocolat étiqueté « supérieur » (fin, surfin, amer, bitter, etc.) renferme entre 43 et 48 % de cacao, et le « chocolat noir » au moins 50 %. Le « chocolat de couverture » est le plus riche en beurre de cacao (au moins 41 %), tandis que le chocolat dit « de ménage » est le plus sucré (il peut contenir jusqu'à 70 % de sucre). Il y a aussi le chocolat au lait, le chocolat fourré, le chocolat aux noisettes, etc.

Dans les chocolats dits « sans sucre », le saccharose est remplacé par des polyols et de l'aspartam. Ils contiennent

de 15 à 20 % de calories en moins pour les tablettes et de 30 à 40 % pour la poudre chocolatée. Les amateurs de chocolat préfèrent s'en tenir au chocolat extra-noir et au cacao non sucré auquel ils ajoutent un édulcorant.

SANS ABUS

Comme tout aliment plaisir, le chocolat a été soupçonné de nombreux maux – entre autres celui de faire mal au foie, ce qui est parfaitement faux ! Mais, comme il stimule fortement la sécrétion de la bile et les contractions de la vésicule biliaire, il n'est pas toujours très bien supporté par les personnes qui souffrent de calculs biliaires. De plus, il fait partie des aliments histamino-libérateurs et peut donc entraîner, chez des sujets prédisposés, des phénomènes d'intolérance ou des migraines.

Bien entendu, son apport énergétique et ses teneurs élevées en sucre et en graisses sont à prendre en compte, surtout dans un régime hypocalorique. Et s'il n'est pas prouvé de façon formelle qu'il favorise l'acné, il est généralement déconseillé aux personnes qui en sont victimes. Mais ce sont là des situations assez particulières. Et le chocolat reste avant tout une gourmandise dont on peut se régaler sans crainte... à condition de savoir rester raisonnable !

Composition moyenne du chocolat

	PROTIDES (g)	LIPIDES (g)	GLUCIDES (g)	MAGNÉSIUM (mg)	APPORT ÉNERGÉTIQUE (kcal)
Chocolat noir (pour 100 g)	4,5	30	60	110	520
Chocolat au lait (pour 100 g)	7,5	32	59	60	540
Poudre chocolatée (pour 100 g)	6,0	5	81	117	390
Poudre chocolatée sans sucre (pour 100 g)	13,0	7	41	320	280
Barre chocolatée type Mars (pour une barre de 58 g)	3,2	11	39	23	265

CANCER ET ALIMENTATION

Voir p. 62

CANNEBERGE

AVANTAGES
- *contient des bioflavonoïdes*
- *le jus prévient ou soulage la cystite et autres infections des voies urinaires*

INCONVÉNIENTS
- *requiert beaucoup de sucre*

La canneberge, ou atoca, est une plante indigène de l'Amérique du Nord. Bien qu'elle pousse encore à l'état sauvage dans les tourbières, celle qu'on trouve sur le marché est généralement cultivée.

À cause de sa forte teneur en acide quinique, on a toujours utilisé le jus de canneberge pour soulager la cystite et prévenir la formation de calculs rénaux et biliaires. De récentes études ont démontré que ces petites baies contiennent en outre un antibiotique naturel qui fortifie la paroi de la vessie urinaire et prévient la formation de colonies bactériennes qui sont éliminées dans l'urine. (Le jus de bleuet offre cette même protection.)

Beaucoup d'urologues et de gynécologues, en présence d'infections urinaires chroniques ou répétées, recommandent à leurs patients de boire deux verres de jus de canneberge par jour à titre préventif.

Le jus de canneberge qu'on trouve sur le marché est souvent trop dilué pour traiter ou prévenir efficacement les infections urinaires. Il contient d'ailleurs du sucre ou des édulcorants en quantité. C'est pourquoi il vaut mieux faire son propre jus à l'aide d'un extracteur. Pour réduire la quan-

tité de sucre, mélangez 1 tasse de jus de canneberge concentré avec 2 ou 3 tasses de jus de pommes.

AUTRES AVANTAGES

Les canneberges fournissent des fibres et un peu de vitamine C ; mais elles contiennent surtout des flavonoïdes, pigments qui préviennent les dommages causés par les radicaux libres que libère le corps en consommant de l'oxygène. Des chercheurs européens ont découvert qu'un de ces flavonoïdes, l'anthocyane, aide à la formation d'un pigment oculaire favorisant la vision nocturne et des couleurs. D'après certains, l'anthocyane serait également dotée d'un effet anti-cancérigène.

CARDIO-VASCULAIRES (maladies)

Voir p. 68

CARIE

PRIVILÉGIER
- *les laitages, pour le calcium*
- *les fruits et les légumes frais*

ÉVITER
- *les boissons sucrées et les sucreries entre les repas*
- *les aliments qui se logent entre les dents*

NE PAS OUBLIER
- *de bien mâcher les aliments*
- *de se brosser les dents régulièrement*

Le rôle que joue l'alimentation dans l'hygiène dentaire reste encore mal connu. Les caries sont causées par des bactéries qui prolifèrent à la surface des dents et forment la plaque dentaire. Si celle-ci n'est pas éliminée au brossage, les bactéries décomposent les sucres et les amidons contenus dans les aliments pour produire des acides qui attaquent l'émail.

LE FACTEUR SUCRE

Bien que le saccharose ait longtemps été accusé de favoriser l'apparition des caries, il n'est pas le seul coupable. Les sucreries et les boissons sucrées sont, bien sûr, les principales responsables, mais l'amidon contenu dans les féculents peut aussi être facteur de caries. Sous l'action de la salive, il est décomposé en sucres simples, que les bactéries transforment en acides, funestes pour l'émail. Les aliments à base d'amidon les plus nocifs sont ceux qui adhèrent aux dents, car les acides restent longtemps au contact de l'émail avant d'être nettoyés par la salive.

Le même phénomène se produit avec les fruits secs et certains types de caramels ou de bonbons, riches en sucres et qui collent aux dents. Les fruits frais, quant à eux, ne restent pas sur les dents ; la salive produite par la mastication suffit à « laver » celles-ci.

QUELQUES CONSEILS

– Avant de coucher les enfants, évitez de leur donner une boisson sucrée ou « le dernier bonbon pour dormir », le sucre et les bactéries auraient toute la nuit pour agir sur leurs dents. Ne trempez pas non plus la suce de bébé dans du sucre ou du sirop pour le calmer. Le dernier geste des enfants (comme des adultes d'ailleurs !) avant d'aller au lit doit être un brossage méticuleux des dents.

– Mâchez longuement les aliments. La mastication provoque de la salive, laquelle protège les dents. Pour les enfants, privilégiez les aliments qui obligent à mâcher – viandes, fruits et légumes frais. Essayez de terminer vos repas par des produits qui non seulement ne favorisent pas la carie dentaire mais encore la combattent. À ce titre, le fromage est considéré comme protecteur de l'émail. Un morceau de cheddar à la fin du repas, pourvu qu'on ne le fasse pas suivre d'un thé ou d'un café, réduira le taux d'acidité buccale.

– Enfin, l'arme la plus efficace est sans aucun doute le brossage, au moins biquotidien, avec un dentifrice au fluor. Il est aussi indéniable qu'un apport de fluor pendant l'enfance aide à prévenir plus tard la carie dentaire.

CAROTTE

AVANTAGES
- *excellent apport de bêta-carotène, forme végétale de la vitamine A*
- *contient des fibres*
- *régularise le transit intestinal*

L'intérêt essentiel de la carotte réside dans sa forte teneur en bêta-carotène que l'organisme convertit en vitamine A. Celle-ci contribue à la santé des muqueuses et de la peau et protège contre les infections. Les carottes les plus colorées sont généralement les plus riches en carotène, et cette teneur ne diminue pratiquement pas après la récolte. La cuisson n'en détruit que 10 à 15 %. Les antioxydants comme le bêta-carotène et la vitamine A font échec aux radicaux libres et diminuent par le fait même le risque de certains cancers.

ÊTES-VOUS NYCTALOPE ?

La difficulté à voir dans l'obscurité, qui relève de l'incapacité de l'œil à s'adapter à un éclairage restreint, provient souvent d'une carence en vitamine A. Cette vitamine s'associe à une protéine, l'opsine, présente dans les bâtonnets rétiniens, pour créer une substance appelée « pourpre rétinien » (rhodopsine), nécessaire à la vision de nuit. Manger une carotte par jour devrait suffire à améliorer sa vision de nuit.

UN LÉGUME « PARFAIT »

Les propriétés de la carotte contribuent à un bon équilibre de l'organisme. Si sa teneur en vitamine C, qui n'est pas très élevée (7 mg pour 100 g), est encore atténuée par la cuisson, l'apport minéral est en revanche appréciable, avec un taux de potassium dominant. Enfin, les fibres, très abondantes, sont composées de pectine et de cellulose peu irritantes, ce qui justifie l'utilisation de purée de carottes tant pour les bébés que pour les adultes souffrant d'entérocolites. Paradoxalement, ces mêmes fibres permettent également de lutter contre la tendance à la constipation.

La carotte crue semble avoir une action favorable sur le taux de cholestérol sanguin. Pour l'instant, on attribue cet effet bénéfique à ses fibres, en particulier les pectines.

COMPOSITION MOYENNE POUR 100 G :

protéines	0,8 g
lipides	0,3 g
glucides	6,6 g
apport énergétique	31 kcal

CASSIS

AVANTAGES
- *excellente source de vitamine C et de bêta-carotène*
- *apaise les maux de gorge*
- *combat les infections intestinales d'origine bactérienne*

Le cassis, qui n'est pas cultivé au Canada, est une groseille noire à chair juteuse et très aromatique. Rarement vendu frais, il sert à fabriquer des gelées, des liqueurs et même des vins.

Comme les autres groseilles, le cassis renferme une très grande quantité de vitamine C, nécessaire à tous les organismes. Les végétariens, notamment, en ont un besoin vital pour l'assimilation du fer. À poids égal, le cassis contient 4 fois plus de vitamine C que l'orange. 15 g de cassis en fournissent 30 mg, soit près de la moitié de l'apport quotidien recommandé. Cette teneur est relativement stable dans le temps : en une année, le sirop de cassis ne perd que 15 % de sa vitamine C.

Le cassis est apéritif, digestif, diurétique (surtout à cause de sa richesse en potassium) et laxatif (à cause de sa richesse en pectine, fibre soluble). En outre, il est riche en acide citrique et en calcium.

La peau du cassis contient des pigments – les anthocyanines – qui semblent avoir des propriétés anti-inflammatoires et calment les maux de gorge. Le cassis est ainsi l'un des meilleurs protecteurs des muqueuses de la gorge. On vante aussi depuis fort longtemps les vertus des feuilles du cassis, actives dans le soulagement des affections rhumatismales.

PRUDENCE ÉLÉMENTAIRE

Les liqueurs et les crèmes de cassis doivent bien sûr être servies très diluées, mais il ne faut pas les confondre pour autant. La crème de cassis est à base d'alcool tandis que le sirop peut être donné aux enfants.

COMPOSITION MOYENNE POUR 100 G :
protéines . . . . 1,3 g
lipides . . . . 0,3 g
glucides . . . . 9 g
apport énergétique . . . . . . 50 kcal

CÉLERI-BRANCHE

AVANTAGES
● *peu calorique*
● *riche en potassium*

INCONVÉNIENTS
● *riche en sodium et en acide oxalique*

Le céleri, connu dans l'Antiquité sous sa forme sauvage, l'ache des marais, était plus apprécié pour ses vertus thérapeutiques que pour ses qualités gastronomiques. Peu nutritif – il renferme près de 95 % d'eau –, il ajoute néanmoins, combiné à d'autres légumes, beaucoup de saveur aux soupes et aux jus.

Le céleri est l'un des légumes les moins caloriques qui soient. Les feuilles, davantage que les branches, contiennent du calcium, du fer, du potassium et des vitamines A et C ; il faut donc chercher à les utiliser le plus possible en cuisine. Ses fibres abondantes (2 g pour 100 g) le font recommander en cas de paresse intestinale. En revanche, sa teneur élevée en sodium le fait écarter des régimes stricts hyposodés. Le céleri est aussi une source d'acide oxalique, ce qui le fait supprimer en cas de lithiase oxalique rénale.

COMPOSITION MOYENNE POUR 100 G :
protéines . . . . 0,9 g
lipides . . . . 0,1 g
glucides . . . . 1,5 g
apport énergétique . . . . . . 11 kcal

CÉLERI-RAVE

AVANTAGES
● *riche en potassium*
● *contient des fibres et de la vitamine C*

INCONVÉNIENTS
● *riche en sodium*

Cette racine est de la même famille que le céleri-branche. Elle renferme beaucoup de fibres (5 %), très bénéfiques pour le transit intestinal. Le céleri-rave est riche en potassium, en phosphore et en calcium et il apporte de la vitamine C. C'est le légume le plus riche en sodium. Il est, comme son cousin le céleri-branche, déconseillé dans les régimes hyposodés.

COMPOSITION MOYENNE POUR 100 G :
protéines . . . . 1,5 g
lipides . . . . 0,3 g
glucides . . . . 2,4 g
apport énergétique . . . . 18 kcal

CÉRÉALES

Voir p. 76

CERISE

AVANTAGES
● *fournit du potassium*
● *laxative et diurétique*

La cerise est le plus sucré des fruits rouges. Les glucides, responsables de son grand apport énergétique, sont constitués de glucose et de fructose en proportions à peu près égales. Elle est riche en potassium.

La vitamine P et les caroténoïdes – qui donnent à la cerise sa couleur caractéristique – font partie des colorants alimentaires. La présence d'eau, de potassium et de sorbitol en fait un bon laxatif et un excellent diurétique : la tisane de queues de cerises (30 g dans 1 litre d'eau) est un diurétique bien connu de nos grands-mères.

Mieux vaut éviter de boire de l'eau après avoir mangé des cerises : elle fait gonfler la cellulose, qui fait office d'éponge dans l'estomac.

COMPOSITION MOYENNE POUR 100 G :
protéines . . . . 1,3 g
lipides . . . . 0,5 g
glucides . . . . 15,3 g
apport énergétique . . . . . . 67 kcal

À gauche, des griottes ; au fond, des guignes ; à droite, des bigarreaux blancs ; devant, des bigarreaux rouges.

LE CANCER ET L'ALIMENTATION

On reconnaît aujourd'hui que 60 à 80 % des cancers sont dus à des facteurs extérieurs à l'individu. Parmi eux, l'alimentation est souvent évoquée, posant le problème d'un effet direct des aliments pour favoriser ou, au contraire, combattre le cancer.

Connu depuis l'aube des temps, le cancer reste une maladie redoutée. De nombreux facteurs peuvent être à l'origine de son développement. Parmi eux, certains sont internes, c'est-à-dire qu'à notre naissance notre hérédité et notre patrimoine génétique nous prédisposent à certaines maladies ; d'autres sont externes, c'est-à-dire liés à notre environnement et à notre mode de vie. La conjonction de ces deux types de facteurs aboutit au développement de la maladie.

Des études scientifiques récentes démontrent que des liens existent entre les habitudes alimentaires et le cancer : 25 à 30 % des cancers pourraient être dus à différents facteurs alimentaires. Inversement, certains aliments pour-raient offrir une protection contre la maladie, et une consommation insuffisante de ceux-ci augmenterait les risques. Mais il subsiste encore beaucoup d'incertitudes dans ce domaine et rien ne permet de déterminer exactement les mécanismes par lesquels un aliment, ou ses composants, protège l'organisme ou, au contraire, favorise le développement de la maladie.

LES RADICAUX LIBRES

Les innombrables réactions chimiques impliquant l'oxygène qui interviennent dans nos cellules libèrent en sous-produits des molécules non appariées nommées radicaux libres. Ce sont des particules hautement instables, possédant une durée de vie très courte, et qui réagissent avec d'autres molécules proches, les rendant elles-mêmes instables et créant ainsi une réaction en chaîne. Cette réaction, susceptible d'endommager les éléments constitutifs des cellules (phospholipides des membranes et protéines), serait impliquée dans le vieillissement cellulaire et dans divers états pathologiques tels qu'inflammation, athérosclérose et cancer.

L'organisme dispose de systèmes de défense contre cette agression oxydante (aussi appelée stress oxydatif). Lorsque ces défenses sont dépassées, il s'établit un déséquilibre entre la production des radicaux libres et leur détoxication par ces systèmes.

De nombreuses molécules vitaminiques ont un rôle antioxydant, c'est-à-dire qu'elles sont théoriquement capables de lutter contre le stress oxydatif.

Il s'agit du bêta-carotène, contenu non seulement dans les carottes mais dans beaucoup d'autres légumes, et des vitamines A, E et C. Toutes ces molécules ont un effet bénéfique lorsqu'elles sont ingérées en quantités raisonnables dans l'alimentation quotidienne. En revanche, à plus fortes doses, les vitamines – en particulier la vitamine A – peuvent favoriser l'oxydation et par conséquent être même très toxiques. De façon générale, toute supplémentation massive et surtout prolongée en vitamines ou en autres substances naturelles ou synthétiques sous forme de comprimés, de poudre, de tablettes, etc., est nuisible à la santé, sauf avis médical contraire justifié par un état de santé déficient.

L'ALIMENTATION, FACTEUR DE RISQUE

Les relations entre l'alimentation et le cancer sont de plus en plus évidentes mais, parallèlement, il ne faut pas négliger la complexité des mécanismes qui les sous-tendent ni céder aux arguments de ceux qui veulent, pour des motifs commerciaux, médicaliser à tout prix notre alimentation.

Parmi les relations les plus sérieusement identifiées entre l'alimentation et le cancer, la prise de poids excessive est l'une de celles le plus fréquemment liées aux cancers du sein, de l'utérus, de la prostate, du côlon et du rectum. Or, il n'existe aucune raison physiologique pour qu'un

---

PRIVILÉGIER
- *les fruits et les légumes frais*
- *les céréales complètes*

DIMINUER
- *l'alcool*
- *les graisses, particulièrement les graisses saturées*
- *les aliments fumés et conservés dans le sel*
- *les aliments cuits au barbecue (risque de carbonisation)*

ÉVITER
- *de prendre du poids*
- *de fumer*
- *les bains de soleil sans écran protecteur*

homme ou une femme ne conserve pas toute sa vie le poids qu'il ou elle avait à 20 ans, et tout individu normalement constitué devrait y parvenir. Chez les personnes dont le poids dépasse de 40 % le poids idéal, le risque de cancer est augmenté de 33 % chez l'homme, et de 55 % chez la femme ; raison de plus pour lutter contre la surcharge pondérale. En 1915 déjà, des chercheurs soupçonnaient l'importance de la suralimentation sur l'accroissement de la fréquence des cancers. Cette hypothèse s'est trouvée confirmée par de nombreuses études depuis 1975.

Les graisses (ou lipides) constituent une source importante d'énergie et ont une grande part de responsabilité dans toute prise de poids. À ce titre, elles sont indirectement impliquées dans l'apparition des cancers liés à la suralimentation.

Les statistiques démontrent que le nombre de cancers du côlon et du rectum augmente régulièrement avec le niveau d'industrialisation, ce qui confirme l'influence des facteurs d'environnement et du type d'alimentation sur leur apparition. La Société canadienne du cancer estime pour sa part qu'un cancer sur trois serait relié à un régime alimentaire particulièrement riche en lipides et en aliments raffinés. Elle soutient également que ce type de cancer pourrait être évité par un changement d'alimentation.

Certains modes de cuisson sont également incriminés. Les parties calcinées des aliments rôtis, grillés ou cuits au barbecue peuvent présenter de grandes quantités de substances à potentiel cancérigène. C'est pourquoi il est prudent, lorsque l'on mange régulièrement des aliments préparés de cette façon, de laisser le brûlé de côté.

En ce qui a trait à la conservation des aliments, les pays qui se distinguent par

Les fruits et les légumes variés sont des aliments extrêmement utiles dans la prévention du cancer.

une nourriture riche en produits salés, fumés ou conservés dans le vinaigre et la saumure connaissent des taux élevés de cancers de l'estomac. Les aliments fumés contiennent des hydrocarbures polyaromatiques cancérigènes. Le sel des marinades peut endommager la paroi gastrique et faciliter la formation de tumeurs. Les nitrites et les nitrates contenus dans les viandes traitées peuvent former des nitrosamines, substances cancérigènes reconnues. Toutefois, si on les associe à des aliments riches en vitamines C et E, ces substances sont moins nocives.

Enfin, on soupçonne fortement le manque d'activité physique, à plus forte raison lorsqu'il est lié à la suralimentation, de favoriser l'apparition de certains cancers. Une bonne activité musculaire diminue notamment le risque d'un cancer du sein et de l'utérus chez la femme, et d'un cancer du côlon chez l'homme.

L'ALCOOL ET LE TABAC

Les médecins associent, dans une certaine mesure, l'abus d'alcool aux cancers de la bouche, du larynx, de l'œsophage et du foie. L'alcool, en effet, freine l'absorption du bêta-carotène, lequel semble fournir une protection contre ce type de cancer. L'alcool peut aussi réduire les réserves d'acide folique, de sélénium, de thiamine et d'autres vitamines du complexe B. On sait que l'acide folique réduit la prolifération des cellules cancéreuses ; une carence augmente notamment les risques du cancer du col de l'utérus.

Si vous fumez, la meilleure décision que vous puissiez prendre est d'arrêter. La cigarette est fortement associée aux cancers du poumon, de la bouche, du larynx, de l'œsophage, du pancréas et de la vessie. Il a été démontré récemment qu'elle augmentait aussi les risques de cancer du sein.

LES ALIMENTS QUI PROTÈGENT

Si vous ne pouvez pas abandonner l'habitude de l'alcool ou du tabac, vous pouvez néanmoins prendre certaines mesures alimentaires pour diminuer les risques de cancer. La première est de consommer du brocoli et d'autres crucifères plusieurs fois par semaine. Les crucifères sont reconnues pour leur richesse en composés anticancérigènes comme les flavonoïdes, les indoles, les monoterpènes, les acides phénoliques et les stérols de plantes, précurseurs de la vitamine D. De plus, le sulforaphane, particulièrement abondant dans le brocoli, est un des anticancérigènes les plus puissants connus à ce jour.

L'usage du tabac diminue les réserves de vitamine C, d'acide folique et de vitamines du complexe B ; les fumeurs ont donc intérêt à manger davantage de viandes maigres, de grains, de céréales enrichies, de légumineuses et de légumes feuillus vert foncé.

En augmentant sa ration de fibres – particulièrement déficiente dans l'alimentation moderne –, on peut aussi se prémunir du cancer de plus d'une façon. Il existe deux grandes catégories de fibres alimentaires : les fibres solubles et les fibres insolubles. Les aliments sont classés en fonction du pourcentage de fibres solubles. Lors de leur fermentation au niveau du côlon, celles-ci provoquent une accélération du transit intestinal, permettant ainsi de combattre la constipation. De plus, des études ont démontré que les aliments contenant des fibres solubles, tels les fruits et les légumes, avaient le pouvoir de faire baisser le taux de cholestérol.

Les fibres insolubles, que l'on trouve notamment dans les céréales du petit déjeuner et le pain complet, empêchent l'accumulation de résidus alimentaires dans le système digestif. Elles provoquent une hydratation du contenu intestinal et, par un effet de masse, favorisent le transit. Un abus de ce type de fibres (en particulier de son) peut cependant avoir un effet irritant sur les parois du tube digestif. Il faut donc équilibrer les apports des deux types de fibres et ne pas consommer d'aliments trop riches en fibres insolubles.

Aliments riches en fibres solubles

ALIMENT (pour 100 g)	FIBRES TOTALES (g)	POURCENTAGE DE FIBRES SOLUBLES
Orange	1,8	65
Pruneau	16,0	63
Ananas	1,4	61
Banane	2,0	59
Abricot	2,1	57
Pomme de terre	1,3	55
Haricot blanc	18,1	47
		46
Laitue	1,5	
Chou-fleur	2,4	45
Riz blanc	1,4	43
Pomme	2,1	40
Tomate	1,2	40

FAIRE FACE AU CANCER

Pour lutter contre la maladie, pour contrer les effets indésirables d'un traitement comme la chimiothérapie et pour aider le patient à récupérer après une chirurgie, les conseils professionnels d'un diététiste se révèlent absolument essentiels. La maladie en elle-même peut causer des troubles nutritionnels spécifiques : le cancer du côlon, par exemple, entraîne souvent une déficience en fer comme conséquence de saignements intestinaux chroniques.

La perte de poids est courante chez les personnes atteintes de cancer et la plupart souffrent d'anorexie ou d'une perte d'appétit. La dépression qu'entraîne souvent l'annonce de la maladie et la perspective d'une issue fatale, la douleur, les traitements et en particulier les radiations et la chimiothérapie, la chirurgie, spécialement si elle concerne le système digestif, tous ces facteurs font que les nausées sont plus fréquentes que l'appétit. Un diététiste qualifié pourra élaborer un régime alimentaire ou proposer des suppléments qui fournissent les calories, les protéines et tous les nutriments plus que jamais nécessaires pour maintenir le poids et favoriser la guérison.

Les directives nutritionnelles doivent tenir compte du stade d'évolution et du type de cancer. Pour la plupart des cancers précoces ou localisés, on recommande une alimentation faible en gras, mais riche en féculents – pâtes alimentaires, produits céréaliers à grain entier –, mais aussi en fruits et en légumes. Le gras d'origine animale est fortement déconseillé car on croit qu'il stimule la croissance des tumeurs. Fruits et légumes, au contraire, renfermeraient des substances capables de ralentir la prolifération des cellules cancéreuses.

Après une chirurgie, on recommande de consommer au moins 2 portions par jour de viande maigre, de lait écrémé, d'œufs, de poisson et de crustacés, car les protéines et le zinc sont essentiels à la guérison des plaies. Beaucoup de malades se plaignent que la viande a un goût métallique ; les blancs d'œufs, la volaille, ou une combinaison de grains et de légumineuses sont d'excellents substituts.

SAGESSE DU CORPS

Les médecins ont cessé de vouloir nourrir à tout prix une personne atteinte du cancer. On croit maintenant que l'anorexie et la cachexie (malnutrition avancée) pourraient constituer des moyens de défense naturels de l'organisme. Bien qu'il soit pénible de voir un être aimé se laisser apparemment mourir de faim, il faut savoir que c'est peut-être la meilleure façon pour lui de seconder une thérapie « agressive ». Sitôt qu'il aura repris le dessus, l'appétit ne tardera pas à revenir.

MANGER MALGRÉ TOUT

Dans bien des cas, les problèmes d'alimentation comme le manque d'appétit et les nausées peuvent être surmontés en changeant vos habitudes. Les conseils suivants ont rendu service à bien des gens.

● *Planifiez votre menu principal en fonction du moment de la journée où vous êtes le moins susceptible d'avoir des nausées ou des envies de vomir ; pour beaucoup de gens, ce moment se situe le matin. Le reste de la journée, contentez-vous de petites collations.*

● *Laissez à quelqu'un d'autre le soin de faire la cuisine ; les odeurs de cuisson provoquent souvent des nausées. Un repas froid ou à la température de la pièce est moins susceptible de dégager des odeurs.*

● *Si vous souffrez d'ulcères buccaux, mangez des aliments à saveur douce comme du gruau, des potages, des purées de légumes, des poudings au riz, et des flans. Évitez les aliments salés, épicés ou acides. Sucez des pastilles de zinc pour tenter d'accélérer la guérison des aphtes.*

● *Essayez de manger en bonne compagnie. Si vous êtes à l'hôpital, tâchez de vous habiller et demandez au diététiste la permission de vous faire apporter des plats préparés à la maison.*

● *Pour lutter contre le problème fréquent de la diarrhée, évitez les aliments gras, les fruits crus, les grains entiers ; riz, banane, compote de pommes et pain grillé sont les aliments à préférer. Soignez les présentations. Une table bien mise, quelques fleurs, quelques tranches de fruits colorés apporteront une note de gaieté.*

● *Avant de manger, croquez des glaçons ou bien sucez des bonbons au citron ou du gingembre confit pour calmer la nausée. Le soda au gingembre ou d'autres boissons pétillantes peuvent aussi vous aider.*

● *Reposez-vous environ 30 minutes après les repas, mais essayez de ne pas vous étendre complètement car la position couchée favorise le reflux du contenu de l'estomac.*

● *Soignez votre hygiène buccale. Si la brosse à dents vous blesse, utilisez votre doigt ou un petit linge doux et frottez-vous les dents avec du bicarbonate de soude. Rincez ensuite avec une solution faible de peroxyde d'hydrogène et de bicarbonate de soude. Diluez les rince-bouche du commerce : ils sont irritants.*

● *Si vous avalez avec difficulté, réduisez les aliments en purée et arrosez-les de jus de cuisson ou de lait écrémé.*

● *Pour lutter contre le problème fréquent de la diarrhée, évitez les aliments gras, les fruits crus, les grains entiers ; riz, banane, compote de pommes et pain grillé sont les aliments à préférer.*

CHAMPIGNON

AVANTAGES
- *pauvre en graisses*
- *contient des minéraux et des vitamines B*

INCONVÉNIENTS
- *risque d'intoxication grave, voire mortelle, avec les variétés vénéneuses*

Végétaux sans chlorophylle, les champignons sont recherchés pour leur goût délicat et parfumé. Ils sont classés en trois catégories : les champignons mortels, les champignons toxiques et les champignons comestibles. Seule une connaissance de la mycologie permet dans certains cas une identification certaine.

CHAMPIGNONS MORTELS

Les plus connus appartiennent à la famille des amanites. Leur toxicité est due à plusieurs substances, dont la phalloïdine, un poison extrêmement

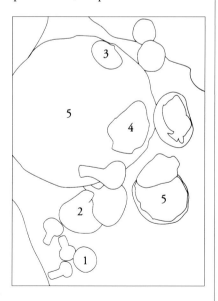

Champignons de couche (1), pleurotes en forme d'huître (2), shiitaké (3), morille (4), psalliote des prés (5).

violent qui résiste à toutes les formes de cuisson. Les symptômes d'empoisonnement n'apparaissent que 12 à 14 heures après l'ingestion : troubles digestifs douloureux, vomissements, diarrhées et déshydratation importante. Dans les intoxications importantes et non diagnostiquées, l'évolution est le plus souvent fatale.

CHAMPIGNONS TOXIQUES

Ils sont nombreux – certains ressemblent à s'y méprendre à des espèces comestibles – mais mettent rarement la vie en danger. Les symptômes de l'intoxication varient selon les espèces, pouvant aller de la simple diarrhée à la confusion mentale la plus totale. Dans tous les cas d'intoxication par champignon, contactez au plus vite un centre antipoison. Dans certains cas, comme pour la gyromite (abondante au Québec), le fait de les déshydrater leur enlève leur toxicité.

CHAMPIGNONS COMESTIBLES

Il en existe de nombreuses espèces dont, parmi les cultivées :
– le champignon de couche ou champignon de Waterloo, cultivé industriellement dans des sous-sols ou d'anciennes carrières ;
– le portobellini, semblable au psalliote, mais plus gros, avec des écailles brunes sur le dessus et des lamelles brun foncé ; excellent au goût ;
– le pleurote en forme d'huître, cultivé encore de façon artisanale, au chapeau variant du beige au brun, mais à la chair toujours blanche ;
– le shiitaké, ou lentin du chêne, produit en grandes quantités au Japon et cultivé depuis peu au Québec ; son chapeau est brun, sa chair blanche.
Parmi les sauvages, citons :
– le cèpe ou bolet, un champignon charnu, à tubes sous le chapeau ;
– la chanterelle, ou girolle, au chapeau en entonnoir jaune orangé, à plis sur le dessous ;

– la coulemelle, ou lépiote élevée, très fragile, en forme de parasol ;
– la morille, qui se distingue par son chapeau alvéolé, faisant penser à des rayons de miel ;
– le marasme d'Oréades, qui pousse en cercle dans les prés et les clairières.

Les champignons sauvages se vendent dans des magasins d'alimentation fine, la plupart du temps séchés, quoiqu'on puisse les retrouver frais sur nos marchés en saison : la morille, au printemps, la chanterelle, à l'été, et le cèpe, à l'automne. Pour plus de sécurité, il vaut mieux ne pas employer l'eau ayant servi à réhydrater les champignons séchés. Enfin, tous les champignons devraient être mangés cuits, sauf les champignons de couche qui peuvent être mangés en salade.

Quant à la truffe, ce champignon gastronomique, elle a déjoué toutes les tentatives de culture et ne pousse pas en Amérique du Nord.

VALEUR NUTRITIONNELLE

Qu'ils soient cultivés ou sauvages, les différents champignons sont riches en eau et contiennent plus de protéines que la plupart des légumes. Ils apportent du phosphore et du sélénium – ce dernier jouerait un rôle protecteur contre le vieillissement cellulaire et l'apparition de certains cancers. On y trouve enfin des quantités intéressantes de vitamines B_2 et PP.

COMPOSITION MOYENNE POUR 100 G :
protéines . . . . 2,1 g
lipides . . . . 0,5 g
glucides . . . . 0,5 g
apport énergétique . . . . 15 kcal

CHARCUTERIE

Voir p. 86

LES MALADIES CARDIO-VASCULAIRES

*Les maladies cardio-vasculaires sont souvent appelées « maladies de civilisation ».
Elles constituent aujourd'hui la première cause de mortalité dans les pays industrialisés
dits développés. Et leur incidence ne cesse d'augmenter, malgré une meilleure prise en charge
à la fois thérapeutique et nutritionnelle. L'alimentation joue en effet un rôle clé
dans la prévention et la réduction du risque cardio-vasculaire.*

Le cœur est une pompe musculaire qui propulse le sang oxygéné, véhiculé par les vaisseaux sanguins, dans les tissus de l'organisme. Pour fournir ce travail constant, il a besoin, comme les autres muscles et organes, d'une irrigation sanguine lui fournissant oxygène et substances nutritives. L'approvisionnement sanguin du cœur est assuré par deux vaisseaux nourriciers, appelés artères coronaires. Ces deux grosses artères se divisent en un grand nombre de ramifications, qui constituent un système de remplacement éventuel (qui n'est malheureusement pas toujours efficace) en cas de défaillance d'une des deux artères.

LES DIFFÉRENTES MALADIES

En cas d'athérosclérose, les plaques d'athérome, qui se déposent sur la paroi interne des artères en entraînant une perte d'élasticité, facilitent la formation de caillots. L'obstruction d'une artère coronaire par un caillot – thrombus – s'appelle la thrombose.

La crise cardiaque, ou infarctus du myocarde, est la mort, ou nécrose, d'une partie du myocarde causée par la cessation brusque de l'apport sanguin.

L'infarctus du myocarde peut ou non être précédé d'une angine de poitrine. Il s'agit de douleurs violentes et oppressantes caractérisées par une sensation de coups de poignard, typiquement localisée au niveau du sternum, avec parfois irradiation le long du bras gauche. Ces douleurs intermittentes peuvent survenir lors d'un effort violent, d'une émotion forte, d'une exposition au froid…

L'insuffisance cardiaque est l'incapacité dans laquelle se trouve le cœur de propulser assez de sang pour satisfaire les tissus de l'organisme. L'athérosclérose est souvent à l'origine de cette maladie, qui peut aussi être liée à une affection thyroïdienne ou à une maladie des valves du cœur.

Enfin, l'athérosclérose peut également provoquer une hémorragie (ou congestion) cérébrale, dont le risque est aggravé par l'hypertension artérielle. Cette maladie est due à la rupture, sous l'effet de la pression sanguine, de certains petits vaisseaux sanguins qui irriguent le cerveau.

Pour lutter contre l'athérosclérose et toutes ses complications, la prévention constitue la meilleure arme. Outre les facteurs génétiques, l'hypertension artérielle, le tabagisme, les facteurs nutritionnels, les dyslipidémies (hypercholestérolémie, hypertriglycéridémie) et le stress jouent un rôle essentiel dans la genèse de l'athérome. La prévention doit débuter tôt, car la maladie s'installe et progresse insidieusement dès l'âge de 20-25 ans.

Arrêter de fumer, faire de l'exercice et avoir une alimentation équilibrée sont les trois règles de base.

ÉVITER LE TABAC

Ce facteur de risque peut et devrait être supprimé à 100 %. Or, malgré les campagnes de lutte contre le tabagisme, on déplore une augmentation inquiétante du tabagisme chez les femmes et chez les jeunes.

Avant l'âge de 40 ans, le tabagisme est le principal responsable des infarctus du myocarde. Grâce aux œstrogènes (hormones femelles) qu'elles produisent, les femmes sont en principe quelque peu protégées et moins exposées que les hommes au risque cardio-vasculaire, mais cette protection disparaît chez celles qui fument. De plus, chez les fumeuses qui prennent la pilule, le

---

PRIVILÉGIER
- *les fruits et légumes frais*
- *les céréales complètes*
- *les légumes secs*
- *le tofu, le lait de soja*
- *les huiles mono-insaturées pressées à froid*
- *les poissons gras*
- *l'ail*
- *l'exercice régulier*

RÉDUIRE
- *les fritures, le sel*
- *les abats, le jaune d'œuf*
- *les viandes grasses ou en sauce*
- *le beurre, la crème fraîche*
- *les produits laitiers entiers*
- *l'alcool (vin rouge autorisé, à raison de 1 à 2 verres par jour)*

ÉVITER
- *le tabac*

Un cœur en bonne santé : une multitude de facteurs

La santé du cœur est influencée par de nombreux facteurs, positifs ou négatifs, qui agissent de façon complexe. Nous pouvons en contrôler certains, tels que notre façon de nous alimenter et notre hygiène de vie. D'autres nous échappent, par exemple le déterminisme génétique auquel sont soumis notre taux de cholestérol sanguin et notre pression artérielle. Enfin, nous subissons un certain nombre de facteurs environnementaux, tels que le stress en milieu professionnel ou la pollution atmosphérique, liée entre autres au tabac.

LES BONNES HABITUDES

L'exercice physique régulier prévient l'obésité et améliore la circulation sanguine et l'oxygénation des tissus.

Les fibres alimentaires contenues dans les légumineuses (lentilles, pois…), les céréales complètes, les légumes et les fruits contribuent à la correction des troubles métaboliques.

Une alimentation apportant en grande quantité fruits et légumes frais, naturellement riches en vitamines et minéraux antioxydants, prévient l'athérosclérose.

La surveillance régulière de la pression artérielle permet de détecter l'hypertension, qui fatigue le cœur.

Le vin rouge consommé en petite quantité aurait un effet bénéfique sur la prévention des maladies cardio-vasculaires.

LES FACTEURS DE RISQUE

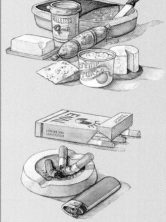

Une alimentation trop riche en graisses saturées (charcuterie, beurre, crème fraîche, fromages gras) peut entraîner une augmentation du cholestérol sanguin.

Le tabac est un facteur de risque cardio-vasculaire majeur, à éviter absolument.

Un mode de vie et un environnement stressants sont reconnus pour agir de façon négative sur le cœur.

L'obésité augmente le risque de maladies cardio-vasculaires ; inversement, une perte de poids contrôlée le diminue.

L'hérédité joue un rôle dans le déterminisme des maladies du cœur.

risque coronarien (obstruction des artères du cœur) est multiplié par 10.

ÉVITER LA SÉDENTARITÉ

Une activité physique régulière permet non seulement de préserver les muscles du corps et de réduire la prise de masse graisseuse avec l'âge, mais aussi de tonifier le muscle cardiaque et d'éviter l'encrassement des vaisseaux. De plus, elle a des effets bénéfiques sur le taux de cholestérol circulant avec augmentation du bon cholestérol (HDL). Enfin, la pratique sportive, par la détente et la relaxation qu'elle procure, permet de lutter contre le stress, qui constitue également un facteur prédisposant aux affections cardiaques.

Une activité quotidienne (marche, montée des escaliers...) peut être associée à une activité sportive de fond ou d'endurance, telle que le jogging, le vélo, la natation, le ski de fond, pratiquée 2 ou 3 fois par semaine.

UNE ALIMENTATION ÉQUILIBRÉE

Les conseils diététiques ont pour but de réduire les facteurs de risque tels que: hypercholestérolémie, hypertriglycéridémie, hypertension artérielle, diabète, surcharge pondérale. Équilibrer son alimentation, cela signifie:

– adapter ses apports caloriques quotidiens à ses besoins, afin de maintenir son poids de forme et d'éviter ou de diminuer toute surcharge pondérale;

– limiter globalement l'apport des lipides à 30 % des calories totales de la journée;

– diversifier l'alimentation afin d'assurer les apports en nutriments essentiels (vitamines et minéraux);

– limiter les quantités de sucre et produits sucrés; le sucre est à supprimer totalement en cas d'obésité, de diabète ou d'hypertriglycéridémie; on le remplacera par un édulcorant si l'on ne peut se passer de goût sucré;

– limiter les quantités de sel jouant un rôle dans la genèse de l'hypertension artérielle.

Quant au café, son incidence sur les maladies cardio-vasculaires dépend de son mode de préparation; le café-filtre est préférable.

LE CHOLESTÉROL

Un excès de cholestérol circulant dans le sang est l'un des principaux facteurs d'athérosclérose. Parce que le corps humain fabrique lui-même du cholestérol, cet excès peut provenir d'un désordre métabolique héréditaire. Mais, pour la plupart des gens, il y a moyen de prévenir l'hypercholestérolémie à long terme en surveillant son alimentation. Le cholestérol alimentaire ne devrait pas dépasser 300 mg par jour. En pratique, on évitera de manger trop souvent les aliments qui en contiennent beaucoup, comme le jaune d'œuf et les abats (cervelle, foie). On se limitera à 3 ou 4 œufs par semaine et à un plat d'abats par 15 jours. D'autre part, on limitera sa consommation de beurre, de crème fraîche et de fromage. Moins de 30 % des calories consommées dans la journée devraient provenir de gras, et ces gras devraient être surtout mono-insaturés et polyinsaturés, comme en fournissent les huiles végétales et les poissons d'eau froide.

De nombreuses études ont démontré qu'en mangeant au moins 3 portions de fruits et de légumes frais par jour, on pouvait réduire de 25 % les risques de crise cardiaque et d'accident cardio-vasculaire. On croit que cela serait dû à la vitamine C, au bêta-carotène, aux bioflavonoïdes et aux autres antioxydants qu'ils contiennent. Ces derniers protègent les cellules contre les radicaux libres. Or c'est l'oxydation du cholestérol à basse densité (LDL) qui est responsable de l'athérosclérose.

LES GRAISSES

Les graisses saturées, dont la consommation excessive augmente le taux de cholestérol total et de cholestérol LDL, ou mauvais cholestérol, ne doivent pas dépasser plus de 25 % de l'apport lipidique total. Il faut éviter les viandes grasses, les viandes en sauce, les charcuteries, à l'exception du jambon cuit, les produits laitiers entiers, les fritures (frites, beignets, poissons frits), les croustilles, les pâtisseries... Les volailles apportent peu de graisses, à condition de les débarrasser de leur peau.

L'huile d'olive est recommandée pour la cuisson des aliments, car elle fournit des acides gras monoinsaturés, qui, par la réduction du cholestérol total et du cholestérol LDL, assurent une protection vasculaire.

Il est bon de privilégier les aliments riches en graisses polyinsaturées qui ont un rôle protecteur vasculaire (par réduction de l'agrégation plaquettaire et du risque de thrombose) et contiennent des acides gras essentiels (acides linoléique et linolénique) de type oméga-3 et oméga-6. Il s'agit en l'occurrence des poissons gras (saumon, thon, sardine, maquereau…) et des huiles végétales (huiles de soja, canola, tournesol, maïs, noix) qui peuvent être utilisées pour l'assaisonnement en alternance ou en combinaison.

LES FIBRES

Les aliments riches en fibres contribuent à la correction des troubles métaboliques (hypercholestérolémie, diabète). Ce sont surtout les fibres solubles présentes dans les légumes verts (chou, brocoli, haricots), les légumineuses (lentilles, pois chiches), les fruits frais et secs. L'ail aurait également un effet bénéfique sur la circulation sanguine et la prévention des troubles vasculaires.

Une alimentation qui fait la part belle aux légumes, légumineuses, céréales complètes, poissons gras, huiles végétales, fruits secs a prouvé son efficacité dans la prévention, voire la réduction du risque cardio-vasculaire. Elle apporte beaucoup de vitamines, de minéraux et d'anti-oxydants (bêta-carotène, vitamine C, vitamine E, sélénium).

Le maquereau, ici avec des pâtes et des petits légumes, est une source intéressante d'acides gras polyinsaturés de type oméga-3.

LE VIN ROUGE

Grâce aux tanins qu'il contient, le vin rouge consommé en doses modérées (1 à 2 verres par jour) augmenterait le niveau des lipoprotéines de haute densité, molécules protectrices qui drainent le cholestérol vers le foie et protègent par conséquent la paroi des artères. De plus, alors qu'en grande quantité l'alcool entraîne une élévation de la pression artérielle, à faible dose, il dilate les petits vaisseaux sanguins (capillaires) et contribue à améliorer la circulation sanguine.

On obtient un risotto original et riche en nutriments en y ajoutant fruits secs et noix de cajou.

Une darne de saumon avec une salade de cresson, concombre et noix : un plat appétissant et riche en protéines, vitamines et acides gras essentiels !

La diète méditerranéenne explique la faible incidence des maladies cardio-vasculaires dans le sud de l'Europe. Ci-dessous, la traditionnelle salade niçoise.

Brochettes de bœuf sur un lit de lentilles : un plat pauvre en cholestérol et riche en fibres.

71

CHÂTAIGNE

AVANTAGES
- *très riche en glucides*
- *très riche en fibres*

INCONVÉNIENTS
- *coûteuse et parfois difficile à se procurer*

Les châtaignes appartiennent à la famille des noix ; cependant, au lieu d'être comme elles riches en huile, elles sont riches en amidon et leur valeur nutritive ressemble à celle des... pommes de terre.

Très énergétiques et riches en fibres, elles offrent en outre un taux élevé de potassium et, dans une moindre mesure, de calcium et de magnésium ; elles ont une bonne teneur en vitamines B_1, B_2 et B_6. Elles sont riches en folates (B_9) et en niacine (PP). Elles contiennent un peu de fer.

CHÂTAIGNE OU MARRON ?

Il s'agit en fait du même fruit : le châtaignier sauvage sert de porte-greffe aux marronniers comestibles. Les châtaignes se serrent à trois dans leur bogue, sont plus petites et un peu aplaties, alors que les marrons, fruits « nobles », jouent l'individualisme et grossissent séparément. La richesse en celluloses complexes (fibres) des châtaignes – ou marrons – exige une cuisson totale. Cette même richesse est cause d'une digestion lente, occasionnant parfois des fermentations.

CHÂTAIGNE D'EAU

Ce légume croustillant qui fait partie de nombreux plats asiatiques n'appartient pas à la famille des châtaignes proprement dites. En fait, ce ne sont pas des noix, et elles ne poussent pas dans les arbres. Ce sont plutôt des tubercules qui poussent à l'état sauvage dans les marais ou qu'on cultive dans les rizières pour le regain.

La plupart des châtaignes d'eau nous viennent de Chine. Elles renferment une certaine quantité de protéines et de vitamine C, mais ne sont pas aussi nutritives que les pommes de terre et d'autres légumes tubéreux.

COMPOSITION MOYENNE POUR 100 G :
protéines . . . . 3 g
lipides . . . . 2,7 g
glucides . . . . 33,6 g
apport énergétique . . . . . . 174 kcal

CHEVAL

AVANTAGES
- *viande très maigre*
- *riche en fer*

INCONVÉNIENTS
- *très fragile, elle peut provoquer des intoxications, surtout lorsqu'elle est hachée*

De consommation peu courante au Canada, la viande de cheval n'en est pas moins une viande saine et reconstituante. Elle était recommandée autrefois en France par le corps médical aux personnes âgées, aux enfants et aux convalescents sous forme crue et hachée, sous prétexte que, contrairement au bœuf, le cheval n'avait jamais ni le ténia ni la tuberculose.

COUPES DE VIANDE

Il n'existe que deux catégories de viande de cheval. Dans la première, on trouve les morceaux les plus tendres, réservés aux grillades et aux rôtis, et portant les mêmes dénominations que le bœuf : filet, faux-filet, romsteck... La deuxième catégorie regroupe tout le reste, destiné pour la plus grande part à être haché.

VALEUR NUTRITIONNELLE

La viande de cheval possède des qualités nutritionnelles proches de celles du bœuf. Ses protéines sont de très bonne qualité, avec un bon équilibre en acides aminés essentiels. Elle constitue une excellente source de fer, en majorité sous forme héminique, ce qui assure une meilleure utilisation au niveau de l'organisme. Son avantage le plus précieux reste qu'elle contient très peu de lipides.

COMPOSITION MOYENNE POUR 100 G :
protéines . . . . 21,2 g
lipides . . . . 4,6 g
glucides 0
fer . . . . 4 mg
apport énergétique . . . . . . 127 kcal

CHEVEUX

PRIVILÉGIER
- *les céréales complètes pour la niacine*
- *les laitages écrémés, les légumes vert foncé ou orange et les fruits pour la vitamine A*
- *les bananes, les pruneaux et la pastèque pour la vitamine B_6*
- *les fruits frais pour la vitamine C*
- *noix et légumineuses pour la biotine et le zinc*

L'état des cheveux et du cuir chevelu peut être le reflet de l'état général de l'organisme. La plupart des maladies rendent le cheveu terne et sans vie. Il en est de même pour le stress, très souvent lié à une carence en vitamines du groupe B. Un manque de vitamine A peut aussi être responsable d'un cheveu terne. Vérifiez que votre alimentation fournisse un apport suffisant en l'une et l'autre de ces vitamines.

Il arrive que les problèmes de cheveux résultent d'abus de produits chimiques tels que les teintures, colorations et permanentes. La chaleur dégagée par les sèche-cheveux finit par irriter le cuir chevelu et abîmer le cheveu. Enfin, la pollution régnant dans les villes peut être l'une des causes des affections du cheveu.

CHEVEUX GRAS ET PELLICULES

Les cheveux sains doivent leur aspect brillant à une fine couche de sébum, substance huileuse sécrétée par les glandes sébacées du cuir chevelu, situées à la racine du cheveu. Si ces glandes sont hyperactives et produisent trop de sébum, les cheveux deviennent gras et la chevelure perd de son volume. Choisissez dans ce cas un shampooing aussi doux que possible et lavez-vous les cheveux dès qu'ils paraissent gras. Les pellicules peuvent apparaître aussi bien sur des

---

L'ANALYSE DU CHEVEU

Une analyse scientifique du cheveu peut confirmer la présence d'un poison quelconque bien des années après le décès. C'est ainsi qu'on a pu affirmer, 150 ans après sa mort, que Napoléon avait été empoisonné à l'arsenic. Toutefois, il n'y a aucun fondement scientifique à l'analyse que prétendent faire de soi-disant spécialistes en nutrition pour déterminer l'état de santé d'une personne et ses déficiences en vitamines ou en minéraux.

---

cheveux secs que sur des cheveux gras. Elles sont parfois la conséquence d'une mycose aggravée par un déséquilibre général du cuir chevelu.

LA CHUTE DES CHEVEUX

C'est un phénomène tout à fait normal. Un cheveu se détache parce qu'un nouveau pousse par-dessous. Un adulte en bonne santé perd entre 50 et 100 cheveux chaque jour. La manifestation la plus spectaculaire de chute de cheveux est la calvitie masculine, liée à une influence génétique.

La raréfaction des cheveux peut cependant provenir de certains états (suite à l'accouchement…), ou d'un grand nombre d'affections telles que l'anémie, les troubles circulatoires et les désordres thyroïdiens.

L'alopécie est l'apparition, le plus souvent passagère, d'une ou de plusieurs plaques de calvitie. Le stress serait coupable de la moitié des cas environ.

Sauf quelques rares exceptions, la perte de cheveux n'est jamais reliée, dans nos pays, à la nutrition. Le cas échéant, la cause se trouvera dans un excès marqué de vitamine A ou une déficience de fer, de biotine, de zinc ou de protéines. Ces déficiences sont rarissimes, quoiqu'il soit bon de mentionner qu'une trop grande consommation de blancs d'œufs peut entraîner des pertes de biotine.

Les pertes de cheveux dues au stress, à un médicament ou à un régime amaigrissant trop violent sont généralement passagères. L'alopétie se corrige le plus souvent d'elle-même, quoique le médecin puisse recommander parfois des injections de corticostéroïde.

CHOLESTÉROL

Voir p. 98

CHOU DE BRUXELLES

AVANTAGES
- *peut aider à prévenir certains types de cancer*
- *assez riche en fibres alimentaires*

INCONVÉNIENTS
- *cause ballonnements et flatulences*

À l'instar des choux, dont ils sont une sorte de version miniature, les choux de Bruxelles et les autres crucifères contiennent des composés azotés appelés indoles, dont on pense qu'ils limitent les risques de certains cancers. Les choux de Bruxelles sont très riches en vitamine C et renferment du bêta-carotène, que l'organisme transforme en vitamine A. Leur seul inconvénient est de causer flatulences et ballonnements.

LES CHOUX ET LE CANCER

Les choux de Bruxelles apporteraient une protection contre certains types de cancer du sein, liés à une présence excessive d'hormone œstrogène. Les indoles fournis par les choux de Bruxelles ont pour effet de stimuler le foie, qui décompose ensuite plus facilement l'œstrogène. Alors qu'on pense que les femmes dont le métabolisme transforme rapidement l'œstrogène

sont moins vulnérables aux cancers du sein et de l'utérus, des expériences tendent à démontrer que, en accélérant la transformation métabolique de l'œstrogène et son élimination, on réduit les effets potentiellement dangereux de l'hormone. Toutefois, une cuisson excessive est susceptible de « lessiver » les indoles des choux de Bruxelles, comme d'ailleurs les autres vitamines présentes, et il vaut mieux se contenter d'une cuisson rapide et légère.

La prévention et le traitement des cancers du côlon et de l'estomac s'appuient entre autres sur un régime riche en amidon, féculents et autres aliments (légumes) à forte teneur en fibres. Les crucifères offrant à la fois

---

LE CHOU DE BRUXELLES À SON MIEUX

Les choisir de préférence petits, très verts et fermes. Les feuilles doivent être drues et denses, sans traces jaunâtres. Des choux trop vieux et dont les feuilles auraient tendance à se détacher auront un goût déplaisant de soufre et, une fois cuits, seront amers et spongieux. La cuisson doit être aussi rapide que possible, dans deux eaux bouillantes successives et sans couvercle, pour permettre aux dérivés soufrés d'être en grande partie éliminés.

---

des fibres et des indoles, on a avancé l'hypothèse qu'elles auraient une utilité contre ces types de cancer.

Des études menées aux États-Unis suggèrent qu'une carence en acide folique (les choux de Bruxelles en contiennent beaucoup) offrirait un terrain favorable au cancer du poumon, les cellules pulmonaires étant alors exposées à la formation de tumeurs. Les choux de Bruxelles seraient donc également bénéfiques contre cette forme de cancer.

COMPOSITION MOYENNE POUR 100 G :

protéines . . . . 4 g
lipides . . . . 0,5 g
glucides . . . . 3,5 g
apport énergétique . . . . 34 kcal

CHOU-FLEUR

AVANTAGES
● *riche en vitamine C*

INCONVÉNIENTS
● *peut provoquer des flatulences*

Comme toutes les variétés de crucifères, le chou-fleur est un aliment riche en divers nutriments, dont surtout la vitamine C. Il contient aussi divers composés sulfureux, susceptibles d'offrir une protection contre plusieurs cancers – en particulier celui du côlon. Une portion de 100 g de chou-fleur cru couvre plus de la moitié de l'apport quotidien recommandé en vitamine C. Même cuite (mais rapidement), la même portion fournit encore 30 mg de vitamine C.

Consommé cru, ce légume n'apporte que 21 kcal et donne une bonne impression de satiété. Cuit, il ne conservera sa pauvreté calorique que s'il n'est pas recouvert de beurre, ou nappé de béchamel...

Comme les autres légumes fibreux, le chou-fleur a une action efficace sur les fonctions d'élimination, mais il peut provoquer des flatulences, dues au travail de l'intestin qui en décompose la cellulose.

PETIT CONSEIL DE CUISSON

Le soufre contenu dans le chou-fleur dégage une odeur désagréable à la cuisson. La cuisson prolongée, dans une cocotte fermée, a souvent pour effet d'agglomérer le soufre et d'affecter le goût du légume. Il vaut mieux le faire cuire dans deux eaux successives et sans couvercle. Ajoutez un peu de jus de citron pour conserver la blancheur des fleurs et un morceau de sucre, qui les rendra plus digestes.

COMPOSITION MOYENNE POUR 100 G :

protéines . . . . 2,4 g
lipides . . . . 0,3 g
glucides . . . . 2,3 g
apport énergétique . . . . . . 21 kcal

CHOU-RAVE

AVANTAGES
● *bonne source de vitamine C*
● *peut aider à prévenir le cancer*
● *bonne source de potassium*
● *teneur appréciable en fibres*

Le chou-rave, ce légume à la tige renflée et charnue qui pousse hors du sol, est, comme tous les autres choux, une plante potagère de la famille des crucifères. Ce légume abonde à la fois en vitamine C, importante pour la santé du système immunitaire, et en potassium. Associé à une alimentation équilibrée, le potassium aide à maintenir la tension artérielle à un niveau normal.

Le chou-rave fournit un apport intéressant en fibres alimentaires à la fois solubles et insolubles. Les fibres solubles favorisent la baisse du taux de cholestérol dans le sang. Les fibres insolubles préviennent la constipation. Les unes et les autres peuvent protéger contre certaines formes de cancer en aidant l'organisme à expulser des facteurs cancérigènes.

COMPOSITION MOYENNE POUR 100 G :

protéines . . . . 1,1 g
lipides . . . . 0,1 g
glucides . . . . 8,8 g
apport énergétique . . . . . . 40 kcal

Le chou-fleur fait partie de la famille des crucifères, qui regroupe choux de Bruxelles, brocolis, choux-raves, choux pommés...

CHOU ROUGE

AVANTAGES
- *très riche en vitamine C et en fibres*

Le chou rouge, chou pommé par excellence, offre une grande richesse en vitamine C, en fibres et en acide folique. Comme pour tous les membres de la famille des crucifères, sa consommation régulière contribuerait à éviter la formation de polypes précancéreux.

Très apprécié en salade, le chou rouge doit être râpé le plus finement possible et dégorgé au gros sel. Si l'intestin le supporte difficilement cru, mieux vaut le plonger préalablement quelques minutes dans de l'eau bouillante salée pour attendrir la cellulose et éliminer le plus de dérivés soufrés possible.

COMPOSITION MOYENNE POUR 100 G :
protéines . . . . .1,4 g
lipides . . . . 0,3 g
glucides . . . . 4 g
apport énergétique . . . . 23 kcal

CÉRÉALES AUX MILLE FORMES

*Universelles, les céréales ont constitué – et constituent toujours – la nourriture
de base de nombreuses populations. Elles sont présentes
sous de multiples formes dans notre alimentation.*

Quand on évoque les céréales, on pense au blé, au pain, au riz, parfois au petit déjeuner... Pourtant, bien d'autres aliments sont à base de céréales : les pâtes, la semoule, la farine, et tous leurs dérivés. Mais leur consommation a diminué progressivement, parallèlement à l'augmentation du niveau de vie. Mais on redécouvre aujourd'hui leurs qualités nutritionnelles et bénéfiques, en particulier quand elles sont complètes. Sous cette forme, elles constituent des aliments à haute valeur nutritive car elles sont toujours plus riches en fibres et en vitamines que lorsqu'elles ont été raffinées.

DES ALIMENTS ÉNERGÉTIQUES

Toutes les céréales ont une bonne valeur énergétique (de 320 à 350 kcal pour 100 g), fournie essentiellement par des glucides complexes – en majorité de l'amidon (55 à 75 %) – et par des protéines (7 à 15 %). Les lipides sont très peu abondants (2 à 4 % en moyenne), ce qui constitue un atout dans l'alimentation actuelle, souvent trop chargée en graisses. Elles renferment également des sels minéraux (phosphore, potassium, magnésium, calcium...) et des oligoéléments (du fer en particulier), des vitamines (surtout du groupe B, mais aussi de la vitamine E dans le germe) et des fibres, concentrées dans la partie externe du grain, laquelle constitue le son.

DE PRÉFÉRENCE COMPLÈTES

Le raffinage des céréales (blutage pour le blé, polissage pour le riz) a pour but

l'obtention de produits céréaliers pauvres en fibres (farine et pain blancs, riz poli...), parfois considérés comme plus légers et plus faciles à digérer parce que moins irritants pour le système digestif. En réalité, l'apport énergétique des céréales complètes ou raffinées est identique. Mais les premières, riches en fibres, s'avèrent non seulement bénéfiques pour le bon fonctionnement des intestins, mais probablement utiles dans la prévention de certains cancers. Dans les céréales raffinées, le germe et une partie de la couche périphérique de l'albumen du grain sont éliminés, en même temps que le son. De ce fait, on

LE GRAIN DES CÉRÉALES

Les grains des céréales ont des structures très voisines. Ils sont constitués :
- *d'une couche externe périphérique (10 à 20 % du grain), formée de fibres cellulosiques non digestibles qui donnent le son lors de la mouture ;*
- *d'une partie centrale très importante (70 à 90 % du grain), appelée amande ou albumen et composée essentiellement d'amidon. À sa périphérie se trouve une zone dite couche à aleurone, bourrée de protéines et de vitamines B ;*
- *du germe, formé de l'embryon et de sa membrane, le scutellum. C'est dans le germe que sont concentrées les vitamines du groupe B et la vitamine E, ainsi qu'une bonne partie des lipides et des minéraux du grain.*

perd 10 % des protéines présentes dans le grain complet, 65 % du fer, 75 à 90 % des vitamines du groupe B et 80 % de la vitamine E. Ce qui constitue une raison supplémentaire de donner la préférence aux céréales complètes (ou au moins semi-complètes).

LE BLÉ : DU GRAIN À LA FARINE

Céréale la plus répandue en Occident, le blé, qu'on appelait autrefois froment, se prête à de multiples préparations. Comme la plupart des autres céréales, on le consomme rarement sous forme de grains entiers. Simplement concassés, ceux-ci donnent naissance au boulgour, la base du taboulé libanais. Un peu plus fortement broyés, ils deviennent semoule (plus ou moins fine). Puis on arrive au stade de la farine, lorsque le produit fini est pulvérulent.

L'action de l'eau sur les protéines du blé produit le gluten. Celui-ci est responsable du volume, de l'apparence et de la texture de la pâte ; il lui confère sa consistance et lui permet de retenir le gaz produit par la levure. L'élasticité du gluten varie selon les variétés de farine. Le pétrissage active l'action du gluten ; plus on pétrit la pâte, plus le gluten se développe, rendant la structure de la pâte plus forte. Le blé dur contient plus de gluten que le blé tendre.

Dans notre pays, le blé est traditionnellement consommé sous forme de

Les céréales complètes sont beaucoup plus riches en vitamines, en fibres et en minéraux que les céréales raffinées.

Blé complet

Flocons de blé

Germes de blé

Boulgour

Millet

Son d'avoine

Avoine

Maïs

Orge

Orge perlé

Flocons d'orge

Maïs soufflé

Seigle

Farine complète

Malt

Flocons d'avoine

Riz complet

Riz à grains longs

Riz rond

Farine de maïs

pain : il possède en effet une exceptionnelle aptitude à la panification, grâce à sa teneur élevée en gluten. On utilise pour cela du blé dit tendre, employé aussi pour confectionner biscuits, biscottes, etc. Pour la fabrication des semoules et des pâtes alimentaires, on utilise des variétés de blé dur qui résistent bien à la cuisson à l'eau.

ORIGINAIRE D'ASIE, LE RIZ

Le riz est, après le blé, la deuxième céréale cultivée dans le monde. Il est le plus souvent consommé en grains. Le riz complet (ou riz brun) est une très bonne source de vitamines B et de minéraux (en particulier de magnésium et de fer). Le riz blanc (ou riz poli) renferme très peu de fibres, et il est remarquablement bien supporté, même en cas d'intestins sensibles. Il est autorisé dans le régime des personnes souffrant de maladie cœliaque, car dépourvu de gluten. Sous forme de farine, c'est la première céréale introduite dans l'alimentation des nourrissons.

LES AUTRES CÉRÉALES

Le seigle a longtemps servi à fabriquer un pain sombre et de saveur typée, mais assez lourd : sa teneur en gluten est inférieure à celle du blé. Aujourd'hui, la farine de seigle est le plus souvent associée à de la farine de blé pour confectionner les pains dits de seigle. Elle entre dans la composition du célèbre pain pumpernickel. Le seigle renferme des mucilages que l'on retrouve dans le pain : comme ils gonflent dans l'estomac, ils rassasient rapidement ; ils sont sans doute à l'origine de l'action légèrement laxative de cette céréale.

L'avoine est, comme le seigle, une céréale des pays froids. Une petite partie seulement de sa production est consommée par l'homme, essentiellement sous forme de flocons d'avoine. C'est la céréale la plus riche en protéines et en lipides. Elle est également très bien pourvue en fibres. Enfin, selon

---

---

bon nombre d'études, la consommation régulière de flocons d'avoine (et plus encore de son d'avoine) permettrait de faire baisser un taux de cholestérol sanguin trop élevé.

L'orge est la plus ancienne céréale cultivée. Réduite en farine, elle était parfois associée à des farines panifiables pour confectionner du pain, et servait à la préparation de bouillies. L'orge est un peu moins riche en protéines et en lipides que la moyenne des céréales, mais elle est intéressante pour ses teneurs en vitamines B et en oligoéléments. On trouve dans le commerce de l'orge mondé (grains décortiqués) et de l'orge perlé (grains blanchis, donc très appauvris en vitamines et en minéraux). Sous forme de malt (orge germée et séchée, à haute activité enzymati-

---

que), l'orge est largement utilisée par les brasseurs et les distillateurs.

Le maïs est l'unique céréale indigène d'Amérique. Aussi constituait-il, à l'arrivée des Européens, la base de l'alimentation des Amérindiens. La farine de maïs est encore très courante, notamment chez les Mexicains qui l'emploient pour les tortillas, tandis que, en Europe, les Italiens l'ont adoptée pour leur fameuse polenta. Parce qu'il est dépourvu de gluten, le maïs n'est pas panifiable. La fécule de maïs, une farine d'amidon pur qui sert de liant pour les sauces, est obtenue à partir de la partie centrale de l'albumen du grain.

À la différence des autres céréales, le maïs possède un germe particulièrement développé qui représente plus de 10 % du poids total du grain, au lieu de 2 à 3 %. Ce germe est très riche en lipides, ce qui permet d'en extraire une huile aux propriétés diététiques intéressantes. (Pour la variété consommée comme légume, voir p. 203.)

Le sarrasin est une céréale à grains noirs, assez différente des autres. Comme il est dépourvu de gluten, on l'utilise pour préparer des crêpes ou on l'ajoute à d'autres farines. Le kasha, grain concassé ou entier rôti, sert comme mets d'accompagnement.

Le millet appartient à la même famille que le mil ou le sorgho africain. Il est dépourvu de gluten, c'est pourquoi sa farine sert généralement à préparer des galettes. On le commercialise aussi sous forme de grains décortiqués.

L'épeautre est un type de blé dont la composition est proche de celle du blé tendre. Il peut être utilisé en panification, mais on le consomme aussi en grains, comme le riz.

LES CÉRÉALES POUR PETIT DÉJEUNER

Elles ont la faveur de consommateurs de plus en plus nombreux, et en particulier des enfants, qui apprécient leur goût sucré et leur aspect ludique. Elles présentent aussi l'intérêt d'être faciles à consommer et d'apporter des glucides complexes, qui libéreront leur énergie tout au long de la matinée. Elles permettent de consommer du lait, contiennent peu de lipides et ne nécessitent pas d'adjonction de matières grasses.

Ces céréales se présentent sous des formes très variées : flocons, céréales soufflées, muesli, etc. Elles peuvent être aromatisées de différentes façons – au caramel, au chocolat, aux fruits, etc. Elles sont parfois additionnées de son, pour augmenter leur teneur en fibres. De plus en plus souvent, on les enrichit en vitamines et en minéraux (notamment en fer), une pratique rassurante pour les consommateurs, et qui peut paraître légitime dans la mesure où une proportion non négligeable d'enfants et d'adolescents présente un déficit en fer (plus rarement en vitamines). Mais il faut se souvenir que les aliments enrichis s'intègrent dans l'alimentation globale : ils ne sont vraiment utiles que dans la mesure où une déficience existe, liée notamment à un déséquilibre alimentaire. La plupart des céréales sont malheureusement très riches en sucre ajouté : c'est dommage, ne serait-ce que pour l'éducation du goût des jeunes convives.

– Pour obtenir des flocons d'avoine, on écrase légèrement les grains, avant de les cuire à la vapeur. On les sèche dans un courant d'air sec, on les aplatit et on les écrase. Cuits dans du lait, puis légèrement sucrés, les flocons d'avoine donnent le gruau, que nos ancêtres appelaient « soupane » et les Écossais *porridge*.

– Les flocons de maïs, de blé, de riz... sont fabriqués à partir de grains d'abord concassés, puis maltés, salés et éventuellement sucrés, avant d'être cuits à la vapeur, fortement pressés et grillés. Les premières céréales de ce genre, les *corn flakes*, ou flocons de maïs, furent inventées en 1899 par le Dr John Harvey Kellogg pour les patients de son sanatorium de Battlecreek.

– Les céréales soufflées sont fabriquées à partir de grains entiers cuits à la vapeur. Cette cuisson est immédiatement suivie d'une décompression, qui « souffle » les grains. Ils sont ensuite enrobés de miel, de sucre ou de caramel.

– Le muesli est un mélange de céréales, popularisé par un médecin suisse, le Dr Max Bircher-Brenner, l'un des pionniers de la santé par une diététique naturelle. La recette d'origine comprenait environ 30 % de flocons d'avoine, 30 % de flocons de blé, 10 % de raisins secs et 20 % de pomme ou d'autres fruits frais. Aujourd'hui, les mueslis du commerce sont encore composés d'un mélange de céréales et de fruits secs (et parfois de fruits oléagineux), mais on leur a souvent ajouté beaucoup de sucre...

Fraises et flocons de maïs, ou comment ajouter de la vitamine C aux céréales du petit déjeuner.

Lait et fruits frais peuvent améliorer la valeur nutritive des céréales pour petit déjeuner.

Le muesli simplement sucré par les fruits secs est plus sain, et tout aussi savoureux.

Quelques rondelles de banane citronnées avec le riz soufflé : une bonne association.

Le gruau d'avoine est une excellente source de fibres.

CHOU VERT

AVANTAGES
- *peut aider à éviter la formation de polypes précancéreux*
- *très riche en vitamine C*

INCONVÉNIENTS
- *peut causer des flatulences*

Communément appelé chou vert, ce légume est en réalité un chou pommé. Pas toujours très apprécié, il jouit pourtant d'une excellente réputation sur le plan diététique.

Les choux pommés ont une teneur remarquable en vitamine C (égale à celle du citron), sont riches en potassium et offrent du bêta-carotène, des fibres, de l'acide folique (indispensable à la formation des globules rouges et au développement du fœtus). Le très bon rapport calcium/phosphore, supérieur à 1, rend le calcium contenu dans le chou particulièrement bien assimilable par l'organisme.

Le chou, tout comme le chou de Bruxelles et les autres crucifères, réunit un grand nombre de composés naturels qui peuvent prévenir le cancer. Selon de nombreuses recherches, une consommation régulière de chou contribuerait à éviter la formation de polypes précancéreux dans le côlon. Chez les femmes, le chou accélère la production d'hormone œstrogène, susceptible d'offrir certaines protections contre les cancers du sein ou des ovaires.

Plus la cuisson du chou est courte, plus les vitamines seront préservées. Effectuez toujours une première cuisson de quelques minutes dans de l'eau bouillante, sans couvercle.

LA CHOUCROUTE

Préparée à partir d'un chou vert qui ne forme pas de pomme, elle offre les mêmes substances réduisant les risques de cancer du côlon que le chou. Son apport énergétique important, souvent critiqué, est dû à l'adjonction de graisse lors de la cuisson. On peut y remédier en achetant de la choucroute crue, que l'on peut servir en salade ou faire cuire soi-même, à la vapeur par exemple.

COMPOSITION MOYENNE POUR 100 G :
protéines . . . . 1,2 g
lipides . . . . 0,3 g
glucides . . . . 1,7 g
apport énergétique . . . . 14 kcal

CIRCULATION VEINEUSE

PRIVILÉGIER
- *les aliments riches en fibres, comme le pain complet, les fruits et les légumes frais*
- *l'eau : en boire au moins 2 litres par jour*
- *l'activité physique régulière*

RÉDUIRE
- *les épices*

Notre système circulatoire est composé d'artères et de veines. Les premières partent du cœur et irriguent tous les organes ; les secondes drainent les organes et ramènent le sang au cœur. La paroi des artères, très tonique, est composée de fibres musculaires. Celle des veines, en revanche, est souple et peut facilement se dilater. Il en résulte des problèmes très courants, accrus par le manque d'exercice.

VARICES

Les varices surviennent le plus souvent sur les jambes. Lorsque les valvules des veines – destinées à faire remonter le sang vers le cœur – se détériorent, le sang s'accumule à l'intérieur des vaisseaux, et ceux-ci finissent par se distendre.

Les femmes sont plus sujettes aux varices que les hommes. Elles y sont exposées au cours de la grossesse, lorsque le flux de sang qui remonte des membres inférieurs est entravé au niveau abdominal par le fœtus. Les métiers où l'on doit rester debout, le chauffage par le sol et l'obésité – qui ralentit le flux de sang remontant des membres inférieurs vers le cœur – favorisent la formation des varices. Bien que l'hérédité soit un facteur important, des exercices physiques réguliers et un régime approprié contribuent à éviter leur apparition.

Le meilleur conseil diététique pour lutter contre les varices est de veiller à garder un poids normal, tout en privilégiant les aliments riches en fibres et pauvres en glucides : légumes verts, pâtes, pain et riz complets, pommes, poires. Faites régulièrement de l'exercice physique, notamment de la marche à pied : 30 minutes 2 ou 3 fois par semaine aident déjà à maintenir ou à rétablir un bon équilibre. Mais toute autre activité sportive bien adaptée pourra apporter les mêmes bénéfices. Évitez de rester debout trop longtemps, surtout dans les endroits très chauffés, et, quand vous êtes assis ou allongé, tâchez de surélever vos pieds.

ULCÈRES VARIQUEUX

Ces plaies, souvent indolores, apparaissent après un coup porté sur une varice, par exemple, ou surgissent spontanément sur une veine distendue et très abîmée. Ces ulcères sont généralement très longs à guérir car les tissus, mal irrigués, cicatrisent mal.

HÉMORROÏDES

Celles-ci sont des varices situées sur les veines du pourtour de l'anus. Elles provoquent parfois des hémorragies rectales et s'accompagnent de démangeaisons et de douleurs. Elles touchent surtout les personnes souffrant de constipation ou devant rester assises une bonne partie du temps – ce qui limite la circulation du sang vers l'abdomen. L'obésité est un facteur aggravant. L'évacuation pénible des selles due à la constipation résulte souvent d'une consommation insuffisante d'aliments riches en fibres ou à un faible apport en liquides.

Les hémorroïdes, comme les autres varices, se développent souvent au cours de la grossesse, surtout s'il existe une prédisposition familiale.

HÉMORROÏDES ET FIBRES

Pour prévenir les hémorroïdes ou soigner les cas légers, il faut privilégier les aliments riches en fibres solubles – avoine, fruits et légumes – et des produits contenant des fibres insolubles, comme les céréales complètes et le riz brun. Les fibres solubles de l'avoine sont particulièrement efficaces pour traiter la constipation, car elles amollissent les selles, ce qui favorise leur évacuation. Il est bon d'éviter les plats épicés : ils aggravent l'affection et donnent une sensation de brûlure à l'anus au moment de l'émission des selles. Enfin, il est fortement conseillé de boire au moins 2 litres d'eau par jour.

CIRRHOSE

PRIVILÉGIER
- *les glucides complexes, tels que pommes de terre, riz, pâtes et pain complets*
- *les fruits et légumes frais*

RÉDUIRE
- *les aliments gras*

SUPPRIMER
- *l'alcool*

La cirrhose est une maladie diffuse du foie provoquée par la destruction de ses cellules. Sa cause de loin la plus fréquente – du moins dans les pays industrialisés – tient à une consommation abusive et régulière d'alcool. Elle peut être aussi la conséquence d'une hépatite virale, d'une malnutrition, d'une inflammation chronique du foie ou d'une obstruction des voies hépatiques. Certaines cirrhoses ont encore des causes inconnues.

À mesure que la maladie évolue, les tissus normalement souples du foie sont peu à peu pénétrés de tissus cicatriciels et fibreux qui empêchent le foie de filtrer les toxines du sang. Le malade s'affaiblit rapidement ; il souffre de ballonnements dans l'abdomen, de constipation alternant avec des diarrhées, de vomissements ; il manque d'appétit et perd du poids. Les cas d'ictère (jaunisse) ne sont pas rares. D'autres symptômes vont ensuite se manifester, parmi lesquels la formation d'œdèmes et l'installation d'une anémie. Différents types d'hémorragies – notamment digestives – sont à craindre, en raison d'un ralentissement général de la coagulation sanguine.

Les effets de la cirrhose – une maladie mortelle – sont malheureusement irréversibles. Cependant, une alimentation très étudiée, riche en glucides, peut contribuer à en limiter efficacement les dégâts.

La première mesure à prendre pour évoluer vers une quelconque amélioration constitue à renoncer définitivement à l'alcool, qui, dans le cas d'une cirrhose alcoolique, aura déjà affecté les capacités de l'organisme à absorber et à stocker les vitamines et les minéraux essentiels à la survie du sujet. Pour compenser cette carence en nutriments et retrouver, le cas échéant, un poids normal, on recommande un apport calorique de 2 000 à 3 000 calories par jour, principalement constitué de glucides complexes : riz complet, pommes de terre, pâtes et pain complets, sans oublier fruits et légumes frais, un peu de poisson, des œufs et des produits laitiers écrémés ou demi-écrémés, qui fourniront un complément indispensable de calcium et de vitamines.

Le foie d'une personne atteinte de cirrhose n'a plus la capacité de décomposer les graisses, la maladie entravant la production de bile, laquelle est nécessaire à la digestion. Pour cette raison, le malade évitera les viandes grasses et les produits laitiers entiers – soit la plupart des fromages à pâte cuite – et les remplacera par de petites quantités de volaille, de poisson gras, de viande rouge maigre et de produits à base de soja, fournisseurs de protéines à faible teneur en graisse. Par ailleurs, le foie ne sera plus à même de décomposer et d'assimiler les médicaments ou tout autre corps chimique.

Les personnes atteintes de cirrhose avancée souffrent parfois d'œdèmes – qui portent aussi le nom d'hydropisies – provenant d'une rétention excessive d'eau ou de liquides, qui se traduit par des gonflements locaux ou généralisés. Dans ce cas, il faut limiter aussitôt toute ingestion de sel et de sodium.

CITRON ET CITRON VERT

AVANTAGES
- *riche en vitamine C*

INCONVÉNIENTS
- *la peau est parfois traitée avec des fongicides et recouverte de cire*

Comme tous les agrumes, le citron représente une excellente source de vitamine C (50 à 80 mg pour 100 g), protégée par la peau épaisse du fruit et préservée par le milieu acide dans lequel elle est en solution. Mais, dès que le jus entre au contact de l'air, la vitamine C s'oxyde et se transforme en un composé qui ne possède plus aucune propriété vitaminique. C'est pourquoi il est préférable de presser

le citron au dernier moment avant de l'utiliser.

Le citron n'est pas décalcifiant, bien au contraire : comme tout agrume, il est relativement riche en calcium, qui, associé à la vitamine C, est particulièrement bien assimilé par l'organisme.

Les citrons verts, aussi appelés limes, ne doivent pas être confondus avec des citrons jaunes récoltés avant maturité. C'est une variété différente, dépourvue de pépins, à peau très fine et souvent de petite taille. Très

juteux, ils sont moins acides que les citrons jaunes. Comme eux, ils sont très riches en vitamine C et contiennent du calcium. Leur goût est moins prononcé et on les utilise surtout pour attendrir la viande et rehausser les saveurs.

LES TRAITEMENTS DE CONSERVATION

Pour améliorer la conservation des citrons, on les traite avec des fongicides sous forme d'une cire qui recouvre toute l'écorce. Aussi est-il nécessaire, avant de râper le zeste, de frotter le citron sous l'eau chaude ou de le laisser tremper pendant quelques secondes dans de l'eau bouillante afin de faire fondre la cire.

COMPOSITION MOYENNE POUR 100 G :
protéines . . . . 0,7 g
lipides . . . . 0,3 g
glucides . . . . 2,5 g
apport énergétique . . . . 26 kcal

CITROUILLE

AVANTAGES
- *excellente source de béta-carotène*
- *fournit des fibres*
- *la chair, peu calorique, est riche en vitamine C et en potassium*
- *les graines fournissent des protéines, du fer, des vitamines B et E*
- *se conserve longtemps*

En plus de garnir des tartes, la citrouille en purée peut servir de légume d'accompagnement et d'ingrédient humide pour la confection de muffins et de gâteaux. Pour un maximum de saveur et de nutriments, il vaut mieux la choisir petite et la cuire au four. Les graines, lavées et séchées, se cuisent aussi au four, à 120 °C sur une tôle graissée.

COMPOSITION MOYENNE POUR 100 G :
protéines . . . . 1,0 g
lipides . . . . 0,1 g
glucides . . . . 6,5 g
apport énergétique . . . . . . 26 kcal

CLÉMENTINE ET MANDARINE

AVANTAGES
- *riche en vitamine C*

La clémentine est un hybride de mandarine et d'orange amère qui vit le jour en Algérie au début du siècle. Par son goût très sucré et son absence de pépins, elle a pratiquement supplanté la mandarine. Toutes deux ont les mêmes propriétés nutritionnelles et se distinguent par leur richesse en vitamine C – de l'ordre de 40 mg pour 100 g. Comme pour le citron, cette teneur reste constante, protégée par l'écorce. La consommation quotidienne de 2 de ces fruits permet de couvrir la moitié du besoin recommandé. Parallèlement, la présence de flavonoïdes, ou vitamine P, renforce l'action de la vitamine C.

La saveur sucrée de la clémentine est due à une forte proportion de saccharose dans sa composition. Ce goût agréable, qui s'ajoute à un épluchage facile, la fait apprécier des enfants.

Des agrumes nouveaux font leur apparition sur nos marchés. Il s'agit de nouvelles variétés de mandarines, d'hybrides de mandarines ou de clémentines avec d'autres agrumes :

– la satsuma, une mandarine à peau mince, qui renferme peu de pépins ;
– la tangerine, qui n'en a pas du tout ;
– la tangelo, un croisement entre la tangerine et le pamplemousse ;
– la tangor, hybride de tangerine et d'orange, est très juteuse mais truffée de pépins.

COMPOSITION MOYENNE POUR 100 G :
protéines . . . . 0,7 g
lipides . . . . 0,2 g
glucides . . . . 10 g
apport énergétique . . . . . 44 kcal

CŒLIAQUE (maladie)

PRIVILÉGIER
- *les légumes, les fruits et la salade*
- *le fromage, le lait, les œufs, la viande, la volaille, le poisson*
- *le riz, les pommes de terre, le maïs*
- *les légumineuses et les noix*

ÉVITER
- *tous les produits et les sous-produits à base de céréales de blé, de seigle, d'avoine, d'orge et de triticale*

La maladie cœliaque est un trouble intestinal qui a pour origine une intolérance au gluten – une protéine (gliadine) présente dans certaines céréales (blé, seigle, orge et avoine) – et qui affecte aussi bien les enfants que les adultes. Chez les tout-petits, elle se manifeste au cours des premiers mois qui suivent l'absorption d'aliments solides contenant du gluten (céréales et biscuits, notamment). Elle peut également apparaître plus tard dans l'enfance. Des adultes qui en sont affectés ont d'ailleurs généralement ressenti certains symptômes au stade de l'enfance, sous une forme peu aiguë, ou ont peut-être été atteints sans symptôme apparent.

La maladie cœliaque s'explique par le fait que le gluten endommage les villosités de l'intestin grêle. Les villosités sont des replis de la paroi intestinale garnis de sortes de minuscules cils qui permettent l'assimilation des aliments. Le phénomène a donc pour conséquence d'empêcher l'absorption des aliments. Chez les enfants, la maladie se traduit par des problèmes digestifs récurrents et une croissance difficile. D'autres symptômes tels que ballonnements, diarrhées, anémie et perte de poids peuvent apparaître, ainsi que des ulcères de la bouche et des dermatites.

Pour confirmer le diagnostic de la maladie, on effectue un prélèvement chirurgical (biopsie) sur l'intestin grêle pour l'analyser. Le patient suit alors un régime strict sans gluten, puis subit une seconde biopsie. S'il ressort de la seconde analyse une nette amélioration de la paroi intestinale, l'intolérance au gluten est clairement identifiée. Le patient devra alors supprimer de ses menus les produits contenant du gluten tout en s'assurant une alimentation aussi variée que possible afin d'éviter les carences en vitamines, minéraux et fer. Au bout de quelques semaines d'un régime quotidiennement respecté, les améliorations se feront déjà sentir.

COMMENT ÉVITER LE GLUTEN

Le gluten est présent dans des centaines de produits de consommation courante : pain, pâtisseries, biscuits sucrés et salés, pâtes, saucisses et farces (à base de mie de pain ou de chapelure), viandes et poissons panés, beignets, sauces et soupes liées à la farine de blé..., ainsi que dans la plupart des céréales du petit déjeuner.

Il entre dans la composition d'un grand nombre de plats cuisinés industriels, qui contiennent presque toujours différents agents de texture, épaississants, amidons modifiés, etc., à base de farine. Toutes les boissons à l'orge, a fortiori la bière, seront proscrites. Le malt et les protéines végétales hydrolysées renferment aussi du gluten.

Les aliments proscrits seront remplacés à volonté par les pommes de terre, les légumineuses, le riz, le maïs et les fruits oléagineux (noix). Pour lier les sauces, on utilisera du tapioca, de la farine de maïs, de riz ou de soja. Fruits et légumes frais, lait et fromages, viandes, volailles et poissons ne comportent, bien sûr, aucune trace de gluten et pourront être consommés sans contre-indication.

Enfin, lorsqu'un bébé est atteint de la maladie cœliaque, il convient d'examiner les étiquettes des produits destinés à son alimentation. Toutefois, la plupart des aliments réservés aux tout-petits ne contiennent pas de gluten.

Un régime sans gluten n'est pas facile à composer. C'est pourquoi les conseils d'un diététiste sont fort utiles en cas de maladie cœliaque diagnostiquée, pour aider le malade à retrouver un bon équilibre alimentaire. Les épiceries diététiques proposent également des produits sans gluten (pain, gâteaux, biscuits...) qui permettront à certains, particulièrement aux enfants, de mieux supporter cette maladie.

COING

AVANTAGES
- *efficace dans le traitement de la diarrhée*

INCONVÉNIENTS
- *ne peut être consommé cru*

Fruit du cognassier, le coing est un fruit à pépins ressemblant à une poire arrondie et trapue, à peau jaune. Sa chair dure, âpre et astringente, immangeable crue, devient fondante et savoureuse après cuisson. On peut l'utiliser, poêlée ou en purée, en accompagnement de viandes grasses comme le canard et le porc.

Le coing se prête particulièrement bien à la préparation de gelée et de confiture, car c'est un fruit riche en fibres, surtout en pectines – des polysaccharides composés d'une longue chaîne aux maillons constitués par un dérivé du galactose – qui font « prendre » les gelées et les confitures. De plus, ces pectines ne sont pas digérées dans le tube digestif et forment dans l'intestin un gel qui ralentit le transit. C'est pourquoi on recommande la gelée de coing pour soigner la diarrhée.

COMPOSITION MOYENNE POUR 100 G :

protéines . . . . 0,3 g
lipides . . . . 0,2 g
glucides . . . . 6,3 g
fibres . . . . 6,4 g
apport énergétique . . . . . . 28 kcal

COLITE

PRIVILÉGIER
- *les fruits et les légumes cuits à feuilles vertes pour leurs fibres solubles*

ÉVITER
- *le son, les noix, les graines et le maïs sucré*

La colite, ou plus exactement colite ulcéreuse, est une maladie inflammatoire, aiguë ou chronique, du côlon. Elle affecte environ 4 à 6 personnes sur 100 000.

Les premiers symptômes de colite ulcéreuse apparaissent le plus souvent entre l'âge de 20 et 25 ans. Le diagnostic dépend alors de la gravité et de la durée de la phase active de la maladie. Cette dernière s'accompagne de ballonnements, de saignements et d'ulcérations des parois internes du

Histoire vécue

Il y a 4 ans, Jacques apprit par son médecin qu'il souffrait d'une colite ulcéreuse. Il entreprit un régime riche en protéines et en fibres solubles, qui lui permit de juguler les symptômes de sa maladie et de garder ses activités habituelles. Récemment, il fut pris de vomissements, de douleurs abdominales et de diarrhées, accompagnés d'une forte fièvre. Son état nécessita une hospitalisation. Après avoir examiné Jacques, les médecins le soupçonnèrent d'avoir failli à son régime. Ils n'avaient pas tort : après plusieurs années de relative tranquillité, Jacques s'était autorisé certains petits plaisirs gourmands qui allaient mettre le feu aux poudres. Lors de son admission à l'hôpital, il souffrait déjà d'anémie, en raison d'une sérieuse inflammation du côlon qui avait provoqué des hémorragies internes. Il fut alors placé en soins intensifs : un goutte-à-goutte à haute teneur en calories et en protéines – pour pallier

son état de dénutrition et de déshydratation – et une transfusion sanguine – contre son anémie – lui furent administrés. Le traitement fournit l'effet désiré. Une fois rentré chez lui, Jacques reprit son régime, auquel les médecins ajoutèrent des comprimés d'acide folique, de vitamine B_{12} et de fer. Depuis, il se rend régulièrement à l'hôpital, où l'on vérifie, par des analyses de sang, que son alimentation lui fournit bien les nutriments nécessaires. Après une telle frayeur, Jacques se sent fermement décidé à respecter son régime.

côlon, un processus douloureux qui se traduit par de violentes diarrhées. Si environ 60 % des victimes de colite sont atteints d'une forme relativement modérée de la maladie, il en reste au moins 30 % qui, au cours des 3 premières années, devront recourir à une ablation chirurgicale, totale ou partielle, du côlon. De plus, jusqu'à 97 % des personnes atteintes de colite ulcéreuse connaîtront au moins une rechute dans un délai de 10 ans après l'apparition de la maladie.

DES FIBRES SOLUBLES ET DU FER

S'il n'existe pas de véritable régime permettant de guérir une colite, une alimentation adaptée peut réduire les symptômes et les rendre tolérables. Alors qu'on recommande une alimentation riche en fibres solubles, on déconseillera les fibres insolubles, contenues notamment dans le son, les noix, les graines et le maïs sucré. Ce type de fibres a tendance à irriter un côlon déjà sensible, à stimuler les contractions de l'intestin et à augmenter les risques de diarrhée. Après une crise grave ou une diète stricte imposée par une forte diarrhée, il faut respecter un apport suffisant en protéines, calories, vitamines A, C, D et B_{12}, ainsi qu'en acide folique, calcium, fer et zinc. Cela suppose d'absorber des aliments variés, en continuant d'éliminer les fibres insolubles.

Il arrive que les colites ulcéreuses se doublent d'anémie, les zones enflammées étant sujettes aux hémorragies. Une alimentation très riche en fer est alors indispensable. On trouve du fer en abondance dans les viandes rouges, et tout particulièrement dans le foie. Le fer d'origine végétale est quant à lui très peu assimilable par l'organisme. Pour améliorer l'assimilation du fer, un apport en vitamine C au cours des repas s'avérera utile, sous forme de jus faits avec des oranges fraîchement pressées ou des légumes frais.

COLOPATHIE FONCTIONNELLE

PRIVILÉGIER

- *les fruits et les légumes frais qui apportent des fibres solubles*
- *l'eau : au moins 1,5 litre par jour*
- *les yogourts qui contiennent des bactéries utiles*

RÉDUIRE

- *les céréales du petit déjeuner à haute teneur en fibres insolubles*

ÉVITER

- *le son*
- *les aliments susceptibles de provoquer des gaz, comme les pois, les légumineuses et les haricots*

La colopathie fonctionnelle est une affection du côlon ; elle ne résulte pas d'une lésion organique – comme un cancer ou une infection – mais est la conséquence d'une paresse du côlon. Normalement, les parois de celui-ci se contractent pendant la digestion de manière à faire progresser les aliments le long du tube digestif. Chez le colopathe, les contractions s'amoindrissent, le côlon est distendu, la digestion plus lente et l'abdomen ballonné. Ces troubles s'accompagnent de constipation et de douleurs abdominales plus ou moins intenses. Parmi les causes possibles : une surconsommation de laxatifs, une intolérance au lactose, une allergie alimentaire... Mais la colopathie fonctionnelle n'est pas forcément la conséquence du seul déséquilibre alimentaire. Elle peut résulter du stress ou d'un manque d'activité physique.

Étant donné qu'il n'existe aucun examen spécifique concernant cette maladie, on ne peut la diagnostiquer que par élimination des autres troubles possibles.

UNE BONNE HYGIÈNE DE VIE

Jusqu'à une époque très récente, le son faisait partie du traitement de la maladie. On pense à présent que c'est un irritant pouvant aggraver l'affection, au même titre que les aliments susceptibles de produire des gaz.

L'alimentation doit apporter quotidiennement au moins 18 g de fibres solubles, provenant des pommes, des poires, des dattes et de la plupart des autres fruits et des légumes, ainsi que de l'avoine, de l'orge et du seigle.

Outre une bonne hygiène alimentaire, le meilleur traitement de la colopathie fonctionnelle consiste à éviter les situations stressantes et à régulariser ses activités. Le petit déjeuner, copieux, comprendra, entre autres, du pain et un fruit frais. Les deux autres repas de la journée, pris à heures régulières, comporteront l'un un légume vert et l'autre un féculent, ce dernier en quantité modérée, mais aussi de la viande ou du poisson et 1 ou 2 yogourts. Il importe que les repas aient lieu au calme, en prenant le temps de s'asseoir et de bien mâcher les aliments. Enfin, il faut boire au moins 1,5 litre d'eau par jour, de préférence en dehors des repas. De bonnes nuits de sommeil et une activité physique adaptée contribueront à faire disparaître les symptômes de cette maladie.

Les antibiotiques prescrits pour soigner d'autres affections détruisent, par effet secondaire, des bactéries utiles de l'intestin, risquant d'aggraver la colopathie. Consommer beaucoup de yogourts nature maintient l'équilibre de la flore intestinale.

COMPÉTITION ET ALIMENTATION

Voir p. 102

SAVOUREUSES CHARCUTERIES

Depuis des siècles, la charcuterie occupe une place importante dans l'alimentation humaine. Cet art de la transformation et de la conservation des viandes est le reflet des traditions propres aux différentes cultures.

Les charcuteries sont d'un emploi facile. Généralement savoureuses, elles offrent un certain intérêt nutritionnel. Si le terme charcuterie a longtemps été réservé à la viande de porc, il s'est peu à peu étendu à d'autres aliments, comme en témoignent les merguez (mélange de bœuf et d'agneau), les terrines de perdrix ou de chevreuil et autres délices à base de volaille comme les rillettes de dinde.

À l'origine, la charcuterie était un procédé destiné à conserver la viande. Le perfectionnement des méthodes de conservation et l'avènement du réfrigérateur et du congélateur domestiques n'ont pas réussi néanmoins à faire disparaître de nos mœurs les procédés traditionnels de conservation qui donnent aux charcuteries leur saveur unique et distinctive.

LES PROCÉDÉS DE CONSERVATION

Le salage et le saumurage. Le sel a une action bactériostatique. La saumure renferme du sucre et du nitrate de potassium (salpêtre), produit de l'acide lactique, un antibiotique naturel. Le nitrate de potassium joint au sel et au sucre a un rôle bactéricide et permet l'obtention et la stabilisation de la couleur rose typique et attrayante des produits soumis à ce traitement.

Le fumage. La fumée a un pouvoir bactéricide et bactériostatique ainsi que des propriétés antifongiques et antioxydantes. Ces pouvoirs viennent des composés phénoliques et d'acides présents dans la fumée.

Le séchage. Le séchage est une méthode de conservation très ancienne. Les autochtones séchaient poissons, viandes, fruits et légumes et pouvaient ainsi s'alimenter même lorsque l'hiver rendait l'approvisionnement difficile. Le jambon prosciutto, dont la tradition nous est venue d'Italie, est une viande séchée, de même que la viande des Grisons est du bœuf séché d'après une tradition suisse. L'absence d'eau élimine la plupart

LE SAVIEZ-VOUS ?

Nos grands-parents avaient coutume de dire : «Dans le porc tout est bon, de la queue au menton!» Cet adage datait des débuts de la colonie, quand la viande était rare et que les animaux représentaient un capital important. C'est ainsi que furent mises au point des méthodes et des recettes permettant d'utiliser chacune des parties d'un porc dépecé. Les morceaux les plus tendres étaient mangés frais ; les jambons, les épaules et le bacon étaient fumés et salés ; avec les retailles de viande, on confectionnait de la saucisse. Les pattes étaient marinées, la queue utilisée dans les ragoûts, le gras fondu pour le saindoux. Enfin, la tête, la peau, les organes et les os étaient mijotés longuement pour faire de la tête fromagée, des saucissons et des pains de viande.

Ainsi conditionnées, toutes les parties de ce précieux animal pouvaient être conservées longtemps et fournir de quoi s'alimenter jusqu'au prochain abattage, sans sacrifier quoi que ce soit au plan de la saveur.

Composition moyenne pour 100 g

CHARCUTERIE	ÉNERGIE (kcal)	PROTÉINES (g)	LIPIDES (g)	SODIUM (mg)	FER (mg)
Bacon grillé	576	30,5	49,2	1 596	1,6
Boudin noir	1 378	14,6	34,5	680	6,4
Capicolli régulier	n.d.	nd.	n.d.	n.d.	n.d.
Cretons	450	17,4	40,5	287	2,3
Fromage de tête	212	16,0	15,8	1 257	1,2
Jambon en conserve	226	20,5	15,2	941	1,4
Jambon tranché rég.	182	17,6	10,6	1 317	1,0
Mortadelle	311	16,4	25,4	1 246	1,4
Pâté de foie	319	14,2	28,0	697	5,5
Pepperoni	497	21,0	44,0	2 040	1,4
Rôti de porc régulier	n.d.	n.d.	n.d.	n.d.	n.d.
Salami	250	13,9	20,1	1 065	2,7
Saucisse bratwurst	301	14,1	25,9	557	1,3
Saucisse «hot-dog»	322	11,3	29,4	1 120	1,3
Saucisse italienne	323	20,0	25,7	922	1,5
Saucisse porc et bœuf	396	13,8	36,3	805	n.d.
Saucisson de Bologne	313	11,7	28,4	1 019	1,4

Un appétissant buffet de charcuterie... dont il vaut mieux cependant ne pas abuser.

des organismes qui détériorent les aliments : c'est pourquoi les produits séchés se conservent très longtemps.

L'ajout de graisse. Les graisses ont la propriété de protéger les aliments contre les bactéries présentes dans l'air. C'est pourquoi on les retrouve en quantité dans la charcuterie, en particulier dans les pâtés et les rillettes, mais aussi dans le saucisson, même s'il est sec.

CONSOMMER AVEC MODÉRATION

Sous la pression du corps médical et des nutritionnistes, et grâce à l'évolution des recettes et des méthodes de fabrication, les charcuteries ont subi quelques métamorphoses. On retrouve sur le marché des produits réduits en gras et en sel, sans additifs et même des équivalents végétariens. Il est toutefois difficile de s'y retrouver parmi tout cet éventail. Les produits qui se réclament « réduits en gras » demeurent parfois encore très gras, même s'ils ont perdu une certaine proportion de gras en regard du produit initial. Il en va de même pour le sel. Même réduit, le contenu en sodium de la charcuterie reste trop élevé pour l'autoriser aux gens qui doivent surveiller leur consommation de sodium.

Pour finir, l'affichage nutritionnel qui figure sur les emballages n'est pas normalisé, ce qui complique la comparaison entre les différentes charcuteries. Au moment de faire votre choix, essayez néanmoins de trouver le produit qui fournit le plus de protéines et de fer pour un minimum de lipides. En général, le jambon cuit maigre, le roulé de dinde, fumée ou non, ainsi que le bacon de dos sont des choix judicieux, même si leur teneur en sodium reste relativement élevée. Les autres produits de charcuterie sont à consommer avec modération, leur teneur en lipides étant toujours élevée.

DANGERS POUR LA SANTÉ

Les cancers de l'œsophage et de l'estomac sont plus fréquents que la moyenne dans les pays où l'on consomme beaucoup d'aliments salés ou fumés. Le Canada, toutefois, semble contredire cette statistique : dans les

Délicieuse charcuterie maigre, le jambon est une bonne source de protéines.

oxydase (IMAO), provoquer une brusque élévation de la tension artérielle, de graves maux de tête et parfois la mort.

LE DÉBAT DES NITRITES ET DES NITRATES

La couleur rosée de la charcuterie est attribuable à la présence de nitrites, composés chimiques qui rehaussent l'effet du sel en inhibant la croissance bactérienne et en ralentissant l'oxydation des matières grasses.

Certaines factions affirment que les nitrites devraient être interdits car ils se combinent aux acides aminés lors de la cuisson et de la digestion pour former les nitrosamines, qui sont reconnus comme cancérigènes. Les nitrites en eux-mêmes ont causé des tumeurs chez les animaux en laboratoire qui en consommaient de très fortes doses.

Mais l'industrie de la viande, appuyée en cela par les experts du gouvernement, soutiennent que les nitrites sont indispensables parce qu'ils combattent très efficacement le *Clostridium botulinum,* micro-organisme qui cause l'empoisonnement au bacille botulique, ou botulisme. Ils insistent aussi pour faire remarquer qu'à peine un cinquième des nitrites qui forment les nitrosamines origine dans la viande, le reste étant formé dans le corps à partir de nitrates d'origine végétale.

C. botulinum parvient à survivre dans un environnement totalement dépourvu d'oxygène comme un bocal scellé ou une boîte de conserve et ses spores ressortent intacts d'un bain prolongé à l'eau bouillante. Si, au moment de la transformation, une viande en conserve ou emballée sous vide est accidentellement exposée à des températures qui dépassent 10 °C, les spores en présence pourront se transformer en bactéries et produire la toxine fatale. Le botulin est généralement détruit à 71 °C, mais il est rare qu'on fasse cuire des viandes froides avant de les manger, et le jambon lui-même n'est pas toujours cuit

récentes années, l'incidence des cancers de l'estomac a diminué pendant que la consommation de charcuterie augmentait. Cette singularité s'explique en partie par les procédés de conservation de la charcuterie qui prévoient moins de substances préservatives que dans d'autres pays où la réfrigération est moins courante. D'autre part, la majorité des produits « fumés » ne sont pas véritablement fumés, mais plutôt traités avec un composé appelé fumée

liquide qui aurait l'avantage de ne pas causer le cancer.

Chez beaucoup de personnes, la charcuterie est une cause de migraine. Cela s'explique par la présence à haute concentration d'un sous-produit de l'acide aminé, la tyrosine, qui a pour nom tyramine. La tyramine a non seulement la capacité de déclencher des migraines mais elle peut, chez les personnes qui suivent un traitement aux inhibiteurs de la monoamine suffisamment longtemps pour que la chaleur exerce son action jusqu'au centre de la pièce de viande.

Non seulement les nitrites parviennent-ils à supprimer la bactérie active, mais ils affaiblissent en même temps ses spores. Ils confèrent donc une totale innocuité à la charcuterie même quand elle n'est pas toujours conservée dans les meilleures conditions.

En d'autres mots, les avantages que représente l'utilisation des nitrites en charcuterie dépassent amplement leur potentiel cancérigène. Mais la consommation de la charcuterie présente des dangers beaucoup plus immédiats pour la santé des artères, du cœur et du cerveau en ce qu'elle renferme une grande quantité de matières grasses d'origine animale. C'est pourquoi, ici comme ailleurs, la règle d'or est de consommer avec modération ces produits savoureux que sont les charcuteries.

SAUCISSES EN TOUS GENRES

Les saucisses renferment généralement du porc, des produits céréaliers, des herbes, des épices et des additifs. Les personnes qui souffrent de maladie cœliaque ou d'allergies au maïs ou au blé doivent s'abstenir de manger de la saucisse à moins d'avoir l'assurance que celles qu'ils choisissent en sont totalement exemptes.

Comme la viande hachée, la viande de saucisse doit être manipulée à plusieurs étapes de sa fabrication. C'est ce qui la rend vulnérable à la contamination et il faut impérativement la faire cuire avant de la manger.

LA CHARCUTERIE PRÉEMBALLÉE

Malgré qu'elles soient traitées avec diverses substances chimiques pour prolonger leur conservation, les charcuteries n'en sont pas moins des denrées périssables. Exception faite des saucissons secs qui se conservent une dizaine de jours à la température ambiante, toutes les charcuteries devraient être réfrigérées.

Au moment de l'achat, elles peuvent avoir été emballées par le fabricant ou par le magasin. Lorsque le produit est emballé industriellement, la date optimale de conservation est imprimée à même le plastique avec la mention « meilleur avant ». S'il reste scellé, le produit pourra se conserver plusieurs semaines au réfrigérateur mais une fois ouvert, il devra être consommé dans un délai de 5 jours. Si le produit est emballé en magasin, la date d'emballage doit être inscrite sur l'étiquette. Si la date d'expiration n'y est pas inscrite elle aussi, l'épicerie doit afficher bien en vue un tableau indiquant la durée de conservation des différents produits. Règle générale, une fois l'emballage ouvert, le produit se conserve de 3 à 5 jours. Pour les produits achetés à la coupe, on recommande de les consommer dans les 48 heures. Il est possible de congeler les charcuteries, à condition de les consommer avant 3 mois. Si l'emballage est scellé, on les congèle telles quelles. Autrement, il faut les envelopper soigneusement. Le moment venu, décongelez-les en les faisant séjourner au réfrigérateur juste le temps qu'il faut. Elles rendront peut-être un peu d'eau, mais cela est normal et n'altère pas la valeur nutritionnelle du produit. En revanche, la texture sera légèrement modifiée.*

Quelques choix judicieux

PRODUIT (pour 100 g)	ÉNERGIE (kcal)	PROTÉINES (g)	LIPIDES (g)	SODIUM (mg)	FER (mg)
Bacon de dos grillé	185	24,2	8,4	1 546	0,8
Bœuf fumé maigre (smoked meat)	121	16,0	5,9	n.d.	n.d.
Jambon tranché maigre	131	19,4	5,0	1 429	0,8
Roulé de dinde blanche	147	18,7	7,2	489	1,3
Saucisse au tofu	216	24,5	9,5	n.d.	n.d.
Végé-pâté	262	19,2	13,5	453	n.d.

COMPORTEMENT ALIMENTAIRE

Le comportement alimentaire est soumis à l'influence de nombreux facteurs, en particulier culturels et familiaux, mais aussi affectifs et émotionnels, d'où la difficulté de déterminer une norme universelle. On qualifie de pathologique un comportement alimentaire ayant des conséquences néfastes sur la santé, ou bien perçu comme anormal par l'individu lui-même, ou encore qui entraîne une souffrance psychologique.

Les troubles du comportement alimentaire augmentent dans les pays industrialisés, en particulier aux États-Unis. Nombreuses sont les personnes qui, ayant perdu tout repère devant l'abondance et la diversité alimentaires, ne savent plus comment manger. Elles se trouvent écartelées entre les diktats de minceur imposés par la société et les publicités, qui poussent à consommer toujours davantage.

POURQUOI MANGEONS-NOUS ?

Notre alimentation nous permet de subvenir à nos besoins vitaux ; mais elle ne se résume pas à un apport d'énergie et de nutriments, elle nous procure également du plaisir. Au quotidien, nous obéissons à un certain nombre de signaux internes, comme la sensation de faim ou la satiété. Ces signaux nous permettent idéalement – ou devraient nous permettre – d'adapter nos apports alimentaires aux besoins de notre organisme. Ils sont eux-mêmes influencés par des signaux externes, tant environnementaux (l'aspect des aliments, leur abondance...) qu'éducatifs et familiaux.

TROUBLES QUANTITATIFS

On distingue l'hyperphagie et l'hypophagie. Les individus hyperphages ont une consommation calorique quotidienne supérieure à la moyenne. Ils mangent trop pendant les repas et grignotent en dehors des repas. Les origines de ce trouble peuvent être liées à une exacerbation de la faim ou plutôt de l'appétit (la faim se situant dans le ventre, l'appétit dans la tête) et/ou à une baisse de la satiété. L'hyperphagie peut également provenir d'une difficulté – voire d'une incapacité – à identifier les signaux internes du corps. Elle est souvent associée à l'obésité.

L'hypophagie désigne une consommation calorique inférieure à la moyenne. Elle peut être due à une anorexie ou à un comportement de restriction. Les personnes s'astreignent à un régime très strict dans le but de réduire leur poids, animées par le désir profond de modifier leur image. Ce comportement entraînant une accumulation de frustrations, il en résulte souvent des crises compulsives ou une véritable boulimie pour des aliments « interdits », souvent très caloriques, ce qui est source de culpabilité.

TROUBLES QUALITATIFS

On parle de trouble qualitatif du comportement alimentaire lorsque le rythme des repas est perturbé ou que la notion même de repas n'existe plus. Le trouble le plus courant, le grignotage, consiste à ingérer des aliments par petites quantités tout au long de la journée. Il aboutit à une alimentation quasi continue. Les produits absorbés, le plus souvent des aliments gras, sucrés et hypercaloriques, entraînent une augmentation très importante des apports énergétiques quotidiens. Ce type de comportement a été incriminé dans l'augmentation alarmante (près de 30 %) de l'obésité chez l'enfant au cours de ces 10 dernières années, en Europe comme en Amérique.

Autre trouble du comportement alimentaire : les épisodes ou crises de compulsion alimentaire. Cela consiste en l'absorption d'une très grande quantité d'aliments précis, particulièrement appréciés du sujet. Suscitées par une envie impérieuse et irrésistible, elles sont déclenchées par divers facteurs : anxiété, stress, irritations, frustrations, conflits... La boulimie est une pathologie bien particulière en rapport avec de graves troubles psychologiques. Elle impose une prise en charge individualisée, où les psychothérapies comportementales ou cognitives ont une place prépondérante.

CONCOMBRE

AVANTAGES
● *peu calorique*

Le concombre est l'un des premiers légumes au monde à avoir été cultivé, c'est aussi l'un des plus légers. Sa forte teneur en eau (95 %) explique à la fois sa fraîcheur et ses rares calories. Certains organismes le tolèrent assez difficilement ; pour pallier cet inconvénient, il faut choisir des concombres jeunes très fermes, les éplucher, en retirer les graines et les râper ou les couper aussi fin que possible. Il faut aussi bien le mâcher, ses fibres seront ainsi mieux tolérées. On peut aussi le faire dégorger avec du sel et le sucrer légèrement. Le concombre cuit (à la vapeur par exemple) est parfaitement digeste.

COMPOSITION MOYENNE POUR 100 G :	
protéines	0,7 g
lipides	0,1g
glucides	2 g
apport énergétique	11 kcal

CONFISERIE

INCONVÉNIENTS
- *responsable de caries*
- *n'apporte que des calories « vides »*

On peut définir les confiseries comme des préparations dans lesquelles le sucre constitue l'élément dominant, à l'exclusion des confitures, gelées et marmelades. On distingue :

– Les sucres cuits : il s'agit de bonbons acidifiés, parfumés et colorés, à base de sirops de sucre et de glucose. L'acidification se fait à l'acide citrique ou tartrique. L'aromatisation est réalisée avec des arômes naturels (essences de citron, de menthe, menthol...) ou artificiels. Les colorants peuvent également être naturels ou artificiels.

– Les caramels : leur caractéristique est de contenir des matières grasses.

D'OÙ VIENNENT LES BONBONS ?

La première confiserie produite à grande échelle semblerait être le marzipan, ou pâte d'amandes, que fabriquaient les Maures. Au Moyen Âge, les bonbons, une denrée rare, n'étaient ni plus ni moins que des herbes préservées dans du sucre par l'apothicaire. À partir du XVIIe siècle, on voit apparaître trois formes de confiserie qui subsistent encore de nos jours : le nougat, d'origine italienne, le fondant, une tradition française, et enfin le caramel, relié à la découverte des Antilles.

Multicolores et alléchants, mais très sucrés, les bonbons doivent être modérément consommés.

– Les dragées et pralines : elles sont constituées d'un noyau enrobé d'une couche de sucre, lisse dans le cas des dragées, ou rugueuse dans le cas des pralines. Le noyau peut être varié : fruit, graine, nougatine, liqueur.

– Le nougat : c'est une pâte composée de divers sucres cuits et battus avec du blanc d'œuf.

– La gomme à mâcher : elle est obtenue en fondant de la gomme naturelle dans un sirop de glucose.

La valeur énergétique de la majorité de ces produits ne provient que du sucre. Du point de vue nutritionnel, ils sont dépourvus de protéines, de lipides, d'éléments minéraux et de vitamines : ils n'apportent que des calories vides. Consommés en quantité raisonnable, ce sont des aliments plaisir. En grande quantité, ils augmentent considérablement l'apport en sucre, qui est alors mis en réserve par l'organisme sous forme de graisses.

CONFISERIES ET CARIES

Il ne fait aucun doute que la consommation régulière d'aliments très sucrés nuit à la bonne santé des dents. En effet, les bactéries présentes dans la plaque dentaire utilisent le sucre et le transforment en acides qui attaquent l'émail. Ce phénomène est accentué lorsque les sucreries sont prises entre les repas, surtout s'il s'agit de bonbons ou de caramels qui collent aux dents. Le problème se pose moins avec le chocolat qui n'est pas pour autant exempt de sucre. La solution pour réduire les effets néfastes des confiseries sur les dents : un brossage régulier, qui limite la formation de la plaque dentaire. À défaut de quoi, on peut, à l'occasion, mâcher de la gomme, ce qui entraîne une production de salive susceptible de rincer la bouche.

SUCRERIES SANS SUCRE

Il existe maintenant des bonbons et des gommes à mâcher qui respectent les dents. Ils contiennent des polyols, sucres peu ou pas fermentés par la flore naturelle de la bouche. Il n'y a donc pas formation d'acides. Leur dénomination « sans sucre » ne veut pas pour autant dire que ces produits ne fournissent pas de calories. Les polyols sont des sucres qui vont être en partie utilisés par l'organisme. Ils sont certes moins bien absorbés par le tube digestif mais fournissent aussi un apport énergétique. D'autre part, consommés en grande quantité, ces polyols sont responsables de troubles digestifs peu agréables mais sans danger.

COMPOSITION MOYENNE POUR 100 G DE BONBONS :

protéines . . . . 0,4 g
lipides . . . . 0,3 g
glucides . . . . 95 g
apport énergétique . . . . . . 379 kcal

POUR 100 G DE GOMME À MÂCHER :

protéines 0
lipides . . . . 0,3 g
glucides . . . . 96,7 g
apport énergétique . . . . . . 383 kcal

CONFITURE

INCONVÉNIENTS
- *riche en sucre, donc en calories*
- *n'apporte que des calories « vides »*

Les confitures sont obtenues en cuisant des fruits dans du sucre. Les gelées sont fabriquées avec le jus tamisé des fruits cuits. Les marmelades sont préparées avec des fruits ou des morceaux de fruits que l'on a laissé macérer plusieurs heures avec le sucre avant cuisson. Ce sont autant de méthodes dont disposaient nos ancêtres pour conserver des fruits durant tout l'hiver.

Les confitures et les gelées ont une teneur finale élevée en saccharose, à laquelle s'ajoutent les sucres naturels des fruits. C'est cette teneur élevée en sucre qui rend impossible la prolifération des bactéries. Seules certaines levures ou moisissures peuvent se développer en surface. Pour éviter leur formation, on couvre la confiture de paraffine ou de papier sulfurisé.

Les fruits bouillis dans le sucre acquièrent de la consistance grâce à l'interaction des acides et de la pectine, une fibre soluble extraite du fruit sous l'action de la cuisson. Les raisins, les pommes et la plupart des petites baies contiennent suffisamment de pectine pour « prendre » par eux-mêmes, ce qui n'est pas le cas des abricots et des pêches, par exemple.

VALEUR NUTRITIONNELLE

Quel que soit le fruit, la perte en vitamine C pendant la cuisson est trop importante pour considérer que la confiture puisse couvrir le besoin de l'organisme sur ce plan. Cette perte est accrue si on la fait cuire dans un ustensile en cuivre ou en fer, d'où l'intérêt des cuiseurs en acier inoxydable.

Du fait de leur teneur en sucre, confitures, gelées et marmelades ont une valeur énergétique mais doivent être consommées avec modération. L'absorption de ces produits n'est pas interdite aux diabétiques, mais elle doit toujours avoir lieu au cours d'un repas afin de limiter l'augmentation de la glycémie.

CONFITURES ALLÉGÉES EN SUCRE

Elles restent encore assez caloriques. Généralement sucrées avec du jus de

UN GÉLIFIANT NATUREL

La pectine des fruits est l'équivalent de la gélatine des viandes. Ces deux substances sont des agents gélifiants naturels. Mais, alors que la gélatine est dérivée des protéines, la pectine est une substance glucidique. Sans elle, la confiture, la marmelade ou la gelée auraient la consistance d'une compote de fruits. Cependant, la pectine ne fait prendre fermement les confitures qu'en présence d'une quantité de sucre suffisante. D'autre part, pour conserver à la pectine ses propriétés, il faut inactiver certaines enzymes contenues dans le fruit. Ceci ne peut être obtenu que par la cuisson. Quelques fruits ne contiennent pas suffisamment de pectine. Il est alors possible d'utiliser de la pectine liquide (Certo) ou encore de leur ajouter des fruits riches en pectine comme les pommes, les pommettes ou des baies rouges, en particulier les groseilles et le cassis.

À base de fruits pour la confiture, de jus de fruits pour la gelée et de morceaux de fruits pour la marmelade, ces trois douceurs sont néanmoins très caloriques car très riches en sucre.

fruit concentré, elles sont épaissies avec de la fécule. Pour certaines, le saccharose a été remplacé par une quantité plus faible de fructose. Celui-ci, avec un pouvoir sucrant plus fort, est moins hyperglycémiant. Ce type de confitures est donc mieux indiqué pour les diabétiques.

COMPOSITION MOYENNE POUR 100 G DE CONFITURE :

protéines	0,5 g
lipides	0,1 g
glucides	68 g
apport énergétique	264 kcal

CONGÉLATION

Le principe de la congélation est on ne peut plus simple : porter un aliment à une très basse température pour que tout le liquide qu'il contient soit solidifié. Pour préserver les qualités gustatives et hygiéniques des aliments, cette opération doit être menée très rapidement, à une température comprise entre −20 et −30 °C. Si la congélation est trop lente, les cristaux formés lors de la prise en glace du liquide sont gros et risquent d'altérer la structure du produit en cassant les fibres et en déchirant les cellules. Plus le refroidissement est rapide, plus les cristaux sont petits et plus les qualités intrinsèques de l'aliment sont conservées. Le stockage se fait ensuite à −18 °C, sous réserve que la chaîne du froid ne soit jamais interrompue.

La congélation permet de se jouer des saisons et de pouvoir disposer de produits presque aussi frais que s'ils venaient d'être fabriqués, cueillis, pêchés ou tués, selon le cas. Pour des congelés de qualité, il faut des produits très frais. L'industrie alimentaire le sait bien et applique cette règle rigoureusement. Pour que le procédé de congéla-

Bien congeler et bien conserver

ALIMENTS	PRÉPARATION	EMBALLAGE	DURÉE DE CONSERVATION
Agneau Bœuf Porc	Enlever tout le gras superflu	Sachet en polyéthylène	9 mois 12 mois 6 mois
Canard Dinde Poulet	Vider et nettoyer l'intérieur	Sachet en polyéthylène	6 mois 9 mois 12 mois
Poisson	Vider, parer, essuyer	Sachet en polyéthylène	3 mois 1 mois
Saucisses		Sachet en polyéthylène	6 mois
Plats cuisinés		Sachet en polyéthylène	3 mois
Légumes verts	Éplucher, laver, blanchir	Sachet en polyéthylène	12 mois
Pommes	Éplucher, couper en quartiers ou en tranches	Sachet en polyéthylène	8 mois
Pêches et prunes	Peler, dénoyauter et couper en quartiers les pêches ; laver, peler, dénoyauter et couper les prunes en deux	Sachet en polyéthylène	12 mois
Baies	Laver et égoutter	Sachet en polyéthylène	12 mois
Beurre	Laisser dans son emballage	Tel quel ou dans une feuille d'aluminium supplémentaire	3-6 mois

tion soit réussi, les usines de transformation sont donc situées le plus près possible ou au centre même de la production. Ceci assure le consommateur d'un produit de qualité. Depuis la fabrication jusqu'au détaillant en passant par le stockage en entrepôt et le transport en camions frigorifiques, les produits congelés doivent toujours être conservés à −18 °C. En général, l'industrie respecte bien le principe de la chaîne du froid. C'est souvent le consommateur qui en est le maillon faible. Aussitôt que vous avez acheté des produits congelés, rentrez à

la maison pour les ranger, en ayant pris soin, au préalable, de disposer d'assez d'espace.

VALEUR NUTRITIVE DES CONGELÉS

La congélation ne stérilise pas le produit mais suspend sa détérioration. Les produits congelés gardent la valeur nutritionnelle des produits frais : leur valeur énergétique reste intacte, tout comme leur contenu en minéraux et en vitamines. Un produit sain restera sain après son passage au froid, mais un produit médiocre n'en ressortira pas amélioré.

– Choisir des produits frais et de bonne qualité.
– Faire toujours refroidir rapidement les produits qui ont été cuits ou blanchis avant de les mettre au congélateur.
– Emballer soigneusement et étiqueter, en notant la date.
– Transporter les aliments congelés achetés dans un sac isotherme, et les placer sans délai dans le congélateur.
– Ne jamais recongeler un produit congelé après décongélation, sauf s'il a subi une cuisson entre-temps : la prolifération microbienne se produit dès que l'aliment revient à la température normale.

CONSERVATION (techniques de)

Empiriques au départ, les techniques de conservation des aliments se sont considérablement améliorées et développées. L'objectif est de détruire les micro-organismes dangereux pour la santé. Suivant les techniques utilisées, la valeur nutritionnelle du produit est plus ou moins bien préservée.

SÉCHAGE

Il est encore pratiqué de façon très artisanale, au soleil et en plein air, pour des poissons, de la viande, des fruits et certains légumes. La valeur nutritionnelle du produit est modifiée car il perd une partie de son eau : alors que certains nutriments se retrouvent concentrés, le taux de certaines vitamines est souvent abaissé.

DÉSHYDRATATION

Méthode dérivée du séchage, la déshydratation a pour but d'éliminer l'eau des aliments en les faisant passer sur un cylindre chaud. C'est par ce pro-cédé que sont préparés les flocons de pommes de terre ou le lait en poudre. Il existe une autre méthode de déshydratation, relativement récente : la lyophilisation. Très coûteuse, elle n'est utilisée que pour un nombre limité de produits (café, champignons, certains fruits). Elle consiste à congeler un produit, à le placer dans une enceinte sous vide, à le réchauffer progressivement, puis à le sécher de sorte que l'eau passe directement de l'état de glace à celui de vapeur. Ce long traitement respecte mieux les valeurs nutritives que la déshydratation classique.

FUMAGE

La fumée est formée de centaines de substances chimiques. Sa composition diffère selon le combustible et l'importance de la combustion. Elle contient en général des acides organiques, des composés carboxylés, des composés phénoliques. Certains de ces composés empêchent la formation des bactéries, d'autres ralentissent l'oxydation des graisses et évitent qu'elles ne rancissent. D'autres encore donnent aux aliments le parfum du combustible. Les essences les plus utilisées ici sont l'érable et le caryer (hickory), parent du noyer. Des études ont montré que les hydrocarbures polycycliques aromatiques contenus dans la fumée étaient cancérigènes ; néanmoins, seule la consommation quasi quotidienne d'aliments fumés constituerait un risque.

SALAGE

Ce procédé va souvent de pair avec le précédent. Il consiste à imprégner les aliments de chlorure de sodium (sel), qui empêche la prolifération bactérienne. Inconvénient majeur : les aliments deviennent très salés. Le saucisson sec, par exemple, contient 2,1 g de sodium, soit l'équivalent de 5 g de sel. Les personnes suivant un régime hyposodé doivent donc exclure de leur alimentation ce type de produits. Pour les autres, il vaut mieux éviter d'en consommer trop souvent.

En plus du chlorure de sodium, on utilise des nitrates et des nitrites. Ceux-ci réagissent au contact d'un pigment présent dans la viande pour lui donner une belle couleur rose. Ils limitent aussi considérablement le risque d'intoxication alimentaire en empêchant la croissance du bacille botulique, à l'origine du botulisme. L'addition de nitrates et de nitrites est donc d'une utilité incontestable. Cependant, le taux de nitrates et de nitrites autorisé dans l'alimentation est strictement réglementé, car les nitrites sont susceptibles de réagir avec des amines (acides aminés transformés) pour former des nitrosamines, substances qui peuvent avoir une action cancérigène.

TRAITEMENT PAR LA CHALEUR

L'appertisation. Ce procédé, autrement appelé « mise en conserve », consiste à faire chauffer suffisamment longtemps des aliments dans des récipients hermétiquement clos à température élevée. Il a pour conséquence la destruction d'une partie des vitamines thermosensibles : les vitamines C et B_1. La valeur nutritionnelle des produits en conserve reste toutefois identique à celle des aliments frais cuits.

Le traitement UHT (ultra-haute température). Utilisée pour les liquides, en particulier le lait, cette méthode consiste à les porter à une température très élevée (140 °C) pendant quelques secondes. Extrêmement rapide, ce traitement permet d'obtenir un produit parfaitement stérile bénéficiant d'une longue conservation. Autres avantages : les composés fragiles du lait (vitamines et protéines) sont mieux protégés et le lait conserve un goût agréable.

La pasteurisation. C'est un traitement thermique réalisé à des températures inférieures à 100 °C, destiné à stabiliser temporairement un aliment. L'aliment n'est pas stérilisé, il continue à évoluer et ne pourra se conserver que durant un temps limité. Les pertes vitaminiques existent puisqu'il y a eu traitement par la chaleur, mais elles sont plus faibles que dans le cas des conserves car les températures atteintes sont moins élevées.

TRAITEMENT PAR LE FROID

La congélation. Elle consiste à appliquer aux aliments un refroidissement progressif jusqu'à obtenir une température entre −20 et −30 °C. Elle s'effectue en plusieurs heures : l'eau se transforme en gros glaçons qui peuvent déchirer les parois des cellules. Durant le maintien au froid, la valeur nutritionnelle du produit reste assez stable, mais il peut se produire un rancissement des lipides si le temps de stockage est trop long. Au moment de la décongélation, on constate parfois une exsudation car certaines parois des cellules ont pu être endommagées, d'où une perte en vitamines et en minéraux.

La surgélation. C'est un refroidissement très rapide. De ce fait, l'eau se transforme en petits cristaux de glace qui n'endommagent pas les cellules. Si la période de conservation est longue, les lipides risquent également de rancir. Au moment de la décongélation, le produit exsude moins : les pertes sont moins importantes que dans le cas de la congélation. Cette méthode industrielle ne peut être appliquée que sur des aliments de petite taille.

FERMENTATION

On distingue : la fermentation alcoolique, qui intervient dans la fabrication du vin, de la bière, du cidre, mais aussi du pain ; la fermentation acétique, qui entre dans la fabrication du vinaigre ; et la fermentation lactique, étape essentielle dans la fabrication des fromages, mais aussi de nombreux produits d'origine végétale (choucroute, olives, cornichons...) et de la charcuterie (saucisson, jambon). La teneur en vitamines des aliments peut augmenter au cours de leur fermentation, notamment en vitamines du groupe B.

IRRADIATION

Il s'agit d'une forme de stérilisation sans aucun chauffage, obtenue uniquement en soumettant certains aliments aux rayons gamma émis par du cobalt 60 ou du césium 137. L'ionisation permet surtout d'empêcher la germination, de détruire les insectes et certains parasites ainsi que les bactéries. L'aliment conserve pratiquement intactes ses qualités nutritionnelles. L'ionisation est rapide et ne rend absolument pas les aliments radioactifs.

ADDITIFS

Les conservateurs ou additifs chimiques incorporés aux aliments dans le but d'améliorer leur conservation sont assez peu nombreux. Il s'agit surtout d'agents antimicrobiens comme l'acide sorbique, les nitrites, l'anhydride sulfureux, les sulfites. Leur efficacité est prouvée. Néanmoins, certains d'entre eux peuvent avoir des effets défavorables sur la valeur nutritionnelle des aliments, en particulier sur certaines vitamines : les sulfites, par exemple, protègent la vitamine C mais détruisent en partie la vitamine B_1.

CONSERVE

L'inventeur de la conserve alimentaire est un Français : Nicolas Appert (1749-1841). Pendant la Révolution française, ce cuisinier-confiseur champenois eut l'idée de stériliser les aliments en les faisant chauffer durant un temps suffisant. On lui rend hommage depuis quelques années, en parlant d'appertisés et non plus de conserves.

Sa méthode, aujourd'hui pratiquée dans le monde entier, permet une destruction complète des enzymes et des micro-organismes à l'origine de l'altération des aliments. La stérilisation se fait dans des récipients étanches et résistants (boîtes en métal, barquettes en aluminium et bocaux en verre). Les températures requises varient selon les aliments. Les produits acides comme les fruits sont stérilisés à 100 °C alors que les légumes, les viandes et les poissons nécessitent des températures plus élevées.

PRODUITS PÉRISSABLES

Le principal avantage de ce procédé est de permettre la conservation des aliments pendant une longue durée. En règle générale, cette durée ne devrait pas dépasser un an. Cela ne veut pas dire que le produit présente un danger une fois ce délai écoulé. Dans son récipient fermé totalement stérile, il ne risque aucune contamination. Le temps peut simplement en modifier la saveur et la consistance. Les conserves présentent en plus l'avantage de pouvoir être stockées à température ambiante, de préférence dans un endroit frais et sec. Attention, si la boîte est bombée, son contenu est probablement contaminé : mieux vaut vous en débarrasser !

En revanche, après ouverture de la boîte, l'aliment réclame les mêmes précautions qu'un produit frais, puisqu'il n'est plus stérile. Des réactions d'oxydation vont se produire, des germes peuvent se multiplier. Le produit se conserve alors 24 à 48 heures au réfrigérateur. Il est alors indispensable de ne pas le laisser dans son récipient d'origine.

VALEUR NUTRITIONNELLE DES APPERTISÉS

Concernant les macronutriments, des études ont montré que la digestibilité des amidons des conserves se trouvait améliorée. On constate des pertes en certains acides aminés plus sensibles à la chaleur, mais elles sont peu importantes. Quant aux lipides, leurs qualités ne sont pas altérées.

Les pertes en éléments minéraux par diffusion dans l'eau existent mais ne sont pas plus importantes que celles qui se produisent lors de la cuisson ménagère de produits frais.

Quant aux pertes en vitamines, particulièrement en vitamines C et B_1, très sensibles à la chaleur, elles sont réelles mais pas aussi importantes que l'on a pu le dire, car le temps de cuisson est très court. Avec les techniques actuelles, la vitamine C est conservée à plus de 50 % dans les légumes. Pour la vitamine B_1, les pertes sont de l'ordre de 25 à 45 % alors qu'elles atteignent 70 à 80 % lors de la cuisson ménagère des légumes à l'eau bouillante.

Autre avantage des conserves : les aliments sont traités immédiatement après avoir été récoltés, ce qui n'est pas le cas pour les produits frais, sauf si le consommateur dispose d'un potager. Or on sait que la teneur en vitamines

Grâce aux techniques actuelles, les conserves gardent une bonne partie de leurs nutriments.

baisse très progressivement durant les heures, mais surtout les jours, qui s'écoulent entre le moment de la récolte et la consommation.

LE BOTULISME

C'est une toxi-infection alimentaire très grave, provoquée par la toxine d'un bacille, *Clostridium botulinum*. Cette toxine produit un poison extrêmement violent qui, même en très faible quantité, peut provoquer une mort rapide s'il n'est pas diagnostiqué. La particularité de ce bacille est de se développer et de se multiplier en l'absence d'oxygène. C'est pourquoi ce sont souvent les conserves, parfois mal stérilisées, qui sont mises en cause.

Cependant, à moins d'une avarie, cette éventualité est pratiquement impossible avec les conserves du commerce, fabriqués dans des conditions très strictes. En revanche, le risque est plus important avec les conserves ménagères si l'on ne dispose pas de l'équipement indispensable, c'est-à-

dire un vrai stérilisateur, et si l'on ne respecte pas les barèmes de stérilisation. Seules les conserves de fruits ou de tomates ne présentent pas ce risque, car l'acidité naturelle de ces végétaux fait échec au bacille botulique.

CONSTIPATION

PRIVILÉGIER
- *les fruits et légumes pour les fibres solubles*
- *les céréales complètes pour les fibres insolubles*
- *l'eau*
- *l'activité physique*

ÉVITER
- *les laxatifs*

Si le transit intestinal est, de fait, essentiel à l'hygiène corporelle, c'est une erreur de penser que les selles doivent être quotidiennes. En réalité, leur fréquence peut varier de 3 fois par jour à 1 fois tous les 3 jours.

Un transit intestinal régulier réduisant les risques d'affection du gros intestin, notamment de cancer du côlon, la constipation ne doit pas être prise à la légère. En cas de douleurs abdominales, ou si la constipation persiste, il faut consulter un médecin.

DEUX TYPES DE CONSTIPATION

On distingue la constipation spasmodique et la constipation atonique. La première peut avoir pour origine l'obstruction du gros intestin. Les contractions de l'intestin existent mais sont inefficaces pour faire progresser le bol alimentaire. Le diagnostic repose sur une radiographie de l'abdomen, et le traitement peut nécessiter une intervention chirurgicale.

La constipation atonique, la plus fréquente, provient d'un manque de vitalité musculaire. C'est un problème très répandu dans les pays occidentaux, qui a le plus souvent pour origine une consommation insuffisante de fibres doublée d'un manque d'exercice physique.

IMPORTANCE DES FIBRES

Le terme de fibres alimentaires désigne des molécules végétales peu ou pas digestibles par l'intestin grêle, mais susceptibles d'être dégradées au niveau du côlon par la flore microbienne physiologique. Il s'agit donc à la fois des parois végétales telles que la cellulose mais aussi d'une partie des glucides complexes et de l'amidon.

L'alimentation actuelle dans les pays industrialisés apporte 15 à 20 g de fibres par jour, alors que l'on estime à 30 g les besoins nécessaires à une bonne hygiène de vie. Cependant, l'apport idéal varie d'un individu à l'autre.

Le rôle des fibres dans le transit est double : les fibres insolubles absorbent l'eau comme une éponge et forment une masse ; d'autre part, les fibres solubles, très fermentescibles, augmentent l'activité bactérienne du côlon, et leur dégradation par ces bactéries produit des substances capables de stimuler les contractions de l'intestin.

ALIMENTS RICHES EN FIBRES

On trouve les fibres insolubles dans les céréales complètes (pain, pâtes et riz complets, céréales du petit déjeuner, son), les fibres solubles dans les fruits (pomme, orange, abricot, pruneau, ananas, banane, rhubarbe...) et les légumes frais (choux, salade, oignon, tomate, pomme de terre...) ou secs (haricots, lentilles, pois…).

Il est préférable de consommer des aliments qui fournissent naturellement des fibres, au lieu de compter sur les ajouts artificiels des produits industriels ou sur les préparations parapharmaceutiques. On évitera aussi toute élévation trop brusque de son apport en fibres, pour introduire celles-ci graduellement dans l'alimentation.

IMPORTANCE DE L'EAU

Lorsqu'un régime insuffisant en fibres se double d'une faible consommation de liquides, la masse compacte des aliments digérés se vide peu à peu de son eau, ce qui rend le transit difficile. Il en résulte des tensions intestinales accompagnées de gênes. Plus les résidus alimentaires restent ainsi comprimés, plus l'organisme tendra à les vider de leur eau, et plus l'intestin sera bloqué. Il est donc indispensable de boire beaucoup d'eau – 1,5 litre au moins par jour – pour faciliter le travail du côlon et amollir les selles.

ATTENTION AUX EXCÈS

Il est un fait que la constipation, provoquée par une insuffisance de fibres alimentaires, offre un terrain favorable à la diverticulose colique, voire au cancer du côlon. Le déficit en fibres peut également entraîner des varices et des hémorroïdes. Pour éviter ces risques, on a donc encouragé la consommation de céréales complètes, et en particulier de son.

Malheureusement, une consommation excessive de fibres insolubles engendre d'autres problèmes : petits maux (ballonnements, flatulences) ou ennuis de santé plus graves. L'excès de son peut en effet conduire à l'anémie, car le son contient de l'acide phytique, qui nuit à l'assimilation du fer par l'organisme. On déconseille également aux femmes ménopausées, exposées au risque d'ostéoporose, d'absorber trop de son, car il gêne l'assimilation du calcium. Enfin, des recherches menées en Grande-Bretagne indiquent que la moitié des victimes de colopathies fonctionnelles voient leur état empirer après toute ingestion de son.

Il est donc important de ne pas ingérer trop de fibres insolubles et de veiller à équilibrer ses apports de fibres solubles et insolubles. Un avantage des fibres solubles : elles permettent également de réduire le taux de cholestérol.

(SUITE À LA PAGE 100)

POINT TROP N'EN FAUT

En 1990, le Journal of the American Medical Association relata l'histoire d'un homme qui, sur les conseils de son médecin, s'était mis à avaler chaque matin un bol de son pour soigner sa constipation. Dix jours plus tard, il dut subir une importante opération chirurgicale : on lui retira un bloc de son qui obstruait ses intestins. Ce patient prenait des diurétiques et ne buvait pas assez. Cette regrettable mésaventure souligne les dangers inhérents à une absorption excessive de fibres insolubles, et l'importance d'une consommation adéquate de liquides.

LE CHOLESTÉROL

*Bien qu'indispensable au bon fonctionnement de l'organisme, le cholestérol fait peur.
Sa mauvaise réputation est liée à son rôle dans la formation de plaques de graisse, ou athéromes,
sur la paroi des vaisseaux de l'organisme, contribuant ainsi à l'athérosclérose.*

Le cholestérol est indispensable à la vie. Il joue en effet un rôle fondamental dans l'organisme, participant à la structure et à la constitution des membranes qui entourent les cellules. De plus, il est à l'origine de la synthèse de nombreuses hormones, dont les hormones sexuelles, mais aussi de la production des acides biliaires, nécessaires à la digestion.

Molécule de la famille des lipides, il est présent dans les aliments d'origine animale. Mais la source alimentaire n'est pas unique puisque notre organisme et nos propres cellules fabriquent également du cholestérol, notamment au niveau du foie. Il est transporté dans le sang par de grosses molécules : les lipoprotéines.

PRIVILÉGIER
- *les poissons, les légumineuses*
- *les fruits et légumes*
- *les céréales complètes*
- *les huiles mono- et polyinsaturées*
- *le soja, le tofu et le lait de soja*

RÉDUIRE
- *le beurre et la margarine*
- *les viandes grasses*
- *les œufs, les abats*
- *les produits laitiers riches en gras saturés*

ÉVITER
- *la charcuterie*
- *les fritures, les gras trans*
- *les pâtisseries*

BON ET MAUVAIS CHOLESTÉROL

Lorsque le niveau sanguin du cholestérol circulant est trop élevé (facteurs héréditaires et/ou excès d'apports dans l'alimentation), il y a risque d'athérosclérose et donc de maladies cardio-vasculaires (voir pp. 68-71). Ce risque n'est lié qu'aux lipoprotéines de faible densité (LDL ou *Low Density Lipoprotein* et VLDL ou *Very Low Density Lipoprotein*). On parle dans ces cas de mauvais cholestérol. Quant aux lipoprotéines de haute densité (HDL ou *High Density Lipoprotein*), non seulement elles n'entraînent pas d'athérosclérose, mais elles ont un effet bénéfique et préventif puisqu'elles « nettoient » les artères en débarrassant le sang de son cholestérol, qui est transporté vers le foie. On parle alors de bon cholestérol.

Il est important pour tout adulte de plus de 20 ans de connaître son taux de cholestérol. Un bilan lipidique complet comprend un dosage du cholestérol total et de ses différentes fractions sanguines (LDL et HDL). Le taux normal de cholestérol total est inférieur ou égal à 2 g/l (soit 5,2 mmol/l), le taux de cholestérol LDL inférieur ou égal à 1,3 g/l, celui de cholestérol HDL supérieur ou égal à 0,45 g/l. Un taux de cholestérol LDL élevé et/ou un taux de cholestérol HDL diminué sont donc à surveiller.

FAIRE BAISSER SON TAUX DE CHOLESTÉROL

Même si l'alimentation n'est pas seule en cause, les études et les données épidémiologiques récentes ont amené les

Histoire vécue

Albert avait 50 ans lorsque son médecin décela, grâce à une analyse de sang, un taux de cholestérol anormalement élevé. Albert fumait 20 cigarettes par jour et son père était mort d'une crise cardiaque à l'âge de 53 ans. Le médecin pressa Albert d'arrêter de fumer, ce qu'il fit. Il lui recommanda aussi de réduire sa consommation de graisses saturées, ce qui exigea quelques sacrifices. Au bout de 1 an, le taux de cholestérol d'Albert était redevenu normal et le risque d'accident cardio-vasculaire avait été sérieusement réduit.

médecins à codifier un certain nombre de règles nutritionnelles destinées à la prise en charge des hyperlipidémies en général et de l'hypercholestérolémie en particulier. Dans ce domaine, la prescription diététique doit néanmoins rester personnalisée et surtout s'intégrer dans une démarche de prévention multifactorielle, avec arrêt du tabac, traitement d'une hypertension, d'un diabète, d'une obésité éventuels, et encouragement de l'activité physique régulière.

Les lipides sanguins, en particulier le cholestérol, augmentent chez 20 à 30 % des personnes présentant un surpoids. En cas d'obésité ou de poids excessif, on cherchera donc à abaisser graduellement le poids, en veillant en particulier à limiter les apports de gras. L'amaigrissement entraînera une correction des chiffres avec baisse du cholestérol LDL et augmentation du cholestérol HDL.

DES ALIMENTS À RISQUE

L'apport en lipides alimentaires ne devrait pas dépasser 30 % de la ration calorique quotidienne. Faire passer les glucides complexes (pâtes, pain, céréales complètes) à 55 % de la ration calorique quotidienne permet de réduire la part des lipides. Parmi ceux-ci, on distingue le cholestérol alimentaire et les acides gras saturés des graisses animales qui élèvent les taux de cholestérol dans le sang.

On recommande de limiter l'apport de cholestérol alimentaire à 300 mg/jour. Les aliments qui en contiennent le plus sont le jaune d'œuf (250 mg/jaune environ), le beurre, les abats (cervelle, foie, rognons, ris de veau...), les fromages gras (plus un fromage a été égoutté et pressé, plus il est gras), la crème fraîche. Aussi est-il conseillé de ne pas manger plus de 4 œufs par semaine, plus d'un plat d'abats tous les 15 jours, de ne pas abuser des fromages et de leur préférer des yogourts et fromages blancs à teneur

Huiles végétales, légumes frais et secs, céréales, poissons sont recommandés aux personnes surveillant leur cholestérol.

réduite en matières grasses, d'éviter toute cuisson au beurre et les sauces à la crème.

Les acides gras saturés se trouvent essentiellement dans les graisses animales : viandes grasses (bœuf marbré, côtelettes de porc et d'agneau, hamburgers, bacon, saucisses de Francfort, charcuterie), beurre, fromage et crème, mais aussi dans la margarine solide et le shortening. Pour réduire la consommation de graisses saturées, il faut privilégier les viandes maigres, de préférence rôties ou grillées. On enlèvera la peau des volailles, et on supprimera les biscuits et les pâtisseries, surtout si elles renferment des huiles tropicales. Enfin, limitez votre consommation d'alcool. Seul le vin rouge pris en petite quantité aurait un rôle vasculaire favorable.

DES ALIMENTS PROTECTEURS

À l'inverse des aliments riches en cholestérol ou en acides gras saturés, les aliments riches en acides gras polyinsaturés, en acides gras monoinsaturés et en fibres – notamment en fibres solubles – ont un effet hypocholestérolémiant.

Les acides gras polyinsaturés sont présents dans les huiles végétales : maïs, soja, noix, tournesol et dans les poissons, notamment les plus gras : saumon, thon, sardine, maquereau, hareng. Les acides gras monoinsaturés sont présents dans l'huile d'olive et l'huile de canola.

La plupart des végétaux (fruits, légumes, céréales) fournissent des fibres solubles et des fibres insolubles. Les céréales comme l'avoine et l'orge, les légumineuses, les fruits riches en pectine (pommes, pamplemousses) sont également de bonnes sources de fibres solubles. L'apport total en fibres devrait s'élever à environ 30 g/jour.

(SUITE DE LA PAGE 97)

DE BONNES HABITUDES

La position assise des heures durant aggrave la constipation. L'une des meilleures façons de lutter contre la constipation, c'est de bouger, de faire tous les jours un peu de marche et de pratiquer régulièrement un sport.

Une personne sujette à la constipation veillera à aller à la selle dès qu'elle en ressent l'envie : des périodes de rétention volontaire ne feraient qu'aggraver le problème.

Enfin, l'utilisation de laxatifs est déconseillée car elle a pour effet paradoxal de rendre l'intestin plus paresseux encore. Fonctionnant sous des sollicitations extérieures, il en devient dépendant. D'autre part, la prise régulière de laxatifs peut provoquer la perte d'éléments essentiels (vitamines, potassium, sodium…). Il est donc indispensable de demander l'avis de son médecin traitant avant d'y recourir.

CONVALESCENCE

Plus ou moins longue, la période de convalescence – temps de repos nécessaire après une maladie – faisait autrefois partie intégrante du traitement médical. Aujourd'hui, nous avons tendance à reprendre plus vite nos activités et à négliger parfois les besoins naturels de notre organisme.

Il faut certes reconnaître que l'amélioration des traitements et la diminution des traumatismes au moment des interventions chirurgicales ont raccourci la durée de ces périodes de convalescence. Cependant, un repos insuffisant après une opération, ou même une grosse grippe, est susceptible de retarder de plusieurs jours ou semaines la guérison complète. Les conseils du médecin sont souvent nécessaires. Il tiendra compte du stade de la guérison et du malade. L'état de fatigue, l'âge, la condition physique antérieure déterminent grandement la reprise des activités. En ce qui concerne l'alimentation, la règle d'or est de redonner de l'appétit au convalescent. Une présentation soignée permet souvent d'aiguiser un appétit perturbé.

DES ALIMENTS BIEN CHOISIS

D'une façon générale, l'alimentation durant la convalescence doit être riche en nutriments essentiels, donc bien équilibrée et très variée. Il est indispensable de proposer au convalescent des aliments de chaque groupe. On sélectionnera des produits faciles à manger et digestes. Mieux vaut éviter notamment les matières grasses cuites (plats en sauce, fritures).

On privilégiera les légumes et les fruits pour leur richesse en éléments minéraux et en vitamines. Il est préférable de les consommer crus, car ils fournissent alors à l'organisme davantage de vitamine C, qui joue un grand rôle dans la lutte contre l'infection et semble faciliter la cicatrisation – au même titre que le zinc.

Les produits riches en protéines animales sont les aliments les mieux équilibrés en acides aminés. La consommation de viande, poisson, œufs, produits laitiers permettra de compenser la fonte musculaire, souvent importante, surtout après une immobilisation de longue durée.

FER ET CALCIUM

Afin de reconstituer rapidement les réserves en fer, il est vivement conseillé de consommer des viandes rouges, qui contiennent le fer le mieux absorbé et le mieux utilisé par l'organisme. Durant la maladie, le manque d'appétit ou l'impossibilité de s'alimenter normalement ont considérablement entamé les réserves et un début d'anémie n'est pas à exclure. Le fer intervient aussi dans la lutte contre l'infection. L'apport en calcium doit enfin être surveillé afin de reconstituer les réserves calciques, qui ont pu être entamées par une station allongée. Il est d'ailleurs admis maintenant que la fuite calcique peut être limitée en faisant se lever très tôt les patients. Parmi les produits laitiers, ce sont les laitages qui semblent le mieux adaptés car ils sont, pour la plupart, bien tolérés.

ATTENTION AUX FIBRES

Il est souvent nécessaire de réguler le transit intestinal, perturbé durant la maladie. Pour ce faire, les légumes et les fruits sont souvent les plus indiqués car ils contiennent des fibres très efficaces et peu irritantes. Toutefois, le pain et le riz complets ainsi que tous les aliments riches en fibres ne sont pas recommandés : ils peuvent irriter un tube digestif resté au repos. Si la convalescence fait suite à une opéra-

---

FRACTIONNER SON ALIMENTATION

On veillera à ne pas proposer de trop grandes quantités au convalescent. Pour assurer un apport nutritionnel optimal, il vaut mieux fractionner son alimentation en plusieurs petits repas répartis sur la journée. Voici un exemple de menu équilibré :

Petit déjeuner : flocons de maïs avec lait à 1 % ou 2 %, jus d'orange, compote de pommes.

Collation : yogourt aromatisé, pain grillé beurré.

Dîner : filet de poisson poché, pommes de terre cuites à la vapeur, banane.

Goûter : thé au lait, fromage cottage sucré à la confiture de framboises, biscottes.

Souper : soupe de légumes, œuf à la coque, fromage, salade de fruits.

tion de l'abdomen, ces fibres trop agressives peuvent provoquer des ballonnements. Après une intervention touchant le tube digestif, les médecins prescrivent souvent un régime spécifique, pauvre en fibres.

PENSER À L'EAU

Pendant la maladie, la fièvre et le confinement dans une chambre d'hôpital ont pu augmenter les pertes hydriques. Les toxines se sont accumulées. Il faut donc envisager un grand « nettoyage » de l'organisme. Il est conseillé de boire tout au long de la journée, pendant et en dehors des repas. En plus de l'eau, on peut prendre du jus de fruits, du thé léger, des eaux aromatisées, voire des boissons sucrées.

Pour redonner de l'appétit à un convalescent, on soignera la présentation des plats.

Des cannellonis à la sauce tomate, fourrés aux épinards et à la ricotta : un plat aussi appétissant que facile à manger.

Une jolie croustade de poisson, garnie de légumes frais, apportera protéines et fibres.

Un classique, riche en saveurs et en couleurs : le poulet basquaise, servi ici avec du riz.

À essayer : l'agneau de lait et sa jardinière de légumes d'hiver, un plat très nutritif avec une tranche de pain multi-grains.

COMPÉTITION ET ALIMENTATION

Au même titre que leur programme d'entraînement, les athlètes modernes prennent leur alimentation très au sérieux. Pour trouver le régime gagnant, il faut harmoniser l'apport nutritionnel et la dépense énergétique.

Les bénéfices du sport, tant sur le plan physique que sur le plan psychologique, sont incontestables. L'exercice physique régulier est en particulier un excellent moyen de réduire le risque coronarien en élevant le taux de cholestérol HDL (bon cholestérol), en réduisant la concentration de triglycérides dans le sang, et en diminuant la fréquence cardiaque de repos. Mais, en cas d'effort physique soutenu, il faut une diététique qui permette de restaurer les pertes entraînées par l'effort intense.

Bien qu'aucun aliment ne soit censé avoir un effet magique sur les performances, les règles alimentaires jouent un rôle clé dans le sport de compétition. Associée à l'entraînement, une alimentation adaptée aux besoins de l'athlète contribue à améliorer les performances sportives. Elle permet surtout d'éviter les contre-performances fâcheuses et les blessures. En outre, elle peut aider à éviter le piège du dopage : les contraintes et les exigences du sport de haut niveau sont telles aujourd'hui qu'un athlète est souvent tenté de céder à ce mirage...

LES BESOINS NUTRITIONNELS DU SPORTIF DE COMPÉTITION

Ils sont d'ordre énergétique (quantitatif) mais aussi qualitatif. L'alimentation équilibrée idéale repose sur des règles de base : variété des aliments pour assurer la couverture des besoins en vitamines et minéraux essentiels, peu de graisse, pas trop de sucre, faible consommation d'alcool. Le rythme des repas est également important : il sera fractionné en trois ou quatre repas par jour, auxquels s'ajouteront des collations, en respectant toujours la règle des 3 heures, qui recommande d'éviter tout repas consistant moins de 3 heures avant l'effort.

LES EXIGENCES ÉNERGÉTIQUES

L'exercice physique augmente les besoins quantitatifs. Les aliments consommés par le sportif doivent lui fournir l'énergie – carburant – nécessaire pour effectuer un effort musculaire qu'il ne pourrait accomplir sans cet apport.

La dépense énergétique est très variable selon le type d'effort et la discipline sportive pratiqués : par exemple, elle se monte à 450 kcal/h pour le soccer et 700 kcal/h pour la course à pied à une vitesse de 11 km/h. De plus, au sein d'une même discipline, les besoins d'énergie – dépendant bien évidemment du volume d'entraînement – ne sont pas les mêmes d'un sportif à l'autre. On a pu observer sur des athlètes des prises énergétiques allant de 2 000 à plus de 5 000 kcal/jour. Un sportif bien entraîné connaît généralement ses besoins et parvient à réguler ses apports de façon à maintenir son poids de forme.

Les apports caloriques d'une journée doivent être répartis en respectant certaines proportions.

– Les aliments protidiques représenteront de 12 à 15 % des apports caloriques. Les protéines sont essentielles à l'entretien et au renouvellement des cellules, en particulier musculaires. Les principales sources en sont le poisson, la viande, les œufs, les produits laitiers, mais aussi le soja, riche en protéines végétales. Une supplémentation en protéines semble sans intérêt.

– Les aliments lipidiques fourniront entre 25 et 30 % des apports caloriques. Ils sont d'origine animale – viande, poisson, œufs, fromage – ou végétale (huiles de tournesol, de soja, d'olive, de maïs...), riches en acides gras essentiels. Un excès de lipides risque de provoquer une surcharge pondérale.

– Les glucides totaliseront entre 55 et 60 % des apports caloriques quotidiens. Cette proportion peut être augmentée jusqu'à 65 % en fonction du cycle de préparation de l'athlète (période précompétitive) et de la discipline pratiquée (cyclisme sur route, course de fond). Les glucides simples (sucre, sucreries, boissons sucrées) sont rapidement absorbés, surtout s'ils sont consommés en dehors des repas, et entraînent de brusques montées du taux de glycémie, qui expo-

---

PRIVILÉGIER
- *les glucides complexes*
- *les apports hydriques*
- *les fruits et légumes*

RÉDUIRE
- *le sucre et les sucreries*
- *les aliments trop riches en graisses saturées (charcuteries, produits laitiers entiers)*

ÉVITER
- *l'alcool*
- *le tabac*
- *les apports insuffisants ou les repas trop riches*

LA PRÉPARATION DE L'ATHLÈTE

Alimentation et entraînement visent à augmenter les réserves en énergie des muscles de l'athlète, stockées sous forme de glycogène, et sont étudiés de telle sorte que l'athlète parvienne à utiliser ou à brûler en priorité ses réserves adipeuses (masse grasse) au cours de l'effort. Comme chez tout individu, ces réserves de graisse sont pratiquement illimitées.

sent l'athlète au risque d'hypoglycémie réactionnelle pouvant être à l'origine de contre-performances ; ils favorisent également la prise de poids. Ces glucides simples doivent être délaissés au profit des glucides complexes des légumineuses (lentilles, pois chiches, haricots) et des céréales complètes (pâtes, riz, pain). Ces dernières sont par ailleurs riches en fibres, qui ralentissent leur absorption, évitant ainsi le pic de glycémie.

LES BESOINS QUALITATIFS

Ils regroupent les apports en liquide, en vitamines et en minéraux.

L'apport hydrique est tout aussi essentiel – sinon davantage – que l'apport nutritionnel. L'eau est la seule boisson indispensable au sportif. Nécessaire en particulier pour refroidir le corps au cours de l'exercice physique, elle doit être consommée dès le début de l'effort, régulièrement et par petites quantités, les pertes liées à la transpiration pouvant être importantes. Toute déshydratation, même minime, retentit – de façon parfois dramatique – sur les capacités à poursuivre un effort, et donc sur les performances. Les boissons énergétiques de l'effort disponibles dans le commerce sont souvent trop sucrées, trop minéralisées et n'apportent pas toujours le résultat escompté.

L'exercice intensif accroît les besoins en certains minéraux et vitamines. Une

alimentation variée doit suffire à compenser les pertes les plus spécifiques :
– En vitamines du groupe B, de par l'accroissement de la dépense énergétique.
– En fer, dont une déplétion prolongée peut entraîner l'anémie ; ce risque est accru en cas d'entraînement à la course de fond sur route, et chez les athlètes de sexe féminin. La consommation d'aliments riches en fer (jaune d'œuf, viande, particulièrement abats), en acide folique (germe de blé, chou) et en vitamine B_{12} (œufs, poisson, produits laitiers), qui interviennent dans la formation des globules rouges, préviendra ce risque.
– En magnésium : en cas d'entraînement intensif, les besoins journaliers sont doublés (600 mg/jour environ). Le déficit peut induire crampes et fatigabilité musculaire. On trouve une bonne proportion de magnésium dans le cacao en poudre, les céréales au son pour petit déjeuner, les noix, les noisettes...
– En calcium : la consommation quotidienne, mais raisonnable, de produits laitiers, riches en calcium, permet d'assurer des apports suffisants au maintien d'un squelette solide.

UNE DISCIPLINE SANS RELÂCHE

La période – souvent très longue – de préparation et d'entraînement pour atteindre un objectif bien déterminé vise à amener le sportif de compétition à une forme optimale le jour J.

Une alimentation équilibrée et adaptée tout au long de la saison sportive, voire de l'année entière, lui permettra d'atteindre son but sans dommage pour sa santé. Cette préparation adéquate, qui ne doit jamais négliger les plages de récupération (repos, sommeil suffisants), lui permettra de mieux maîtriser les gestes techniques ainsi que le stress, inévitablement lié à la compétition.

Histoire vécue

Le sprinter britannique Lindford Christie, champion olympique du 100 m, démarre sa journée par un solide petit déjeuner : bananes plantain poêlées, œufs au bacon ou omelette, et thé. Si son programme d'entraînement lui en laisse le temps, il prend quelques fruits pour le repas du midi et en cours de journée. Le soir, son menu se compose de poisson ou de poulet, avec du riz et des petits pois. Le jour d'une compétition, il avale son petit déjeuner, puis ne se nourrit plus qu'une fois l'épreuve terminée. Ce régime, qu'il suit invariablement depuis le début de sa carrière d'athlète, lui convient parfaitement : il a remporté, à l'âge de 32 ans, la médaille d'or du 100 m aux Jeux olympiques de Barcelone en 1992. Lindford Christie conseille aux nouveaux venus en athlétisme de manger beaucoup de fruits, de poisson et de poulet, tout en réduisant les apports de viandes grasses.

COURGE ET COURGETTE

AVANTAGES

- *Les variétés d'hiver sont très riches en vitamine A, et bonnes sources de vitamine C, de folates et de potassium*
- *Les variétés d'été (la peau surtout) fournissent des vitamines A et C et des folates*
- *Très peu caloriques*

La courge, tout comme le melon et le concombre, fait partie de la famille des cucurbitacées. Plusieurs espèces, dont la courgette, sont indigènes à l'Amérique du Nord et faisaient partie de l'alimentation des Amérindiens avant l'arrivée des Européens. C'est un légume très prolifique qui s'hybride avec une étonnante facilité, si bien que ses espèces, réparties sur une grande partie du globe, sont innombrables. Au Canada, on distingue deux sortes de courges : les courges d'été (dont la courgette) et les courges d'hiver.

COURGE D'ÉTÉ

Cueillie avant maturité, la courge d'été a une peau délicate et une chair tendre. La variété la plus répandue en est la courgette. Elle se mange crue en salade, ou cuite, de préférence à la vapeur ou saisie à la chinoise. Sa richesse en eau (94 %) et son rapport potassium/sodium expliquent ses qualités diurétiques, et elle est très bien supportée par les intestins fragiles. Quant aux fleurs de courgette, que l'on sert farcies ou en beignets, leur valeur alimentaire ne réside guère que dans leur mode de préparation.

Les principales courges d'été sont :
– La courgette, aussi appelée de son nom italien zucchini, généralement verte, parfois rayée ou toute jaune.
– Le pâtisson, rond et plat, à chair vert pâle, à peine plus gros qu'un chou de Bruxelles.
– La chayotte, en forme de poire, à la peau mince, rugueuse et vert pâle. Sa chair est ferme et croquante et de couleur blanchâtre. C'est un légume à saveur très douce.

COMPOSITION MOYENNE POUR 100 G DE COURGE D'ÉTÉ :

protéines	1,8 g
lipides	0,2 g
glucides	2 g
apport énergétique	17 kcal

COURGE D'HIVER

Cueillie à maturité, la courge d'hiver a une peau épaisse et de grosses graines. Comme sa cousine la citrouille, elle est plus foncée et plus nutritive que la courge d'été, mais son contenu en bêta-carotène est variable : ½ tasse de courge musquée renferme 80 % de l'apport nutritionnel recommandé, contre 5 % pour 1 tasse de courge spaghetti. Bonne source de fibres, la courge devrait être cuite au four ou à la vapeur car elle perd une bonne partie de ses nutriments, surtout sa vitamine C, quand elle est bouillie. Les graines, séchées au four, font un bon amuse-gueule, riche en fer, en potassium et en zinc. Il ne faut pas conserver les courges au réfrigérateur car elles se détériorent à moins de 4 °C.

Les principales courges d'hiver sont :
– La courge poivrée, ou courgeron, à nervures profondes. Sa peau, vert foncé, est lisse et dure ; sa chair est fine avec un goût de poivre et de noisette.
– La courge musquée, semblable à une grosse poire de couleur crème. Sa chair moelleuse, plus ou moins sucrée, est riche en bêta-carotène.
– La courge spaghetti, à la peau jaune et lisse, de forme cylindrique. Ses fibres longues et minces peuvent s'apprêter comme des spaghettis.
– La courge hubbard, à la peau dure, très nervurée et bosselée. Cette courge peut être vert foncé, bleu gris ou orangée. Sa chair est plus sèche et moins sucrée que celle des autres courges d'hiver.

COMPOSITION MOYENNE POUR 100 G DE COURGE D'HIVER :

protéines	0,6 g
lipides	0,1 g
glucides	4,5 g
apport énergétique	21 kcal

CRAMPE

PRIVILÉGIER

- *les aliments riches en calcium*

Les crampes sont des contractions musculaires douloureuses, incontrôlables et prolongées. Le massage et les étirements musculaires offrent le meilleur soulagement. Cependant, une alimentation équilibrée constitue une forme de prévention efficace.

Lorsqu'elles apparaissent pendant, ou juste après, un exercice physique, c'est souvent la conséquence de la production d'acide lactique, inhérente à toute activité musculaire. La déshydratation en favorisant l'apparition, il faut boire beaucoup d'eau avant, pendant et après toute activité physique – au moins 1 litre par heure d'exercice.

À poids égal, les courgettes jaunes et les courgettes vertes fournissent pratiquement les mêmes nutriments.

Si les crampes surviennent en l'absence d'exercice musculaire, et en particulier la nuit, elles peuvent révéler une affection comme un diabète, un trouble de la circulation sanguine ou une atteinte nerveuse. Une douleur aux mollets ressentie lors d'une marche soutenue peut être causée par un durcissement des artères. Seul un médecin sera à même de faire un diagnostic.

Pendant la grossesse, la femme peut être plus sujette aux crampes. Un régime alimentaire varié et suffisamment riche en calcium et vitamines (produits laitiers, fruits, légumes) et un rythme de vie évitant les efforts excessifs et la position debout prolongée permettront d'éviter ce désagrément.

DES MINÉRAUX ESSENTIELS

Si elles touchent particulièrement les jambes, les crampes peuvent révéler une carence en calcium. On en trouvera surtout dans les produits laitiers, mais aussi dans les sardines (si on les mange avec les arêtes). Le magnésium est également utile dans certains cas (cacao, graines de tournesol, noix de toutes sortes en sont très riches). Enfin, un manque de potassium peut aussi provoquer des crampes. Les fruits secs, le chocolat, les légumes secs, le lait, les céréales, le persil en fournissent un bon apport.

CRÈME

AVANTAGES
- *riche en vitamine A*
- *bonne digestibilité quand elle est crue*

INCONVÉNIENTS
- *contient des matières grasses saturées*

La crème fraîche est obtenue par écrémage du lait. Elle est particulièrement digeste car le lait subit une homogé-néisation : les matières grasses sont alors transformées en microglobules qui permettent une meilleure action des enzymes digestives. De plus, la crème contient des acides gras à chaîne carbonée courte ou moyenne, qui ont l'avantage d'être facilement absorbés par le tube digestif.

LES DIFFÉRENTES CRÈMES

Au Canada, la crème est commercialisée selon sa teneur en matières grasses. La loi interdit la vente de produits laitiers non pasteurisés et la crème ne fait pas exception à cette règle.

La crème à 35 % de matières grasses peut se fouetter. Cette opération consiste à introduire de minuscules bulles d'air dans la crème pour qu'elle devienne légère et double de volume.

La crème de table contient 15 % de matières grasses. En France, on l'appelle « crème fleurette ». La crème champêtre contient elle aussi 15 % de matières grasses, mais sa consistance est celle d'une crème à 35 %. Elle peut se fouetter, mais l'émulsion obtenue n'a pas la stabilité de la crème plus épaisse. La crème champêtre se substitue à la crème à 35 % en cuisine pour confectionner des plats savoureux avec moins de lipides.

La crème à café contient 10 % de matières grasses.

La crème sure de culture contient 14 % à 18 % de matières grasses. Pour l'obtenir, on ensemence de la crème avec des bactéries qui produisent de l'acide lactique, d'où sa saveur acide caractéristique. Sa texture est onctueuse et uniforme.

SUCCÉDANÉS DE LA CRÈME

Il y en a plusieurs sur le marché. On peut se les procurer congelés, sous forme liquide, en canettes sous pression, ou déshydratés sous forme de poudre. On fabrique ces succédanés avec des graisses végétales ou animales hydrogénées, le plus souvent des huiles tropicales saturées comme l'huile de noix de coco et l'huile de palmiste. Certains produits sont faits avec des huiles partiellement hydrogénées, notamment l'huile de soja. Afin que ces produits aient les mêmes propriétés et les mêmes caractéristiques que la vraie crème, divers additifs sont ajoutés : agents émulsifiants, gélifiants, stabilisants et épaississants. Des édulcorants, des colorants et des arômes s'y retrouvent également.

VALEUR NUTRITIONNELLE

La crème se caractérise par sa teneur en lipides, et particulièrement en acides gras saturés. Consommés en excès, ceux-ci peuvent augmenter le taux de cholestérol et accroître le risque de maladies cardio-vasculaires.

COMPOSITION MOYENNE POUR 100 G DE CRÈME À 35 % DE M.G. :

protéines	2,1 g
lipides	35 g
glucides	2,8 g
apport énergétique	328 kcal

CRÈME GLACÉE

AVANTAGES
- *certaines crèmes glacées apportent des vitamines A et B_{12}, de la riboflavine et du calcium*

INCONVÉNIENTS
- *teneur élevée en sucre*
- *forte proportion de lipides, sauf pour les sorbets*

La crème glacée du commerce doit contenir au moins 10 % de gras, ou 8 % si on y ajoute du cacao, du sirop de chocolat, des fruits ou des noix. Pour un produit qui contient moins de matières grasses, on parle de « dessert laitier ».

Composition pour 100 g de crème glacée

TYPE DE CRÈME GLACÉE	ÉNERGIE (kcal)	PROTÉINES (g)	LIPIDES (g)	GLUCIDES (g)	CHOLESTÉROL (mg)
Crème glacée à 11 % m.g.	207	3,5	11,0	23,6	44,0
Crème glacée à 16 % m.g.	248	3,5	16,0	22,4	61,0
Lait glacé (glace dure)	145	3,8	4,3	22,7	14,0
Lait glacé (glace molle)	130	4,9	2,6	21,8	12,0
Yogourt glacé	180	4,8	6,4	25,7	8,2
Sorbet à l'orange	144	1,1	2,0	30,4	7,3
Tofu glacé	167	1,7	9,2	17,5	0

On fabrique la crème glacée à partir d'un mélange de crème, de lait ou de lait évaporé (ou les deux), auquel on ajoute des solides du lait sans gras (16 à 24 % de la composition de la crème glacée). Il y entre ensuite du sucre (14 à 16 %) et divers additifs. Ceux-ci servent à plusieurs fins : homogénéiser le produit (émulsifiants), conserver la consistance désirée, minimiser la formation de gros cristaux et empêcher la crème glacée de fondre trop rapidement (gélifiants et stabilisants). Le mélange est congelé tout en y incorporant de l'air. Le volume peut augmenter jusqu'à 80 %, ce qui contribue à la texture moelleuse de la crème glacée.

Le lait glacé contient moins de matières grasses que la crème glacée. Bien qu'il faille utiliser beaucoup de sucre pour lui donner une texture intéressante, il n'en demeure pas moins très onctueux. C'est aussi le cas du yogourt glacé, qui se distingue par une saveur acidulée.

Le sorbet est fait avec du jus ou avec de la purée de fruits additionnée d'un sirop de sucre. On lui ajoute parfois du lait ou des solides du lait pour retarder la cristallisation et obtenir de fins cristaux de glace.

Le tofu glacé est fait à base de lait de soja additionné d'huile végétale et de sucre. Il est donc dépourvu de lactose et de cholestérol, mais il renferme presque autant de calories que la crème glacée, du fait de son contenu élevé en sucre et en matières grasses.

CROHN (maladie de)

PRIVILÉGIER

- *tous les aliments nutritifs, selon la tolérance individuelle*
- *les poissons gras et leurs huiles*
- *les huiles d'onagre et de bourrache*

La maladie de Crohn est une inflammation qui affecte n'importe quelle partie des intestins. Elle atteint le plus souvent des individus de 15 à 35 ans, et se manifeste par des douleurs abdominales, de la fièvre, des diarrhées et une perte de poids.

En cas d'inflammation aiguë, les parois de l'intestin malade s'épaississent, bloquant ainsi l'absorption des aliments. Le patient souffrant de perte d'appétit, il risque d'être atteint de carences nutritives. D'où l'importance d'une alimentation bien adaptée, que seul le patient est à même de décider.

ÉTABLIR SON PROPRE RÉGIME

Les experts admettent que les intolérances alimentaires (voir pp. 34-37) jouent un rôle dans le développement de la maladie. Et les patients remarquent que certains aliments leur sont néfastes, les plus souvent cités étant les céréales, la levure, les produits laitiers, les noix, les fruits crus, les fruits de mer et les conserves en saumure.

Les régimes d'exclusion progressive sous contrôle médical ont été bénéfiques à plus de la moitié des malades. Le patient élimine peu à peu de son alimentation les produits qui ne lui conviennent pas – un à la fois et sur plusieurs semaines.

PALLIER LES CARENCES

Il s'agit le plus souvent d'insuffisances en acide folique – présent dans le foie, les légumes à feuilles vertes et les légumineuses – et en vitamines B : la B_1 (thiamine), présente dans les pommes de terre, le porc, les abats, les graines et les céréales ; la B_2 (riboflavine), que l'on trouve surtout dans les œufs, la viande, les volailles, le poisson, les produits laitiers, l'extrait de levure et les céréales enrichies pour petit déjeuner ; la B_6 fournie par la viande, le pain complet, les noix. Un complément de vitamine B_12 est parfois nécessaire pour compléter les apports alimentaires (viande, poisson, œufs).

En cas de carences en vitamines C, D et K, le malade compensera la première par des fruits – cassis, agrumes – et des légumes frais, la deuxième par des poissons gras – hareng, saumon, sardine – et la troisième par des légumes verts, du foie et des tomates.

Pour ce qui concerne les minéraux essentiels, les produits laitiers et les sardines (lorsqu'on mange les arêtes) sont riches en calcium. Le fer est présent dans les abats et les viandes rouges. Les malades trouveront du magnésium dans le poisson et les coquillages, du sélénium dans le foie, le poisson et les céréales complètes, et du zinc dans les fruits de mer, le bœuf, le porc, les produits laitiers et le poulet. Aucun aliment ne peut provoquer la maladie de Crohn ni la guérir. Un bon équilibre alimentaire et la suppression des seuls produits dont la nocivité a été démontrée peuvent soulager le malade. Dans tous les cas, cette maladie, qui fait souvent appel à la chirurgie, exige une prise en charge médicale stricte et un suivi très régulier.

CUISSON (modes de)

Bien savoir faire cuire les aliments, c'est aussi contribuer à un bon équilibre alimentaire. Selon le mode de cuisson utilisé, les aliments conserveront plus ou moins leur valeur nutritive.

CUISSON À L'EAU ET À LA VAPEUR

Les aliments riches en eau, comme les légumes frais, diminuent de volume et de poids. Ils perdent de l'eau mais aussi des éléments nutritifs, notamment des vitamines et des minéraux.

Plus la cuisson est longue, plus les pertes augmentent. Ne dépassez pas le temps de cuisson minimal nécessaire et évitez de réchauffer les légumes plusieurs fois. Les déperditions dépendent également de la température et de la quantité d'eau : utilisez le moins d'eau possible et attendez l'ébullition pour plonger les légumes.

La cuisson à l'eau dans un autocuiseur étant plus rapide, on y perd moins de vitamines sensibles à la chaleur. En revanche, les pertes en vitamines et en minéraux par dissolution dans l'eau sont les mêmes. En confectionnant un potage ou une sauce avec l'eau de cuisson, on profite des minéraux et des vitamines qui s'y sont diffusés.

Les aliments cuits à la vapeur ne trempant pas dans l'eau, les pertes par dissolution sont faibles. C'est le mode de cuisson qui préserve le mieux les qualités nutritionnelles des aliments.

CUISSON AU FOUR

Ce mode de cuisson ne nécessite que peu ou pas de corps gras. La chaleur du four suffit généralement à créer très vite une croûte protectrice : l'aliment reste tendre à l'intérieur et garde ses nutriments. Même sans ajout de corps gras, il se forme du jus au fond du plat : il provient des graisses de constitution qui fondent à la chaleur – évitez de le consommer dans le cadre d'un régime amaigrissant. En enfermant les aliments dans de l'aluminium ménager ou du papier sulfurisé, on préserve bien leur saveur et leur valeur nutritive.

CUISSON AU FOUR À MICRO-ONDES

Idéal pour décongeler ou réchauffer, le four à micro-ondes permet de cuire légumes et poissons. Ils se dessèchent moins, conservent leur couleur et la plupart de leurs qualités nutritives, et les temps de cuisson sont très courts. Ce type de four n'est cependant pas adapté à la cuisson de la viande, qui a tendance à prendre une texture caoutchouteuse, sans jamais griller.

CUISSON À LA POÊLE

La valeur nutritive des aliments dépend de la quantité et de la qualité de la matière grasse utilisée, la chaleur rendant celle-ci moins digeste. Cela est surtout vrai pour le beurre, fortement déconseillé dans ce type de cuisson. Si l'on souhaite limiter sa consommation de matières grasses, il est possible d'éliminer une partie du corps gras en cours de cuisson ou d'utiliser une poêle antiadhésive.

FRITURE

L'immersion dans un bain de friture a pour conséquence une pénétration importante de corps gras dans l'aliment, qui devient alors très calorique. C'est pourquoi ce mode de cuisson doit être limité. Il est important d'utiliser exclusivement une huile résistante à la chaleur. L'huile d'arachide et les pains de graisse concrète sont particulièrement indiqués, car ils contiennent beaucoup de graisses saturées, qui tolèrent une température élevée. D'autre part, mieux vaut s'équiper d'une friteuse avec thermostat, qui permet de surveiller la température et d'éviter qu'elle ne dépasse 180 °C et n'endommage le corps gras.

CUISSON AU GRIL ET AU BARBECUE

La première permet de cuire viandes et poissons sans adjonction de matières grasses. Lorsque les aliments sont saisis, les nutriments restent à l'intérieur, car il se forme en surface une croûte protectrice. La cuisson au barbecue élimine la graisse des viandes et des poissons, mais elle présente des dangers d'un autre ordre. En effet, la carbonisation des aliments est un facteur cancérigène : il faut toujours éviter que les flammes ne lèchent les aliments.

CYSTITE

PRIVILÉGIER
- *l'eau et les jus de fruits : boire 2 à 3 litres par jour*

RÉDUIRE
- *les aliments forts et épicés*
- *le thé, le café et les boissons gazeuses*

La cystite est une infection de l'urètre – petit canal reliant la vessie à l'extérieur – qui se manifeste par une envie fréquente d'uriner, mais a pour effet de bloquer le passage des urines. La miction s'accompagne de vives douleurs. Cette affection peut être récidivante et évoluer vers une infection rénale grave (pyélonéphrite). Toute personne en ressentant les symptômes doit consulter un médecin, qui prescrira un antibiotique.

Du point de vue alimentaire, la consigne essentielle pour prévenir comme pour guérir la cystite est de boire au moins 2 à 3 litres de liquides par jour dans le but d'augmenter le débit des urines, qui laveront le canal urinaire. Les urines diluées seront en outre moins acides, et leur élimination moins douloureuse. Évitez cependant thé, café, boissons gazeuses et épices.

DATTE

AVANTAGES
- *riche en potassium et en fer*
- *laxatif doux*

INCONVÉNIENTS
- *les dattes séchées sont très riches en sucre*

Naturellement pauvres en eau, les dattes séchées par le soleil voient leur richesse en vitamine C s'appauvrir considérablement. Elles restent toutefois une bonne source de fibres solubles, qui en font un laxatif doux. Elles sont plus riches en potassium et en calcium que les dattes fraîches et offrent une plus grande concentration en éléments nutritifs, tels la niacine, le fer et le magnésium. Les dattes, une fois séchées, sont très riches en sucre, qui représente environ 70 % de leur poids. Comme tous les fruits secs, elles favorisent donc les caries.

COMPOSITION MOYENNE POUR 100 G DE DATTES SÉCHÉES :

protéines	2,5 g
lipides	0,5 g
glucides	69 g
apport énergétique	278 kcal

DESSERT

Voir Entremets, p. 123

DIABÈTE

PRIVILÉGIER
- *les aliments riches en fibres*
- *les glucides complexes*
- *les poissons*

RÉDUIRE
- *les graisses saturées*
- *l'alcool*

ÉVITER
- *le sucre et les sucreries*
- *le tabac*

Le mot diabète vient du grec *diabetes* (qui traverse) et désigne une maladie métabolique se caractérisant par le passage anormal de sucre dans les urines. La présence de ce sucre, ou glucose, dans les urines (glycosurie) est due à l'élévation du taux de sucre dans le sang (hyperglycémie).

Le glucose, qui appartient à la famille des glucides, est la source énergétique ou « carburant » principal de toutes les cellules de notre organisme. Il est fourni par l'alimentation sous forme soit de sucre simple, soit de glucides complexes (céréales, féculents), mais peut également être fabriqué par l'organisme à partir d'autres nutriments. L'utilisation du glucose par les cellules dépend d'une hormone, l'insuline. Sécrétée par le pancréas – une glande digestive –, l'insuline participe à la régulation du taux de glucose dans le sang. Le maintien d'une concentration suffisante est très importante pour répondre aux besoins énergétiques de toutes les cellules de

l'organisme, en particulier celles du cerveau.

Lorsque le taux de glucose sanguin est trop important (hyperglycémie), il perturbe le bon fonctionnement des cellules et encrasse les vaisseaux, contribuant à la formation de l'athérosclérose. Lorsque ce taux est trop faible, il entraîne une hypoglycémie. Le fonctionnement du cerveau est alors perturbé et le malaise peut aller jusqu'au coma. Chez un sujet diabétique, soit il n'y a pas de sécrétion d'insuline (diabète insulinodépendant), soit cette sécrétion est insuffisante (diabète non insulinodépendant). Cela provoque une hyperglycémie avec glycosurie, le glucose étant mal ou pas utilisé par les cellules de notre organisme.

LE DIABÈTE INSULINODÉPENDANT

Environ 10 % des diabétiques au Canada souffrent d'un diabète insulinodépendant, appelé type I, lequel apparaît généralement dès l'enfance ou à

(SUITE À LA PAGE 112)

DIABÈTE DE GROSSESSE (diabète gestationnel)

Le diabète qui survient lors d'une grossesse est susceptible d'affecter aussi bien la mère que l'enfant. Il est généralement diagnostiqué entre la 24e et la 28e semaine, à la suite de tests sanguins. Apparemment, le pancréas serait incapable de répondre à la demande accrue d'insuline pour maintenir le taux de glucose, compte tenu du changement hormonal et de la prise de poids qui accompagnent la grossesse. Il faut alors de toute urgence modifier son régime, surveiller son poids et, parfois aussi, recevoir des injections quotidiennes d'insuline. Ce genre de diabète disparaît après l'accouchement, mais il prédispose à développer plus tard un diabète adulte.

LES PRODUITS DIÉTÉTIQUES

*Les produits diététiques sont-ils diversifiés ? Sans aucun doute ! Sont-ils vraiment utiles ?
Certainement... à condition toutefois d'être choisis avec discernement,
et consommés à bon escient.*

Les produits diététiques ne sont pas forcément... ceux qu'on imagine ! Beaucoup de consommateurs s'imaginent qu'il s'agit d'aliments ayant des propriétés bénéfiques, et dont la consommation est destinée à améliorer la santé. En réalité, les « aliments diététiques » ou « aliments à usage diététique spécial » – telle est leur définition officielle – sont spécialement élaborés pour répondre aux besoins nutritionnels particuliers de certains groupes de la population. Ils se distinguent nettement des aliments courants par leur composition (ou leur présentation), et doivent respecter des dispositions réglementaires bien précises.

Selon la loi, « est un aliment à usage diététique spécial tout aliment transformé ou formulé pour satisfaire les besoins alimentaires d'une personne manifestant un état physique ou physiologique particulier à la suite d'une maladie, d'une blessure ou d'un désordre fonctionnel, ou chez qui l'on cherche à obtenir un résultat particulier, y compris mais sans s'y limiter une perte de poids, grâce au contrôle de sa ration alimentaire ».

Les aliments à usage diététique spécial doivent suivre des normes de composition très précises afin de garantir qu'ils seront bénéfiques pour le consommateur qui suit un régime spécial en augmentant de façon significative la quantité ou la variété d'aliments compatibles avec son régime. Afin que les professionnels de la santé et les consommateurs disposent de l'information nécessaire pour prendre des décisions quant à l'usage qui doit être fait de ces produits, des exigences très précises en matière d'étiquetage ont été élaborées.

Il y a en fait très peu d'affections pour lesquelles l'usage d'aliments diététiques spéciaux peut s'avérer nécessaire ou avantageux. En conséquence, pour éviter la prolifération de produits axés sur toutes sortes de régimes pouvant se retrouver un jour ou l'autre à la mode, le Règlement sur les aliments et drogues définit clairement les types d'aliments diététiques et l'usage pour lequel ils sont susceptibles d'être recommandés. Il établit en outre pour certains de ces produits des normes de composition et d'étiquetage très strictes auxquelles le fabricant doit se conformer.

DES BESOINS CLINIQUES OU SPÉCIFIQUES

Certains produits diététiques sont considérés aujourd'hui comme pratiquement irremplaçables. C'est notamment le cas des produits dits « de nutrition clinique », destinés aux patients dont les besoins ne peuvent être couverts par une alimentation normale. Ils ont fait la preuve de leur efficacité, que ce soit en pratique hospitalière ou à domicile. Ces « mélanges nutritifs » sont généralement présentés sous forme liquide ou semi-liquide, et se prennent soit par voie orale, soit par sonde. Leurs formules très élaborées correspondent à des indications diététiques bien précises. Ces produits peuvent compléter une ration insuffisante, ou remplacer

---

AVANTAGES
- *certains s'avèrent utiles, voire quasiment indispensables, pour des personnes ayant des besoins nutritionnels particuliers, ou souffrant d'une pathologie spécifique*
- *leur composition respecte des normes précises et sûres*

INCONVÉNIENTS
- *leur saveur ou leur présentation, parfois éloignées de celles des aliments classiques*
- *leur prix, généralement assez élevé*

QUELQUES DÉFINITIONS

Aliment hypocalorique : *aliment à teneur réduite en calories, qui ne fournit pas plus de 15 calories par portion moyenne.*

Aliment hyposodique : *ne doit pas contenir plus de 50 % du sodium présent dans l'aliment auquel il se substitue.*

Aliment à teneur réduite en calories : *il ne doit pas renfermer plus de 50 % des calories normalement présentes dans l'aliment de référence. Aliment à teneur réduite en glucides : ne doit pas contenir plus de 50 % des glucides disponibles normalement présents lorsque la teneur en glucides n'a pas été réduite.*

totalement l'alimentation classique. Ils permettent d'améliorer l'état nutritionnel des patients concernés, de prévenir une dénutrition, ou encore de faciliter la reprise d'une alimentation normale.

D'autres produits diététiques sont particulièrement appréciés des personnes obligées à suivre un régime spécial. Ainsi, quand on est allergique au gluten, on est heureux de retrouver des pâtes, du pain et des biscottes totalement exempts de cette fraction protéique.

Les personnes souffrant de maladie rénale et devant limiter leur apport en protéines peuvent se procurer des pâtes à pain, des pâtes alimentaires et des susbtituts d'œufs dont la teneur en protéines est réduite par rapport à l'équivalent courant. Pour les régimes sans sel, il existe des soupes et des légumes en conserve, des biscottes et du fromage réduits en sodium ou sans sel du tout. Les diabétiques ont accès à des aliments à teneur réduite en glucides, notamment des boissons, des céréales à déjeuner, des mélanges à dessert, des confitures, de la gomme à mâcher.

ET LES PRODUITS POUR MAIGRIR ?

Les substituts de repas et les repas préemballés sont parfois recommandés dans le cadre d'un régime amaigrissant. Il est important toutefois que le consommateur comprenne comment ces produits exercent leur action. Contrairement à ce que l'on voudrait bien laisser croire, ils ne comportent pas d'ingrédient mystère. Dans la mesure où l'utilisateur se conformera au mode d'emploi, il bénéficiera d'une réduction dans son apport énergétique et, par conséquent, il perdra du poids ; l'étiquette sur le produit doit comporter une mention claire à ce sujet.

Le mode d'emploi est obligatoirement fourni avec le produit « amaigrissant », de même qu'un menu-type de sept jours où chacun des quatre groupes d'aliments préconisés par le Guide alimentaire canadien doit être représenté sur une base quotidienne. En effet, bien que la réglementation garantisse que ces produits,

pourvu qu'ils soient utilisés de la façon prescrite, offrent un apport nutritionnel adéquat, ils ne constituent pas en eux-mêmes des aliments complets.

Les régimes draconiens qui consistent à remplacer un repas par une boisson à basse teneur en calories ne fournissent pas les nutriments essentiels. Au contraire, ces régimes engendrent ce qu'on a appelé le phénomène du yoyo : la personne perd du poids rapidement mais le reprend aussitôt qu'elle retourne à une alimentation normale. Bien plus, la reprise du poids normal s'accompagne d'une augmentation proportionnelle de graisse, ce qui signifie qu'il sera de plus en plus difficile de perdre du poids à l'avenir. On attribue souvent l'embonpoint à un changement de métabolisme ; sans doute, dans bien des cas, est-il attribuable à des régimes répétés au gré des années et suivis ensuite de frénésies de nourriture.

UNE DIÈTE ÉQUILIBRÉE

Si l'on veut perdre du poids et ne pas le reprendre, il ne faut surtout pas priver le corps des nutriments dont il a besoin. Un régime bien équilibré consiste à manger des aliments nourrissants mais faibles en calories, incluant des légumes, des fruits, des produits laitiers écrémés, du pain et des céréales à grain entier, du poisson, de la volaille et de la viande maigre. Les fibres – celles des céréales par exemple, – aident à tromper la faim. Il faut s'abstenir autant que possible de consommer les aliments dont le contenu essentiel consiste en gras ou en sucre et réduire ceux qui, sans être dépourvus de nutriments, sont particulièrement riches en glucides et en lipides.

Les produits diététiques proposent un choix étendu d'aliments pour tous les âges.

(SUITE DE LA PAGE 109)

l'adolescence. Dans leur cas, l'insuline n'est plus produite à cause d'une destruction des cellules du pancréas ; le traitement consiste donc principalement à en administrer. Seule une injection régulière d'insuline peut rétablir le bon fonctionnement de l'organisme. Le traitement diététique est lui aussi très important et permet d'améliorer l'équilibre glycémique. Il vise en particulier à limiter une trop forte augmentation du taux de sucre dans le sang après les repas.

LE DIABÈTE NON INSULINODÉPENDANT

Ce type de diabète, appelé type II, affecte les gens plus âgés. Dans leur cas, il persiste une sécrétion d'insuline mais elle est insuffisante, car les cellules résistent à son action. Ce diabète est presque toujours associé à un excès de poids, voire à d'autres facteurs comme une hypertension et/ou une augmentation du taux des lipides dans le sang.

La maladie peut rester longtemps silencieuse et se révéler tardivement par des complications (cécité, maladies cardio-vasculaires) : son dépistage systématique par un bilan sanguin est donc d'une importance capitale. L'Association canadienne du diabète (ACD) estime que plus de 750 000 Canadiens sont atteints du diabète de type II mais ne le savent pas.

Le traitement le plus important du diabète de type II est d'ordre diététique. Le régime alimentaire représente toujours une première étape qui sera suivie ou non de traitements médicamenteux. L'objectif est de réduire l'excès de poids, ce qui suffit souvent en soi pour réduire le taux de sucre dans le sang et corriger la résistance à l'insuline. L'alimentation joue également un rôle primordial dans la prévention des complications secondaires, en particulier vasculaires.

LE RÉGIME DU DIABÉTIQUE

L'Association canadienne du diabète recommande aux personnes atteintes de diabète de consulter un diététiste pour se faire prescrire un régime adapté à leurs goûts et à leurs besoins. L'ACD insiste sur l'importance d'une prise en charge globale, qui tienne compte du mode de vie, de l'âge et de l'état de santé général. Tout d'abord, le régime doit viser à maintenir un taux normal de glycémie avec des repas et des collations bien équilibrés en glucides, en lipides et en protéines. Ensuite, de manière plus spécifique, un enfant, par exemple, aura besoin

Le secret d'un diabète bien contrôlé : une alimentation saine et équilibrée.

Appétissant et équilibré, ce plat de pâtes au saumon et au brocoli assaisonné avec une sauce allégée en matières grasses.

Couleur et saveur originale dans votre assiette avec un poivron rouge farci de riz et de fruits secs.

Des filets de maquereau citronnés accompagnés de pommes de terre et de légumes constituent un plat léger riche en protéines, en glucides complexes et en fibres.

Histoire vécue

Quand Annie, 14 ans, s'est mise à éprouver une soif intense, avec mal de tête, douleurs dans les articulations et fatigue générale, elle pensa à la grippe. Son médecin lui fit faire des examens de sang et d'urine qui révélèrent un diabète. Grâce à un traitement à l'insuline, Annie s'est vite sentie mieux et a pu retourner au collège au bout de 2 semaines. Elle effectue elle-même ses injections d'insuline 2 fois par jour et mesure sa glycémie. Son alimentation était déjà riche en fibres et pauvre en graisses et en sucre. Le seul changement qu'elle y a apporté est la prise d'une collation avant chacun de ses entraînements de volley-ball. Annie mène une vie active normale et contrôle avec succès son diabète.

d'un supplément de calories pour aider sa croissance ; avec un adolescent, on visera plutôt à la flexibilité ; chez un adulte, il faudra souvent veiller à restreindre la teneur en gras, en cholestérol ou en protéines pour contrer une maladie cardiaque ou rénale. Les personnes souffrant d'embonpoint et de diabète de type II s'efforceront de perdre du poids en retranchant 200 ou 300 calories de leur régime normal et en faisant davantage d'exercice.

Pour la plupart des diabétiques, les hydrates de carbone complexes (pain, légumes, céréales et pâtes) devraient composer l'essentiel du régime alimentaire. Les amidons riches en fibres comme le pain de grain entier et les légumineuses ont l'avantage de ralentir la libération du glucose et donc de freiner la glycémie.

Les protéines de bonne qualité (viande maigre, substituts de viande et produits laitiers à faible teneur en gras) devraient fournir 10 % à 20 % des calories de la journée. Les fruits constituent une bonne source de sucre simple. Au besoin, choisissez-les préservés dans du jus naturel plutôt que dans du sirop. Rappelez-vous aussi que, à poids égal, les fruits séchés contiennent beaucoup plus de sucre que les fruits frais. Quant au sel et aux aliments salés, évitez-les si vous souffrez d'hypertension, affection souvent secondaire au diabète.

Il fut un temps où la règle d'or pour les diabétiques était d'éliminer les sucres simples et de s'en tenir aux hydrates de carbone comme source d'énergie. Aujourd'hui, c'est le compte total des glucides qui prime, peu importe qu'il s'agisse de sucres simples ou d'hydrates de carbone. Un biscuit n'a pas plus d'effet sur la glycémie qu'une purée de pommes de terre si la quantité totale des glucides est la même. Mais comme le sucre fournit surtout des calories, on privilégie toujours l'hydrate de carbone, plus nutritif.

DIARRHÉE

PRIVILÉGIER
- *l'eau pour la réhydratation*
- *le riz blanc cuit à l'eau*
- *les carottes*

ÉVITER
- *tous les autres aliments pendant 48 heures*
- *l'alcool et la caféine*

La diarrhée est une accélération du transit intestinal avec des selles molles ou liquides. Elle peut être aiguë – et brève – ou chronique et récurrente. Cette dernière pouvant être le signe d'une maladie grave, il est prudent de consulter un médecin. La diarrhée aiguë peut provenir soit d'un excès d'aliments laxatifs et irritants pour le tube digestif – figues, son, pruneaux ou autres fruits secs –, soit d'une intoxication alimentaire ; auquel cas, elle peut durer de 6 heures à 3 jours. Quelles qu'en soient la cause et la durée, la diarrhée déshydrate l'organisme et risque de mettre en danger la vie des jeunes enfants et des personnes âgées.

RÉHYDRATER L'ORGANISME

Il importe de remplacer l'eau et les sels minéraux que le corps a perdus. Vous pouvez absorber en grande quantité toutes sortes de liquides, comme de l'eau, du bouillon, des boissons sucrées, des tisanes. En revanche, abstenez-vous d'alcool, de café et de thé et ne buvez pas glacé. Pour les fortes diarrhées, il existe des produits réhydratants en pharmacie.

MANGER LÉGÈREMENT

De préférence 24 heures après la diarrhée, recommencez à manger progressivement en adoptant un régime à base

(SUITE À LA PAGE 116)

LA DIGESTION
ET LES PROBLÈMES DIGESTIFS

Les aliments ne sont assimilables par l'organisme qu'après avoir franchi les différentes étapes de la digestion. Ce travail de transformation s'accompagne de troubles digestifs – occasionnels ou quotidiens – pour de nombreuses personnes. Pourtant, en changeant certaines de ses habitudes, il est possible de soulager ou d'éliminer la plupart des symptômes pénibles.

Pour être en bonne santé, il est indispensable d'avoir un appareil digestif parfaitement efficace. Si ce n'est pas le cas, le corps n'est pas à même d'absorber les vitamines, les sels minéraux, les oligoéléments, les lipides, les protéines et les glucides. Il ne peut pas non plus les utiliser pour construire et réparer l'ensemble de ses cellules.

On pense souvent que la digestion commence au niveau de l'estomac : cela est faux. La digestion débute beaucoup plus tôt. Avant même que l'on mette un aliment dans la bouche, son arôme déclenche le fonctionnement du système digestif. Puis, la stimulation s'accroît sous l'effet de sa saveur.

DANS LA BOUCHE

La salive imprègne l'aliment et le rend plus facile à mâcher, tout en produisant des enzymes qui commencent à décomposer l'amidon mais aussi les lipides. La sécrétion de salive est permanente mais elle augmente fortement pendant les repas. Au total, le volume de salive produit chaque jour est de 0,7 à 1 litre. La mastication prépare la bouchée à être correctement transformée par la suite : bien malaxés, amollis, écrasés, les aliments seront beaucoup mieux attaqués par les sucs digestifs qu'avalés tout rond ou presque. Manger trop vite et mal mastiquer, c'est donc s'exposer à une digestion difficile. De plus, bien mâcher permet de maintenir les dents et les gencives en bonne santé.

DANS L'ESTOMAC

Une fois mastiquée, la nourriture dévale l'œsophage et pénètre dans l'estomac, où acides et enzymes commencent à agir sur les protéines. L'estomac accepte des quantités plus ou moins importantes d'aliments (de 1 à 1,5 litre). Les aliments se déposent en couches superposées, puis les contractions les pétrissent et les mélangent au suc gastrique.

L'estomac n'a pas pour seul rôle d'homogénéiser les aliments. Il les trie en fonction de leurs propriétés physiques et des particularités du pylore – orifice permettant le passage vers l'intestin. Le rythme de l'évacuation gastrique dépend de la teneur calorique de la nourriture contenue dans l'estomac. L'estomac évacue les aliments au rythme de 5 à 7 kcal par minute ; cela explique que, lorsqu'il est rempli d'aliments très énergétiques (graisse ou alcool), il ne peut plus se vider assez vite malgré la persistance des contractions : c'est l'indigestion et les vomissements. Lors d'un repas, les aliments s'évacuent à des vitesses différentes. Des chercheurs ont montré qu'un repas de 196 kcal était évacué en 39 minutes, alors qu'il fallait 80 minutes à un repas de 621 kcal et 178 minutes pour 1 920 kcal.

Pour digérer plus facilement les aliments, il est préférable de faire de petits repas. À la sortie de l'estomac, le bol alimentaire, réduit en une sorte de bouillie liquide, est devenu le chyme.

Histoire vécue

Margot aimait accompagner son mari aux dîners des Fins gastronomes, dont il était un membre assidu. L'ennui, c'est qu'elle se sentait souvent ballonnée après le repas, souffrait de flatulences qui la mettaient mal à l'aise et de brûlures douloureuses de l'estomac à la poitrine. Elle attribuait ces désagréments à sa hernie. Après consultation, son médecin lui conseilla de perdre du poids, de faire des repas moins copieux et d'éviter les aliments gras et l'alcool. Elle suivit ces conseils et ses problèmes de digestion se firent plus rares. Bientôt, Margot put se mettre à apprécier les soirées gastronomiques et les conversations d'après-dîner.

DANS L'INTESTIN

C'est au niveau du duodénum, partie supérieure de l'intestin grêle, que le chyme rencontre les sucs digestifs du pancréas et de la vésicule biliaire. Ceux-ci continuent à décomposer les protéines ainsi que les lipides et les glucides. L'absorption des substances nutritives se fait surtout dans l'intestin grêle, au travers des villosités, minuscules excroissances qui tapissent cet organe, long de 7 à 8 m.

À l'arrivée dans le gros intestin, ou côlon, il ne reste que des substances inassimilables. Le côlon ne sécrète aucune enzyme mais sa flore bactérienne va attaquer une partie des fibres. Les fibres et les amidons résistants fermentent et forment une masse. Celle-ci stimule les muscles du côlon, afin que les produits digérés soient poussés dans l'intestin et évacués du corps par le rectum. On recommande de boire chaque jour 1,5 litre de liquides pour éviter la déshydratation de cette masse dense, à l'origine de la constipation.

LES TROUBLES DE LA DIGESTION

L'intestin possède une remarquable capacité d'autocicatrisation. Sa paroi interne élimine les substances nocives, et ses cellules sont renouvelées toutes les 72 heures. Cependant, une alimentation comportant trop de produits riches en calories vides et pauvres en fibres et en micronutriments – ce qui est malheureusement la norme dans les pays occidentaux – prédispose à certaines maladies. Constipation, flatulences, crise de foie et ulcère gastrique sont les maux les plus communs, mais il existe par ailleurs tout un cortège de problèmes digestifs plus ou moins graves.

L'indigestion résulte souvent de gros repas, avalés à la hâte ou tard le soir. Si vous souffrez d'indigestion nocturne, essayez de répartir vos repas de façon plus régulière au cours de la journée (voir encadré de gauche). Réduisez les mets gras, qui stimulent la sécrétion d'acide dans l'intestin. L'excès d'alcool accroît également l'acidité de l'estomac. Il est souvent possible de soulager indigestions, brûlures gastriques et ulcères par des médicaments antiacides qui neutralisent l'acidité de l'estomac : consultez sans attendre votre médecin traitant.

La constipation, les flatulences et la mauvaise haleine, souvent dues à la fermentation de fibres, peuvent aussi être le résultat d'habitudes alimentaires discutables. Des attaques répétées de douleurs aiguës, surtout à la suite de repas lourds et gras, peuvent révéler l'existence de calculs biliaires. On peut penser à une colopathie fonctionnelle devant un abdomen gonflé (à cause d'un intestin distendu), des gaz et des épisodes de constipation. La colite réduit la quantité d'éléments nutritifs absorbés durant la digestion.

Certains troubles digestifs ont pour origine des intolérances et des allergies alimentaires spécifiques. L'intolérance la plus courante est l'incapacité à digérer le lactose, sucre présent dans le lait et les produits laitiers. La maladie cœliaque – une intolérance au gluten que l'on trouve dans le blé et dans certaines céréales – devient également une affection relativement commune.

(SUITE DE LA PAGE 113)

de carottes et de riz cuits à l'eau, de pommes et de pain blanc grillé – le riz et le pain fournissant des glucides à faible teneur en fibres, qui n'irritent pas les intestins. Après 2 jours, introduisez des pommes de terre vapeur, des légumes cuits et des œufs. Si l'amélioration se maintient, revenez peu à peu à une alimentation normale, en terminant par le lait et les produits laitiers. Évitez thé, café et alcool pendant 48 heures au moins : tous trois sont diurétiques et aggravent la déshydratation.

UNE FORMULE RÉHYDRATANTE

Fabriquez vous-même une solution réhydratante en ajoutant 1 cuillerée à thé de sel et 8 cuillerées à thé de sucre à 1 litre d'eau bouillie. Dès le début des symptômes, buvez environ 1 litre de ce mélange toutes les 2 heures, soit environ ½ tasse toutes les 15 minutes. Cette solution toute simple, qui remplace les réserves hydriques du corps plus rapidement que l'eau ordinaire, a sauvé des millions de vies depuis sa découverte, en 1974, dans les pays en voie de développement, où la diarrhée entraîne de nombreux cas de déshydratation mortels. On l'utilise également au cours des épreuves sportives d'endurance.

DIÉTÉTIQUES (produits)

Voir p. 110

DIGESTION

Voir p. 114

DIURÉTIQUES

PRIVILÉGIER
- *les fruits, surtout les bananes, et les légumes pour leur potassium*

ÉVITER
- *le sel, les aliments salés et saumurés*

Les médicaments diurétiques sont spécifiquements indiqués pour faire baisser l'hypertension artérielle et traiter l'insuffisance cardiaque et les œdèmes. Ils réduisent les quantités d'eau et de sel contenues dans l'organisme et favorisent leur élimination par les urines.

Malheureusement, beaucoup de diurétiques stimulent également l'excrétion de calcium – ce qui peut provoquer des pertes minérales au niveau des os – et de potassium. Or, un manque de potassium entraîne souvent des effets désagréables : diminution de l'appétit, constipation, faiblesse musculaire, perte de mémoire et confusion, voire altération du fonctionnement du cœur. Pour éviter ces inconvénients, il faut consommer beaucoup d'aliments riches en potassium – bananes, pommes de terre –, sauf avis contraire du médecin.

L'une des fonctions des diurétiques étant d'éliminer le sel, salez moins les aliments et évitez les aliments salés : charcuteries et soupes en sachet, bouillons en cube, etc.

LES DIURÉTIQUES NATURELS

Certains aliments courants ont des propriétés diurétiques naturelles : le persil, l'asperge, le céleri, les feuilles du pissenlit (qui porte bien son nom)... Cuites ou en salade, ces dernières offrent le double avantage d'être diurétiques et de contenir du potassium.

DIVERTICULOSE COLIQUE

PRIVILÉGIER
- *les fruits et les légumes frais*
- *les céréales, le riz complet*
- *l'eau*

L'insuffisance en fibres dans l'alimentation des populations industrialisées a pour résultat qu'un nombre croissant de personnes souffrent de constipation, qui peut engendrer des maladies graves telles que la diverticulose colique. Celle-ci concerne environ 40 % des sujets de plus de 70 ans.

La paroi intestinale est constituée de plusieurs couches de tissus ayant des morphologies et des fonctions différentes, dont une couche muqueuse ayant pour fonction d'absorber les aliments digérés. La diverticulose colique consiste en la présence de diverticules sur la paroi muqueuse du côlon. Cette affection peut passer complètement inaperçue ou bien se manifester par l'inflammation des diverticules, avec diarrhée et fièvre. On parle alors de diverticulite colique, ou colite diverticulaire, maladie récidivante lorsque les diverticules sont nombreux.

UN RÉGIME RICHE EN FIBRES

Pour prévenir la constipation – et la diverticulose – il faut une alimentation généreuse en fibres insolubles (céréales, pain complet) autant qu'en fibres solubles (légumineuses, légumes frais, fruits frais ou secs). Selon certaines études, cependant, le son consommé pur pourrait aggraver la diverticulose en irritant le tube digestif.

Au stade de la diverticulite, le traitement médical repose sur la prise d'antibiotiques et une diète stricte (à l'exception de l'eau) afin de mettre le tube digestif au repos. Dans certains cas, il peut être nécessaire d'opérer.

EAU

Voir p. 118

ECZÉMA

ÉVITER
- *les épices : poivre, paprika, piment, moutarde*
- *l'aspirine et les anti-inflammatoires*
- *l'alcool*
- *tous les aliments qui exacerbent ou stimulent votre eczéma*

Il existe deux types d'eczéma : l'eczéma de contact, ou dermatite de contact, et l'eczéma atopique. Le premier survient chez des personnes dont la peau est sensible à des agents irritants spécifiques : laine, nylon, métal, produits de maquillage, détergents, lumière solaire... Le second affecte des sujets atteints d'atopie, c'est-à-dire d'une prédisposition héréditaire aux allergies. Dans les deux cas, les symptômes sont les mêmes : une rougeur diffuse de la peau, des démangeaisons sévères, de minuscules ampoules plus ou moins suintantes, et une peau généralement sèche et écailleuse.

L'eczéma atopique constitue la moitié des cas recensés chez les enfants de moins de 4 ans. Il est plus rare chez l'adulte. L'alimentation étant très liée à des facteurs géographiques, religieux ou individuels et la fréquence de consommation étant un facteur de ris-

Histoire vécue

Nathalie, une petite fille de 4 ans, souffrit pendant plusieurs semaines d'une éruption avec démangeaisons au niveau des poignets. Lorsque les rougeurs s'étendirent au visage, la mère de l'enfant, très inquiète, en parla à sa belle-mère, qui en conclut que l'affection de Nathalie était liée à « quelque chose qu'elle avait mangé ». En examinant l'enfant, le médecin resta sceptique, mais, devant l'insistance de la grand-mère, il consentit à ce qu'un diététiste préconise un régime d'exclusion à Nathalie. On arrêta le lait pendant 6 semaines, sans succès. Toutefois, lorsqu'on supprima les œufs, l'eczéma régressa de façon spectaculaire... à la grande surprise du médecin.

que de sensibilisation, rien d'étonnant que les principaux allergènes soient le riz et le poisson au Japon, la farine de blé et la tomate en Italie. En ce qui concerne l'Amérique du Nord, les principaux responsables sont le lait, les produits laitiers et les œufs, auxquels s'ajoutent noix d'arachide, poisson, fruits de mer, blé, tomates, noix, dérivés du soja et levure, tout en sachant que l'agent allergisant peut être soit l'aliment lui-même, soit un additif qu'il comporte.

RECHERCHER LES COUPABLES

Toute personne atteinte d'eczéma doit consulter un médecin allergologue, qui prescrira des examens sanguins et des tests cutanés afin de détecter les facteurs responsables du phénomène allergique, ou les recherchera en procédant à un régime d'exclusion (voir pp. 34-37).

Quel qu'en soit le résultat, certaines mesures sont inévitables : supprimer les aliments irritants pour la muqueuse intestinale – poivre, paprika, piment, moutarde –, réduire ou suspendre la prise de médicaments anti-inflammatoires, comme l'aspirine, pour leur pouvoir irritant sur le tube digestif et, enfin, limiter la consommation de boissons alcoolisées, riches en résidus allergisants et favorisant la libération d'histamine dans l'intestin.

Attention, cependant, aux plats cuisinés du commerce, ils peuvent contenir des allergènes.

CHEZ LE NOURRISSON

Certains bébés déclarent un eczéma lorsqu'ils passent du lait maternel au lait infantile, ce qui peut être le signe d'une intolérance au lait de vache. Toutefois, si un eczéma se déclare chez un bébé nourri au sein, sa mère doit consulter un médecin ou un diététiste sur sa propre alimentation, car les nourrissons réagissent rarement à un lait maternel sain.

L'EAU, UN ÉLÉMENT PRÉCIEUX

Sans eau, la vie n'existerait pas. On peut survivre des semaines sans manger, mais sans boire, on meurt en quelques jours. Essentielle dans notre alimentation, l'eau concourt autant à notre bien-être qu'à notre bonne santé.

La plupart des gens n'associent pas spontanément l'eau à l'idée qu'ils se font d'une bonne alimentation. Pourtant, si l'on excepte l'oxygène, l'eau est l'élément le plus essentiel à la vie.

Composée de deux atomes d'hydrogène et d'un atome d'oxygène, l'eau est de loin la substance la plus abondante dans le corps humain. Elle représente près de 60 % du poids de l'adulte, et jusqu'à 75 % de celui du nouveau-né. Bien qu'elle ne contienne ni calorie ni nutriment, l'être humain ne peut pas survivre longtemps sans elle (alors qu'il peut se passer de manger pendant 6 à 8 semaines).

L'eau que contient notre corps doit être en partie renouvelée puisque nous en éliminons chaque jour 2,5 à 3 litres par la respiration, la sueur et l'urine. Néces-

saire au transport des nutriments et à l'élimination des déchets, elle régule la température du corps.

L'eau provient à la fois des aliments et des boissons. Les aliments (fruits, légumes frais, lait, viandes et poissons surtout) fournissent environ 1 litre d'eau par jour. Il faut donc absorber en plus 1,5 à 2 litres de boissons (eau, café, thé, jus...) pour assurer l'équilibre hydrique. À noter que, chaque jour, il se forme de 300 à 400 ml d'eau métabolique dans l'organisme, du fait de l'oxydation des protides, des lipides et des glucides.

Les besoins en eau augmentent bien entendu lorsqu'il fait très chaud, quand on a de la fièvre ou lors d'un effort physique important... Il faut alors boire davantage pour compenser l'augmentation des pertes. En buvant en quantité suffisante, on facilite l'élimination des toxines, on assure une bonne hydratation de la peau et on évite une concentration excessive des urines.

D'autres facteurs augmentent le besoin en eau. Ce sont notamment les diurétiques et tous les médicaments qui accroissent la miction. La consommation excessive de café ou de thé peut neutraliser leur apport en liquides. Enfin, les aliments salés influent aussi sur la quantité d'eau exigée par le corps.

Une baisse du volume d'eau corporel entraîne une diminution du volume sanguin, une légère hausse de sa salinité et une diminution de la production salivaire. Ces changements déclenchent des processus hormonaux et chimiques qui stimulent la sensation de soif. Entre-temps, les reins retiendront l'eau pour la retourner au système sanguin, et l'urine sera plus concentrée. C'est ainsi que les personnes qui ne boivent pas suffisamment d'eau sont plus sujettes que d'autres aux calculs rénaux et vésicaux.

La soif diminue avec l'âge ; les personnes âgées devraient donc faire un effort pour boire régulièrement, même quand elles n'ont pas soif. De la même façon, la soif peut tarder à se faire sentir à l'occasion d'exercices intenses ou par

---

AVANTAGES
- *Abondante et peu coûteuse*
- *Transporte dans le sang les nutriments vers les cellules*
- *Fournit un coussin d'absorption aux cellules*
- *Contrôle la température corporelle par la transpiration*
- *Prévient les calculs rénaux*

INCONVÉNIENTS
- *Facilement contaminable par les micro-organismes et les polluants*

temps chaud et humide ; avant même d'avoir soif, vous aurez déjà subi une certaine déshydratation. Dans ces circonstances, efforcez-vous de boire beaucoup d'eau ou d'autres liquides, de manière à prévenir la déshydratation.

Si vous buvez plus que nécessaire, les reins élimineront le surplus de liquide en augmentant la production d'urine. Si la quantité de liquide consommée dépasse la capacité des reins, l'excédent sera absorbé par les cellules. Une intoxication par l'eau est un cas rarissime.

LA CONTAMINATION DE L'EAU

Dans l'ensemble, les Canadiens jouissent d'une eau fiable et sécuritaire. Cela n'empêche pas des millliers de personnes chaque année de souffrir de dérangements intestinaux plus ou moins graves occasionnés par une eau contaminée. Les services de santé publique multiplient les plaintes relatives à des puits de surface contaminés par les engrais, les insecticides, les déchets industriels et autres déchets chimiques et nucléaires.

Dans un document intitulé « Recommandations sur la qualité de l'eau potable au Canada », Santé Canada présente la liste des variables qui peuvent jouer un rôle et spécifie les concentrations acceptables de certaines substances dont on redoute l'effet sur la santé. Cette liste recouvre les coliformes et plus de 40 produits chimiques, depuis les insecticides jusqu'aux métaux lourds.

Les recommandations de Santé Canada n'ont pas force de loi. Elles ne s'appliquent que si les provinces décident d'en tenir compte dans leurs législations respectives, comme l'a fait le Québec avec son Règlement sur l'eau potable. Les municipalités doivent se conformer à leur tour à la législation provinciale.

Les recommandations sont régulièrement mises à jour pour tenir compte des dernières découvertes concernant les problèmes de santé provoqués par l'eau. Le Canada évalue également les recom-

La teneur en eau des aliments

Environ un tiers de l'eau que nous absorbons provient d'aliments solides, dont certains contiennent des proportions d'eau étonnantes. Les fruits et les légumes arrivent en tête, mais la viande, le poisson, le pain et quelques produits laitiers en renferment aussi des quantités non négligeables.

ALIMENTS ET TENEUR EN EAU

Légumes et fruits frais

Les légumes sont les aliments les plus riches en eau : 96 % pour les concombres, 94 % pour les tomates, 92 % pour les épinards, 90 % pour les carottes ou les brocolis. Les fruits en renferment généralement entre 80 et 90 %, et la pastèque davantage (92 %).

Produits laitiers

Le lait est constitué d'eau à 90 %, la crème entre 48 et 80 % et les yogourts à 88 %. Les fromages à pâte molle (camembert, brie...) contiennent de 50 à 60 % d'eau, les fromages à pâte ferme (oka, édam...) de 35 à 45 %, et les fromages de type gruyère, 37 %.

Poisson et fruits de mer

Les poissons ont à peu près tous la même teneur en eau. La morue, l'églefin, le saumon et la truite en renferment de 75 à 80 %. Certains fruits de mer en contiennent encore plus (jusqu'à 85 % pour les huîtres). Le thon ou les sardines à l'huile en contiennent de 55 à 60 %, de même que les poissons fumés.

Viande et volaille

La plupart des viandes crues contiennent entre 60 et 70 % d'eau (environ 55 % après cuisson). En général, la volaille (65 à 70 % pour la volaille crue, 60 % après cuisson) et le jambon (70 %) sont un peu plus riches en eau.

Pain et produits céréaliers

Environ 30 à 35 % d'eau dans le pain (mais seulement 20 à 25 % quand il est grillé... ou rassis !). Les beignes en fournissent 21 %, les gâteaux 30 à 35 %. Les biscottes ne contiennent que 5 % d'eau, comme la plupart des biscuits secs.

Riz, pâtes, légumes secs

Avant cuisson, ces aliments ne renferment que 10 à 12 % d'eau... Mais on les consomme cuits, et ils en contiennent alors 70 % !

Matières grasses

Le beurre et la margarine renferment 16 % d'eau, les margarines diététiques environ 50 %, mais l'huile en est totalement dépourvue.

mandations de divers organismes : celles de l'Organisation mondiale de la santé (OMS) et celles de l'Environmental Protection Agency (EPA) des États-Unis.

Une eau qui contient un ou plusieurs des produits énumérés à des concentrations plus élevées que le maximum recommandé peut, à la longue, être nuisible à la santé ; mais si ces concentration sont passagères, il ne devrait pas y avoir de danger.

DES TRAITEMENTS ET CONTRÔLES OBLIGATOIRES

Au Québec, l'eau potable vient du Saint-Laurent (45 %), des rivières, lacs et ruisseaux (35 %), des nappes phréatiques ou souterraines (10 %) et des puits individuels (10 %). L'eau potable de distribution publique subit divers traitements de purification – physiques, chimiques et biologiques – avant d'être distribuée. L'eau est d'abord déchargée des éléments visibles et solides (brindilles, feuilles, boue, etc.) par tamisage, décantation et filtration. Elle est ensuite prétraitée par le chlore ou par l'ozone, et parfois filtrée sur charbon actif, afin d'en éliminer des micropolluants. Elle est enfin obligatoirement désinfectée au chlore avant d'être introduite dans le réseau public.

Le règlement sur l'eau potable au Québec impose aux municipalités des contrôles permanents visant à vérifier l'efficacité des traitements et à les adapter. (L'eau provenant de puits individuels échappe, hélas ! à tout contrôle réglementaire.) En dépit de cette surveillance, la qualité de l'eau est fréquemment mise en cause, en tout premier lieu quant au goût et à l'odeur. Le traitement par le chlore, s'il est parfaitement fiable pour assurer une grande sécurité bactériologique, présente parfois l'inconvénient de laisser un arrière-goût peu agréable. D'où la mise au point de nouvelles techniques de purification, qui associeront au traitement à base d'ozone une ultrafiltration sur membrane. Mais ces techniques ne sont pas encore la norme.

ALERTE AUX NITRATES

Il existe une autre cause de dégradation de la qualité de l'eau, beaucoup plus préoccupante – bien que non décelable à la dégustation : l'augmentation du taux des nitrates, liée à l'élevage intensif (en particulier à l'épandage du lisier de porc), ainsi qu'à la surfertilisation des sols.

Absorbés en excès, les nitrates sont nocifs. Ils peuvent provoquer une méthémoglobinémie chez le bébé : dans cette grave affection (heureusement rare), les nitrates, transformés en nitrites dans l'organisme, empêchent l'oxygénation de l'hémoglobine du sang. Les nitrates sont soupçonnés de favoriser l'apparition de certains cancers, car ils peuvent se transformer dans l'organisme en nitrosamines, substances très cancérogènes. Le risque sanitaire lié aux nitrates apportés par l'eau est difficile à fixer, car certains aliments peuvent en contenir. La norme des nitrates dans l'eau potable a donc été déterminée en tenant compte de l'ensemble des apports alimentaires. Elle est actuellement de 10 mg par litre d'eau. Au-delà de cette concentration, on recommande de ne pas utiliser l'eau pour les biberons du bébé. Passé 100 mg/litre, elle est déclarée inapte à la consommation.

D'AUTRES RISQUES

La qualité de l'eau peut être menacée par un certain nombre de polluants, en particulier les résidus de pesticides, souvent très toxiques. Pour ces substances, les normes limites retenues sont extrêmement sévères : elles correspondent pratiquement aux seuils de détection des méthodes d'analyse, qui permettent de les déceler même lorsqu'elles ne sont présentes qu'à l'état de traces infimes. Paradoxalement, des composés indésirables, dits « haloformes », peuvent apparaître dans l'eau à la suite de la chloration (une étape obligatoire en fin de traitement de l'eau). Ils résultent de la combinaison du chlore et de différentes substances organiques. Les industriels réussissent aujourd'hui à limiter, voire à éviter, la formation de ces composés, grâce à des techniques adaptées.

QUAND L'EAU N'EST PLUS CONFORME AUX NORMES

Aussitôt que les résultats d'analyse indiquent que l'eau est impropre à la consommation, un avis est émis par la municipalité. La contamination peut avoir diverses causes. Si elle est d'ordre micro-biologique, il suffit généralement de faire bouillir l'eau pendant 5 minutes pour détruire les bactéries.

EAU DURE OU EAU DOUCE ?

La dureté de l'eau, c'est-à-dire son degré hydrotimétrique, dépend en grande partie de sa concentration en sels de calcium et de magnésium. On considère optimal un degré hydrotimétrique compris entre 12 et 15, et on juge préférable qu'il ne dépasse pas 30. Au-dessus de 30° hydrotimétriques, l'eau est considérée comme très dure, ce qui devient gênant pour certains usages domestiques (notamment en raison de dépôts de sels de calcium et de magnésium dans les canalisations et les appareils ménagers).

Mais il semble que la consommation d'une eau dure présente des avantages pour la santé, car une partie des minéraux qu'elle renferme est probablement assimilable par l'organisme. Différentes enquêtes montrent qu'il existe une corrélation inverse entre la dureté de l'eau et la mortalité cardio-vasculaire : dans les régions où l'eau est plus dure, la mortalité cardio-vasculaire est moins élevée.

Si, pour des raisons pratiques, on installe un adoucisseur d'eau chez soi, il faut conserver en cuisine un robinet d'eau non adoucie pour l'usage alimentaire. L'eau traitée par un adoucisseur étant souvent très enrichie en sodium, il est déconseillé de la consommer. En outre, elle devient agressive pour les canalisations et risque de se charger en plomb, cuivre ou autres matériaux. L'eau adoucie doit être réservée aux usages domestiques (lessive, lavage...).

ATTENTION À LA TUYAUTERIE !

La source de contamination chimique la plus fréquente est la corrosion d'une tuyauterie. La présence de plomb dans l'eau potable est une préoccupation majeure puisque des niveaux élevés de plomb peuvent endommager les nerfs, le cerveau, les reins. Le rapport sur la qualité de l'eau recommande un maximum de 0,01 mg de plomb par litre. Si votre maison date d'avant 1930, examinez la tuyauterie pour y détecter la présence de tuyaux de plomb et – ce qui est plus important encore – de soudures au plomb. Certaines municipalités utilisent encore des canalisation de plomb, d'usage courant jusqu'en 1970.

Pour être en sécurité, utilisez toujours le robinet d'eau froide pour la consommation et pour la cuisson. Si l'eau n'a pas été utilisée pendant plusieurs heures, laissez-la couler un bon moment. L'adoucisseur d'eau étant déconseillé surtout avec des tuyaux en plomb, vous pouvez envisager l'installation d'un système de filtration.

Enfin, curieusement, les nouveaux tuyaux sont souvent plus à incriminer pour la contamination que les anciens.

Après plusieurs années d'utilisation, les dépôts successifs finissent par former une couche protectrice pour l'eau.

LES EAUX EN BOUTEILLE

Autrefois réservée surtout aux voyageurs, l'eau en bouteille se vend aujourd'hui autant que l'alcool et les boissons gazeuses. Il n'en règne pas moins une certaine confusion au sujet de la nature et de l'origine de ces différentes eaux. La liste qui suit présente les plus courantes.

– Eau de source : eau puisée d'une source naturelle. Elle peut être plate ou gazeuse, naturellement ou par ajout de gaz carbonique. Son contenu en minéraux est généralement naturel.

– Eau minérale : eau qui contient au moins 500 mg de minéraux par litre. Si l'étiquette mentionne qu'elle est naturelle, son contenu en minéraux n'a pas été modifié par l'embouteilleur.

– Eau pétillante : eau qui renferme du gaz carbonique. Il existe de l'eau pétillante naturelle et de l'eau pétillante gazéifiée.

– Eau purifiée : eau ayant été stérilisée et filtrée pour en retirer les minéraux.

– Eau distillée : eau purifiée par évaporation, phénomène qui élimine d'office les sels minéraux.

– Club soda : eau du robinet filtrée, gazéifiée et aromatisée avec du bicarbonate, du citrate, du phosphate ou d'autres sels minéraux.

– Eau de Seltz (Seltzer) : eau généralement tirée du robinet, filtrée puis gazéifiée. Des arômes artificiels peuvent y avoir été ajoutés selon les marques, mais le Seltzer ne doit pas contenir de minéraux ni de sels ajoutés.

À QUELLE EAU SE VOUER ?

Une vaste étude menée par la ville de Toronto dans les années 80 a révélé que traitées, filtrées ou embouteillées, toutes les eaux présentent des traces de contaminants. Celle qui présente le moins de risque de contamination bactérienne s'est révélée être... l'eau du robinet !

ÉDULCORANTS

AVANTAGES
- *ne sont pas cariogènes*
- *les édulcorants intenses ont une très faible valeur calorique*

INCONVÉNIENTS
- *les édulcorants de charge peuvent provoquer des troubles digestifs*

Les édulcorants se divisent en deux catégories, soit les glucides alimentaires et les sucres artificiels.

LES GLUCIDES ALIMENTAIRES

Ce sont des polyols (mannitol, xylitol, sorbitol, lactitol, sirop de glucose hydrogéné). Étant donné qu'ils sont lentement et faiblement absorbés, ils ne sont pas considérés comme des glucides disponibles et leur valeur énergétique est négligeable. Ils provoquent un appel d'eau dans l'intestin et sont parfois responsables de diarrhées. Ils peuvent aussi fermenter dans le côlon et entraîner des flatulences. Leur présence dans un produit doit obligatoirement être déclarée sur l'étiquette. Peu fermentés par la flore buccale, ils n'entraînent pas de formation d'acide, et n'attaquent pas l'émail dentaire. C'est pourquoi on a coutume de les utiliser dans les bonbons et la gomme à mâcher.

LES SUCRES ALIMENTAIRES

Ce sont des produit de synthèse. Ils possèdent un pouvoir sucrant très important associé à un apport calorique négligeable. Ils constituent donc une aide dans le contrôle du poids. N'augmentant pas le taux de glucose sanguin et n'ayant pas besoin d'insuline pour être métabolisés, ils conviennent aux diabétiques.

La saccharine, le plus ancien édulcorant, a un pouvoir sucrant 300 fois supérieur à celui du sucre. Elle a néanmoins un arrière-goût amer. La saccharine a été soupçonnée de toxicité et accusée d'augmenter l'incidence des cancers, mais aucune étude scientifique n'en a apporté la preuve formelle. Cela lui a toutefois valu d'être interdite dans la fabrication des aliments. Au Canada, on ne la trouve plus qu'en pharmacie où elle est vendue comme édulcorant de table.

L'acésulfame K a un pouvoir sucrant qui équivaut à 200 fois celui du sucre. Comme il n'est pas métabolisé, il ne contient aucune calorie. Il résiste à la chaleur et peut donc s'employer en cuisine.

Les cyclamates ont un pouvoir sucrant valant 30 fois celui du sucre et ils sont sans arrière-goût. Leur utilisation est maintenant interdite aux États-Unis où certaines recherches ont suggéré un risque accru de cancer de la vessie. Au Canada, ils sont toujours sur le marché mais uniquement comme édulcorants de table.

La sucralose a un pouvoir sucrant de 600 fois celui du sucre et son goût est très ressemblant. N'étant pas absorbée par l'organisme, elle ne contient aucune calorie. Son utilisation est autorisée au Canada dans le traitement des aliments et comme édulcorant de table.

L'aspartam reste la référence. Unique édulcorant intense à pouvoir être utilisé seul dans les produits alimentaires, il se trouve aussi sous forme d'édulcorant de table. Son pouvoir sucrant est égal à près de 200 fois celui du sucre. Il n'a aucun arrière-goût mais perd en partie son goût sucré au contact de certains acides ou après cuisson prolongée à forte température. Sa totale innocuité est reconnue par la communauté scientifique et son utilisation approuvée sans aucune restriction d'âge. La seule restriction s'adresse aux personnes atteintes de phénylcétonurie et d'épilepsie.

ENDIVE

AVANTAGES
- *le moins énergétique des légumes*
- *riche en acide folique*

Originaire de Belgique, l'endive pousse entièrement sous la terre. C'est l'aliment qui présente la valeur énergétique la plus faible. Cette pauvreté calorique ne l'empêche nullement d'être riche en fibres, bien supportées par les intestins fragiles, et en acide folique (vitamine B_9). Parfaite dans un régime hypocalorique, elle se mange froide en salade, cuite à la vapeur ou braisée.

COMPOSITION MOYENNE POUR 100 G :
protéines	1 g
lipides	0,2 g
glucides	0,7 g
apport énergétique	8 kcal

LE SAVIEZ-VOUS ?

Plus l'endive est fraîche, moins elle est amère. Une fois sortie de l'ombre où elle est cultivée, elle verdit peu à peu sous l'action de la lumière, et son amertume s'accroît : les substances amères, dues à la présence de cynaride (combinaison de l'acide quinique et de l'acide caféique), se concentrent alors à la base du légume. Retirez le cône « coupable » en creusant la base avec un couteau pointu.

ENFANT
(alimentation de l')

Voir p. 124

ENTREMETS

AVANTAGES
- *nourrissants*

INCONVÉNIENTS
- *parfois un peu trop riches en sucre*

Flans, crèmes au caramel ou au chocolat et autres mousses font les délices de tous les « becs sucrés ». Ils renferment sous un faible volume une valeur énergétique et nutritionnelle certaine. Ces desserts au lait et aux œufs sont parfaits pour compléter un menu incomplet sur le plan des protéines. C'est aussi un moyen idéal de faire absorber du lait – et donc du calcium – à ceux qui ne l'apprécient guère nature !

La valeur nutritionnelle des desserts du commerce est toutefois moins intéressante que celle des entremets maison : leur consistance n'est pas due à la présence d'œufs, mais bien à celle de gélatinisants ou d'agents épaississants. Attention, ils sont aussi plus sucrés et certains sont parfois enrichis de crème fraîche.

ENVIES

PRIVILÉGIER
- *les aliments riches en hydrates de carbone mais pauvres en gras, qui rassasient et réconfortent*
- *les fibres qui trompent la faim*

ÉVITER
- *de sauter des repas*

L'envie, ou fringale, est un appétit incontrôlé et très prononcé pour certains aliments. Ses causes sont multiples, à commencer par une réaction de l'organisme : les protéines, par exemple, ont cette particularité de déclencher un appétit spécifique chez le sujet qui en manque. Un enfant ou un adulte carencé en protéines, un sportif d'endurance ayant abîmé ses muscles seront attirés par des aliments fortement protéinés.

Viennent ensuite certains troubles d'ordre psychologique – stress, émotion – qui poussent les individus vers des aliments agréables tels que sucreries ou pâtisseries, qui font souvent figure de récompense. On remarque ce même phénomène chez les personnes au régime : le fait même de s'imposer des privations semble susciter des désirs puissants, voire obsessionnels.

Les femmes sont prises d'envies alimentaires plus souvent que les hommes.

Alors que les femmes enceintes ont des envies bien connues, d'autres connaissent des crises violentes dans la semaine qui précède leurs règles, ce qui laisserait envisager la responsabilité partielle d'une modification de l'équilibre hormonal. Les fringales propres à cette période se portent souvent sur des aliments sucrés et gras. On suppose – mais ce n'est pas vérifié – qu'elles résultent d'amples fluctuations de la glycémie sous l'effet de changements hormonaux.

ATTENTION AU POIDS

Connaître des envies d'aliments sucrés très caloriques ou riches en matières grasses risque de poser un problème important à ceux qui surveillent leur poids. Mieux vaut se diriger vers les fruits, les légumes et les produits laitiers pauvres en calories et riches en nutriments indispensables. Ils ont l'avantage de ne pas apporter de calories vides et de satisfaire les besoins nutritionnels en fibres et en calcium. Cependant, tout abus, même d'un aliment peu calorique, peut conduire à une prise de poids. Lorsque ces fringales deviennent incoercibles, elles requièrent une aide médicale.

UN PHÉNOMÈNE BIZARRE : LA PICA

Il existe des personnes qui dévorent des substances non comestibles telles que l'argile, la terre, la craie ou le charbon. Ce phénomène est appelé pica – du terme latin désignant la pie –, car cet oiseau est de nature omnivore. Ce comportement, qui peut affecter les deux sexes, se manifeste le plus souvent chez les enfants. La pica doit être vigoureusement combattue : se bourrer de produits impropres à la consommation peut être cause de malnutrition, d'empoisonnement et de bien d'autres dommages, comme le blocage des selles, provoqué par l'argile...

Composition moyenne d'une crème dessert à la vanille

PORTION DE 125 ML	PROTÉINES (g)	LIPIDES (g)	GLUCIDES (g)	APPORT ÉNERGÉTIQUE (kcal)
Fabrication maison	5	4	31	170
En conserve	2	9	31	205
Poudre instantanée	4	3	33	171
Réduite en calories et faite avec du lait écrémé	4	3	27	137

L'ALIMENTATION DE L'ENFANT

Chaque enfant grandit à son rythme. Pour que sa croissance soit harmonieuse,
il importe de veiller à l'équilibre et à la variété de son alimentation.

Quoi de plus naturel que de veiller à l'alimentation de ses enfants ? Pour les inciter à se nourrir sainement, rien de mieux que l'exemple donné par les parents. Les habitudes alimentaires de la petite enfance restent, à l'âge adulte, le modèle auquel on se réfère ; et l'attitude des parents vis-à-vis de la nourriture joue aussi un rôle important dans le comportement alimentaire des enfants.

LES BESOINS : PAS DE NORMES

Les besoins nutritionnels des enfants varient non seulement selon leur âge, mais aussi – et surtout – selon leur taille, leur activité et leur rythme de croissance. Un enfant grand pour son âge, et qui se dépense beaucoup, aura des besoins énergétiques plus élevés qu'un enfant du même âge « petite puce », calme et placide. On constate aussi qu'un enfant grandit souvent par à-coups, avec des périodes de pause qui succèdent aux phases de croissance, durant lesquelles les besoins de l'organisme sont évidemment différents. C'est pourquoi il n'existe pas de normes rigoureuses pour l'enfance : chaque enfant est un individu unique, qui a ses besoins propres.

L'ENFANT EN BAS ÂGE

Après 1 an, les enfants sont en mesure de manger la plupart des aliments préparés pour la famille. Toutefois, parce qu'ils ont des besoins énergétiques élevés avec un estomac encore petit, il leur faut souvent 5 ou 6 repas ou collations par jour. Planifiez ces dernières de façon qu'elles ne diminuent pas leur appétit à l'heure prévue pour le repas. Un intervalle d'environ 1 h 30 est généralement suffisant.

Les enfants en bas âge développent souvent des lubies d'ordre alimentaire. Il s'en trouvera par exemple pour refuser de manger tout ce qui est blanc ou vert. Ces toquades sont généralement passagères et le mieux est de les passer sous silence. Essayez de respecter les goûts de votre enfant sans céder à tous ses caprices : choisissez une solution de compromis. S'il refuse de manger à l'heure du repas en réclamant un sandwich au beurre d'arachide, laissez-le quitter la table sans manger et attendez l'heure de la collation pour satisfaire à sa demande.

DES ALIMENTS POUR GRANDIR

À 4, 8 ou 10 ans, les exigences nutritionnelles restent les mêmes. L'alimentation doit fournir les « matériaux de construction » qui permettront à l'enfant de bien grandir et de se développer dans les meilleures conditions possibles. C'est pourquoi certains aliments doivent avoir une place privilégiée dans les repas.

Tout d'abord, le lait et les produits laitiers : leur apport de calcium est essentiel pour l'édification du squelette, et ils fournissent des protéines d'excellente qualité (elles sont nécessaires à la multi-

---

POUR LUI (RE)DONNER DE L'APPÉTIT

Fatigue, fièvre, convalescence, ou simplement manque d'appétit... Que faire quand un enfant chipote dans son assiette ?

● *De petites assiettes : rien de plus décourageant pour un enfant qui n'a pas très faim que de voir arriver un énorme steak, abondamment garni... Mieux vaut lui servir de petites quantités, quitte à lui donner un complément (ce qui l'encourage !).*

● *Une présentation soignée : on mange avec ses yeux, autant qu'avec son palais ! Un enfant est sensible à nombre de petits détails : une odeur qui le fait saliver, un plat bien présenté qui éveille sa gourmandise et lui donne déjà envie de manger...*

● *Des menus variés : la monotonie est lassante et n'incite pas à manger. Pour les enfants aussi, la variété est un stimulant efficace de l'appétit.*

● *Les plats qu'il aime : quand la baisse d'appétit est flagrante, inutile de chercher à faire avaler à l'enfant les épinards ou le*

poisson qu'il déteste ! Mieux vaut lui proposer ses préparations favorites, et surtout les desserts qu'il préfère.

● *Une ambiance détendue à table : même si cela n'est pas toujours facile, il est bon de créer à table une atmosphère sereine, sans télévision... et sans discussion à propos du bulletin de notes. On évitera aussi de focaliser l'attention de toute la famille sur l'assiette de l'enfant « qui mange mal ».*

● *Pas de grignotage entre les repas : même si un enfant ne mange rien à table, il faut lui éviter un petit biscuit par-ci, un morceau de chocolat par-là, un verre de limonade là-dessus... La digestion se met en marche, la satiété survient. Lorsque arrive l'heure du repas, l'enfant n'a plus envie de manger. Un vrai cercle vicieux ! L'enfant doit comprendre que c'est à table que l'on mange. Aucun problème... si l'exemple vient des parents eux-mêmes !*

plication cellulaire). Il ne faut pas hésiter à servir des produits laitiers à chacun des repas : lait ou laitage au déjeuner et pour la collation ; fromage ou autre laitage aux autres repas.

La viande joue un rôle important durant la croissance. C'est une excellente source de protéines et de fer (indispensable pour la synthèse des globules rouges). Mais on surestime parfois les quantités à donner aux enfants : il n'est pas nécessaire d'en servir plus d'une fois par jour (surtout si les produits laitiers sont consommés en suffisance). Elle peut être remplacée par de la volaille ou du poisson, qui offrent les mêmes qualités nutritionnelles.

Les fruits et les légumes frais, enfin, font aussi partie des priorités. Leurs vitamines et minéraux sont irremplaçables (ils interviennent dans l'organisme pour de nombreux processus métaboliques liés à la croissance). Les fruits frais constituent le dessert le plus naturel et le plus sain qui soit.

Quant aux légumes frais, il est vrai que les enfants ont tendance à les bouder : il faut alors savoir faire preuve d'un peu d'imagination... et de beaucoup de persévérance !

UN APPÉTIT QUI VARIE

Les parents n'ont pas toujours une idée extrêmement précise de la quantité de nourriture nécessaire à leur enfant. Il existe en effet une grande différence entre les « mini-portions » consommées par un enfant de 3 ou 4 ans, et celles (parfois impressionnantes !) d'un pré-adolescent de 11 ou 12 ans. Les quantités, qui évoluent au fil des années, peuvent aussi fluctuer selon les jours, et cela n'a rien d'anormal, quel que soit l'âge.

Bien sûr, il y aura toujours des différences liées au tempérament des enfants : le bon mangeur aime terminer son assiette copieusement garnie, tandis que l'enfant doté d'un appétit d'oiseau finit péniblement de petites por-

tions. Lorsqu'un enfant n'éprouve pas le besoin de manger beaucoup, il est inutile de vouloir le forcer. L'essentiel est que sa croissance soit régulière, et qu'il mange de tout, avec goût et plaisir !

PRÉVENIR L'OBÉSITÉ

Dans le but de prévenir un excès de poids, aujourd'hui et plus tard, les nutritionnistes recommandent de donner à l'enfant de bonnes habitudes :
– en variant l'alimentation et en la répartissant en repas bien structurés : cela aide à prévenir les grignotages ;
– en limitant la consommation des aliments qui renferment des graisses inutiles : viennoiseries, pâtisseries, fritures, charcuteries... ;
– en apprenant à l'enfant à se désaltérer avec de l'eau au lieu de boissons sucrées ;
– en encourageant l'activité physique.

LE PROBLÈME DES SUCRERIES

Les sucreries sont une source d'énergie rapide, mais elles peuvent couper l'appétit en prenant la place d'aliments plus sains. Elles causent la carie dentaire en plus de n'avoir aucune valeur nutritive.

Cependant, interdire à un enfant de manger des sucreries s'avère parfois délicat. Pour ne pas se sentir différent des autres, il prendra l'habitude d'en manger en secret.

Il n'y a pas de mal à permettre des friandises à l'occasion, pourvu qu'elles ne soient pas présentées comme des récompenses ou des incitations. Fruits frais, yogourts, desserts au lait, crème glacée et biscuits à base de céréales sont d'excellents choix pour constituer des collations et des desserts nutritifs. (Les présentations soignées, colorées et amusantes font toute la différence !)

La collation, repas préféré des enfants, est un moment de détente auquel il ne faut pas hésiter à consacrer du temps.

ÉPICES

AVANTAGES
- *excitent le goût et les sécrétions digestives*
- *ont des propriétés antiseptiques*

INCONVÉNIENTS
- *contre-indiquées dans les troubles digestifs et les colopathies*

On a coutume de rappeler que Marco Polo ouvrit au XIIIe siècle la voie royale des épices de l'Orient – d'où elles sont presque toutes originaires – jusqu'à Venise. Pourtant, les peuples préhistoriques les connaissaient déjà, les Hébreux en étaient friands et les Romains, quant à eux, les employaient pour leurs vertus tant thérapeutiques que culinaires et gastronomiques.

Les épices stimulent l'appétit et excitent les plaisirs du palais. Elles peuvent être le fruit, la fleur, la racine ou l'écorce d'une plante. Ce qui les caractérise, c'est un arôme et un goût piquants. Comme elles sont utilisées en très petites quantités, on considère que leur valeur nutritive est nulle. Grâce à leur parfum, elles peuvent remplacer le sel dans les mets destinés aux régimes hyposodés. Leurs propriétés antiseptiques les ont désignées depuis des siècles pour leur utilisation dans les marinades.

Parce qu'elles se détériorent au contact de l'air, il faut conserver les épices dans des contenants bien étanches, à l'abri de la lumière, de la chaleur et de l'air, et les remplacer annuellement.

DOUCES OU BRÛLANTES ?

Il faut faire une distinction entre les épices douces (cannelle, noix muscade, vanille) et les épices brûlantes (poivre, piments, gingembre). Les premières peuvent être utilisées à volonté tandis que les secondes, parfois mal tolérées par les tubes digestifs délicats, peuvent provoquer des brûlures plus ou moins fortes. Elles sont tout à fait contre-indiquées dans les troubles digestifs.

REMÈDES ÉPICÉS

La croyance populaire a longtemps accordé aux épices des vertus médicinales spécifiques, malgré l'absence de preuve scientifique.

L'anis étoilé, ou badiane, un fruit en forme d'étoile à huit branches, doit son goût de réglisse à l'huile qu'il contient, nommée anéthole. Celle-ci entre dans la préparation de sirops pour le rhume aussi bien que celle de liqueurs digestives comme l'ouzo, l'arak et l'anisette.

La cannelle, une épice très ancienne, s'obtient à partir de l'écorce de deux conifères d'Asie. Elle limiterait indigestions, flatulences et diarrhées...

La cardamome, qui adoucit l'haleine, soulagerait les indigestions, stopperait les vomissements, les renvois et les régurgitations acides.

Le carvi, utilisé dans la choucroute, certains petits pains et le chou rouge, et bon compagnon du gouda et du munster, soulagerait les flatulences et les coliques tout en stimulant l'appétit.

Le clou de girofle, à la saveur hautement aromatique, fut longtemps considéré comme un analgésique, surtout pour le mal de dent. Un dérivé, l'eugénol, entre encore dans de nombreuses préparations d'hygiène dentaire.

La coriandre a des propriétés stomachiques et carminatives qui lui permettent de faciliter la digestion.

Le cumin, proche du carvi, est une des composantes du curry. Ses propriétés stimulantes et légèrement diurétiques le désignaient au traitement des flatulences et des coliques.

Le genièvre, indispensable dans la préparation du gin et de la choucroute, passe pour posséder des vertus diurétiques. On le croit capable, à hautes doses, de favoriser les contractions utérines.

Le gingembre, avec sa saveur brûlante et piquante, jouissait dans l'Antiquité d'une réputation sans limite et aucun mal ne semblait pouvoir lui résister. On le considère de nos jours efficace contre les nausées, le mal des transports et les crampes menstruelles. (Pour plus de détails, voir aussi cette rubrique, p. 159.)

Les graines de moutarde, qui s'employaient déjà chez les Romains pour composer des cataplasmes et des sels à respirer, excitent entre autres les sécrétions pancréatiques.

La noix muscade et le macis proviennent d'une seule et même plante, le macis étant l'écorce dentelée qui recouvre la noix. Très parfumés, ils passent tous deux pour activer les sécrétions digestives. Cependant, tout comme les feuilles du muscadier, ils contiennent une huile essentielle, la myristicine, qui s'avère, à doses trop fortes, un dangereux stupéfiant.

Le piment de Cayenne, qu'on appelle aussi poudre de chili, doit sa saveur brûlante à une huile volatile, la capsaïcine, qui s'utilise comme analgésique. On pense que, comme toutes les épices fortes, il stimule la production d'endorphines, un stimulant naturel, et ce qui expliquerait, dit-on, l'euphorie causée par les mets épicés.

Le piment de la Jamaïque, surnommé « toute-épice » parce qu'il réunit les arômes de cannelle, de muscade et de clou, favorise la digestion.

Le safran, l'épice la plus chère au monde, est formé des étamines d'une variété unique de crocus. Comme il était supposé protéger de l'ivresse, on le faisait entrer dans la composition de philtres d'amour.

Les épices ne présentent pas que des vertus gustatives. En médecine douce, on utilise la cardamome et le gingembre pour faciliter la digestion.

Clous de girofle

Noix muscade et macis

Cardamome

Cannelle

Baies de genièvre

Cumin

Carvi

Anis étoilé

Coriandre

Gingembre

Moutarde

Safran

ÉPILEPSIE

PRIVILÉGIER
- *un rythme de vie et une alimentation réguliers*

ÉVITER
- *l'alcool chez les sujets prédisposés*

Maladie qui résulte d'une irritation du cerveau d'ordre mécanique ou chimique, dont on ignore les causes précises. Il existe deux grandes catégories d'épilepsie :

– l'épilepsie localisée, ou petit mal, résultant le plus souvent des séquelles d'un traumatisme crânien, qui se traduit par des troubles sensitifs ou des mouvements incontrôlables d'une partie du corps ;

– l'épilepsie généralisée, ou grand mal, due à l'irritation globale du cortex cérébral ; la crise consiste en un malaise avec chute et perte de connaissance.

Chez les sujets prédisposés, les crises peuvent être déclenchées par différents facteurs tels que fatigue, utilisation prolongée d'écrans d'ordinateur ou de télévision et, surtout, consommation abusive d'alcool.

ÉPINARD

AVANTAGES
- *très riche en bêta-carotène et riche en vitamine C*
- *riche en potassium*
- *contient des folates*

INCONVÉNIENTS
- *contient de l'acide oxalique qui peut contrecarrer l'assimilation du calcium et du fer*
- *peut aggraver le risque de formation de calculs urinaires chez les sujets sensibles*

Les jeunes pousses d'épinard peuvent se manger crues ou très peu cuites. Lavez toujours soigneusement les épinards pour éliminer le sable. Jetez les feuilles abîmées et les queues.

Les épinards ne sont pas aussi riches en fer qu'on le croyait à une certaine époque. Néanmoins, ils contiennent de nombreux caroténoïdes, dont le bêta-carotène. Ils sont aussi riches en lutéine, un pigment caroténoïde aux effets antioxydants. Plusieurs études tendent à prouver qu'une consommation régulière d'un tel légume pourrait protéger contre divers types de cancer.

Par ailleurs, une étude conduite par la Harvard Medical School en 1994 a montré qu'un régime riche en bêta-carotène limitait le risque d'une certaine forme de dégénérescence de la rétine, qui est souvent cause de cécité chez les personnes âgées. On a pu constater que ce problème apparaissait moins souvent en cas de forte consommation de légumes verts de ce type. Les épinards sont aussi source de folates (vitamine B9), particulièrement recommandés aux femmes enceintes pour atténuer le risque de spina-bifida.

La médecine traditionnelle connaît et exploite depuis bien longtemps les vertus des épinards. Ils étaient recommandés en cas d'hypertension, ainsi que pour l'anémie (par leur richesse en vitamine C) et la constipation. Les épinards sont enfin source de potassium, qui joue un rôle important dans la régulation de la tension artérielle.

MANGEZ-LES CRUS OU CUITS

Les épinards sont l'une des salades vertes les plus nourrissantes qui soient, car ils contiennent une importante proportion de vitamine C qu'ils perdent pour une bonne part à la cuisson. Les jeunes pousses peuvent par exemple remplacer la laitue ou accompagner du foie grillé, des avocats et des champignons émincés.

Pour faire cuire les épinards, lavez-les soigneusement et mettez-les dans un faitout, à feu vif, sans rien. Laissez-les « tomber » (diminuer de volume) quelques minutes, égouttez-les, puis assaisonnez-les : la crème (en quantité raisonnable !) est parfaite, le beurre frais aussi. Une pincée de sucre et de cannelle donneront une petite note exotique.

LE SAVIEZ-VOUS ?

Caucasien, afghan ou persan, l'épinard ? Ou ne serait-il pas plutôt italien ? Toutes ses préparations dites à la florentine nous rappellent que c'est Catherine de Médicis – qui affectionnait particulièrement ce légume – qui introduisit sa culture en France. Ses vertus curatives favorisant une digestion heureuse le firent alors surnommer le balai de l'estomac.

LE MYTHE DE POPEYE

Les épinards ont longtemps été considérés comme des aliments particulièrement riches en fer. Popeye, le célèbre héros de bande dessinée, a beaucoup fait pour populariser cette croyance en avalant des quantités de boîtes d'épinards pour reprendre des forces instantanément. Cette idée reçue se fonde à l'origine sur une simple erreur de calcul. En évaluant la quantité de fer contenue dans les épinards, les experts s'étaient trompés d'une décimale, ce qui a fait croire à tort que ces légumes avaient une teneur en fer 10 fois supérieure à la réalité. De plus, le fer contenu dans les épinards est, comme pour tout légume, très mal assimilé.

INCONVÉNIENTS

Les qualités nutritives des épinards sont contrebalancées par leur forte teneur en acide oxalique, substance azotée qui se combine avec le fer et le calcium pour en limiter l'assimilation. La quantité de fer pouvant être absorbée est alors considérablement réduite, et seule une fraction du calcium présent dans la plante peut être utilisée par l'organisme. De ce fait, on a affirmé que les épinards avaient un effet nocif sur l'assimilation du calcium en général. Mais des études ont montré qu'il faudrait en manger une très grande quantité avant que l'acide oxalique ne pose réellement un problème. Si l'on consomme des épinards alors que l'on prend par ailleurs de la vitamine C, on risque d'aggraver le risque de calculs urinaires, qui se forment par l'accumulation de dépôts d'oxalate.

COMPOSITION MOYENNE POUR 100 G :
protéines . . . . 2,7 g
lipides . . . . 0,4 g
glucides . . . . 0,8 g
apport énergétique . . . . 17 kcal

ÉQUILIBRE ALIMENTAIRE

Voir p. 130

ESCARGOT

AVANTAGES
- *peu calorique*
- *renferme des minéraux*

INCONVÉNIENTS
- *très calorique quand il est cuisiné au beurre*

Pauvre en lipides et en glucides – donc peu calorique –, cet animal est riche en protéines, mais aussi en magnésium (250 mg pour 100 g), en calcium (170 mg) et en fer (3,5 mg). C'est à la bourguignonne – c'est-à-dire à l'ail et au beurre – qu'il est le plus apprécié ; la quantité utilisée est impressionnante : environ 5 g de beurre par escargot, soit 60 g par douzaine (440 kcal).

COMPOSITION MOYENNE POUR 100 G :
protéines . . . . 16 g
lipides . . . . 1 g
glucides . . . . 2 g
apport énergétique . . . . 81 kcal

ÉTIQUETAGE

L'étiquette d'un produit est régie par des normes strictes. Sa fonction est de renseigner le consommateur sur les caractéristiques du produit pour qu'il puisse faire les bons choix. C'est l'Agence fédérale d'inspection des aliments qui est responsable d'élaborer et d'appliquer la législation et la réglementation dans ce domaine.

(SUITE À LA PAGE 134)

L'ÉQUILIBRE ALIMENTAIRE

Manger équilibré n'est ni fastidieux ni austère. C'est d'abord manger varié, pour profiter des atouts nutritionnels de nombreux aliments différents. C'est ensuite effectuer les choix les plus judicieux, afin de rester en bonne santé.

Pour bien se nourrir, il est inutile de calculer systématiquement ses calories, ou de peser tout ce qu'on met dans son assiette ! Il n'est pas nécessaire non plus de se priver de tout ce qui est bon. Même lorsqu'on a le souci de bien gérer son alimentation, il faut savoir préserver les plaisirs de la table : ils jouent un rôle important dans la vie. Et, heureusement, la gourmandise n'est pas incompatible avec un bon équilibre alimentaire.

PAS DE STANDARDISATION

Il n'existe pas de modèle type d'alimentation équilibrée. L'alimentation doit bien sûr s'adapter aux besoins de chacun, qui varient beaucoup selon l'âge, le sexe, l'activité, l'état physiologique...

Les besoins d'un sportif qui s'entraîne plusieurs heures par jour n'ont rien de comparable avec ceux d'un petit enfant, d'une femme enceinte ou d'un paisible retraité. Chacun doit trouver dans son alimentation de quoi permettre le bon fonctionnement de son organisme et le maintien d'un état de santé optimal.

Les aliments doivent fournir l'énergie nécessaire pour l'activité physique et les différents processus internes : ce sera le rôle des glucides et des lipides. Ils doivent apporter les substances nécessaires à la construction et au renouvellement des cellules : il faut pour cela des protéines de bonne qualité. Ils doivent aussi fournir les vitamines, minéraux et oligoéléments indispensables aux métabolismes, des fibres, de l'eau...

UNE CLASSIFICATION DES ALIMENTS

Aucun aliment ne peut, à lui tout seul, offrir l'ensemble des nutriments indispensables en quantités appropriées : l'aliment complet idéal n'existe pas – sauf sans doute le lait maternel pour le nourrisson et encore, durant les premiers mois seulement.

Pour satisfaire les besoins de l'organisme, il est indispensable de faire appel à des aliments très variés. Et, pour rendre cette diversification vraiment efficace, il est souhaitable de tenir compte de la composition des aliments et des constituants majeurs qu'ils renferment. C'est la raison pour laquelle les nutritionnistes ont établi une classification des aliments, basée sur leurs caractéristiques nutritionnelles essentielles.

Savourez chaque jour une variété d'aliments représentant chacun des 4 groupes. Choisissez de préférence les aliments moins gras. (Source : Guide alimentaire canadien)

Produits céréaliers (5 à 12 portions par jour) Choisissez de préférence du pain, de la farine et des céréales à grains entiers ou enrichis.

Légumes et fruits (5 à 10 portions par jour) Choisissez plus souvent des légumes vert foncé ou orange et des fruits orange.

Produits laitiers (2 à 4 portions par jour pour les adultes) Choisissez de préférence des produits laitiers moins gras.

Viandes et substituts (2 à 3 portions par jour) Choisissez de préférence viandes, volailles et poissons plus maigres et des légumineuses.

Les groupes d'aliments : pour manger varié et équilibré

PRINCIPAUX APPORTS NUTRITIONNELS	À CHOISIR MOINS SOUVENT	À PRIVILÉGIER

Lait et produits laitiers

Tous ces aliments sont riches en protéines animales d'excellente valeur biologique. Ils constituent nos sources essentielles de calcium, de vitamines A et D et des vitamines du groupe B.

Le lait entier (sauf pour les enfants de moins de 2 ans) ; le yogourt et le fromage cottage à plus de 2 % de m.g. ; les fromages à plus de 20 % de m.g. ; la crème, la crème sure, la crème glacée à plus de 10 % de m.g.

Lait écrémé ; yogourt à 2 % ou moins de m.g. ; fromages à 2-20 % de m.g. ; yogourt et lait glacés à 0-5 % de m.g. ; crème glacée légère avec 5-7,5 % de m.g.

2 à 4 portions par jour

Viandes et substituts

Ils apportent des protéines animales d'excellente qualité, des vitamines du groupe B, du fer, du phosphore, du magnésium, du zinc et d'autres minéraux.

La viande, le poisson et la volaille panés et frits, la peau de la volaille, les charcuteries, les viandes hachées régulière ou mi-maigre (à moins d'égoutter le gras), le poisson en conserve dans l'huile, les noix et les graines

Les viandes maigres peu persillées ; les légumineuses ; les cuissons qui nécessitent peu de matières grasses : au four, au gril, à la vapeur, en papillote, poché, braisé, sauté.

2 ou 3 portions par jour

Légumes et fruits

Ils fournissent du bêta-carotène, de la vitamine C et des folates. Ils fournissent aussi des minéraux, des oligoéléments et des fibres bien tolérées.

Les légumes nappés de sauce à la crème, de beurre ou de margarine, servis en croûtes ou frits (frites, rondelles d'oignon). Les fruits servis avec de la crème.

Les légumes vert foncé ou orange. Les fruits orange.

5 à 10 portions par jour

Produits céréaliers

Riches en glucides complexes, ils sont énergétiques. Ils sont des sources de vitamines du groupe B, de magnésium et autres minéraux ainsi que de fibres. Les produits enrichis contiennent du fer.

Les biscuits, gâteaux, viennoiseries, croûtes à tarte, beignets, croissants, craquelins gras, céréales granola et muffins riches en gras.

Les produits à grains entiers ou enrichis. Combiner les céréales avec les légumineuses pour obtenir des protéines complètes.

5 à 12 portions par jour

Autres aliments

Cette catégorie comprend les aliments contenant surtout des matières grasses ou du sucre, les grignotines grasses ou salées, les boissons, les herbes, les épices et les condiments.

Le beurre, les huiles à cuisson, les vinaigrettes commerciales, le shortening, le saindoux, la mayonnaise, les croustilles, le chocolat, les pâtisseries. La confiture, la gelée, le sucre sous toutes ses formes, les bonbons.
Le sel, les condiments et les aliments très salés.

Choisir des huiles variées pour diversifier l'apport en acides gras avec l'accent sur l'huile de canola et l'huile d'olive. Une consommation modérée d'alcool, de caféine, de sel et de sucre. Boire 1,5 à 2 litres d'eau par jour. Utiliser des herbes et des épices au lieu du sel et des produits allégés en matières grasses.

La classification retenue au Canada (voir le tableau de la page précédente) comprend 4 groupes : produits céréaliers, légumes et fruits, produits laitiers, viandes et substituts. D'autres aliments et boissons qui ne font pas partie des 4 groupes ont une teneur habituellement plus élevée en gras ou en énergie et sont à consommer avec modération. La quantité à choisir chaque jour dans les 4 groupes et parmi les autres aliments varie selon l'âge, la taille, le sexe, le niveau d'activité ; elle augmente durant la grossesse et l'allaitement. Le guide alimentaire canadien propose un nombre plus ou moins grand de portions pour chaque groupe d'aliments. Ainsi, les enfants peuvent choisir les quantités les plus petites et les adolescents, les plus grandes. Selon les pays, le regroupement des aliments peut être différent. On tient compte en effet des ressources, du niveau de vie et des habitudes de consommation. Par exemple, la classification française se répartit sur 6 groupes et prend la forme d'une pyramide dont chaque étage représente un groupe. La proportion de chaque étage reflète l'importance que ces aliments devraient avoir dans le menu quotidien.

DIVERSITÉ D'ABORD

En associant des aliments des différents groupes, on reçoit des apports nutritionnels diversifiés. Si, de plus, on prend soin de varier le choix des aliments au sein de chaque groupe, on élargit encore l'éventail des nutriments fournis et on réduit d'autant les risques de carence ou de déséquilibre. À condition d'accorder à chaque groupe d'aliments la place qui lui revient dans l'ensemble des aliments consommés au cours d'une journée.

Certes, il n'existe pas d'aliment bon ou mauvais en soi. Mais on sait que l'excès ou au contraire des apports insuffisants de certains d'entre eux peuvent avoir des conséquences préjudiciables pour la santé. Ainsi, on recommande aujourd'hui de réduire les graisses saturées, ou de développer la consommation des aliments végétaux riches en fibres. On juge préférable de limiter le sucre et les sucreries. Cela afin de réduire les risques de pathologies comme les maladies cardiovasculaires, l'obésité, le diabète ou, même, certains cancers.

PLANIFIER SES MENUS

Une bonne façon d'assurer l'équilibre alimentaire est de prévoir des menus quelques jours à la fois en tenant compte des règles suivantes :
– chaque jour, des produits laitiers ;
– chaque jour, une portion de viande, poisson, œufs ou légumineuses ;

Manger équilibré ne signifie pas manger triste. Voici quelques exemples de plats colorés et appétissants, qui offrent des apports nutritionnels bien diversifiés.

L'équivalent d'une portion

GROUPE ALIMENTAIRE	EXEMPLE D'UNE PORTION
Fruits	½ tasse de fruit frais, congelé ou en conserve ; 1 fruit moyen ; ½ tasse de jus
Légumes	½ tasse de légumes frais, congelés ou en conserve ; 1 légume moyen ; 1 tasse de salade ; ½ tasse de jus
Pain et céréales	1 tranche de pain : ½ bagel, pain pita ou petit pain ; ½ tasse de pâtes alimentaires ou de riz ; 1 bol de céréales
Produits laitiers	1 tasse de lait ; ¾ tasse de yogourt ; 45 g de fromage
Viande et substituts	60-100 g de viande ou de volaille maigres, ou de poisson ; ⅓ à ⅔ tasse de poisson ; 1 ou 2 œufs ; ⅓ tasse de tofu ; 2 cuillerées à soupe de beurre d'arachide

– parmi les 5 à 10 portions de légumes et fruits, prévoir des légumes crus et des fruits frais ;
– pour l'assaisonnement et la cuisson, des corps gras variés en faible quantité ;
– choisir du pain, des céréales ou des pâtes alimentaires de farine complète.

Même quand on prend des repas hors de chez soi, il est possible d'appliquer ces bons principes. Lorsque l'on consomme un aliment ou un plat composé, ce sont ses ingrédients principaux qui détermineront à quel groupe il appartient. Ainsi, une quiche appartiendra à la fois aux groupes « viandes et substituts », « produits céréaliers » et « produits laitiers ». Une pizza fera partie du groupe « produits céréaliers » et, selon les cas, sa garniture la fera entrer dans le groupe « produits laitiers » – si la mozzarella est abondante – ou « viandes et substituts », s'il s'agit de charcuterie.

Les très jeunes enfants ont des besoins spécifiques dont il faut tenir compte. (Ils doivent en particulier recevoir, proportionnellement, davantage de lait et de produits laitiers que l'adulte.) Les personnes qui, pour des motifs de santé, sont astreintes à un régime spécial doivent consulter leur médecin afin de déterminer les modifications éventuelles à apporter à ces règles de base pour les rendre compatibles avec leur régime.

Porc nappé d'un coulis de tomates, avec pommes de terre en robe des champs et petits pois : un plat classique et équilibré.

Pâtes et brocoli, poisson fumé en lamelles et assaisonnement léger à l'huile d'olive, pour une préparation parfumée.

Saumon grillé garni de pommes de terre nouvelles, de courgettes et de tomates : une bonne association d'aliments sains et nourrissants.

Savoureux et peu chargé en graisse, ce poulet aux légumes est servi avec du riz et une sauce légère au yogourt.

(SUITE DE LA PAGE 129)

LES INFORMATIONS OBLIGATOIRES

Nom usuel de l'aliment. C'est son nom habituel ou celui prescrit dans la réglementation officielle. Il doit être imprimé en caractères gras.

Contenu net. Pour les produits préemballés, la quantité nette doit être indiquée en volume si l'aliment est liquide ou visqueux, ou en poids si l'aliment est solide. Les quantités doivent être données en unités métriques. Les valeurs du système impérial peuvent, au choix, être regroupées avec les données métriques.

Nom et adresse du fabricant ou du distributeur. C'est l'identification de la personne morale par qui ou pour qui l'aliment est fabriqué ou produit en vue d'être vendu et l'endroit où elle traite la plupart de ses affaires. Il peut s'agir du nom du fabricant lui-même ou du distributeur.

Liste des ingrédients. Ils sont énumérés par ordre décroissant de quantité. À la suite des ingrédients, les épices, assaisonnements, arômes, additifs, vitamines et minéraux peuvent être énumérés dans n'importe quel ordre.

Durée de conservation. L'étiquette des produits qui ne se conservent pas plus de 90 jours doit spécifier la date limite de conservation. C'est la période durant laquelle un produit entreposé dans les conditions requises conserve, sans détérioration notable, son goût, sa fraîcheur et sa valeur nutritive. La date limite de conservation est indiquée sur l'étiquette avec la mention « Meilleur avant (la date précise) ». Un produit dont la date de péremption est échue peut encore être consommé mais on peut s'attendre à une certaine détérioration de la qualité. Les préparations pour nourrissons font exception à cette règle et la « date limite de consommation » inscrite est à ne pas dépasser.

Si les conditions d'entreposage nécessaires pour la conservation du produit diffèrent des conditions normales, elles doivent figurer sur l'étiquette.

Tous les renseignements obligatoires doivent être inscrits en anglais et en français, à l'exception du nom et de l'adresse du fabricant.

L'ÉTIQUETAGE NUTRITIONNEL

L'étiquetage nutritionnel est la liste dégressive du contenu nutritif d'un produit. Il est encore facultatif au Canada, même si de plus en plus de fabricants choisissent de l'adopter. En revanche, il est obligatoire dès que le produit est vendu sous une allégation nutritionnelle (comme « léger » ou « à teneur réduite en sodium »).

Les informations suivantes doivent obligatoirement figurer sur l'étiquette :
– l'en-tête
– la taille de la portion
– la valeur énergétique, la quantité de lipides, de glucides et de protéines.

L'étiquette peut aussi indiquer la teneur en :
– matières grasses, décomposées en acides gras et en cholestérol
– glucides, décomposés en sucre, en amidon et en fibres alimentaires
– sodium et potassium
– vitamines et minéraux.

La teneur en éléments nutritifs doit être établie en fonction de la portion citée sous l'en-tête.

Nom usuel

MAYONNAISE
Light • Légère

Allégation nutritionnelle
La moitié de gras et calories !*

Contenu net
750 mL

En-tête
NUTRITION INFORMATION NUTRITIONNELLE

Grosseur de la portion
PAR PORTION DE 15 ML / 1 C. À TABLE (15 G)

Informations nutritionnelles

Energy	50 Cal	Énergie
	210 kJ	
Proteins	0.1 g	Protéines
Fat	5.1 g	Matières grasses
Polyunsaturates	1.8 g	Polyinsaturés
Monounsaturates	2.8 g	Monoinsaturés
Saturates	0.4 g	Saturés
Cholesterol	8 mg	Cholestérol
Carbohydrate	1.0 g	Glucides

* que la mayonnaise XXX

Liste des ingrédients
INGREDIENTS : water, vegetable oil, modified corn starch, liquid egg yolk, white vinegar, sugar, salt, spices, xanthan gum, potassium sorbate, lemon juice concentrate, colour, calcium disodium edta.

INGRÉDIENTS : eau, huile végétale, amidon de maïs modifié, jaune d'œuf liquide, vinaigre blanc, sucre, sel, épices, gomme xanthane, sorbate de potassium, jus de citron concentré, colorant, edta de calcium disodique.

Instruction pour l'entreposage
Refrigerate after opening
Garder au froid une fois ouvert
Do not freeze / Ne pas congeler

Nom et adresse du fabricant ou du distributeur
Nom de la société
Adresse de la société

97 JN 12
BEST BEFORE / MEILLEUR AVANT

Durée de conservation

FATIGUE

PRIVILÉGIER
- *les aliments riches en fer*
- *les légumes vert foncé, pour l'acide folique*
- *les glucides complexes, comme les pâtes*
- *la viande, le poisson et les œufs, pour la vitamine B₁₂*

RÉDUIRE
- *la caféine du thé, du café et des boissons au cola*
- *l'alcool*

La fatigue est un symptôme courant qui peut avoir des causes différentes. Outre l'anémie – due le plus souvent à une carence en fer et en vitamines du groupe B – et l'hypoglycémie – une chute brutale du taux de sucre dans le sang –, une maladie, le stress, un état dépressif, le manque de sommeil, l'ennui, une activité physique insuffisante ou un régime amaigrissant trop strict peuvent être à l'origine de la fatigue.

Le meilleur moyen de prévenir la fatigue est de respecter une bonne hygiène de vie, tant sur le plan du sommeil et de l'activité physique que sur le plan alimentaire : privilégier les aliments riches en fer (viande et abats), en vitamines du groupe B (viande, produits laitiers, poisson, œufs) et en acide folique (céréales complètes, légumes à feuilles vert foncé, fruits oléagineux) ;

Le fenouil est un légume délicat et savoureux.

réduire, pour les personnes sujettes à l'hypoglycémie, les aliments sucrés ou riches en glucides à assimilation rapide (confiseries, biscuits, pâtisseries).

GARE AUX STIMULANTS

L'alcool, qui semble être un bon remontant après une dure journée, ne fait qu'accentuer la fatigue, car, loin d'être un stimulant, c'est au contraire un dépresseur du système nerveux central. Les produits contenant de la caféine masquent momentanément la sensation de fatigue mais, absorbés en quantité excessive, ils peuvent déséquilibrer le rythme de sommeil, voire empêcher de dormir. Les journées n'en seront que plus dures...

FENOUIL

AVANTAGES
- *pauvre en calories*
- *riche en fibres, en potassium et en acide folique*

Le fenouil, bulbeux et charnu, offre une texture croquante à la saveur discrètement, mais distinctement, anisée. On le mange cru en salade, mais aussi cuit à l'eau ou braisé. Il accompagne parfaitement poissons et fruits de mer, en n'apportant qu'une faible valeur énergétique. Il contient une bonne proportion d'acide folique – nécessaire à la formation du sang –, du potassium en quantité notable, et sa richesse en fibres douces, bien tolérées, en fait un légume appréciable.

COMPOSITION MOYENNE POUR 100 G :
protéines . . . . 1,1 g
lipides . . . . 0,3 g
glucides . . . . 2,3 g
apport énergétique . . . . 16 kcal

FIBRES

Voir p. 138

FIBROSE KYSTIQUE

PRIVILÉGIER
● *les protéines*
● *les aliments riches en vitamines liposolubles (A, D, E et K)*
● *l'eau, les fibres, le sel*

ÉVITER
● *les graisses et les aliments gras*

La fibrose kystique, appelée aussi mucoviscidose, est une maladie héréditaire due à l'insuffisance fonctionnelle d'un gène qui permet normalement d'assurer la circulation du sel et de l'eau dans les tissus cellulaires. Seuls les enfants dont les deux parents sont porteurs de ce gène peuvent développer la maladie. Dans la plupart des cas, la maladie est décelée avant l'âge de 2 ans – généralement par des problèmes respiratoires –, mais elle peut l'être bien plus tard.

La maladie se traduit par une capacité limitée des glandes à produire les mucosités qui assurent une humidité correcte aux voies aériennes. Normalement fines et homogènes, ces mucosités deviennent épaisses et collantes et causent des vomissements, des infections respiratoires et, à terme, de graves insuffisances pulmonaires.

Un épais mucus se dépose également dans le pancréas et bloque les canaux permettant aux enzymes digestives de transiter vers l'intestin. En conséquence, les aliments, surtout les graisses et les protéines, ne peuvent être correctement assimilés. Ce phénomène est à l'origine de diarrhées grasses, volumineuses et souvent nauséabondes (appelées stéatorrhée), et de carences en vitamines liposolubles essentielles A, D, E et K. Environ 85 % des victimes de fibrose kystique sont atteintes d'insuffisance pancréatique. En d'autres termes, elles ont besoin d'un apport extérieur d'enzymes sous forme de comprimés pour faciliter leur digestion, et de compléments vitaminés et de minéraux.

UN RÉGIME HYPERCALORIQUE

La fibrose kystique se manifeste par d'énormes besoins énergétiques. Les enfants qui en sont atteints ont en général un appétit phénoménal, en raison de leurs difficultés à assimiler les nutriments essentiels. Sans traiter la maladie elle-même, un régime adapté aide le patient à combattre la perte de poids, les infections et les problèmes secondaires.

Une alimentation très calorique, riche en protéines (viande, poisson, volaille, abats, œuf, produits laitiers, légumes secs), en glucides (céréales, pain, pâtes, pommes de terre, riz) et en vitamines (légumes, fruits frais et secs), est indispensable. Elle devra être pauvre en lipides (matières grasses et produits gras) afin de limiter la stéatorrhée et faciliter ainsi l'assimilation des protéines et des vitamines. On préconise également, entre les repas, des collations, de préférence caloriques et protéiques.

Il est très important pour le malade de boire beaucoup d'eau pour compenser les pertes liées à la diarrhée et aux vomissements. En outre, le recours à une alimentation très riche en fibres, associée à un exercice physique régulier, peut lui offrir une meilleure qualité de vie.

Le sel est essentiel à ce type de régime. En effet, la fibrose kystique affecte les glandes parotide et sudoripares, en ce qu'elle les pousse à évacuer des quantités excessives de sel par la transpiration, les larmes et la salive, notamment en cas de forte chaleur ou d'exercice physique intensif. Toutefois, il n'est généralement pas indispensable d'ajouter d'importantes doses de sel aux plats, le chlorure de sodium étant présent dans de nombreux aliments.

FIÈVRE

PRIVILÉGIER
● *les liquides, en particulier les jus de fruits*
● *les petits repas, légers et fréquents*

La température normale du corps humain est de 37 °C en moyenne. Elle est à son niveau le plus bas le matin et s'élève dans la soirée. La fièvre est le symptôme d'un problème sous-jacent, généralement une infection. Elle aide souvent l'organisme à se débarrasser des microbes qui l'ont envahi. La

Ficus carica

Les figuiers portent de coutume deux récoltes de fruits chaque été.

Le figuier, souvent mentionné dans la Bible, poussait dans le jardin d'Éden. Adam et Ève se voilaient pudiquement le sexe de ses feuilles.

Les figues, fraîches et sèches, sont appréciées dans les régions méditerranéennes depuis les temps bibliques.

FIGUE

AVANTAGES
- *riche en fibres, qui aident à prévenir la constipation*
- *riche en potassium*

INCONVÉNIENTS
- *la figue sèche est très riche en sucre*

La figue fraîche, qui s'abîme très facilement, est difficile à trouver sur le marché canadien. Sur le plan nutritif, ce fruit nourrissant le devient encore plus en séchant. Alors que la figue fraîche apporte une proportion de fibres de l'ordre de 3 g pour 100 g, une fois séchée, elle en apporte 11 g. L'assèchement (donc l'évaporation de l'eau) concentre les éléments nutritifs, d'où une richesse accrue en calcium, en magnésium et, surtout, en potassium – présents déjà en bonnes quantités dans la figue fraîche. Le fer de la figue sera mieux assimilé si on lui adjoint un agrume ou une autre source de vitamine C. Comme tous les fruits secs, les figues sèches ont une teneur en sucre très élevée. Elles contiennent de la pectine, qui aide à réduire le taux de cholestérol, et des fibres insolubles, qui favorisent le transit alimentaire; elles préviennent la constipation et d'autres troubles intestinaux.

COMPOSITION MOYENNE POUR 100 G DE FIGUES FRAÎCHES :

protéines . . . . 0,9 g
lipides . . . . 0,3 g
glucides . . . . 15,5 g
apport énergétique . . . . 64 kcal

POUR 100 G DE FIGUES SÈCHES :

protéines . . . . 3,2 g
lipides . . . . 1,2 g
glucides . . . . 56,8 g
apport énergétique . . . . 239 kcal

transpiration, réponse de l'organisme à une montée de température, entraînant une perte d'eau, il importe, en cas de forte fièvre, de boire au moins 1,5 litre de liquide par jour pour prévenir la déshydratation. Un malade qui n'a pas soif peut trouver plus facile d'absorber régulièrement de petites quantités : une solution astucieuse pour remplacer les fluides perdus consiste à boire toutes les heures un grand verre d'un mélange de jus de fruits et d'eau à parts égales. Malgré la perte d'appétit souvent causée par une température élevée, le patient doit se nourrir, car la fièvre provoque une combustion rapide d'énergie.

La température des enfants peut monter très vite (au-delà de 39 °C), sans que cela reflète nécessairement une affection grave. Mais, dans tous les cas de forte fièvre, il faut avoir recours au médecin, qui traitera la maladie en cause. On peut faire baisser la fièvre d'un enfant malade en lui donnant de l'acétaminophène, ou en le plongeant dans un bain à une température de 3 à 5 °C inférieure à la sienne. Si une fièvre d'adulte persiste plusieurs jours, ou s'accompagne de symptômes tels que douleur sévère et localisée, raideur du cou, aversion pour la lumière, il faut consulter un médecin sans plus attendre.

LES BIENFAITS DES FIBRES

Notre alimentation est beaucoup moins riche en fibres que celle de nos parents
ou de nos grands-parents. Pourtant, leurs effets bénéfiques sont reconnus.
Cela devrait nous inciter à modifier nos choix alimentaires, pour en absorber davantage.

Depuis plusieurs dizaines d'années, les habitudes alimentaires ont considérablement évolué dans les pays occidentaux. On consomme davantage d'aliments raffinés, et beaucoup moins de féculents (pommes de terre, légumineuses) et de produits céréaliers (en particulier de produits céréaliers complets). En délaissant ces aliments, on diminue obligatoirement l'apport des fibres, ce qui peut avoir des conséquences immédiates sur le fonctionnement digestif : la constipation est l'un des maux actuellement les plus répandus.

À plus long terme, cette baisse de la consommation de fibres risque également d'avoir des répercussions sur la santé : il existe une corrélation entre la prolifération de maladies dites « de civilisation » (diverticulose colique, lithiase biliaire, hypercholestérolémie, voire même diabète et cancer du côlon) et un taux insuffisant de fibres dans la ration alimentaire.

AVANTAGES
- *aident à éviter la constipation*
- *peuvent prévenir certaines affections du gros intestin, dont le cancer*
- *contribuent à abaisser le taux du cholestérol sanguin*

INCONVÉNIENTS
- *un excès de fibres peut provoquer flatulences et désagréments intestinaux*
- *un apport élevé en fibres pourrait diminuer l'absorption de certains minéraux*

LA VRAIE NATURE DES FIBRES

Les fibres appartiennent au monde végétal. Ces substances glucidiques de structure complexe (mais n'ayant pas obligatoirement une consistance fibreuse !) sont apportées par les céréales et leurs dérivés, les légumes, les fruits, les légumineuses. Elles possèdent en commun la propriété de ne pas être assimilées par l'organisme : les fibres ne sont pas (ou sont très peu) dégradées par les enzymes digestives de l'estomac ou de l'intestin grêle. Elles sont « hygroscopiques », ce qui signifie qu'elles ont la capacité d'absorber et de retenir l'eau. Il existe deux grands types de fibres alimentaires : les fibres solubles et les fibres insolubles. La plupart des aliments végétaux apportent des fibres des deux types, dans des proportions variables.

Les fibres solubles, tels les pectines, les gommes, les mucilages, sont relativement abondantes dans les fruits (surtout la pomme et les agrumes...), les légumes (en particulier la carotte et la tomate), les algues et les noix. On les trouve aussi dans certaines céréales (notamment le son d'avoine). Ces fibres ont un très fort pouvoir de rétention d'eau, et sont capables de gélifier à la cuisson. Elles sont bien tolérées par le tube digestif.

Les fibres insolubles comme la cellulose et les hémicelluloses constituent les parois plus ou moins fibreuses des tissus végétaux. Elles sont bien sûr présentes dans les légumes et les fruits, et concentrées dans la partie externe des grains de céréales (le son) ou des graines de légumineuses. Elles absorbent l'eau en gonflant, comme des éponges. La lignine (substance non glucidique), qui constitue le tissu de soutien des végétaux, fait également partie de ce groupe. Abondante dans les graines de légumineuses et les végétaux âgés, elle est dure et irritante pour les intestins.

LES EFFETS BÉNÉFIQUES DES FIBRES

Les fibres aident à prévenir la constipation, c'est leur rôle le plus connu. Elles augmentent en effet le volume et le poids des selles, stimulent la motilité du côlon et accélèrent le transit intestinal. Le son de blé s'avère pour cela très efficace. Il existe d'ailleurs des spécialités à base de son qui peuvent être prescrites en cas de paresse intestinale.

Autre action intéressante des fibres : elles procurent un effet de satiété, très appréciable quand on souhaite contrôler sa consommation – on est plus vite rassasié (et pour plus longtemps) après avoir mangé du pain complet ou un plat de lentilles qu'après avoir consommé du pain blanc ou de la purée.

Les fibres, et en particulier les fibres solubles (pectines, gommes), ont aussi un effet bénéfique sur le métabolisme des glucides et du cholestérol. En effet, en freinant l'évacuation gastrique, elles évitent une montée brutale du sucre dans le sang, ce qui est particulièrement utile pour les diabétiques. Les fibres seraient capables, par ailleurs, de diminuer les taux de cholestérol et de triglycérides dans le sang (en augmentant l'élimination fécale du cholestérol, qui n'est dès lors pas réabsorbé dans l'organisme).

Enfin, on pense pouvoir expliquer le rôle protecteur des fibres vis-à-vis de certains cancers par leur capacité à absorber différentes substances potentiellement cancérogènes, présentes dans le gros intestin (comme les acides biliaires) ; et aussi par l'accélération du transit, qui limite le contact entre ces substances et la muqueuse intestinale.

EN PRATIQUE

Aujourd'hui, au Canada, la consommation de fibres est estimée à environ 15 g par jour, ce qui est très insuffisant (mais du même ordre que les chiffres cités pour la plupart des pays industrialisés). Selon la Société canadienne du cancer, il serait en effet souhaitable d'atteindre un apport quotidien d'au moins 30 g. En fait, lorsqu'on inclut régulièrement des crudités et des fruits aux repas, et qu'on prévoit systématiquement un plat de légumes cuits par jour (comme cela est d'ailleurs préconisé dans les grands principes d'une alimentation équilibrée), on n'est pas très loin de l'apport recommandé. Si on souhaite augmenter sa consommation de fibres, on peut prendre ces quelques mesures simples :
– remplacer le pain blanc par du pain complet (gain journalier : 5 g de fibres pour 4 tranches de pain) ;
– consommer 2 fois par mois un plat de légumineuses (haricots, lentilles) en remplacement des pâtes ou du riz (gain par mois : 30 g de fibres) ;
– servir 2 fois par mois un dessert à base de pruneaux ou d'abricots secs (gain par mois : 30 g de fibres).

Il est toujours préférable de procéder par étapes, afin de laisser à l'organisme le temps de s'habituer à cet accroissement de l'apport de fibres alimentaires.

PAS D'EXCÈS

Une consommation élevée de fibres est susceptible de diminuer l'assimilation de sels minéraux comme le calcium, le fer, le magnésium. Cet effet serait plus marqué quand les fibres renferment de l'acide phytique (c'est le cas des fibres du son de blé et du riz complet). Mais les aliments riches en fibres sont souvent ceux qui fournissent des quantités appréciables de minéraux, ce qui atténue la portée de cette action négative. Et une véritable malabsorption ne s'observe en fait que pour une consommation excessive de fibres. Dans ce cas, différents désagréments digestifs (ballonnements, douleurs et flatulences) vont survenir et inciter de toute façon à réduire les fibres. Pour éviter de tels inconvénients, il est préférable de n'augmenter que progressivement sa consommation de fibres, et d'en varier les sources (en limitant notamment les céréales complètes riches en son).

Les aliments riches en fibres

Nombreux sont les végétaux à fournir une quantité appréciable de fibres. Consommer régulièrement du pain complet, des légumineuses et des fruits frais est la meilleure façon de s'en assurer un apport constant. Voici une liste d'aliments classés par ordre décroissant de richesse en fibres.

ALIMENT	APPORT DE FIBRES POUR 100 G (en g)
Céréales au son pour petit déjeuner (type All Bran)	29,0
Pruneaux	16,0
Amandes	15,0
Abricots secs	13,7
Haricots blancs cuits	8,0
Pain complet, céréales pour muesli	7,0
Petits pois	6,0
Noix	5,9
Flocons de maïs	4,6
Brocoli cuit	4,1
Pain blanc	3,5
Haricots verts, épinards	3,0
Carottes, maïs en conserve	2,6
Chou-fleur	2,4
Banane, pomme, pâtes cuites	2,0
Poire	1,7

FLATULENCE

PRIVILÉGIER
● *la consommation de yogourts*

ÉVITER
● *de manger vite ou en parlant*
● *les repas lourds*
● *les boissons gazeuses*

Les flatulences, ou excès de gaz, résultent de l'action des bactéries intestinales sur les glucides et les protéines non digérés. Elles causent un gonflement inconfortable de l'abdomen et doivent être expulsées. Ce phénomène, normal et commun à tous les individus, est cependant plus marqué chez certains et s'accentue avec l'âge.

Il arrive que les flatulences soient le symptôme d'un autre trouble – syndrome du côlon irritable, intolérance au lactose ou maladie de Crohn.

Pour diminuer les flatulences, il vaut mieux manger lentement, ne pas boire d'un trait – surtout des boissons gazeuses – et éviter les repas lourds.

Certains aliments sont tout particulièrement reconnus comme causes de flatulence. En tête de liste se trouvent ceux qui produisent du méthane comme les légumineuses, suivis de l'oignon, du chou de Bruxelles, du brocoli, du chou-fleur et des autres membres de la famille des choux.

Pour contrer leurs effets déplaisants, on peut ajouter à l'eau de cuisson de tous ces légumes de l'anis, du gingembre, du romarin, une feuille de laurier, du fenouil, une algue nommée kombu ou quelques gouttes de Beano, une enzyme vendue en pharmacie. Les légumineuses doivent tremper pendant au moins 4 heures (de préférence 8 heures) avant d'être cuites dans une grande quantité d'eau. Cela réduit les sucres indigestes, responsables de la production de gaz.

D'autres causes de flatulence incluent le sorbitol, le fructose, la vitamine C en comprimés de même que l'introduction trop rapide d'aliments riches en fibres, comme le son, pour traiter la constipation.

Un comprimé de Beano pris avant le repas, une tisane à la menthe ou au fenouil à la fin peuvent soulager le gonflement. Enfin, un yogourt par jour entretiendra la flore bactérienne, indispensable à la digestion.

FRACTURE

PRIVILÉGIER
● *les produits laitiers*
● *les sardines avec leurs arêtes*
● *les poissons gras, pour la vitamine D*

RÉDUIRE
● *les céréales complètes et les fibres qui réduisent l'absorption du calcium*
● *le thé, le café, les épinards, la rhubarbe et le son, qui contiennent des substances captant le calcium*

Les os sont la charpente du corps et il faut veiller à leur solidité. Celle-ci dépend des quantités de calcium et de phosphore fournies par l'alimentation. Le rapport calcium/phosphore doit être au moins égal à 1 : un apport insuffisant en calcium ou excessif en phosphore peut favoriser les fractures.

Il faut donner aux enfants et aux adolescents des aliments riches en calcium – lait et produits laitiers, sardines avec leurs arêtes – pour éviter que leurs os ne se fragilisent avec l'âge, et il faut également réduire les boissons riches en phosphore comme les colas. Les sportifs doivent être particulièrement vigilants quant à leur alimentation. S'il est fragile, l'os sollicité par le travail musculaire est susceptible de se casser spontanément (sans choc) : cela s'appelle une fracture de fatigue. Un verre de lait et une portion de fromage ou un yogourt à chaque repas suffisent à construire des os solides.

La guérison d'une fracture exige entre 6 mois et 1 an selon l'âge de la personne. Souvent l'os guéri est plus fort et plus gros qu'avant. La vitamine D aidant le calcium à se fixer sur les os, le lait, systématiquement enrichi de vitamine D, est un aliment de choix pour guérir les fractures.

FRAISE

AVANTAGES
● *très riche en vitamine C*

INCONVÉNIENTS
● *peut provoquer des réactions allergiques*
● *les graines peuvent être irritantes en cas de troubles intestinaux*

Riche en vitamine C (60 mg pour 100 g), ce fruit est pauvre en calories. De plus, lorsque l'on consomme des fraises (ou tout autre aliment riche en vitamine C) après avoir mangé des légumes riches en fer, on facilite l'assimilation du fer par l'organisme. Il faut néanmoins éviter de consommer des fraises en cas de troubles intestinaux, car les graines peuvent provoquer des irritations. Certaines personnes font une réaction allergique aux fraises, et développent de l'urticaire. Ces éruptions sont dues à une production excessive d'histamine, déclenchée par une substance présente dans le fruit.

COMPOSITION MOYENNE POUR 100 G :
protéines . . . . 0,7 g
lipides . . . . 0,5 g
glucides . . . . 7 g
apport énergétique . . . . 34 kcal

Sauvages ou cultivées, les fraises sont des fruits très parfumés.

IRRÉSISTIBLES FROMAGES

*Ils font partie intégrante de notre patrimoine gastronomique.
Leur richesse en protéines et en calcium est un réel atout nutritionnel ;
mais on leur reproche parfois une teneur en matières grasses élevée.*

Remarquablement différents par leurs formes et leurs saveurs, ils ont en commun une origine unique : le lait. Il peut s'agir de lait de vache, de chèvre ou de brebis, qu'on utilise pasteurisé ou cru ; il subit dans tous les cas des contrôles préalables systématiques. La composition du fromage diffère selon celle du lait d'origine (et notamment sa teneur en matière grasse). Sa valeur nutritionnelle dépend également du mode de fabrication. Mais, qu'elle soit artisanale ou industrielle, la lente métamorphose du lait en fromage est ponctuée d'étapes immuables. Transmis par la tradition, le processus de fabrication du fromage est aujourd'hui bien maîtrisé et rationalisé, mais toujours nourri du savoir-faire de générations de fromagers.

UN PEU D'HISTOIRE

Dans l'histoire de l'humanité, le fromage est apparu en même temps que l'élevage, à l'époque néolithique. La zone d'origine du fromage se confond avec celle de l'élevage du mouton et de la chèvre, dans le pourtour méditerranéen, et s'étend ensuite jusque dans les zones de civilisation pastorales et montagnardes du centre de l'Europe.

Les fromages contribuent à nourrir les villes, qui, dans le monde grec puis romain, se développent le long des côtes et des grands axes fluviaux. La consommation de fromage devient considérable à Rome : aliment de base prévu dans la ration de l'athlète ou du légionnaire romains, il est aussi utilisé, frais, dans de nombreuses recettes de plats salés ou sucrés. Les invasions ralentissent les échanges, mais les Vikings introduisent dans les pâturages normands leur bétail roux, au lait plus gras.

Au Moyen Âge, les abbayes pratiquent l'élevage de façon rationnelle. Les moines inventent de nouveaux fromages aux saveurs adoucies, qui seront bientôt très recherchés. Dans le Jura et les Alpes, certaines communautés de paysans montagnards s'affranchissent et se regroupent en « fruitières », ce qui leur permet de confectionner de gros fromages à pâte cuite, comme le comté, le beaufort ou le gruyère...

Dès le XVIe siècle, les fromages sont largement consommés en France, chaque région privilégiant d'abord ses propres productions, mais faisant aussi commerce d'autres variétés. Transports et nouvelles industries révolutionneront, au XIXe siècle, la production et la consommation des produits laitiers, y compris des fromages. La collecte du lait s'organise, l'industrie fromagère progresse rapidement. Aujourd'hui, on fabrique en France près de 400 fromages, sans compter les nombreuses créations industrielles qui apparaissent régulièrement sur le marché.

LES FROMAGES CANADIENS

La production du fromage au Canada a connu une rapide expansion. Il se fabrique à l'échelle du pays plus de 100 différents fromages. Les produits sont soumis à une surveillance rigoureuse, et le Canada s'est acquis une réputation mondiale pour ses normes de qualité et d'hygiène. La consommation de fromage per capita est en courbe ascendante constante, le cheddar doux demeurant le préféré des Canadiens.

La qualité des fromagers canadiens a été saluée maintes fois. Lors du prestigieux World International Cheese Competition de 1972, un cheddar et un brick fabriqués au Québec remportent respectivement le premier et le troisième prix. Au même concours en 1976, le brick de

la Coopérative agricole de Granby rafle les honneurs et, en 1986, un cheddar fabriqué par Ault Foods Ltd., en Ontario, remporte le titre enviable de « meilleur fromage au monde » !

LES ÉTAPES DE LA FABRICATION

Elles sont au nombre de sept.

Standardisation du lait. Il importe tout d'abord de bien établir la qualité du lait à l'aide d'une batterie de tests. On ajuste ensuite sa teneur en matières grasses. À cette fin, on pourra soit écrémer le lait à l'aide d'un appareil appelé séparateur-clarificateur, soit l'enrichir avec de la crème.

Pasteurisation du lait. Les lois canadiennes interdisent en principe la vente et la consommation de produits laitiers non pasteurisés, mais on admet une exception dans le cas des fromages (fromage au lait cru). La pasteurisation a pour effet de détruire les bactéries pathogènes qui produisent des toxines dans le produit pouvant occasionner des infections chez le consommateur.

Coagulation. La coagulation ou caillage permet la concentration des constituants du lait. Sous l'action d'enzymes (présure) ou de l'activité de bactéries lactiques (ferment), certaines protéines du lait (les caséines surtout) vont s'aggluti-

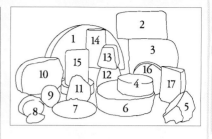

Cheddar (1), emmental (2), jarlsberg (3), camembert (4, 6), ricotta (5), fromage cottage (7), mozzarella (8), crottin de Chavignol (9), ticklemore (10), cœur de chèvre (11), pyramide (12), pyramide cendrée (13), chèvre (14), feta (15), little rydings (16), peccorino (17).

ner aux matières grasses pour laisser s'égoutter le lactosérum (petit-lait ou lait de babeurre) qui contient la majeure partie du lactose, des vitamines et des minéraux du lait.

Découpage du caillé. Le caillé est découpé afin de favoriser l'expulsion du lactosérum. Pour les fromages à pâte molle, on verse le caillé dans des moules perforés qui permettent au lactosérum de s'écouler progressivement.

Conditionnement du caillé. À cette étape, on applique différents procédés qui donneront des caractéristiques spécifiques au fromage (salage, ensemencement d'une flore secondaire, pressage, saumurage, cheddarisation).

Affinage. C'est au cours de cette étape que se développent la consistance, le goût et l'odeur caractéristiques de chaque fromage. Les protéines (caséines) se transforment sous l'action de la présure et des bactéries. Plusieurs facteurs jouent un rôle dans l'évolution des caractéristiques d'un fromage. La qualité initiale du lait, l'humidité du caillé, la teneur en sel, la température d'entreposage, le temps de maturation sont quelques-uns de ces facteurs.

Emballage. Le rôle de l'emballage n'est pas seulement d'assurer la conservation du fromage : il doit aussi permettre l'évolution de l'affinage s'il y a lieu. On emballera donc certains fromages sous vide (cheddar, mozzarella), tandis que d'autres seront cirés (gouda) et certains recouverts d'un papier permettant les échanges gazeux (brie, camembert, bleu).

L'emmental est affiné 6 à 12 mois en cave.

VALEUR NUTRITIVE DU FROMAGE

Lors de la fabrication des fromages, environ 90 % du volume initial du lait va être expulsé sous forme de lactosérum. Ce sous-produit est recyclé pour la consommation animale ou transformé en ingrédients secs destinés à l'alimentation humaine (lactose, concentrés de protéines).

Protéines, matières grasses et vitamines liposolubles sont retenues à 80 % dans le fromage tandis que les vitamines hydrosolubles et les minéraux en sont expulsés avec le lactosérum. Seule exception, le calcium qui, selon le type de fromage, est retenu dans une proportion variant entre 30 et 80 %. Le fromage est donc riche en protéines, en matières grasses, en vitamines liposolubles et en calcium.

LES PROTÉINES

Les protéines laitières apportées par le fromage sont de très bonne qualité. Leur valeur biologique est comparable à celle des protéines de la viande (tous les acides aminés indispensables y sont présents, dans des proportions optimales) et leur assimilation est excellente. En effet, durant l'affinage, les protéines sont en quelque sorte « prédigérées », c'est-à-dire scindées en peptides et acides aminés, facilement assimilables. La proportion de protéines contenue dans le fromage dépend essentiellement de la teneur en matière sèche de la pâte. Les fromages à pâte ferme renferment 22 à 30 % de protéines ; les fromages à pâte molle ou à pâte persillée, 18 à 21 % ; les fromages frais, 7 à 15 % (à comparer avec la teneur en protéines de la viande, qui est de 18 à 20 %).

Matières grasses. Le fromage contient généralement plus de matières grasses que de protéines. La plupart des fromages sont donc très concentrés en énergie (calories) provenant des matières grasses. Des fromages réduits en gras se retrouvent sur le marché, mais ils sont souvent très riches en sodium et leur saveur ainsi que leur texture peuvent laisser à désirer.

Vitamines liposolubles. Les matières grasses contiennent les vitamines liposolubles. C'est la vitamine A que l'on retrouve surtout dans les produits laitiers.

Calcium. Le fromage représente l'une des meilleures sources de calcium dans l'alimentation. Le calcium du fromage est lié aux protéines, c'est ce qui donne la texture plus ou moins ferme du fromage. Un fromage ferme contient donc davantage de calcium qu'un fromage de texture molle. Le calcium du fromage est très bien utilisé par l'organisme.

LES GRANDES FAMILLES DE FROMAGE

C'est le type de pâte et la méthode d'affinage qui servent à déterminer les grandes familles de fromage.

Fromages à pâte fraîche. Ils sont peu égouttés et ne subissent pas d'affinage. Riches en eau, ils ont une durée de conservation limitée et doivent être gar-dés au réfrigérateur. Ils peuvent être commercialisés nature (fromage blanc) ou salés et aromatisés (poivre, ail, fines herbes...), ou encore sucrés et aromatisés (Minigo, Petit Danone...). Dans cette famille se rangent le fromage cottage, la ricotta, le tuma, le quark, le neufchâtel et le fromage à la crème.

Fromages à pâte molle. Ce sont des fromages affinés dont la croûte est fleurie. La pâte n'est ni pressée, ni cuite. L'affinage est fait en surface, de la bordure extérieure vers le centre. Après le caillage, on les laisse égoutter, et ils sont ensemencés en surface de pénicillium. Les moisissures de surface, en se développant, forment un duvet aussi appelé fleur. Un fromage à point possède une croûte blanche et feutrée, à peine teintée de jaune, et une pâte souple et onctueuse. Dans cette famille se rangent le brie, le camembert, le double crème et le triple crème.

Famille des pâtes demi-fermes. Elle se répartit en sous-catégories, selon la méthode d'affinage utilisée.

– Les pâtes non affinées. Après caillage et égouttage, le caillé est tranché et mis en cuve pour être réchauffé. Il est ensuite étiré et façonné. La mozzarella tire d'ailleurs son nom de l'italien « mozzare » qui signifie couper. Ces fromages peuvent être vieillis ou fumés. Autrement, ils sont très doux, parfumés, avec une texture souple et légèrement élastique. Dans cette famille se rangent le bocconcini, le caciotta, le scarmoza et la mozzarella.

– Les pâtes affinées dans la masse. La pâte est pressée, cuite et affinée. Le lactosérum est expulsé par pression mécanique et il s'ensuit un égouttage rapide. L'affinage se fait dans tout le fromage. Une croûte plutôt ferme peut se développer ; elle est lavée et brossée pendant l'affinage. La saveur de ces fromages est généralement douce, l'arôme léger et la texture souple. Dans cette famille se rangent la tomme, le munster, le havarti, le monterey jack et le saint-paulin.

– Les pâtes affinées en surface. Dans cette catégorie, l'affinage procède de l'extérieur vers l'intérieur. Les fromages sont affinés en chambre froide et souvent retournés et lavés. Leur goût est généralement prononcé, la texture souple et moelleuse. Dans cette famille se rangent l'oka, le limburger, le feta.

Famille des pâtes fermes. C'est la plus importante en nombre. Tout comme la famille des pâtes demi-fermes, elle est divisée en sous-catégories selon le type d'affinage. Pour fabriquer les fromages de cette catégorie, la pâte est fortement pressée pour en extraire le plus de lactosérum possible. Si la pâte est cuite, elle sera encore plus ferme.

– Les pâtes sans affinage. Dans cette famille se range le fromage en grains.

– Les pâtes affinées dans la masse avec croûte colorée. Le gouda, le fontina, l'elbo, et l'édam se retrouvent dans cette famille.

– Les pâtes affinées dans la masse avec ouvertures. Les « yeux » ou trous de différentes tailles sont le résultat du gaz

145

propionique émis en cours d'affinage en cave qui dilate la pâte pour former des cylindres. L'emmental et le gruyère font partie de cette famille.

– Les pâtes affinées dans la masse. Cheddar, provolone, brick, friulano, farmer font partie de cette famille.

– Les pâtes dures. Ces fromages sont cuits et pressés et sont ensuite soumis à un affinage de très longue durée. La pâte est granuleuse et fine, très aromatique et de saveur prononcée et piquante. Ils se cuisinent très bien, se râpent et se gratinent à merveille. Romano, parmesan et kéfalotyri font partie de cette famille.

AUTRES FAMILLES DE FROMAGE

Pâtes persillées. On les appelle communément « les bleus ». Après avoir été ensemencé de pénicillium, on pique le fromage avec de longues aiguilles pour aménager des conduits où se développeront les moisissures. Durant l'affinage qui se fait de l'intérieur vers les bords, apparaissent les marbrures bleues caractéristiques qui doivent être bien réparties dans la pâte. Pour les fabriquer, différents laits peuvent être utilisés : vache, chèvre, brebis ou un mélange de ces laits. Leur saveur est salée et le goût est plus ou moins piquant selon la maturation. Superbes et spectaculaires à table, ils font aussi d'excellentes sauces. Dans cette famille se rangent le roquefort, le stilton, le gorgonzola.

Fromages de chèvre. Ils sont bien évidemment obtenus à partir de lait de chèvre. Leur caillé s'égoutte spontanément. Selon la durée de leur affinage, qui peut être très variable, on obtient des fromages de chèvre frais, à pâte molle, ou des chèvres secs ou demi-secs. Leur croûte peut être cendrée, saupoudrée d'aromates divers, entourée d'une feuille de vigne, et leurs formes sont assez caractéristiques (pyramide, bûche, pavé...).

Fromage fondu. Les préparations de fromage fondu s'obtiennent à partir d'un ou plusieurs fromages à pâte ferme qui sont malaxés et chauffés. On peut y ajouter d'autres ingrédients : lait, eau, sel, vinaigre, colorant, émulsifiant et autres. Une fois le fromage lisse et crémeux, il est emballé hermétiquement en pains ou en portions.

Le fromage conditionné à froid se fabrique selon le même principe, mais sans l'action de la chaleur. Habituellement fait de cheddar vieilli, il a généralement une saveur forte, salée et acide.

LES FROMAGES AU LAIT CRU

Seuls les fromages font exception à la loi canadienne qui interdit la vente et la consommation de produits laitiers non pasteurisés. Ils doivent cependant être entreposés pendant une période minimale de 60 jours à une température de 2 °C avant d'être mis sur le marché.

Des fromages au lait cru ont pu être mis en cause dans certaines contaminations par une bactérie pathogène – la listeria – qui, présente dans l'environnement (en particulier dans le sol), peut contaminer tout produit alimentaire, quel qu'il soit. Pour éliminer toute trace de listeria ou d'autres bactéries, il faut prendre un maximum de précautions à toutes les étapes : en cours de fabrication, pendant le transport, au stade de la vente au détail et au moment du stockage chez le consommateur.

Les fromages au lait cru sont particulièrement appréciés pour leur saveur authentique. Toutefois, les personnes vulnérables à la listériose – femmes enceintes, personnes suivant un traitement par immunosuppresseur, sujets atteints par le VIH... – doivent, par prudence, s'abstenir d'en consommer.

ALLERGIE ET INTOLÉRANCE

Beaucoup de gens qui éprouvent une intolérance au lactose digèrent néanmoins le fromage, surtout les fromages à pâte ferme. Cela s'explique du fait que les bactéries et les enzymes qui entrent dans la fabrication du fromage décomposent une bonne partie du lactose.

Le fromage étant riche en cholestérol et en graisses saturées, il est déconseillé aux personnes atteintes d'athérosclérose. Sa haute teneur en sodium le rend peu désirable pour celles dont la pression artérielle est trop élevée.

Les fromages vieillis peuvent déclencher une migraine chez les personnes sensibles. L'agent responsable est sans doute la tyramine qu'on retrouve notamment dans le cheddar, le camembert et les bleus. Les personnes allergiques à la pénicilline auront aussi tendance à mal réagir aux fromages bleus. Enfin, les fromages faits à base de lait de chèvre ou de brebis sont moins susceptibles que les autres de provoquer des allergies.

Composition moyenne pour 100 g de fromage

TYPE DE FROMAGE	APPORT ÉNERGÉTIQUE (kcal)	PROTÉINES (g)	MATIÈRES GRASSES (g)	CALCIUM (mg)	SODIUM (g)
Fromage à pâte fraîche					
Cottage	85	11,7	4,0	75	0,8
Quark	55	13,6	0	95	0
Fromage à la crème (philadelphie)	330	9,9	32,5	95	1,0
Fromage à pâte molle					
Brie	335	21,0	28,0	350	1,8
Camembert	355	23,2	29,3	395	1,5
Fromage à pâte demi-ferme non affinée					
Mozzarella	329	26,7	21,3	650	1,8
Bocconcini	270	17,2	22,3	280	0,2
Fromage à pâte demi-ferme affinée dans la masse					
Havarti	420	21,2	37,0	705	1,8
Monterey jack	345	24,1	27,5	760	2,0
Saint-paulin	315	24,2	24,5	590	1,2
Fromage à pâte demi-ferme affinée en surface					
Oka	415	21,3	28,0	1 120	1,3
Feta	340	22,0	26,0	500	2,5
Fromage à pâte ferme sans affinage					
Fromage en grains	385	25,0	31,5	720	1,6
Fromage à pâte ferme affinée dans la masse avec croûte colorée					
Gouda	365	24,7	29,3	785	2,7
Fontina	330	23,2	26,5	575	1,8
Fromage à pâte ferme affinée dans la masse avec ouvertures					
Emmental	395	28,3	31,5	965	1,0
Gruyère	413	29,8	32,3	1 011	0,3
Fromage à pâte ferme affinée dans la masse					
Cheddar	410	24,5	34,5	675	1,4
Provolone	371	25,7	26,5	590	0,8
Brick	375	24,5	30,8	740	1,6
Colby	385	24,8	31,5	695	1,8
Fromage à pâte dure					
Romano	335	36,5	21,0	1 205	2,0
Parmesan	420	34,9	27,9	1 055	1,8
Fromage à pâte persillée					
Roquefort	369	21,5	30,6	662	1,8
Bleu	353	21,4	28,7	528	1,4
Fromage de chèvre (semi-ferme)	368	21,8	30,3	300	0,5
Préparation de fromage fondu	328	19,6	24,6	574	1,6
Fromage fondu	375	22,2	31,3	616	1,4
Fromage fondu conditionné à froid	331	19,7	24,5	497	1,0

FRAMBOISE

AVANTAGES
- *contient de la vitamine C*
- *très riche en fibres*

INCONVÉNIENTS
- *déconseillée aux colitiques et aux dyspeptiques*

La framboise, riche en vitamine C, est un fruit délicieux et plein de ressources : du potassium, de l'acide folique, un taux relativement intéressant de magnésium et une forte proportion de fibres... Mais la nature de ces fibres les fait déconseiller aux colitiques et aux dyspeptiques. Il est bien sûr recommandé de déguster ces fruits frais et crus, au meilleur de leur maturité.

COMPOSITION MOYENNE POUR 100 G :
protéines . . . . 1,2 g
lipides . . . . 0,6 g
glucides . . . . 7 g
apport énergétique . . . . 36 kcal

FROMAGE

Voir p. 142

FRUITS

AVANTAGES
- *riches en vitamine C, surtout les fruits frais*
- *riches en bêta-carotène*
- *peu caloriques pour la plupart*
- *source de fibres alimentaires*

Pour leur composition nutritionnelle, consommer des fruits est universellement conseillé par les instances scientifiques mondiales.

FRUITS FRAIS

Ce sont les plus largement consommés. Ils présentent des propriétés pouvant être résumées de la façon suivante :
– une grande richesse en eau (75 à 90 % de leur poids) expliquant leur faible apport calorique ;
– une teneur en glucides variable selon les fruits (7 à 10 % pour les agrumes et les fruits rouges, 10 à 15 % pour les fruits à pépins et à noyau, 20 % pour les bananes). Les glucides sont composés essentiellement de sucres simples, dont la quantité augmente avec la maturité ;
– une teneur en fibres intéressante, représentant 1 à 4 % de leur poids, parfois plus, comme dans les framboises. On les trouve sous forme de pectines – comme dans les pommes –, efficaces contre la diarrhée. Inversement, d'autres types de fibres, notamment des celluloses, agissent sur la constipation. Elles sont concentrées dans la peau, d'où l'intérêt de ne pas peler certains fruits (pommes, poires) pour bénéficier de leur action sur le tube digestif ;
– peu de lipides (moins de 0,5 %) ;
– une teneur en protéines peu élevée (environ 1 %) ;
– un apport important en potassium et en calcium pour les agrumes ; mais un apport en sodium faible, ce qui les autorise dans les régimes hyposodés ;
– des teneurs en vitamines très appréciables, notamment en vitamine C et en bêta-carotène. Certains fruits sont particulièrement riches en vitamine C (agrumes, baies, fruits rouges, des fruits exotiques comme les kiwis). Les fruits très colorés sont, quant à eux, très riches en bêta-carotène (mangue, melon, abricot).

L'alimentation de type méditerranéen – qui se caractérise par une consommation importante de produits végétaux, et en particulier de fruits et légumes – présenterait des bénéfices incontestés en matière de prévention de certains cancers et maladies cardio-vasculaires. Santé Canada recommande de consommer chaque jour au moins 5 portions de fruits et légumes. Ces recommandations s'appuient sur des études ayant mis en évidence le rôle protecteur et préventif de certaines substances face aux maladies. On trouve ces substances regroupées dans les fruits : vitamine C, bêta-carotène et fibres alimentaires. La vitamine C, outre une action sur le système immunitaire, dont elle augmenterait le pouvoir anti-infectieux, posséderait des fonctions antioxydantes. Elle serait capable de piéger les radicaux libres qui se forment dans l'organisme et aurait donc un effet protecteur sur les membranes cellulaires, ainsi que sur le matériel génétique de la cellule, d'où son rôle supposé dans la prévention de certains cancers.

Le bêta-carotène est le précurseur de la vitamine A : présent dans les végétaux, il est transformé dans l'organisme en vitamine A. En plus de cette propriété, le bêta-carotène possède, comme la vitamine C, la faculté de piéger les radicaux libres et de désactiver les molécules d'oxygène hautement réactives. Le bêta-carotène, par son rôle antioxydant, jouerait lui aussi un rôle préventif dans l'apparition de certaines dégénérescences cellulaires.

Les fibres alimentaires, quant à elles, régulent le transit digestif.

FRUITS EN CONSERVE, FRUITS SURGELÉS

On trouve des fruits en boîte ou en bocal, plongés dans un sirop de sucre, à l'apport calorique plus élevé que celui des fruits frais. Il existe toutefois des conserves au naturel sans sucre ajouté, à préférer en cas de régime hypocalorique. Ces fruits conservent leur valeur nutritionnelle.

Excellente source de vitamines et de minéraux, les fruits apportent aussi des fibres.

La surgélation est essentiellement employée pour les fraises, les framboises et les bleuets.

FRUITS SECS

On regroupe sous cette appellation les fruits soumis à un séchage. Ils sont riches en glucides et en magnésium. Alors que, dans la plupart des cas, la vitamine C a disparu, le bêta-carotène reste présent en quantité souvent importante car il est concentré (l'abricot sec est une des meilleures sources de bêta-carotène). Néanmoins, la perte d'eau due au séchage entraîne une augmentation de l'apport en glucides, donc en calories. Les fruits secs sont d'ailleurs les aliments de prédilection des sportifs lorsqu'il leur faut fournir un effort de longue durée.

ET LES ALLERGIES…?

Si vous croyez être allergique aux agrumes, faites un essai. Après avoir laissé quelqu'un d'autre peler le fruit, mangez-en un petit morceau et attendez. Si vous n'éprouvez aucun symptôme, c'est que vous êtes allergique à une huile qui se trouve dans la pelure et non au fruit lui-même. Quand le fruit est pressé, une petite quantité de cette huile peut se retrouver dans le jus. Une allergie au jus ne signifie donc pas nécessairement une allergie au fruit. Pour ceux qui préfèrent s'abstenir des agrumes, beaucoup d'autres fruits sont riches en vitamine C : cantaloup, kiwi, fraises, framboises, mangue, papaye et canneberge.

LES FRUITS DE MER

*Les fruits de mer, dont la seule évocation fait surgir la richesse des océans
et la saveur iodée des rivages, sont d'excellents aliments,
pauvres en matières grasses, riches en protéines et en oligoéléments.*

Quoique pauvres en calories, les fruits de mer constituent un mets extrêmement nourrissant. Ils se divisent en deux groupes : les mollusques et les crustacés. La plupart des mollusques – huîtres, moules, palourdes et pétoncles – sont des coquillages bivalves. Mais certains ne sont pourvus que d'une seule coquille, comme l'ormeau et le bigorneau, tandis que le poulpe, la seiche et le calmar en sont totalement dépourvus. Les crustacés – crevettes, langoustines, crabe, homard et langouste – disposent, quant à eux, d'une carapace articulée.

La plupart des fruits de mer sont très riches en vitamine B_{12} – nécessaire à la formation des globules rouges et au maintien en bonne santé du système nerveux –, en phosphore, en potassium et en zinc. Ils contiennent aussi d'autres vitamines et sels minéraux, en quantités plus ou moins importantes, comme les vitamines B_1 et B_2, la niacine, le sélénium et l'iode (voir tableau p. 153).

LE SÉLÉNIUM

C'est un sel minéral essentiel, bien qu'utilisé par l'organisme en quantités extrêmement faibles en association avec la vitamine E pour favoriser la croissance et la fécondité. En tant qu'antioxydant, le sélénium jouerait un rôle dans la prévention des cancers et contribuerait à lutter contre l'action des graisses oxydées, qui favorisent les tumeurs. Le sélénium agit comme élément protecteur contre des métaux toxiques comme le mercure ou le cadmium, en s'associant à leurs composés, qui sont ensuite éliminés par l'organisme. De tous les fruits de mer, c'est le homard qui est le plus riche

en sélénium. Mais les pétoncles, les moules et les crevettes en contiennent une quantité appréciable.

LE CHOLESTÉROL

On a longtemps pensé que les fruits de mer aggravaient les problèmes de cholestérol, et donc augmentaient les risques de maladies cardio-vasculaires. Les crevettes, les langoustines et les langoustes, ainsi que les calmars (mais pas le poulpe) contiennent, certes, une quantité importante de cholestérol mais, comme ils sont pauvres en matières grasses, l'organisme l'absorbe difficilement. Il est bon de savoir, néanmoins, que la majeure partie du cholestérol des crustacés se trouve dans leur tête, ce qui permet de l'éviter. Notons en outre que les fruits de mer, tout comme les poissons gras,

---

FRUITS APHRODISIAQUES ?

Les huîtres ont longtemps été parées de vertus aphrodisiaques. Cette réputation tient sans doute à leur teneur en zinc, nécessaire à la production de sperme et réputé renforcer la libido. Les huîtres sont en effet la meilleure source de zinc qui soit. Il suffit d'une demi-douzaine pour couvrir plus de 5 fois l'apport quotidien conseillé. Casanova, dit-on, en consommait une quarantaine en moyenne chaque jour. Des carences en zinc – d'ailleurs extrêmement rares – peuvent être cause de stérilité et d'impuissance, mais, a contrario, consommée en très grande quantité, cette substance peut avoir un effet toxique.

---

contiennent en petites quantités des acides gras essentiels, qui peuvent jouer un rôle protecteur contre les maladies cardio-vasculaires. Ils sont également essentiels pour la santé des membranes cellulaires au niveau du cerveau et de la rétine.

LES RISQUES BACTÉRIENS

Les fruits de mer s'abîment rapidement et sont très sensibles à la pollution bactérienne. Il est donc préférable de les consommer le jour même où ils sont récoltés, ou de les garder vivants jusqu'à la cuisson, hormis les langoustines et les

Choisissez parmi cette savoureuse sélection : crabe tourteau (1), buccins (2), crevettes (3), homard (4), petites crevettes (5), amandes de mer (6), palourdes (7), moules (8), pétoncles (9), huîtres (10).

gambas, qui sont vendues mortes mais crues et qu'il est nécessaire de faire cuire et de déguster le jour de l'achat. Pour les autres, conservez-les au réfrigérateur et consommez-les dans un délai maximal de 48 heures.

Si vous congelez des crustacés après les avoir plongés dans de l'eau bouillante ou dans un court-bouillon, vous pouvez les conserver 2 mois s'il s'agit de langoustines, et jusqu'à 6 mois pour les crabes et les homards. Vous conserverez les pétoncles (crus) pendant 2 mois, mais n'irez pas au-delà de 6 semaines pour les moules cuites et décoquillées.

Mollusques et crustacés sont facilement contaminés par les eaux polluées, surtout les moules et les palourdes qui vivent en eaux peu profondes. Ils présentent tout particulièrement un danger d'hépatite. Si vous en ramassez au bord de la mer pour votre consommation personnelle, évitez à tout prix les abords de quais et le voisinage des habitations. D'ailleurs il vaut mieux les acheter chez un marchand de poisson ou dans une épicerie où ils sont conservés à 0 °C dans la glace pilée ou, dans le cas des homards, dans des réservoirs bien alimentés en oxygène. Il vaut mieux les acheter le jour même où on compte les consommer.

En 1987, une centaine de Québécois tombèrent malades après avoir consommé des moules affectées par l'acide domoïque, composé produit par certaines algues dont les moules se nourrissent. Quelques-unes des victimes subirent des dommages permanents à leur système nerveux, d'autres éprouvèrent des pertes de mémoire. Il y eut 4 mortalités. La présence de l'acide domoïque dans les moules ne peut pas être décelée à l'œil nu. Il appartient donc aux services de santé publics d'effectuer les contrôles nécessaires.

LES INCONVÉNIENTS

Comme beaucoup d'autres produits marins, les fruits de mer peuvent déclen-

cher différentes allergies – telle l'urticaire – chez les sujets sensibles. Les personnes souffrant de goutte éviteront d'en manger trop, car ils contiennent des substances chimiques – les purines – qui peuvent faire monter le taux d'acide urique.

Naturellement riches en sodium, et souvent aussi cuits à l'eau salée, ils doivent être consommés avec modération, ou même totalement supprimés, par les personnes qui souffrent d'hypertension ou sont, pour toute autre raison, astreintes à un régime hyposodé.

L'ÉPOQUE DES FRUITS DE MER

Une assertion populaire affirme qu'il ne faut pas manger de coquillages hors des mois « en r ». Qu'en est-il exactement ? Les mois de mai, juin, juillet et août correspondent à la période de frai des mollusques, pendant laquelle leur aspect n'est pas très engageant ; mais cela ne les rend pas nocifs pour autant. Cette période correspondant également aux grosses chaleurs, mieux vaut donc s'abstenir, sauf si l'on se trouve au bord de la mer et que l'on est absolument assuré de la fraîcheur du produit. Toutefois, les transports frigorifiques actuels présentent des garanties suffisantes pour que l'on tienne moins compte de ce problème.

Qualités nutritives de différents fruits de mer (pour 100 g)

Pauvres en graisses saturées et riches en protéines, les fruits de mer ont des qualités nutritives appréciables. Ils sont riches en vitamines du groupe B et renferment certains sels minéraux indispensables. Parce qu'ils sont facilement sujets aux contaminations bactériennes, il convient d'être très prudent tant à l'achat que lors de la préparation et de la cuisson.

ALIMENT	PROTÉINES (g)	LIPIDES (g)	SODIUM (mg)	VITAMINES	SELS MINÉRAUX
Bigorneaux	26,1	1,2	1 000	Très riches en vitamines B_{12} et B_6. Renferment de la vitamine B_2.	Très riches en fer, en magnésium et en calcium. Riches en sélénium, en iode, en phosphore et en potassium.
Calmar	16,0	1,1	163	Contient des vitamines B_{12} et B_6.	Riche en magnésium et en sélénium. Renferme du phosphore et du potassium.
Crabe bleu	17,3	1,9	250	Contient de l'acide panthothénique, de la niacine et des vitamines A et B_6.	Bonne source de zinc. Contient du fer, du potassium, du magnésium et du calcium.
Crabe mou	12,0	1,3	300	Bonne source de niacine. Contient de la vitamine B_6, de la riboflavine et de la thiamine.	Bonne source de fer. Contient du calcium et du magnésium.
Crabe des neiges	19,3	1,5	180	Bonne source de vitamine A. Contient des folates, de l'acide panthothénique et de la vitamine B_6.	Bonne source de zinc. Contient du fer et du magnésium.
Crevettes (en beignets)	10,1	19,2	766	Renferment 26,4 g de glucides.	Perdent la vitamine B_{12} et une grosse partie du calcium et de la niacine.
Crevettes (ébouillantées)	21,8	1,8	1 595	Riches en vitamine B_{12}. Contiennent de la niacine.	Riches en fer, en magnésium, en iode et en sélénium. Renferment du calcium, du phosphore et du potassium.
Homard	19,5	1,8	560	Riche en vitamines B_{12} et B_5. Contient de la vitamine E, des folates et de la niacine.	Très riche en sélénium, riche en iode. Renferme du zinc, du cuivre, du magnésium, du phosphore et du potassium.
Huîtres (crues)	8,9	1,6	280	Très riches en vitamine B_{12}. Fournissent des vitamines A, E et de la niacine. Contiennent de la thiamine et de la riboflavine.	Très riches en zinc et en cuivre. Riches en fer. Contiennent du potassium et du phosphore. Fournissent du sélénium et de l'iode.
Langoustine	17,0	2,0	n.d.	Contient de la vitamine A et de la niacine.	Riche en calcium, en phosphore et en fer.
Moules (cuites)	16,7	2,8	386	Fournissent des vitamines A et E et de la riboflavine. Contiennent des folates.	Très riches en fer, en iode, en sélénium et en magnésium. Contiennent du calcium, du phosphore et du potassium.
Pétoncles	15,6	0,5	156	Contiennent de la niacine et de la vitamine B.	Riches en sélénium et en potassium. Renferment du phosphore et du magnésium.
Poulpe	16,4	1,0	363	Contient des vitamines B_6 et E et de la niacine.	Très riche en sélénium. Contient du phosphore, du potassium et du fer.
Praires et palourdes	15,4	1,0	56	Très riches en vitamine B_{12}.	Très riches en fer. Contiennent du potassium et du phosphore.

GASTRITE

PRIVILÉGIER
- *les repas à heures fixes*
- *les hydrates de carbone, les fruits, les légumes et les protéines tirées d'aliments peu gras*

RÉDUIRE
- *les mets épicés ou acides*
- *le recours aux anti-inflammatoires*
- *le café, le thé et la menthe*

La gastrite est une affection qui touche l'estomac. Le symptôme caractéristique est une sensation de chaleur en haut de l'estomac, qui peut remonter vers la poitrine et entraîner brûlures, nausées et flatulences. La gastrite aiguë se manifeste généralement par une inflammation soudaine de la muqueuse de l'estomac. Elle est souvent reliée à un stress soudain – blessure grave, brûlure étendue ou intervention chirurgicale – et peut éventuellement entraîner un ulcère de stress et une hémorragie intestinale.

La gastrite chronique peut être reliée à une maladie comme celle de Crohn, à des médicaments comme l'aspirine ou certains anti-inflammatoires, ou à une infection virale. On croit depuis peu qu'elle pourrait provenir aussi d'une infection intestinale causée par la bactérie *Helicobacter pylori*, également impliquée dans l'ulcère de l'estomac (ulcère gastrique).

Bien que l'alimentation ne constitue pas en soi une cause de gastrite, les personnes qui en souffrent ont intérêt à éviter certains aliments susceptibles d'entraîner chez eux des douleurs et de l'inflammation. Ces aliments incluent le chocolat, les épices, les mets gras et

Histoire vécue

Imran travaille dans un restaurant indien et raffole des plats épicés. Il prenait ses repas de façon irrégulière, et il lui arrivait même de boire plutôt que de manger. Mais, depuis quelque temps, il se plaignait de douleurs de l'estomac accompagnées de flatulences. Le médecin, qui diagnostiqua une inflammation sévère de l'estomac, conseilla à Imran de manger à heures fixes, d'éviter les plats très épicés et d'arrêter la consommation d'alcool. Après avoir observé ces règles diététiques, accompagnées d'un traitement médicamenteux pendant 1 mois, Imran ne ressentit plus rien.

ceux qui renferment de la tomate. L'alcool, le thé et le café, décaféinés ou non, de même que les tisanes à la menthe sont également à bannir car ils ont pour effet de détendre la musculature dans le passage entre l'œsophage et l'estomac, favorisant par le fait même le reflux du contenu de l'estomac dans l'œsophage.

GASTRO-ENTÉRITE

PRIVILÉGIER
- *l'eau et les bouillons pour remplacer les liquides perdus*
- *une réintroduction progressive des aliments solides*

ÉVITER
- *les produits laitiers, sauf le yogourt*
- *les fruits et légumes crus dont les fibres sont irritantes*
- *l'alcool et la caféine, qui stimulent l'intestin*

La gastro-entérite est une maladie qui se traduit essentiellement par une diarrhée. Lorsqu'elle est liée à une inflammation de la muqueuse de l'estomac et des intestins, la diarrhée devient aiguë et peut s'accompagner de crampes d'estomac, de vomissements plus ou moins importants, parfois de fièvre ; celle-ci est un signe de gravité.

Il peut s'agir d'une infection d'origine parasitaire, bactérienne ou virale ; ou d'un empoisonnement relié à la consommation d'aliments mal conservés, insuffisamment cuits ou contaminés par un manque d'hygiène. Une allergie alimentaire, certains médicaments dont les antibiotiques et un abus de laxatifs peuvent également entraîner une gastro-entérite.

La plupart du temps, la gastro-entérite est d'origine bactérienne ou virale, et elle disparaît au bout de 24 ou 48 heures. Si les vomissements et la diarrhée persistent, le médecin pourra prescrire un médicament pour calmer la nausée, de même qu'un antibiotique s'il le juge à propos ; il faudra peut-être aussi recourir à des tests pour identifier la nature du mal.

LE TRAITEMENT DIÉTÉTIQUE

Le principe du traitement est de mettre le côlon au repos. Il faut donc éviter la nourriture solide, mais en même temps boire de grandes quantités de liquides pour compenser les pertes hydriques entraînées par la diarrhée. La bière de gingembre et le gingembre confit calmeront la nausée. Un bouillon de poulet fait maison aide à la réhydratation en même temps qu'il restaure l'équilibre des électrolytes par son apport en potassium et en sodium ; on peut lui ajouter du riz qui a un effet liant sur le contenu de l'intestin. L'alcool et la caféine sont à proscrire parce qu'ils stimulent la digestion et aggravent la diarrhée.

Les pommes, pelées et râpées (2 à 4), peuvent également être consommées en petites quantités réparties dans la journée, car elles contribuent à ralentir le transit intestinal.

Lorsque la diarrhée s'est calmée, on peut réintroduire graduellement la nourriture solide. Bananes, riz, compote de pommes et pain grillé constituent un premier menu approprié.

Après 48 heures, on préconise un régime « sans résidu », c'est-à-dire sans aucune fibre alimentaire : des pâtes, des viandes maigres, des œufs préparés sans matière grasse, des légumes bien cuits et peu fibreux comme les carottes. L'apport hydrique doit bien évidemment être maintenu.

D'autres aliments peuvent être progressivement introduits au régime : des pommes de terre, des fruits bien mûrs ou cuits, du yogourt ; le lait viendra en dernier parce qu'il contient du lactose, souvent mal toléré par l'intestin en temps de crise.

GASTRONOMIE FRANÇAISE

Au Québec, comme en France et dans d'autres pays d'origine latine, on apprécie les plaisirs de la table. On est amateur de bonne chère et de bons vins, on reste attaché à une cuisine traditionnelle et gourmande. Et, selon de récentes études, cette alimentation que les Américains ont surnommée « méditerranéenne » serait plutôt bénéfique pour la santé.

D'après des recherches menées par une institution américaine, il s'avère, par exemple, que les Français meurent 3 à 4 fois moins souvent de maladies cardio-vasculaires que les Anglo-Saxons ou les Scandinaves. Et pourtant, ils consomment autant – sinon plus – de matières grasses saturées (celles dont l'excès est le plus redoutable pour le cœur et les vaisseaux), et leur taux moyen de cholestérol sanguin (2,28 g/litre) est même supérieur à celui des Américains (2,05 g/litre). Les nutritionnistes ont bien sûr cherché à comprendre les raisons de ce paradoxe.

L'une des explications mises de l'avant a été que les Méditerranéens consomment moins de beurre (riche en acides gras saturés) et davantage d'huiles végétales, dont les acides gras (en majorité polyinsaturés dans l'huile de tournesol, de maïs ou de soja, et monoinsaturés dans l'huile d'olive et d'arachide) ont des effets bénéfiques pour le cœur et les vaisseaux.

Mais les lipides ne sont probablement pas seuls en cause. On pense maintenant que l'absorption régulière de boissons alcoolisées (et en particulier de vin) peut également jouer un rôle favorable pour la santé cardio-vasculaire. Les Français boivent 10 fois plus de vin que les Américains. Certes, une consommation excessive d'alcool favorise la survenue de l'hypertension artérielle et de l'athérosclérose, de même que le risque de cancers du foie et des voies digestives supérieures, et bien entendu de cirrhose. Mais différentes études ont montré que lorsque l'on boit raisonnablement – l'équivalent de 1 à 2 verres de vin par jour –, l'incidence des pathologies coronariennes est plus faible que lorsqu'on ne boit pas du tout d'alcool. Cet effet protecteur de l'alcool est surtout sensible avec le vin rouge ; mais il disparaît dès lors que la consommation est plus élevée.

Autre atout reconnu de l'alimentation dite « méditerranéenne », une consommation élevée de fruits et de légumes frais : ils occupent en effet la deuxième place dans le budget alimentaire des Français, juste derrière les dépenses liées à l'achat de viande. Les nutritionnistes considèrent que c'est grâce à leur richesse en éléments de protection (vitamines C, A et E antioxydantes), en minéraux, en oligoéléments variés, en fibres, que les légumes et les fruits frais peuvent avoir une influence bénéfique pour la santé cardio-vasculaire.

Enfin, le rythme alimentaire français classique, avec ses trois repas structurés dans la journée, s'avère plus satisfaisant que les nombreuses collations (voire le grignotage presque permanent) de l'alimentation américaine, qui font consommer beaucoup d'aliments riches en sucres et en graisses, et favorisent ainsi l'embonpoint avec tout le cortège des maladies qui lui sont associées.

Le paradoxe français, ce n'est sans doute rien d'autre que la conséquence d'une alimentation élaborée à partir de denrées fraîches et variées, consommées uniquement à l'heure des repas, et qu'on prend le temps de déguster… C'est, en somme, le résultat d'un capital d'habitudes acquises au fil des générations. Un patrimoine dont le Québec a hérité en partie et qu'il faut savoir préserver.

Les biscuits : des grignoteries riches en sucre et en graisses, auxquelles il est parfois difficile de résister.

GÂTEAUX ET BISCUITS

Gâteaux et biscuits utilisent la farine comme matière première de base. Compte tenu de leur forte teneur en sucre et en matières grasses, associée à une faible teneur en eau, les gâteaux et les biscuits, même quand ils renferment une céréale complète, ont peu de valeur nutritionnelle, si ce n'est leur apport en calories.

Ce sont avant tout des aliments plaisir, dont la consommation doit être limitée, mais non supprimée. En petite quantité, ils sont une source rapide d'énergie et pour cela constituent souvent la base du goûter des enfants. Mais ils sont aussi une tentation pour les adultes amateurs de gri-

Composition moyenne pour 100 g de biscuit

BISCUIT OU GÂTEAU	PROTÉINES	LIPIDES (g)	GLUCIDES (g)	APPORT ÉNERGÉTIQUE (kcal)
Biscuit à l'avoine	6,5	15,8	70,0	453
Biscuit aux brisures de chocolat	5,4	21,0	69,7	471
Biscuit aux figues	3,9	5,6	75,5	358
Biscuit graham nature	8,0	9,4	73,3	384
Biscuit à la guimauve, recouvert de chocolat	4,0	13,2	72,3	409
Biscuit sandwich	4,7	22,5	69,3	495
Gâteau des anges	5,7	0,2	59,4	259
Gâteau blanc, glace bouillie	4,5	13,9	55,9	364
Gâteau chocolat, glace au chocolat	4,5	16,4	55,8	369
Gâteau éponge	7,6	5,7	54,1	297
Gaufrettes au sucre	4,9	19,4	73,4	485
Quatre-quarts	5,5	30,1	48,3	482

COMMENT COUPER LES MATIÈRES GRASSES

N'hésitez pas à modifier vos recettes favorites : en général, le gras peut être réduit du tiers ou plus et le sucre au moins de moitié, sans altérer la saveur ni la texture. Il faut néanmoins savoir comment s'y prendre. Voici quelques trucs pour vous y aider :

● *Dans vos recettes de biscuits et de gâteaux, remplacez une partie du gras par de la compote de pommes, de la purée de pruneaux ou d'un autre fruit, ou par des bananes écrasées. Tout comme le gras, les fruits ajoutent en effet de l'humidité et de la texture, en plus de rehausser la saveur.*

● *Utilisez seulement la moitié des jaunes d'œufs demandés et compensez avec des blancs ; ce faisant, vous augmenterez le contenu en protéines et diminuerez la quantité de gras et de cholestérol.*

● *Dans les tartes aux fruits, réduisez le sucre ou supprimez-le tout simplement ; utilisez plutôt une épice, comme de la cannelle.*

● *Avec une abaisse unique, la tarte à la française représente une économie de gras.*

● *Une croûte aux biscuits graham requiert moins de corps gras qu'une croûte ordinaire.*

● *Pour confectionner vos garnitures à tarte et glacer vos gâteaux, remplacez la crème par du lait concentré et le fromage à la crème par du fromage blanc ou du yogourt égoutté.*

● *Au lieu de décorer vos desserts avec de la crème fouettée, donnez-leur une touche raffinée avec un coulis ou une purée de fruits.*

● *Dans le domaine des biscuits, optez pour les barres aux fruits et les biscuits à l'avoine qui sont les plus nutritifs et les moins caloriques. Vous pouvez même les améliorer en remplaçant une partie du gras par de la compote de pommes ou de la purée de pruneaux, en utilisant de la farine de blé entier et en remplaçant les noix par des raisins et d'autres fruits secs.*

● *Pour une fête ou un événement spécial, servez un gâteau de Savoie au chocolat avec des petits fruits frais ou du coulis de fraises ou de framboises ; ce type de gâteau contient peu de gras et vous aurez là une fraction des calories que représente un gâteau au chocolat traditionnel.*

● *Confectionnez un gâteau au fromage léger avec un mélange de fromage cottage et de ricotta écrémée auquel vous ajouterez du lait écrémé concentré, du zeste de citron râpé et des blancs d'œufs. Glacez-le avec du fromage blanc ou du yogourt égoutté plutôt qu'avec de la crème sure.*

---

gnotage. Attention, gâteaux et biscuits sont vite avalés et leur apport calorique est conséquent !

Une concentration élevée en sucre favorise la carie dentaire et diminue l'appétit. Cependant, des études récentes ont démontré que les diabétiques peuvent tolérer certains aliments sucrés surtout s'ils contiennent du gras qui ralentit le métabolisme des sucres.

Farine raffinée, sucre, gras, œufs et lait ou crème sont les ingrédients de base en pâtisserie. Les graisses solides et très saturées comme le shortening, le saindoux, le beurre et les huiles tropicales donnent sans contredit les meilleurs résultats. Ce sont en même temps les graisses les plus susceptibles de faire augmenter le taux de lipoprotéines de basse densité (LDL) dans le sang.

Les gâteaux aux carottes, les pains aux bananes et les autres pâtisseries du même genre sont souvent proposés au rayon des « aliments santé ». En fait, ils contiennent la plupart du temps relativement peu du fruit ou du légume en question, mais beaucoup de gras et de sucre, et ils sont parfois même de surcroît recouverts d'une glace au fromage à la crème. On peut toutefois préparer soi-même ces aliments en remplaçant certains des ingrédients par des substituts faibles en gras (voir le tableau ci-contre).

GENCIVES

PRIVILÉGIER
● *les fruits et légumes frais, pour leur vitamine C*

Les maladies des gencives sont plus souvent fatales aux dents que de simples caries. Elles peuvent se déclarer chez tous ceux qui négligent leur hygiène dentaire ou suivent un régime alimentaire déséquilibré.

Les gingivites, très fréquentes, se manifestent par une inflammation et un saignement des gencives. Elles sont, pour la majorité, causées par une accumulation de la plaque dentaire. Si tel est le cas, il faut faire effectuer un détartrage par le dentiste et observer ensuite un brossage quotidien et méticuleux des dents. L'utilisation d'un jet dentaire prévient efficacement la formation de plaque dentaire.

En l'absence de traitement, les gingivites peuvent dégénérer en parodontite, c'est-à-dire un amenuisement de l'os qui supporte la dent. Ce phénomène peut entraîner un déchaussement des dents.

Un saignement des gencives peut aussi être le signe d'une carence en vitamine C. Pour y remédier, il est bon de consommer beaucoup de fruits et de légumes frais. Une autre façon de stimuler les gencives est de mâcher des aliments durs et fibreux, comme un bâtonnet de céleri ou une carotte.

GERME DE BLÉ

AVANTAGES

- *excellente source de thiamine, de zinc, d'acide folique et de magnésium*

Le germe de blé est l'embryon de la plante ; il est situé dans la partie intérieure du grain. Il ne représente que 2 % du grain mais la quasi-totalité des éléments nutritifs y est concentrée. Il est très riche en matières grasses (près de 10 %). Ces matières grasses se composent pour l'essentiel d'acide linoléique.

Le germe de blé brut est une excellente source de thiamine, de zinc, d'acide folique, de magnésium et de niacine ; il est une bonne source de phosphore, de potassium et de vitamine B_6 ; il contient du fer, du cuivre, de l'acide pantothénique et de la riboflavine ; il est une source élevée de fibres alimentaires. La lysine, un acide aminé essentiel, est particulièrement abondant dans le germe, ce qui est plutôt intéressant puisque cet acide aminé est peu présent dans le reste du grain.

L'huile de germe de blé est obtenue par pressage des germes à froid ou à l'aide de solvants. On l'ajoute aux aliments où elle sert de supplément vitaminique ; elle constitue une excellente source de vitamine E, mais est coûteuse à produire. Il est conseillé de conserver le germe de blé et l'huile de germe de blé au réfrigérateur afin de conserver leurs propriétés nutritives ainsi que leur goût. La vitamine E s'oxyde rapidement à la chaleur et à la lumière.

COMPOSITION MOYENNE POUR 100 G :
protéines . . . . 25 g
lipides . . . . 10 g
glucides . . . . 33,3 g
apport énergétique . . . . 324 kcal

GIBIER

AVANTAGES

- *pauvre en graisses*
- *excellente source de protéines*
- *riche en fer*

INCONVÉNIENTS

- *parfois lourd à digérer*

Les bêtes sauvages autrefois recherchées par les chasseurs font aujourd'hui l'objet d'élevages, particulièrement le cerf et le chevreuil. La viande est plus tendre mais moins sapide parce que la diète est différente.

La saveur du gibier varie selon son alimentation : sapinage, fruits sauvages, écorces, jeunes pousses et herbages donnent une flaveur distinctive à la venaison sauvage qu'il est difficile de retrouver avec les bêtes d'élevage.

Qu'il soit à plume ou à poil, le gibier a une chair plus colorée que l'animal domestique. Mais cette chair est également plus ferme, ce qui explique la coutume du faisandage, qui consiste à suspendre l'animal pendant 48 heures environ après l'abattage pour attendrir la viande. Cette pratique sert également à faire ressortir la saveur forte de certaines substances – sécrétées par l'animal durant la chasse – recherchées par les gastronomes. Cependant, ces substances, parfois légèrement toxiques, peuvent être responsables d'une digestion difficile.

APPORT NUTRITIONNEL

Comme toutes les viandes, les gibiers sont riches en protéines. Celles-ci sont d'une proportion bien équilibrée en acides aminés indispensables, qui interviennent dans le renouvellement permanent des structures cellulaires.

Le gibier, surtout celui à poil, est riche en fer, dont le rôle est primordial dans la fabrication ininterrompue des globules rouges. Ce fer, composé en grande partie de fer héminique, est très bien absorbé par l'organisme.

Enfin, le gibier, à poil ou à plume, est toujours beaucoup moins gras que les viandes de boucherie car il s'agit d'animaux beaucoup plus actifs. Il faut conserver cet avantage en cuisinant les gibiers avec peu de matières grasses.

COMPOSITION MOYENNE POUR 100 G DE VENAISON :
protéines . . . . 21,0 g
lipides . . . . 4,0 g
glucides 0
apport énergétique . . . . 126 kcal

POUR 100 G DE LIÈVRE :
protéines . . . . 29,3 g
lipides . . . . 10,1 g
glucides 0
apport énergétique . . . . 216 kcal

DU GIBIER TOUTE L'ANNÉE

- *La préservation de la faune au Canada repose sur le principe qu'elle n'est pas commercialisable. Les produits de la chasse, aux époques et aux endroits où elle est autorisée, sont donc réservés à la consommation privée. Le gibier qu'on trouve sur le marché – daim, bison, sanglier, faisan, pintade, autruche – est donc presque toujours un animal d'élevage ou de parcage.*
- *Une exception à cette règle concerne le caribou. À cause d'un surplus dans ses populations, le gouvernement québécois a autorisé les Inuits à abattre un certain nombre de ces animaux, à les débiter et à les entreposer dans des entrepôts frigorifiés soumis à des normes rigoureuses, pour les écouler peu à peu sur le marché.*
- *Autre exception, le lièvre, qu'on retrouve sur le marché en décembre et en janvier.*

POUR 100 G DE CARIBOU :

protéines . . . . 37,3 g
lipides . . . . 1,6 g
glucides 0
apport énergétique . . . . . . 174 kcal

GINGEMBRE

AVANTAGES
- *peut aider à calmer les nausées*
- *réputé comme palliatif contre le mal des transports*
- *le vin de gingembre sert à soulager les crampes menstruelles*

INCONVÉNIENTS
- *le gingembre cru ou cristallisé peut irriter les tissus de la bouche*

L'utilisation du gingembre en cuisine remonte très loin dans le temps. On sait par exemple que les Chinois l'utilisent depuis des millénaires et qu'il était déjà répandu dans le bassin méditerranéen à l'époque des Romains. Les croisés le mirent à la mode dans les cours d'Europe et les Espagnols le transportèrent avec eux en Amérique.

En plus du gingembre, la famille des zingibéracées comprend deux autres épices réputées, la cardamome et le curcuma, sans compter un parent éloigné assez surprenant, la banane. La cardamome parfume le café au Proche-Orient, et on la retrouve dans le pain et la pâtisserie en Scandinavie. Le curcuma, ingrédient essentiel de la poudre de cari, sert aussi en teinture et colore en jaune vif les étoffes indiennes mais aussi le beurre et la margarine chez nous.

D'une franche saveur fraîche et épicée, le gingembre est apprécié dans les plats tant sucrés que salés. Pour bien choisir des rhizomes frais, il faut s'assurer que leur chair est lourde et ferme. Leur longueur est un signe de maturité ; ils sont alors plus forts, avec davantage de fibres.

De tous temps aussi, le gingembre a occupé une large place dans la pharmacopée. La recherche scientifique tend à sanctionner certaines vertus qu'on lui prêtait traditionnellement.

En attendant des preuves plus tangibles, on peut recourir à ses propriétés réconfortantes en cas de grippe ou de congestion. Il suffit de laisser infuser 2 tranches de gingembre frais dans 1 tasse d'eau mise à bouillir pendant 10 minutes ; une pincée de cannelle en rehaussera le goût.

Jusqu'à l'avènement des analgésiques, on utilisait le vin de gingembre en Angleterre comme relaxant musculaire pour soulager les maux de ventre au moment des règles. Tout porte à croire que ses vertus, dans ce cas, étaient davantage attribuables à l'alcool dans lequel il était mis à macérer, mais la preuve reste à faire.

Des études récentes ont démontré que le bêta-ionone, un terpène présent dans le gingembre, aurait des propriétés anticancéreuses. Les tumeurs provoquées en laboratoire se développent beaucoup plus lentement chez les animaux qui ont été traités au préalable au bêta-ionone.

C'est toutefois comme palliatif contre la nausée que le gingembre a le mieux fait ses preuves. Il est reconnu officiellement en Allemagne comme traitement contre le mal des transports. Sous forme de bière non alcoolisée, de comprimés ou de bonbon cristallisé, il calme les spasmes de l'estomac en cas d'indigestion et de nausée, notamment pendant la grossesse ou une chimiothérapie. Il se vend aussi sous forme de gélule pour ceux qui trouvent le gingembre cristallisé irritant pour la bouche.

GINSENG

AVANTAGES
- *aurait des vertus toniques*

INCONVÉNIENTS
- *provoquerait des infections*

On prête à la racine de cette plante de nombreuses vertus, allant d'une action tonique sur la fonction rénale, les os, les dents, le sang et le cœur, jusqu'au traitement de l'impuissance. Le ginseng présenterait en revanche un certain nombre d'inconvénients, dont celui de provoquer infections et hémorragies. Des effets indésirables ont été mis en évidence, tel le syndrome de l'abus de ginseng, déclenché à des doses de 5 à 15 g par jour, qui se traduit par une euphorie, des insomnies, voire des états confusionnels, une hypertension artérielle.

Le sevrage brutal entraîne de l'hypotension et des tremblements. Jusqu'à plus amples informations, le ginseng reste donc un produit actif qui ne peut être considéré comme un simple aliment.

GLUCIDES

Appelés également hydrates de carbone ou tout simplement sucres, bien qu'ils ne soient pas tous sucrés, les glucides forment une famille assez hétéroclite composée de molécules ayant des structures très simples ou des structures très complexes.

LES MONOSACCHARIDES

Les glucides les plus simples sont les monosaccharides, encore appelés oses. Formés d'une seule molécule, ils sont directement assimilés par l'organisme. Il s'agit du glucose, du fructose, du galactose. Hormis le fructose – le sucre contenu dans les fruits –, les oses ne sont présents qu'en très petite quantité dans les aliments. Ils représentent surtout le résultat de la digestion de glucides plus complexes.

LES DISACCHARIDES

Appelés aussi diholosides, les disaccharides sont constitués de l'association de deux oses. Ce sont des enzymes digestives qui les décomposent en sucres simples dans l'intestin. Les principaux sont le saccharose – sucre issu de la canne à sucre ou de la betterave sucrière –, qui se compose de glucose et de fructose, et le lactose – sucre du lait –, formé de galactose et de glucose.

LES POLYSACCHARIDES

Plus connus sous le nom de sucres complexes, ou celui de sucres lents (voir encadré), les polysaccharides sont constitués de chaînes plus ou moins longues de glucose. L'amidon est le plus répandu. On le rencontre dans les féculents (céréales, pommes de terre, légumes secs) et dans certains fruits et légumes. Au cours de la digestion, les chaînes de l'amidon sont scindées progressivement en chaînes de plus petite taille jusqu'au stade du glucose, qui peut être absorbé par l'intestin.

Le glycogène possède une formule voisine de celle de l'amidon. Il forme la principale réserve de glucose de l'organisme. Il est libéré par le foie au fur et à mesure des besoins du corps – notamment lors d'un effort physique. Les muscles l'utilisent pour se contracter.

AUTRES GLUCIDES COMPLEXES

Il s'agit de l'inuline et des fibres alimentaires végétales. L'inuline est présente dans certains végétaux comme les topinambours et les artichauts. Une fois digérée, elle donne du fructose. Les fibres alimentaires végétales re-

groupent les celluloses, les hémicelluloses et les pectines.

Les fibres ne sont pas des nutriments, car elles ne sont pas décomposées par les enzymes digestives et ne fournissent aucune énergie à l'organisme. Elles servent essentiellement à accélérer le transit intestinal par excitation mécanique de la paroi du tube digestif et par augmentation du contenu intestinal. Dans ce rôle, les fibres céréalières (celluloses) sont plus efficaces que les pectines (fruits et légumes).

Les pectines, quant à elles, présentent le double intérêt de réguler le transit (elles le ralentissent quand il est accéléré) et de favoriser l'élimination du cholestérol.

RÔLE DES GLUCIDES

Le glucose, qui est le résultat final de la digestion des glucides, est le seul aliment des cellules nerveuses. Mais le rôle principal des glucides dans l'alimentation consiste à fournir de l'énergie à l'organisme pour lui permettre de réaliser les réactions chimiques nécessaires au fonctionnement des organes. C'est en quelque sorte l'essence du moteur.

L'INDEX GLYCÉMIQUE

Il y a encore quelques années, on distinguait, d'un côté, les sucres rapides formés de molécules simples (saccharose, glucose...), de l'autre, les sucres lents, ou complexes, composés d'une longue chaîne de molécules de glucose (amidon). L'ingestion de sucres dits rapides provoquait, pensait-on, une élévation très rapide de la glycémie car ils ne nécessitaient pas ou peu l'action d'enzymes digestives. Ils passaient ainsi presque directement dans le sang. À l'inverse, on disait des sucres lents qu'ils entraînaient une réponse beaucoup plus lente de la glycémie car ils devaient être scindés par différentes enzymes. Or, des études récentes sont venues contredire totalement cette théorie. Une nouvelle mesure, appelée index glycémique des aliments, a en effet permis de mettre en évidence que les variations de la glycémie n'étaient pas forcément liées à la longueur de la chaîne des molécules. Il semble que de nombreux autres facteurs interviennent. L'index glycémique prend le glucose comme valeur de référence (100 %), car c'est le sucre le plus hyperglycémiant. Les autres sucres, ou aliments qui en contiennent, sont classés par rapport à cette valeur selon l'élévation de glycémie qu'ils entraînent. Plus ils se trouvent pro-

ches de l'indice du glucose, plus ils sont considérés comme rapides, et inversement. Voici quelques exemples qui vont à l'encontre de bien des idées reçues.

Glucose : 100 %
Carottes : 92 %
Pommes de terre : 80 %
Pain blanc : 69 %
Banane : 62 %
Pâtes : 59 %
Saccharose : 59 %
Petits pois : 51 %
Pomme : 39 %
Haricots blancs : 29 %
Fructose : 20 %

Cependant, calculés dans des conditions expérimentales (consommation d'un aliment unique durant un repas puis mesure de la glycémie), ces index ne reproduisent pas la réalité d'un vrai repas. On a ainsi montré que le glucose, qui est un sucre rapide, se conduit comme un sucre lent lorsqu'il est consommé avec des graisses. Cela s'explique par le fait que l'évacuation des aliments de l'estomac vers l'intestin demande plus de temps lorsque l'alimentation contient des lipides. D'autre part, l'évacuation gastrique des aliments solides est plus lente que celle des liquides, car il faut du temps pour les broyer.

Les glucides : où les trouver ?

Dans une alimentation équilibrée, on considère que les glucides doivent représenter environ 50 à 60 % de l'apport énergétique total. Ainsi, si l'apport recommandé en énergie est de 2 000 kcal par jour, les glucides doivent fournir environ 100 kcal. Sachant que 1 g de glucide dégage 4 kcal, la proportion de glucides de la ration sera de l'ordre de 275 g par jour, qui doivent être apportés en majorité par des produits riches en amidon. Le sucre et les produits dits sucrés ne doivent pas représenter plus de 10 % de l'apport énergétique total soit, pour un apport recommandé de 2 000 kcal, 50 g au maximum.

APPORT GLUCIDIQUE POUR 100 G

CÉRÉALES ET PRODUITS RICHES EN AMIDON

pâtes 22 g

riz blanc 26 g

pommes de terre vapeur 18 g

lentilles 12,6 g

PAINS ET DÉRIVÉS

baguette 56 g

pain de campagne 54 g

biscottes 74 g

pain de mie 50 g

LÉGUMES CUITS

haricots verts 3,6 g

chou-fleur 2,3 g

petits pois 5 g

carottes 6,6 g

FRUITS

pomme 11,7 g

banane 21 g

raisin 16,1 g

kiwi 9,9 g

Ne pas consommer suffisamment de glucides, c'est amener l'organisme à rechercher des calories ailleurs, habituellement dans les lipides. Une consommation très restreinte l'oblige même à fabriquer des glucides à partir de certains acides aminés issus des protéines, ce qui les détourne de leurs fonctions de construction et de renouvellement cellulaire.

À l'inverse, consommer trop de glucides, c'est s'exposer à prendre du poids. En effet, les possibilités de stockage sont limitées et les glucides non utilisés sont transformés en acides gras qui contribuent à augmenter la proportion de tissu adipeux. Les glucides sont indispensables à l'organisme, mais en quantité raisonnable.

COMBIEN FAUT-IL DE GLUCIDES ?

À l'heure actuelle, on estime qu'environ 60 % des calories devraient provenir de glucides choisis parmi un large éventail d'aliments incluant des céréales, des féculents, des légumes et des fruits. Au maximum, 10 % de ces glucides devraient être des sucres simples. Or, le régime nord-américain typique se constitue comme suit : 20 % des calories viennent du sucre, 20 % des protéines, 35 % des graisses et 25 % seulement des féculents.

On note tout de même un certain progrès. D'après de récents sondages, les gens consommeraient en général moins de viande et plus de pain, de céréales, de légumineuses et de graines. Les glucides raffinés comme la farine blanche et le riz blanc fournissent autant d'énergie que la farine non raffinée et le riz brun. Toutefois, tout aliment traité perd de ce fait même des nutriments essentiels et pour ceux-ci en particulier, il s'agit de fer, de minéraux, de fibres et de vitamines du complexe B. Le régime idéal repose surtout sur des grains entiers ou peu raffinés, et des fruits et légumes consommés crus ou très peu cuits.

GORGE (mal de)

PRIVILÉGIER
- *les fruits et les légumes, pour la vitamine C*
- *les aliments riches en vitamine A et en bêta-carotène, comme le foie (sauf pendant la grossesse), les carottes et les épinards*

ÉVITER
- *le tabac et l'alcool*

Des picotements dans la gorge sont souvent les premières manifestations d'un rhume, d'une grippe ou d'une angine. Lorsqu'elles sont dues à un virus, ces affections sont bénignes. Mais, si elles résultent de la présence de streptocoques – des bactéries –, il est indispensable de traiter la maladie par des antibiotiques, sous peine de voir se développer une grave complication : le rhumatisme articulaire aigu et ses troubles articulaires et cardiaques. Chez l'enfant, toute grippe doit être soignée par un traitement à base de pénicilline, prescrit par un médecin, pendant quelques jours.

La fatigue, le stress, l'alcool et le tabac affaiblissent la résistance de l'organisme. Le tabac ralentit l'évacuation des sécrétions bronchiques et favorise les infections oropharyngées.

Les carences en vitamine C peuvent accroître le risque d'infection. Parmi les aliments qui en contiennent figurent les fruits et légumes frais, comme les abricots, le kiwi, les oranges, les fraises, le brocoli et les poivrons rouges. Ils fournissent également du bêta-carotène, transformé par l'organisme en vitamine A, laquelle est primordiale pour la santé des muqueuses.

Pour apaiser les maux de gorge, boire le jus de ½ citron et 1 cuillerée à thé de miel dilués dans un verre d'eau bien chaude.

Les maux de gorge durent généralement 3 à 4 jours. Si les symptômes persistent, consultez un médecin, car ils peuvent annoncer une maladie comme la mononucléose infectieuse ou les oreillons.

GOUTTE

PRIVILÉGIER
- *les fruits et les légumes*
- *les apports hydriques*

RÉDUIRE
- *les abats*
- *les fruits de mer*
- *le gibier*

PROSCRIRE
- *l'alcool*

La goutte est une maladie liée à l'accumulation de cristaux d'acide urique dans certaines articulations, pouvant y provoquer une inflammation, ou arthrite.

Chez l'homme, l'acide urique provient du catabolisme de composés que l'on appelle les bases puriques. Ces composés sont libérés, sous forme de purine, à partir des aliments riches en protéines. L'acide urique qui provient des aliments ne contribue que pour 50 % environ à l'uricémie (taux d'acide urique dans le sang).

Des facteurs à la fois alimentaires, génétiques et familiaux peuvent être à l'origine d'une hyperuricémie, laquelle se définit par un taux d'acide urique dans le sang supérieur à 70 mg/l. L'hyperuricémie peut déclencher la goutte, affection qui se caractérise par une inflammation très douloureuse siégeant de façon typique au niveau de l'articulation du gros orteil. Elle peut également provoquer la formation de calculs, ou lithiases, uriques au niveau des reins. La goutte est relativement plus fréquente chez l'homme que chez la femme.

Les crises de goutte peuvent être déclenchées par des excès de table ou un abus d'alcool. Elles sont aujourd'hui traitées par des médicaments spécifiques et efficaces, comme les anti-inflammatoires non stéroïdiens et la colchicine.

Mais le meilleur remède reste un traitement préventif de la goutte, dans lequel la diététique a une place de choix.

CONSEILS DIÉTÉTIQUES

L'alimentation repose sur quelques principes de base :
– réduire ou, mieux, éviter tous les aliments riches en purine : abats (rognons, ris de veau, foie, cervelle), viande (surtout le porc), poisson (surtout les anchois et les sardines), fruits de mer, gibier et, à un degré moindre, lentilles ;
– rechercher une alimentation équilibrée, privilégiant les fruits et une grande variété de légumes ;
– boire beaucoup d'eau plate – 2 litres par jour, davantage en climat chaud – pour « nettoyer les reins » et prévenir l'accumulation excessive des cristaux d'acide urique ;
– éviter l'alcool, principal responsable des crises.

Cette discipline alimentaire doit être accompagnée de mesures destinées à corriger les troubles métaboliques souvent associés à la goutte : obésité, diabète, hyperlipidémie.

Les sujets obèses veilleront à perdre du poids de façon progressive, en suivant un régime qui ne soit pas trop hypocalorique et en évitant le jeûne, ces deux points pouvant aggraver l'hyperuricémie par des mécanismes physiologiques complexes. Lutter contre la sédentarité et pratiquer une activité physique régulière adaptée constituent une aide efficace pour retrouver son poids de forme et le maintenir.

GOYAVE

AVANTAGES
● *excellente source de vitamine C*

Les goyaves sont des fruits arrondis de 5 à 10 cm de diamètre. Leur peau est légèrement amère, leur chair juteuse et très parfumée. Presque la moitié du fruit est constituée de graines comestibles, aussi riches en vitamines que la chair.

À poids égal, une goyave contient presque 4 fois plus de vitamine C qu'une orange, et 2 fois plus qu'un kiwi... Les goyaves en boîte, conservées dans le sirop, restent une excellente source de vitamine C, même si le conditionnement en fait perdre près de 25 %. Chair et graines sont une source assez intéressante de fibres solubles, sous forme de pectine. Le fruit apporte aussi une assez bonne quantité de potassium, qui aide à réguler la tension artérielle.

COMPOSITION MOYENNE POUR IOO G DE GOYAVE EN BOÎTE :
protéines . . . . 0,4 g
lipides . . . . traces
glucides . . . . 15,7 g
apport énergétique . . . . 60 kcal

Le goût acide et sucré des goyaves ainsi que leur arôme caractéristique évoquent les senteurs tropicales.

GRAINES GERMÉES

AVANTAGES
● *meilleure digestibilité des protéines*
● *contiennent des vitamines B*

L'utilisation des graines germées est importante dans les régimes végétariens. Elles sont également la base de certaines recettes traditionnelles dans la cuisine asiatique (germes de soja) et orientale (blé germé du taboulé). On fait germer les graines de légumineuses – soja, lentilles, haricots, pois chiches –, de céréales – avoine, maïs, seigle, sarrasin –, et de légumes tels que céleri et fenouil.

La germination agit sur les enzymes en modifiant la composition en éléments nutritifs, et sur les protéines en en améliorant la digestibilité. Dans les légumineuses, elle détruit certains composés glucidiques responsables de flatulences. Elle augmente en outre les teneurs en vitamines du groupe B.

Pour faire germer soi-même des graines, il suffit de les verser dans un bocal, de les couvrir d'eau et de les laisser tremper pendant plusieurs jours, en les rinçant et en les égouttant une fois par jour pour les empêcher de moisir. Les graines se gonflant d'eau, on peut obtenir 7 kg de graines germées avec seulement 1 kg de graines. Il faut en

Les graines germées les plus courantes (de haut en bas) : haricot jaune, pois chiche, lentille verte, luzerne, soja.

ques et ne présentent que de médiocres valeurs nutritionnelles.

Si le grignotage est fréquent et intervient en complément des 3 repas classiques, l'alimentation devient hypercalorique. Si les apports énergétiques fournis par l'alimentation sont supérieurs aux dépenses caloriques de l'organisme, le surplus est mis en réserve sous forme de graisses dans le tissu adipeux et il y a prise de poids.

Lorsque le grignotage se fait aux dépens des repas, ceux-ci deviennent moins complets, voire moins nombreux. La suppression des aliments consommés aux repas et dont la valeur nutritionnelle est incontestée (légumes, viande, poisson, produits laitiers…) n'est pas compensée par l'ajout des produits grignotés, souvent sucrés et/ou gras. La couverture des apports nutritionnels recommandés en différents éléments nutritifs n'est plus réalisable. Si ce comportement s'installe, il peut entraîner des états de subcarences, voire de carences. Quand on ne peut se passer de grignoter, mieux vaut porter son choix sur des aliments nutritionnellement intéressants tels que les fruits, les laitages et le pain.

consommer beaucoup pour obtenir un bon apport nutritionnel, car elles sont composées de 60 à 80 % d'eau.

GRIGNOTAGE

Le grignotage, c'est-à-dire l'action de manger souvent par petites quantités, est un phénomène qui se développe de plus en plus. Il est en grande partie le reflet de l'évolution des comportements alimentaires. En général, il touche plus particulièrement les adolescents et les jeunes adultes. Lorsqu'il devient systématique, le grignotage a des répercussions à long terme sur l'équilibre alimentaire. Aux États-Unis, où il est devenu depuis longtemps une pratique courante, on a constaté une augmentation spectaculaire du nombre d'obèses, notamment chez les enfants.

Le grignotage porte le plus souvent sur des produits qui ne nécessitent aucune préparation (biscuits, croustilles, noix salées, viennoiseries, pâtisseries, boissons sucrées, confiseries). Or, toutes ces denrées sont très calori-

GRIPPE

PRIVILÉGIER
- *les liquides, particulièrement les jus de fruit dilués*
- *les repas peu copieux, mais équilibrés et légers*

La grippe est une affection virale, et les virus ne réagissent pas aux antibiotiques. Les médecins conseillent généralement de se reposer, de boire beaucoup et de prendre de l'aspirine ou de l'acétaminophène pour soulager les douleurs et faire baisser la fièvre. On aura recours aux antibiotiques en présence d'un risque d'infection bactérienne secondaire, susceptible d'entraîner une bronchite ou une pneumonie.

Pour prévenir la déshydratation liée à la transpiration, il faut boire 1,5 litre par jour au minimum. Du jus de fruits dilué dans un volume égal d'eau sucrée procure énergie et vitamine C.

Les repas doivent être équilibrés, peu copieux, composés de glucides complexes – pain complet et céréales – pour leur apport en énergie, et d'aliments riches en vitamines. Le bouillon avec du poulet maigre répond aux besoins en protéines et en vitamines B et couvre les pertes de sel résultant de la transpiration. Le poisson est aussi une bonne source de protéines. Carottes, épinards et brocoli fournissent du bêta-carotène, légumes et fruits frais sont riches en vitamine C.

GROSEILLES

AVANTAGES
- *riches en vitamines, en potassium et en fibres*

Le groseillier à grappes – qui donne des gadelles rouges – et le groseillier

La groseille à maquereau n'est pas très en vogue. Pourtant il ne faut pas négliger sa valeur nutritionnelle : pauvre en calories, c'est une source appréciable de vitamine C.

épineux – des groseilles à maquereau – appartiennent tous deux au genre botanique *Ribes,* mot d'origine arabe qui signifierait aigre. Ceci expliquant cela, les groseilles de l'un et l'autre genre sont parmi les fruits les moins riches en sucre. Bien que les gadelles appartiennent à la même famille que les cassis, elles contiennent 5 fois moins de vitamine C : 100 g de gadelles n'en apportent que 40 mg, soit la moitié des besoins quotidiens d'un adulte.

Ces fruits au goût légèrement acidulé contiennent également des fibres en bonne proportion, notamment les groseilles rouges, et du potassium.

COMPOSITION MOYENNE POUR 100 G DE GROSEILLES ROUGES (GADELLES) :

protéines	1,1 g
lipides	0,5 g
glucides	5 g
apport énergétique	28 kcal

POUR 100 G DE GROSEILLES À MAQUEREAU :

protéines	0,6 g
lipides	0,1 g
glucides	6,2 g
apport énergétique	30 kcal

GROSSESSE ET ALIMENTATION

*Bien manger quand on attend bébé, c'est important pour l'enfant et sa maman.
L'alimentation, variée et équilibrée, doit répondre aux nouveaux besoins liés à la grossesse,
prévenir d'éventuelles carences, et éviter tout excès.*

Ce que mange la future maman pendant la grossesse influe directement sur son état général, mais aussi sur la santé de son bébé. Pendant cette période de vie à deux qui va durer 9 mois, une alimentation bien adaptée, saine et variée donne le maximum de chances de faire un beau bébé... et de retrouver, après la naissance, une bonne forme, et son poids d'avant.

LE PLEIN DE CALCIUM
La grossesse constitue un état physiologique particulier, très exigeant pour l'organisme de la future maman. Il faut pendant toute cette période « manger pour deux »... ce qui ne signifie d'ailleurs pas « manger comme deux », mais « manger deux fois mieux » ! D'ailleurs, le besoin d'énergie n'augmente que de 100 à 300 kcal par jour durant cette période. Inutile, donc, de bouleverser l'alimentation... surtout si elle était auparavant bien équilibrée. Mais il faut veiller à consommer suffisamment d'aliments qui répondent aux exigences nouvelles liées à la grossesse.

L'apport de calcium alimentaire doit être beaucoup augmenté, afin que le bébé puisse se construire un squelette solide. On préconise une dose quotidienne de 1 200 mg de calcium (au lieu des 700 mg habituels). Si l'alimentation n'en fournit pas suffisamment, le bébé va puiser dans les réserves osseuses maternelles – avec pour conséquence, à l'issue de la grossesse, un risque de décalcification et de problèmes dentaires. Il faut donc que la future maman absorbe chaque jour beaucoup de lait et de produits laitiers : ce sont les meilleures sources alimentaires du calcium. Pour assurer un apport calcique « de sécurité », il faut prévoir au moins un produit laitier à chaque repas ou collation (soit 4 fois par jour). Sur le plan du calcium, 1 verre (250 ml) de lait équivaut à 175 ml de yogourt ou à 50 g de fromage.

FER ET PROTÉINES POUR DEUX
Autre besoin qui s'accroît durant la grossesse : celui du fer. Le volume sanguin maternel augmente, et il faut également fabriquer des globules rouges pour le bébé. Or, la plupart des femmes (3 sur 4) en âge d'avoir des enfants ont un stock hépatique de fer très insuffisant. Aussi près de 10 % des futures mamans souffrent-elles d'anémie pendant le dernier trimestre de leur grossesse. Un déficit en fer augmente la fatigue et, si la carence est importante, le bébé a plus de risques de naître prématurément, et avec peu de réserves de fer, ce qui le rendra plus fragile. En pratique, on conseille à la femme enceinte de consommer chaque jour au moins un plat de viande ou de poisson : ces aliments d'origine animale apportent du fer bien assimilable (la grossesse accroît d'ailleurs les capacités de l'organisme à bien le métaboliser). En revanche, bien que le foie soit très riche en fer, il vaut mieux ne pas en manger plus d'une ou deux fois par semaine pendant la grossesse, car il peut être trop chargé en vitamine A (ce qui est dangereux pour le fœtus).

Avec une alimentation qui renferme suffisamment de produits laitiers et de viande (ou de poisson), la future maman est pratiquement sûre de recevoir l'apport recommandé en protéines : il est de 60 g par jour pendant la grossesse (au lieu de 50). La formation et la croissance du fœtus nécessitent des protéines en quantité mais aussi en qualité suffisantes. Attention aux régimes végétariens, et surtout végétaliens (sans aucun produit animal), qui sont difficilement compatibles avec la grossesse.

PAS DE RÉGIME INTEMPESTIF
En règle générale, une femme de corpulence normale prend de 10 à 12 kg durant la grossesse. Une femme plutôt maigre peut grossir davantage, tandis qu'une future maman déjà un peu forte sera encouragée à limiter sa prise de poids à 8 ou 9 kg. Il ne s'agit pas de commencer un régime amaigrissant au sens strict – ce n'est pas le moment, car

LES ENVIES
Tout le monde connaît le mythe de la femme enceinte prise d'envies subites. Contrairement à ce qu'on affirme parfois, rien ne prouve que ces envies soient le signe d'une carence nutritionnelle quelconque ! Elles peuvent être fort diverses : chocolat, pâtisseries, fruits exotiques ou hors saison, fruits de mer, cornichons, condiments de toute sorte, etc. Il existe aussi des aversions pour certains mets ou boissons, tels la viande saignante, les agrumes, les plats épicés, le café ou le thé...

son efficacité est médiocre, et il risque d'être nocif pour le bébé –, mais d'adopter une alimentation saine et pas trop riche, en évitant grignotages et sucreries.

À partir du deuxième trimestre de la grossesse, le taux de cholestérol augmente : c'est une évolution normale, tout à fait indépendante de l'alimentation. Inutile de chercher à abaisser ce taux avec un régime réduit en lipides ! Il faut des acides gras spécifiques (acide linoléique, acide linolénique, acides gras saturés à longue chaîne) en quantité suffisante dans l'alimentation maternelle pour permettre le bon développement cérébral de l'enfant. Utiliser des corps gras variés : beurre ou margarine, et huiles végétales diverses.

Les femmes enceintes ne sont plus mises systématiquement au régime sans sel. Bien qu'une telle prescription soit réservée à des indications médicales précises, et peu fréquentes, il reste cependant préférable de saler modérément son alimentation.

LES PETITS MALAISES

Il importe d'adopter un rythme alimentaire régulier, sans sauter de repas, sans escamoter le petit déjeuner, à une période où l'organisme se trouve en état de moindre résistance au jeûne. Après un intervalle de 16 à 18 heures sans apport alimentaire – c'est le délai qui sépare un dîner du repas de midi du lendemain –, on observe chez une femme enceinte des anomalies métaboliques comparables à celles retrouvées après plusieurs jours de jeûne : hypoglycémie, chute du taux d'insuline dans le sang, augmentation des corps cétoniques, etc. Ces réactions de l'organisme pourraient en partie expliquer les nausées matinales.

Pour lutter contre ces malaises, des petits trucs ont fait leurs preuves. Par exemple, essayer de manger avant de se lever, ne serait-ce que quelques biscuits ou un fruit ; prendre un petit déjeuner plutôt solide, comprenant peu de boisson, et à base d'aliments qui passent bien

LES RISQUES À ÉVITER

La listériose est une infection bactérienne très dangereuse, à la fois pour la femme enceinte et pour l'enfant (elle peut entraîner la mort du fœtus). On conseille pendant la grossesse de laver très soigneusement les légumes que l'on consomme crus, et d'éviter les charcuteries et les produits au lait cru. Les femmes enceintes qui n'ont pas d'anticorps contre la toxoplasmose doivent prendre des précautions particulières car, en cas d'infection par le parasite et de transmission au fœtus, l'enfant peut naître aveugle. Il faut dans ce cas toujours faire cuire suffisamment la viande. À noter : éviter de manier la litière des chats, car ce parasite se reproduit dans l'intestin de ces animaux.

(parfois du salé, plutôt que du sucré) ; ou encore s'allonger une dizaine de minutes après avoir mangé. C'est parfois plus tard dans la journée, au moment des repas, que surviennent nausées ou vomissements, et

Un plat léger et équilibré : des cannellonis au fromage et aux épinards, et une salade.

cela peut rendre difficile la prise de nourriture. Il est alors préférable de fractionner l'alimentation, de choisir pour s'alimenter les moments où l'on se sent mieux. Si ce sont les odeurs de nourriture qui sont mal supportées, il peut être efficace de manger froid. Dans tous les cas, l'essentiel est de réussir à se nourrir et il faut privilégier ce qui est le mieux toléré. Heureusement, il est assez rare que ces malaises se prolongent au-delà des 3 premiers mois de la grossesse.

Enfin, pour combattre la constipation, il faut consommer davantage d'aliments riches en fibres (fruits et légumes frais, pruneaux, pain complet) et boire abondamment, en particulier entre les repas. Ne jamais prendre de laxatif sans prescription médicale.

Saumon poché, haricots verts et yogourt apportent protéines, fer et calcium.

HALEINE (mauvaise)

PRIVILÉGIER

- *les pommes et les légumes crus, qui contribuent à la protection des gencives*
- *les céréales complètes et l'eau, pour éviter la constipation*

RÉDUIRE

- *les sucres, sucreries, boissons sucrées, gâteaux et biscuits, afin de protéger dents et gencives et réduire la plaque dentaire*

ÉVITER

- *l'ail, l'oignon et le curry*
- *l'alcool et toutes les formes de tabac*

La mauvaise haleine peut résulter soit d'une hygiène buccodentaire insuffisante, soit d'une affection d'ordre buccal, respiratoire ou digestif. Mais elle provient souvent d'une consommation régulière de différents aliments et produits (ail, curry, alcool, cigarettes), parfois associée à un brossage insuffisant des dents. Quelques pratiques élémentaires peuvent y remédier :

– mâcher des légumes crus, des fruits à chair dure, tels que pommes ou poires, afin de renforcer les gencives ;

– éviter les boissons et les aliments sucrés, particulièrement ceux qui collent aux dents ;

– après un repas composé d'aliments chargeant l'haleine, mâcher quelques grains de café ou bien du persil frais ;

– enfin, se laver régulièrement les dents avec une brosse de bonne qualité, et utiliser un jet dentaire pour prévenir la formation de plaque dentaire.

AUTRES CAUSES

Des dents cariées ou entartrées, des gencives enflammées ou infectées, un aphte, un abcès provoquent une haleine désagréable. Ne pas hésiter à consulter son dentiste.

Les causes peuvent relever d'affections diverses – sinusites, rhinites, bronchites – et de troubles du système digestif – mauvaise digestion, constipation –, deux problèmes qu'il est possible de résoudre par une alimentation adéquate. Certes, il y a la solution de mâcher de la gomme ou de sucer des bonbons à la menthe, mais mieux vaut s'attaquer aux causes plutôt qu'aux effets en buvant plus d'eau (quelques verres supplémentaires par jour) et en consommant plus de fibres, sous forme de pain complet (à la place du pain blanc), de fruits et de légumes.

L'haleine peut être un indicateur sérieux de l'état de santé d'un individu : les victimes de comas diabétiques dégagent une odeur d'acétone, un taux d'urée élevé se signale par une odeur d'ammoniac, et les insuffisants hépatiques ont une haleine qui sent le poisson...

AUTRES REMÈDES

On trouve en pharmacie de la teinture de myrrhe, dont on fait des bains de bouche et des gargarismes (à raison d'une trentaine de gouttes pour 1 verre d'eau), pour rafraîchir l'haleine. On peut aussi recourir à des inhalations d'huile d'eucalyptus (5 à 6 gouttes dans un bol d'eau très chaude). Les bains de bouche antiseptiques ont le défaut de tuer les mauvaises comme les bonnes bactéries et de déséquilibrer la flore buccale ; leur utilisation à long terme est à éviter.

HARICOT VERT OU JAUNE

AVANTAGES

- *excellent légume peu énergétique*
- *riche en fibres, en acide folique et en vitamine C*

Vert ou jaune, le haricot possède les mêmes propriétés nutritives. Très peu énergétique, il contient un certain nombre d'éléments (vitamines, minéraux et fibres) qu'il importe d'intégrer à l'alimentation courante. Riche en acide folique et vitamine C, le haricot frais fournit aussi du bêta-carotène, de la niacine, de la riboflavine, de la pyridoxine, des vitamines B_5 et E. Il constitue un bon apport de fibres et renferme du potassium, du fer, du magnésium et du calcium.

CUISSON

Les haricots se mangent plus souvent cuits que crus, mais ils sont aussi bons froids (en salade, en marinade) que chauds (nature, dans un ragoût ou dans une soupe). Pour leur conserver un maximum de vitamines, il vaut mieux ne pas trop les faire cuire.

COMPOSITION MOYENNE POUR 100 G :

protéines . . . . 2,1 g
lipides . . . . 0,2 g
glucides . . . . 3,6 g
apport énergétique . . . . 24 kcal

HÉMORRAGIE

Les hémorragies sont généralement causées par une forme de thrombopénie, c'est-à-dire la diminution du nombre de plaquettes. (Les plaquettes sont des cellules sanguines qui interviennent dans la coagulation.) Les symptômes de thrombopénie varient, mais il s'agit le plus souvent de saignements excessifs pour de simples coupures, de saignements de nez, de saignements de gencives ou de propension aux ecchymoses.

FACTEURS NUTRITIONNELS

Au Canada, les hémorragies reliées à une mauvaise alimentation sont rares. Cependant, les acides gras oméga-3 que l'on retrouve dans les poissons gras comme le saumon peuvent enrayer l'activité des plaquettes. Il arrive aussi qu'un traitement prolongé aux antibiotiques détruise les bactéries de l'intestin qui produisent la vitamine K, essentielle à la coagulation normale. Dans ce cas, il faut souvent recourir à des suppléments ou à des injections, mais il est bon aussi d'augmenter sa consommation d'aliments riches en vitamine K, comme les épinards et autres légumes verts feuillus, les pommes de terre, le chou, les grains entiers et les abats.

Les personnes qui prennent des anticoagulants comme le coumadin devraient pour leur part limiter la consommation de ces aliments, car la vitamine K peut neutraliser l'effet de ce médicament.

La vitamine C renforce les parois des vaisseaux sanguins : une carence peut entraîner des saignements au niveau des gencives. Cette avitaminose est inusitée au Canada mais elle se rencontre parfois chez les alcooliques et les personnes dont le régime alimentaire exclut les fruits et les légumes.

HÉPATITE

PRIVILÉGIER
- *une bonne hygiène pour lutter contre l'hépatite A*
- *la vaccination pour lutter contre les hépatites A et B*

ÉVITER
- *les aliments riches en matières grasses*
- *l'alcool*
- *les médicaments inutiles*

Le foie est un organe situé du côté droit de l'abdomen, juste sous les dernières côtes. Sain, il est imperceptible au toucher. Malade, il grossit, devient dur et douloureux.

Le foie a pour fonction de métaboliser (c'est-à-dire de transformer en un produit utilisable par l'organisme) les graisses et l'alcool. Il a aussi un rôle de détoxication lorsque l'organisme est soumis à un médicament, à un toxique quelconque ou à un excès d'alcool. En ce qui concerne ce dernier, le foie ne peut être efficace que pour de petites quantités ingérées chaque jour. Si ses capacités de détoxication sont dépassées, en cas d'alcoolisme par exemple, il en résulte une hépatite alcoolique. Il en est de même pour un médicament ou un toxique : on parle alors d'hépatite médicamenteuse.

L'hépatite est une inflammation du foie qui entraîne un mauvais fonctionnement. Elle se traduit par une fatigue importante – l'un des premiers signes de la maladie –, une anorexie, des maux de tête, une coloration jaune (nommée ictère) de la peau et du blanc des yeux, des urines foncées et des selles blanches.

Les hépatites les plus fréquentes sont d'origine virale. Plusieurs virus étant en cause, on classe les hépatites en trois catégories : A, B et C.

L'HÉPATITE ALCOOLIQUE

Parmi toutes les causes d'hépatite, l'alcool est l'une des plus connues. L'hépatite alcoolique est due à un abus prolongé d'alcool, quel qu'il soit, même par quantités journalières qui ne semblent pas excessives. Les cellules du foie sont progressivement détruites par l'alcool, l'inflammation gagne l'ensemble de l'organe et celui-ci ne peut plus métaboliser ni les médicaments, ni l'alcool, ni les graisses. Si le foie n'est pas mis au repos pour permettre sa cicatrisation, les cellules hépatiques se gorgent de graisse et meurent : c'est la cirrhose, maladie pouvant entraîner la mort, surtout si le patient ne cesse pas complètement de boire de l'alcool. Elle-même peut évoluer vers un cancer du foie, également mortel. En cas d'hépatite alcoolique, il est vital d'effectuer une cure de désintoxication, seule thérapeutique valable contre cette maladie aux risques mortels.

HÉPATITES VIRALES

L'hépatite A se transmet par voie orale : des aliments mal lavés, des conditions d'hygiène défectueuses et des mains sales sont responsables de la transmission de cette maladie. Il existe des épidémies touchant plusieurs membres d'une famille ou d'une collectivité.

La maladie se déclarant plusieurs semaines après la contamination, le malade est contagieux avant l'apparition de l'ictère, et peut transmettre la maladie sans le savoir. L'hépatite A est habituellement sans conséquences et guérit en quelques semaines.

Les hépatites B et C, en revanche, ne se transmettent que par voie sanguine et sexuelle. Les symptômes se déclarent habituellement 1 à 3 mois après la contamination ; les signes de la maladie et les conséquences à long terme sont beaucoup plus graves.

Dans de rares cas, les hépatites B et C peuvent devenir chroniques : l'ictère disparaît, le malade est moins fatigué et semble guéri, mais le foie continue de se détériorer. Seuls des examens sanguins permettent de suivre l'évolution de cette maladie.

REPOS ET RÉGIME ALIMENTAIRE

En cas d'hépatite, il faut consulter un médecin, qui prescrira les analyses de sang nécessaires pour préciser la nature de la maladie et suivre la progression de sa guérison. Le traitement implique avant tout le repos complet au lit. Le régime alimentaire est cependant fondamental pour le traitement d'une hépatite ; il convient avant tout de mettre le foie au repos en évitant les aliments riches en graisses, difficiles à digérer, et surtout de supprimer toute consommation d'alcool. Les médicaments, pouvant surcharger le foie et ralentir la guérison, sont à éviter pendant la durée du traitement. Un médecin peut toutefois prescrire de la vitamine C et un traitement pour faciliter la régénération du foie.

VACCINATION

Les virus A et B peuvent être combattus par la vaccination. Celle-ci est efficace, sans danger, et n'entraîne aucun effet indésirable. La vaccination contre l'hépatite A est conseillée aux personnes les plus exposées, c'est-à-dire celles qui voyagent beaucoup dans des pays où les conditions d'hygiène sont défectueuses. Elle n'est pas obligatoire, car l'hépatite A ne présente aucun caractère de gravité et n'évolue jamais vers l'hépatite chronique. En revanche, le vaccin contre l'hépatite B est obligatoire pour les personnes exposées (personnel hospitalier, par exemple, en raison des risques de transmission par le sang) et fortement recommandé pour les autres. La vaccination des enfants permet de les protéger et de supprimer, à terme, cette grave maladie.

HERBES AROMATIQUES

Si les herbes aromatiques enchantent le palais et ensoleillent la cuisine, elles sont aussi appréciées pour leurs propriétés bénéfiques. Certaines sont suffisamment riches en vitamines ou en minéraux pour que leur consommation régulière – même en quantité modeste – représente un apport non négligeable dans l'alimentation. Enfin, elles permettent d'accommoder agréablement les plats, sans aucun ajout de calories. Chacune possède ses qualités propres, ses usages privilégiés et ses meilleurs modes d'utilisation.

Aneth. Sa saveur est anisée et un peu âcre. Parfait avec les poissons pochés, grillés ou fumés, les fèves, les betteraves, les concombres. Il faut éviter de le cuire. Il possède des vertus antispasmodiques et favorise la digestion.

Basilic. Appelée aussi herbe royale, c'est le pesto de la cuisine italienne. Il se marie d'ailleurs parfaitement avec l'ail, l'oignon, l'olive, le citron et la tomate. C'est pourquoi on l'utilise volontiers dans les pâtes et pour parfumer les tomates fraîches. Antispasmodique, il facilite les fonctions digestives (en particulier intestinales).

Cerfeuil. Fragile, il doit être délicatement coupé aux ciseaux, au dernier moment. Il ne faut surtout jamais le cuire, car son parfum anisé est très volatil. Il donne beaucoup de finesse à la plus simple salade, à l'omelette, à un plat de poisson à la crème. Parfaitement supporté par tous les convives, il possède des propriétés digestives et est légèrement diurétique.

Ciboulette. Délicatement alliacée, elle est meilleure lorsque ses tiges sont fines et jeunes. On l'ajoute juste avant de servir dans beaucoup de plats (salade verte, salsifis, chou-fleur, poulet à la crème, omelette, etc.). Irremplaçable dans une trempette au fromage à la crème et dans la salade de pommes de terre, elle ouvre l'appétit et facilite la digestion. Sa richesse en vitamine C et en carotène est également appréciable.

Coriandre. On l'appelle aussi persil chinois, et on apprécie autant ses graines séchées (entières ou concassées) que ses feuilles, à l'odeur un peu particulière. On l'utilise dans les currys et les boulettes de viande hachée, avec les poivrons, les aubergines, les petits pois. Elle favorise la digestion.

Estragon. Il peut être consommé frais ou séché, car son parfum anisé est très tenace. Inséparable de nombreuses préparations (sauce à la crème, sauce béarnaise, poulet à l'estragon), il aromatise aussi le vinaigre et les cornichons. Il stimule doucement le fonctionnement de l'estomac et possède des propriétés antiseptiques.

Laurier. Constituant indispensable du bouquet garni, il s'utilise en gros morceaux ou en feuille entière, car il faut pouvoir le retirer du plat en fin de cuisson. Il parfume les marinades, les courts-bouillons, les ragoûts et les potées. Sa saveur est forte, et il doit être utilisé avec mesure (½ feuille pour 4 personnes suffit). Son amertume favorise la sécrétion de bile, et ses essences aromatiques ont des propriétés bactéricides.

Menthe. Poivrée ou verte, elle s'emploie fraîche ou séchée, en cuisine aussi bien qu'en infusion. Elle figure dans des préparations anglo-saxonnes (agneau ou petits pois à la menthe), méditerranéennes (chiche-kebab, feuilles de vigne farcies) ou asiatiques (pour parfumer les rouleaux de printemps). Rafraîchissante et typée, elle est tonique et stimulante, favorise la digestion gastrique et facilite l'évacuation de la bile.

Origan. Appelé aussi marjolaine sauvage, l'origan possède une saveur un

Les fines herbes ont des propriétés à la fois gustatives et médicinales.

Basilic

Thym

Cerfeuil

Ciboulette

Coriandre

Menthe

Persil

Origan

Aneth

Romarin

Laurier

Sauge

peu voisine de celle du thym. Il parfume la pizza, le goulasch, les préparations à base de tomate et beaucoup de plats italiens. Il est antispasmodique et légèrement sédatif.

Persil. Il en existe 2 variétés : à feuilles plates (le plus parfumé) ou à feuilles frisées (très décoratif). Il peut servir de garniture pour pratiquement tous les plats salés. Très bien toléré, il est remarquablement riche en vitamine C, en carotène, en potassium et en fer.

Romarin. Ses feuilles, de saveur forte (elles renferment des substances camphrées), s'emploient avec parcimonie dans les marinades, les sauces, le gibier, ainsi que pour les grillades au barbecue. Le romarin est antiseptique, apaise les nerfs et stimule le fonctionnement de la vésicule biliaire.

Sarriette. Elle possède un parfum légèrement poivré, et une saveur qui rappelle un peu celle du thym. C'est l'accompagnement de choix des légumineuses, ainsi que des farces, des saucisses et des fromages de chèvre. Elle possède des propriétés antiseptiques, antispasmodiques et stimulantes.

Sauge. Cette « plante qui sauve » possède un arôme chaud et subtil, mais ne doit pas être mise en contact direct avec le gril ou l'huile chaude, auquel cas elle a tendance à devenir très amère. Elle s'associe parfaitement avec la viande de porc, les saucisses, les haricots, les choux, et parfume l'aïgo boulido (potage typique provençal). La sauge régularise les fonctions digestives ; c'est aussi un tonique et un léger fébrifuge.

Thym. Il intervient systématiquement dans le bouquet garni, dans les marinades et dans les courts-bouillons. Il permet de parfumer les grillades et se marie parfaitement à la tomate et aux légumineuses. Séché, il possède un arôme plus puissant qu'à l'état frais. On l'utilise en infusion, en inhalation en cas de rhume. Il est bactéricide, antiseptique et antispasmodique.

HERNIE HIATALE

PRIVILÉGIER
- *les petits repas légers*

ÉVITER
- *les aliments gras ou acides*
- *le café fort*
- *l'alcool et le tabac*
- *de se coucher juste après le repas*

Affection touchant le tube digestif, la hernie hiatale se situe entre l'œsophage et l'estomac. L'œsophage est un tube qui relie le pharynx à l'estomac. Il est fermé à ses extrémités par un sphincter. Le bas œsophage traverse le diaphragme et se termine dans l'abdomen. En cas de faiblesse de l'ouverture (ou hiatus) diaphragmatique, une partie de l'estomac remonte dans la poitrine ; le sphincter du bas œsophage, normalement fermé en période de repos, n'empêche plus le passage (ou reflux) des sécrétions gastriques acides dans l'œsophage. Ce reflux gastro-œsophagien entraîne des sensations de brûlure derrière le sternum et des régurgitations acides, qui empirent en position allongée. Ces symptômes peuvent s'accompagner d'une digestion difficile, voire de flatulences.

Le principe du traitement diététique est d'éviter tout ce qui contribue à diminuer le tonus du sphincter du bas œsophage : l'alcool, le café fort, les aliments riches en graisses (chocolat, charcuteries, viandes en sauce), et les produits acides (citron, pamplemousse, vinaigre...). L'alimentation doit être aussi digeste que possible. Répartie dans la journée, elle sera plus facilement éliminée : mieux vaut donc prendre 4 ou 5 petits repas légers par jour que 3 repas lourds et copieux. On supprimera les boissons gazeuses et les aliments susceptibles de provoquer des flatulences, comme les légumineuses

et la famille du chou. Il faut également éviter de trop boire pendant le repas pour ne pas distendre l'estomac, et supprimer le tabac.

Il est recommandé de ne pas porter de vêtements serrés comprimant l'abdomen et d'éviter les efforts violents. La position allongée juste après un repas n'étant pas conseillée, mieux vaut attendre plusieurs heures avant de se coucher et surélever la tête du lit.

HERPÈS

Une crise d'herpès peut être déclenchée par un changement hormonal, un stress émotionnel ou physique, une fièvre, l'exposition au soleil ; des aliments et des médicaments sont parfois mis en cause.

Bien qu'il n'y ait encore aucun traitement reconnu, certaines personnes affirment avoir été soulagées par la lysine, un acide aminé basique qu'on trouve aux États-Unis dans les magasins d'alimentation naturelle, mais qui n'est pas disponible au Canada.

Ne prenez pas de doses massives de vitamine C : des études ont démontré que cela pouvait provoquer la récurrence de l'herpès.

ALIMENTS À PRIVILÉGIER
- *La viande et le poisson sont naturellement riches en lysine : en manger 3 ou 4 portions par semaine.*
- *Les produits laitiers contiennent eux aussi de la lysine ; des compresses de lait froid aident à soulager la douleur.*
- *Les légumineuses, en plus de la lysine, apportent des minéraux et des vitamines B ; en consommer 1 portion par jour ou plus.*
- *Les légumes et les fruits augmentent l'immunitée ; il est recommandé d'en manger de 5 à 9 portions par jour.*

HUILE

AVANTAGES
- *fournit des acides gras essentiels*
- *excellente source de vitamine E*

INCONVÉNIENTS
- *très calorique*

L'huile est une substance organique insoluble dans l'eau, essentiellement formée de triglycérides, eux-mêmes constitués d'acides gras. Quelle que soit leur origine (fruits, graines, germes de céréale), toutes les huiles ont donc en commun le fait d'être composées à 100 % de matières grasses et d'apporter 900 kcal aux 100 g (soit environ 90 kcal par cuillerée à soupe).

CLASSIFICATIONS

Les huiles peuvent être classées en trois catégories selon la teneur en acides gras dominants :
– les huiles tropicales, riches en gras saturés. Elles incluent les huiles de noix de coco, de palmiste et de palme (extraites du fruit du palmier à huile), ainsi que le beurre de cacao ;
– les huiles d'olive, d'arachide et de canola sont riches en acides gras monoinsaturés ;
– les huiles de tournesol, de maïs, de soja, de noix, de pépin de raisin, de sésame, de carthame sont riches en acides gras polyinsaturés.

Une seconde classification est également utilisée et concerne leur consistance. On distingue, d'une part, les huiles végétales, qui sont liquides à température ambiante, d'autre part la margarine dure et le shortening végétal, qui sont solides au-delà de 15 °C. Là encore, c'est la nature des acides gras qui est déterminante. Plus le corps gras est riche en acides gras saturés, plus il est solide à température ambiante.

ACIDES GRAS ESSENTIELS

L'un des intérêts nutritionnels des huiles est leur apport en acides gras essentiels, c'est-à-dire en acide linoléique et en acide linolénique. Les acides gras essentiels sont des constituants des membranes cellulaires. Ils sont indispensables à l'organisme, qui ne peut les fabriquer.

L'acide linoléique possède plusieurs fonctions physiologiques majeures. Il a un effet hypocholestérolémiant et agit sur la coagulation du sang. Cet acide est présent dans les huiles de tournesol, de maïs et de noix.

L'acide linolénique et ses dérivés abaissent le taux des triglycérides dans le sang et agissent également sur la coagulation. Cet acide est présent dans les huiles de soja, de canola et de noix.

Les acides gras polyinsaturés, tout comme les acides gras monoinsaturés, sont les meilleurs pour la santé. On recommande de les privilégier avec modération et de les manger de préférence crus. En même temps, il faut limiter le plus possible sa consommation d'acides gras saturés.

VITAMINE E

Autre atout des huiles : elles constituent la principale source naturelle de vitamine E (tocophérols) dans notre alimentation. Le rôle principal de ces tocophérols est leur fonction antioxydante. Ils neutralisent les radicaux libres formés lors de réactions physio-

Outre les huiles traditionnelles (arachide, maïs, tournesol, olive, canola...), on trouve sur le marché toutes sortes d'huiles extraites de différents fruits oléagineux.

logiques, de phénomènes inflammatoires ou d'expositions aux ultraviolets… L'effet protecteur des tocophérols est particulièrement important vis-à-vis des acides gras polyinsaturés, notamment ceux présents dans les membranes cellulaires.

RÉSISTANCE À LA CHALEUR

Selon leur composition, les corps gras résistent plus ou moins bien à la chaleur. Cette résistance dépend de 2 facteurs : la température critique et la stabilité à l'oxydation.

La température critique, appelée aussi point de fumée, est la température à laquelle les corps gras commencent à se dégrader et à dégager de la fumée. Elle est de 130 °C pour le beurre, de 180 °C pour l'huile de canola et de 210 °C pour les huiles d'arachide, de tournesol et d'olive. Il ne faut jamais faire surchauffer un corps gras afin de ne pas dépasser sa température critique.

Le second facteur qui intervient est la stabilité du corps gras à l'oxydation. L'oxydation des huiles est favorisée par la lumière, c'est pourquoi la plupart des huiles sont mises en vente dans des bouteilles opaques. Pour un maximum de précautions, il est conseillé de conserver les bouteilles d'huile au réfrigérateur ou dans un endroit som-

---

LE RAFFINAGE DES HUILES

À l'exception de l'huile d'olive vierge première pression à froid, les huiles sont toutes raffinées. En effet, les huiles brutes renferment souvent des résidus de pesticides, inévitables avec les modes de culture actuels. L'objectif du raffinage est d'éliminer ces contaminants, ainsi que tous les autres constituants non nutritionnels, afin que le produit final soit sain, agréable au goût et stable. Tous ces traitements physiques se déroulent à chaud et parfois même à une température élevée – c'est le cas de la désodorisation.

---

bre et frais, et de bien les reboucher après chaque utilisation. Mais l'oxydation de l'huile est surtout accélérée par la chaleur. Au-dessus de la température critique, la résistance des huiles au rancissement dépend du degré d'insaturation des acides gras qui les composent. Lorsque les acides gras sont saturés, ils ne peuvent pas fixer l'oxygène. Ils sont donc stables et s'altèrent moins facilement, même à chaud. C'est pourquoi les huiles solides (margarine et shortening), composées essentiellement d'acides gras saturés, ont une très bonne stabilité à la cha-

leur et sont parfaitement adaptées à la friture.

À l'inverse, plus le degré d'insaturation des acides gras est élevé, c'est-à-dire plus l'huile est riche en acides gras insaturés, moins l'huile sera stable, car ces acides gras peuvent fixer de l'oxygène, qui entraîne une altération. L'huile d'arachide, par exemple, a une température critique assez élevée et contient une proportion assez peu importante d'acides gras polyinsaturés. Elle résiste bien à la chaleur. L'huile de tournesol a la même température critique que l'arachide, mais sa teneur en acides gras polyinsaturés est plus importante. Elle peut néanmoins être utilisée pour la friture. Les tocophérols contenus dans les huiles sont des agents antioxygènes naturels qui ralentissent le phénomène d'oxydation.

FRITURE

La friture est un mode de cuisson qui nécessite quelques précautions :

– Le choix de l'huile est déterminant. Il faut pour la friture une huile dont la teneur en acide linolénique ne dépasse pas 2 %. Parmi les huiles qui résistent le mieux à la chaleur, les huiles d'arachide, de tournesol et de canola sont les plus courantes, mais l'huile de maïs, l'huile de pépin de raisin et les huiles tropicales n'en sont pas moins bonnes. Les autres huiles, généralement réservées à l'assaisonnement, présentent, sous l'action de la chaleur, un risque de toxicité.

– Il faut veiller à ne pas dépasser une température de 180 °C. Un bain de friture ne doit jamais fumer.

– Après chaque utilisation du bain de friture, éliminer les débris d'aliments avec une écumoire ou un filtre et conserver le bain de friture à l'abri de la lumière et de la chaleur.

– Il ne faut pas compléter un bain de friture usé avec de l'huile neuve mais plutôt renouveler l'huile complètement après 8 utilisations environ.

Composition des huiles en acides gras

HUILES	ACIDES GRAS SATURÉS (%)	ACIDES GRAS MONOINSATURÉS (%)	ACIDES GRAS POLYINSATURÉS (%)
Arachide	21	47,0	32,0
Canola	8	62,0	30,0
Maïs	13	27,0	60,0
Noix	10	18,0	72,0
Noix de coco	99	0,8	0,2
Olive vierge	15	76,0	9,0
Pépin de raisin	13	16,0	71,0
Soja	15	21,0	64,0
Tournesol	18	32,0	50,0

HUMEUR ET ALIMENTATION

Les résultats de différentes recherches sur la relation entre la nutrition et le cerveau tendent à prouver que la composition de la ration alimentaire peut influencer la transmission nerveuse au niveau cérébral et, par là, avoir des effets sur l'humeur et le comportement des individus.

LES GLUCIDES

Le cerveau produit des agents chimiques puissants, appelés neurotransmetteurs, élaborés à partir des éléments nutritifs des aliments. La sérotonine, l'un de ces neurotransmetteurs, est impliquée, d'une part, dans le comportement alimentaire, puisqu'elle ralentit l'appétit pour les sucres, et, d'autre part, dans des modifications de l'humeur, puisqu'on lui attribue des effets calmants. La consommation d'un repas riche en glucides, en élevant le niveau de sérotonine dans le cerveau, fait qu'on se sent calme et détendu, presque somnolent. Ce phénomène peut avoir des inconvénients : les pilotes d'avion, par exemple, ne font pas de repas riches en glucides avant un vol, pour ne pas diminuer leur niveau de vigilance.

LE CHOCOLAT

Le chocolat semble capable de remonter instantanément le moral et de jouer un rôle antidépresseur. Cet effet euphorisant serait dû en partie à un composant chimique du cacao appelé phényléthylamine. Ce produit est fabriqué par le cerveau et libéré – c'est du moins ce qu'on affirme – en cas d'excitation émotionnelle. Le chocolat contient aussi des stimulants, la théobromine et la caféine, qui augmentent la vigilance. Enfin, le plaisir qu'il donne est générateur de bonne humeur.

GLUCOSE ET SAUTES D'HUMEUR

Des habitudes alimentaires irrégulières sont une cause banale de sautes d'humeur. Lorsque l'on reste longtemps sans manger, le cerveau compense la baisse du taux de glycémie en brûlant des corps cétoniques en guise de combustible. Les corps cétoniques sont des substances provenant de la dégradation des graisses. Cette réaction peut produire une sensation d'euphorie et prolonger l'état de veille. C'est pourquoi le jeûne est parfois associé à la pratique de la méditation.

On assure qu'en cas de fatigue en fin de journée, un dîner riche en glucides facilite le sommeil. Par ailleurs, certaines personnes sont très irritables au réveil, ce que l'on attribue à un faible taux de sucre dans le sang. Manger des glucides au petit déjeuner peut leur être profitable. D'autres deviennent irritables 2 heures après un repas riche en sucres. On pense que leur taux de sucre dans le sang chute au-dessous de la normale à cause d'un excès d'insuline sécrétée par le pancréas.

LE STRESS

Si l'alimentation a des effets sur l'humeur, l'humeur peut avoir des conséquences sur le métabolisme des aliments. Ainsi, le stress et l'anxiété augmentent la dégradation des graisses dans le sang et la libération d'acides gras libres. Ces derniers seraient impliqués dans l'apparition de maladies cardio-vasculaires. Se relaxer peut être un moyen de se protéger contre les effets délétères des acides gras libres.

L'ALCOOL

Bien des gens boivent pour oublier leurs soucis, perdre leurs inhibitions et se sentir plus confiants. À l'inverse de l'opinion courante, l'alcool n'est pourtant pas un stimulant, mais un dépresseur. L'alcool bu en trop grande quantité ou à intervalles trop fréquents ralentit le fonctionnement des cellules du cerveau de sorte que la capacité d'attention diminue. De plus, l'excès d'alcool rend souvent agressif et l'on sait que l'alcool joue un rôle important dans l'apparition de manifestations de violence.

HYGIÈNE

L'ignorance ou la négligence de règles élémentaires peut entraîner de graves intoxications alimentaires.

BIEN FAIRE SON MARCHÉ

La loi exige que les produits périssables portent des dates de fraîcheur. Outre ces dates à respecter (choisissez ceux dont la date de péremption est la plus éloignée), soyez attentif à tout ce qui signale un défaut de conservation : armoires réfrigérées ou congélateurs surchargés, emballages sous vide défectueux (de l'air s'est introduit et l'emballage gonfle), cellophane de produits frais déchirée, emballages de produits surgelés mous ou couverts de givre, etc. Prenez les aliments réfrigérés et surgelés en dernier et groupez-les pour qu'ils se gardent froids si vous ne disposez pas d'un sac isolant.

CONSERVER SES ACHATS

Déballez dès que possible les produits achetés. Rangez les denrées périssables dans le réfrigérateur. Les produits frais qui ne sont pas sous vide doivent pouvoir respirer : ne les laissez jamais sous plastique. Rangez l'épicerie sèche dans un endroit propre, sec et frais. Si une boîte de conserve a gonflé, jetez-la.

UNE CUISINE PROPRE

Pour se reproduire et proliférer, les bactéries ont besoin d'être alimentées ; elles ont aussi besoin de chaleur, d'humidité et de temps. Rien de tel pour les contrarier que d'avoir une cuisine parfaitement nette et sèche, dans laquelle ne règne pas une température de serre. Nettoyez le plan de travail dès que vous avez opéré sur de la viande, une volaille ou un poisson. N'attendez pas que les torchons soient sales pour les changer. Videz régulièrement la poubelle et désinfectez-la. Couvrez les produits que vous laissez à l'air libre et nettoyez tous les dépôts, salissures ou coulures : rien ne doit pouvoir attirer mouches et insectes. Tenez chiens, chats et autres animaux domestiques à l'écart de toute nourriture et des plans de travail.

PRÉPARATION DES ALIMENTS

Faut-il le rappeler ? Lavez-vous les mains avant de commencer à travailler dans la cuisine et à toucher la nourriture. Portez des gants spéciaux si vous avez des coupures ou un bobo infecté. Faites décongeler les produits qui le nécessitent dans le réfrigérateur plutôt qu'à l'air libre (ou utilisez le four à micro-ondes), en prenant garde à ce qu'aucun liquide ne tombe sur un autre aliment. Lavez, bien sûr, tous les légumes et toutes les fines herbes.

LA CUISSON

Certains aliments exigent une cuisson parfaite : le poulet et même le porc insuffisamment cuits peuvent être porteurs de microbes nuisibles. Mettez tous les restes au réfrigérateur, dans des récipients hermétiques, dès qu'ils ont refroidi. Artichauts, épinards et champignons sauvages supportent mal d'attendre plus de 24 heures après la cuisson, car ils développent des éléments toxiques.

HYPERACTIVITÉ

Environ 2 à 4 % de la population enfantine, dont 5 fois plus de garçons, souffrent d'hyperactivité. La cause véritable de ce trouble de l'attention n'a pas encore été identifiée. Une hypothèse parmi d'autres l'attribue à un déséquilibre dans la chimie du cerveau.

Une autre hypothèse a été émise, en 1973, par Benjamin Feingold, un spécialiste de Californie. D'après les recherches de cet allergologue, l'hyperactivité serait due à une sensibilité à des additifs alimentaires et à des salicylates que l'on retrouve dans les fruits, dans certains légumes et dans l'aspirine. Ce spécialiste recommandait donc d'éliminer tous les aliments contenant des colorants, des agents de conservation, des exhausteurs de saveur et des salicylates naturels. L'état de la moitié de ses patients hyperactifs s'étant amélioré à la suite de ce traitement, un certain nombre de médecins et de parents ne tardèrent pas à lui emboîter le pas.

Les résultats de Feingold ne furent cependant jamais répétés. À l'heure actuelle, quelques pédiatres recommandent aux parents d'éviter les aliments traités, en particulier les hotsdogs et autres charcuteries, particulièrement riches en agents de conservation, en colorants et en additifs, et de noter ensuite s'il y a une amélioration. Cependant, l'élimination de tous les aliments contenant des salicylates – soit des fruits et des légumes frais – est problématique car rien ne prouve les effets bénéfiques d'une telle mesure qui peut, en contrepartie, entraîner une carence en bêta-carotène, vitamine C et autres nutriments.

On relie souvent la caféine à l'hyperactivité. Les spécialistes ne croient pas qu'elle puisse être retenue comme cause, mais elle peut certainement ajouter à la fébrilité d'un enfant hyperactif. Il vaut donc mieux l'éliminer du régime autant que possible (ce qui inclut le chocolat).

Des partisans de la thérapie orthomoléculaire – thérapie qui utilise de fortes concentrations de vitamines et de minéraux pour traiter les troubles de comportement et autres – recommandent leur méthode pour traiter l'hyperactivité. L'efficacité de ce traitement est loin d'avoir fait ses preuves ; en revanche, des mégadoses de vitamines et de minéraux peuvent occasionner des déséquilibres nutritionnels et des troubles de toxicité.

RÔLE DU SUCRE

On a souvent blâmé le sucre d'être à l'origine de l'hyperactivité. Ici encore, il n'y a aucune évidence scientifique à l'appui. En fait, une recherche menée par l'Institut national pour la santé mentale aux États-Unis a montré qu'un groupe d'enfants à qui l'on faisait boire des boissons sucrées s'était révélé moins actif qu'un autre groupe qui n'avait droit qu'à des boissons sans sucre. Une explication proposée à cet effet calmant serait que le sucre incite le cerveau à augmenter sa production de sérotonine, élément chimique qui sert à réduire son activité électrique.

Cette constatation ne justifie pas cependant la consommation des sucreries, lesquelles ne contiennent que des calories vides et sont une cause – celle-là avérée – de caries dentaires.

HYPERLIPIDÉMIE

PRIVILÉGIER
- *les légumes*
- *le poisson*
- *les huiles végétales*

ÉVITER
- *l'alcool*
- *le sucre*

Les hyperlipidémies se définissent par une augmentation anormale des taux de graisses (lipides) dans le sang. Ces hyperlipidémies peuvent être dues à une élévation du taux de cholestérol sanguin (hypercholestérolémie) ou à celle des triglycérides (hypertriglycéridémie). En cas d'association de ces deux types de désordre métabolique, on parle d'hyperlipidémie mixte.

Les hyperlipidémies exposent aux risques de maladies cardio-vasculaires. Leur prévention est donc essentielle. Dans cette prévention, la diététique

joue un rôle primordial ; d'autres facteurs, comme la suppression du tabac, la lutte contre la sédentarité, le traitement d'un diabète, d'une obésité ou d'une hypertension sont également à surveiller.

Dans le cas des hyperlipidémies mixtes, on appliquera, en plus des règles diététiques conseillées en cas d'hypercholestérolémie (voir pp. 98-99), un certain nombre de consignes spécifiques destinées à faire baisser le niveau des triglycérides dans le sang.

L'augmentation des triglycérides est fréquente chez le sujet diabétique, surtout si le diabète est mal équilibré. Elle sera alors réduite par l'amélioration de l'équilibre diabétique. L'augmentation des triglycérides sanguins est également souvent associée à une obésité. Dans ce cas, il est impératif de réduire l'excès de poids. Certains médicaments comme les diurétiques ou les bêtabloquants peuvent parfois être à l'origine d'une augmentation des triglycérides. Enfin, il faut chercher à réduire sa consommation de certains aliments. Il s'agit :
– de l'alcool, lequel augmente la synthèse par le foie non seulement des triglycérides, mais aussi des lipoprotéines à faible densité, ou VLDL *(Very Low Density Lipoproteins)*, qui les transportent dans le sang et qui favorisent l'athérosclérose. L'hypertriglycéridémie est souvent causée par une consommation excessive d'alcool ;
– des sucres dits simples ou d'assimilation rapide : comme le sucre de table (saccharose), les boissons sucrées, les confiseries, les pâtisseries et la crème glacée. Pour ne pas se priver du plaisir que procure le goût sucré, les édulcorants peuvent remplacer le sucre. L'apport des fruits et des aliments riches en glucides complexes (pain, pâtes, riz) doit aussi être contrôlé.

Il est recommandé de manger beaucoup de légumes, bonne source de fibres, et d'inscrire le poisson au menu,

au moins 3 fois dans la semaine. Riche en acides gras polyinsaturés de type oméga-3, le poisson a en effet une action bénéfique sur le taux de triglycérides dans le sang. Il en est de même des acides gras polyinsaturés des huiles végétales (soja, maïs, tournesol), ainsi que des acides gras monoinsaturés (olive, canola), que l'on préférera aux autres graisses.

HYPERTENSION ARTÉRIELLE

PRIVILÉGIER
- *les légumes et les fruits*
- *les poissons gras*
- *les produits laitiers*

RÉDUIRE
- *le sel et les aliments très salés*
- *les graisses saturées*
- *le sucre*
- *le stress*

ÉVITER
- *l'alcool*

L'hypertension artérielle (HTA) est une maladie qui affecte plus de 15 %

L'HYPERTENSION À TRAVERS LE MONDE

Le nombre des sujets hypertendus dans le monde a diminué ces dernières années. Et c'est au Japon que cette réduction est le plus significative. Cela est en partie attribué à la réduction des apports de sel dans l'alimentation. Grâce aux nouvelles techniques de conservation des aliments (réfrigération, congélation, surgélation), le sel est en effet moins utilisé aujourd'hui en tant qu'agent de conservation.

de la population adulte dans la plupart des pays industrialisés. Elle se caractérise par l'augmentation de la pression du sang circulant dans les artères. Pouvant rester longtemps sans manifestations ni symptômes caractéristiques, elle survient souvent à l'âge de la maturité, et plus fréquemment chez l'homme que chez la femme non ménopausée – probablement du fait des différences hormonales.

Avec l'âge, le cœur doit travailler plus dur pour propulser le sang dans tout l'organisme. Les artères se durcissent. Les petites artères (artérioles) perdent leur élasticité et leur diamètre se réduit. L'hypertension survient lorsque la résistance à la circulation du sang dans ces petits vaisseaux augmente (on parle d'augmentation des résistances vasculaires périphériques). C'est le rôle des médicaments vasodilatateurs de diminuer ces résistances en dilatant les vaisseaux artériels.

LES RISQUES

L'hypertension artérielle augmente le risque d'attaque cérébrale, certains petits vaisseaux du cerveau pouvant se rompre et provoquer une hémorragie. À long terme, elle retentit sur le fonctionnement du cœur, entraînant une insuffisance cardiaque, mais aussi sur celui des reins, et c'est une insuffisance rénale qui peut alors en résulter. Associée à d'autres facteurs de risque comme un diabète ou une hypercholestérolémie, l'hypertension artérielle accélère et aggrave le développement de l'athérosclérose, qui provoque un durcissement des artères.

LES CAUSES

Dans plus de 90 % des cas, l'origine de l'hypertension n'est pas connue : on parle d'hypertension artérielle essentielle. Son caractère familial est en revanche bien reconnu ; mais cette prédisposition génétique est influencée par d'autres facteurs, notamment envi-

ronnementaux (stress, tabac, alimentation), qui jouent aussi un rôle dans la survenue d'une hypertension.

Les facteurs nutritionnels impliqués et incriminés sont nombreux : l'alcool,

CONTRÔLER SA TENSION

Il est important de connaître sa pression artérielle et de faire vérifier ses chiffres de tension régulièrement ; au moins tous les 5 ans chez l'adulte avant l'âge de 40 ans, plus souvent (au moins tous les 2 ans) au-delà de cet âge, surtout s'il existe des antécédents d'hypertension dans la famille. Si vous avez un problème d'hypertension, suivez les conseils de votre médecin, adoptez une meilleure hygiène de vie et essayez de réduire le stress dans votre vie quotidienne.

Lorsque l'on prend votre tension, 2 valeurs sont en réalité mesurées, celle de la pression artérielle systolique et celle de la pression artérielle diastolique. La pression systolique est celle du cœur au moment de sa contraction. La pression diastolique est celle du cœur relâché. Par exemple, si vous avez 12/8 de tension, ou plus exactement 120/80 (mm de mercure), le premier chiffre donné (120) représente votre pression systolique, le deuxième (80) votre pression diastolique. Ces chiffres sont normaux. On parle d'hypertension artérielle au-delà de 160/100 mm de mercure. Avant de porter le diagnostic d'hypertension, les chiffres tensionnels doivent être contrôlés à au moins 3 reprises. En effet, la pression artérielle étant éminemment variable, il faut s'assurer qu'il ne s'agit pas d'une montée tensionnelle passagère liée à un stress. On parle d'hypertension labile lorsque les chiffres tensionnels présentent de grandes variations en 24 heures, les chiffres restant dans les limites de la normale la plupart du temps.

l'excès de sodium, un apport calorique trop riche et responsable d'une obésité, mais aussi la surconsommation de sucres simples, le déficit ou la carence en calcium.

L'hypertension peut aussi être provoquée par certaines pathologies, qu'il faut rechercher, comme des désordres hormonaux (hypersécrétion de l'hormone aldostérone en particulier) ou une maladie rénale. Chez certaines femmes, l'hypertension survient au cours de la grossesse. La pilule contraceptive peut également entraîner une augmentation de la pression artérielle.

IMPORTANCE DE LA DIÉTÉTIQUE

Associer une bonne hygiène de vie à une diététique satisfaisante est la meilleure façon d'éviter l'hypertension artérielle. Adopter une alimentation équilibrée, pauvre en graisses saturées (beurre, crème, viandes grasses, charcuteries...) et éviter l'alcool sont les recommandations les plus judicieuses. Il existe en effet une relation étroite entre consommation excessive d'alcool et hypertension. Les gros buveurs d'alcool sont souvent de gros mangeurs présentant un surpoids. Or, l'obésité est une cause majeure d'hypertension. La perte de poids est indispensable car, même modérée, elle entraîne une diminution de la tension artérielle.

Manger tous les jours des fruits et des légumes frais et, aussi souvent que possible, des légumineuses, aide à rester en bonne santé et à garder une tension normale. Ces aliments sont particulièrement riches en potassium, qui augmente l'élimination du sodium et a ainsi des effets bénéfiques sur les niveaux de pression artérielle. La consommation régulière de poissons gras (thon, maquereau, saumon...) doit également être encouragée. Des études récentes ont en effet montré que les acides gras polyinsaturés des huiles de poisson conduisaient à une baisse de tension. Il en est de même pour le

Histoire vécue

Samuel a 49 ans. Il est conducteur d'autobus et mène une vie plutôt sédentaire. Au cours de sa visite médicale annuelle, le médecin a constaté que sa tension était trop élevée. Des contrôles réguliers ont ensuite confirmé que Samuel souffrait d'hypertension artérielle. Son médecin traitant lui a prescrit dans un premier temps un médicament diurétique et lui a conseillé de perdre du poids. Samuel dut adopter une alimentation équilibrée, ne pas ajouter du sel à ses aliments et manger moins (il évite désormais de se resservir d'un même plat). De plus, le médecin lui a recommandé une activité physique régulière, sous forme de marche rapide pendant une bonne vingtaine de minutes, 3 fois par semaine. Au bout de 6 mois, Samuel a perdu 9,5 kg et sa pression artérielle s'est

normalisée. Heureusement pour lui, sa maladie a été soignée avant que les complications n'apparaissent. Aujourd'hui, il surveille régulièrement sa tension mais n'a plus besoin de prendre de médicaments.

calcium, dont sont riches les produits laitiers (lait, yogourt, fromage blanc). Une consommation quotidienne suffisante de ces produits est recommandée chez le sujet hypertendu.

En revanche, consommer trop de sucre élève la tension, non seulement par la prise de poids que cette consommation excessive entraîne, mais aussi par un mécanisme de rétention du sel. Attention donc au sucre de table, mais également aux confiseries, boissons sucrées, glaces…

LE SEL

Dans les pays industrialisés, l'alimentation apporte des quantités souvent trop importantes de sel. Mais tous les individus ne sont pas susceptibles de développer une hypertension du fait d'une trop forte consommation de sel.

Seuls certains y sont génétiquement sensibles. Pour ceux-là, la relation entre consommation de sel et hypertension a été clairement établie. Beaucoup d'aliments riches en sel sont également riches en graisses, saturées en particulier (les charcuteries, par exemple). La réduction de leur consommation permet d'atteindre le double objectif de perte de poids et de baisse de tension.

L'efficacité du régime sans sel a certes été prouvée. Cependant, le régime sans sel doit être modéré, surtout chez un sujet jeune ou atteint d'une hypertension labile. En effet, aujourd'hui, le régime sans sel strict, prescrit à tous autrefois, n'a plus de justification.

D'autant que certains traitements antihypertenseurs comme les diurétiques agissent également sur l'élimination du sodium. Mieux vaut conseiller de ne pas ajouter de sel à table et d'éviter ou de réduire la consommation des aliments les plus riches en sel comme les salaisons, les aliments fumés, les produits en saumure, le fromage, les biscuits apéritifs…

JUSTE CE QU'IL FAUT D'EXERCICE

L'exercice physique régulier, pratiqué à la bonne intensité, permet de réduire le niveau de la pression artérielle. Mais, en cas d'hypertension sévère, toute activité physique trop intense peut causer des troubles cardiaques. Avant de débuter un programme d'entraînement ou de remise en forme, il faut consulter son médecin. Mieux vaut démarrer doucement par une activité d'endurance (marche, bicyclette) et en augmenter progressivement l'intensité et la durée. L'exercice physique régulier est également bénéfique dans la gestion du stress, connu pour favoriser les montées de tension. Pratiquer un exercice physique, apprendre à respirer, à se détendre permet de contrôler son niveau de stress et a des effets bénéfiques sur l'hypertension artérielle.

HYPOGLYCÉMIE

PRIVILÉGIER
- *les aliments riches en glucides complexes*
- *les protéines et les repas pris à des heures régulières*

ÉVITER
- *les gros repas très riches en sucre*
- *l'alcool*

Le terme hypoglycémie désigne toute diminution du taux de sucre (glucose) dans le sang, d'origines diverses.

RÔLE DU GLUCOSE

À mesure qu'ils sont digérés, les aliments que nous consommons sont métabolisés et transformés dans l'organisme. Les glucides, qu'ils proviennent de l'amidon (pain, pâtes, riz...) ou du saccharose (sucre de table, confiseries...), libèrent du glucose dans la circulation sanguine. Celui-ci peut également être fabriqué à partir d'autres sources alimentaires. Le taux de glucose dans le sang (glycémie) est régulé par 2 hormones, l'insuline et le glucagon. Ces hormones permettent, par leur action spécifique respective, de satisfaire les besoins en énergie des différents organes. Le glucose est en effet le « carburant » principal de l'organisme. Il représente même la source d'énergie exclusive de notre cerveau. Toute baisse importante du taux de glucose dans le sang peut donc s'avérer dangereuse et doit être traitée dans les plus brefs délais.

LES SYMPTÔMES

Aucune manifestation n'est réellement spécifique de l'hypoglycémie, mais on observe fréquemment les symptômes suivants : sensation de faim, fatigue, grande faiblesse, sueurs froides, palpitations, vertiges, confusion. À un stade de gravité plus avancé, la personne peut même tomber dans le coma.

LES CAUSES

L'hypoglycémie peut être due à une trop forte sécrétion d'insuline, liée par exemple à une tumeur du pancréas. Mais, le plus souvent, une sécrétion excessive d'insuline est provoquée par la consommation d'une trop grande quantité d'aliments riches en sucres d'assimilation rapide (sucre, bonbons ou autres confiseries) ou d'alcool, entraînant une hypoglycémie réactionnelle dans l'heure ou les quelques heures qui suivent. Pour éviter ce type d'incident, on conseille des aliments riches en glucides complexes, à assimilation lente (légumineuses, pain, pâtes, céréales complètes) ainsi que le fractionnement des repas. L'hypoglycémie peut également survenir au cours d'un effort physique (course, athlétisme…) en cas de mauvaise préparation ou d'erreur diététique. Elle sera prévenue par la prise d'un repas léger 2 ou 3 heures avant l'activité sportive, accompagné au besoin par des aliments glucidiques dans le cas d'efforts de longue durée.

Enfin, l'hypoglycémie peut survenir chez le sujet diabétique lorsque le diabète est mal équilibré du fait d'erreurs de régime et/ou de traitement. Pour faire remonter rapidement le taux de glycémie, il importe d'absorber du glucose ou du saccharose (lait, jus de fruits, bonbons). La récidive sera prévenue par une alimentation adaptée.

Une erreur fréquemment commise pour éviter l'hypoglycémie est de consommer beaucoup de sucre. Ceci favorise au contraire la récidive de l'hypoglycémie, provoquant ainsi un véritable cercle vicieux.

Histoire vécue

Un matin, Iannis, un infirmier âgé de 29 ans, a soudain présenté un comportement inhabituel, se montrant très agressif à l'égard de son entourage. Il s'est également mis à tituber comme s'il était ivre. Le médecin de garde l'a trouvé effondré sur une chaise, transpirant abondamment. Ces symptômes l'ont immédiatement mis sur la voie. Sachant que Iannis était atteint de diabète insulinodépendant, il a diagnostiqué une probable hypoglycémie. Il se révéla que Iannis était enrhumé et n'avait pas trop d'appétit ; il s'était bien injecté sa dose d'insuline comme chaque matin, mais n'avait pas pris son petit déjeuner. C'est donc ce qui avait provoqué la chute brutale de son taux de sucre dans le sang. Le médecin lui a fait boire un verre de lait, et Iannis a retrouvé ses esprits environ 30 minutes plus tard. En plus du lait, il a pris du pain, dont les glucides à assimilation lente s'opposent à une nouvelle chute du niveau de sucre dans le sang. Le médecin a expliqué à Iannis que, comme il avait besoin de sa piqûre d'insuline tous les jours, il lui fallait également assurer un apport calorique suffisant, même lorsqu'il n'avait pas très faim. Afin d'éviter que ce type d'incident ne se reproduise, il a conseillé à Iannis, dans ces cas, de boire et manger souvent et de prendre des petites collations plutôt que des gros repas.

ICTÈRE

PRIVILÉGIER
● *une alimentation légère*

RÉDUIRE
● *les aliments gras*
● *les repas trop copieux*

ÉVITER
● *l'alcool*
● *l'excès de poids*

Le jaunissement de la peau et du blanc des yeux est caractéristique de l'ictère (ou jaunisse). Ce phénomène provient de l'accumulation dans le sang d'un pigment biliaire jaune appelé bilirubine. Les trois principaux types de jaunisse sont : l'ictère hémolytique, causé par la destruction des globules rouges, ou hémolyse ; une maladie des cellules du foie, souvent provoquée par une hépatite ; et la jaunisse d'origine obstructive, due à des calculs qui empêchent la bile du foie de s'écouler.

Le favisme est une forme rare d'ictère hémolytique : une enzyme particulière, congénitalement défectueuse, sensibilise les globules rouges à un composant chimique présent dans une certaine variété de fèves. Il en résulte une destruction des globules rouges, qui entraîne l'anémie et l'ictère.

L'ictère pouvant être le signe d'une maladie grave du foie ou de la vésicule, la consultation d'un médecin est indispensable pour en déterminer l'origine.

ICTÈRE ET ALIMENTATION

Dans toutes les formes d'ictère, le mieux est d'éviter l'alcool et de limiter au maximum l'apport en graisses pour ne pas surmener inutilement le foie. Veillez à manger peu et souvent. Choisissez des aliments riches en glucides, qui aident le foie à se rétablir.

Environ 20 % des personnes d'âge mûr ont des calculs de la vésicule biliaire pouvant passer inaperçus ou, au contraire, être à l'origine d'un ictère. Cette affection touche plus souvent les femmes. On peut en réduire le risque en évitant l'excès de poids et en adoptant une alimentation variée et équilibrée. Le muesli sans sucre ajouté ainsi que le pain complet, mais aussi les fruits et les légumes riches en fibres, sont utiles pour éviter la constipation, souvent associée à l'ictère.

Histoire vécue

À 55 ans, Jeanine était une femme active et d'humeur égale. Soudain, son comportement se modifia. Devenue agressive, elle ne dormait plus la nuit et somnolait le jour. Elle se plaignait de démangeaisons de la peau, laquelle jaunissait progressivement. Le diagnostic du médecin fut formel : affection du foie, compliquée d'encéphalopathie hépatique. Admise à l'hôpital, Jeanine fut soumise à un régime sans protéines et riche en calories. Les examens confirmèrent une cirrhose biliaire primitive. Comme les médecins l'expliquèrent à son mari, le foie était si détérioré qu'il ne pouvait plus décomposer les substances toxiques dérivées des protéines au cours de la digestion. Ces substances s'accumulaient dans le sang et affectaient le cerveau, d'où le comportement étrange de Jeanine. Avec le traitement, Jeanine commença à retrouver sa personnalité d'antan. Pour elle et son mari, c'était un grand soulagement. Mais, lorsque l'on réintroduisit des protéines dans son alimentation, Jeanine se remit à jaunir et son abdomen se gonfla sous l'effet d'une accumulation de liquides.

Des douleurs, dues à l'ostéoporose, se manifestèrent dans le dos et les jambes et, à sa grande consternation, elle endura à nouveau des accès d'encéphalopathie. Devant cette aggravation, les médecins envisagèrent une transplantation du foie, qui, selon eux, ferait passer ses chances de survie de 50 à 70 %. Cinq ans après la transplantation, Jeanine est profondément reconnaissante à son donneur : grâce à lui, elle a pu voir certains de ses petits-enfants faire leur entrée à l'école.

IMPUISSANCE

PRIVILÉGIER
- *les aliments riches en zinc*

ÉVITER
- *l'alcool et les gras saturés*
- *les médicaments, sauf s'ils sont prescrits par le médecin, et le tabac*

Les facteurs psychologiques ont certes une influence sur les fonctions sexuelles masculines, mais des études récentes démontrent que, la plupart du temps, l'impuissance a pour cause une maladie ou de mauvaises habitudes de vie. Le diabète, l'athérosclérose, la paralysie et, plus rarement, des désordres hormonaux, font partie des causes pathologiques. Les drogues de tous genres peuvent aussi être à blâmer, tout comme un abus de nicotine, laquelle ralentit le flot sanguin en provoquant une contraction des petites artères, y compris celles qui irriguent le pénis.

FACTEURS ALIMENTAIRES

On croit que le zinc est essentiel au bon fonctionnement des organes reproducteurs car on en retrouve une grande quantité dans le liquide séminal. La volaille, les fruits de mer, les légumes, le germe de blé, les grains entiers et le yogourt sont de bonnes sources de zinc. On ne recommande pas de prendre des suppléments car un excès de zinc peut entraver l'absorption du calcium et du cuivre. Il est important aussi de conserver un poids normal ; l'obésité favorise le diabète, l'une des causes majeures de l'impuissance, et l'athérosclérose, qui affecte non seulement les artères cardiaques mais aussi celles du pénis. La vitamine E ne semble pas intervenir, mais l'intégrer au régime ne peut pas faire de tort.

INTOXICATION ALIMENTAIRE

Les intoxications alimentaires dues à des bactéries et à des virus sont en nette augmentation.

La plupart des aliments renferment des bactéries. Or, en l'absence de méthodes de conservation appropriées (réfrigération des aliments à conserver au froid, conservation à haute température des aliments chauds), ces bactéries peuvent rapidement proliférer.

Presque tous les aliments peuvent être mis en cause, dès lors qu'ils sont mal préparés, ou encore transportés ou conservés dans de mauvaises conditions : c'est le cas de la volaille et de la viande lorsqu'elles ne sont pas suffisamment cuites, des produits laitiers non pasteurisés, des coquillages d'origine douteuse, des poissons avariés, des produits à base de viande cuite et des œufs crus, peu cuits ou fêlés.

MINIMISER LES RISQUES

Parmi les modes de contamination alimentaire les plus importants, on peut retenir la transmission par les mucosités nasales. Il faut éviter de se moucher en manipulant des aliments et se laver systématiquement les mains avant de toucher des produits alimentaires. Les animaux familiers sont également porteurs de bactéries et ne doivent ni pénétrer dans la cuisine ni s'approcher de la table pendant les repas.

Les intoxications alimentaires étant plus fréquentes en été qu'en hiver, il est particulièrement important de conserver correctement les aliments pendant les mois les plus chauds. Ne laissez rien sur les tables ou les plans de travail plus longtemps qu'il n'est nécessaire. Contrôlez régulièrement la température de votre réfrigérateur. Vérifiez les dates sur les produits et respectez les délais d'utilisation indiqués sur les

denrées fragiles. Faites surtout attention à la volaille et au bœuf haché. Jetez impitoyablement tous les produits suspects par leur aspect, leur odeur ou leur goût, quoique toutes les bactéries ne signalent pas obligatoirement leur présence de cette manière.

ALIMENTS À HAUT RISQUE

Les catégories de la population les plus exposées aux intoxications alimentaires sont les femmes enceintes, les personnes âgées, les très jeunes enfants, les malades chroniques et ceux dont le système immunitaire est affaibli, par exemple par le cancer ou par le sida. Tous ces sujets doivent être très vigilants quant aux aliments suivants :

Les œufs. Il est préférable de ne pas les manger crus ; à demi cuits, ils sont déconseillés aux femmes enceintes, aux très jeunes enfants, aux malades et aux personnes âgées. Les œufs en coquille sont délaissés par la restauration collective au profit des ovoproduits. Les œufs sont la principale source de salmonelles, couramment incriminées dans des intoxications alimentaires. Ces bactéries prospèrent dans les plats et desserts contenant des œufs crus ou peu cuits, à plus forte raison si ces plats ne sont pas réfrigérés. Les salmonelles étant détruites par une cuisson suffisante, évitez les mets à base d'œufs crus, comme les mousses, et les sauces telles que la mayonnaise et la sauce hollandaise.

La volaille. C'est une source de salmonelles et de campylobacters. Ces deux bactéries provoquent des nausées, des vomissements et de la diarrhée pendant une durée variable, qui peut aller jusqu'à 5 jours. Certaines précautions sont à respecter :
– faites dégeler complètement une volaille congelée au réfrigérateur ou à l'eau froide – le plan de travail de la cuisine étant souvent exposé à la chaleur et aux microbes ;
– faites cuire à une température suffi-

sante pour que l'intérieur de la volaille atteigne 60 °C au minimum, et ne stoppez pas la cuisson tant que la chair a un aspect rosé. Pour vérifier que la volaille est suffisamment cuite, piquez une brochette dans la partie la plus épaisse de la cuisse : le jus qui s'en écoule doit être clair ;
– lorsque vous manipulez de la chair crue, ne touchez à aucun autre aliment qui ne serait pas à cuire ensuite, car vous risqueriez d'y déposer des bactéries.

Les farces. Elles peuvent héberger des bactéries provenant de la viande crue hachée. Si la farce est destinée à une volaille, songez que, à l'intérieur de la bête, la température atteint rarement un niveau qui assure une sécurité totale. Farcissez la volaille juste avant de la faire cuire et pesez-la à nouveau pour calculer le temps de cuisson. Pour éliminer tout risque, mesurez la température de la farce avec un thermomètre à viande avant de servir : elle doit atteindre 80 °C.

Le bœuf haché. Il est particulièrement à risque parce que le processus de hachage introduit les bactéries de surface dans toute la masse. Il devrait toujours être bien cuit, particulièrement si on ne sait pas depuis combien de temps il a été haché. Après l'achat, il faut consommer le bœuf haché dans les 24 heures ou le congeler immédiatement. Ne le décongelez pas à la température ambiante ; à la rigueur, faites-le cuire à demi décongelé.

Le porc. Cette viande abritant des salmonelles et un ver filiforme, la trichine, qui se loge dans les muscles, il ne faut jamais la consommer rosée.

Les produits laitiers, les légumes frais, mais aussi certains produits de charcuterie, peuvent héberger la bactérie *Listeria monocytogenes,* responsable de la listériose. Cette maladie peut provoquer des symptômes similaires à ceux de la grippe ou, chez le sujet ayant des défenses immunitaires dimi-

Les bactéries toxiques

Si vous ressentez des symptômes d'intoxication alimentaire, tâchez de vous rappeler à quel moment vous avez eu l'occasion de manger un aliment suspect. Cela peut permettre d'identifier la bactérie responsable.

BACTÉRIE	SYMPTÔMES
Bacillus cereus Se trouve dans le riz cuit laissé au chaud ou réchauffé selon une mauvaise méthode ; il faut conserver le riz cuit à très haute température, ou le faire refroidir rapidement et le mettre au réfrigérateur.	Vomissements sévères dans les heures qui suivent la consommation de riz, ou diarrhées plus tard. La guérison est rapide.
Campylobacter jejuni Dû généralement à l'intercontamination des aliments : par exemple, du sang de poulet cru qui s'écoule sur des aliments déjà cuits ou de la salade.	Fièvre, douleurs abdominales et nausées, suivies de diarrhées sanguinolentes. Les symptômes apparaissent 2 à 6 jours après l'ingestion et durent de 1 à 10 jours.
Colostridium botulinum (botulisme) Forme d'intoxication très rare et mortelle, due à des légumes, viandes ou poissons en conserve mal stérilisés.	Apparition entre 18 et 36 heures après ingestion ; entraîne bredouillement, difficultés à avaler, vision trouble, paralysie et défaillance respiratoire.
Colostridium perfringens Peut affecter les viandes, sauces et farces chaudes. Exemple : un ragoût qui mijote à petit feu ou qui est laissé dans une atmosphère chaude.	Crampes abdominales, diarrhée et maux de tête, avec parfois vomissements et fièvre. L'incubation est de 6 à 12 heures et la guérison intervient normalement après 24 heures.
Escherichia coli (E. coli) Forme sévère d'intoxication provoquée par des hamburgers ou d'autres types de viande hachée mal cuits ; souvent imputable à l'hygiène culinaire douteuse des établissements de restauration.	Vomissements et diarrhée sévère, quelquefois sanguinolente ; les symptômes apparaissent de 12 à 72 heures après le repas et peuvent se prolonger jusqu'à 10 jours. L'hospitalisation est souvent nécessaire.
Listeria monocytogenes Vit sans se manifester dans l'intestin d'un grand nombre d'individus et d'animaux ; se trouve surtout dans le lait cru et les fromages au lait cru, la charcuterie à la coupe, les restes de viande, les crudités et peut se reproduire à la température du réfrigérateur.	Symptômes soudains, semblables à ceux de la grippe, de 4 heures à plusieurs jours après l'ingestion. Peut être préjudiciable au fœtus. Très grave aussi chez les bébés, les personnes âgées et les malades.
Salmonelle Sources habituelles : œufs crus ou peu cuits, volaille et porc insuffisamment cuits et aliments cuits laissés plusieurs heures sans réfrigération.	Nausées, douleurs abdominales, fièvre, vomissements et diarrhée dans un délai de 8 à 36 heures ; intoxication alimentaire courante ; des épidémies importantes peuvent affecter des centaines de gens.
Staphylococcus aureus Beaucoup de gens sont porteurs du staphylocoque et peuvent contaminer les aliments ; sont incriminés le jambon, la volaille et les pâtisseries garnies de crème, notamment de crème pâtissière.	Douleurs abdominales, maux de tête, nausées, vomissements et diarrhée dans un délai de quelques minutes à 6 heures ; parfois frissons, faiblesse et vertiges.

183

nuées, une méningite. Chez la femme enceinte, elle peut entraîner une fausse couche ou porter préjudice à l'enfant qui va naître. C'est pourquoi on lui conseille de laver à grande eau les fruits et les légumes et de choisir plutôt des produits laitiers pasteurisés.

Les fruits de mer, tels que les moules, les huîtres ou les crevettes, peuvent être à l'origine de symptômes d'intoxication très violents. La cause en est d'ordinaire la présence de virus ou de bactéries pathogènes dans les produits.

SYMPTÔMES

Ils se déclarent de quelques minutes à quelques jours après l'ingestion de l'aliment coupable. Les plus typiques sont les nausées, les douleurs d'estomac, les vomissements, la diarrhée, parfois accompagnés de fièvre et de maux de tête. Dans la plupart des cas, ces symptômes désagréables ne mettent pas la vie en danger. Seul le botulisme, une forme rare d'intoxication alimentaire, exige des soins médicaux immédiats.

Les vomissements sont un moyen naturel dont dispose le corps pour expulser les aliments nocifs. En cas d'intoxication, mieux vaut les supporter que tenter de les enrayer. Les conséquences les plus dangereuses des vomissements et diarrhées, surtout pour les jeunes enfants et les malades, sont la déshydratation et la perte de sels minéraux essentiels. En buvant de grandes quantités d'eau, de boissons sucrées et de potage, vous remplacerez les liquides, le sel et le sucre perdus.

Après une crise d'intoxication alimentaire, l'appétit est parfois long à revenir. Dès les premiers signes d'amélioration, tentez de prendre un repas léger afin d'atténuer l'acidité de votre estomac et mangez du yogourt pour restaurer la flore bactérienne protectrice des intestins. Reconstituez vos forces avec une alimentation légère.

Histoire vécue

À l'occasion de l'entrée de Jeanne dans le tennis professionnel, ses amis organisèrent une fête. Le lendemain matin, se réveillant avec des nausées et un fort mal de tête, elle pensa avoir un peu forcé sur les boissons alcoolisées. Mais, à l'heure du déjeuner, Jeanne, fiévreuse, avait déjà vomi deux fois et se sentit prise de douleurs d'estomac. Dans l'heure suivante, elle se mit à souffrir de diarrhées abondantes et liquides. Son médecin l'envoya faire des examens dans le laboratoire le plus proche, lequel isola une souche de salmonelles. Jeanne se souvint qu'elle avait mangé des œufs mollets à la fête, plat suspect n° 1. Tout ce qu'elle put faire fut de se reposer, de boire beaucoup et de laisser la maladie suivre son cours. Au bout de deux jours, elle se sentit mieux et prête à jouer au tennis.

IRRADIÉS (aliments)

L'irradiation ionisante est un traitement physique qui consiste à soumettre des aliments à l'action du rayonnement gamma émis par du cobalt 60 ou du césium 137. (Il est possible également d'utiliser les rayons X ou un faisceau d'électrons accélérés.) L'irradiation, appelée ionisation dans la Communauté européenne, a pour but d'inhiber la germination, de détruire les insectes et d'éviter ou de retarder le développement de micro-organismes.

Ce traitement est donc un procédé de conservation au même titre que la pasteurisation. Il va de soi qu'il n'a rien à voir avec la radioactivité : les aliments irradiés ne deviennent absolument pas radioactifs.

UNE INNOCUITÉ RECONNUE

Diverses études scientifiques ont montré que l'irradiation ionisante n'avait aucune conséquence toxicologique. L'Organisation mondiale de la santé (OMS) la reconnaît depuis 1988 comme une technique capable de préserver et d'améliorer la qualité hygiénique des aliments.

L'OMS assure que la consommation de produits irradiés ne présente aucun risque pour le consommateur, ni à court, ni à moyen ni à long terme. Le Règlement sur les aliments et drogues du Canada a établi à 10 kGy la dose maximale autorisée pour l'irradiation des aliments.

UTILISATION DE L'IRRADIATION

L'irradiation des aliments sert à :
– diminuer le nombre de micro-organismes pathogènes dangereux pour la santé publique ;

184

– diminuer la détérioration occasionnée par les micro-organismes et augmenter ainsi la durée de conservation des aliments ;
– empêcher les légumes de germer ;
– retarder le mûrissement des fruits ;
– détruire les insectes dans les aliments entreposés (et ainsi remplacer les fumigants chimiques).

Les rayons gamma sont une source d'énergie qui s'apparente à celle des micro-ondes. Ils pénètrent les tissus et provoquent de petites modifications moléculaires qui influencent la viabilité des bactéries et des insectes. Les doses utilisées sont sans danger et l'effet qu'ils ont sur les aliments ne diffère pas tellement de procédés physiques comme la cuisson, la mise en conserve ou la congélation.

En principe, l'irradiation n'est pas permise au Canada. Toutefois, un certain nombre d'aliments échappent à cette règle et l'irradiation, dans ces cas, est autorisée pour des raisons bien spécifiées. Ces exceptions sont :
– les pommes de terre et les oignons, afin d'inhiber la germination ;
– le blé, la farine et la farine de blé entier, afin de lutter contre l'infestation par les insectes ;
– les épices entières ou moulues et les préparations d'assaisonnements déshydratés, afin de réduire la numération bactérienne.

Sur le plan nutritionnel

Aux doses utilisées, l'irradiation n'a pas de conséquences sur les protéines, les lipides et les glucides des aliments. Seules quelques vitamines, et plus particulièrement la vitamine B_1, sont partiellement détruites.

Cependant, ces pertes sont généralement équivalentes à celles résultant de techniques de conservation classiques, voire plus faibles. L'irradiation pourrait entraîner une modification du goût des aliments, mais pas si elle est effectuée à faibles doses.

JEÛNE

Le jeûne prolongé entraîne des changements de métabolisme. Le corps utilise les sucres (ou glucides) en priorité pour le fonctionnement du cerveau et brûle ses graisses de réserve pour les besoins des autres organes. La conséquence est nommée cétose en raison de la production de corps cétoniques résultant de la dégradation des lipides.

Après trois jours de jeûne, la sensation de faim disparaît pour faire place à une certaine euphorie. Cette sensa-

Le saviez-vous ?

● *En raison de sa grande force symbolique, le jeûne est souvent employé comme moyen de pression. Une grève de la faim avec apport d'eau peut durer une cinquantaine de jours ; en revanche, un jeûne sans eau ne peut aller au-delà de 3 à 5 jours sans conséquences irrémédiables.*

● *Nommés carême ou ramadan, les jeûnes religieux avaient historiquement des fonctions purificatrices et économiques. Un jeûne religieux devrait toujours être associé à une activité physique régulière afin d'éviter une diminution de la masse musculaire. De plus, il est indispensable de ne pas surcompenser le jeûne durant les périodes où l'alimentation est tolérée, afin de ne pas prendre de poids.*

tion est parfois recherchée pour obtenir une stimulation psychique.

Dans le cadre d'un régime, le jeûne, même d'un seul repas, est une très mauvaise solution. L'organisme ne recevant pas d'aliments va brûler ses graisses mais aussi ses protéines, entraînant une fonte musculaire qui sera difficile à réparer.

JUS MAISON

AVANTAGES
● *faciles à digérer*
● *permet de consommer des fruits et légumes en forme concentrée et faible en calories*

INCONVÉNIENTS
● *ne contiennent pas de fibres*

Personne n'est sans savoir que les fruits et les légumes regorgent de vitamines, de minéraux et de centaines d'autres substances qui nous protègent contre toutes sortes de maladies, et en particulier du cancer. La médecine traditionnelle, de concert avec les médecines alternatives, encourage les gens à consommer plus de fruits et de légumes, de préférence crus afin d'en retirer toute la valeur nutritive. Là où ils diffèrent, c'est à l'égard de la quantité qu'il faut manger. Le Guide alimentaire canadien (voir p. 130) recommande 5 à 10 portions de fruits et légumes par jour, ce qui est déjà plus que ce que consomment la plupart des Canadiens.

Les naturopathes, pour leur part, affirment que cette quantité est insuffisante, et de plus en plus de médecins leur donnent raison sur ce point. D'après la théorie prônée, c'est 75 % ou plus de l'alimentation qui devrait provenir d'aliments crus. Or, pour la plupart des gens, cela demeure irréalisable. C'est précisément dans cette optique que la mode des jus a fait surface, au cours des années 60. Elle était envisagée comme un moyen de consommer plus de légumes et de fruits frais sans s'exposer aux problèmes qu'entraîne l'ingestion d'un trop grand nombre de fibres crues. Les adeptes de ce régime, qui boivent 3 ou 4 verres de différents mélanges de jus par jour, proclament qu'ils ont plus d'énergie et sont moins sujets qu'auparavant aux rhumes et aux infections diverses.

COMMENT LES PRÉPARER

Pourvu qu'on ait le bon équipement, la méthode de préparation est simple. On place des combinaisons variées de fruits et de légumes crus dans un appareil spécial – appelé centrifugeuse ou extracteur de jus – qui en extrait le jus tout en retenant la plus grande partie de la pulpe, c'est-à-dire les fibres.

On doit au préalable avoir lavé les fruits et les légumes, et découpé les plus gros en morceaux. Il faut ensuite peler les agrumes et les melons, épépiner et dénoyauter la plupart des fruits, retrancher les tiges des carottes et les feuilles de rhubarbe (qui sont toxiques). Les autres fruits et légumes peuvent rester entiers. L'extracteur de jus ne convient pas toutefois aux avocats et aux bananes, qui contiennent très peu de jus. Ceux-ci devraient plutôt être réduits en purée au mélangeur avant d'être incorporés au jus d'autres légumes ou fruits.

La thérapie fondée sur les jus propose différentes combinaisons de fruits et de légumes pour répondre à différents problèmes de santé. Pour prévenir les infections, par exemple, on recommande une boisson riche en zinc faite avec de la racine de gingembre, du persil, de la pomme de terre, de l'ail et de la carotte. Pour hâter la guérison d'un rhume, on conseille un jus riche en vitamine C et en bioflavonoïdes : persil, citron, cresson, poivron rouge et chou frisé. Des études récentes ont démontré que le jus de chou pouvait être efficace pour traiter les ulcères : il y a moyen de réaliser une boisson adéquate avec un demi-chou vert, une branche de céleri et une pomme.

Certains bars ont lancé la mode des jus énergisants, auxquels ils ajoutent divers suppléments comme des acides aminés. Il est néanmoins toujours préférable d'inclure les jus dans une alimentation complète et de puiser les protéines et les amidons dont on a besoin dans d'autres aliments plutôt que de recourir à des suppléments.

LES JEÛNES À BASE DE JUS

Plusieurs thérapies fondées sur les jus font appel à des jeûnes périodiques pour débarrasser l'organisme de ses toxines. On ne consomme alors que des jus et de l'eau distillée. Un jeûne bref et occasionnel ne sera peut-être pas nocif, mais les médecins mettent en garde contre les jeûnes fréquents et prolongés qui pourraient priver le corps de son énergie et d'un apport équilibré de nutriments.

Pour faire échec à une infection, par exemple, les adeptes de ces régimes vont même jusqu'à conseiller de prendre des laxatifs pour accélérer l'élimination des toxines. Mais le corps humain possède son propre système d'élimination des toxines, et les laxatifs, pas plus que le jeûne, n'amélioreront la nature ; ils pourraient au contraire être dangereux. Une personne malade a besoin d'un apport nutritif supplémentaire pour se rétablir ; les jus ne devraient pas se substituer à d'autres aliments.

Mangues et carottes (à droite) : un jus riche en bêta-carotène ; ananas et fruits de la passion (ci-dessous) donnent du fer, du potassium et d'autres minéraux.

Quelques délicieuses boissons riches en vitamine C, en bêta-carotène et en bioflavonoïdes : de gauche à droite, jus d'orange, de framboise, de pamplemousse rose et de pomme-canneberge.

Actinidia sinensis

Fruit d'une liane, le kiwi est originaire de Chine.

La chair est parsemée de minuscules graines noires comestibles.

Le kiwi est l'un des fruits les plus riches en vitamine C.

KAKI

AVANTAGES
- *contient du bêta-carotène et de la niacine*
- *riche en fibres*

INCONVÉNIENTS
- *riche en glucides*
- *très astringent*

Fruit du plaqueminier, un arbre du Japon parfaitement acclimaté ailleurs sous des climats chauds, le kaki offre l'apparence d'une belle tomate, d'un orange vif. Hormis une quantité non négligeable de bêta-carotène, ce fruit contient de la niacine et du potassium, et est assez riche en fibres. Sa teneur en glucides, élevée pour un fruit frais, est sensiblement la même que celle de la figue. Le kaki renferme de fortes quantités de tanins, qui le rendent extrêmement astringent lorsqu'il n'est pas mûr. On le consomme donc blet. Les nouvelles variétés – le fuyu et le sharon – ne sont pas astringentes et se mangent fermes.

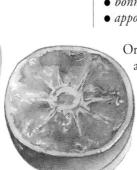

COMPOSITION MOYENNE POUR 100 G :
protéines . . . . 0,7 g
lipides . . . . 0,2 g
glucides . . . . 15,3 g
apport énergétique . . . . 62 kcal

KIWI

AVANTAGES
- *excellente source de vitamine C*
- *bonne source de potassium*
- *apporte des fibres solubles*

Originaire de Chine, le kiwi était appelé communément « groseille de Chine ». Ce n'est qu'au cours du XXᵉ siècle qu'il fut popularisé par des cultivateurs néo-zélandais ; d'où son nom de kiwi, un oiseau qui ne vole pas, emblème national de ce pays.

La chair vert vif de ce fruit est une excellente source de vitamine C. 100 g de kiwi contiennent l'équivalent de l'apport nutritionnel recommandé pour un adulte. Le kiwi est aussi une bonne source de potassium – qui contrebalance l'excès de sodium, souvent à déplorer – et a une influence bénéfique sur la tension artérielle. Il contient de la niacine, un peu de vitamine B₆ et des quantités appréciables de fibres solubles, qui font baisser le taux de cholestérol.

COMPOSITION MOYENNE POUR 100 G :
protéines . . . . 1,1 g
lipides . . . . 0,6 g
glucides . . . . 9,9 g
apport énergétique . . . . 47 kcal

LACTOSE (intolérance au)

Près de 90 % de la population mondiale affiche une déficience en lactase, enzyme présente dans le tube digestif. Cette enzyme est responsable de la digestion d'un sucre appelé lactose, qui entre dans la composition des produits laitiers. L'enzyme scinde le lactose en deux sucres simples (glucose et galactose) qui sont ensuite facilement absorbés par l'organisme. Dans les pays où la consommation de lait de vache est courante, comme au Canada, aux États-Unis et dans l'ouest et le nord de l'Europe, cette affection touche à peu près un adulte sur deux. En Asie et en Afrique, l'intolérance au lactose est presque la norme.

L'enzyme est présente à la naissance, quand l'alimentation du nourrisson est exclusivement composée de lait. Si la consommation de lait se poursuit sans interruption à compter de cette période, l'activité enzymatique continue de se produire. Néanmoins, avec l'âge, elle tend à diminuer progressivement, si bien que des personnes n'ayant à peu près jamais eu de problème à digérer le lait peuvent se mettre tout à coup à éprouver divers symptômes d'intolérance à son égard.

Ces symptômes se manifestent généralement dans les deux heures qui suivent l'ingestion de lait ou de produits laitiers. Le lactose n'ayant pas été assimilé par l'intestin, il fermente et cause de l'inconfort à divers degrés : douleurs abdominales, nausées, ballonnements, flatulences, crampes, diarrhées.

Néanmoins, la plupart des gens au Canada tolèrent assez bien de petites quantités de produits laitiers, surtout si ceux-ci sont pris aux repas en même temps que d'autres aliments et répartis dans la journée. Un verre de lait de 200 ml ne cause généralement pas de symptômes, à condition de ne pas l'avoir bu d'une traite !

Il existe deux types de déficiences en lactase, qualifiées de primaire et de secondaire. On parle de déficience primaire lorsqu'il n'y a aucune sécrétion de lactase par le tube digestif. Ainsi, les populations africaine et asiatique manifestent globalement une déficience primaire en lactase. Une déficience secondaire résulte le plus souvent d'une maladie. Une forte diarrhée, une affection comme la maladie de Crohn, voire même une longue période de repos de l'intestin, peuvent réduire la quantité de lactase sécrétée. Le plus souvent, il s'agit d'un état temporaire qui n'est pas relié à une incapacité définitive du tube digestif à sécréter la lactase. La réintroduction progressive de produits laitiers et de lait suffira à stimuler la sécrétion de l'enzyme.

OÙ SE TROUVE LE LACTOSE ?

On retrouve le lactose principalement dans le lait et les produits qui en contiennent. Le beurre et les fromages contiennent très peu de lactose et leur consommation en modération ne pose pas de problème. Le yogourt, le fromage cottage et la crème sure, dont le lactose a été transformé en acide lactique, sont souvent mieux tolérés que le lait lui-même.

D'autres aliments renferment des ingrédients qui contiennent du lactose. La poudre de lait, les matières sèches ou solides du lait et le lactosérum contiennent tous du lactose. En lisant attentivement la liste des ingrédients sur l'étiquette des produits préemballés, il y a moyen de les identifier. À noter toutefois que, malgré leur nom, l'acide lactique, la lactalbumine et le lactate ne contiennent pas de lactose.

CIRCONSCRIRE L'INTOLÉRANCE

Afin de déterminer le degré de tolérance chez une personne qui affiche une déficience en lactase, on prescrit tout d'abord un régime qui exclut tous les aliments contenant du lactose. On réintroduit ensuite ceux-ci progressivement en commençant par ceux qui

---

DES COMPLÉMENTS DE LACTASE

Pour ceux qui souffrent d'intolérance au lactose, différentes préparations commerciales peuvent suppléer à une déficience de cette enzyme. Toutes sont faciles à utiliser.

- **Les comprimés de lactase.** *Pris avant les repas, ils permettent de consommer les aliments lactés sans risque de problèmes gastro-intestinaux. Ils sont distribués en pharmacie.*

- **Le lait hydrolysé.** *Commercialisé en format de 1 litre sous les marques de commerce Lacteeze*mc *et Lact-Aid*mc*, ce type de lait est disponible dans certains supermarchés. Le lait dont le lactose est hydrolysé a un goût plus sucré que le lait régulier. Cela est dû au fait que les sucres résultant de l'hydrolyse – le galactose et le glucose – ont des pouvoirs édulcorants plus élevés que le lactose. Ce lait se cuisine bien, mais attention ! la quantité de sucre devra probablement être réduite.*

- **Les gouttes à ajouter au lait.** *Employée selon les directives sur l'emballage, cette préparation permet d'hydrolyser soi-même le lactose presque parfaitement.*

en contiennent le moins, soit les aliments qui renferment une petite quantité de lactose naturel (pain au lait) ou ceux qui comportent des additifs pouvant contenir du lactose (potages commerciaux). On passera ensuite aux produits fermentés : fromage cottage, yogourt, crème sure. Enfin, on fera l'essai d'un lait dont le lactose a été partiellement hydrolysé (voir encadré, page ci-contre). En l'absence de symptômes gastro-intestinaux, de petites quantités de produits laitiers seront ajoutées : lait, crème glacée, produits préparés avec du lait. Aussitôt que les symptômes d'intolérance apparaissent, l'aliment en cause sera éliminé puis réintroduit en plus petite quantité. En augmentant graduellement cette quantité, on arrivera à déterminer le niveau de tolérance.

LAIT

AVANTAGES
- *riche en protéines de très bonne qualité*
- *fournit des vitamines A et D*
- *bonne source de vitamine B_2*
- *très riche en calcium*

INCONVÉNIENTS
- *le lactose du lait peut être mal toléré par certaines personnes*
- *certains jeunes enfants présentent une intolérance au lait de vache*

Considéré depuis des millénaires comme l'un des aliments les plus complets, le lait de vache se présente aujourd'hui sous de multiples formes, liées aux procédés de conservation. Du fait de sa teneur en micro-organismes, le lait est un produit fragile. Les traitements de conservation, exclusivement physiques, ne comprennent aucun procédé chimique et font appel à l'action de la température et, dans le

cas du lait ultrafiltré, à un procédé de filtration.

Ces traitements interviennent après standardisation de la matière grasse. La législation définit le taux de matières grasses que doit contenir 1 litre de lait : 3,5 % pour le lait entier, 1 ou 2 % pour le lait partiellement écrémé.

La plupart des laits subissent également une homogénéisation avant traitement par la chaleur. Ce procédé consiste à faire éclater les globules de matières grasses en très fines particules. La matière se trouvant alors répartie de façon homogène, elle ne remonte pas à la surface et ne se dépose pas sur l'emballage.

Lait cru. C'est le seul qui ne subisse aucun traitement. Sa vente n'est pas permise au Canada car on considère que sa consommation est très risquée. Le lait cru est en effet un milieu très propice à la croissance de micro-organismes pathogènes.

Lait frais pasteurisé. Le but de la pasteurisation est de détruire uniquement les germes susceptibles d'être dangereux pour la santé : le lait est chauffé à 72 °C pendant 16 secondes et rapidement refroidi à 4 °C. On utilise cette méthode pour les laits entier, 2 %, 1 % et écrémé. On utilise également la pasteurisation à haute température et de courte durée : le lait est chauffé à 89 °C pendant 1 seconde. On obtient par cette méthode un lait plus blanc qui a meilleure saveur. Il y a également moins de perte en nutriments. La microfiltration ou ultrafiltration est un procédé de filtration qui permet de supprimer presque toutes les bactéries du lait. La pasteurisation requise ensuite est minime. Ce procédé prolonge la durée de conservation du lait et lui conserve un maximum de saveur tout en préservant l'ensemble de ses qualités nutritives.
– la stérilisation UHT (ultra-haute température) : le lait est maintenu à une température de 132 à 150 °C pen-

dant quelques secondes ; ce procédé présente l'avantage d'une dégradation réduite des composants du lait et notamment des vitamines, tout en assurant une qualité hygiénique optimale. Le délai de consommation est de 3 mois. Une fois l'emballage ouvert, on conseille de consommer ce lait dans le jour qui suit car il peut se contaminer rapidement sans que son odeur et sa saveur n'en soient altérées. Le lait UHT possède un goût particulier souvent qualifié de « lait cuit ». La haute température utilisée pour sa stérilisation explique ce phénomène.
Laits concentrés. Le lait concentré non sucré est stérilisé après son conditionnement, contrairement au lait concentré sucré, pour lequel le sucre suffit à contrer la prolifération bactérienne. L'un comme l'autre ont une durée de conservation de plus de 1 an à température ambiante, pourvu que

l'emballage reste intact. Une fois entamé, ce lait, non sucré, se conserve 2 à 3 jours au réfrigérateur, 1 semaine lorsqu'il est sucré.

Laits en poudre. La déshydratation, presque totale, leur assure une longue conservation – jusqu'à 1 an –, en emballage hermétique dans un endroit frais et sec. Après ouverture, la durée de conservation varie selon la teneur en matières grasses (plus celle-ci est élevée, plus le produit aura tendance à rancir). Une fois reconstitué, le lait en poudre devient un produit très altérable. Il est donc préférable d'effectuer la reconstitution au fur et à mesure de l'utilisation.

LA SOMATOTROPINE BOVINE

Cette hormone utilisée pour stimuler la production lactée chez les vaches est un motif d'inquiétude chez bien des gens. Permise aux États-Unis, elle ne l'est pas au Canada où elle est toujours à l'étude. Cette hormone est produite à l'état naturel par la vache. Celle que l'on synthétise lui est absolument identique; il est donc pratiquement impossible de détecter par simple analyse du lait si elle a été utilisée ou non sur l'animal. Diverses recherches démontrent que la somatotropine bovine est inactivée lors de la digestion humaine; elle n'aurait donc aucun effet biologique sur le corps humain. Les consommateurs ont cependant raison de s'inquiéter de la présence de résidus d'antibiotiques et de pesticides dans le lait. Les autorités provinciales et les laiteries font des analyses régulières dans ce sens. Lorsque les quantités de résidus détectées sont inacceptables, le lait est jeté. Cette mesure peut entraîner en outre pour le producteur de sévères amendes ou la révocation de son permis d'exploitation.

De par sa richesse en calcium et en vitamines, le lait est un aliment santé de premier choix.

VALEUR NUTRITIONNELLE

Elle est très appréciable et fait du lait un aliment conseillé à tous les âges.

Calcium. Il est présent en quantités importantes – 1 250 mg pour 1 litre – et très bien assimilé grâce à la présence de facteurs qui en améliorent l'efficacité : bon équilibre avec le phosphore, protéines favorables à l'absorption intestinale, présence de lactose et de vitamine D. La consommation journalière de 650 ml de lait permet de couvrir l'apport recommandé en calcium d'un adulte (800 mg/jour).

Consommer du lait et des produits laitiers assure ainsi à l'organisme une couverture optimale des besoins, variables selon l'âge et le sexe. Ils sont le plus élevés au moment de l'enfance et de l'adolescence, périodes clés de l'édification du squelette. Diverses études ont démontré que c'est jusqu'à l'âge de 30 ans que doivent se constituer les réserves calciques osseuses. À défaut de cette mise en réserve durant cette période, le risque d'ostéoporose, notamment chez les femmes à partir de la ménopause, est plus élevé.

Protéines. Le lait en contient entre 30 et 32 g par litre – une teneur constante quels que soient les procédés thermiques ou d'écrémage employés. Leur valeur nutritionnelle est équivalente à celle de la viande.

Ces protéines sont composées de deux éléments : les caséines, qui représentent 80 %, et les protéines solubles – bêta-lactoglobuline et alpha-lactalbumine. Ces dernières coagulent facilement à la chaleur : ce sont elles qui créent la peau du lait quand on le fait chauffer. Nos grands-mères la récupéraient pour faire des pâtisseries. C'est aux caséines que l'on doit le caillé des fromages et des yogourts par précipitation de ces protéines en milieu acide. Ces deux éléments se complètent parfaitement car la caséine est pauvre en acides aminés soufrés indispensables, alors que la lactoglobuline et la lactalbumine en sont riches. Ainsi sont présents tous les acides aminés essentiels.

Lipides. Leur teneur dépend de l'écrémage. Un lait entier en contient environ 3,5 %, un lait écrémé n'en renferme que des traces... Les triglycérides qui les composent sont pour l'essentiel saturés. Le lait est, en revanche, pauvre en acides gras polyinsaturés.

Glucides. Leur présence est de l'ordre de 5 %, soit 50 g par litre. On les trouve essentiellement sous forme de lactose – sucre double composé de glucose et de galactose –, au pouvoir sucrant très faible. Le lactose tient un rôle important dans l'intestin, car il agit comme facteur de croissance et d'entretien de la flore digestive. Il a un effet très positif sur l'absorption du calcium. Cependant, il peut être à l'origine d'intolérances du fait de l'absence de lactase, enzyme permettant l'assimilation du lactose. Bien que, avec l'âge, l'activité lactasique du corps humain tende à diminuer, elle reste suffisamment active pour supporter un peu de lait sans trouble digestif. Beaucoup de gens ont une activité lactasique limitée, mais suffisante pour supporter de petites quantités de lait. Seule une partie restreinte de la population souffre d'une réelle intolérance.

Vitamines. Le lait en est une source importante, particulièrement de vitamine B_2, qui joue un rôle dans l'utilisation des glucides, des protéines et des lipides par l'organisme, et de vitamines A et D. Au Canada, l'enrichissement du lait en vitamine D est obligatoire. Le lait partiellement écrémé et le lait écrémé sont aussi enrichis de vitamine A et on ajoute de la vitamine C au lait concentré. La vitamine A agit sur la croissance, la protection de la peau et des muqueuses, ainsi que sur le mécanisme de la vision. La vitamine D permet à l'organisme de bien utiliser le calcium. Le lait entier n'a pas à être enrichi de vitamine A puisque l'enrichissement pour cette vitamine vise à combler la perte en ce nutriment causée par l'écrémage du lait (la vitamine A est localisée dans le gras du lait). L'enrichissement du lait concentré en vitamine C comble la perte causée par le procédé de fabrication.

COMPOSITION MOYENNE POUR IOO ML DE LAIT À 2 % M.G. :

protéines	3,4 g
lipides	2,0 g
glucides	5,0 g
apport énergétique	52 kcal

LAPIN

AVANTAGES

- *apporte des protéines de bonne qualité*
- *riche en vitamine PP et en vitamine B_{12}*
- *pauvre en graisses*
- *contient du fer*

Le lapin est souvent classé dans la catégorie des volailles. Sa production et sa consommation au Canada sont assez peu courantes. C'est une viande relativement chère car elle n'est pas produite par des élevages intensifs.

La viande de lapin se distingue par sa richesse en vitamine PP (ou niacine), essentielle au métabolisme cellulaire : 100 g permettent de couvrir plus de la moitié de l'apport recommandé. Elle se caractérise également par une teneur très importante en vitamine B_{12}, puisqu'une part de 100 g couvre 3 fois l'apport nutritionnel recommandé.

Comme toutes les viandes, le lapin présente un taux de protéines élevé. La composition en acides aminés essentiels est équilibrée, ce qui contribue efficacement à la synthèse des protéines dont l'organisme a besoin. Le lapin contient également du fer, dont le taux se concentre à la cuisson.

Enfin, le lapin est réellement une viande maigre. Le peu de graisses qu'il renferme a la particularité d'être composé pour moitié d'acides gras polyinsaturés, mais elle absorbe facilement les graisses à la cuisson. Il faut donc cuisiner le lapin avec peu ou pas de matières grasses (grillé, en papillote, etc.). Avec du vin rouge, des échalotes grises, des carottes, de l'ail, du persil et du thym, on en fait un civet délicieux.

COMPOSITION MOYENNE POUR IOO G :

protéines	20,7g
lipides	5,6 g
glucides	0
apport énergétique	133 kcal

LAXATIF

Les laxatifs sont des substances naturelles ou artificielles qui permettent l'élimination des selles. Étant donné que la constipation est l'un des maux les plus courants parmi les populations occidentales, bien des gens sont tentés d'avoir recours à ce type de traitement.

Les laxatifs agissent soit en augmentant le volume des selles, soit en stimulant les contractions et les sécrétions intestinales, soit en lubrifiant le tube digestif. Ce dernier mécanisme est sans doute le plus doux, qu'il s'agisse de l'ingestion d'huile de paraffine ou d'une prise de suppositoire de vaseline. Néanmoins, ces procédés ne devront pas être utilisés plus de quelques jours, l'emploi prolongé de laxatifs pouvant entraîner une constipation. De plus, un surdosage de laxatifs peut empêcher l'absorption de certaines vitamines et provoquer une déperdition en minéraux (sodium, potassium). Les laxatifs devront donc dans tous les cas faire l'objet d'une prescription et d'un suivi médicaux. Seul un apport suffisant en eau et en fibres permettra d'assurer un transit satisfaisant à long terme. Une gymnastique abdominale peut souvent soulager une constipation.

LAXATIFS ET RÉGIME AMAIGRISSANT

Utilisés pour maigrir, les laxatifs donneront des résultats très défavorables. D'une part, ils seront totalement inefficaces pour accélérer la perte de poids et, d'autre part, ils entraîneront un déséquilibre intestinal et risqueront de provoquer ou d'aggraver une constipation liée à la restriction calorique. Un régime amaigrissant reposera sur une réduction des apports caloriques, une ingestion d'aliments variés incluant des fruits et des légumes frais, et la pratique d'une activité physique suffisante pour éviter la fonte musculaire.

LÉGUMES

AVANTAGES

- *peu caloriques*
- *riches en éléments minéraux et en vitamines*
- *contiennent des substances protectrices*

On rappelle souvent aux enfants que les légumes sont bons pour la santé et qu'il faut en manger pour devenir grand et fort. Cette sagesse populaire est largement confirmée par les dié-

tétistes et les médecins, qui reconnaissent depuis longtemps la valeur nutritionnelle des légumes, tant pour leur richesse en fibres que pour leur teneur en vitamines et en sels minéraux.

Ces dernières années, des recherches scientifiques ont permis de reconnaître de nouvelles propriétés aux légumes. Dans toutes les études épidémiologiques sur la survenue des maladies cardio-vasculaires ou des cancers, on note que les populations absorbant des quantités importantes de légumes sont moins souvent atteintes que celles qui n'en mangent pas. Certains chercheurs attribuent ces propriétés à des substances chimiques contenues naturellement dans tous les légumes ainsi que dans les fruits.

SUBSTANCES PROTECTRICES

Parmi les différentes substances présentes dans les plantes figurent des pigments appelés caroténoïdes, qui ont des propriétés antioxydantes. Les recherches ont démontré que ces antioxy-

dants neutralisaient les radicaux libres, des molécules potentiellement dangereuses lorsqu'elles sont en excès car elles peuvent endommager les membranes des cellules saines ainsi que l'ADN que celles-ci contiennent. Cette production excessive de radicaux libres par l'organisme semble avoir un lien avec la survenue de maladies cardio-vasculaires et de certains cancers. Parmi les facteurs pouvant stimuler la production de ces molécules figurent le tabac, les rayons ultraviolets et la pollution.

Beaucoup de légumes sont riches en caroténoïdes. Ces pigments comprennent le lycopène (pigment rouge que l'on trouve dans les tomates et le poivron rouge) et le bêta-carotène (pigment orange présent, entre autres, dans les carottes et la citrouille). Parmi les légumes les plus riches en caroténoïdes figurent également tous les légumes très colorés en vert (cresson, brocolis, épinards). Or, il résulte de certaines études que les populations dont l'alimentation comporte une

Les nutritionnistes recommandent de faire la part belle aux légumes dans l'alimentation.

grande quantité de fruits et légumes riches en caroténoïdes présentent moins de risques de développer certains types de cancers, notamment le cancer du poumon.

Fruits et légumes fournissent à l'organisme une bonne quantité de fibres, dont les effets bénéfiques sur les processus digestif et métabolique sont prouvés depuis longtemps. Ils sont pour la plupart riches en vitamine C, à laquelle on attribue une action antioxydante. Un autre groupe de substances semble également intervenir dans ce phénomène de prévention : il s'agit des polyphénols, dont les plus connus sont les flavonoïdes (choux, oignons, salades, poivrons) et les anthocyanes (chou rouge, radis, fraises, framboises et bleuets).

CRUS OU CUITS ?

Certains affirment qu'il est préférable de consommer les légumes crus plutôt que cuits, la cuisson entraînant une destruction de la vitamine C.

En réalité, l'alternance de légumes crus et cuits associée à la consommation de fruits permet de couvrir le besoin en vitamine C de l'organisme. En outre, la cuisson ne provoque pas de pertes importantes concernant les autres constituants ; au contraire, elle permet souvent une meilleure tolérance digestive.

PLACE DANS L'ALIMENTATION

Selon les recherches tendant à définir exactement les rôles et l'action des substances protectrices des végétaux, les spécialistes recommandent de manger des légumes et des fruits plusieurs fois dans la journée (l'apport minimum de 2 portions de fruits et 3 de légumes est rarement atteint au Canada). Les légumes peuvent être consommés frais, en conserve ou surgelés, en veillant à respecter une certaine variété. C'est le meilleur moyen de bénéficier de leurs propriétés.

LÉGUMINEUSES

AVANTAGES
- *excellentes sources d'acide folique et de potassium*
- *bonnes sources de fer et de magnésium*
- *contiennent de la thiamine, du zinc, du cuivre*
- *source très élevée de fibres alimentaires*

INCONVÉNIENTS
- *risque de flatulences*
- *le soja peut provoquer des allergies*

On retrouve souvent les légumineuses sous forme séchée — on les appelle d'ailleurs aussi légumes secs. Les lentilles, les haricots, les fèves, les pois et les pois cassés sont aujourd'hui beaucoup moins consommés qu'auparavant. C'est dommage, car ils possèdent de réelles qualités nutritionnelles.

Les légumineuses sont, et de loin, les végétaux les plus riches en protéines : elles en renferment entre 20 et 25 %. Après cuisson, leur teneur en protéines avoisine encore 8 à 9 %. Certes, ces protéines d'origine végétale sont déficientes en acides aminés soufrés (cystine et méthionine), mais il est facile de corriger ce défaut en les associant à des protéines complémentaires : protéines d'origine animale (bien équilibrées), ou protéines de céréales (ces dernières sont pauvres en un autre acide aminé, la lysine, dont les légumineuses sont très bien pourvues). Ainsi, des associations comme pois chiches et semoule de blé (couscous) ou haricots rouges et galettes de farine de blé (Amérique latine), ou encore lentilles et riz (Moyen-Orient) sont particulièrement intéressantes d'un point de vue nutritionnel.

Les légumineuses, en réalité des graines, ont concentré les éléments de

POUR BIEN LES DIGÉRER (ET RÉDUIRE LA FLATULENCE)

- *Choisir de préférence des légumes secs de la dernière récolte qui sont toujours plus tendres. Les marchés publics sont l'endroit par excellence pour les trouver.*
- *Privilégier ceux dont la peau est fine ou qui sont décortiqués (flageolets, pois cassés, lentilles).*
- *Les faire tremper suffisamment longtemps (6 à 8 heures).*
- *Ne pas utiliser l'eau de trempage pour la cuisson.*
- *Renouveler l'eau de trempage et l'eau de cuisson. Comme ceci entraîne des pertes en nutriments, on peut compenser en ajoutant de la levure alimentaire dans la recette.*
- *Les cuire lentement et à fond.*
- *Les réduire en purées ou en potages.*
- *Veiller à bien les mastiquer ; la digestion commence dans la bouche !*
- *Se contenter au début de petites portions et augmenter sa consommation progressivement. Plus on en consomme souvent, mieux on les digère et moins ils ont d'effets indésirables !*

réserve des plantes. Des glucides, notamment, qui fournissent l'essentiel de l'énergie des légumes secs (entre 90 et 110 kcal pour 100 g cuits). Il s'agit d'amidon et de divers autres polysaccharides complexes, spécifiques des légumineuses. Cependant, les lipides ne sont présents qu'en très faibles quantités : ce qui est appréciable, quand on sait que l'un des reproches faits à l'alimentation actuelle est d'être trop grasse. Les légumineuses sont bien pourvues en vitamines du groupe B. Elles constituent une bonne source de minéraux, en particulier de potassium (300 à 400 mg pour 100 g de lentilles, de pois ou de haricots cuits), de magnésium (30 à 50 mg), et même de fer (2 à 3 mg). Ce dernier est certes moins bien absorbé que le fer des aliments d'origine animale, mais certainement mieux que celui des céréales complètes (car les légumineuses contiennent peu de phytates, qui en freinent l'assimilation). De plus, l'ajout de vitamine C améliore son absorption.

Leur teneur en fibres (7 à 9 % dans les légumineuses cuites) représente un atout très appréciable. Ces fibres favorisent le transit intestinal et permettent de lutter contre une tendance à la constipation. Elles pourraient aussi avoir un effet bénéfique dans la prévention de certains cancers. C'est probablement aussi à leur richesse en fibres, et à leur composition particulière en glucides, que les légumineuses doivent d'être parmi les aliments ayant le plus faible index glycémique (il est de l'ordre de 30 % seulement). Les diabétiques peuvent en consommer sans que leur glycémie n'augmente trop rapidement. Et c'est intéressant pour tous ceux qui surveillent leur poids, car, avec les légumineuses, il y a moins de risque d'une mise en réserve des calories excédentaires sous forme de graisses. Enfin, différentes études ont même montré que la consommation régulière de légumineuses pouvait entraîner une baisse significative du taux de cholestérol sanguin.

PRINCIPALES LÉGUMINEUSES

Le petit haricot blanc est bien connu au Québec. Il sert à faire les fèves au lard, longuement mitonnées au four.

Le haricot rouge est le plus populaire aux États-Unis. Il sert à faire le chili con carne. En conserve, il garde sa forme.

Le haricot de Lima fait merveille dans les soupes et les salades. Sa saveur est fine. En conserve, il perd sa forme.

Le haricot d'Espagne, très moucheté, est populaire en Amérique centrale.

Le haricot noir entre dans la composition de nombreux plats traditionnels en Amérique latine.

VRAI OU FAUX ?

● Les légumineuses font grossir.

Faux : elles sont certes énergétiques, mais moins qu'on le croit parfois. En effet, on prend souvent en compte l'apport énergétique des légumes secs crus (280 à 320 kcal pour 100 g), alors que, bien entendu, on les mange cuits (ils n'apportent sous cette forme que 90 à 110 kcal pour 100 g). Et comme les légumineuses rassasient efficacement, de grosses portions sont inutiles.

● Les légumineuses renferment des substances toxiques.

Vrai et faux : les légumineuses synthétisent des substances qui leur permettent de se défendre contre différentes agressions. On y retrouve ainsi diverses enzymes (lipases, lipoxydases, uréases), des agglutinines, des facteurs antigéniques, etc. Beaucoup de ces substances sont partiellement éliminées dans l'eau de trempage, et la plupart sont détruites par la cuisson.

Le haricot romain a une peau marbrée de couleur beige ou brune. Sa texture est douce.

Le haricot pinto est plus petit que le haricot romain et de couleur plus claire. Il perd ses marbrures en cuisant et devient rosé. Sa texture est crémeuse.

Le haricot adzuki est très apprécié en Chine. On prétend qu'il porte chance et il est toujours sur les menus de fête.

Le haricot mungo est cultivé en Asie. Les germes de ce haricot constituent la base du véritable chop suey.

Le haricot soja est sans doute le plus répandu. Le germe du haricot est plus savoureux que celui du haricot mungo avec lequel on le confond fréquemment. On tire du haricot lui-même le lait de soja, le tofu et le tempeh.

Les lentilles peuvent être brunes, vertes, jaunes, orange ou rouges. On

les vend entières ou décortiquées et elles ne nécessitent aucun trempage. Les rouges cuisent en 10-15 minutes.

Le flageolet, parce qu'il est cueilli avant maturité, est vert et tendre. Il est, en France, l'accompagnement classique du gigot d'agneau.

Le dolique à œil noir est typique de la cuisine du sud des États-Unis, où il est cuisiné avec du porc.

Les pois secs et pois cassés. Au Québec on fait la traditionnelle soupe aux pois avec des pois jaunes et un os de jambon. Dans la gastronomie classique, le potage Saint-Germain est une purée de pois cassés verts.

Les pois chiches sont excellents dans les soupes et les salades. Au Moyen-Orient, on les utilise dans le hoummos (une tartinade), les falafels (des boulettes frites) et le couscous.

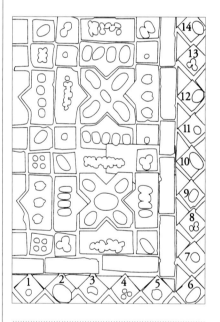

Les légumineuses sont extrêmement variées et peuvent être un régal pour les yeux comme pour les papilles... Haricot adzuki (1), fève (2), dolique (3), lentilles rouges (4), pois chiche (5), haricot blanc (6), soja (7), haricots mungo (8), flageolet (9), haricot d'Espagne (10), lentille verte (11), haricot rouge (12), lentilles brunes (13), haricot romain (14).

LES LIPIDES

Le rôle des lipides dans l'alimentation a soulevé beaucoup de controverses et de débats ces dernières années. Leur influence sur la santé continue à susciter de nombreuses recherches, mais les nutritionnistes s'accordent à conseiller une consommation de lipides modérée et variée.

Les lipides (ou substances grasses), présents dans de nombreux aliments, sont apportés en proportions sensiblement égales sous forme de graisses visibles (ce sont les corps gras proprement dits – huile, beurre, margarines – et les parties grasses des viandes ou des charcuteries) et sous forme de graisses dites invisibles (fournies par les œufs, les fromages, certains fruits – noix, noisettes, arachides, avocats, olives... – et des produits tels que les croustilles, la mayonnaise, le chocolat, les viennoiseries, les pâtisseries, etc.). Les lipides donnent aux mets une texture plus moelleuse et onctueuse, ce qui les rend plus attrayants. Ils sont souvent porteurs d'arômes et de saveurs. Et, bien sûr, sous forme de corps gras, ils permettent des cuissons et des préparations très variées.

UNE QUESTION DE SANTÉ PUBLIQUE

Les lipides jouent différents rôles dans l'organisme dont, en premier lieu, celui de « carburant » pour satisfaire les besoins en énergie des cellules : ils sont la source de calories la plus concentrée (9 kcal par gramme, soit plus du double de ce qu'apportent protéines ou glucides). Ils solubilisent et transportent les vitamines liposolubles. Certains de leurs constituants, les acides gras essentiels, sont indispensables à la croissance et à de nombreux processus vitaux.

On estime que, dans l'alimentation actuelle, au Canada, les lipides fournissent 36 à 42 % de l'énergie totale (ce pourcentage serait du même ordre dans beaucoup de pays occidentaux). Or, selon les recommandations des nutritionnistes, il serait souhaitable de ne pas dépasser un taux de 30 %. En effet, un excès de lipides dans l'alimentation peut conduire à une prise de poids indésirable, ou en tout cas rendre plus difficile le maintien d'un poids souhaitable. Et surtout, un régime trop riche en lipides – et en particulier trop chargé en graisses d'origine animale, ce qui est le cas lorsqu'elles dépassent 10 % de l'énergie totale – peut favoriser l'incidence des maladies cardio-vasculaires.

L'INFLUENCE DES DIFFÉRENTS ACIDES GRAS

Toutes les graisses n'ont pas la même incidence sur l'organisme. Beaucoup d'études ont pu ainsi montrer que la consommation de graisses riches en acides gras saturés (comme celles apportées par le beurre, les fromages, les viandes ou les œufs, ou certaines préparations industrielles) présente l'inconvénient d'augmenter le taux du cholestérol sanguin. Chez des personnes prédisposées, cette élévation de la cholestérolémie accroît le risque d'athérosclérose. Les acides gras « trans » (présents notamment dans les margarines « dures » ou les corps gras hydrogénés utilisés dans l'industrie), bien que polyinsaturés, se comportent comme des acides gras saturés.

Les corps gras riches en acides gras monoinsaturés (comme l'huile d'olive, de canola ou d'arachide) ont longtemps été considérés comme « neutres » vis-à-vis du risque cardio-vasculaire. On sait maintenant qu'ils sont bénéfiques, car capables d'abaisser le « mauvais » cholestérol sanguin (cholestérol LDL), sans réduire le « bon » (le cholestérol HDL).

Quant aux huiles riches en acides gras polyinsaturés (dont la plupart des huiles végétales et des graisses des poissons gras), elles peuvent entraîner une baisse du taux de cholestérol total.

DES ACIDES GRAS ESSENTIELS

Les acides gras saturés et monoinsaturés ne doivent pas obligatoirement être apportés par l'alimentation, car l'organisme peut les fabriquer. En revanche, il ne peut synthétiser deux acides gras polyinsaturés, appelés « acides gras essentiels », et qui doivent donc être impérativement fournis par les aliments : l'acide linoléique et l'acide linolénique.

L'acide linoléique est le précurseur d'une famille d'acides gras, les oméga-6. On le trouve en abondance dans les huiles de pépin de raisin, de tournesol, de noix, de maïs et de soja. Les acides gras oméga-6 participent à l'architecture des membranes biologiques et à la formation des prostaglandines. Ils interviennent dans de nombreux processus (activité hormonale et enzymatique, maintien de l'intégrité de la peau, régulation des fonctions inflammatoire et immunitaire...), abaissent le taux du cholestérol et protègent les parois des vaisseaux sanguins.

L'acide linolénique est relativement abondant dans l'huile de noix, de canola et de soja. Il est le chef de file de la famille des oméga-3. Celle-ci comprend des acides gras très particuliers, fortement polyinsaturés, à 20 et 22 atomes de carbone : les acides eicosapentaénoïque (EPA) et docosahexaénoïque (DHA), apporté par les poissons gras (saumon, thon, sardine, hareng, etc.). Ils

Les différentes familles d'acides gras

Les graisses sont constituées de différents acides gras, qui jouent des rôles variés dans l'organisme. On distingue généralement acides gras saturés et acides gras insaturés. Ces derniers se subdivisent en monoinsaturés et polyinsa-turés. Et parmi ces acides gras polyinsaturés, on peut encore mettre en évidence deux groupes particuliers, ceux des acides gras essentiels : les acides gras oméga-6 et oméga-3.

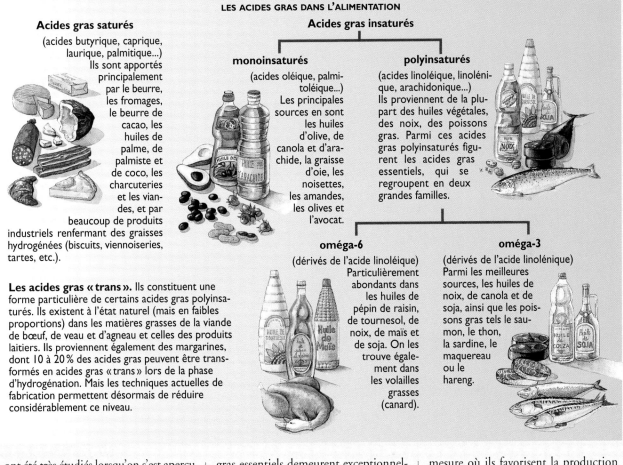

LES ACIDES GRAS DANS L'ALIMENTATION

Acides gras saturés

(acides butyrique, caprique, laurique, palmitique...) Ils sont apportés principalement par le beurre, les fromages, le beurre de cacao, les huiles de palme, de palmiste et de coco, les charcuteries et les vian-des, et par beaucoup de produits industriels renfermant des graisses hydrogénées (biscuits, viennoiseries, tartes, etc.).

Acides gras insaturés

monoinsaturés

(acides oléique, palmi-toléique...) Les principales sources en sont les huiles d'olive, de canola et d'ara-chide, la graisse d'oie, les noisettes, les amandes, les olives et l'avocat.

polyinsaturés

(acides linoléique, linoléni-que, arachidonique...) Ils proviennent de la plu-part des huiles végétales, des noix, des poissons gras. Parmi ces acides gras polyinsaturés figu-rent les acides gras essentiels, qui se regroupent en deux grandes familles.

oméga-6

(dérivés de l'acide linoléique) Particulièrement abondants dans les huiles de pépin de raisin, de tournesol, de noix, de maïs et de soja. On les trouve égale-ment dans les volailles grasses (canard).

oméga-3

(dérivés de l'acide linolénique) Parmi les meilleures sources, les huiles de noix, de canola et de soja, ainsi que les pois-sons gras tels le sau-mon, le thon, la sardine, le maquereau ou le hareng.

Les acides gras « trans ». Ils constituent une forme particulière de certains acides gras polyinsa-turés. Ils existent à l'état naturel (mais en faibles proportions) dans les matières grasses de la viande de bœuf, de veau et d'agneau et celles des produits laitiers. Ils proviennent également des margarines, dont 10 à 20 % des acides gras peuvent être trans-formés en acides gras « trans » lors de la phase d'hydrogénation. Mais les techniques actuelles de fabrication permettent désormais de réduire considérablement ce niveau.

ont été très étudiés lorsqu'on s'est aperçu que les populations inuits, qui se nour-rissaient traditionnellement de poissons gras, n'étaient presque jamais atteintes de maladies cardio-vasculaires. Les aci-des gras oméga-3 s'opposent en effet à la formation de caillots dans la circula-tion sanguine. Ils sont aussi des compo-sants structurels indispensables aux cel-lules cérébrales et nerveuses, jouent un rôle important dans la constitution de la rétine et réduisent l'importance des réactions inflammatoires. Chez l'être humain, les carences marquées en acides gras essentiels demeurent exceptionnel-les (dénutrition grave, malabsorption des graisses).

Un adulte a besoin de recevoir quoti-diennement au moins 8 g d'acides gras oméga-6 (ce qu'on trouve dans 1 cuille-rée à soupe d'huile de tournesol ou de noix). Un apport un peu supérieur, de l'ordre de 10 à 12 g, semble offrir une bonne protection contre les affections cardio-vasculaires et est donc recom-mandé par les nutritionnistes. Il n'est pas conseillé d'aller au-delà, car des apports trop élevés peuvent être nocifs dans la mesure où ils favorisent la production de radicaux libres. Les acides gras oméga-3 sont nécessaires en plus faible quantité (environ 1,5 à 3 g par jour) : le besoin est couvert avec une portion de 100 à 150 g de poisson gras, ou 2 cuille-rées à thé d'huile de noix, ou une bonne cuillerée à soupe d'huile de canola.

MODIFIER SA CONSOMMATION DE LIPIDES ALIMENTAIRES

Dans un souci de bonne santé, il est cer-tainement judicieux de limiter sa consommation globale de lipides, de réduire dans l'alimentation l'apport des graisses saturées et de bien choisir ses huiles afin de profiter de toutes leurs qualités nutritionnelles.

Pour cela, on peut par exemple étaler le beurre en couche plus fine sur le pain, s'efforcer de limiter à une portion par jour sa consommation de fromage à pâte ferme, choisir de préférence des viandes maigres ou des volailles, prévoir 2 ou 3 fois par semaine du poisson en remplacement de la viande. Il convient d'utiliser des poêles ou sauteuses à revêtement antiadhésif. Les fritures devraient aussi rester exceptionnelles : la cuisson à la vapeur ou au four est plus saine. Pour cuisiner ou assaisonner, on conseille de choisir des huiles végétales variées. Il est utile également de ne pas consommer trop fréquemment des préparations du commerce telles que tartes, viennoiseries et plats tout préparés, souvent chargés en graisses saturées.

LES SPÉCIFICITÉS NATIONALES

Soucieux de déterminer les causes précises des affections coronariennes fré-

Principales sources de lipides dans l'alimentation

	POURCENTAGE DE LIPIDES	POUR UNE PORTION DE	APPORT EN LIPIDES (g)
Corps gras et sauces			
Beurre, margarine	8	15 g	12
Crème fraîche	30	20 g (1 c. à soupe/15 ml)	6
Huile (tournesol, olive, colza...)	100	12 g (1 c. à soupe/15 ml)	12
Mayonnaise	7	15 g (1 c. à soupe/15 ml)	12
Vinaigrette	75	12 g (1 c. à soupe/15 ml)	9
Charcuteries			
Boudin noir	30	100 g	30
Foie gras	44	40 g	18
Jambon cuit régulier	11	60 g (1 tranche fine)	6,5
Pâté	23 à 36	40 g	9 à 14
Pepperoni	44	60 g (12 tranches fines)	26
Salami	20	60 g (3 tranches)	12
Saucisse	28 à 32	100 g (1 petite saucisse)	28 à 32
Fromages			
Cheddar	34	35 g	12
Fromage fondu	25	35 g	9
Mozzarella	21	35 g	7
Viandes			
Bœuf bourguignon	15	100 g	15
Bœuf haché maigre	17	100 g	17
Bœuf haché mi-maigre	23	100 g	23
Côtelette de porc maigre	15	100 g	15
Filet de porc rôti	5	100 g	5
Poitrine de poulet, sans la peau	3,5	100 g	3,5
Biscuits, viennoiseries, confiseries			
Biscuits au beurre	12 à 20	40 g (5 ou 6 biscuits)	5 à 8
Chocolat noir	30	20 g	6
Craquelins	20 à 25	20 g (1 petite poignée)	4 à 5
Croissants	17	50 g (1 croissant)	8,5
Gâteau blanc	14	1 tranche de 50 g	7
Tarte aux fruits	16	120 g (1 pointe)	19
Divers			
Amandes, arachides, pistaches...	50 à 55	25 g (1 petite poignée)	12 à 13
Croque-monsieur	16	1 croque-monsieur de 150 g	24
Croustilles	36	45 g (½ sachet de 90 g)	18
Frites	15	110 g	16
Noix, noisettes	62	25 g (1 petite poignée)	15
Olives noires	30	25 g (5 ou 6 olives)	7

quentes dans le monde occidental, les chercheurs s'intéressent de plus en plus aux modes d'alimentation de populations ayant des habitudes et des comportements nutritionnels différents.

Les Japonais. Leur alimentation renferme à peine plus de 30 % de graisses (pour l'essentiel polyinsaturées) – contre 40 % en France ou en Grande-Bretagne, et plus de 50 % dans les pays scandinaves –, et ils connaissent l'un des taux

d'affections cardio-vasculaires les plus bas du monde. Cela n'a rien d'une coïncidence. En effet, le poisson occupe dans leur cuisine une place de choix, sous forme de sushis, sashimis et tempuras. Les Japonais en consomment 100 g par jour en moyenne. L'aliment de base reste cependant le riz, qui figure à tous les repas.

Comme les Occidentaux, les Japonais prennent 3 repas par jour. Le petit déjeuner se compose traditionnellement de riz, d'une soupe de miso à base d'ingrédients tels que des algues, du tofu ou des poireaux, complétée d'un plat, de poisson grillé par exemple. Un déjeuner typique peut consister en un peu de poulet et de légumes cuits dans du bouillon, accompagnés d'œufs et servis sur du riz. Le dîner, repas principal de la journée car il réunit toute la famille, peut comporter un peu de poisson grillé ou un plat de viande, comme du bœuf, accompagné de pommes de terre, présenté avec des légumes verts bouillis, de la soupe de miso et du riz.

La cuisine méditerranéenne. Les populations du pourtour méditerranéen (Italie, Grèce, Espagne) consomment un peu plus de graisses que les Anglo-Saxons. Mais il s'agit surtout de corps gras insaturés, et le risque d'affection cardiaque à issue fatale dans ces pays est de 2 à 4 fois inférieur à celui qui prévaut aux États-Unis par exemple. La consommation des graisses saturées est relativement élevée en France, et pourtant l'incidence des maladies cardio-vasculaires y est beaucoup plus basse que dans les pays anglo-saxons. On attribue ce que l'on appelle le « paradoxe français » à une consommation importante de fruits et légumes frais, et à la présence quasi systématique de vin à table.

Dans les pays méditerranéens, les aliments de base sont le pain, le riz, les pommes de terre, les pâtes ou des céréales comme le couscous, accompagnés de beaucoup de légumes. La cuisine fait grand usage de l'huile d'olive. Parmi les autres sources de lipides, on trouve les fruits oléagineux (noix), les poissons gras, comme la sardine ou le thon.

Dans ces pays, la structure et le rythme des repas sont restés assez traditionnels. Le petit déjeuner est plutôt frugal et comporte du pain avec un peu de beurre ou de fromage, parfois un fruit, et une boisson chaude. Le repas du midi et celui du soir comportent une succession de plats variés, accompagnés de

pain. Des crudités, des légumes et des fruits frais sont généralement présents dans le menu. Enfin, à table, outre de l'eau, on boit habituellement du vin en quantités modérées.

Les Anglo-Saxons. L'alimentation britannique et américaine est traditionnellement riche en graisses saturées – gâteaux, crèmes glacées, barres chocolatées sont couramment consommés en dehors des repas. Les viandes sont souvent servies sous forme de hamburgers (avec une teneur en graisses fréquemment supérieure à 15 %) ou bien panées et frites (pour la volaille). Le poisson est en général proposé pané ou frit. Tous ces aliments, chargés en graisses, fournissent une fraction importante de lipides. Les fruits et les légumes frais sont assez délaissés (on en consomme en moyenne 2 à 3 portions par jour, contre 5 portions en France) et on se désaltère avec des boissons sucrées, et non de l'eau.

Ces habitudes alimentaires entraînent des déséquilibres nutritionnels : non seulement une surcharge en lipides, mais encore un excès de sucres rapides et un déficit marqué en glucides complexes, en légumes et en fruits frais. On considère que de telles caractéristiques dans l'alimentation peuvent augmenter le risque d'apparition des pathologies dites « de civilisation » : constipation, obésité, diabète, ou maladies cardio-vasculaires.

LEUCÉMIE

PRIVILÉGIER
- *les fruits et les légumes frais pour la vitamine C*

ÉVITER
- *les aliments pouvant être contaminés par des bactéries ou des virus comme les crustacés, les produits laitiers non pasteurisés et les viandes mal cuites*
- *le tabac*
- *l'alcool*

La leucémie est une forme de cancer du sang qui se caractérise par une surproduction de globules blancs. Les symptômes varient : saignements de nez, des gencives, de l'estomac ou du rectum, douleurs de l'abdomen, anémie, fièvre et vulnérabilité accrue aux contusions et aux infections. Le traitement médical fait en principe appel à la chimiothérapie, à la radiothérapie ou aux deux à la fois.

Certes, il n'existe pas d'aliments miracle capables de guérir la leucémie ou toute autre forme de cancer. Pourtant, une alimentation équilibrée peut donner aux patients une meilleure qualité de vie et tenir en échec certains effets secondaires de la maladie. Les malades mangeront beaucoup de fruits et de légumes frais pour leurs vitamines, des céréales complètes pour leur richesse en fibres, ainsi qu'une quantité modérée de graisses insaturées. Ils consommeront aussi des protéines de bonne qualité fournies par la viande et le poisson : cela leur évitera un amaigrissement important et une perte de la masse musculaire.

Les sujets leucémiques ayant une moindre résistance à l'infection, ils prendront garde aux intoxications alimentaires. Tout aliment susceptible d'être contaminé par des virus ou des bactéries comme la listeria ou les sal-

Une cuillerée de levure de bière saupoudrée sur une assiette de crudités leur apportera un supplément de vitamines.

monelles – les crustacés, les œufs crus, les produits dérivés de lait non pasteurisé, les viandes (en particulier la volaille) mal cuites – est potentiellement dangereux pour eux.

Certains médicaments utilisés dans le traitement de la leucémie pouvant interférer avec le métabolisme de l'alcool, mieux vaut s'abstenir d'en boire, d'autant plus que l'alcool épuise les réserves du corps en vitamine C. Enfin, le tabac diminue la résistance de l'organisme.

LEVURE DE BIÈRE

L'utilisation médicale des levures se perd dans la nuit des temps... Il semblerait que, dans l'Égypte ancienne, on prescrivait de la bière pour aider à la cicatrisation des plaies et des brûlures. En fait, c'est à la fin du XIXᵉ siècle que les levures, et particulièrement la levure de bière *Saccharomyces cerevisiae*, sont entrées dans la pharmacopée. Par son action bénéfique sur la flore intestinale, la prescription de levure de bière s'étend à diverses maladies (carences vitaminiques, dermatoses, désordres intestinaux), mais c'est l'apparition des antibiotiques qui va en développer l'usage.

Les magasins diététiques proposent des préparations à la levure de bière. On les utilise essentiellement pour leur richesse en vitamines du groupe B, notamment la B$_1$.

LIPIDES

Voir p. 196

LITCHI

AVANTAGES
● *riche en vitamine C et en folates*
● *contient de la niacine*

Rafraîchissant et désaltérant malgré sa haute teneur en sucre, le litchi, dont la texture, proche de celle du raisin, offre un léger goût de rose, a une excellente teneur en vitamine C, légèrement plus élevée que celle de l'orange. Il est également riche en folates, contient de la niacine et du potassium. Toutes ces qualités disparaissent au moins de moitié lorsque ce fruit est mis en conserve, excepté les glucides, augmen-

tés, en revanche, par l'apport d'un sirop de sucre. Mieux vaut donc le savourer frais.

COMPOSITION MOYENNE POUR 100 G :
protéines . . . . 0,9 g
lipides . . . . 0,2 g
glucides . . . . 14,6 g
apport énergétique . . . . 62 kcal

LUPUS ÉRYTHÉMATEUX

PRIVILÉGIER
● *les œufs, le beurre, le lait et la margarine pour la vitamine D*
● *les produits laitiers pour le calcium*

RÉDUIRE
● *le sel*

ÉVITER
● *l'obésité*

Cette maladie du système immunitaire amène les mécanismes de défense du corps à attaquer les tissus conjonctifs, les articulations, les muscles ou n'importe quel organe du corps. Elle provoque une inflammation, des douleurs et une altération des différents organes. La maladie débute souvent par des maux de tête, une extrême fatigue, des douleurs dans les muscles et les articulations et une éruption cutanée. Lupus érythémateux signifie « loup rouge », en référence à cette éruption caractéristique qui peut affecter les deux joues et la racine du nez, comme un masque de carnaval, ou loup. Le lupus peut se déclarer brutalement chez un patient, qui se sent soudain très mal, ou se développer progressivement pendant des mois, voire des années. Cer-

tains sujets sont sensibilisés à la lumière du soleil, qui provoque des éruptions sur les zones de peau exposées. Nul ne connaît exactement les causes de cette maladie, dont la plupart des victimes sont des femmes. Les malades peuvent être soulagés par un traitement médical adapté, à base notamment de corticoïdes. L'alimentation peut jouer un rôle dans le traitement et celui-ci dépendra du degré d'évolution de la maladie.

DE LA VITAMINE D ET PEU DE SEL

La luzerne sous toutes ses formes aggrave les symptômes du lupus érythémateux ; d'autres légumineuses peuvent avoir un effet similaire.

La plupart des personnes atteintes sont affectées par l'exposition au soleil. Elles doivent donc trouver dans leur alimentation ou, au besoin, dans des suppléments, la vitamine D qui leur permettra d'absorber le calcium fourni par la nourriture. Elles devraient en même temps éviter les aliments contenant des psoralènes – céleri, panais, persil, citrons, limes – qui accentuent la sensibilité à la lumière.

De nombreux malades éprouvent des problèmes rénaux et une tension artérielle élevée. Ils doivent donc éviter les aliments riches en sel, surtout s'ils sont traités aux corticoïdes. Ils notent parfois aussi une amélioration après avoir éliminé les graisses animales de leur alimentation. En compensant par des hydrates de carbone comme des céréales entières, des fruits et des légumes, ils augmentent par le fait même leur apport en vitamines et minéraux antioxydants : vitamines C et E, bêta-carotène, zinc et sélénium.

Le brocoli et les autres crucifères contiennent des indoles qui jouent un rôle positif sur le métabolisme de l'œstrogène. Enfin, il semble que les bioflavanoïdes des agrumes, surtout les pamplemousses, soient bénéfiques aux personnes atteintes de lupus.

201

MACROBIOTIQUE
(régime)

AVANTAGES
- *souvent peu calorique*
- *riche en fibres*

INCONVÉNIENTS
- *peu de protéines*
- *risque de carence en vitamines et en minéraux*
- *ne convient pas aux enfants, ni aux femmes enceintes ou qui allaitent*

Vers 1880, un médecin japonais, Sagen Ishizuka, affirma qu'il pouvait traiter de nombreux problèmes de santé avec un régime à base de céréales complètes et de légumes. Un Américain d'origine japonaise, George Ohsawa, expérimenta ce régime avec succès sur lui-même et lui donna le nom de macrobiotique, du grec *makros* (long) et *bios* (vie).

La macrobiotique repose largement sur la philosophie chinoise, qui distingue deux forces opposées et complémentaires : le yin, féminin, calme, fragile, froid ; et le yang, masculin, actif, solide et chaud. Selon cette théorie, les aliments ont des propriétés yin ou yang. Ainsi, parmi les céréales, le riz est très yang, le blé yang, le maïs yin et yang, l'avoine yin et le soja très yin.

La santé du corps et de l'esprit dépend d'un équilibre entre ces deux forces. L'objectif de la méthode macrobiotique est d'obtenir par l'alimentation un bien-être psychique et physique et de vivre en harmonie avec l'environnement.

Dans l'absolu, un régime macrobiotique se compose exclusivement de céréales complètes (riz brun). Mais l'atteinte de ce régime « idéal » se fait par paliers, introduisant des restrictions successives, le numéro 1 étant le plus large et le numéro 7 le plus strict. On élimine dans l'ordre les produits animaux, les légumes et les fruits.

En général, le régime macrobiotique se compose de 50 à 60 % de céréales complètes (blé, riz, avoine, maïs, seigle et leurs produits dérivés tels que farine, pain, pâtes), de 20 à 30 % de légumes cuits, de 10 à 15 % de légumineuses (lentilles, pois chiches, haricots, pois) et d'algues – celles-ci servant à rehausser la saveur et la valeur nutritionnelle des plats. Une telle alimentation apporte donc beaucoup de fibres. Les paliers inférieurs ressemblent au régime végétarien ; les produits d'origine animale, notamment le poisson, sont autorisés en petites quantités. Le sucre et tous les produits sucrés sont éliminés. Un certain nombre de fruits sont interdits et, la plupart du temps, ceux qui sont autorisés se consomment cuits. Toutes les boissons excitantes sont déconseillées (thé, café, vin et autres boissons alcoolisées).

LES RISQUES

Le régime macrobiotique n'apporte pas suffisamment de fer (absence de viande), de calcium (peu ou pas de produits laitiers), de vitamines A, B_{12}, C, ou D. L'absence de fer et de vitamine B_{12} peut à terme entraîner des anémies.

Très déséquilibré, le régime macrobiotique ne doit jamais être suivi par des enfants, car il peut entraîner des malnutritions et des retards de croissance. Ce mode alimentaire est également déconseillé pour les femmes enceintes et celles qui allaitent leur bébé : les besoins élevés de l'organisme durant ces périodes ne peuvent absolument pas être couverts par un régime de ce type.

Les céréales complètes et les produits céréaliers (farine, pâtes…) sont la base d'un régime macrobiotique.

MAÏS SUCRÉ

AVANTAGES
● *fournit du folate et de la thiamine*
● *relative richesse en fibres*

INCONVÉNIENTS
● *plus calorique que la moyenne des légumes*

Le maïs est en réalité une céréale. Le maïs sucré, une variété que l'on récolte avant maturité, est toutefois consommé comme un légume. Il est surtout riche en glucides, essentiellement de l'amidon, et en protéines. Celles-ci ne sont cependant pas complètes puisqu'il leur manque deux acides aminés, la lysine et le tryptophane. Le maïs sucré a une teneur en magnésium assez élevée pour un légume. Sa richesse en fibres est intéressante pour le transit intestinal. Le pop-corn est une autre variété de maïs dont l'épi est plus petit. Sous l'effet de la chaleur, ses grains explosent en libérant une masse aérienne d'amidon et de fibres. C'est un excellent amuse-gueule, à condition de ne pas l'assaisonner de beurre.

COMPOSITION MOYENNE POUR 100 G :
protéines . . . . 3 g
lipides . . . . 1,2 g
glucides . . . . 18,2 g
apport énergétique . . . . 97 kcal

MALNUTRITION

Les malnutritions sévères sont heureusement rares dans le monde occidental, excepté chez les malades chroniques ou chez les sujets présentant un trouble du comportement alimentaire, comme l'anorexie mentale, ou de l'assimilation, comme la maladie cœliaque. Cependant, il existe au Canada des causes de carence ou de subcarence qui concernent plusieurs catégories de population : les enfants des milieux défavorisés, les personnes âgées vivant seules, les personnes qui suivent de façon rigide des régimes excluant une partie des aliments, les alcooliques. En Occident, toute une variété de maladies et de symptômes résultent d'une mauvaise nutrition.

LES ENFANTS

C'est une population particulièrement exposée car les besoins alimentaires des enfants sont supérieurs à ceux des adultes. En effet, pour être harmonieuse, la croissance nécessite des quantités suffisantes de protéines, de calcium et de vitamines. Pratiquement, un enfant doit consommer chaque jour environ 1 g de protéines par kilo de poids corporel (20 g pour un enfant de 20 kg par exemple) et 800 à 1 200 mg de calcium. Pour arriver à ce résultat, il faut manger au moins 100 g de viande ou de poisson par jour et 2 à 4 portions de produits laitiers par jour (250 ml de lait, 175 ml de yogourt ou 50 g de fromage).

Beaucoup de produits alimentaires peu coûteux sont très pauvres en nutriments essentiels et très riches en sucre et en graisses. Certains substituts de fromage, par exemple, contiennent 10 fois moins de calcium pour 100 g de produit que n'en contient le gruyère. De même, des substituts de viande ou de poisson reconstitués, aro-matisés et souvent panés apportent 2 fois moins de protéines et 2 fois plus de graisses qu'une portion de viande ou de poisson. Les progrès de l'industrie agroalimentaire ont permis à tout le monde de manger, encore faut-il ne pas manger n'importe quoi. Pour cela, il faut lire attentivement les étiquettes et ne pas préférer systématiquement les produits bon marché.

L'ÂGE ET LA SOLITUDE

Les personnes âgées vivant seules ont souvent peu de goût pour la nourriture, qu'il s'agisse de préparer des repas ou de se mettre à table. Il est souvent difficile pour les membres de la famille n'habitant pas sous le même toit de convaincre une personne âgée de lutter contre son manque d'appétit. Si tel est le cas et si, visiblement, elle ne se nourrit pas suffisamment, une solution consiste à lui faire livrer régulièrement ses repas par un service social ou un restaurant. Non seulement les plats devront être appétissants, mais ils fourniront encore macro- et micronutriments à l'organisme. Il faut en particulier veiller à un bon apport quotidien en calcium afin d'éviter l'ostéoporose : la célèbre fracture du col du fémur (souvent appelée fracture de la hanche) qui en résulte est sans doute une façon indirecte de mourir de malnutrition au Canada aujourd'hui.

RÉGIMES À TORT ET À TRAVERS

Les personnes suivant un régime amaigrissant fantaisiste risquent également de mal se nourrir. Les régimes dissociés et, d'une manière plus générale, tous les régimes très restrictifs (moins de 1 000 kcal par jour) sont carencés. Ils doivent être prescrits et suivis par un médecin compétent qui, au besoin, donnera des compléments vitaminiques et minéraux. Dans tous les cas, un régime sévère ne doit pas être poursuivi au-delà de quelques semaines sous peine d'entraîner des carences

203

nutritionnelles. Un régime efficace doit être hypocalorique, mais équilibré ou hyperprotéique. Un apport suffisant de légumes et de fruits permettra une couverture des besoins en vitamines sans beaucoup de calories. Il faut se rappeler que, pour perdre 1 kg de graisse, il faut « économiser » 7 000 kcal et qu'un individu moyen mange 2 000 kcal par jour. Un régime réduisant d'un quart la nourriture ingérée économisera environ 500 kcal par jour ; il faudra donc 14 jours au minimum pour perdre 1 kg. Ce calcul montre la réalité des faits : un régime est une épreuve relativement longue. Gardons-nous bien de croire les marchands de miracles.

ALCOOLISME

L'alcool entrave l'absorption de plusieurs vitamines, dont, principalement, la thiamine et les composantes du complexe B. En outre, l'alcoolique ingère la plus grande partie de ses calories journalières sous forme d'alcool, ce qui réduit d'autant la place des aliments. À partir d'un certain seuil d'intoxication, il devient aussi incapable de faire des courses ou de préparer un repas. C'est pourquoi l'alcoolisme représente, au Canada, l'une des causes les plus fréquentes de malnutrition. Le traitement – difficile – d'un individu alcoolique doit être confié à une équipe médicale spécialisée. La part de l'alimentation n'est pas négligeable pour parvenir à un résultat, et la reprise de repas réguliers sera un excellent indicateur d'amélioration.

MANGUE

AVANTAGES
- *riche en bêta-carotène*
- *riche en vitamine C*

La mangue fraîche, au délicat parfum de fleur, est une bonne source de bêta-

Il existe plusieurs variétés de mangue. La plus commune, ovale et de couleur dégradée du vert au rouge, peut atteindre la taille d'un melon. Sa chair est très juteuse et sucrée.

carotène et de vitamine C. Mûre, la chair est facile à digérer, et le bêta-carotène qu'elle renferme est vite assimilé par l'organisme, qui le convertit en vitamine A.

La vitamine C et le bêta-carotène sont des antioxydants, dont le rôle est de renforcer les défenses de l'organisme et d'aider à prévenir les dégâts occasionnés par les radicaux libres. L'apport de la mangue en vitamine C (100 g contiennent la moitié de l'apport nutritionnel recommandé) est d'autant plus intéressant que ce fruit est le plus souvent consommé cru.

Lorsque la mangue est mûre, elle est légèrement tendre au toucher. Sa peau orange tire sur le rouge et se marque de taches noires. Il faut alors la manger sans attendre.

COMPOSITION MOYENNE POUR 100 G :
protéines . . . . 0,6 g
lipides . . . . 0,2 g
glucides . . . . 13,4 g
apport énergétique . . . . 56 kcal

MAYONNAISE

La mayonnaise est constituée essentiellement de lipides. Il faut donc en user avec parcimonie, car 1 cuillerée à soupe contient 10 g de lipides et apporte presque 100 kcal. Toutefois, elle contient des jaunes d'œufs et de l'huile végétale, qui procurent des vitamines E et A. Attention, les jaunes d'œufs sont riches en cholestérol, et donc contre-indiqués à qui suit un régime hypocholestérolémiant. Ceux qui cherchent, sinon à maigrir, du moins à ne pas grossir peuvent préférer une version allégée, dont une partie de l'huile est remplacée par de l'eau. Elle comporte 5 g de graisses et 50 kcal par cuillerée à soupe.

Pour faire sa propre mayonnaise, mieux vaut préférer à l'huile d'olive d'autres huiles au goût moins prononcé (arachide, tournesol, soja ou maïs), qui renferment surtout des acides gras polyinsaturés, indispensables au bon fonctionnement de l'organisme.

Il faut bien sûr toujours garder la mayonnaise au réfrigérateur, dans un récipient hermétiquement fermé. Consommez la mayonnaise faite maison dans les 24 heures. Pour celle du commerce, suivez les indications portées sur l'étiquette. Ne sortez la mayonnaise que 30 minutes à l'avance, surtout par temps chaud.

COMPOSITION MOYENNE POUR 100 G DE MAYONNAISE À L'HUILE DE SOJA :

protéines	1,3 g
lipides	78 g
glucides	0,7 g
apport énergétique	710 kcal

MÉDICAMENTS ET ALIMENTATION

Les médicaments peuvent avoir une influence sur la capacité de l'organisme à utiliser certains éléments nutritifs. Il peut en résulter des carences, insuffisamment compensées par l'alimentation. De même, il existe des substances nutritives qui peuvent ralentir ou accélérer l'assimilation des médicaments, ou encore modifier leur action sur l'organisme ou le rythme de leur décomposition. Enfin, il y a des médicaments que l'on doit prendre en mangeant et d'autres entre les repas.

Lorsque le traitement est de courte durée, il est rare qu'un médicament provoque des désordres nutritionnels, à moins que le patient ne souffre déjà de malnutrition. Les effets secondaires apparaissent beaucoup plus fréquemment au cours des traitements de longue haleine exigés par des affections telles que l'hypertension ou les troubles mentaux. Il en va de même lorsqu'on prend des médicaments en vente libre pendant une longue période. Les personnes âgées sont particulièrement exposées, car elles suivent souvent plusieurs traitements de longue durée et peuvent avoir une alimentation inappropriée.

Si vous constatez des symptômes inhabituels qui vous semblent liés à des médicaments achetés sur ordonnance ou en vente libre, consultez le médecin ou le pharmacien. Toutefois, lorsqu'ils ordonnent ou vendent des médicaments, médecins et pharmaciens devraient être informés des problèmes les plus courants qui peuvent se manifester et vous indiquer toutes les précautions nécessaires avant le début du traitement.

Les exemples qui suivent illustrent les interactions les plus fréquentes entre les médicaments et la nutrition.

Mais ce chapitre n'est pas destiné à résoudre les problèmes particuliers de manière exhaustive. En cas de doute, demandez conseil à votre médecin ou à votre pharmacien.

POUR LE SYSTÈME DIGESTIF

Le recours régulier à des laxatifs puissants et irritants pour le tube digestif, souvent appelés purgatifs, est nocif, car une perte d'eau excessive peut aboutir à une déshydratation et abaisser le taux de potassium dans le sang. De plus, l'accélération de la fonction intestinale réduit l'assimilation de presque toutes les variétés d'éléments nutritifs. Enfin, l'utilisation prolongée de laxatifs peut avoir des conséquences défavorables sur le transit, car l'organisme devient résistant et il en résulte une constipation chronique.

Les huiles laxatives minérales, telles que la paraffine liquide, ont un effet similaire. Elles interfèrent également avec l'absorption des vitamines A, D et K ainsi que du bêta-carotène. La vitamine D étant essentielle à l'assimilation du calcium, l'abus de laxatifs accroît le risque d'ostéoporose chez les personnes âgées et les femmes en post-ménopause.

Si la constipation est telle qu'elle exige un traitement, il est préférable d'utiliser un laxatif de lest comme le son ou les céréales complètes. Mieux encore, remédiez à la cause de la constipation par une alimentation riche en fibres, comprenant des légumes feuillus vert foncé, des fruits frais, des légumineuses, des céréales et des fruits secs en compote. Les pruneaux et les figues ont un effet laxatif naturel.

POUR LE SYSTÈME CARDIO-VASCULAIRE

Anticoagulants. Ils ont pour but de diminuer la coagulation du sang ; on les prescrit pour certains types d'infarctus, de thrombose et d'autres troubles cardiaques et circulatoires.

En font partie les médicaments – appelés antivitamine K – qui inhibent l'action de la vitamine K dans le processus de coagulation du sang. Pendant la durée de ce traitement, qui doit être surveillé de très près, ne prenez pas de suppléments de vitamines A ou C, car une ingestion soudaine et forte de l'une ou l'autre de ces substances peut réduire l'efficacité des anticoagulants. En revanche, des doses élevées de vitamine E peuvent provoquer des saignements. D'une manière générale, interdisez-vous toute automédication lors d'un traitement à long terme prescrit par votre médecin, car les conséquences pourraient être très graves pour votre santé.

Hypolipidémiants. Il existe plusieurs types de ces médicaments destinés à réduire le taux de cholestérol et d'autres graisses dans le sang. L'un de ces groupes agit par fixation du cholestérol dans l'intestin afin d'empêcher sa réabsorption dans la circulation sanguine. Ce type d'hypolipidémiant interfère avec l'assimilation du fer et de l'acide folique, qu'il faut donc donner en supplément aux enfants suivant ce traitement. L'efficacité du traitement est, bien sûr, accrue par une alimentation équilibrée où figurent le moins possible les graisses saturées et le cholestérol. On estime que la part du régime hypocholestérolémiant sur le résultat final intervient pour environ 10 %.

Digitaline. Lorsqu'ils sont associés à des aliments riches en fibres, les médicaments de ce genre ont tendance à se lier avec les fibres alimentaires des deux genres – solubles et insolubles. C'est bien ce qui diminue leur efficacité, car la quantité de médicament qui passe dans la circulation sanguine est plus faible. Le médecin contrôlera régulièrement les effets du traitement par un examen clinique et électro-cardiographique.

Histoire vécue

Gérard, photographe indépendant, a 50 ans. Pendant 5 ans, il a pris un diurétique, la thiazide, pour une hypertension légère. Ces derniers mois, il s'était senti extrêmement fatigué, mais avait mis son état sur le compte d'une série de contrats particulièrement mouvementée. Après cette période chargée, Gérard se sentit toujours aussi épuisé. Ses muscles étaient si faibles qu'il pouvait à peine soulever ses sacoches de matériel de photo. L'un de ses amis lui laissa entendre qu'il traversait peut-être une période de dépression. Le médecin consulté par Gérard mesura ses électrolytes sanguins et détecta une déficience en potassium. Il lui prescrivit une supplémentation de cette substance sous forme de comprimés et lui recommanda des aliments riches en potassium comme les fruits secs, les noix, les graines, les bananes et les avocats. Au bout de 2 semaines, Gérard retrouva vigueur et énergie. Un examen du sang confirma que son taux de potassium était revenu à un niveau normal.

POUR LE SYSTÈME URINAIRE

Les diurétiques ont pour fonction d'augmenter la production d'urine par les reins, ce qui est souvent nécessaire pour traiter la rétention d'eau, en particulier lorsqu'elle est associée aux affections rénales. D'autre part, certains diurétiques sont prescrits – pour de longues périodes – afin de réduire la tension artérielle. L'élimination de grandes quantités d'urine a pour conséquence inévitable la perte de sels minéraux comme le potassium et le calcium. Mais, les effets des diurétiques étant variables selon le médicament prescrit, seul le médecin traitant peut les connaître et prétendre à corriger la perte des oligoéléments en conseillant une alimentation adéquate.

POUR LE SYSTÈME NERVEUX

Les analgésiques soulagent la douleur. Le plus courant est l'aspirine, qui existe sous de multiples formes. Il est prouvé que, dans certains cas, l'aspirine prise de façon prolongée diminue les réserves d'acide folique de l'organisme. Il est alors utile d'avoir une alimentation plus riche en acide folique, composée d'abats, de légumes feuillus vert foncé et de légumineuses.

Les anticonvulsivants, prescrits pour traiter et contrôler l'épilepsie et les troubles psychiatriques, font souvent l'objet d'un traitement de plusieurs années. Cette variété de médicaments, également prescrite en cas d'arythmie cardiaque, peut amoindrir les réserves de vitamines D et K de l'organisme. En fait partie le phénobarbital, qui peut altérer la capacité de l'organisme à utiliser la vitamine D.

Enfin, le médicament le plus souvent utilisé pour traiter la maladie de Parkinson est la lévodopa. Son action étant contrariée par la phénylalanine, un acide aminé, et par la vitamine B_6, il faut éviter de prendre ces deux substances sous forme de suppléments.

POUR LES MUSCLES ET LES ARTICULATIONS

Les médicaments anti-inflammatoires non stéroïdiens, destinés à soulager les symptômes de l'arthrite rhumatoïde et d'autres affections similaires, peuvent diminuer l'assimilation par l'organisme de l'acide folique, qui sert à la production de globules blancs, éléments importants du système immunitaire. Il peut en résulter un affaiblissement des défenses de l'organisme. De même, la vitamine C en fortes quantités est contre-indiquée avec la prise de ce genre d'anti-inflammatoires, car elle peut devenir nocive pour les reins.

Les stéroïdes sont des anti-inflammatoires utilisés dans les traitements de longue durée. Mais leur usage prolongé peut provoquer du diabète et élever le taux de cholestérol dans le sang chez les personnes prédisposées. Il faut donc surveiller son poids et éviter si possible les graisses saturées.

CONTRE LES INFECTIONS

Les antibiotiques, qui servent à traiter les infections bactériennes, présentent souvent l'inconvénient de détruire en même temps les bactéries de l'intestin, qui produisent en petites quantités certaines vitamines B et de la vitamine K et qui, surtout, permettent une digestion correcte et complète. Mais, étant donné que ces médicaments sont administrés pour de courtes périodes, ils ne peuvent affecter de façon significative le niveau des vitamines dans le corps. Quoi qu'il en soit, il est toujours utile de restaurer l'équilibre de la flore intestinale en mangeant un yogourt par jour. Les aliments riches en calcium pouvant interférer avec l'action de certains antibiotiques, il est prudent de ne pas en abuser sans avis médical.

La tuberculose est surtout soignée de nos jours par un médicament pouvant provoquer la pellagre, une maladie de la nutrition – fréquente dans les pays en voie de développement – qui résulte d'une carence en niacine. Elle se manifeste notamment par une dermatite écailleuse et de la diarrhée. La carence en niacine menace en priorité les patients souffrant de malnutrition, les personnes âgées et les alcooliques. Afin que le traitement de la tuberculose ne puisse être interrompu par l'apparition de la pellagre, le médecin met en place une supplémentation appropriée de façon pratiquement systématique.

La nystatine, un médicament antifongique souvent utilisé dans le traitement des candidoses telles que le muguet, peut inhiber l'action des vitamines B$_2$ (riboflavine) et B$_6$. On peut réduire ces effets secondaires en consommant des aliments riches en vitamines B comme les céréales complètes, la viande, les œufs et les produits laitiers. Il s'agit généralement de traitements d'assez courte durée.

Les antipaludéens sont des médicaments spécifiquement destinés à la prévention ou au traitement du paludisme (ou malaria). Certains, qui ont pour effet de diminuer l'assimilation de l'acide folique, sont particulièrement contre-indiqués aux femmes enceintes et aux personnes âgées, qui risqueraient d'être atteintes d'anémie mégaloblastique. Pour parer à cette carence, il peut être utile à toute personne traitée par des antipaludéens de prendre des suppléments d'acide folique ou de consommer beaucoup d'aliments qui en sont riches, comme les légumes verts et les légumineuses.

LA PILULE CONTRACEPTIVE

Les premières études sur la pilule semblaient indiquer que ce contraceptif augmentait les besoins en certains sels minéraux et vitamines. On en est bien moins convaincu de nos jours. Il apparaît même que la pilule peut améliorer l'assimilation d'éléments nutritifs comme le fer et le calcium. Elle diminue d'ailleurs le flux sanguin durant la menstruation.

ANTIDÉPRESSEURS

Les inhibiteurs de la monoamine oxydase (IMAO), rarement prescrits de nos jours, peuvent interférer sur la façon dont le corps utilise certaines substances nutritives. Cela risque d'entraîner une trop forte accumulation d'amines, la constriction des vaisseaux sanguins et une dangereuse élévation du niveau de tension artérielle. Le médecin et le pharmacien doivent indiquer par écrit et en détail les aliments à éviter. Parmi ceux-ci figurent l'extrait de levure, l'extrait de viande, le fromage, les lentilles, la sauce de soja et les boissons alcoolisées.

MÉDICATION ET CANCER

Les médicaments cytotoxiques sont utilisés en chimiothérapie anticancéreuse pour limiter la croissance des cellules anormales. L'un d'entre eux, qui traite également l'arthrite rhumatoïde, peut provoquer des hémorragies gastro-intestinales, de la diarrhée et interférer avec le métabolisme de l'acide folique. Les médecins qui prescrivent ce médicament ou des produits similaires doivent suivre leurs patients de très près. Ceux-ci opteront pour une alimentation nourrissante et équilibrée, pouvant comporter des aliments riches en acide folique bien que, à fortes doses, cette substance réduise l'efficacité du traitement. La dose d'acide folique strictement nécessaire à la formation normale du sang ne doit pas être dépassée, et toute supplémentation est formellement proscrite.

LES EFFETS DE L'ALCOOL

Il est généralement conseillé aux patients d'éviter l'alcool pendant un traitement médical, car celui-ci accentue les effets secondaires toxiques de presque tous les médicaments. Il diminue également l'efficacité de certains d'entre eux : sédatifs, anticoagulants et anticonvulsivants.

Lorsque le foie est endommagé par l'abus d'alcool, il devient incapable de décomposer normalement les médicaments. Leur action est alors renforcée et, de plus, ils ne sont pas éliminés de l'organisme aussi vite qu'ils le devraient.

Suivant la couleur de sa chair, le melon contient plus ou moins de vitamine C et de bêta-carotène. De gauche à droite : melon miel, cantaloup, melon galia (d'Israël) et melon (brodé) charentais.

MELON ET PASTÈQUE

AVANTAGES
- *bonne source de vitamine C*
- *excellente source de bêta-carotène*
- *la pastèque produit une sensation de satiété malgré un faible apport énergétique*

DIVERSES VARIÉTÉS DE MELON

Parmi les nombreuses variétés de melon, celles à chair orangée, comme le cantaloup et le melon brodé, sont les meilleures sur le plan nutritif du fait de leur richesse en vitamine C et en bêta-carotène. Ces deux substances sont des antioxydants qui peuvent aider à prévenir le cancer et les maladies cardiaques. Les melons à chair jaune ou verte, comme le melon miel, contiennent eux aussi de la vitamine C.

Riches en niacine et en folates, les melons apportent une certaine quantité de potassium. Ils sont relativement pauvres en calories. Grâce à leur forte teneur en eau (90 g pour 100 g), ils peuvent stimuler les reins.

Le melon ne mûrit plus une fois qu'il a été récolté. À l'achat, il faut donc s'assurer qu'il a été cueilli mûr ; cela se vérifie par la présence d'une légère dépression à l'emplacement de la tige.

LES PASTÈQUES

Fruit peu nourrissant, la pastèque constitue une façon agréable de consommer de l'eau parfumée légèrement sucrée. Il existe des pastèques de plusieurs couleurs, mais la peau doit toujours être ferme et lisse, légèrement teintée de jaune. C'est un fruit particulièrement lourd.

Ce n'est pas un fruit très intéressant au plan nutritionnel à cause de sa haute teneur en eau (92 g pour 100 g). On croit néanmoins que le lycopène, un caroténoïde qu'elle contient, pourrait abaisser les risques de cancer de la prostate.

Une pastèque peut être laissée plusieurs heures en plein soleil ; elle se rafraîchit alors d'elle-même par un phénomène naturel d'évaporation de l'eau qu'elle contient.

COMPOSITION MOYENNE POUR 100 G DE MELON :

protéines	0,5 g
lipides	0,3 g
glucides	6,3 g
apport énergétique	30 kcal

COMPOSITION MOYENNE POUR 100 G DE PASTÈQUE :

protéines	0,7 g
lipides	0,1 g
glucides	8 g
apport énergétique	34 kcal

MÉNOPAUSE

PRIVILÉGIER

- *les aliments riches en calcium et en vitamine D comme les produits laitiers écrémés, les légumes feuillus vert foncé et les légumineuses*
- *les phytoestrogènes, tels le soja et les graines de lin*
- *les fruits et les légumes frais, pour les vitamines et les minéraux*
- *les produits dérivés du soja (tofu)*

ÉVITER

- *les aliments gras et salés*
- *les aliments sucrés*
- *la cigarette, l'alcool, la caféine*

La période de la vie où les femmes cessent définitivement d'avoir leurs règles s'appelle la ménopause. Celle-ci a lieu généralement entre 45 et 55 ans. Pour certaines femmes, les bouffées de chaleur, la sudation nocturne, les modifications de l'humeur et la dépression qui accompagnent leur ménopause sont intolérables. Pour d'autres, la ménopause est un processus positif.

RISQUES D'OSTÉOPOROSE

Certains symptômes résultent de fluctuations et de déséquilibres hormonaux qui accroissent les risques d'ostéoporose. Cette affection est une atteinte des os due à un manque de calcium : ils deviennent plus friables et moins résistants aux chocs. Le traitement par des hormones destinées à remplacer les œstrogènes naturels peut remédier à un grand nombre des symptômes déplaisants de la ménopause et réduire le risque d'ostéoporose. Mais c'est durant toute sa vie que la femme doit écarter ce risque. Avant la ménopause, ses besoins en calcium sont de 700 mg par jour ; après, on suggère des apports pouvant aller jusqu'à 1 200 mg selon certaines

écoles de pensée. Le respect scrupuleux de ces apports permet la constitution d'un stock suffisant pour se forger des os solides et minimiser les risques de fractures.

UNE BONNE ALIMENTATION

À l'âge où le métabolisme d'une femme subit des modifications importantes, il convient plus que jamais de surveiller son alimentation. On cherchera à respecter les apports recommandés (voir p. 130) en mettant l'accent sur les hydrates de carbone, les légumes et les fruits frais. Pas plus de 30 % de la somme totale des calories ne devraient être fournis par les graisses et, parmi celles-ci, 10 % au maximum devraient être d'origine animale. En respectant ces principes, on maintiendra un poids souhaitable et l'on se prémunira contre toute une gamme de maladies.

Pour contrer les risques d'ostéoporose, les meilleures sources alimentaires de calcium sont le lait, les produits laitiers et... les arêtes des sardines et de saumon en boîte. Pour assimiler ce calcium, l'organisme a besoin de vitamine D, abondante dans le lait enrichi, les œufs et les poissons gras ; une exposition régulière au soleil est également indispensable. Le zinc et le magnésium facilitent l'absorption à la fois du calcium et de la vitamine D ; on en trouve dans les noix et les graines, les légumineuses, les fruits et les légumes.

Les œstrogènes sont des composantes naturelles de certaines plantes ; les premières pilules contraceptives étaient faites à base d'hormones extraites des patates douces. On n'a pas encore évalué l'effet des œstrogènes alimentaires, mais il a été suggéré que la consommation élevée de soja – autre source naturelle d'œstrogène – expliquerait pourquoi les femmes orientales traversent la ménopause avec moins de problèmes que les Occidentales.

DE BONNES HABITUDES DE VIE

Si on ne l'a pas déjà fait, c'est le temps d'abandonner la cigarette. À tout âge, la cigarette abaisse les niveaux d'œstrogène, et l'on estime que son action peut hâter la ménopause, intensifier les bouffées de chaleur, influencer la formation des rides et aggraver les risques d'ostéoporose. Ces risques sont également plus élevés chez les femmes trop maigres, car c'est dans les tissus adipeux que se logent les hormones comme l'œstrogène.

MÉTABOLIQUES (maladies)

Il existe plus de 3 000 variétés de troubles du métabolisme déclenchés par des défauts enzymatiques. Fort heureusement, ils sont, pour la plupart, extrêmement rares. Cependant, à défaut d'un diagnostic et d'un traitement précoces, ces maladies héréditaires peuvent entraîner des malformations physiques ou des troubles mentaux. De telles affections relèvent exclusivement de centres spécialisés qualifiés.

La phénylcétonurie est la plus fréquente des maladies métaboliques. On la détecte à l'aide du test de Guthrie, pratiqué systématiquement sur les nourrissons entre le 4e et le 14e jour après la naissance. Depuis maintenant plus de 20 ans, on arrive à soigner cette maladie avec succès à condition qu'elle soit diagnostiquée à temps. Comme pour la plupart des maladies métaboliques héréditaires, on peut réduire, ou même prévenir, ses effets les plus graves – sévère arriération mentale, convulsions, tremblements et déficit de pigmentation de la peau et des cheveux –, même si le trouble

(SUITE À LA PAGE 218)

MINÉRAUX ET OLIGOÉLÉMENTS

Nous avons besoin d'une grande variété de minéraux et d'oligoéléments.
Certains d'entre eux sont des éléments constitutifs des os, du sang, des hormones ou
des sécrétions digestives, et la plupart interviennent dans de très nombreux processus vitaux.
Pour être en bonne santé, il faut veiller à les consommer en juste quantité.

Dans le monde occidental, la valeur nutritionnelle de l'alimentation s'est plutôt améliorée au cours des dernières décennies. On considère qu'aujourd'hui moins de 2 % de la population d'Europe ou d'Amérique du Nord souffre d'une maladie liée à une véritable carence en minéraux. Mais des déficits plus ou moins marqués en différents minéraux ou oligoéléments sont encore relativement courants.

MACROÉLÉMENTS ET OLIGOÉLÉMENTS

Les minéraux ne constituent au total que 3 à 4 % du poids du corps. On les classe en deux grands groupes. Les macroéléments, ou minéraux majeurs : phosphore, calcium, sodium, potassium, magnésium, chlore, dont les besoins journaliers sont voisins du gramme, ou en tout cas exprimés en centaines de milligrammes. Et les oligoéléments, ou éléments-traces : fer, zinc, cuivre, manganèse, iode, sélénium, molybdène, fluor, soufre, chrome..., dont les besoins sont de quelques milligrammes, voire de quelques dizaines de microgrammes par jour. Enfin, d'autres oligoéléments, comme l'aluminium, le bore, le cadmium, l'étain, sont détectables dans l'organisme à l'état de traces, mais leur caractère essentiel n'est pas démontré, et certains sont même indésirables.

Tous les éléments minéraux indispensables doivent être fournis par l'alimentation. Le contenu minéral des aliments dépend souvent de la concentration des minéraux dans le sol où poussent les plantes et où paissent les animaux. Mais l'apport d'autres minéraux est lié à des pratiques culinaires, comme l'addition de sel.

La capacité de l'organisme à absorber les minéraux peut dépendre de nombreux facteurs. La vitamine D, par exemple, est essentielle à l'assimilation du calcium. Et les aliments qui apportent de la vitamine C aident l'organisme à absorber le fer, en particulier le fer non héminique, que l'on trouve dans les végétaux. À l'inverse, des composants comme le tanin ou l'acide phytique peuvent inhiber l'absorption du calcium, du fer et du zinc.

L'organisme ne peut en général maintenir son propre équilibre en minéraux que pendant une courte période. Si les apports alimentaires en minéraux sont trop faibles, il doit en prélever sur ses réserves, dans les muscles, le foie ou même les os. Et, si le déficit se prolonge, des troubles plus ou moins graves apparaissent. Lorsque l'apport en minéraux est trop élevé, l'excédent est habituellement excrété, de sorte que l'organisme ne risque guère d'en souffrir, sauf en cas d'excès par abus de suppléments.

L'ALUMINIUM

L'aluminium peut stimuler ou inhiber certaines enzymes. Mais il devient vite toxique, même à faible dose. Une des origines de l'aluminium que l'on absorbe n'est pas directement alimentaire, mais culinaire. En effet, lorsqu'on cuit des aliments acides (comme des fruits) dans une casserole en aluminium, celui-ci peut être en partie solubilisé, et absorbé. En outre, certains comprimés antiacides

destinés à traiter les maux d'estomac renferment de l'hydroxyde d'aluminium. On a pensé qu'un excès d'aluminium d'origine alimentaire pouvait détériorer le cerveau et aggraver des affections comme la maladie d'Alzheimer, mais cela n'a pas été prouvé.

LE CALCIUM

Beaucoup d'aliments sont des sources de calcium intéressantes : en premier lieu le lait et les produits laitiers, mais aussi, dans une moindre mesure, les légumes – en particulier les choux –, les fruits (agrumes) et les sardines (mais surtout leurs arêtes !). Dans l'organisme, l'essentiel du calcium (99 % du total) est localisé dans les os et les dents. Le 1 % restant joue un rôle tout aussi important, puisqu'il intervient dans la conduction de l'influx nerveux, la contraction musculaire, la coagulation du sang, la perméabilité des membranes cellulaires, la libération d'hormones... Le taux de calcium dans le sang ne varie que dans des limites très étroites. Si l'organisme a besoin de plus de calcium que n'en fournit l'alimentation, il le prélève sur les os. Un excès de calcium dans le sang est rare, et ne se produit qu'en cas de maladie ou d'abus de suppléments de vitamine D.

Les besoins quotidiens en calcium sont estimés à 800 mg pour l'adulte. L'apport moyen des Québécois est bien en deçà, surtout chez les femmes de 50 ans et plus. Le régime moyen fournit environ 1,6 portion de produits laitiers par jour, alors que le Guide alimentaire canadien en recommande 2. Les produits laitiers fournissent en effet 60 % du calcium dans l'alimentation.

Les adolescents, les femmes enceintes et celles qui allaitent ont des besoins plus élevés encore (1 200 mg par jour), et ont donc intérêt à augmenter leur consommation de produits laitiers. Il est très important pour les jeunes filles de veiller à l'apport du calcium durant l'adolescence : c'est au cours de cette période qu'elles constituent leur capital osseux. Après la ménopause, en raison des transformations hormonales, il est difficile pour les femmes de maintenir un bilan calcique en équilibre : on observe une perte progressive de la masse osseuse, qui peut aboutir à une ostéoporose. Un apport important de calcium est alors préconisé.

LE CHLORE

Ce minéral agit en liaison avec le potassium et le sodium pour maintenir l'équilibre osmotique dans l'organisme. C'est dans le liquide cérébrospinal, ainsi que dans le suc gastrique, riche en acide chlorhydrique, que l'on trouve la plus

forte concentration de chlore. La principale source alimentaire de chlore est le sel de table. Le niveau de ce minéral peut donc chuter si l'on restreint l'apport en sel, mais cette carence est rare car les reins peuvent réabsorber efficacement le chlore. Les causes d'une perte excessive de chlore sont les mêmes que pour le sodium : transpiration intense, diarrhée et vomissements prolongés.

LE CHROME

Un apport adéquat en chrome est particulièrement nécessaire dans l'alimentation des diabétiques. Il est en effet indis-

pensable pour l'assimilation du glucose : c'est un cofacteur de l'insuline, dont il accroît l'efficacité. Il intervient aussi indirectement dans le métabolisme des graisses. Une carence en chrome peut entraîner une diminution de la tolérance du glucose, et une élévation du taux de cholestérol sanguin. Les aliments les plus riches en chrome sont la levure de bière, les germes de blé, les céréales et le pain complets, le foie, le gruyère.

LE CUIVRE

Le cuivre entre dans la composition de nombreuses enzymes, comme la superoxyde dismutase, qui contribue à la protection contre les radicaux libres. Il est indispensable à la formation du cartilage et du collagène (donc à la bonne qualité des os), à la synthèse de la mélanine (pigment qui colore la peau et les

cheveux). Il intervient dans le métabolisme du fer et la formation des globules rouges : une insuffisance en cuivre peut entraîner une anémie ferriprive. Le foie, les huîtres, les crustacés, le cacao et le chocolat, les noix et les graines sont de bonnes sources de cuivre. Les carences sont rares et affectent en général les bébés prématurés, les jeunes enfants qui souffrent de malnutrition ou de diarrhée chronique, ou les personnes qui ont des problèmes d'assimilation.

LE FER

L'organisme d'un adulte contient entre 2,5 et 4 g de fer, l'un des constituants de base de l'hémoglobine. Le fer entre également dans la constitution de la myoglobine (le pigment qui stocke l'oxygène dans les muscles) et de nombreux systèmes enzymatiques qui jouent un rôle essentiel pour la respiration cellulaire.

Les besoins en fer varient en fonction de l'âge. Chez le jeune enfant et l'adolescent, ils sont relativement élevés, du fait de la croissance rapide. À l'âge adulte, les besoins en fer des hommes diffèrent de ceux des femmes. Chez les hommes, le métabolisme du fer s'effectue pratiquement en circuit fermé, et les besoins sont relativement bas. Chez les femmes, depuis l'adolescence jusqu'à la ménopause, les besoins en fer sont beaucoup plus importants, car il faut compenser les pertes de sang menstruelles. Pendant la grossesse, les besoins de la femme augmentent considérablement, et il peut être alors souhaitable de lui fournir une supplémentation médicamenteuse.

Une insuffisance prolongée des apports en fer alimentaire peut provoquer une anémie ferriprive. Cette affection se manifeste par une fatigue excessive, une pâleur du teint et une résistance diminuée aux infections. Les végétariens stricts sont souvent exposés à ce type d'anémie.

Les abats sont les meilleures sources de fer alimentaire. On trouve aussi du fer en quantité intéressante dans les autres viandes (y compris celles dites blanches), le poisson, le jaune d'œuf, les légumes vert foncé à feuilles, certains fruits secs (abricots notamment) et les légumineuses. L'organisme absorbe environ 25 % du fer provenant de la viande (fer héminique), mais un pourcentage bien moindre – 2 à 5 % – du fer non héminique (issu de sources végétales comme les légumes, les fruits secs, les légumineuses, les céréales ou le pain complets). Toutefois, le fer d'origine végétale est mieux assimilé s'il est consommé en même temps que des aliments renfermant du fer héminique (viande, poisson), ou de la vitamine C. L'association viande (ou poisson) et légumes verts s'avère donc très recommandable ! À l'inverse, différentes substances peuvent entraver l'absorption du fer non héminique : certaines fibres et l'acide phytique (présents dans les céréales complètes), le tanin (abondant dans le thé).

L'intoxication par le fer est rare, et généralement provoquée par la prise accidentelle de fortes doses de comprimés de fer. Elle peut être grave, voire mortelle chez le jeune enfant. Une accumulation de fer dans l'organisme peut

aussi être due à une maladie génétique, l'hématochromatose.

LE FLUOR

Un manque de fluor peut provoquer des caries chez les enfants. Mais un excès peut aussi être dangereux : il entraîne une fluorose, avec des symptômes disgracieux (taches sur les dents) ou même des malformations osseuses et des troubles rénaux. Cette affection, rare, peut avoir pour origine une prise excessive de fluor médicamenteux, ou la consommation d'aliments et d'eau trop riches en fluor (dans quelques rares régions du monde). La teneur en fluor du sol et de l'eau varie en fonction des caractéristiques géologiques locales. Pour l'eau potable, on considère que l'optimum est aux alentours de 1 mg par litre, mais cette valeur n'est pas atteinte dans toutes les municipalités. À

défaut d'eau courante fluorée, on recommande, pour les enfants, une supplémentation de 0,25 mg par jour de 6 mois à 2 ans, de 0,5 mg de 2 à 3 ans et de 1 mg jusqu'à 12 ans. Outre l'eau fluorée, le thé, le café, la fève soja, les fruits de mer et le sarrasin sont d'autres sources importantes de fluor.

Dans l'organisme, le fluor est surtout localisé dans le squelette et les dents : combiné au calcium, il renforce leur

résistance. Il est indéniable qu'un apport approprié de fluor, surtout pendant l'enfance, aide à prévenir la carie dentaire. À noter qu'une carence en fluor, associée à un faible apport en calcium, peut conduire à l'ostéoporose.

L'IODE

Le sel de table, le poisson, les fruits de mer et les algues sont les meilleures sources d'iodures, des sels dérivés de l'iode. Les fruits, les légumes et les céréales en apportent également, mais en quantité variable selon la teneur du sol en iode. De même, la viande, le lait, les œufs peuvent en renfermer des quantités plus ou moins importantes.

L'iode est l'un des constituants essentiels des hormones thyroïdiennes, dont dépendent non seulement le métabolisme énergétique des aliments, mais aussi le développement physique et mental. Une carence en iode peut avoir chez le nourrisson ou le jeune enfant des conséquences graves (hypertrophie de la glande thyroïde ou goitre, anomalies de croissance, retard mental). Chez les femmes en âge d'avoir des enfants, une carence en iode entraîne une baisse de la fertilité et une augmentation de la mortalité périnatale.

L'enrichissement en iode du sel de table est obligatoire au Canada. On conseille aux consommateurs de manger en outre du poisson de mer, des coquillages, du sel iodé. Un excès d'apport est rare et correspond à une intoxication accidentelle (l'apport quotidien doit rester inférieur à 1 000 µg par jour).

LE MAGNÉSIUM

Le magnésium intervient dans tous les grands métabolismes. Il est nécessaire à la synthèse protéique, à l'assimilation des lipides, et il stimule l'immunité. Enfin, il participe à la transmission de l'influx nerveux. Plus de la moitié du magnésium de l'organisme (environ 24 g pour l'adulte) est localisée dans les os, le reste se répartissant entre les muscles, les différents organes et le sang.

Un bilan négatif en magnésium peut s'observer à la suite de diarrhées sévères ou au décours d'une maladie. Il peut en résulter apathie, fatigue, crampes, tétanie, ou même convulsions. Mais on observe le plus souvent des déficits

chroniques plus ou moins marqués, et liés à un défaut d'apport alimentaire (ce déficit peut être aggravé par le stress, qui augmente le besoin de magnésium). Au Québec, on estime que les apports recommandés pour le magnésium sont satisfaisants dans la presque totalité de la population.

On trouve du magnésium dans une grande variété d'aliments, et une nourriture équilibrée peut fournir la quantité souhaitable pour un bon état général. Les sources importantes de magnésium sont les légumes verts (particulièrement ceux à feuilles bien colorées), les céréales complètes, les fruits oléagineux (noix), les légumes secs et le chocolat.

LE MANGANÈSE

Il est indispensable à l'activation de nombreux systèmes enzymatiques, en particulier de ceux qui interviennent dans la synthèse du cartilage. Il participe à la composition d'enzymes impliquées dans la protection des cellules contre les méfaits des radicaux libres. Il est nécessaire à la production des hormones thyroïdiennes et sexuelles, et joue un rôle important dans la synthèse du cholestérol et la production d'insuline.

La proportion de manganèse présente dans les aliments, et surtout dans les aliments d'origine végétale, dépend des quantités que renferme le sol qui les produit. Cependant, les fruits oléagineux (noix), le riz brun, le pain complet, les légumineuses et les céréales en sont des sources particulièrement intéressantes.

La carence en manganèse est inconnue chez les humains. Mais, quand on la provoque artificiellement chez l'animal, elle entraîne des déformations osseuses. L'intoxication par excès de manganèse se produit par voie aérienne (par inhalation de poussières riches en manganèse, dans certaines zones industrielles).

LE MERCURE

Le mercure ne joue aucun rôle essentiel dans l'organisme et s'avère très toxique. L'intoxication chronique par le mercure endommage le cerveau et les cellules nerveuses, provoque de graves troubles psychiques, a des effets nocifs sur le côlon et les reins, et peut entraîner de graves malformations à la naissance. Le danger provient essentiellement de résidus

d'installations industrielles qui polluent les sols et les eaux : le mercure finit par arriver dans les mers, où il est absorbé par les animaux marins. Le poisson et les crustacés provenant d'eaux contaminées au large des zones industrielles peuvent contenir des teneurs de méthyl-mercure dangereusement élevées. Il suffit d'une dose de 100 mg de mercure pour causer une intoxication. C'est néanmoins 200 fois la quantité moyenne apportée par l'alimentation quotidienne. Des normes rigoureuses fixent les niveaux de métaux lourds tolérés dans le poisson : 0,1 mg pour 100 g dans le cas du thon et 0,05 mg pour ce qui est des autres poissons.

LE MOLYBDÈNE

Le molybdène entre dans la constitution de différentes enzymes sous la forme du cofacteur molybdène. Il intervient dans des processus de détoxication et est nécessaire pour le métabolisme du cuivre et du fer. On en trouve dans l'émail des dents : il favorise la rétention du fluor.

Des doses minimes de molybdène dans l'alimentation sont suffisantes. Le foie est l'une des meilleures sources alimentaires de molybdène. On le trouve aussi dans de nombreux aliments végétaux (céréales complètes, germes de blé, légumes à feuilles, légumes secs), mais sa

teneur dépend largement des quantités existant dans le sol. Les carences en molybdène sont rarissimes et liées à un processus de dénutrition global, ou à des malabsorptions digestives graves. Des apports excédentaires sont rarement détectés. Cependant, des doses élevées de molybdène (par supplémentation mal adaptée, par exemple) peuvent augmenter les pertes urinaires de cuivre. Et on a constaté une forte fréquence des cas de goutte dans des régions d'Arménie où le sol est riche en molybdène.

LE PHOSPHORE

Les quatre cinquièmes du phosphore de l'organisme se trouvent dans les os et les dents. Le phosphore, sous forme d'esters phosphoriques, est indispensable à la libération de l'énergie dans les cellules. C'est aussi un constituant de nombreux composés essentiels (acides nucléiques, phospholipides), et il intervient dans l'activité d'innombrables systèmes enzymatiques. Enfin, sous forme de phosphates en solution dans les liquides corporels, il contribue au maintien de l'équilibre acido-basique de l'organisme.

Un déficit alimentaire en phosphore est rare : en effet, il est apporté en même temps que les protéines des aliments (lait, fromage, viande, poisson, fruits de mer, céréales, noix et graines), et s'y ajoutent les phosphates incorporés dans certains aliments pour

des raisons technologiques (charcuteries, boissons sucrées, etc.). Toutefois, un déficit peut survenir à la suite d'un usage prolongé de médicaments antiacides.

Un apport excessif de phosphore n'est pas toxique pour l'organisme, mais il peut inhiber partiellement l'absorption du magnésium. En fait, on se préoccupe plutôt d'un excès relatif de phosphore par rapport au calcium :

le phosphore accroît la sécrétion de l'hormone parathyroïdienne, ce qui peut perturber l'équilibre du calcium en le soustrayant des os. Ce phénomène augmente le risque d'ostéoporose.

LE PLOMB

Le plomb est un polluant redoutable. Il s'accumule dans l'organisme et provoque une intoxication chronique, le saturnisme, qui peut être mortelle. Les effets d'une exposition prolongée au plomb sont insidieux, et souvent irréversibles. Ils se manifestent notamment par des troubles du comportement, et parfois une atteinte définitive du système nerveux. Les principales causes d'une intoxication par le plomb sont d'origine non alimentaire et dues aux gaz d'échappement des voitures et aux retombées dans l'air de rejets industriels ou de traitements de décharge. Mais l'ingestion de plomb peut aussi se faire par voie orale. On incrimine notamment les peintures ou les vernis de certaines vaisselles décorées. Il est donc important de n'utiliser que de la vaisselle prévue « pour un usage culinaire ». Les tuyauteries anciennes (à base de plomb), ou même les soudures au plomb réalisées sur des tuyauteries plus récentes, peuvent également entraîner une contamination de l'eau du robinet. Une bonne précaution consiste à la laisser couler pendant 1 ou 2 minutes, le matin, avant de la boire ou de l'utiliser pour faire la cuisine.

LE POTASSIUM

Le potassium agit (en exerçant une action inverse de celle du sodium) pour maintenir l'équilibre des liquides et des électrolytes dans les cellules, et pour régler la tension artérielle. Il est également indispensable à la transmission de l'influx nerveux pour la contraction musculaire. Enfin, il intervient dans les mécanismes qui entretiennent la normalité du rythme cardiaque.

On trouve du potassium dans la plupart des aliments végétaux. Les meilleures sources en sont les fruits frais (surtout les bananes) et secs (abricots), les légumes (dont les pommes de terre) et les légumineuses, les céréales complètes, le chocolat. Il n'existe donc pratiquement aucun risque de carence, sauf pour les personnes âgées qui s'alimentent peu ou mal. Chez elles, une telle carence peut avoir des conséquences sérieuses, comme une faiblesse musculaire, une apathie, une soif extrême, un état de confusion ou même une arythmie cardiaque ou des troubles respiratoires. L'usage prolongé ou excessif de laxatifs ou de diurétiques peut aussi conduire à un état de carence.

Une surcharge en potassium ne se produit que dans des situations pathologiques : en effet, tout apport excessif de potassium a un effet diurétique et est éliminé par les urines.

LE SÉLÉNIUM

Le sélénium est un important anti-oxydant qui agit de concert avec la vitamine E afin de protéger les cellules contre les dégâts des radicaux libres.

Sans cet élément, une croissance et une fertilité normales ne seraient pas possibles. Le foie ne fonctionnerait pas bien, et la production de certaines hormones n'aurait pas lieu. On a découvert récemment, par exemple, que le sélénium est nécessaire à la production de la forme active de l'hormone thyroïdienne. Il a enfin un effet stimulant sur l'immunité.

La teneur en sélénium des aliments dépend de la concentration de cette substance dans le sol de la région dont ils proviennent. On trouve du sélénium en quantité appréciable dans les champignons, l'ail, les légumineuses, ainsi que dans le poisson, les coquillages, les crustacés et les abats (foie, rognons). Les études épidémiologiques suggèrent qu'un déficit d'apport en sélénium pourrait être en corrélation avec une mortalité cardio-vasculaire plus élevée, et avec une plus grande fréquence des cancers digestifs ; mais cela reste à prouver.

LE SODIUM

Le sel, ou chlorure de sodium, a été le premier minéral identifié dans l'alimentation, probablement parce qu'il est facilement détecté par les papilles gustatives. Avec le potassium, il joue un rôle primordial pour le maintien de la pression osmotique et la rétention d'eau dans l'organisme. Il participe à l'équilibre acido-basique, et contribue également au bon fonctionnement musculaire.

La plus grande partie du sodium alimentaire provient du sel de table et des aliments dans lesquels on en ajoute lors du processus de fabrication (condiments, craquelins, croustilles, charcuteries, fromages, pain, plats cuisinés du commerce, etc.). Le sodium est aussi un composant de différents additifs (monoglutamate de sodium, nitrite de sodium). L'apport habituel en sodium est très largement supérieur aux besoins de l'organisme. Normalement, l'excès de sodium est excrété par les reins. Mais,

chez les personnes prédisposées, il peut favoriser l'apparition d'une hypertension artérielle. C'est pourquoi, et surtout en cas de facteurs de risques associés (surpoids, hérédité, etc.), on conseille d'éviter de resaler à table.

La carence en sodium est rare. Mais, comme la transpiration en fait perdre des quantités importantes, ceux qui vivent sous des climats chauds, ou qui

pratiquent régulièrement un sport de façon intensive, sont exposés à ce type de déficit. L'apparition de crampes est l'un des premiers symptômes. Dans les cas plus sérieux, une déshydratation peut survenir, entraînant une sécheresse de la bouche, une baisse de la tension artérielle, et même des vomissements.

LE SOUFRE

Le soufre est présent dans toutes les cellules du corps, et particulièrement concentré dans les cellules cornées de la peau, les ongles et les cheveux. Cet élément joue un rôle majeur dans les mécanismes de détoxication et dans la respiration cellulaire. La majeure partie du soufre alimentaire provient des protéines (très précisément, des acides aminés soufrés que sont la cystine, la cystéine et la méthionine). Mais il est aussi fourni par l'ail et l'oignon, le poireau, les choux, le radis et le navet. On attribue à certains dérivés soufrés, relativement abondants dans ces aliments, des propriétés antibactériennes et détoxicantes.

LE ZINC

Le zinc active un grand nombre d'enzymes et est vital pour tous les processus de croissance. Il joue un rôle particulièrement important dans la maturation sexuelle (pour le développement des ovaires et des testicules). Il est également nécessaire au bon fonctionnement du système immunitaire : son importance est telle que même un léger déficit peut accroître les risques d'infection. Il intervient dans la fonction du goût (un déficit en zinc empêche de percevoir correctement la saveur des aliments), il est impliqué dans la formation des prostaglandines et est indispensable à la synthèse de la superoxyde dismutase, l'enzyme qui participe à la destruction des radicaux libres.

Une alimentation normale et variée permet en général de satisfaire les besoins quotidiens de l'organisme. Les fruits de mer, et surtout les huîtres, représentent la meilleure source de zinc. On le trouve aussi dans les noix et les céréales, mais on l'assimile plus aisément lorsqu'il provient de protéines animales comme celles de la viande, de la volaille, des œufs et des produits laitiers. Cela est dû au fait que les fibres des céréales contiennent de l'acide phytique, qui inhibe l'absorption de plusieurs minéraux, dont le zinc. Les végétariens et les végétaliens ont un risque de déficit en zinc, tout comme les personnes âgées et les femmes enceintes. La supplémentation éventuelle doit être bien conduite, car un excès de zinc entraîne un déficit en cuivre, et une élévation du taux de cholestérol sanguin.

PRINCIPAUX MINÉRAUX	MEILLEURES SOURCES ALIMENTAIRES	RÔLE PHYSIOLOGIQUE
MACROÉLÉMENTS OU MINÉRAUX MAJEURS		
Calcium	Lait, produits laitiers, fromage et, dans une moindre mesure, légumes, agrumes, sardines avec arêtes et saumon	Constituant essentiel des os et des dents (assure leur solidité). Indispensable à la transmission nerveuse, à la coagulation du sang et à la contraction musculaire.
Chlore	Sel de table et tous les aliments qui en contiennent	Participe au maintien de l'équilibre osmotique (eau et électrolytes) de l'organisme. Constituant essentiel du liquide cérébrospinal et du suc gastrique.
Magnésium	Légumes verts (particulièrement ceux à feuilles bien colorées), céréales complètes, légumineuses, noix et graines, chocolat	Constituant des os. Participe à tous les métabolismes. Important pour le bon fonctionnement neuromusculaire. Stimule l'immunité.
Phosphore	Lait, fromage, viande, poisson, fruits de mer, fruits oléagineux, céréales (présent dans toutes les protéines d'origine végétale ou animale)	Contribue à la formation et à la solidité des os et des dents. Nécessaire à la libération de l'énergie dans les cellules. Aide au maintien de l'équilibre acido-basique de l'organisme.
Potassium	Fruits frais et secs, légumes, légumineuses, céréales complètes, chocolat	Équilibre les liquides et les électrolytes à l'intérieur des cellules. Préserve la régularité du rythme cardiaque et la normalité de la tension artérielle. Essentiel à la transmission de l'influx nerveux.
Sodium	Sel de table, condiments (moutarde, cornichons, olives...), craquelins, croustilles, charcuteries, fromage, pain, et la plupart des aliments d'origine industrielle	Maintient la pression osmotique et l'équilibre acido-basique. Essentiel pour le fonctionnement neuromusculaire.
OLIGOÉLÉMENTS OU ÉLÉMENTS-TRACES		
Chrome	Levure de bière, germes de blé, céréales complètes, gruyère, foie	Important pour la régulation du taux de sucre dans le sang. Aide à moduler le taux de cholestérol sanguin.
Cuivre	Foie, huîtres, crustacés, cacao, chocolat, noix et graines	Nécessaire à la croissance osseuse et à la formation du tissu conjonctif. Aide l'organisme à absorber le fer des aliments. Présent dans de nombreuses enzymes.
Fer	Abats (foie, rognons), viande, légumes vert foncé à feuilles, abricots secs, légumineuses, céréales complètes	Composant essentiel de l'hémoglobine et de nombreuses enzymes.
Fluor	Eau fluorée, café, thé, fruits de mer, légumes frais, céréales	Protège contre la carie dentaire.
Iode	Sel de table iodé, algues, poisson et fruits de mer	Élément constitutif essentiel des hormones sécrétées par la glande thyroïde.
Manganèse	Noix et graines, légumineuses, céréales et pain complets	Composant indispensable de très nombreuses enzymes.
Molybdène	Foie, légumineuses, germes de blé, céréales complètes, légumes à feuilles (en fonction du sol)	Composant essentiel de différentes enzymes (cofacteur molybdène), détoxication, solidité des dents.
Sélénium	Viande, poisson, fruits de mer, champignons, ail, légumineuses, abats	Oligoélément antioxydant. Protège les cellules contre les dégâts des radicaux libres. Stimule l'immunité.
Soufre	Viande, lait, fromage, œuf, ail, oignon, chou, poireau, radis, navet	Composant d'acides aminés essentiels qui aident à former de nombreuses protéines. Respiration cellulaire, détoxication.
Zinc	Huîtres, viande, volaille, germes de blé, céréales complètes, noix, noisettes	Indispensable à la croissance, à la reproduction et au système immunitaire. Contribue à l'action de nombreuses enzymes.

HOMMES	FEMMES	SYMPTÔMES DE CARENCE	SYMPTÔMES D'EXCÈS
800 mg par jour	700 mg par jour	Faiblesse musculaire, douleurs dorsales, os fragiles et poreux, fractures et ostéoporose	Aucun : le calcium en excès n'est pas assimilé. En cas de très forte surcharge, risques éventuels de calculs urinaires.
Pas d'ANR	(2-5 g par jour)*	Carence rare. En cas de vomissements prolongés, crampes musculaires et apathie	Aucun : l'excès de chlore est éliminé par les reins.
250 mg par jour	200 mg par jour	Apathie, fatigue, crampes, tremblements musculaires (tétanie), convulsions	Pas de mention de symptômes, mais pourrait freiner l'assimilation du calcium.
1 000 mg par jour	850 mg par jour	Les carences sont rares, mais elles peuvent être dues à la prise prolongée de médicaments antiacides	Des apports excessifs peuvent diminuer l'aptitude de l'organisme à utiliser le calcium et le magnésium.
Pas d'ANR	(2-6 g par jour)*	Apathie, faiblesse musculaire, confusion, soif. Dans les cas sévères (liés souvent à un excès de laxatifs ou de diurétiques), troubles cardiaques et respiratoires	Ne survient que dans des situations pathologiques, ou en cas de surcharge médicamenteuse.
Pas d'ANR	(1-3 g par jour)*	Les déficiences sont rares mais peuvent entraîner des crampes musculaires, une baisse de tension artérielle, une déshydratation, des vomissements	Chez les personnes prédisposées, peut favoriser l'apparition d'une hypertension artérielle.
Pas d'ANR	(0,05-02 mg par jour)*	Peut entraîner une baisse de la tolérance au glucose et une élévation du taux du cholestérol sanguin	On ne connaît pas de surcharge en chrome avec l'alimentation habituelle.
Pas d'ANR	(2-3 mg par jour)*	Les carences sont rares (bébés prématurés, jeunes enfants ayant des problèmes d'assimilation) ; elles entraînent anémie et baisse de l'immunité	Ingestion excessive improbable avec l'alimentation habituelle. En cas d'intoxication, lésions du foie et des reins.
9 mg par jour	8 mg (femme ménopausée) 13 mg par jour	Fatigue excessive, baisse de la résistance aux infections. Anémie ferriprive	L'intoxication par le fer ne se produit que de façon accidentelle, mais elle peut être grave, et parfois mortelle chez le jeune enfant.
Pas d'ANR	(1,5-4 mg par jour)*	Carie dentaire	En cas de surcharge accidentelle, taches sur les dents, malformations osseuses, troubles rénaux.
160 µg par jour	160 µg par jour	Goitre, apathie, anomalies du développement, retard mental, baisse de la fertilité	À forte dose (intoxication accidentelle) : hyperthyroïdie.
Pas d'ANR	(2,5-5 mg par jour)*	Carence inconnue chez l'homme	Aucun.
Pas d'ANR	(75-250 µg par jour)*	Carences rarissimes	Un excès (par supplémentation abusive) peut induire un déficit en cuivre et favoriser des crises de goutte.
70 µg par jour	55 µg par jour	En cas de carences marquées, douleurs et faiblesses musculaires, taches blanches sur les ongles, dépigmentation des cheveux, anémie, arthrose	La toxicité du sélénium semble très faible, même à fortes doses.
Pas d'ANR	Pas d'ANR	Pas de carence connue	Aucun.
12 mg par jour	9 mg par jour	Perte du goût. Ralentissement et perturbation de la croissance. Affaiblissement de l'immunité	En cas de supplémentation excessive, déficit en cuivre et augmentation du taux de cholestérol sanguin.

(SUITE DE LA PAGE 209)

sous-jacent persiste. Le traitement implique un régime réduisant l'apport de la phénylalanine, un acide aminé qui se trouve dans beaucoup d'aliments protéinés ainsi que dans l'aspartam, un édulcorant artificiel. Le lait maternel et le lait de vache en contenant également, les bébés atteints sont souvent nourris avec un lait infantile spécial.

Parmi les autres troubles du métabolisme, le syndrome de Refsum a pour cause un défaut du système enzymatique responsable du métabolisme de l'acide phytanique, présent dans le poisson et les produits laitiers. Il peut se déclarer entre l'âge de 4 et 20 ans. Ses symptômes, variables, comprennent une perte de la vision nocturne ainsi que des mouvements maladroits et mal coordonnés. On le traite par un régime strict destiné à réduire ou à éliminer l'acide phytanique.

La galactosémie a pour cause un défaut affectant la capacité de l'organisme à métaboliser les sucres du lait (lactose et galactose). Elle peut entraîner une cataracte avec une éventuelle cécité, une cirrhose du foie et une arriération mentale et physique. Le régime fait appel à des laits spécialement traités.

MICRO-ONDES

Contrairement à certaines rumeurs, la cuisson au four à micro-ondes ne présente aucune nocivité. Le seul danger pourrait éventuellement venir d'une fuite d'ondes de l'enceinte du four, phénomène que les normes de sécurité imposées aux fabricants rendent désormais quasiment impossible. Un joint entourant la porte retient les ondes à l'intérieur et un système de sécurité interrompt leur flux dès l'ouverture de la porte.

LE BIBERON AU MICRO-ONDES

Il y a quelques années, des brûlures graves de la bouche et des voies digestives supérieures ont été signalées chez des nourrissons à la suite du chauffage de biberons au micro-ondes. Ces accidents sont dus au fait que l'élévation de la température du lait n'est pas perceptible par le simple toucher du biberon. L'usage du micro-ondes ne dispense pas de la traditionnelle précaution à prendre avant de donner le biberon : il faut toujours vérifier la température du lait en en versant quelques gouttes sur le dos de la main ou à l'intérieur du poignet.

Les ondes électromagnétiques sont réfléchies par les métaux (acier, aluminium, cuivre) mais traversent le verre, la porcelaine, les céramiques, la faïence, les plastiques. L'absence d'absorption par ces matières explique le fait qu'un aliment peut être porté à température très élevée dans un récipient demeuré froid ou tiède. À l'inverse, les récipients métalliques empêchent les ondes de pénétrer, rougeoient et lancent des étincelles, ce qui explique qu'ils ne doivent pas être utilisés.

Lorsque l'on place un aliment dans un four à micro-ondes, les ondes agitent les molécules qu'il contient, principalement les molécules d'eau, qui sont les plus abondantes. Cette agitation entraîne une élévation de température. Dans un four traditionnel, la chaleur diffuse de la surface vers l'intérieur du produit. Avec le four à micro-ondes, c'est l'inverse qui se produit. Le four à micro-ondes est indiqué pour la cuisson des légumes ou des poissons. Pour les viandes, mieux vaut utiliser un four mixte, car, au four à micro-ondes, elles ne sont pas saisies ni dorées, à moins d'utiliser un plat brunisseur. Le four à micro-ondes est surtout très pratique

pour décongeler des produits et réchauffer des restes.

Pour obtenir une cuisson irréprochable, il est conseillé de couvrir les plats, de les tourner pendant la cuisson (sauf si le four est équipé d'un plateau tournant) et de les laisser quelques minutes dans le four après cuisson. Les températures atteintes dans un four à micro-ondes ne dépassent pas 100 °C, et les effets de ce mode de cuissson sur la valeur nutritionnelle des aliments sont donc à rapprocher de ceux d'une cuisson à l'eau. Cependant, le temps de cuisson est beaucoup plus court et les vitamines et minéraux ne se diffusent pas dans l'eau. Ces deux avantages favorisent la préservation des nutriments. Les pertes enregistrées sont alors du même ordre que celles subies lors d'une cuisson sous pression. Autre avantage qui fait du four à micro-ondes un allié de notre santé : les plats nécessitent souvent moins de matières grasses.

MIEL

Le miel est un produit naturel élaboré par les abeilles à partir de nectar de fleurs ou de sécrétions de plantes. De couleur, d'odeur et de saveur variables selon les espèces de fleurs butinées, sa composition reste stable. C'est avant tout un mélange d'eau (20 %) et de deux sucres (70 %) : le fructose et le glucose. Il apporte également en moindre quantité du saccharose et du maltose. Avec le temps et sous l'effet des invertases – que le miel contient en excès –, le saccharose se transforme en glucose et en fructose. Au bout de 5 ans de stockage, la teneur en saccha-

Le miel est une substance édulcorante très appréciée depuis des temps anciens. Pour en faire un seul pot, il faut le nectar d'un million et demi de fleurs.

LES PRODUITS DE LA RUCHE

● *La gelée royale est la sécrétion salivaire des abeilles ouvrières. Elle est destinée à l'alimentation des larves et de la future reine. Composée à 80 % de glucides (fructose et glucose), elle se distingue par une certaine richesse en vitamines du groupe B, et plus particulièrement en acide pantothénique. Les vertus extraordinaires prêtées à ce produit, qui améliorerait l'état général, ont certainement pour origine la croissance spectaculaire des reines. Mais il n'existe aucune preuve scientifique de toutes ses propriétés thérapeutiques.*

● *Le pollen représente la semence mâle des fleurs. Les abeilles s'en servent pour se nourrir pendant leur hivernage. Il se compose de 40 % de glucides et de 35 % de protéines et contient des acides aminés. Il a la réputation d'être un fortifiant naturel.*

● *La propolis est une substance résineuse butinée par les abeilles ouvrières dans les bourgeons de certains arbres. Les abeilles l'utilisent comme ciment et comme mastic. Ses adeptes y voient un antibiotique naturel.*

rose passe de 6 à 3 %, et l'on admet qu'au bout de 10 ans la totalité du saccharose est transformée.

Le miel est moins calorique que le sucre, car il contient de l'eau, mais il a un pouvoir édulcorant plus élevé puisqu'il est riche en fructose. Le miel renferme des enzymes digestives, de nombreux minéraux et des oligoéléments, mais tous en très faibles quantités. Quant aux vitamines, elles n'existent qu'à l'état de traces, et les doses de miel consommées ne couvrent pas les besoins de l'organisme.

Ressource d'énergie glucidique immédiatement utilisable, le miel est efficace pour soutenir un effort physique, mais il ne faut pas en abuser. S'il

ne contient ni arôme artificiel, ni colorant, ni conservateur, il peut cependant renfermer des toxines naturelles issues des plantes. Le miel provenant du pollen des rhododendrons, par exemple, est susceptible de provoquer des paralysies.

Le miel est réputé pour soulager les infections bronchiques. On lui attribue aussi des propriétés antiseptiques : quelques cuillerées de miel et le jus d'un demi-citron à un verre d'eau bien chaude soulageront un mal de gorge. Enfin, le miel est légèrement laxatif grâce à ses acides organiques qui stimulent la muqueuse intestinale.

COMPOSITION MOYENNE POUR 100 G :
protéines . . . . 0,4 g
lipides . . . . 0 g
glucides . . . . 76 g
apport énergétique . . . . . . 290 kcal

MIGRAINE

ÉVITER

● *les aliments favorisant les crises : le chocolat, le fromage, les œufs et la caféine selon les cas*
● *l'alcool*

La migraine se caractérise par des maux de tête sévères et handicapants, localisés dans une moitié du crâne ou du visage. Elle peut s'accompagner de nausées, de vomissements et de troubles visuels tels que des éclairs ou des lignes en zigzag devant les yeux, l'amputation du champ visuel, ou encore une aversion pour la lumière vive.

Les personnes qui souffrent régulièrement de migraines s'efforcent d'identifier les facteurs déclenchants, tels que

Histoire vécue

Simone, une femme au foyer âgée de 30 ans, souffrait régulièrement de migraines, avec des maux de tête invalidants et une altération de la vue. Ces crises commençaient invariablement par une vision déformée et des lignes en zigzag devant les yeux. Au bout de 1 heure se déclaraient des maux de tête violents, semblant provenir du fond de l'œil gauche. Simone se mettait systématiquement à vomir et les médicaments ne lui procuraient aucun soulagement. Pourtant, après quelques années, elle se rendit compte que ces accès survenaient toujours après qu'elle avait mangé du chocolat ou des aliments qui en contenaient. En éliminant cette denrée de son alimentation, Simone se débarrassa à tout jamais de ses migraines.

des produits alimentaires, des médicaments, les règles chez la femme, ou le stress. Les aliments le plus souvent incriminés sont le chocolat, les œufs, la charcuterie, la pâte d'arachide, le fromage (en particulier les bleus) et la caféine (café, thé, colas). On évoque aussi souvent une relation entre la migraine et les boissons alcoolisées, en particulier le vin blanc et le porto : le mécanisme pourrait impliquer une vasodilatation des vaisseaux cérébraux provoquée par l'alcool. Les allergies alimentaires favoriseraient également les crises.

Les signes annonciateurs de migraine peuvent être aussi bien une faim ou une soif excessives qu'une profonde fatigue ou des sautes d'humeur inexplicables. Leur apparition peut avertir le sujet de l'imminence d'une crise. Ces sensations durent de quelques minutes à 1 heure, et peuvent être suivies de maux de tête, de nausées et de vomissements. Pourtant, nombreuses sont les personnes sujettes aux migraines qui n'éprouvent aucun trouble annonciateur. Les maux de tête violents et lancinants, caractéristiques de la migraine « commune », se déclarent brutalement, sans préavis. Les crises peuvent durer de quelques heures à quelques jours. Ensuite, le patient éprouve une sensation de malaise et d'épuisement, un peu semblable à une « gueule de bois ».

Pour rompre le cycle d'une crise, on peut essayer d'appliquer une compresse très chaude sur la nuque et une autre, bien froide – un gant de toilette mouillé, par exemple –, sur le front. Cela soulage certains malades, alors que d'autres ne supportent pas le contact d'une compresse chaude. Des migraines s'estompent parfois en s'allongeant simplement sur le dos, à l'abri de la lumière, les muscles et les articulations détendus, la nuque sur une serviette roulée.

La majorité des victimes de la migraine sont des femmes et, pour beaucoup d'entre elles, les crises coïncident avec la menstruation, ce qui irait dans le sens d'un déclenchement d'origine hormonale. Autre facteur, le stress ou, plus exactement, les suites d'un stress. Les migraines du samedi matin en sont un bon exemple : la douleur pourrait être déclenchée par un brusque relâchement de la tension nerveuse succédant à un stress important, ce qui rejoint le phénomène de vasodilatation déjà soupçonné. En dépit de ces rapprochements, on ignore encore la cause des crises dans bien des cas.

Les individus souffrant régulièrement de migraines invalidantes doivent recourir à un traitement médical – généralement des médicaments qui aident à prévenir les crises en régulant les constrictions et dilatations brutales des vaisseaux.

MINÉRAUX ET OLIGOÉLÉMENTS

Voir p. 210

MONONUCLÉOSE

PRIVILÉGIER

- *les fruits et les légumes, sources de vitamines et de minéraux*
- *les laits fouettés, pour les calories, les minéraux et la vitamine D*
- *les soupes, pour l'énergie et les fibres*
- *des aliments mous, plus faciles à passer dans la gorge*

ÉVITER

- *l'alcool*

Cette maladie très répandue est causée par le virus d'Epstein-Barr, lequel s'attaque à plus de 50 % des petits Canadiens avant l'âge de 5 ans. La plupart du temps, la maladie passe inaperçue : un peu de fatigue, une fièvre légère sont des symptômes qui disparaissent d'eux-mêmes sans causer d'alarme. Le virus d'Epstein-Barr se transmet uniquement par la salive, en toussant, en éternuant ou en embrassant quelqu'un sur la bouche.

Lorsqu'il s'attaque à un adulte ou à un adolescent, le virus est beaucoup plus débilitant. Plusieurs symptômes viennent s'ajouter à la fatigue et à la fièvre, dont les plus caractéristiques sont de graves maux de gorge et l'inflammation des ganglions. Beaucoup de malades se plaignent de maux de tête, de courbatures et d'un manque d'appétit. Il arrive très souvent que les symptômes fassent croire à une amygdalite. Si le malade se fait prescrire de l'ampicilline, un antibiotique semblable à la pénicilline, il aura une crise d'urticaire. Il arrive que la rate – et, plus rarement, le foie – s'hypertrophie. Enfin, une mononucléose très grave risque d'engendrer une jaunisse.

Les symptômes de la maladie disparaissent généralement au bout d'une semaine ou deux, ce qui permet de reprendre ses occupations à un rythme normal. Il arrive toutefois assez souvent que la guérison s'étende sur plusieurs mois, au cours desquels une fièvre très légère, un manque d'appétit et une fatigue générale continuent de se manifester. On pourra croire alors à un syndrome de fatigue chronique. On a posé l'hypothèse dans le passé que les deux maladies étaient reliées, mais cette théorie a été réfutée.

LE TRAITEMENT DIÉTÉTIQUE

Un régime bien équilibré peut favoriser la guérison et fortifier le système immunitaire contre l'assaut de la mononucléose. Comme l'un des symptômes est le manque d'appétit, il faut arriver à le stimuler chez le malade

(SUITE À LA PAGE 224)

MUSCULATION

La musculation est un ensemble d'exercices destiné à renforcer la musculature. Quels que soient votre âge, votre état de santé et votre condition physique, il existe des exercices appropriés pour vous.

La musculation fait brûler des calories, préserve la santé de l'ossature, améliore la capacité cardio-vasculaire, raffermit les muscles et la peau, favorise la digestion et le sommeil. En plus de tous ces effets bénéfiques, les exercices de musculation activent la production d'endorphines cérébrales, des tranquillisants naturels analogues à la morphine qui soulagent la douleur et procurent une sensation de bien-être. Les endorphines – qui sont responsables de l'euphorie que ressentent parfois les athlètes – expliquent pourquoi une séance de musculation peut avoir un impact positif sur l'état d'esprit et sur la capacité à gérer le stress.

De façon paradoxale, plus vous dépensez d'énergie, plus vous augmentez votre énergie. En améliorant l'endurance de votre cœur et sa capacité à pomper le sang, la musculation rend l'organisme plus efficace, de sorte qu'il a besoin de moins d'oxygène pour accomplir les tâches quotidiennes. Faire de la musculation équivaut à faire la mise au point du moteur de votre véhicule pour obtenir un meilleur rendement au litre.

Au début, si vous n'êtes pas habitué à pratiquer une activité physique, vous pourriez ressentir de la raideur, de la fatigue ou des courbatures. Il vaut mieux commencer en douceur, avec des sessions de 5 à 10 minutes trois fois par semaine et augmenter graduellement l'intensité et la durée des séances. Au bout de quelques semaines, la plupart des gens sentent un regain d'énergie.

Quiconque mange plus qu'il ne dépense emmagasine son surplus de calories sous forme de graisse. La seule

---

PRIVILÉGIER

- *les aliments riches en glucides, qui constituent une source continue d'énergie : pâtes alimentaires, riz brun, légumineuses, pommes de terre et pain à base de farine complète*
- *les fruits, pour leur apport en vitamines, en minéraux et en sucres naturels, sources rapides d'énergie*
- *les légumes et les légumineuses, pour leurs vitamines et leurs minéraux*
- *la viande maigre, le lait et les produits laitiers écrémés, et les autres aliments riches en protéines, lesquelles préservent la musculature*

ÉVITER

- *les aliments gras*

---

façon de s'en débarrasser est de combiner un régime alimentaire faible en gras à des séances régulières de musculation : marche rapide, course, natation, bicyclette ou aérobic. L'exercice physique aide à éliminer les graisses corporelles en accélérant la respiration et en augmentant le rythme cardiaque. Ce n'est pas un moyen de se gaver sans remords de frites et de gâteau au chocolat ; au contraire, une alimentation équilibrée est essentielle si l'on veut avoir l'énergie requise.

Lorsque vous vous entraînez, votre corps brûle d'abord le glucose en circulation et, ensuite, le glycogène entreposé

dans les muscles et le foie, en même temps que certains acides gras. C'est pourquoi une session de musculation soutenue permet de brûler davantage de graisses et aide à faire perdre du poids de façon définitive. L'idéal est de fournir un effort prolongé avec des séances d'environ 25 à 30 minutes pendant lesquelles on déploie entre 30 et 40 % de sa capacité maximale.

PRINCIPES ALIMENTAIRES

Le corps humain convertit les glucides (hydrates de carbone) en glucose, sa plus importante source énergétique. Le niveau de glucose emmagasiné dans le foie et les muscles est directement lié à la capacité de l'individu à maintenir un effort vigoureux et prolongé. En modifiant son alimentation, on peut augmenter ses réserves de glucose de façon relativement rapide. Par exemple, certains experts en nutrition sportive recommandent aux athlètes de manger, pendant plusieurs jours avant une épreuve d'endurance, des repas bourrés de sucres lents, c'est-à-dire d'hydrates de carbone. Pour la plupart des gens, cependant, une accumulation de cet ordre est inutile. En allant puiser dans les glucides (principalement dans les féculents) entre 55 et 60 % de ses calories, on trouvera l'énergie nécessaire pour accomplir des exercices de modérés à intensifs.

Les protéines servent à la formation, au maintien et à la réparation des tissus. Elles peuvent également être converties en énergie, mais elles sont une source moins calorique que les glucides.

Bien que les graisses soient élevées en calories, elles sont moins énergétiques

QUELS EXERCICES CHOISIR ?

● Ne cherchez pas à intégrer un programme de musculation dans un horaire déjà surchargé. Supprimez plutôt une activité moins importante, comme une émission de télévision. Si vous manquez de temps, allez au travail à pied ou à bicyclette. Ou essayez de vous entraîner à l'heure du lunch.

● Choisissez des exercices qui vous plaisent et, pour ne pas vous en lasser, faites-les alterner. Une journée vous pouvez faire de la marche rapide et le lendemain, aller lever des poids au gymnase. Ou encore inscrivez-vous à un cours de yoga, en semaine, pour développer la souplesse et la flexibilité puis, en fin de semaine, jouez au tennis ou faites de la natation.

● Peu importe l'exercice que vous choisirez, allez-y doucement et progressivement. Toute personne de plus de 40 ans, ou qui souffre d'hypertension, de maladie cardiaque, de diabète, d'un excès de poids, d'une maladie des os ou des articulations ou de tout autre trouble sérieux, devrait consulter un médecin avant de commencer un programme de musculation. Les fumeurs devraient subir un examen complet, peu importe leur âge. Un test d'endurance peut s'avérer utile pour déterminer le niveau sécuritaire d'exercice.

● Certaines personnes s'entraînent mieux seules. Si c'est votre cas, faites l'essai de différents appareils dans un gymnase ou un centre de conditionnement physique. Vous pouvez aussi envisager l'achat d'un tapis roulant ou d'un appareil d'exercices pour la maison. Si, en revanche, vous êtes du genre qui a besoin de la motivation d'un groupe, inscrivez-vous à des classes de danse ou de conditionnement physique dans un centre récréatif ou un établissement spécialisé.

que les glucides car plus longues à digérer et à métaboliser. Les nutritionnistes suggèrent de restreindre la consommation de gras de façon à représenter 20 à 30 % des calories, et de favoriser ceux que fournissent les huiles végétales et les poissons gras.

Enfin les vitamines ne produisent pas d'énergie. Elles sont toutefois essentielles aux activités métaboliques qui permettent au corps de transformer la nourriture en énergie. Un régime alimentaire incluant une grande quantité de légumes, de fruits, de légumineuses et de produits à base de grains entiers apporte suffisamment de vitamines et de minéraux. Certains fruits fournissent aussi des sucres rapidement transformés en énergie.

Les exercices de musculation ne font pas que renforcer les muscles, ils aident aussi à prévenir la maladie et à ralentir le vieillissement. Peu importent l'âge ou la forme physique, il existe des exercices pour tout le monde.

(SUITE DE LA PAGE 221)

avec des repas appétissants, composés d'aliments qui lui plaisent. Les portions trop grosses peuvent aisément le rebuter et c'est pourquoi il vaut mieux proposer plusieurs petites

Histoire vécue

Quand Jean-Marc tomba malade à l'âge de 16 ans, sa mère craignit le pire. L'inflammation des glandes, accompagnée d'une fatigue extrême, lui fit penser à la leucémie. Des tests sanguins révélèrent qu'il ne s'agissait heureusement que d'une maladie bénigne, la mononucléose. Mais 6 semaines plus tard, Jean-Marc n'était toujours pas bien et, à table, il se contentait de chipoter sa nourriture. Un diététiste conseilla à sa mère de lui préparer plusieurs fois dans la journée de petites collations de ses mets favoris : lait fouetté, œufs brouillés, pizza aux légumes et au fromage, de bonnes soupes épaisses et beaucoup de jus de fruits. Les résultats ne se firent pas attendre !

collations dans la journée plutôt qu'un ou deux repas importants.

Pendant la phase initiale de la maladie, la fièvre sera peut-être forte. Pour empêcher la déshydratation, il faut prévoir au moins 8 verres d'eau ou de jus de fruits dans la journée. Ensuite, au cours de la convalescence, les jus de fruits auront l'avantage de fournir en plus les vitamines, minéraux et autres nutriments nécessaires pour énergiser le système immunitaire.

Les laits fouettés et les nectars de fruits coupés d'eau présentent les mêmes avantages et sont en outre lénifiants pour une gorge irritée. Pour éviter la constipation, il faut penser aux fibres : les compotes de fruits, faciles à absorber, en fourniront suffisamment. Les soupes constituent un autre bon choix dans ce sens. De manière générale, œufs brouillés, fromage cottage, yogourt, poudings et crèmes-dessert sont autant de mets nourrissants faciles à avaler, même pour une personne qui souffre de la gorge. Une tasse de tisane chaude est plaisante à toute heure du jour. C'est une bonne idée aussi de se gargariser à l'eau tiède salée plusieurs fois par jour. Enfin, l'alcool est évidemment à éviter car il affaiblit le système immunitaire et risque d'endommager le foie déjà vulnérable.

ÉVOLUTION DE LA MALADIE

Seul un médecin peut diagnostiquer la mononucléose, après avoir fait subir au malade les tests sanguins appropriés. Le traitement consiste surtout à se reposer. Pour calmer l'inflammation, on peut prendre de l'aspirine ou un anti-inflammatoire non stéroïdien (AINS). Comme il s'agit d'un virus et non d'une bactérie, les antibiotiques ne sont d'aucun recours. Il faut laisser le temps faire son œuvre. Les complications à long terme sont rares, mais

il ne faut pas se hâter de reprendre des activités qui requièrent trop d'énergie. Avant de reprendre un sport ou tout autre exercice physique, mieux vaut attendre que le médecin ait confirmé que la rate a repris sa taille normale. Un exercice trop vigoureux risquerait autrement de produire un éclatement de la rate, nécessitant l'ablation de cet organe.

MOUTARDE

INCONVÉNIENTS

● *riche en sodium en raison du sel utilisé dans la fabrication*

Ce condiment est tiré des graines d'une plante à fleurs jaunes du même nom faisant partie de la famille des cruciférés. La moutarde de Dijon extraforte est obtenue par le mélange d'un tiers de graines de moutarde et de deux tiers de verjus (vin blanc, vin rouge, moût de raisin, vinaigre...). Le tout est ensuite broyé et tamisé, donnant une pâte lisse de couleur jaune. Son piquant caractéristique est dû au développement naturel du goût pendant la fabrication.

La moutarde à l'ancienne est fabriquée à partir de graines directement mélangées au verjus, aux épices et aux aromates. Le mélange est broyé grossièrement, et de ce fait le piquant est moins intense. Les moutardes aromatisées sont peu piquantes, de façon à laisser dominer les notes aromatiques.

La moutarde, riche en sodium en raison du sel ajouté au moment de sa fabrication, est déconseillée en cas de régime hyposodé. Elle a des teneurs élevées en calcium et en magnésium. Néanmoins, compte tenu des faibles quantités consommées, ces apports ne peuvent être considérés comme des sources importantes.

COMPOSITION MOYENNE POUR 100 G :
protéines . . . . 6 g
lipides . . . . 10 g
glucides . . . . 5 g
apport énergétique . . . . . . 133 kcal

MUGUET

PRIVILÉGIER

- *les viandes maigres, le poisson et les fruits de mer, le pain complet, les céréales enrichies et les fruits secs, pour le fer et le zinc*
- *l'ail, pour ses vertus antifongiques*

Le muguet est un type de mycose, c'est-à-dire une infection due à un champignon microscopique. Celui-ci, appelé *Candida albicans*, vit normalement dans la peau et dans les muqueuses de la bouche, du tube digestif et du vagin où sa présence est contrôlée par certaines bactéries. Cependant, il peut se mettre à proliférer sous l'effet de la chaleur, de l'humidité ou du frottement, ou si la chimie du corps est modifiée. Il peut alors s'attaquer à la peau (herpès circiné) ou à ses replis (intertrigo), aux ongles (onychomycose), au cuir chevelu (teigne), aux espaces entre les doigts et les orteils (pied d'athlète), et aux organes génitaux (balanite, vulvite). Quand il s'attaque aux muqueuses, on lui donne le nom de muguet.

Le muguet se manifeste sous forme d'amas blanc crémeux – d'où son analogie à une levure – au niveau de la langue, des joues, du palais et des lèvres. S'il n'est pas traité, il pourrait envahir la bouche, la gorge et s'étendre de l'œsophage à l'estomac et aux poumons. Ulcères buccaux et mauvaise haleine en sont de fréquents symptômes. La muqueuse irritée par les candidoses peut saigner lorsqu'elle est frottée, par exemple au moment du brossage des dents.

Les jeunes enfants sont particulièrement sensibles au muguet car ils ne sont pas encore armés des souches bactériennes nécessaires pour le combattre. Ces bactéries se développent avec le temps et au contact de l'environnement.

Quand l'infection est grave, il peut y avoir des complications au niveau de l'ingestion des aliments. Si c'est votre cas, buvez beaucoup de liquides – surtout du lait entier pour les vitamines, les minéraux et l'apport en énergie – et choisissez des aliments faciles à avaler jusqu'à ce que votre état se soit amélioré. Si le muguet est causé par une anémie ferriprive (baisse du taux de fer), l'alimentation – même si les choix sont réduits – doit en priorité s'attaquer à cette carence. Mangez du poisson ou des crustacés, des soupes à base de légumineuses broyées et des purées d'abricots séchés, mélangées à des céréales enrichies.

Des études récentes semblent appuyer la thèse traditionnelle à l'effet que consommer des produits laitiers aiderait à prévenir une crise de muguet déclenchée par des antibiotiques. L'*Actobacullus acidophilas,* une bactérie que l'on retrouve dans la culture du yogourt, serait à l'origine de ces effets bénéfiques. Le yogourt, ainsi que la viande de bœuf, les fruits de mer et les céréales enrichies sont aussi d'excellentes sources de zinc, un minéral particulièrement important pour maintenir l'immunité.

Les herboristes croient que l'ail possède des propriétés antifongiques. Manger une ou deux gousses d'ail cru par jour – pelées, hachées finement et incorporées à d'autres aliments ou entières et avalées comme une pilule – peut aider à prévenir la croissance des levures. Les capsules d'ail ou l'ail séché sont moins efficaces.

L'un des effets de l'hyperglycémie est de provoquer la prolifération des champignons levuriformes ; c'est pourquoi les diabétiques sont particulièrement vulnérables au muguet. Un contrôle adéquat de glycémie peut généralement prévenir ce problème. Ainsi, bien que les bonbons et autres sucreries ne soient pas directement responsables des candidoses buccales, les diabétiques devraient les éviter car ils augmentent la glycémie.

MÛRE

AVANTAGES

- *contient les vitamines C et E, de l'acide folique, du fer et du calcium*
- *riche en fibres, faible en calories*
- *pourrait être anticancérigène*

INCONVÉNIENTS

- *contient des salicylates*

Les fruits du roncier sauvage, dont il existe plusieurs variétés cultivées, sont délicieux à consommer crues, et relativement riches en vitamine C (100 g de mûres apportent le tiers de l'apport nutritionnel recommandé), sans contenir trop de glucides. Elles sont riches en fibres à cause de leurs multiples petites graines.

Les mûres contiennent de l'acide ellagique, substance que l'on tient actuellement pour anticancérigène. La cuisson n'affecte pas l'acide ellagique, de sorte que même la confiture de mûres pourrait se révéler utile contre le cancer.

En revanche, les mûres renferment des salicylates naturels, capables de déclencher des réactions allergiques chez les personnes qui sont sensibles à l'aspirine.

COMPOSITION MOYENNE POUR 100 G :
protéines . . . . 1 g
lipides . . . . 0,4 g
glucides . . . . 6,2 g
apport énergétique . . . . . . 33 kcal

NAVET

AVANTAGES
- *contient de la vitamine C*
- *source de fibres*
- *pourrait être anticancérigène*

Bien qu'il ne soit pas aussi nutritif que son cousin, le rutabaga, ses fibres favorisent le bon fonctionnement des intestins et peuvent, comme celles de toutes les crucifères, jouer un rôle protecteur contre le cancer du côlon ou du rectum.

Par ailleurs, le navet est une bonne source de vitamine C, la meilleure façon d'en profiter étant de le choisir très frais, de le râper et de le déguster cru. Son apport énergétique est peu élevé, car il est essentiellement composé d'eau (93 g pour 100 g) et contient très peu de glucides. C'est un excellent légume à conseiller dans les régimes hypocaloriques.

La teneur en soufre du navet le rend parfois difficile à digérer, surtout par les colitiques. Il faut choisir de toute façon des navets lisses et lourds et éliminer ceux qui sont creux ou trop piquants. Les fanes de navet, lorsqu'elles sont bien fraîches, se consomment comme les épinards et constituent un légume vert légèrement sucré. Elles représentent une excellente source de bêta-carotène, de vitamine C et de folates.

COMPOSITION MOYENNE POUR 100 G :
protéines . . . . 0,9 g
lipides . . . . 0,2 g
glucides . . . . 3,2 g
apport énergétique . . . . . . 17 kcal

NECTARINE ET BRUGNON

AVANTAGES
- *fruits riches en vitamine C*
- *renferment des fibres*

Ce qui distingue ces deux fruits lorsqu'ils sont à maturité, c'est que le noyau du brugnon adhère à la chair comme celui de la prune, alors que celui de la nectarine est libre. Tous deux n'en sont pas moins généralement distribués sur le marché sous le nom unique de nectarine.

Contrairement à une idée très tenace, la nectarine, fleuron du plein été, n'est pas issue du mariage d'un pêcher et d'un prunier. En fait, il existe une très grande diversité de formes de pêchers dont le port, les fleurs, les feuilles et les fruits diffèrent. La nectarine et son cousin le brugnon sont des sous-espèces qui résultent d'une modification génétique aussi naturelle qu'ancienne. La peau de la nectarine est plus douce que celle des pêches et n'a pas cette texture veloutée que certains ne supportent pas. Sa chair, de couleur rose, jaune ou blanche, a tendance à être plus ferme que celle de la pêche, plus proche de celle de la prune.

La nectarine est à peine plus énergétique que la pêche : elle offre 46 kcal en moyenne pour 100 g, contre 41 kcal pour la pêche. En revanche, elle est nettement plus riche en vitamine C : 100 g en apportent 20 mg, contre 7 mg pour la pêche. Savourez deux nectarines en plein été et vous aurez absorbé, avec gourmandise, plus de la moitié de l'apport nutritionnel recommandé de cette précieuse vitamine C, qui aide l'organisme à assimiler le fer, à entretenir le système immunitaire et est indispensable à la production du collagène.

La nectarine contient en outre du bêta-carotène, que l'organisme transforme en vitamine A. Bêta-carotène et vitamine A sont des antioxydants qui font échec aux radicaux libres et, de ce fait, protègent du cancer.

COMPOSITION MOYENNE POUR 100 G DE NECTARINE OU DE BRUGNON :
protéines . . . . 0,9 g
lipides . . . . 0,2 g
glucides . . . . 10,2 g
apport énergétique . . . . . . 46 kcal

NÉVRALGIE

PRIVILÉGIER
- *les aliments riches en vitamines B*

ÉVITER
- *l'alcool*
- *les causes de compression nerveuse*

La névralgie est une douleur intense sur le trajet d'un nerf sensitif ou à l'une de ses racines. Elle peut être due à l'altération du nerf. C'est le cas lors d'un zona : le virus de l'herpès se reproduit

À la différence de la pêche, qui lui est apparentée, la nectarine ne continue pas à mûrir une fois cueillie. Pour être sûr de vous régaler, choisissez des fruits déjà souples au toucher.

à l'intérieur du nerf et provoque une inflammation ; il en résulte une éruption de vésicules qui suit le trajet de ce nerf. La névralgie peut aussi être déclenchée par la compression du nerf. L'exemple le plus connu est sans doute la sciatique. Enfin, la lésion d'un nerf peut être à l'origine d'une névralgie, par exemple à la suite d'une fracture ou du déplacement d'un disque situé entre deux vertèbres. Parfois, pourtant, il n'existe aucune cause mécanique apparente, et la névralgie peut alors être liée à un déséquilibre alimentaire.

En effet, une névralgie peut être la conséquence de carences en vitamines du groupe B, et particulièrement en vitamine B_{12} (cyanocobalamine), présente dans tous les produits animaux, notamment le foie, et en vitamine B_1 (thiamine), que l'on trouve dans les céréales complètes, les germes de blé, la levure de bière, les légumineuses, la viande (surtout le porc), les abats, le poisson, les œufs, les produits laitiers. Sont plus exposés à ces déficits en vitamines B les végétariens et les végétaliens, les dia-

bétiques et les alcooliques. Pour éviter ce risque, les végétariens et les végétaliens privilégieront toutes les sources non animales de vitamines B : le pain et les céréales complets, le riz brun, les germes de blé, les fruits oléagineux (noix)… Chez les diabétiques, l'équilibre de la glycémie est la condition indispensable pour éviter tous les troubles nerveux. En cas d'alcoolisme chronique, les besoins en vitamines augmentent tandis que les apports alimentaires sont souvent insuffisants.

NOIX

Voir Oléagineux (fruits), p. 239

NOIX DE COCO

AVANTAGES
● *fournit beaucoup de fibres*

INCONVÉNIENTS
● *riche en graisses saturées*
● *très calorique*

La noix de coco entre dans la fabrication de nombreux produits alimentaires et cosmétiques. Sa teneur singulièrement élevée en graisses saturées l'empêche de rancir, ce qui explique sa popularité, notamment dans l'industrie agroalimentaire. Néanmoins, c'est un fruit digeste qui peut avoir des effets bénéfiques sur les personnes ayant des difficultés à assimiler les graisses alimentaires.

La chair de la noix de coco est très riche en fibres alimentaires mais, contrairement à la plupart des noix, elle reste assez pauvre en vitamine E et en sels minéraux. Elle se consomme fraîche, ou râpée et séchée. Séchée, elle est légèrement moins riche en graisses saturées que fraîche. C'est sous cette forme qu'elle est incorporée à toutes sortes de desserts, crèmes glacées et différents produits industriels.

L'eau de coco, presque transparente et légèrement sucrée, est naturellement présente dans le fruit. On peut la boire telle quelle ou s'en servir comme marinade. La crème de coco, vendue couramment sous le nom de lait de coco, est un mélange gras et riche obtenu à partir de la chair. Elle parfume avec bonheur les préparations au curry. Présentée en flacon, elle contient plus

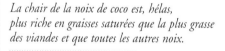

La chair de la noix de coco est, hélas, plus riche en graisses saturées que la plus grasse des viandes et que toutes les autres noix.

d'eau que lorsqu'elle est vendue sous forme solide. Sa composition est alors plus proche de celle de la chair séchée.

L'huile de noix de coco, ou huile de coprah, qui entre dans la composition de certaines margarines et confiseries, est l'une des trois seules huiles végétales couramment utilisées riches en graisses saturées (les deux autres étant l'huile de palme et l'huile de palmiste). Si elle ne contient pas de cholestérol, elle a cependant pour effet, une fois absorbée, d'augmenter le taux de cholestérol sanguin et, par suite, d'exposer le consommateur à un risque accru d'accident cardio-vasculaire. En outre,

elle est dénuée de la plupart des nutriments qui font la richesse des autres huiles végétales.

COMPOSITION MOYENNE POUR 100 G DE NOIX DE COCO :
protéines . . . . 3,4 g
lipides . . . . 35,1 g
glucides . . . . 5,9 g
apport énergétique . . . . . . 353 kcal

POUR 100 G DE NOIX DE COCO SÉCHÉE :
protéines . . . . 6,2 g
lipides . . . . 58 g
glucides . . . . 11,8 g
apport énergétique . . . . . . 593 kcal

NOURRISSON (alimentation du)

Voir p. 230

NUTRITION (professionnels de la)

Les diététistes sont les professionnels de la nutrition. Leurs interventions favorisent la diffusion et l'application des principes de la nutrition, guident dans le choix des aliments et aident à prévenir et à traiter les conséquences d'une alimentation inadéquate auprès d'individus et de collectivités de tous âges. Les diététistes font la promotion de la santé par une saine alimentation.

On retrouve les diététistes dans plusieurs champs d'activité. En milieu hospitalier, ils traitent les pathologies qui nécessitent des régimes particuliers comme le diabète, les hyperlipidémies, les troubles cardio-vasculaires, les maladies rénales. Ils adaptent l'alimentation en fonction des pathologies et des conditions de vie particulières. On les retrouvera donc aussi en néonatalogie, en maternité, en gériatrie, en psychiatrie, en maladies infectieuses, en gastro-entérologie et en oncologie.

Les diététistes sont souvent employés pour gérer les services d'alimentation en milieux hospitalier et scolaire, dans des centres d'hébergement ou dans des entreprises. Ils élaborent entre autres des menus adaptés aux différentes clientèles en conformité avec les politiques en nutrition, en plus de gérer les finances, le personnel, la production et la distribution des aliments.

On retrouve les diététistes également dans les milieux communautaires où ils élaborent des programmes qui font la promotion de la nutrition et de la santé : animation de groupe, consultation individuelle, éducation populaire, élaboration de matériel éducatif.

Certains diététistes œuvrent en consultation privée, dans des cliniques médicales et des centres sportifs. On en retrouve d'autres dans les médias où ils vulgarisent l'information sur la nutrition. Enfin, ils sont aussi présents dans l'industrie pharmaceutique et dans le secteur agroalimentaire.

LA PRINCIPALE DEMANDE : LES PROBLÈMES DE POIDS

Les diététistes sont souvent sollicités par des personnes qui désirent qu'on les aide à maigrir.

Lorsqu'il reçoit une telle demande, le diététiste va d'abord s'enquérir des habitudes de vie (activité physique, traitement médical, tabac…) de son client et de ses antécédents familiaux. Un questionnaire va permettre d'établir le comportement alimentaire et de

Le soutien d'un spécialiste de la nutrition est parfois indispensable pour réussir à suivre un régime à long terme.

COMMENT CONTACTER UN SPÉCIALISTE DE LA NUTRITION ?

● *Dans tous les centres hospitaliers, il est possible de consulter un diététiste, mais cela doit être prescrit par un médecin.*

● *Pour trouver un diététiste exerçant en consultation privée dans votre région, contactez l'Ordre professionnel des diététistes du Québec.*

● *Les titres diététiste, diététicien et nutritionniste sont réservés aux membres de l'Ordre professionnel des diététistes du Québec. Pour être membre, un baccalauréat universitaire reconnu en sciences de la nutrition est nécessaire. Ceci vous assure de recevoir des services professionnels et vous protège des charlatans.*

mettre au point un programme alimentaire le mieux adapté possible. Ce questionaire sera généralement complété au jour le jour au cours des semaines qui suivent pour permettre au diététiste de raffiner le régime.

Le patient sera ensuite surveillé très régulièrement. Son régime sera réajusté au besoin, jusqu'à la phase de stabilisation du poids. Un tel programme nécessite environ 6 mois, voire 1 an pour atteindre le poids visé. C'est ce qui explique les abandons. Le client s'attend souvent en effet à un résultat spectaculaire. Or, pour empêcher une reprise de poids aussitôt qu'il prend fin, le régime doit être fondé sur un changement progressif des habitudes alimentaires. Ce sont ces habitudes qui sont les plus difficiles à changer et elles doivent l'être de façon permanente. Le régime doit donc être modérément restrictif par rapport à la consommation habituelle, mais parfaitement équilibré de façon que la personne perde entre 2 et 4 kg par mois au grand maximum.

L'ALIMENTATION DU NOURRISSON

Nourrir un bébé est un véritable acte d'amour. Et lui fournir une alimentation bien adaptée et de qualité constitue le meilleur départ dans la vie que ses parents peuvent lui offrir.

Le lait maternel est l'aliment naturel pour le nouveau-né. Même si le bébé doit être par la suite nourri au biberon, il y a de nombreux avantages à le nourrir au sein durant les premières semaines, et si possible jusqu'au quatrième mois.

– Le colostrum, ce liquide que la mère sécrète juste après l'accouchement, contient des anticorps et des substances anti-infectieuses qui renforcent les défenses immunitaires du bébé.

– Le lait proprement dit, plus riche et plus élaboré, répond intégralement aux besoins nutritifs du bébé pendant les premiers mois, tout en augmentant sa résistance aux infections.

Il est prouvé que les bébés nourris au sein sont moins souvent victimes de problèmes respiratoires et gastro-intestinaux que les bébés nourris au biberon ; ils sont également moins sujets aux allergies, à l'asthme ou à l'eczéma.

UN ALIMENT UNIQUE

Le lait maternel est composé de globules fins et digestes et contient l'ensemble des protéines, glucides, vitamines et minéraux nécessaires au bébé. Il fournit aussi des acides gras polyinsaturés essentiels, qui entrent pour une large part dans la composition du cerveau humain et du système nerveux.

Le lait maternel représente ainsi un aliment complet et remarquablement bien adapté au nourrisson. Lorsque le bébé commence à téter, le lait qu'il reçoit est très aqueux et riche en protéines, mais à mesure que la tétée se poursuit, la composition du lait se met à changer. La proportion de protéines et d'eau diminue, et celle des graisses augmente. La soif du bébé est soulagée en premier lieu, et l'appétit est satisfait ensuite.

Pour une femme qui peut et qui souhaite donner le sein, le lait qu'elle offre à son enfant constitue un aliment idéal : sain, prêt à l'emploi, toujours à bonne température et facilement transportable ! Et elle-même peut y trouver un béné-

Le lait maternel est parfaitement adapté aux besoins du nourrisson. Pour avoir suffisamment de lait, une maman qui allaite doit boire beaucoup d'eau.

LE CHOIX D'ALLAITER

Au Canada, la proportion des mères qui allaitent leur bébé est en progression depuis 1991. Actuellement :

● *55 % des mères donnent le sein. Le sevrage est le plus souvent lié à la reprise du travail, mais il s'explique parfois par des difficultés à poursuivre l'allaitement (insuffisance de lait, crevasses...) ;*

● *5 % des mères souhaiteraient allaiter mais ne peuvent le faire pour des raisons physiques ou médicales ;*

● *50 % des mères choisissent de ne pas allaiter et utilisent des préparations pour nourrisson commerciales.*

fice à long terme puisque, selon les observations scientifiques, les mères qui ont allaité – particulièrement avant l'âge de 30 ans – sont moins exposées au cancer du sein.

L'ALIMENTATION MATERNELLE

La maman qui allaite doit continuer à se nourrir d'une façon bien équilibrée, comme elle le faisait pendant sa grossesse. En effet, même si une alimentation inadéquate n'a normalement pas de répercussion sur la qualité du lait maternel (qui en principe fournit tous les nutriments nécessaires, sauf carence alimentaire majeure chez la mère), elle risque de diminuer la lactation. Par ailleurs, la santé de la maman peut être mise en péril, puisque son organisme est obligé de puiser dans ses propres réserves

pour préserver l'équilibre des composants du lait, au lieu de trouver ceux-ci dans l'alimentation.

Selon les recommandations officielles, une femme qui allaite doit augmenter ses apports quotidiens de vitamines et de minéraux de façon notable. Par exemple, une femme a besoin habituellement de 700 mg de calcium chaque jour. Quand elle nourrit son bébé, ses besoins sont estimés à 1 200 mg par jour (pour assurer un développement normal des os et des dents de son enfant, et pour maintenir son apport personnel) ; de même, ses besoins en magnésium, en phosphore, en zinc, en cuivre et en différentes vitamines augmentent de 20 à 50 %. La maman qui allaite doit donc veiller à continuer à consommer chaque jour beaucoup de produits laitiers, de la viande maigre ou du poisson à chacun des repas principaux, et suffisamment de fruits, de légumes frais et de céréales complètes (pain, riz, etc.).

Enfin, comme en période d'allaitement la mère produit environ 500 ml de lait par jour durant les tout premiers mois, et jusqu'à 700 ou 800 ml par la suite, elle a besoin de boire beaucoup. La quantité recommandée quotidiennement est de 2,3 litres de liquides, de préférence de l'eau plate, du lait et des jus de fruits coupés d'eau.

L'ALIMENTATION AU BIBERON

Différentes raisons peuvent amener une maman à choisir de nourrir son bébé au biberon. Il lui faut peut-être retourner travailler peu après l'accouchement. Elle peut craindre une fatigue excessive, surtout si elle a déjà de jeunes enfants dont elle doit s'occuper. Il existe aussi des contre-indications médicales, lors de certains traitements médicamenteux, par exemple. Le biberon peut enfin représenter le choix du couple, permettant à la mère de reprendre plus vite un mode de vie classique, et au père de mieux entrer en contact avec son enfant, dans la mesure où il peut le nourrir aussi.

À ÉVITER PENDANT L'ALLAITEMENT

● *L'alcool passe dans le lait. Il peut être dangereux pour le bébé, qu'il rend par ailleurs somnolent, et qu'il empêche de téter correctement. Une consommation très modérée de boissons alcoolisées (par exemple, un demi-verre de vin ou un verre de bière au cours du repas) est acceptable, mais il faut absolument proscrire toute autre prise d'alcool (apéritif, digestif…).*

● *La caféine présente dans le thé, le café et les boissons à base de cola peut aussi passer dans le lait, rendre les bébés nerveux, irritables et perturber les cycles du sommeil.*

● *La nicotine du tabac ainsi que la plupart des médicaments sont en partie transmis au bébé par le lait. Au cours de l'allaitement, une mère ne devrait en principe ni fumer ni prendre de médicaments. Dans ce dernier cas, consulter un médecin est indispensable.*

Les laits maternisés industriels sont conçus pour répondre au mieux aux besoins nutritionnels du nouveau-né et du bébé jusqu'à la fin de la première année. Comme le lait maternel, le lait maternisé doit rester l'aliment essentiel durant les premiers mois de la vie et, si possible, durant toute la première année. Sa composition répond à des exigences nutritionnelles et réglementaires très strictes, qui ont été déterminées en tenant compte des recommandations émises par les pédiatres et les nutritionnistes.

Au moment de la préparation du biberon, il faut suivre attentivement les indications du fabricant inscrites sur le conditionnement. Il est dangereux par exemple d'ajouter dans le biberon une mesure supplémentaire de lait en poudre, dans l'intention de satisfaire l'appétit d'un bébé vorace : un lait trop

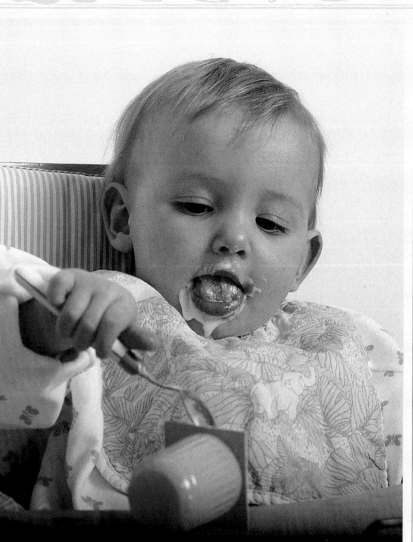

Les pédiatres recommandent d'attendre l'âge de 4 mois avant d'introduire des aliments solides : céréales, fruits, légumes...

LAIT ET PRODUITS LAITIERS

4 à 6 mois

5 ou 6 boires par jour de 150 à 180 ml
Un supplément de vitamine D est recommandé pour les enfants allaités au sein

6 à 9 mois

5 ou 6 boires par jour de 150 à 240 ml

Pour assurer un apport suffisant en calcium, il convient d'habituer l'enfant à consommer des produits laitiers. Les yogourts présentent l'avantage d'être faciles à manger.

concentré sera trop riche en protéines et en minéraux, ce qui peut provoquer des troubles graves et s'avérer très dangereux pour le bébé, surtout quand il est très jeune.

Biberons et tétines doivent être soigneusement lavés et stérilisés. Si l'on souhaite préparer les biberons à l'avance, on les gardera dans le haut du réfrigérateur, mais jamais plus de 24 heures. Enfin, il faut prendre la précaution de toujours vérifier la température du lait que l'on propose au bébé, en faisant cou-

ler quelques gouttes sur le dos de la main ou l'intérieur du poignet. On n'obtient pas toujours à coup sûr la bonne température pour le lait du biberon, surtout si on le chauffe au micro-ondes. Trop de bébés sont victimes de brûlures des lèvres ou de la bouche par simple oubli de cette vérification. Enfin, si le bébé ne boit pas tout son biberon, on jettera bien sûr l'excédent, qui ne possède plus la qualité hygiénique requise (il a été en général contaminé par des bactéries de la salive, lors de la succion de la tétine).

9 à 12 mois

Environ 600 à 700 ml de lait maternel ou maternisé par jour
Ajouter le lait entier.
Ajouter le yogourt nature et le fromage cottage.
Ajouter ensuite les autres fromages.

Introduction des nouveaux aliments pendant la première année

Durant les 3 premiers mois de la vie, le lait maternel (ou les préparations de lait maternisé) est le seul aliment requis par bébé. Le tableau ci-dessous donne les lignes directrices pour l'introduction des aliments solides. Cela convient à la plupart des bébés, mais rien ne remplace le jugement des parents pour savoir quand bébé sera prêt à commencer à manger.

PRODUITS CÉRÉALIERS	FRUITS ET LÉGUMES	VIANDES ET ÉQUIVALENTS	AUTRES ALIMENTS
		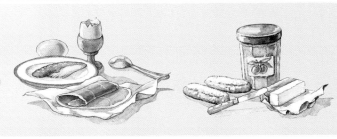	
À partir de 4 mois Offrir en premier les céréales de riz, introduire par la suite l'avoine et l'orge et les autres céréales simples. Commencer par 1 c. à thé et augmenter progressivement jusqu'à 1-2 c. à soupe.	**À 5 mois** Introduire les légumes (carottes, courges, haricots verts) en purée. 3 à 4 semaines plus tard, introduire les fruits en purée (pomme, banane, poire, pêche). Commencer par 1 c. à thé et augmenter progressivement jusqu'à 1-2 c. à soupe.	**À partir de 5 à 6 mois** Débuter par les viandes blanches (poulet, dinde) et les poissons (sole, aiglefin, goberge) en purée. Ajouter ensuite les autres viandes (veau, bœuf, foie). Commencer par 1 c. à thé et augmenter progressivement jusqu'à 1-2 c. à soupe.	La banane est donnée nature. Éviter les baies, les ananas, les raisins car ils contiennent des grains et des fibres dures pouvant causer des irritations gastro-intestinales.
Ajouter les céréales mixtes, les biscuits de dentition, les rôties séchées au four.	Augmenter la variété des fruits et légumes mais éviter le maïs, les petits fruits, les fruits citrins et les épinards. Ajouter le jus de pomme.	Les viandes maigres peuvent être hachées ou coupées en petits morceaux. Ajouter le jaune d'œuf cuit et les légumineuses en purée.	Les épinards, les rutabagas, les navets et les betteraves sont également à éviter avec les enfants de moins de 6 mois. L'eau de cuisson doit être jetée et les légumes mangés peu de temps après avoir été cuits. Vers 8 mois, encourager bébé à manipuler les aliments. Éviter toutefois les bâtonnets de céleri et de carotte crus, ainsi que les noix.
Ajouter les céréales de blé, le riz et les pâtes alimentaires bien cuites. Ajouter du pain de blé entier, des bagels, des craquelins non salés.	Ajouter le jus d'orange et le jus de légumes. Ajouter les petits morceaux de fruits pelés. Ajouter les oranges et les pommes de terre. Ajouter des petits morceaux de légumes cuits.	Le blanc d'œuf peut être introduit vers 11 mois.	Pas de miel avant 1 an à cause du risque botulique. Les céréales enrichies pour bébé devraient être données jusqu'à 18 et 24 mois. Éviter le lait à 2 % ou écrémé, de même que le sel, le sucre, les épices et les matières grasses.

LA DIVERSIFICATION DE L'ALIMENTATION

La plupart des pédiatres recommandent aujourd'hui de commencer la diversification de l'alimentation entre 4 et 5 mois, et d'introduire progressivement les nouveaux aliments, sur une assez longue période. Un bébé sevré trop tôt est susceptible de souffrir de carences alimentaires au moment où l'on remplace le lait par d'autres aliments. Il pourrait aussi être plus sensible aux allergies. Au départ, l'équilibre nutritionnel des premiers aliments ne requiert pas d'attention particulière, dans la mesure où le lait, maternel ou artificiel, fournit déjà l'ensemble des nutriments indispensables.

Petit à petit, l'organisme du nourrisson s'habitue à digérer et à assimiler ces nouveaux aliments. Un peu plus tard, le bébé commence à manger à la cuillère et se familiarise progressivement avec de nouvelles consistances (bouillies de céréales variées, purées de légumes, compotes de fruits tamisées...) et de nouvelles saveurs : c'est ainsi que débute l'éducation du goût de l'enfant.

On introduit un seul aliment nouveau à la fois dans le régime du bébé : cela permet de mieux observer ses réactions et de repérer sans difficulté une intolérance éventuelle (il n'est pas rare que des enfants ne supportent pas la banane, le chocolat, le poisson ou encore le blanc d'œuf pendant leurs premières années). Lorsque des troubles digestifs, des vomissements, voire des éruptions cutanées se produisent alors qu'un nouvel aliment vient d'être introduit dans l'alimentation, on peut soupçonner une intolérance alimentaire.

Il est inutile de vouloir brûler les étapes : le bébé n'en tire nul profit particulier ! Ainsi, il n'y a aucun avantage à proposer de la viande avant l'âge de 5 ou 6 mois. On débute en général avec 1 ou 2 cuillerées de viande de volaille ou de veau en purée. On peut introduire ensuite le poisson, le jaune d'œuf cuit (il est préférable d'attendre l'âge de 8 à 9 mois pour le blanc d'œuf, en raison d'une éventuelle allergie liée à l'immaturité de la muqueuse intestinale du bébé), les fromages (en commençant par le fromage cottage à saveur douce).

Lorsque les premières dents apparaissent et que les possibilités de déglutition se développent, le bébé peut – vers 9 ou 10 mois – goûter à des purées plus consistantes, éventuellement avec de petits morceaux, ou à des aliments hachés. Entre 1 et 3 ans, l'alimentation de l'enfant en bas âge va progressivement se rapprocher de celle de l'adulte. Mais on évitera pour lui les mets épicés, difficiles à mâcher ou trop gras, qui peuvent irriter le système digestif et provoquer des troubles. Il est dès lors important de ne pas habituer l'enfant aux boissons sucrées, qui contiennent peu de nutriments utiles et sont nuisibles aux dents. La meilleure réponse à la soif reste de toute façon l'eau, de préférence peu minéralisée. Les bébés s'en accommodent très bien, à condition qu'on les y habitue assez tôt.

LES PETITS POTS DU COMMERCE

Ces préparations faciles à utiliser sont en général appréciées des mères de famille. Elles leur permettent de gagner du temps lors de la préparation des repas de bébé, et leur apparaissent rassurantes, car élaborées spécialement pour les tout-petits. Qu'il s'agisse de petits pots ou de purées congelées, les aliments pour bébés sont fabriqués à partir de matières premières de qualité, très contrôlées (avec notamment des

Histoire vécue

À l'âge de 3 mois, le petit Simon abandonna le sein maternel pour le biberon. Le sevrage se traduisit alors par des diarrhées et une dermatite. Le lait infantile classique fut remplacé par un lait infantile spécial, aux protéines de soja, dont les effets furent bénéfiques. Quand Simon eut 8 mois, ses parents réintroduisirent le lait de vache dans son alimentation, et l'enfant fut à nouveau victime de diarrhées. Le coupable semblait en quelque sorte tout désigné. Le pédiatre, en revanche, n'était pas convaincu que Simon était véritablement allergique au lait de vache. Il proposa de reprendre le lait à base de soja et d'attendre quelques semaines avant d'essayer de réintroduire le lait de vache dans l'alimentation de l'enfant, mais en commençant par de très petites quantités à la fois : quelques cuillerées seulement. En l'absence de nouveaux symptômes, on pourrait alors augmenter progressivement les quantités. Le jour de son premier anniversaire, Simon consommait régulièrement du lait, sans souffrir d'aucun trouble.

Les différentes préparations pour nourrissons

TYPE DE LAIT	POUR QUEL BÉBÉ ?	REMARQUES
Préparations régulières et enrichies en fer À base de lait de vache : SMA, Similac, Enfalac, Milumil	Nourrisson, depuis la naissance jusqu'à 9-12 mois	Les préparations enrichies aident à prévenir l'anémie par manque de fer. Certains bébés les tolèrent mal. Dans ce cas, on peut utiliser la préparation régulière sans fer jusqu'à 3 mois. Après cet âge, le tube digestif sera plus mature et bébé devrait bien tolérer le fer.
Préparations spéciales À base de soja : Isomil, Nursoy, Prosobee	Parfois à la naissance, si bébé ne tolère pas le lait de vache	L'allergie aux protéines bovines est rare. Seul le médecin peut la diagnostiquer et prescrire le lait en conséquence.
À base de lait de vache : Alactamil	Bébé victime de gastro-entérite	Cette préparation ne contient pas de lactose. Suite à une gastro-entérite, la lactase (enzyme responsable de la digestion du sucre du lait) est souvent absente. Seul le médecin peut prescrire cette formule.
Préparations thérapeutiques (Nutrimigen, Prégestimil)	Bébé souffrant de troubles spécifiques	Ces préparations conviennent aux bébés qui souffrent d'allergie, qui sont nés prématurément et dont le tube digestif n'est pas assez développé, ou qui présentent certains problèmes métaboliques. Un suivi médical est toujours nécessaire.
Lait de vache	Bébé à partir de 6 mois	À partir de 6 mois, un bébé peut être nourri au lait de vache entier pasteurisé (3,25 %), à condition de commencer l'alimentation solide en même temps. Les aliments vont compenser les déficiences de ce lait. Ne jamais donner les laits de vache à 1 %, 2 % et écrémé à un bébé de moins de 2 ans, car ils ne contiennent pas assez de gras, nécessaire à la croissance de l'enfant.

limitations des taux de contaminants et de nitrates beaucoup plus strictes que celles appliquées aux aliments courants). Les formulations et les compositions de chaque type d'aliment doivent aussi respecter des normes réglementaires précises : les additifs autorisés sont peu nombreux (par exemple, tous les colorants sont interdits), les teneurs en sucre et en sel sont limitées, un apport minimal est imposé pour la vitamine C dans les préparations à base de fruits... Les exigences hygiéniques et microbiologiques sont tout aussi rigoureuses.

Ces préparations sont très commodes lorsqu'on est hors de chez soi, en voyage ou en promenade. Elles peuvent aussi aider à diversifier les menus du tout-petit, quand les choix de légumes ou de fruits de saison ne sont pas très variés, quand on ne peut prélever sur le menu familial de quoi confectionner une purée de légumes ou un potage, ou tout simplement quand on dispose de peu de temps.

Mais il serait sans doute dommage d'y abonner systématiquement bébé... ne serait-ce que parce qu'on le prive alors de tout ce qui fait l'attrait de la cuisine familiale : l'atmosphère et les odeurs de la cuisine, et le goût unique des plats faits maison.

INTOLÉRANCES ET ALLERGIES

L'intolérance au lait maternel n'existe pas. En revanche, le bébé peut souffrir d'inconfort causé par certains aliments consommés par la mère qui sont passés dans le lait maternel. Par ailleurs, un bébé peut être allergique aux protéines du lait de vache. Il existe des laits thérapeutiques spécialement conçus pour répondre à ce problème. Un bébé d'une famille où l'incidence d'allergie est élevée a tout avantage à être nourri au sein jusqu'à l'âge de 6 mois et même davantage. L'introduction des aliments se fera un peu plus tard que pour la moyenne, soit vers 5 ou 6 mois, quand le système digestif est mieux développé.

COMMENT EST FAIT LE LAIT MATERNISÉ

Le lait de vache est écrémé et ensuite dilué pour obtenir une concentration en protéines et en minéraux se rapprochant le plus possible du lait maternel. On y ajoute ensuite des huiles végétales, plus faciles à digérer que le gras de vache. Enfin, une addition de lactose permet d'atteindre la concentration en lactose du lait maternel.

Au Canada, une réglementation stricte détermine la composition des différents laits maternisés qui se retrouvent sur le marché.

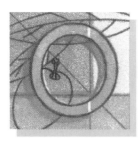

OBÉSITÉ
ET SURPOIDS

Voir p. 244

ŒUF

AVANTAGES
- *riche en protéines d'excellente qualité*
- *contient du fer*
- *très bonne source de vitamines A et B_{12}*

INCONVÉNIENTS
- *le jaune contient du cholestérol*
- *le blanc cru n'est pas assimilable par l'organisme*
- *peut provoquer des allergies*

L'œuf est une merveille conceptuelle. Sous une coquille suffisamment solide pour le protéger du poids de sa mère, le poussin va pouvoir y puiser tout ce dont il a besoin pour se développer : protéines, vitamines et minéraux. Et, heureusement pour nous, ces éléments ne sont pas affectés par la cuisson.

VALEUR NUTRITIONNELLE

D'excellentes protéines. Elles sont si bien équilibrées en acides aminés essentiels et si bien utilisées par l'organisme qu'on les a élevées au rang de protéines de référence. On en trouve un peu dans le blanc mais surtout dans

---

ŒUF ET DIGESTION

Frais et préparé avec peu ou pas de matière grasse, l'œuf est un aliment très digeste. Si des troubles de la digestion apparaissent, ils sont à mettre sur le compte des matières grasses ajoutées (huile, beurre cuit) et non sur celui de l'œuf. En revanche, le blanc cru n'est pas assimilable par l'organisme et peut provoquer des inconforts digestifs. Chez certains sujets sensibles, l'œuf, surtout le blanc, provoque des allergies.

---

le jaune. L'œuf peut remplacer la viande ou le poisson : 2 œufs apportent autant de protéines que 100 g de viande ou de poisson.

Des lipides et du cholestérol. Les lipides – des graisses saturées – et le cholestérol sont concentrés dans le jaune uniquement. La quantité de cholestérol est relativement importante (1 100 mg pour 100 g de jaune) – ce qui donne à l'œuf sa mauvaise réputation – mais, ramenée à l'œuf entier, elle chute à 400 mg pour 100 g. Or, toutes les études le prouvent : la consommation de 4 œufs par semaine (incluant ceux qui entrent dans la pâtisserie et les plats cuisinés) n'entraîne pas d'élévation du taux de cholestérol chez les personnes ne présentant pas de troubles du métabolisme lipidique.

Comme le cholestérol se limite au jaune, on peut souvent remplacer, pour la cuisson, un œuf entier par un ou plusieurs blancs sans altérer l'apparence ou le goût du plat.

L'œuf renferme un émulsifiant, la lécithine, riche en choline. La choline contribue au transport du cholestérol dans la circulation sanguine en même temps qu'elle aide à métaboliser le gras. Elle est aussi un constituant essentiel des membranes cellulaires et des tissus nerveux. Bien que le corps soit capable de produire une quantité

---

suffisante de choline pour répondre à ses besoins, on a posé l'hypothèse que des aliments qui en contiennent pourraient aider à réduire l'accumulation des graisses dans le foie et à réparer certains dommages neurologiques.

Des vitamines. L'œuf est avant tout une excellente source de vitamine A, contenue dans le jaune. Bon fournisseur de vitamine B_{12} et d'acide folique, il contient aussi de la riboflavine, de la pyridoxine, de l'acide nicotinique, de l'acide adénilique, de la vitamine D, du calcium et du fer, ce dernier étant bien utilisé par l'organisme.

FACTEUR ALLERGÈNE

De tous les aliments, l'œuf est sans doute le plus apte à causer des réactions allergiques. En présence d'une telle allergie, il faut guetter toutes les sources possibles. Quelques-unes sont faciles à identifier : mayonnaise, crêpes, crème glacée. D'autres doivent être décelées en lisant bien les étiquettes : albumine, globuline, ovomucine,

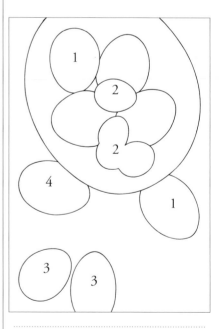

Qu'ils soient de poule (1), de caille (2), de poule naine (3) ou de cane (4), les œufs présentent la même valeur nutritive.

vitelline, sont quelques-uns des dérivés utilisés en agroalimentaire. Il faut savoir aussi que certains vaccins, comme celui de la grippe, sont incubés dans de l'œuf.

CONSERVATION ET UTILISATION

L'état et la couleur du jaune ne constituent pas un critère de fraîcheur de l'œuf, car l'intensité du jaune est fonction de l'alimentation de la poule. Si celle-ci a été nourrie avec des aliments riches en carotène (provitamine A), le jaune sera d'une couleur très franche. Inversement, il sera très pâle si la poule a été nourrie différemment. En revanche, la consistance du blanc est un excellent témoin de fraîcheur : s'il reste compact et bien groupé autour du jaune au cassage, l'œuf est frais ; s'il se répand dans la poêle, il l'est moins.

Un œuf peut être conservé 1 mois au réfrigérateur ou dans un endroit frais, entre 8 et 18 °C.

Les œufs extra-frais sont parfaits à la coque, pochés, pour la sauce tartare et les blancs en neige. Les œufs de 10 à 15 jours sont à préférer mollets, en omelette, au plat. Au-delà, on les réservera à la pâtisserie et aux œufs durs, qui seront d'ailleurs plus faciles à écaler.

COMPOSITION MOYENNE POUR 100 G :
protéines . . . . 12,5 g
lipides . . . . 10,5 g
glucides . . . . 0,3 g
apport énergétique . . . . . . 146 kcal

OIGNON
ET ÉCHALOTE

AVANTAGES
● *pourraient aider à réduire le taux de cholestérol sanguin*

INCONVÉNIENTS
● *peuvent provoquer des migraines*
● *occasionnent une mauvaise haleine et des flatulences*

Les scientifiques s'accordent sur le fait que l'oignon aurait le pouvoir de prévenir et de traiter certaines maladies, mais ils n'arrivent pas à cerner les substances douées de ces remarquables propriétés. L'oignon continue donc à faire l'objet de recherches.

Manger des oignons crus aiderait, croit-on, à réduire le taux de cholestérol en accroissant la quantité de lipoprotéines de haute densité (HDL). On a aussi affirmé que les oignons, cuits ou crus, protégeaient le sang des effets nocifs produits par la graisse des aliments. Ils renfermeraient une substance qui contribue à prévenir la coagulation et à accélérer la désagrégation des caillots.

S'il n'existe pas encore de preuves, certains témoignages suggèrent pourtant que cet effet est réel ; l'oignon aide effectivement à prévenir les maladies circulatoires telles que les affections cardio-vasculaires et les thromboses. C'est pourquoi il peut être bénéfique de consommer davantage d'oignons, sous des formes peu agressives comme la purée, les petits oignons confits, ou encore les oignons grillés.

Les chercheurs s'intéressent aussi aux propriétés protectrices des oignons contre le cancer. On pense que les composants sulfurés qu'ils renferment

Oignon et échalote font partie de la famille des liliacées. On en trouve de nombreuses variétés sur les marchés : oignons rouges (1), échalotes-poires (2), petits oignons secs (3), échalotes grises, ou françaises (4), oignons jaunes (5), oignon jaune d'Espagne (6), oignons verts (7), oignons blancs (8).

peuvent aider à prévenir la croissance des cellules cancéreuses.

Toutefois, les oignons peuvent donner des migraines à certains sujets sensibles, et les glucides qu'ils renferment risquent de favoriser les flatulences. En outre, manger des oignons crus donne mauvaise haleine.

L'échalote, qui appartient à la même famille des liliacées (tout comme l'ail, l'oignon vert et le poireau), a une composition nutritionnelle très voisine de celle de l'oignon et offre les mêmes caractéristiques médicinales. Toutefois, bien que sa composition en sels minéraux soit intéressante, le fait qu'on la consomme comme condiment, et donc en petites quantités, réduit cet intérêt diététique. Néanmoins, si elle paraît nettement plus sucrée au goût, ce n'est pas une illusion : elle renferme aussi plus de glucides.

COMPOSITION MOYENNE POUR 100 G D'OIGNON :

protéines . . . . 1,3 g
lipides . . . . 0,2 g
glucides . . . . 7 g
apport énergétique . . . . 34 kcal

POUR 100 G D'ÉCHALOTE :

protéines . . . . 1,3 g
lipides . . . . 0,2 g
glucides . . . . 17 g
apport énergétique . . . . 75 kcal

UNE PANACÉE VÉGÉTALE

Ce sont des composants sulfurés qui donnent aux oignons leur arôme et leur forte odeur. De là est née la croyance que le jus de cette plante pouvait prévenir l'infection. Au Moyen Âge, l'oignon servait d'amulette contre la peste. Selon certains herboristes modernes, des applications d'oignon font disparaître les verrues et préviennent l'acné, mais les preuves scientifiques font défaut...

OLÉAGINEUX (fruits)

AVANTAGES
- *excellente source de vitamine E*
- *riches en protéines et en fibres*
- *apport très intéressant de magnésium*
- *la noix de Grenoble est riche en acides gras polyinsaturés*
- *la noix d'arachide présente une teneur élevée en niacine*

INCONVÉNIENTS
- *aliments très gras*
- *risques d'allergie et d'étouffement avec les arachides*
- *les moisissures peuvent produire des aflatoxines, substances cancérigènes*

Les noix, ou plus exactement des fruits oléagineux, sont riches en protéines – leur teneur est proche de celle des viandes et des poissons. Néanmoins, la composition de ces protéines en acides aminés est très différente. Les acides aminés essentiels sont nettement moins

bien équilibrés que pour les produits d'origine animale. En effet, les protéines des noix sont déficientes en méthionine, en cystine (comme les légumes secs) et en lysine (comme les céréales). De ce fait, ces acides aminés sont beaucoup moins bien utilisés par l'organisme. Cependant, ces protéines végétales sont complémentaires des protéines d'origine animale. Les noix présentent la particularité d'être riches en lipides, ce qui les rend très caloriques. Leur teneur en acides gras saturés est très faible et ne dépasse pas 9 %. Le reste est composé d'acides gras monoinsaturés (49 % pour la noisette, 37 % pour l'amande et 24 % pour la noix d'arachide). Seule la noix se caractérise par sa richesse exceptionnelle en acides gras polyinsaturés (plus de 44 %), dont on sait qu'ils jouent un rôle important dans la prévention des maladies cardio-vasculaires.

Une étude américaine menée en 1991 a montré les bienfaits de la noix. Pendant 1 mois, 11 personnes ont suivi un régime alimentaire exempt de noix puis, durant un autre mois, un régime dans lequel les noix apportaient 20 % des calories. Par rapport au régime normal, les repas riches en noix ont permis de diminuer le « mauvais » cholestérol (LDL) de 16 % et plus. Le rôle des fibres solubles contenues dans la noix peut également expliquer en partie le phénomène observé.

Une étude similaire portant sur la consommation pendant 9 semaines de 100 g d'amandes par jour a permis d'obtenir une réduction rapide et prolongée du cholestérol LDL. Dans ce cas, les résultats obtenus étaient mis sur le compte des graisses monoinsaturées (comme dans le cas de l'huile d'olive) ainsi que du magnésium présent en grande quantité dans les fruits oléagineux – on sait que l'amande en contient 250 mg pour 100 g.

Avec 15 g de fibres pour 100 g d'amandes et 6 g pour 100 g de noix, les fruits oléagineux peuvent être considérés comme des aliments riches en fibres. Ces fibres étant en majorité solubles (notamment des pectines), on pense que les fruits oléagineux peuvent avoir non seulement un rôle de régulateur du transit intestinal, mais également une action sur la prévention des troubles cardio-vasculaires.

Composition moyenne pour 100 g

TYPE D'OLÉAGINEUX	PROTÉINES (g)	LIPIDES (g)	GLUCIDES (g)	APPORT ÉNERGÉTIQUE (kcal)
Amande	19,0	53,5	4,5	576
Noisette	13,0	62,0	9,0	646
Noix d'arachide	25,3	49,0	8,6	577
Noix de Grenoble	14,5	63,8	10,5	674

UNE MINE DE VITAMINES ET DE MINÉRAUX

La noisette et l'amande sont extrêmement riches en vitamine E. La consommation de 50 g d'amandes suffit à couvrir l'apport nutritionnel conseillé en cette vitamine, qui joue un rôle fondamental au sein de l'organisme : elle neutralise notamment les radicaux libres, protège les acides gras polyinsaturés et assure l'intégrité des structures cellulaires.

La noix d'arachide est riche en vitamine PP, ou niacine, une vitamine essentielle au métabolisme cellulaire. 100 g permettent de couvrir la presque totalité de l'apport recommandé. Quant à la noix de Grenoble, sa teneur en acide folique est assez élevée (155 mg pour 100 g).

La teneur en fer des noix est assez élevée. Cependant, ce fer se trouve sous forme non héminique, ce qui le rend peu assimilable par l'organisme. Son absorption peut néanmoins être augmentée si les noix sont consommées au cours d'un repas qui contient de la viande ou du poisson ou bien

Les noix, en réalité fruits oléagineux, sont riches en vitamine E, en protéines et en fibres. Ce sont cependant des aliments très gras.

avec des végétaux riches en vitamine C. Les noix proposées dans le commerce pour l'apéritif – arachides, noisettes, amandes, noix de cajou ou mélanges – sont très salées (alors qu'elles contiennent naturellement très peu de sodium). Leur consommation doit donc être limitée, voire exclue, dans le cadre d'un régime sans sel.

NOIX FRAÎCHES

Les noix, amandes et noisettes peuvent être consommées fraîches, juste avant leur complète maturité ou au moment de la récolte. Leur composition est alors différente de celle des fruits oléagineux secs du fait de leur teneur en eau plus élevée, qui entraîne une dilution des éléments nutritifs. La noix fraîche renferme 10 % d'eau, la noix séchée 3 %, la noisette fraîche 40 % et la noisette séchée 5 %! Les fruits oléagineux frais sont donc moins caloriques.

L'ALLERGIE À L'ARACHIDE

Parmi les produits d'origine végétale, l'arachide est l'allergène le plus fréquent. Au Canada, chez le jeune enfant, l'allergie alimentaire à l'arachide représentait 12,3 % des cas d'allergies en 1991. Il s'agit d'un fait relativement nouveau et il semblerait qu'il soit en progression constante. Cette allergie présente plusieurs particularités :
– Elle est parmi les plus durables des allergies alimentaires, ce qui signifie qu'un enfant allergique à l'arachide risque de devenir un adulte allergique.
– C'est une allergie très sévère : on déplore plusieurs cas de décès d'adolescents et d'adultes.

Chez les nourrissons sensibilisés à l'arachide, l'agent responsable est probablement l'huile d'arachide contenue dans les laits maternisés. Il ne semble pas exclu également que la sensibilisation se fasse au moment de la grossesse, in utero.

L'autre risque majeur des arachides chez les jeunes enfants est l'étouffe-

---

ment. Le danger survient au moment de l'apéritif, lorsque les amuse-gueule sont à la portée des tout-petits, qui adorent tout mettre à la bouche. Ils s'emparent des noix d'arachide et les avalent tout rond. Malheureusement, les fausses routes sont fréquentes, surtout avec des aliments aussi durs et d'aussi petite taille.

OLIVE

INCONVÉNIENTS
● *très riche en sel*

Les olives sont souvent considérées comme un aliment très calorique à cause de l'huile qu'elles contiennent. Mais, en fait, les deux sortes d'olives – la verte, cueillie avant maturité, et la noire – apportent relativement peu d'énergie. De plus, l'huile d'olive est riche en acides gras monoinsaturés, qui, à la différence des graisses saturées, n'ont pas

d'effets négatifs sur le taux de cholestérol sanguin et peuvent même contribuer à le réduire légèrement.

Les olives crues sont immangeables : il est indispensable de les plonger dans la saumure ou de les saler et de les laisser mariner dans l'huile d'olive, souvent parfumée. Elles sont de ce fait riches en sel : 100 g d'olives noires contiennent 3 288 mg de sodium ; c'est pourquoi il faut en consommer très modérément en cas d'hypertension artérielle.
Les olives vertes, cependant, contiennent moitié moins de sodium (1 609 mg pour 100 g) et sont aussi moitié moins énergétiques que les olives noires.

COMPOSITION MOYENNE POUR 100 G D'OLIVES NOIRES :
protéines . . . . 2 g
lipides . . . . 30 g
glucides . . . . 4 g
apport énergétique . . . . . . 293 kcal

POUR 100 G D'OLIVES VERTES :
protéines . . . . 1,3 g
lipides . . . . 12,5 g
glucides . . . . traces
apport énergétique . . . . . . 118 kcal

ONGLES

PRIVILÉGIER

- *la viande rouge et la volaille, pour le fer*
- *les agrumes et leur jus, pour la vitamine C*
- *une alimentation variée, pour éviter les carences en zinc et en sélénium*

ÉVITER

- *les boissons contenant du tanin*

Les ongles sont formés d'une protéine appelée kératine, et poussent au rythme moyen de 1 mm par semaine. Ils peuvent être le reflet de l'état général : un ongle sain apparaît vigoureux, souple et rose. Comme toutes les autres parties du corps, ils ont besoin d'un apport en éléments nutritifs variés. Mais, l'organisme distribuant ces éléments en fonction des priorités et les ongles ne représentant pas un organe vital, ils comptent parmi les premières victimes des carences résultant d'une mauvaise alimentation ou d'une maladie.

Les carences en fer et en zinc, d'origine alimentaire, se traduisent par des ongles minces, parfois cassants et pâles. Un apport alimentaire va aider à surmonter l'anémie ferriprive et améliorer l'état général de l'organisme autant que la santé des ongles. La viande rouge, le poisson et la volaille comptent parmi les bonnes sources de fer. Évitez les boissons riches en tanin pendant les repas, car celui-ci inhibe l'assimilation du fer. Buvez de préférence des jus de fruits, lesquels faciliteront cette assimilation.

Des ongles cassants et dont le pourtour est sujet aux infections peuvent indiquer une insuffisance en zinc. Celui-ci est présent dans de très nombreux aliments, et une nourriture variée palliera les carences. Un manque de sélénium peut faire apparaître des stries sur les ongles, un excès peut les noircir. Crustacés, poisson, levure de bière, abats, graines et céréales sont de bonnes sources de ce sel minéral.

Enfin, l'usage fréquent d'eau et de savon peut rendre les ongles cassants ou enclins à se dédoubler. Le meilleur traitement consiste à appliquer régulièrement une crème pour les mains après les avoir séchées.

LE MYTHE DU CALCIUM

On croit souvent que les ongles sont fortifiés par le calcium. Or, ils n'en contiennent que de très faibles quantités et leur vigueur dépend fort peu,

---

UN TÉMOIN D'OXYGÈNE

Avant une opération, les femmes doivent ôter le vernis de leurs ongles, car ce sont eux que le médecin va examiner pour contrôler l'apport d'oxygène au malade, les lèvres étant cachées par le masque d'anesthésie. Si les ongles sont roses, il y a assez d'oxygène dans le sang. S'ils sont pâles ou bleus, l'apport est insuffisant.

---

voire pas du tout, de ce sel minéral. On attribuait autrefois les petites taches blanches sur les ongles à une carence en calcium. On les impute aujourd'hui à un choc, à un abus de soins de manucure ou, dans de rares cas, à un déficit en zinc.

LE PANARIS

Le panaris est une infection du pourtour de l'ongle due à des bactéries, qui pénètrent généralement dans la peau par une petite blessure. Il se traite d'ordinaire par l'application de pommades antiseptiques. Un apport équilibré en vitamines et en sels minéraux contribue également à la guérison.

Les diabétiques et les sujets souffrant de maladies liées à des carences en sels minéraux sont souvent prédisposés aux panaris chroniques. C'est le cas également des personnes qui ont souvent les mains dans l'eau : personnel de bar et de cuisine, infirmières...

ORANGE

L'orange est un fruit peu calorique, qui présente une excellente richesse vitaminique et minérale.

DE LA VITAMINE C AVANT TOUT

Avec 50 mg pour 100 g, l'orange est un fruit qui permet de couvrir la plus grande partie de l'apport nutritionnel recommandé en vitamine C, laquelle possède de nombreuses propriétés protectrices et dont le rôle de stimulant des défenses de l'organisme est maintenant bien connu. Elle aide en particulier à lutter contre les agressions microbiennes et virales de l'hiver. Elle agit en outre comme antioxydant naturel et neutralise les radi-

---

LE SAVIEZ-VOUS ?

- *C'est au XVIe siècle que les oranges, originaires du Sud-Est asiatique, ont été introduites en Europe.*
- *Le jus d'une orange qui vient d'être pressée contient autant de vitamine C que le fruit lui-même. Cette teneur s'abaissant très vite au contact de l'air, il faut consommer le jus dès qu'il est extrait.*
- *Grâce à la vitamine C qu'il contient, le jus d'orange permet d'améliorer l'absorption du calcium du lait et des produits laitiers.*

D'origine asiatique, l'orange de Jaffa est aujourd'hui cultivée dans le monde entier ; la petite sanguine l'est surtout en Italie et en Floride.

caux libres formés par l'organisme et soupçonnés d'être impliqués dans l'apparition de certains cancers et de maladies cardio-vasculaires.

La teneur de l'orange en vitamine C reste stable dans le temps, car elle est protégée par l'acidité naturelle du fruit et par la peau épaisse qui l'isole de l'oxygène. L'activité de la vitamine C est encore renforcée par la présence d'anthocyanes et de flavonoïdes, ces derniers en outre jouant un rôle protecteur sur les capillaires sanguins.

LES DIFFÉRENTES VARIÉTÉS

On classe parmi les oranges les plus courantes :
– l'orange douce, juteuse, sucrée et acidulée, consommée entière ou en jus ;
– l'orange de Valence, la plus courante, qui s'utilise surtout pour les jus ;
– l'orange de Jaffa, importée surtout d'Israël, un peu plus sucrée que la valence ;
– la sanguine, petite et très parfumée, habituellement exempte de pépins ;
– la navel, sucrée et sans pépins ;

– l'orange amère, très sure, qui s'emploie dans la sauce Bigarade et pour faire des marmelades ;
– l'orange-temple, petite et très juteuse, qui renferme énormément de pépins. Elle résulte du croisement de la tangerine et de l'orange douce.

COMPOSITION MOYENNE POUR 100 G :
protéines . . . . 1 g
lipides . . . . 0,2 g
glucides . . . . 8,6 g
apport énergétique . . . . 42 kcal

OBÉSITÉ ET SURPOIDS

Conséquence évidente de notre société d'abondance, l'obésité est le trouble nutritionnel le plus courant dans le monde occidental. Ce problème de santé qui prédispose à nombre de maladies est à combattre à tout prix pour préserver sa santé et son espérance de vie.

Nombreuses sont les formules destinées à calculer son poids idéal. Les spécialistes de la santé ont établi des tables de référence, sur lesquelles se basent les médecins, bien sûr, mais aussi les compagnies d'assurances – en forçant souvent les chiffres. Cependant, ces mesures ne tiennent pas compte de tous les facteurs et le critère le plus fiable utilisé par les chercheurs est l'indice de masse corporelle, appelé aussi index de Quetelet. Il est égal au poids, en kilos, divisé par la taille au carré, exprimée en mètres. Lorsque l'indice se situe entre 20 et 25, on considère que le poids est normal. En revanche, une personne est dite obèse quand son indice dépasse 27. Cette obésité moyenne devient de l'obésité massive à partir de 30. Face à l'obésité réelle existent souvent de simples problèmes de surpoids, qui demandent aussi une réelle attention pour ne pas risquer de basculer dans l'obésité.

Le poids est un problème chargé d'affect. Il est donc utile d'avoir l'opinion du médecin en cas de surcharge pondérale, d'autant qu'il n'existe pas de cure magique et que tout changement sévère dans son alimentation doit être contrôlé médicalement pour éviter des troubles parfois graves.

Mais il est possible d'avoir un poids moins élevé en renforçant simplement son activité physique et en réduisant ses apports en calories, surtout celles qui proviennent des lipides (graisses) et des glucides.

LES RISQUES

L'obésité peut avoir des conséquences désastreuses pour la santé et l'épanouissement d'un individu. Sur le plan psychologique, elle peut diminuer l'estime de soi et rendre dépressif... Quant aux troubles physiques que l'on peut ressentir, citons l'essoufflement, des jambes lourdes et des chevilles enflées. L'excès de poids peut aussi détériorer les articulations et entraîner de l'ostéoarthrite, surtout aux genoux et aux hanches.

De plus, ceux qui souffrent d'une surcharge pondérale importante courent des risques supérieurs à la moyenne d'être atteints d'hypertension, de diabète, de troubles de la vésicule biliaire et de goutte. L'obésité affirmée peut aggraver la plupart des maladies et rendre leur traitement beaucoup plus difficile. En cas d'affections comme l'angine de poitrine et l'arthrite, par exemple, les symptômes peuvent être plus accentués et, en un mot, les « gros » courent le risque de vivre moins bien et de voir leur espérance de vie raccourcie. Il apparaît d'ailleurs très clairement au regard des études et des statistiques qu'un lien existe entre l'obésité et l'athérosclérose, les troubles cardiaques et certains types de cancers.

LES CAUSES

Le plus souvent, la cause de l'obésité est une alimentation déséquilibrée – liée à un manque d'exercice. Si vous ingérez plus de calories que vous n'en brûlez au cours d'une journée d'activité normale, le surplus est stocké sous forme de graisse. Cela ne signifie pas pour autant que vous mangiez beaucoup plus que d'autres, mais que vous mangez probablement plus mal : certains aliments, bourrés de graisse et de sucre, apportent beaucoup plus d'énergie qu'il n'en faut.

Beaucoup de personnes obèses attribuent leur surcharge pondérale à un trouble hormonal, à la lenteur de leur métabolisme ou à une tendance héréditaire à l'embonpoint. Mais il en va rarement ainsi. Si l'obésité semble parfois être un trait familial, c'est simplement parce que chaque génération transmet à la suivante de mauvaises habitudes de vie (alimentaires et autres), génératrices de surcharge pondérale. D'autres, bien souvent, réagissent à leurs difficultés affectives en mangeant trop. Par ailleurs, si l'on prend souvent du poids avec l'âge, c'est parce que l'on maintient son mode

A-T-ON TROUVÉ LA MOLÉCULE MIRACLE ?

Après 10 années d'efforts, un groupe franco-britannique de chercheurs vient de mettre au point une molécule qui pourrait fournir le coupe-faim idéal : un médicament procurant artificiellement une sensation de satiété sans perturber le métabolisme. La molécule artificielle qu'ils ont fabriquée inhibe la TPP II, une enzyme dont le rôle est de détruire la cholécystokinine, l'un des neurotransmetteurs responsables des signaux de satiété. Cette molécule peut être dosée de telle manière qu'elle agirait au niveau de l'intestin, sans atteindre le cerveau. Les essais pratiqués sur des souris les ont amenées à réduire de 30% leurs prises alimentaires. Arrivera-t-on, dans quelques années, au même résultat sur l'être humain ?

d'alimentation antérieur, celui de l'époque où l'on était plus actif, et où donc on dépensait plus d'énergie.

LE PROCÈS DES GRAISSES

La recherche médicale a établi que la proportion de graisses par rapport aux glucides dans l'alimentation retentit fortement sur le contrôle du poids. À quantité égale de calories ingérées, on a plus de risques de devenir obèse avec une alimentation riche en lipides qu'avec une alimentation riche en glucides. Il importe donc de se préoccuper davantage de la provenance des calories que de leur quantité. C'est pourquoi la perte de poids est plus rapide si l'on respecte un régime pauvre en graisses que si l'on réduit l'apport de glucides. Les femmes ont une propension à l'obésité plus grande que les hommes parce que leur organisme est plus apte à stocker les graisses. L'idéal pour une femme est

Même les compagnies aériennes offrent maintenant un choix de plats cuisinés avec une teneur réduite en matières grasses.

d'avoir 25 % de son poids en graisse et, pour un homme, 15 %.

COMMENT PERDRE DU POIDS

Il n'existe ni cure ni produit miracle. Une fois qu'il a été clairement établi que votre surcharge pondérale n'a pas d'origine médicale, la seule façon valable de perdre du poids est d'adopter à vie un régime raisonnable, adapté à votre cas personnel et assorti d'une activité physique régulière, choisie et pratiquée avec discernement : il faut toujours opter au départ pour une forme d'exercice modérée (marche, natation). La réelle difficulté est de faire fondre la graisse en préservant la masse musculaire, puis de ne pas reprendre de poids dès l'arrêt du régime. Au stade de la stabilisation, il est essentiel de continuer à contrôler son alimentation, en gardant les bonnes habitudes alimentaires acquises. Les grands principes sont les suivants :

– Privilégier les légumes et les fruits frais, les viandes maigres et le blanc de volaille, sans la peau.
– Manger plus souvent des légumineuses et des poissons d'eau froide.
– Chercher la plupart des glucides dans les pâtes alimentaires, les pommes de terre, le riz brun et le pain complet.
– Réduire les graisses de toute nature et l'alcool.
– Éviter les fromages gras, les confiseries, les pâtisseries, les craquelins, les noix et les graines, les viandes grasses et les charcuteries en général.

N'ÉCOUTEZ PAS LE CHANT DES SIRÈNES !

Outre les multiples régimes qui ne cessent de proliférer, tous plus déséquilibrés ou même dangereux les uns que les autres (voir pp. 284-287), certains médicaments mis sur le marché et prescrits ou non par des praticiens sont nuisibles. Ce sont :
– les diurétiques, qui augmentent l'élimination de l'eau mais aussi du sel et du potassium ; ils n'interviennent en rien sur les graisses et peuvent occasionner crampes et troubles cardiaques ;
– les coupe-faim (anorexigènes), qui diminuent la sensation de faim, provoquant aussi insomnie et dépression. Dès que l'on en stoppe la prise, l'appétit revient en force, et les kilos aussi ;
– les extraits thyroïdiens, qui entraînent une fonte musculaire mais ne jouent aucun rôle sur la réserve de graisse ; ils peuvent provoquer des palpitations cardiaques et des insomnies.

Chacun de ces produits pris séparément sans avis médical est déjà néfaste et inutile ; que dire de l'association des trois, réellement dangereuse, que l'on peut retrouver sous forme de gélules à l'allure innocente ? Ne prenez pas n'importe quoi, lisez attentivement les notices et demandez conseils et précisions à votre médecin et à votre pharmacien.

OSEILLE

AVANTAGES
- *peu calorique*
- *riche en bêta-carotène, en vitamine C et en folates*
- *contient du magnésium et du potassium*

INCONVÉNIENTS
- *riche en acide oxalique*

À mi-chemin entre les fines herbes et les épinards, l'oseille est pauvre en calories, mais riche en bêta-carotène, en vitamine C (48 mg pour 100 g) et en folates. Elle apporte aussi une bonne quantité de magnésium et de potassium, contient du fer et du calcium. Cet atout est cependant contre-balancé par sa richesse en acide oxalique, qui la rend contre-indiquée en cas de lithiase oxalique rénale (calculs) et d'ostéoporose.

COMPOSITION MOYENNE POUR 100 G :

protéines	2 g
lipides	0,7 g
glucides	2,4 g
apport énergétique	24 kcal

OSTÉOPOROSE

PRIVILÉGIER
- *les aliments riches en calcium*
- *les sources de vitamine D*
- *les aliments riches en manganèse, en zinc, en boron et en cuivre*
- *les produits du soja*
- *les bains de soleil à dose raisonnable*

RÉDUIRE
- *les aliments riches en acide phytique (son de blé, riz brun, noix)*
- *les aliments qui renferment de l'acide oxalique, comme les épinards, la rhubarbe et l'oseille*
- *la caféine, le sel, l'alcool, le tabac*

L'ostéoporose affaiblit les os et les rend plus vulnérables aux fractures. Les zones les plus exposées sont les hanches, les poignets et la colonne vertébrale. Les autres symptômes peuvent être des douleurs dans les hanches et le dos, une diminution de la stature et une posture voûtée, due à un affaissement des os de la colonne vertébrale. Cette maladie affecte environ 30 % des femmes ménopausées, et les conséquences les plus répandues sont les fractures de la hanche et celles du poignet, de même que les tassements vertébraux.

Les os se renouvellent toute la vie. Des cellules appelées ostéoclastes assurent la destruction de l'os existant, libérant du calcium dans la circulation sanguine. Parallèlement, des cellules appelées ostéoblastes forment une substance osseuse nouvelle et y déposent du calcium. Chez les sujets jeunes, ces deux types de cellules sont également actives. Mais, avec l'âge, les os perdent plus de calcium qu'ils n'en gagnent, et leur densité diminue. La meilleure façon de prévenir l'ostéoporose est de consommer beaucoup d'aliments riches en calcium, surtout au

cours de l'enfance et de l'adolescence. C'est entre 15 et 25 ans que le capital osseux atteint son maximum, c'est-à-dire que les os sont le plus denses, à condition que l'alimentation leur ait fourni suffisamment de calcium. Après 25 ans débute un lent processus de perte osseuse (moins importante chez l'homme que chez la femme). Durant cette période, les apports nutritionnels recommandés sont de 700 mg de calcium par jour. Chez la femme, ils passent à 1 200 mg après la ménopause.

PERSONNES À RISQUE

Les femmes sont beaucoup plus exposées au risque d'ostéoporose que les hommes. Leur masse osseuse est, au départ, moins importante que celle des hommes et, à partir de la ménopause, elles ne produisent plus d'œstrogène, hormone qui ralentit le processus de perte osseuse : celui-ci s'accélère donc, avec des pertes de calcium de 2 à 3 % par an dans les 5 à 7 ans qui suivent la ménopause. Au total, une femme de 80 ans a perdu 30 à 40 % de son capital initial en calcium.

Des femmes jeunes peuvent souffrir d'ostéoporose. Ce sont notamment les marathoniennes, les gymnastes, les danseuses, et les personnes atteintes d'anorexie mentale. Leur corps possédant très peu de réserves de graisse, les règles sont irrégulières ou absentes et, par conséquent, le niveau d'œstrogènes est bas. De plus, leur faible poids augmente le risque d'ostéoporose, car l'effort exigé des os est moindre : la pression du poids accroît la densité des os et la présence de graisse sur le corps favorise la production d'œstrogènes.

ÉPARGNE CALCIQUE

Il est vivement recommandé aux parents d'encourager leurs adolescents à consommer beaucoup d'aliments riches en calcium comme le lait et les produits laitiers. L'organisme a aussi besoin de vitamine D pour assimiler le calcium. La vitamine D provient de l'action du soleil sur la peau, mais on en trouve également de façon systématique dans le lait puisque l'enrichissement du lait en vitamine D est obligatoire au Canada.

EXERCICE PHYSIQUE

Les os réagissant au stress et aux efforts exigés en devenant plus denses, l'activité physique est conseillée aux jeunes. Chez ceux qui souffrent d'ostéoporose, elle aide à prévenir la perte de sels minéraux par les os, et améliore la force, le tonus musculaire et l'équilibre. Cela est particulièrement important pour les personnes âgées, plus sujettes aux chutes. Si la maladie apparaît après de nombreuses années d'inactivité, il vaut mieux commencer par une forme d'exercice modérée.

COMBATTRE LA MALADIE

La consommation d'alcool et de sel doit être limitée parce qu'ils peuvent accélérer le processus de perte de calcium. En outre, les personnes consommant beaucoup de boissons alcoolisées sont très vulnérables, car elles ont tendance à mal se nourrir – donc à réduire leur apport de calcium – et sont plus exposées aux chutes et aux accidents.

Ne pas boire plus de 4 tasses de café par jour : la caféine soustrait le calcium à la circulation sanguine. Il faut aussi éviter l'acide phytique – présent dans le son de blé, les noix, les graines et les légumineuses –, qui bloque l'assimilation du calcium. Les personnes atteintes d'ostéoporose donneront leur préférence aux fruits et aux légumes frais pour leurs fibres, à l'exception des épinards, de l'oseille et de la rhubarbe, qui, riches en acide oxalique, nuisent à la bonne absorption du calcium. Les protéines doivent figurer dans l'alimentation, mais sans excès. Enfin, le risque d'ostéoporose est aggravé par l'usage du tabac, qui interfère avec la production d'œstrogènes et l'absorption du calcium.

APPORT D'ŒSTROGÈNES

Après la ménopause, beaucoup de femmes bénéficient d'un traitement hormonal de substitution pour remplacer leurs réserves d'œstrogènes. Ce traitement permet de réduire la perte osseuse durant les 5 années qui suivent la ménopause, surtout si celle-ci est précoce. Les effets du calcium et des œstrogènes paraissent toutefois complémentaires, surtout à distance de la ménopause (après 5 ans), lorsque les effets du seul traitement œstrogénique deviennent moins spectaculaires. Des compléments de calcium et de vitamine D ralentissent le processus de perte osseuse.

TELLE MÈRE, TELLE FILLE

L'hérédité représente un facteur très important de survenue de l'ostéoporose. Des études ont montré une forte corrélation entre la densité osseuse des filles et celle de leur mère. De même, chez des filles de malades atteintes d'ostéoporose, la densité des os est plus faible que chez les adolescentes du même âge sans antécédents familiaux.

Histoire vécue

À 47 ans, Sophie venait d'atteindre la ménopause et craignait de souffrir des mêmes troubles physiques que sa mère. Au milieu de la soixantaine, celle-ci avait commencé à souffrir du dos et des examens avaient révélé une forte ostéoporose. Elle devait mourir à 78 ans, après avoir subi deux tassements de vertèbres et une fracture de la hanche. À l'époque, le médecin avait décrété que son état résultait probablement de la combinaison de deux facteurs : une alimentation déficiente en calcium et pas assez d'exercice physique. Le médecin de Sophie lui expliqua à son tour le rapport œstrogène/calcium et lui conseilla de prévenir les problèmes en adoptant une alimentation riche en calcium. Sophie appliqua ce conseil. Comme elle aimait le yogourt, elle en inclut une portion chaque jour au menu et prit l'habitude de se cuisiner des desserts au lait comme des poudings au riz ou au tapioca. Elle augmenta aussi sa consommation de légumes verts. Enfin, Sophie se lança dans le conditionnement physique et entreprit un traitement hormonal de substitution pour réduire la perte osseuse. En modifiant son mode de vie et en augmentant sa ration de calcium, elle sait maintenant que les risques d'ostéoporose sont réduits pour elle au minimum.

PAIN

Voir p. 250

PAMPLEMOUSSE

AVANTAGES
- *peu calorique si on ne lui ajoute pas de sucre*
- *riche en vitamine C comme tous les agrumes*

Le fruit que nous consommons sous le nom de pamplemousse est en réalité un pomelo, issu du croisement d'un vrai pamplemousse et d'une orange. Il en existe des variétés à pulpe jaune, à pulpe rose et à pulpe rouge.

L'intérêt nutritionnel du pamplemousse réside dans son apport en vitamine C (40 mg pour 100 g): la consommation de ½ fruit (150 g) permet de couvrir les deux tiers de l'apport journalier recommandé. L'action de la vitamine C est renforcée par la présence de flavonoïdes. Ces antioxydants, outre qu'ils protègent contre les radicaux libres, ont une action favorable sur la résistance des petits vaisseaux appelés capillaires sanguins.

COMPOSITION MOYENNE POUR IOO G :
```
protéines  . . . . . . . . . . . . . . . 0,7 g
lipides  . . . . . . . . . . . . . . . . . 0,1 g
glucides  . . . . . . . . . . . . . . . 5,9 g
apport énergétique  . . . . . . . 30 kcal
```

LE RÉGIME PAMPLEMOUSSE

Les pamplemousses auraient, dit-on, la propriété de brûler les graisses. Il n'existe aucun aliment ayant le pouvoir d'agir ainsi. Certains régimes farfelus préconisent pourtant la consommation exclusive de ces fruits durant une période plus ou moins longue. Dans ces conditions, la perte de poids existe indiscutablement, mais elle se fait au détriment de la masse noble de l'organisme, à savoir les muscles. Ce type de pratique est totalement injustifié, voire dangereux, car le pamplemousse reste avant tout un fruit et ne contient donc pas l'ensemble des nutriments nécessaires à l'équilibre de l'alimentation.

PANAIS

AVANTAGES
- *grande richesse en fibres insolubles*

Ce légume-racine blanc se marie bien aux autres légumes dans les soupes et les ragoûts. Il a meilleur goût s'il a été cueilli après la première gelée, car le froid transforme un peu de son amidon en sucre. Pour qu'il reste ferme, retranchez la tige avant de le ranger.

Le panais est relativement nourrissant en raison de sa teneur en glucides ; il contient de la vitamine C et est très riche en potassium. Sa teneur en fibres insolubles est suffisamment élevée pour concurrencer le son des céréales ; facilitant le transit intestinal, il peut limiter les risques de cancer du côlon. On le consomme aussi bien cru que cuit.

COMPOSITION MOYENNE POUR IOO G :
```
protéines  . . . . . . . . . . . . . . . 1,7 g
lipides  . . . . . . . . . . . . . . . . . 0,4 g
glucides  . . . . . . . . . . . . . . . 16 g
apport énergétique  . . . . . . . 74 kcal
```

PANCRÉATITE

PRIVILÉGIER
- *un régime riche en calories*

ÉVITER
- *l'alcool*

La pancréatite, ou pancréatite chronique, est une atteinte du pancréas – glande digestive qui permet la régulation de nombreux métabolismes et participe à la digestion. Cette inflammation se traduit le plus souvent par des douleurs aiguës au niveau de l'abdomen, parfois accompagnées d'un ictère. Près de 90 % des pancréatites chroniques sont dues à un abus d'alcool. Comme le pancréas produit, entre autres hormones, l'insuline, qui participe à la régulation de la glycémie, son altération peut conduire au diabète.

Le premier traitement de la pancréatite est l'arrêt strict de toute consommation d'alcool et le respect d'un régime nourrissant apportant l'énergie nécessaire pour éviter une perte de poids. Le malade privilégiera les protéines et fera attention à ne pas abuser des graisses. Le médecin prescrira des extraits pancréatiques afin de permettre la digestion. En cas de diabète, le patient devra suivre un régime adapté. Si le malade ne renonce pas à l'alcool, le risque est celui d'une crise de pancréatite aiguë, qui peut être mortelle. Les autres causes de pancréatite, beaucoup plus rares, sont liées à une tumeur bénigne ou cancéreuse. Le traitement est alors chirurgical.

PAPAYE

AVANTAGES
- *riche en vitamine C*
- *contient du bêta-carotène*

Fruit exotique sucré et juteux en forme de poire, mais côtelé comme un melon, la papaye a de grandes qualités nutritives. Comme les autres fruits à chair orangée, elle est riche en bêta-carotène, substance qui limite les effets nocifs des radicaux libres susceptibles de provoquer des cancers. La moitié d'un fruit suffit à satisfaire les besoins d'un adulte en vitamine C ; elle apporte en outre des folates et des fibres. Crue ou cuite, la papaye est un aliment idéal pour les malades et les personnes âgées, car sa chair est facile à mastiquer et à avaler.

Le jus de papaye contient de la papaïne, enzyme comparable à la peptine que produit l'appareil digestif pour décomposer les protéines. Aussi peut-on l'utiliser, de même que les graines, pour attendrir les viandes. La papaïne entre dans la composition de pommades destinées à éliminer les tissus morts des plaies et de médicaments qui facilitent la digestion.

Cultivé dans de nombreuses régions tropicales, ce fruit a une chair rose ou dorée avec, au centre, de multiples pépins noirs à la saveur épicée. On peut soit les faire sécher pour les utili-ser comme un condiment au parfum poivré, soit les placer dans un bocal, les couvrir de vinaigre et les conserver au réfrigérateur : c'est un excellent substitut aux câpres.

COMPOSITION MOYENNE POUR 100 G :
protéines . . . . 0,5 g
lipides . . . . 0,1 g
glucides . . . . 7,6 g
apport énergétique . . . . 32 kcal

PARKINSON (maladie de)

PRIVILÉGIER
- *les aliments riches en fibres*
- *les liquides*

La maladie de Parkinson est une affection neurologique qui se traduit par des tremblements et une certaine raideur et lenteur dans les gestes. Cette anomalie est provoquée par une insuffisance en dopamine, l'une des substances chimiques qui assurent la transmission des messages entre les neurones. Les recherches se sont centrées sur le remplacement ou la stimulation de l'émission de dopamine grâce à des médicaments très puissants dont le principal est la lévodopa.

UNE BONNE ALIMENTATION

Bien que la maladie soit actuellement incurable, une bonne alimentation peut, dans une certaine mesure, contribuer à une meilleure qualité de vie. Certains patients constatent un meilleur effet de la lévodopa lorsque ce médicament est pris entre les repas (au moins 40 minutes avant de manger).

Les personnes atteintes de la maladie de Parkinson peuvent éprouver des dif-ficultés à mâcher et à avaler. Il faut donc prévoir suffisamment de temps pour les repas et choisir des aliments faciles à manger afin d'éviter un amaigrissement. À l'inverse, en cas d'excès de poids, les symptômes risquent de s'aggraver, car le poids limite les capacités de mouvement, déjà très réduites. Il est donc recommandé d'adopter une alimentation saine et équilibrée et de ne pas abuser des graisses ni des sucres.

Pour lutter contre la constipation dont ils souffrent souvent, les patients doivent consommer beaucoup de fibres (légumes, fruits, céréales complètes) et boire au moins 1,5 litre par jour (eau, jus de fruits).

PATATE DOUCE ET IGNAME

AVANTAGES
- *très riche en bêta-carotène*
- *riche en potassium et en vitamine C*

INCONVÉNIENTS
- *assez énergétique*

La patate douce et l'igname sont deux tubercules de deux familles différentes, dont ni l'une ni l'autre n'est apparentée à la pomme de terre.

La patate douce est un aliment de base en Amérique latine et dans certains pays d'Asie. Il en existe plus de 400 variétés qu'on peut classer en deux catégories : celles dont la chair est humide et celles, plus sèches, qui demeurent farineuses à la cuisson.

La chair de la patate douce est crème ou orangée. Elle contient du potassium, de la vitamine C et des fibres en bonne proportion. Les variétés à chair orange sont très riches en bêta-carotène, précurseur de la vitamine A.

(SUITE À LA PAGE 254)

LE PAIN, UN ALIMENT-SYMBOLE

Aliment de tradition, le pain a longtemps constitué l'une des bases de l'alimentation. Après une longue période de désaffection, il semble avoir retrouvé aujourd'hui les faveurs des consommateurs.

Le pain est l'aliment par excellence. Il constitue la base de l'alimentation humaine depuis près de 8 000 ans. Les premiers pains étaient plats et confectionnés avec des grains de céréales broyés auxquels on ajoutait de l'eau. Cette pâte était ensuite cuite sur la pierre (ou encore frite ou bouillie). Deux découvertes majeures ponctuèrent l'histoire du pain : celle du four et celle de la fermentation. Les premiers fours furent des pots que l'on renversait sur des pierres chauffées afin d'emprisonner la chaleur. On découvrit aussi qu'une bouillie de grains crus laissée à l'air libre finissait par produire des bulles et dégager une odeur aigre. Une fois cuit, ce mélange donnait un pain plus léger, de texture intéressante. Le pain au levain était né.

On s'aperçut vite que le processus de fermentation du levain était fort aléatoire ; aussi se mit-on à cultiver des levures pour obtenir des produits plus uniformes. Les Égyptiens furent les premiers grands boulangers. Pour faire lever la pâte, ils prélevaient d'une préparation précédente une portion de pâte fermentée non cuite qu'ils incorporaient à la pâte fraîche. Ils mirent au point des méthodes de fabrication ainsi que des fours de terre glaise qui permettaient d'obtenir des pains bien gonflés et dorés. Leur savoir-faire fut repris par les Grecs et les Romains. Ces derniers répandirent les méthodes de fabrication du pain à travers leur empire.

LES QUALITÉS NUTRITIVES DU PAIN

Le pain est constitué de glucides complexes que l'on retrouve sous forme d'amidon (44 à 56 %). Il est pratiquement dépourvu de graisse. Il fournit également des protéines (7 à 9 g pour 100 g). D'origine végétale, elles sont légèrement déficitaires en lysine, mais cette carence est facilement corrigée par l'apport de petites quantités de protéines provenant d'autres aliments comme le lait, le fromage, la viande ou les légumineuses. Le pain apporte de l'énergie : 1 tranche de pain de blé entier contient environ 70 kcal. C'est relativement peu

Le pain a de nombreux atouts : il est riche en glucides complexes et pauvre en graisses ; c'est une bonne source de fibres et il contient minéraux et vitamines.

LES DIFFÉRENTS TYPES DE PAINS

● **Pain blanc :** *il est préparé avec une farine blanche débarrassée du son et du germe du blé, mais dont la teneur en gluten doit être suffisamment élevée si l'on veut un pain de bonne qualité.*

● **Pain de blé :** *il est, lui aussi, confectionné avec de la farine blanche raffinée, mais additionnée de farine de blé entier, de son ou d'autres ingrédients. Le pain de blé renferme généralement plus de fibres que le pain blanc.*

● **Pain de blé entier :** *celui-ci est préparé avec de la farine complète, c'est-à-dire une farine dans laquelle on a conservé le son et le germe. Ce pain renferme plus de vitamines et de minéraux (concentrés dans le germe) et plus de fibres (provenant du son) que les 2 premiers.*

● **Pain aux céréales et pain multigrains :** *ce type de pain est confectionné à partir d'un mélange de farine de blé et de farine d'autres céréales (avoine, orge, seigle, maïs...). On* retrouve parfois des grains concassés dans la pâte. Ces pains renferment généralement plus de fibres que le pain blanc ; leur valeur nutritionnelle est variable.

● **Pain de seigle :** *celui qui sert à faire les sandwichs de type «délicatessen» contient environ 10 % de seigle, tandis que le véritable pain au seigle en contient au moins 65 %. De la farine de blé y est presque toujours ajoutée car le seigle contient trop peu de gluten pour faire monter le pain à lui seul.*

● **Pain au levain :** *sa fermentation est due à l'utilisation du levain, c'est-à-dire un peu de pâte prélevée sur la préparation précédente et laissée à fermenter. Sa saveur est légèrement acidulée. On le retrouve dans des boulangeries artisanales.*

● **Bagel :** *ce petit pain en forme de beigne est un apport des communautés juives d'Europe de l'Est. Sa mie très dense et sa croûte tendre sont rendues possibles par le pochage qui humecte la surface extérieure et empêche une enveloppe croustillante de se former à la cuisson.*

● **Pain pumpernickel :** *de tradition allemande, il est fait avec de la farine de seigle noir. Les versions que l'on trouve ici contiennent de la farine de blé et de la mélasse ou du caramel afin d'obtenir la couleur noire caractéristique.*

● **Brioche :** *à mi-chemin entre le pain et le gâteau, c'est une pâte à pain blanche additionnée d'œufs, de lait, de matières grasses et de sucre.*

● **Tortilla :** *composée de farines de maïs et de blé, c'est le pain traditionnel du Mexique.*

● **Pains chapati et naan :** *l'un et l'autre venus de l'Inde, le premier est fait d'un mélange de farine de blé blanche et de farine complète, sans levain et le second est un pain levé de forme plate cuit dans un four tandoori.*

● **Pains rapides :** *muffins, pains aux fruits, ou biscuits, c'est la levure chimique ou le bicarbonate de soude qui fait lever leur pâte.*

élevé. On a longtemps accusé le pain d'être engraissant, ce qui est faux. Ce sont plutôt le beurre ou la margarine dont on le tartine qui font augmenter sa valeur énergétique. Il faut aussi peu que 5 g de beurre (1 cuillerée à thé) pour faire augmenter de 50 % la valeur énergétique d'une tranche de pain.

Le pain apporte également des vitamines (niacine, riboflavine et thiamine), des minéraux (fer et magnésium) et des fibres. Le pain de blé entier fournit plus de fibres que le pain blanc. C'est pourquoi le pain complet est aujourd'hui considéré comme le plus intéressant pour un bon équilibre alimentaire. Ses minéraux et vitamines contribuent efficacement à couvrir nos besoins. Une ration journalière de 4 tranches de pain de blé entier comble 23 % de l'apport nutritionnel recommandé (ANR) pour la niacine, 25 % pour la thiamine et 26 % pour le fer chez la femme, dont les besoins sont plus élevés que ceux de l'homme. Ses fibres, généralement bien supportées, procurent une satiété durable, favorisent le bon fonctionnement intestinal et pourraient améliorer le métabolisme des glucides et des lipides.

MÊME DANS LES RÉGIMES

Le pain n'est nullement interdit dans un régime minceur : on en limite simplement la consommation (comme on le fait pour d'autres féculents, mais surtout pour les aliments riches en graisses). Les diabétiques peuvent également manger du pain car c'est une bonne source de glucides complexes, qui doit simplement être bien répartie au cours de la journée. Pour les personnes ayant un système digestif fragile, un pain un peu rassis ou légèrement grillé convient beaucoup mieux que du pain trop frais ou, pire, du pain encore tout chaud... délicieux mais redoutable pour les colitiques! La tolérance du pain complet, du pain au son ou du pain de seigle n'est pas toujours excellente chez ceux qui ont des problèmes digestifs. Mais les seuls qui doivent absolument renoncer au pain sont les sujets atteints de maladie cœliaque, ou intolérance au gluten.

UN ALIMENT SIMPLE

La fabrication du pain au Canada est hautement mécanisée pour une production à grande échelle. Outre les éléments de base comme la farine, l'eau, le sel et la levure, d'autres ingrédients peuvent être ajoutés : la farine de soja, le malt de blé et les enzymes favoriseront la fermentation, l'acide ascorbique renforcera la souplesse et la tenue de la pâte, la lécithine freinera le processus d'oxydation. Des conservateurs tels que le propionate de calcium ou l'acide propionique permettront de conserver le pain plus longtemps. Le pain blanc que l'on retrouve au Canada

LE PAIN PRÉEMBALLÉ

Le pain préemballé d'origine industrielle est généralement additionné de matières grasses et de sucre. Il peut aussi renfermer d'autres additifs que ceux du pain de boulanger (notamment des conservateurs tels le propionate de calcium ou l'acide propionique, qui permettent de le conserver plus longtemps). Tous les ingrédients doivent obligatoirement être mentionnés sur l'emballage.

est obligatoirement enrichi de vitamines et de minéraux afin de pallier les pertes en nutriments survenues lors du raffinage de la farine. Aussi y ajoute-t-on de la niacine, de la thiamine, de la riboflavine et du fer. Ceci permet de restaurer en partie la valeur nutritive du pain. Le pain de blé entier à 100 % demeure le meilleur choix car tous les éléments nutritifs du grain de blé s'y retrouvent.

TRADITION ET SAVOIR-FAIRE

Même si la fabrication du pain est en grande partie mécanisée, on retrouve de plus en plus de boulangeries artisanales. L'art de faire du pain exige encore de la part du boulanger beaucoup de savoir-faire. Il doit aussi y consacrer toujours suffisamment de temps, afin que la fermentation de la pâte soit optimale.

La fabrication commence par le pétrissage, qui consiste à mélanger intimement tous les éléments constituant la pâte. Après quoi vient l'étape dite du pointage, ou première fermentation en pétrin (décisive pour l'arôme du pain).

Contrairement à ce que l'on pourrait croire, les biscottes et autres remplaçants du pain sont parfois plus caloriques que lui.

La pâte commence à lever, devient plus ferme et élastique. Elle est ensuite divisée en pâtons, que l'on façonne selon la forme souhaitée (cette opération est souvent réalisée à l'aide d'une machine). On laisse reposer les pâtons pour une nouvelle phase de fermentation : l'apprêt. Quand les pâtons ont triplé de volume, ils peuvent être enfournés et mis à cuire.

Un bon pain se reconnaît à sa croûte craquante et bien dorée, sonore sous le doigt. La mie, de couleur blanc crémeux ou blanc-beige (selon la farine utilisée), est élastique, bien alvéolée, et non collante. Il peut se conserver sans rassir jusqu'au lendemain, au frais et au sec (pour lui garder sa souplesse). Mais on peut aussi – surtout s'il s'agit de pain au levain – l'envelopper d'un linge et le conserver dans le bas du réfrigérateur pendant quelques jours.

Valeur nutritionnelle du pain

Tous les pains ont pratiquement la même valeur calorique mais, selon les farines utilisées, leur teneur en fibres, en vitamines et en minéraux, et même en protéines ou en glucides, peut varier assez sensiblement. Certains sont néanmoins additionnés de sucre et de matière grasse. Comme de plus ils sont moins riches en eau, leur valeur énergétique est alors plus élevée que la moyenne. Le pain complet constitue toujours le meilleur choix.

TYPE DE PAIN	APPORT ÉNERGÉTIQUE (kcal)	GLUCIDES (g)	PROTÉINES (g)	FIBRES (g)	AUTRES APPORTS
Bagel (1 unité, 68 g)	200	38	7	0,7	Ca = 29 mg; Fe = 1,6 mg; B_1 = 0,19 mg; B_2 = 0,16 mg; B_3 = 3,3 EN
Muffin anglais (1 unité, 57 g)	240	27	5	n.d.	Ca = 96 mg; Fe = 1,5 mg; B_1 = 0,19 mg; B_2 = 0,14 mg; B_3 = 2,7 EN
Pain blanc tranché (1 tranche, 28 g)	76	14	2	0,4	Ca = 24 mg; Fe = 0,7 mg; B_1 = 0,08 mg; B_2 = 0,05 mg; B_3 = 1,2 EN
Pain de blé entier tranché (1 tranche, 25 g)	61	12	3	1,4	Ca = 25 mg; Fe = 0,8 mg; B_1 = 0,06 mg; B_2 = 0,03 mg; B_3 = 1,2 EN
Pain français (1 tranche, 20 g)	58	11	2	0,4	Ca = 9 mg; Fe = 0,5 mg; B_1 = 0,06 mg; B_2 = 0,04 mg; B_3 = 0,9 EN
Pain hamburger (1 unité, 60 g)	179	32	5	n.d.	Ca = 44 mg; Fe = 1,5 mg; B_1 = 0,17 mg; B_2 = 0,11 mg; B_3 = 2,5 EN
Pain italien (1 tranche, 30 g)	83	17	3	0,3	Ca = 5 mg; Fe = 0,8 mg; B_1 = 0,09 mg; B_2 = 0,05 mg; B_3 = 1,3 EN
Pain pita (1 unité, 16,5 cm diam.)	165	33	6	0,5	Ca = 49 mg; Fe = 1,3 mg; B_1 = 0,2 mg; B_2 = 0,09 mg; B_3 = 2,9 EN
Pain pumpernickel (1 tranche, 32 g)	79	17	3	1,0	Ca = 27 mg; Fe = 0,8 mg; B_1 = 0,07 mg; B_2 = 0,05 mg; B_3 = 1 EN
Pain au raisin (1 tranche, 25 g)	66	13	2	0,6	Ca = 18 mg; Fe = 0,7 mg; B_1 = 0,07 mg; B_2 = 0,05 mg; B_3 = 0,8 EN
Pain de seigle (1 tranche, 25 g)	61	13	2	n.d.	Ca = 19 mg; Fe = 0,6 mg; B_1 = 0,06 mg; B_2 = 0,04 mg; B_3 = 1 EN

EN = équivalent niacine

(SUITE DE LA PAGE 249)

Comme tout féculent, la patate douce est riche en sucres et en amidon, ce qui en fait un légume très nourrissant et plus calorique que la pomme de terre.

L'igname, l'un des aliments de base dans les régions tropicales, est la racine d'une plante grimpante, dont on extrait également une fécule appelée arrow-root. C'est un aliment pauvre en protéines et en lipides, mais riche en glucides, notamment en amidon.

À cause de sa forme et de sa couleur, on confond parfois l'igname avec la patate douce. Cependant, l'igname a une peau plus épaisse, velue ou rugueuse, et peut peser jusqu'à 20 kg. Outre beaucoup de potassium et de magnésium (nécessaire aux muscles et aux nerfs), l'igname renferme de bonnes quantités de fibres. Tout comme la patate douce, elle se consomme uniquement cuite, mais elle a beaucoup moins de goût que cette dernière.

La patate douce, plus riche en amidon que la pomme de terre, contient à peu près la même quantité de glucides.

COMPOSITION POUR 100 G D'IGNAME :
protéines	. . . . 2 g
lipides	. . . . 0,1 g
glucides	. . . . 23 g
apport énergétique	. . . . . . 100 kcal

POUR 100 G DE PATATE DOUCE :
protéines	. . . . 2 g
lipides	. . . . 0,1 g
glucides	. . . . 23 g
apport énergétique	. . . . . . 101 kcal

PÂTES

Voir p. 260

PÂTISSERIE

AVANTAGES
● *aliment plaisir*

INCONVÉNIENTS
● *très calorique car riche en graisses et en sucre*

La farine, le sucre, le sel, les matières grasses, les œufs, le lait ou la crème, tels sont les ingrédients de base de la plupart des pâtisseries. Les graisses solides se prêtant plus facilement à leur préparation que les huiles, la plupart des gâteaux sont préparés avec du beurre ou de la margarine.

Un petit gâteau de temps à autre est une gourmandise dont il ne faut pas se priver, car manger sain et équilibré signifie manger de tout en quantités raisonnables.

En revanche, si ces douceurs deviennent une habitude et si, surtout, les pâtisseries viennent en remplacement du repas, il est clair que l'alimentation ne sera plus adaptée aux besoins de l'organisme. Certains préfèrent s'ache-

ter une belle pâtisserie plutôt que de prendre un déjeuner léger et équilibré, en pensant atteindre deux objectifs : se faire plaisir sans absorber trop de calories. Ils oublient que les pâtisseries contiennent peu de protéines, pas de fer, peu de calcium, peu ou pas de

Apport nutritionnel moyen pour 100 g

TYPE DE PÂTISSERIE	PROTÉINES (g)	LIPIDES (g)	GLUCIDES (g)	APPORT ÉNERGÉTIQUE (kcal)
Beigne	6,6	21,7	42,0	391
Beigne à la confiture	6,0	13,4	47,0	335
Éclair au café	4,5	8,6	38,7	250
Éclair au chocolat	5,3	9,1	38,8	258
Meringue	5,4	1,3	91,6	394
Millefeuille	4,5	14,8	33,0	284
Tartelette aux pommes	3,5	15,2	37,4	302

Qui ne s'est jamais laissé tenter par une appétissante vitrine de pâtissier? Un plaisir à réserver cependant aux jours de fête, étant donné l'apport énergétique du moindre gâteau!

fibres et pas de vitamine C... et représentent trop de calories pour le peu de nutriments avalés. En résumé, n'abusons pas des gâteaux et réservons-les aux repas qui sortent de l'ordinaire.

PEAU

On a coutume de dire que la peau reflète l'état de santé général. Une peau sèche et rugueuse, par exemple, atteste souvent d'une carence en vitamine A. Des plaques grasses de peau morte autour du nez, de la bouche et des yeux indiquent souvent un manque de riboflavine. Une déficience en zinc cause des lésions de la peau. Une carence en vitamine B_{12} explique pourquoi la peau du visage, des mains et des pieds peut tourner au brun foncé ou, si l'anémie s'installe, au jaune pâle. Ces manifestations de carences profondes, si elles ne sont pas rares dans les pays du Tiers-Monde, témoignent souvent chez nous d'une maladie ou d'un désordre métabolique ; on les observe aussi chez les personnes qui suivent des régimes draconiens et mal équilibrés.

Beaucoup de problèmes de peau, néanmoins, ne sont reliés ni à la santé générale ni à des carences alimentaires. Leur traitement est du ressort de la dermatologie, mais on peut vouloir identifier les aliments qui les déclenchent ou au contraire les soulagent.

ACNÉ

Beaucoup de jeunes, entre l'âge de 10 et 20 ans, souffrent d'acné. Ce problème de peau apparaît lorsque les glandes sébacées produisent un excès de sébum, qui provoque l'occlusion des pores. Des bactéries, d'habitude inoffensives, infectent graisses et cellules mortes. Il s'ensuit une irritation des glandes sébacées, puis une inflammation et l'apparition de pustules.

Le bon sens populaire blâme souvent l'alimentation. Il se peut qu'une consommation excessive de matières grasses et de produits sucrés favorise l'apparition de l'acné, mais rien ne le démontre véritablement. S'il existe effectivement un lien entre l'acné et le « junk food », les principaux responsables pourraient être des produits chimiques à base de chlore qui sont souvent ajoutés aux croustilles et aux craquelins. En outre, un régime fondé sur ce type d'alimentation est faible en minéraux et en vitamines essentiels.

La vitamine A, bonne pour la peau, abonde dans le foie et les œufs, et on trouve du bêta-carotène, transformable par l'organisme en vitamine A, dans les légumes verts et les fruits et légumes orange.

De nombreuses recherches relient l'acné à une carence en zinc. Les viandes maigres, le poulet sans la peau, les noix, les céréales et, dans une moindre mesure, le lait et le yogourt écrémés fournissent un bon apport de zinc. Il faut aussi veiller à consommer suffisamment de graisses polyinsaturées, dont les effets curatifs sont souvent évoqués. Plusieurs vitamines B – qui font partie d'un régime équilibré – aident à combattre les points noirs et à assécher la peau, tandis que la vitamine C, contenue dans les fruits et les légumes frais, agit contre les infections. Et, enfin, la vitamine E (germe de blé, œufs, huiles végétales pressées à froid) a une action bénéfique sur l'épiderme.

ROSACÉE

La rosacée ressemble à l'acné, mais ne s'accompagne pas de points noirs. C'est un problème chronique qui surgit chez l'adulte entre 30 et 50 ans.

Bien que l'alimentation ne soit pas en cause, certains facteurs alimentaires peuvent aggraver la condition. Il faut éviter autant que possible l'alcool et les épices, de même que les graisses et les protéines d'origine animale. Par ailleurs, l'acide gras oméga-3, comme on en trouve dans le poisson et l'huile d'onagre, contribuerait à réduire l'inflammation.

PSORIASIS

On ignore les causes véritables de ce mal qui semble être d'ordre génétique. Ici encore, les acides gras oméga-3 aideront à calmer l'inflammation. Les traitements qui font appel aux vitamines A et D devraient toujours se faire sous surveillance médicale car un excès de ces vitamines dans l'organisme peut se révéler toxique.

PÊCHE

AVANTAGES
- *bonne source de vitamine A*
- *fournit de la vitamine C et du potassium*
- *très digeste et légèrement laxative*

La pêche est un fruit savoureux qui renferme très peu de calories. Ce fruit tendre, qui offre une bonne proportion de fibres, se digère facilement et favorise le transit intestinal. La peau de la pêche, très riche en fibres et en vitamine C, peut être consommée à la condition d'être soigneusement lavée. Elle est moins digeste que la chair.

La teneur de la pêche en bêta-carotène, notamment dans les fruits à chair jaune, la rend intéressante. Côté goût, la coloration jaune, rose ou blanche de ce fruit étant due à la présence de pigments différents, on ne peut pas affirmer que les blanches sont meilleures que les roses ou les jaunes.

Contrairement à la nectarine et au brugnon, qui ne se modifient plus après la cueillette, la pêche, cueillie à un stade précis, a déjà des constituants acquis comme les sucres et les acides alors que d'autres, comme les arômes et les pectines, jouant sur la tendreté, peuvent continuer à évoluer.

En conserve, les pêches perdent 80 % de leur vitamine C : une pêche fraîche consommée avec sa peau en apporte 7 mg pour 100 g. Si l'on consomme des pêches au sirop – leur apport calorique est évidemment largement plus élevé que celui des fruits frais –, mieux vaut choisir des fruits « au sirop léger » ou « au naturel ».

COMPOSITION MOYENNE POUR 100 G :
protéines . . . . 0,5 g
lipides . . . . 0,1 g
glucides . . . . 10 g
apport énergétique . . . . 41 kcal

PERSONNES ÂGÉES (alimentation des)

Voir p. 266

PESTICIDES

Ce terme général regroupe les insecticides, fongicides, herbicides et fumigants. Ce sont indiscutablement les deux premiers qui présentent le plus de risques de résidus de composés chimiques, du fait de leur utilisation élevée et de leur mode d'emploi.

Il ne faut pas, néanmoins, tomber dans le piège de la panique à l'égard de tout ce qui est chimique. Toute matière vivante est chimique et potentiellement dangereuse. Ce qui importe, ce sont les concentrations.

Au Canada, la fabrication et l'usage des pesticides sont régis par trois ministères fédéraux – Agriculture, Santé et Pêches et Océans – et par leurs homologues provinciaux. Ces entités fixent les niveaux de concentration acceptable, lesquels représentent généralement une fraction de ceux qui ont été observés chez les animaux de laboratoire.

Le danger de contamination que pose un pesticide dépend de sa durée de vie dans l'organisme ou dans l'environnement. Une substance qui ne se décompose pas facilement acquiert une plus forte concentration au fur et à mesure qu'elle fait son chemin vers le sommet de la chaîne alimentaire.

Une grande partie des toxines se loge dans les tissus gras. C'est pourquoi on conseille si fréquemment de débarrasser la viande de tout son gras visible avant de la consommer. Une autre façon d'éviter des concentrations de substances potentiellement dangereuses est de varier son alimentation.

Passer les aliments sous l'eau s'avère une précaution judicieuse. Enfin, il faut se rappeler que les fruits et les légumes frais sont dotés par la nature de substances antitoxiques.

PETIT POIS

AVANTAGES
- *riche en vitamine B_1 (thiamine)*
- *contient de la vitamine C*
- *contient des protéines, des fibres, des folates, du phosphore et du potassium*

INCONVÉNIENTS
- *parfois mal toléré par les intestins sensibles*

Comme ils sont consommés avant d'arriver à maturité, les petits pois sont moins riches en vitamine C que d'autres légumes à gousse. Leur teneur en protéines est néanmoins beaucoup plus importante que celle des autres légumes verts. Leur proportion en eau est également plus faible : 74 g pour 100 g.

Ce légume est une bonne source de vitamine B$_1$. Il contient aussi des folates, du phosphore et du potassium et est très riche en fibres. Dès la cueillette, le sucre naturel contenu dans les petits pois commence à se transformer en amidon. Il faut donc les conserver au réfrigérateur. Quand ils sont congelés ou mis en conserve sans attendre, leur transformation chimique est minime.

Pour conserver leurs propriétés nutritives, il convient de faire cuire les petits pois rapidement dans très peu d'eau. On peut ajouter dans l'eau de cuisson, tout comme dans les soupes, quelques cosses qui rehaussent la saveur et apportent des nutriments. On les retire bien sûr avant de servir.

D'autres pois, comme le mange-tout ou pois gourmand, et le *sugar-snap*, une variété relativement nouvelle, peuvent être consommés en entier avec leur cosse. Ils sont moins énergétiques que les petits pois.

COMPOSITION MOYENNE POUR IOO G :
protéines . . . . 5,3 g
lipides . . . . 0,4 g
glucides . . . . 9,2 g
apport énergétique . . . . 62 kcal

PIMENT

AVANTAGES
● *regorge de vitamine C*
● *décongestionne le nez*

INCONVÉNIENTS
● *peut irriter le système digestif*

Ne confondez pas piment doux, ou poivron, et piment fort. Le premier est un légume délicieux et inoffensif, tandis que le second doit son goût brûlant et puissant à un corps composé du nom de capsaïcine. Lorsqu'on mange un plat pimenté, c'est elle qui brûle

plus ou moins violemment les papilles gustatives. Elle peut agir comme un décongestionnant le long des conduits aériens, grâce à son effet fluidifiant sur les mucosités.

Les piments contiennent plus de vitamine C que les agrumes ; cependant, ils ne contribuent que modestement à l'apport journalier, étant donné la faible quantité que l'on peut en

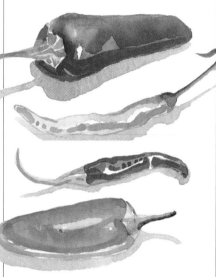

ingérer à la fois. Certaines recherches font état d'une autre substance spécifique aux piments qui aiderait l'estomac à sécréter un mucus permettant de protéger ses parois contre les agressions de l'alcool, de l'aspirine et des acides. Toutefois, les piments sont eux-mêmes irritants pour le système digestif, tout particulièrement l'anus et la région anale.

Ils auraient également un effet anticoagulant, propice à une diminution de la tension artérielle et du taux de cholestérol. Les Thaïlandais, qui font une grande consommation de piment, sont rarement atteints de thrombose. Les chercheurs pensent que non seulement la capsaïcine préviendrait la formation de caillots sanguins, mais qu'elle soulagerait de nombreux désordres inflammatoires par inhibition

d'une certaine substance P$_2$. Par ailleurs, on a montré qu'elle empêchait des composés carcinogènes de s'attacher à l'ADN des cellules – donc qu'elle serait à même de prévenir certains types de cancer.

PIQUE-NIQUE

Traditionnellement, le pique-nique se compose de sandwiches à base de charcuteries, de croustilles, de biscuits ou de pâtisserie, quelquefois de crudités et de fruits, le tout souvent arrosé de boissons sucrées, voire de bière ou de vin. On arrive à un repas lourd et gras, qui manque souvent de vitamines ! Pourtant, le piquenique peut être équilibré et sain, à condition de s'organiser à l'avance.

SANS GLACIÈRE

Transporter des aliments dans de bonnes conditions, c'est limiter le risque d'intoxication. Le froid est indispensable pour certains produits : viande, poisson, mayonnaise, produits laitiers... Si l'on ne dispose pas d'une glacière, il suffit d'utiliser un ou plusieurs sacs isolants habituellement destinés au transport des produits surgelés. Pour préserver la fraîcheur à l'intérieur, on y glissera de petites bouteilles en plastique remplies d'eau que l'on aura placées la veille au congélateur (attention, cependant, à ne pas les remplir complètement car elles risqueraient d'éclater).

Dans de telles conditions, on peut transporter en toute sécurité des salades de légumes, des pâtés et des viandes froides dans des boîtes en plastique hermétiques, mais aussi des restes de rôti, des quiches, des produits laitiers, des salades de fruits...

Pour les salades, le choix des ingrédients est infini : pâtes, riz, couscous, maïs pour les glucides ; légumes crus et cuits pour les fibres et les vitamines ; jambon, volaille, thon, œufs, légumineuses (lentilles, fèves, haricots blancs) pour les protéines... Assaisonnez-les au dernier moment avant de partir. Pensez aussi aux légumes qui peuvent se manger nature : radis, tomates-cerises, céleri ou fenouil, concombre, carottes coupées en bâtonnets...

Si l'on opte pour un rôti ou un poulet, que l'on aura fait cuire la veille, on aura soin de les découper avant le départ pour éviter les manipulations dans la nature.

Il est recommandé de ne sortir les fromages du réfrigérateur qu'au moment du départ, et de les laisser dans leur emballage. On peut également transporter des laitages, appréciés des jeunes enfants. Les yogourts à boire sont très pratiques.

Les fruits constituent le dessert le plus indiqué car ils sont riches en vitamines, rafraîchissants et faciles à manger. Il faut néanmoins éviter les plus fragiles, comme les fraises, qui s'écrasent et supportent très difficilement les élévations de température. Si l'on souhaite un dessert plus élaboré, mieux vaut porter son choix sur un gâteau peu fragile et sans crème (quatre-quarts, génoise, gâteau marbré, gâteau aux fruits). Pour préserver son moelleux, il suffit de l'envelopper dans de l'aluminium.

Pour les boissons, que l'on aura placées la veille au réfrigérateur, ou que l'on transportera dans des bouteilles thermos, il faut prévoir beaucoup d'eau, surtout lorsqu'il fait très chaud. On préférera les jus de fruits aux boissons gazeuses.

AVEC UNE GLACIÈRE

Se composant d'un matériau très isolant et bénéficiant d'une fermeture hermétique, la glacière permet d'envisager un voyage assez long, même en cas de forte chaleur. Le froid est maintenu par de petites poches remplies de liquide spécial, disponibles dans tous les magasins disposant d'un rayon camping ou sport. Les parois rigides et les éventuels compartiments intérieurs de la glacière permettent un rangement facile, et le risque d'écrasement est nettement moindre.

PLATS CUISINÉS

Les plats cuisinés se composent de viande, de poisson, ou de charcuterie, accompagnés de légumes ou de féculents. Occupant autrefois une place très importante dans l'alimentation de tous les jours, ils ont été supplantés par les rôtis et les grillades. Pourtant, ils ne sont pas aussi lourds que le veut leur réputation (voir tableau page ci-contre). Le bouilli, les fèves au lard, les roulés au chou, le macaroni au fromage, le bœuf aux carottes, le pâté chinois sont même des plats bien équilibrés. Ils apportent, par les aliments d'origine animale qu'ils contiennent, des protéines de bonne qualité,

---

LES PLATS CUISINÉS LÉGERS

En l'espace de quelques années, les plats légers se sont multipliés. Il en existe sous toutes les formes : en conserve, surgelés, frais sous vide. Élaborés avec de la viande maigre ou du poisson, souvent plus maigre que la viande, ils sont en outre accommodés de sauces allégées en matières grasses. Néanmoins, la comparaison avec certains plats classiques ne montre pas toujours de différence majeure au niveau de l'apport calorique. La plupart restent des produits assez chers.

ainsi que du zinc, du fer et des vitamines B. Ils fournissent des glucides en plus ou moins grande quantité selon le type d'accompagnement : pommes de terre, légumineuses, riz ou bien légumes. Ces derniers apportent en plus des fibres. La teneur en lipides est variable et dépend avant tout de la recette.

UNE IDÉE FAUSSE RÉPANDUE

Avec le développement de la journée continue et le souci de surveiller son alimentation, les comportements alimentaires se sont modifiés. On avale sur le pouce une pizza, un hot-dog ou une quiche (accompagnés ou non d'une salade), avec le sentiment que la facture calorique ne sera pas trop élevée. Pourtant, la comparaison avec un plat classique montre bien que ce n'est pas toujours vrai. Une petite part de quiche, par exemple, est plus calorique qu'une portion de pot-au-feu. Et même un steak avec des pommes de terre est nettement plus calorique que la plupart des classiques de nos grands-mères ! Une bonne raison pour les remettre au goût du jour. Si leur préparation demande trop de temps, ils peuvent maintenant être achetés tout préparés.

DES PLATS CUISINÉS MOINS LOURDS

Voici quelques trucs pour réduire la teneur en lipides :
– Utilisez des coupes de viande maigre.
– Pour faire dorer la viande, servez-vous d'un poêlon à revêtement anti-adhésif et d'une cuillerée à thé d'huile.
– Certains ingrédients sont facultatifs et peuvent être réduits ou omis : par exemple, le lard salé dans les fèves.
– Allongez vos recettes avec des légumes ou substituez une partie de la viande par des légumineuses.

PLATS CUISINÉS DU COMMERCE

En conserve. Qu'ils soient en boîte ou en bocal de verre, ces plats cuisinés ont une longue durée de vie. Entreposez-les dans un endroit frais et sec. Une fois ouverts, ils ne se gardent pas plus de 3 jours au réfrigérateur.

Surgelés. Ils se conservent environ 3 mois au congélateur. Passé ce délai, leurs qualités gustatives risquent de se détériorer. La qualité des plats cuisinés surgelés s'est beaucoup améliorée au cours des récentes années, mais les portions sont souvent petites. Leur pricipal avantage est de pouvoir passer directement du congélateur au four conventionnel (il faut calculer environ 30 minutes) ou au four à micro-ondes (7-10 minutes).

Plats du traiteur. Certains sont emballés sous vide ; il n'y a pas de contact avec l'air et la prolifération bactérienne est réduite. Ceux-là peuvent bénéficier d'une durée de conservation plus longue. Tenez-vous-en à la date de péremption indiquée sur l'emballage pour les produits frais. S'ils sont congelés, conservez-les pas plus de 3 mois. Une fois décongelés, ils doivent être consommés dans les 24 heures.

Composition moyenne pour 100 g

PLAT CUISINÉ	PROTÉINES (g)	LIPIDES (g)	GLUCIDES (g)	APPORT ÉNERGÉTIQUE (kcal)
Bœuf aux carottes	7,1	5,2	3,9	91
Bouilli	6,4	4,3	6,2	89
Chop suey	4,4	3,2	4,2	62
Fèves au lard	6,2	4,7	21,1	150
Macaroni au fromage	8,4	11,1	20,1	215
Pâté chinois	14,0	12,0	6,0	199
Riz frit au poulet	6,0	5,0	17,0	150
Roulé au chou	4,0	9,0	6,0	126
Spaghetti à la viande	7,5	4,7	15,6	134

LES PÂTES, SAINES ET SAVOUREUSES

Autrefois méprisées et accusées – à tort – de faire grossir, les pâtes sont aujourd'hui remises à l'honneur dans l'alimentation. On reconnaît leur valeur nutritive, et on apprécie leur grande diversité.

Les pâtes sont à la base d'un nombre presque infini de plats, vite préparés, toujours appréciés, et bons pour la santé. Elles constituent l'une des bases de l'alimentation méditerranéenne.

Les pâtes sont fabriquées à partir de semoule de blé et d'eau, mélangées en une pâte épaisse (d'où leur nom). Elles sont mises en forme puis généralement séchées avant d'être commercialisées. On peut aussi trouver des pâtes fraîches, au rayon frais, ou surgelées. En Asie, les nouilles sont indifféremment confectionnées à partir de farine de riz, de haricot ou de sarrasin.

Pour obtenir des pâtes de bonne qualité, il convient d'utiliser exclusivement de la semoule de blé dur, riche en gluten, qui a une excellente tenue à la cuisson et donne des pâtes non collantes. Aucun autre ingrédient n'est nécessaire sauf de l'eau et parfois une petite quantité de légumes (épinards, tomates...) pour les colorer et les aromatiser de façon naturelle. Lisez bien l'étiquette cependant : certaines pâtes doivent leur couleur à l'ajout de colorants et ne contiennent pas de trace de légumes. Pour les pâtes aux œufs, l'addition d'œufs augmente légèrement leur teneur en protéines. Il existe également des pâtes dites complètes, fabriquées à partir de semoule de blé complet, qui sont de ce fait un peu plus riches en vitamines du groupe B, en minéraux et en fibres.

Contrairement à ce qu'on imagine parfois, les pâtes ne sont pas particulièrement caloriques. Certes, avant cuisson, leur apport énergétique est de 350 kcal pour 100 g, mais une fois cuites, elles ne fournissent plus que 120 kcal pour 100 g : une valeur très raisonnable !

Vrai ou faux ?

● **Les pâtes sont un aliment de choix pour les sportifs.**
Vrai : elles représentent le carburant idéal pour les muscles. Leurs glucides complexes peuvent être utilisés par l'organisme pour fabriquer des réserves d'énergie (sous forme de glycogène). Un atout pour les épreuves de longue durée.

● **Les pâtes rassasient bien.**
Vrai : c'est une des propriétés reconnues des aliments riches en glucides complexes. Et, comme elles sont pratiquement dépourvues de graisses, elles calment l'appétit sans apporter de calories superflues.

● **Les pâtes sont indigestes.**
Faux : elles sont au contraire bien tolérées, même en cas de fragilité du système digestif. Mais il ne faut pas les avaler tout rond, si l'on veut éviter un travail inutile à l'estomac.

● **Il faut cuire les pâtes al dente.**
Vrai : c'est ainsi, cuites juste à point et encore un peu fermes sous la dent, que les amateurs les préfèrent. C'est aussi à ce stade de cuisson que leur index glycémique est le plus bas, et que le pancréas est le moins sollicité lors de la digestion.

● **Les diabétiques doivent éviter de consommer des pâtes.**
Faux : il s'agit au contraire d'un aliment recommandé pour eux, puisque les pâtes n'imposent pas une sécrétion d'insuline élevée. Il leur faut simplement tenir compte de leur apport en glucides (22 g pour 100 g de pâtes cuites).

Au Canada, l'enrichissement des pâtes en thiamine, riboflavine, niacine et fer est obligatoire pour combler les pertes subies lors du raffinage de la farine. Ce n'est pas nécessairement le cas des pâtes importées. Il vaut toujours mieux vérifier l'étiquette, particulièrement quand il s'agit de l'alimentation des enfants.

Riches en glucides complexes (l'amidon est leur premier constituant), les pâtes fournissent de l'énergie utilisée progressivement par l'organisme. Leur index glycémique reste très modéré (et bien inférieur à celui du pain ou de la pomme de terre, par exemple), une caractéristique recherchée pour les aliments à dominante glucidique.

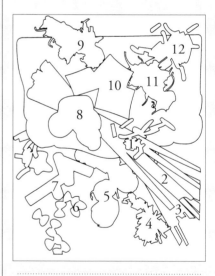

Une grande variété de formes, de tailles et de couleurs : fusillis à la tomate (1), spaghettis classiques (2) et complets (3), macaronis coupés (4), tagliatelles (5), farfalles (6), cannellonis (7), cheveux d'ange (8), nouilles au blé (9), raviolis (10), nouilles aux épinards (11), gros macaronis (12).

POIRE

AVANTAGES
- *forte teneur en glucides*
- *contient des fibres insolubles*
- *pratiquement pas de risque de réactions allergiques*

Une poire renferme environ 50 kcal, essentiellement sous forme de glucides : c'est donc une source d'énergie à portée de la main. C'est l'un des aliments les moins allergènes qui soient et il est généralement bien toléré ; il fait donc partie des premiers fruits que l'on donne aux bébés. Les poires apportent une petite quantité de potassium, qui contribue à la régulation de la pression artérielle, et elles contiennent des fibres insolubles en forte proportion : une seule poire en apporte environ 4 g, bénéfiques au transit intestinal.

La plupart des variétés sont récoltées l'été, d'autres le sont à l'automne, et une variété se cueille l'hiver dans les

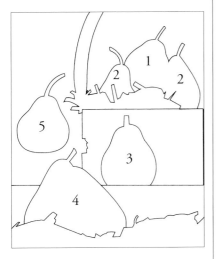

Il existe plusieurs milliers de variétés de poires. Certaines sont très réputées, comme la bartlett (1), la bartlett rouge (2), l'anjou (3), la bosc et la conférence (4) et la comice (5).

régions plus chaudes : il s'agit de la passe-crassane, originaire de France.

Choisissez vos variétés en fonction de la saison. En achetant les poires à leur période de maturité, vous bénéficierez de fruits plus savoureux, moins chers et plus riches d'un point de vue nutritif.

Les poires en conserve retiennent très peu de vitamine C après avoir été pelées et cuites. Elles sont généralement plutôt caloriques, ayant été conservées dans un sirop.

Tout comme la banane et l'avocat, la poire a la particularité de ne pas bien mûrir sur l'arbre : sa chair a tendance alors à être granuleuse. Elle est donc récoltée mûre mais pas à pleine maturité. Il faut ensuite attendre que l'amidon qu'elle contient se transforme en sucre pour acquérir tout son moelleux.

COMPOSITION MOYENNE POUR IOO G :
protéines . . . . 0,4 g
lipides . . . . 0,3 g
glucides . . . . 12,2 g
apport énergétique . . . . 50 kcal

POIREAU

AVANTAGES
- *bonne source de potassium et d'acide folique*
- *riche en fibres*
- *pauvre en calories*

INCONVÉNIENTS
- *risque de flatulences*

Le poireau contient du potassium en proportion suffisante pour constituer un diurétique efficace. C'est aussi une source intéressante d'acide folique. Une portion de poireaux cuits renferme presque le tiers de l'apport quotidien recommandé pour un adulte. Surnommé « légume zéro » par certains, sa teneur en calories, en graisses et en sodium étant négligeable, le poi-

reau est un aliment de choix en cas de régime hypocalorique ou hyposodé. Tout comme l'ail et l'oignon, il peut entraîner des flatulences, en raison de ses composés soufrés.

COMPOSITION MOYENNE POUR IOO G :
protéines . . . . 1,6 g
lipides . . . . 0,3 g
glucides . . . . 3,7 g
apport énergétique . . . . 23 kcal

POISSON

Voir p. 272

POIVRON

AVANTAGES
- *très riche en vitamine C*
- *riche en bêta-carotène*

Le poivron est une excellente source de vitamine C. À poids égal, le poivron vert en contient deux fois plus qu'une orange, et le poivron rouge trois fois. Ce dernier est également riche en bêta-carotène, que l'organisme convertit en vitamine A.

Le poivron devient de plus en plus sucré au fur et à mesure qu'il mûrit. Sa peau épaisse et cireuse peut poser des problèmes de digestion. La meilleure solution est de le faire griller sur une flamme vive ou sous le gril du four jusqu'à ce que la peau se boursoufle et noircisse ; l'on n'a plus alors qu'à le peler, puis à retirer les graines. Cette méthode permet de préserver la majeure partie des qualités nutritives.

COMPOSITION MOYENNE POUR IOO G :
protéines . . . . 0,9 g
lipides . . . . 0,3 g
glucides . . . . 4,9 g
apport énergétique . . . . 25 kcal

POMME

AVANTAGES
- *source de vitamine C*
- *régularise le transit intestinal*
- *a une action hypocholestérolémiante*

Saine, délicieusement croquante, parfumée, rafraîchissante, la pomme reste un fruit à part, que l'on peut croquer à toute heure et auquel on a attribué mille et une vertus.

Un proverbe anglais assure que le fait de « manger une pomme soir et matin chasse le médecin ». Cela tient non pas à sa teneur en vitamine C, qui est modérée, mais probablement aux fibres solubles qu'elle renferme. L'une de ces fibres a la capacité d'absorber de grandes quantités d'eau dans l'intestin et de prévenir ainsi la constipation. Une autre, la pectine, abaisse les taux de cholestérol dans le sang.

Les études entreprises à l'université de Toulouse, en France, – et poursuivies ensuite par d'autres chercheurs – ont montré que la consommation quotidienne de 2 pommes peut entraîner une baisse significative du taux du mauvais cholestérol et une amélioration sensible du rapport bon cholestérol/mauvais cholestérol, et ce d'au-

tant plus si les pommes sont consommées avec la peau – auparavant lavée.

La plus grande partie des nutriments de la pomme logent sous sa pelure. Il serait donc préférable de manger autant que possible la pomme entière. En revanche, il s'agit d'un fruit particulièrement vulnérable aux insectes et autres ravageurs, qui subit, en cours de croissance, plusieurs épandages de pesticides. Si l'on ajoute à cela que, pour aider à sa conservation, la pomme est généralement recouverte de cire, on ne s'étonnera pas d'entendre dire qu'il vaut mieux peler une pomme avant de la manger.

Sa teneur en vitamine C (antioxydante et ressource précieuse pour le système immunitaire) diffère beaucoup d'une variété à l'autre. La peau contient une petite quantité de bêta-carotène et la chair fournit du potassium et du fer.

Relativement peu calorique, la pomme a une teneur élevée en fructose – glucide simple, plus sucrant que la saccharose –, que l'organisme assimile lentement et qui aide à maintenir un bon taux de glycémie. Ses fibres solubles parfaitement tolérées lui permettent de régulariser en douceur le transit intestinal.

Bien qu'elle ne remplace pas l'hygiène dentaire, la pomme que l'on croque stimule les gencives et provoque un flot de salive qui, en abaissant le taux de bactéries dans la bouche, aide à combattre les caries.

COMMENT LES CHOISIR?

Il faut opter pour les pommes fermes au toucher, sans taches brunes, ni ridées ni trop vertes. Les fruits d'origine locale sont toujours le meilleur choix – en termes de goût et de valeur nutritive –, particulièrement à l'automne, en pleine maturité.

Parmi les nombreuses variétés de pommes, certaines espèces se retrouvent sur les étalages presque à longueur

d'année. Ce sont notamment la cortland, la spartan, l'empire, l'idared et la rome beauty, qui peuvent aussi bien être cuites que mangées crues. La melba, la gala, la mcintosh, la délicieuse rouge, la délicieuse jaune et la russett sont d'excellentes pommes à croquer. Les trois premières, plus la cortland et l'idared, se transformeront en compote à la cuisson, tandis que la délicieuse jaune et la granny smith demeureront entières, ce qui les qualifie bien pour les tartes.

LE SAVIEZ-VOUS?

Pomum signifie fruit en latin ; c'est assez dire que l'on ne sait si cette malheureuse pomme que l'on charge, sinon de tous les péchés, du moins du péché originel n'est pas forcément la responsable de tous nos maux, mais que n'importe quel autre fruit, comme d'ailleurs le prétendent certains, a pu être « Le » fruit défendu. La polémique est loin d'être close, mais la pomme est toujours là.

Il existerait plus de 7 500 variétés de pommes, mais celles à fort rendement tendent aujourd'hui à dominer le marché.

Les pommes récoltées industriellement sont cueillies avant maturité, sinon leur chair risque de devenir farineuse. Elles sont entreposées de l'une ou l'autre de trois façons : à l'air libre, au grand froid ou en atmosphère contrôlée. Cette dernière méthode permet de retrouver les pommes sur le marché plusieurs mois après la saison de récolte. Cependant, une fois rendu à une température et à une teneur en oxygène normales, le fruit recommence à mûrir et perd souvent très vite toute fermeté.

COMPOSITION MOYENNE POUR 100 G :
protéines . . . . 0,3 g
lipides . . . . 0,3 g
glucides . . . . 11,7 g
apport énergétique . . . . 49 kcal

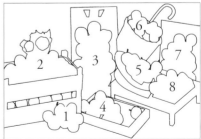

Parmi une grande diversité de pommes, on note les cox (1), délicieuse rouge (2), crispin (3), royal gala (4 et 6), délicieuse jaune (5), granny smith (7) et idared (8).

L'ALIMENTATION DES PERSONNES ÂGÉES

Lorsque l'on prend de l'âge, on ne mange plus comme avant: on n'a plus le même appétit, les mêmes goûts, les mêmes envies. Mais, si l'on veut conserver un bon état général, il importe de continuer à bien se nourrir.

Vieillir ne veut pas forcément dire pour autant s'engager dans la voie de la dégénérescence. La recherche médicale confirme qu'une alimentation saine peut prévenir, ou du moins ralentir, un certain nombre de maux qui guettent la vieillesse: ostéoporose, diabète, maladie cardio-vasculaire. Une étude en particulier a rapporté qu'un tiers, voire la moitié des problèmes dont souffraient les sujets âgés de plus de 65 ans étaient reliés à l'alimentation. Il n'est pas exagéré, en effet, de dire que les personnes âgées constituent le segment de population le plus mal nourri en Amérique du Nord.

Il n'existe pas de régime type pour le troisième (ou le quatrième) âge, mais plutôt une bonne adaptation des choix alimentaires pour répondre aux besoins de l'organisme, tout en respectant les goûts de chacun. S'il est nécessaire de respecter les priorités nutritionnelles, il est tout aussi important de faire preuve de souplesse et de bon sens lors des repas. Chez les personnes âgées, on ne va pas bouleverser les habitudes alimentaires, mais tout au plus essayer de les faire progressivement évoluer. Il faut bien sûr éviter les excès, mais aussi se garder de toute restriction inutile, parfois préjudiciable pour la santé.

Il est vrai qu'avec l'âge on a souvent l'impression de ne plus apprécier les aliments de la même façon, on a moins d'appétit. Il devient parfois plus difficile de se nourrir, parce qu'on a des problèmes de mastication ou de digestion. Faire les courses ou préparer les repas est aussi plus compliqué. Et, si l'on se retrouve seul pour manger, on n'a pas toujours envie de se mettre à table. Mais continuer à s'intéresser à son alimentation – et rester gourmand – est certainement un facteur favorable à un bon statut nutritionnel et à une bonne santé.

DES CHANGEMENTS LIÉS À L'ÂGE
Les besoins énergétiques baissent avec l'âge, en même temps que l'activité physique diminue: à 75 ou 80 ans, ils sont généralement de l'ordre de 1 700 à 1 800 kcal par jour (contre 2 000 à 2 700 pour l'adulte). Par ailleurs, le vieillissement de l'organisme a des incidences sur la digestion et l'assimilation: l'évacuation gastrique est moins rapide, les sécrétions digestives et enzymatiques diminuent, le transit intes-

Avec l'âge, on aime souvent davantage les sucreries. Il n'est pas question de les supprimer totalement mais il faut éviter les excès. Servies en collation, elles pourront s'intégrer dans une alimentation équilibrée.

tinal devient plus lent... Ces modifications ont tendance à réduire l'absorption de certains micronutriments (fer, zinc, calcium, vitamines du groupe B...), d'où des besoins (notamment en protéines, en vitamines et en minéraux) qui, loin de diminuer, ont tendance à légèrement augmenter.

Chez une proportion non négligeable de personnes âgées, on relève des taux sanguins insuffisants en fer, en zinc, en protéines, en acide folique et en vitamine B_{12}. Cela entraîne de la fatigue, ainsi qu'une moindre résistance aux infections et au stress. Pour recevoir un apport de sécurité en fer, en vitamine B_{12} et en zinc, il faut consommer régulièrement de la viande, de la volaille ou du poisson. Ces aliments ont en outre l'intérêt de fournir des protéines d'excellente qualité biologique, ce qui est important pour les personnes âgées, dont le besoin en certains acides aminés essentiels est plus élevé que celui de l'adulte. L'acide folique est présente en bonne quantité dans le foie, ainsi que dans les légumes verts (qu'il est donc souhaitable de prévoir fréquemment au menu).

Chez les personnes âgées, en particulier chez les femmes, une insuffisance d'assimilation du calcium va favoriser l'ostéoporose, surtout si l'apport alimentaire est déficitaire. Les produits laitiers, excellentes sources calciques, sont donc à privilégier (ils contribuent par ailleurs efficacement à la couverture du besoin protéique). Il existe souvent un déficit en vitamine D, qui aggrave bien sûr le risque de décalcification. Il peut être dû à à une diminution des apports alimentaires, mais découle plus souvent d'une baisse de la synthèse cutanée de vitamine D, pour la simple raison que les personnes âgées sortent peu et ne s'exposent pas au soleil. Le lait, obligatoirement enrichi, est la principale sources alimentaire de vitamine D, mais un supplément médicamenteux doit parfois être prescrit.

PAS DE RÉGIME INTEMPESTIF

L'âge venant, on se soucie davantage de son état de santé, on s'inquiète de son alimentation, et il arrive que l'on s'impose des restrictions injustifiées. Par exemple, décider de son propre gré (sans prescription médicale) de se mettre au régime sans sel est tout à fait déconseillé. Certes, il est toujours préférable – et à tout âge – de ne saler que modérément ses plats. Mais ne plus saler du tout est une erreur : cela peut provoquer des désordres dans l'équilibre hydrominéral de l'organisme, et surtout conduire peu à peu à une baisse de la consommation alimentaire (manger sans sel ne stimule

> ### LES DIFFÉRENTS GROUPES DE PERSONNES ÂGÉES
>
> *Il est admis de façon classique que, à partir de 65 ans, on fait partie du groupe des « personnes âgées », au sein duquel on distingue trois grandes catégories.*
>
> ● *Les personnes âgées en bonne santé (environ 65 %) : en général de moins de 75 ou 80 ans, elles sont autonomes, actives, et finalement assez semblables, quant à leurs besoins nutritionnels, à l'adulte sédentaire.*
>
> ● *Les personnes âgées dites vulnérables (environ 20 %) : elles sont fragilisées par un handicap, une invalidité, un veuvage récent, le grand âge (plus de 85 ans)... Ces personnes ont en général un équilibre nutritionnel correct mais précaire, que le moindre événement pathologique (maladie, chute, deuil, accident) peut rompre brutalement.*
>
> ● *Les personnes âgées malades ou dépendantes (environ 15 %) : souffrant d'une maladie aiguë ou chronique sévère, elles nécessitent une aide importante, éprouvent habituellement des difficultés à se nourrir et souffrent souvent de malnutrition.*

guère l'appétit) et à un état de malnutrition dangereux chez la personne âgée.

De même, par crainte du cholestérol, d'aucuns suppriment totalement le beurre, les œufs, le fromage..., se privant ainsi de tout ce que ces aliments apportent d'utile. Il faut savoir que le taux de cholestérol a tendance à s'élever un peu avec l'âge : sauf en cas d'anomalie marquée des lipides sanguins, de telles privations sont excessives. Pour protéger sa santé cardio-vasculaire, manger varié et équilibré et avoir une bonne hygiène de vie (si possible sans tabac, et avec un peu d'exercice physique chaque jour) sont des mesures généralement suffisantes !

Enfin, s'il est tout à fait légitime de surveiller son poids, une personne mince jusque-là peut accepter quelques kilos supplémentaires après la soixantaine. En revanche, un sujet déjà fort veillera à ne pas grossir, ou même à perdre un peu de poids : attention aux petits plats trop riches, aux sucreries ou aux douceurs un peu trop systématiques... L'organisme vieillissant supporte moins bien les abus de sucres ou de lipides, et les kilos excédentaires pèsent sur les articulations. À noter qu'après 75 ou 80 ans, il est fréquent de constater une diminution progressive du poids ; mais celui-ci doit ensuite se stabiliser : un amaigrissement trop marqué est un signe de dénutrition ou de problème de santé à identifier.

DES SOLUTIONS AU QUOTIDIEN...
Au fil des années, des situations nouvelles liées au vieillissement apparaissent, telles qu'une baisse d'appétit pour certains aliments ou une digestion un peu plus lente. Prendre conscience de ces changements permet de mieux s'y adapter et de savoir y faire face.

Comment faire quand certains aliments ne sont plus très bien tolérés ?
À partir d'un certain âge, les aliments à goût fort (fromages bleus, saucisses fumées, poisson salé, par exemple) sont souvent spontanément écartés des repas. Pour que la variété et l'équilibre de l'ali-

mentation soient préservés, on s'efforcera de consommer en remplacement des aliments équivalents, mais de saveur moins marquée, et plus faciles à digérer : fromages plus doux, saucisses cuites allégées, poisson conservé au naturel, etc. Les aliments et boissons acides sont souvent accusés par les personnes âgées de provoquer chez elles des brûlures d'estomac. Si le yogourt est jugé trop acide, on optera pour du yogourt entier au bifidus (moins acidulé), ou du fromage blanc. De même, les jus d'orange et de pamplemousse peuvent être remplacés par des jus de pomme ou de raisin, en général bien tolérés.

Une prothèse dentaire oblige-t-elle à prendre des précautions particulières ?
Beaucoup de personnes âgées portent un appareil dentaire amovible. Bien adapté et régulièrement contrôlé et ajusté, il per-

met de garder longtemps une fonction masticatoire normale. Cependant, il faut faire attention à certains aliments comme les poires granuleuses, les figues, les noix, et tous les aliments renfermant des raisins secs ou des grains de céréales : ils ne font pas bon ménage avec les prothèses dentaires (de petites particules dures peuvent se coincer entre la prothèse dentaire et les gencives et provoquer des irritations).

Quand surviennent des difficultés de mastication, comment continuer à consommer des crudités ?
Pour remplacer les légumes-crudités et les fruits crus, on peut évidemment servir des jus de légumes ou de fruits frais, et augmenter un peu les portions de légumes cuits et de compotes de fruits. Mais des carottes très finement râpées, de la pulpe de tomates pelées et épépinées, des pêches mûres à point, des pommes crues

râpées et citronnées peuvent en général continuer à être consommées.

Comment servir la viande autrement que sous forme de steaks hachés ?
Consommer la viande uniquement sous forme hachée peut devenir lassant. Il faut essayer d'en varier les présentations : légumes farcis, petits pâtés de viande, sauce à la viande... La volaille permet de confectionner beaucoup de préparations faciles à manger : blanc de poulet ou de dinde en croquettes, accommodé à la béchamel, servi en vinaigrette… Le jambon maigre peut également remplacer la viande. Finement détaillé, il se cuisine de multiples façons : en gelée, en flan, en soufflé, etc. Ce sont des aliments qu'il est souhaitable de continuer à trouver au moins 2 ou 3 fois par semaine dans les repas (le poisson et les œufs étant proposés les autres jours).

Que faire contre la constipation ?
La paresse intestinale a tendance à s'accentuer avec l'âge, et avec la diminution de l'activité physique. Il est tout d'abord important de vérifier si la personne âgée qui se plaint d'être constipée boit suffisamment : quand le volume des boissons est insuffisant, la constipation s'installe. Boire entre les repas 2 ou 3 verres d'eau (ou de jus de fruits coupé d'eau, ou d'infusion) suffit parfois à régler le problème ! On cherchera aussi à augmenter la consommation de légumes (éventuellement sous forme de potages) et de fruits frais (qui peuvent être servis en compote ou en purée). Sont également très efficaces : les pruneaux (et leur jus), les poires, les épinards. Attention à l'usage des laxatifs, qui ne doivent être pris que sur prescription médicale.

Faut-il se méfier des sucreries ?
Même si on n'était pas très attiré par le sucré, on se rend compte souvent que, avec l'âge, on aime davantage les desserts, les biscuits, les confiseries... Il n'y a aucune raison de s'en priver totalement, mais il est souhaitable bien sûr de leur donner une juste place et d'éviter une consommation abusive ! Servis à la fin

---

UNE ALIMENTATION « ANTI-ÂGE » ?

L'alimentation est considérée par les chercheurs et les professionnels de la santé comme l'un des facteurs essentiels de prévention des maladies dégénératives et du vieillissement.

Pourra-t-on un jour espérer vivre plus longtemps, et en meilleure forme, grâce à une pratique alimentaire précise et rigoureuse ? Peut-être... C'est en tout cas l'un des grands axes des recherches actuelles des nutritionnistes. En attendant la mise au point d'une véritable stratégie nutritionnelle « anti-âge », on peut d'ores et déjà tirer profit des connaissances actuelles.

On sait que, pour mieux lutter contre les agressions et le vieillissement cellulaire prématuré, il est conseillé de veiller à un apport suffisant :

● *en protéines de bonne qualité (viande maigre, volaille, poisson, œufs, produits laitiers) ;*

● *en acides gras essentiels (huiles de canola, de noix, de soja ; poissons gras tels que saumon, thon, hareng, maquereau) et*

en acides gras monoinsaturés (huile d'olive) ;

● *en calcium (produits laitiers), en zinc (viande et poisson), en potassium et en magnésium (légumes et fruits frais, céréales) ;*

● *en éléments antioxydants (vitamines A, C et E, provitamine A, sélénium).*

Il peut également être judicieux de s'inspirer du comportement des personnes très âgées – voire centenaires ! – ayant gardé un bon état de santé. Si l'on en croit de nombreuses observations, leur alimentation possède en général deux caractéristiques marquées :

● *une grande variété, sans exclusion systématique de certains aliments (ni même obligatoirement des boissons alcoolisées) – il apparaît que les centenaires n'aiment pas la monotonie dans leur assiette !*

● *une réelle modération dans leur consommation : ce souci de mesure conduit les personnes très âgées à se servir avec sobriété, particulièrement le soir.*

La convivialité des repas pris en famille ou entre amis incite les personnes âgées à manger suffisamment et à apprécier la nourriture.

du repas, ou en collation, les crèmes-dessert, ou les compotes, les gâteaux ou les biscuits peuvent s'intégrer parfaitement dans l'alimentation et procurer beaucoup de satisfactions aux convives âgés. En revanche, le grignotage de bonbons ou de biscuits entre les repas est à proscrire, car il peut provoquer un dysfonctionnement du pancréas, et désorganiser l'appétit et l'ensemble des prises alimentaires.

Est-il judicieux de réduire les boissons pour ne pas avoir à se lever la nuit ?

Chez les personnes âgées, la vessie est parfois moins facilement contrôlée. C'est pourquoi il est préférable de ne pas absorber un trop grand volume de liquide dans la soirée si on veut passer une nuit tranquille. Mais cela ne doit pas empêcher de boire très normale-ment (et suffisamment) au cours de la journée. Les personnes âgées ne perçoi-vent plus toujours très bien la sensa-tion de soif. La déshydratation n'est donc pas rare chez elles et elle peut entraîner des troubles sérieux. C'est pourquoi il faut les inciter à boire durant les repas, et au cours de la mati-née. Au moment de la collation, une boisson est généralement bien accueil-lie, et il ne faut pas hésiter à la servir dans une grande tasse (ou un grand verre). En cas de fièvre ou d'indisposi-tion, il faudra toujours en premier lieu veiller à l'apport de boisson.

Peut-on souper d'une tasse de thé et de petits biscuits ?

Pour une personne âgée, il n'est pas tou-jours facile de faire la cuisine, et la ten-tation est grande de trop simplifier ses repas. Mais prendre tous les soirs une tasse de thé, c'est un menu bien mono-tone, et qui ne fournit pratiquement aucun nutriment. Si les autres repas de la journée ne sont pas parfaitement équili-brés, il existe avec ce mode d'alimenta-tion un risque non négligeable de mal-nutrition. Il serait préférable d'opter pour une soupe de légumes, accompa-gnée d'un peu de pain, et complétée par un produit laitier (yogourt, fromage blanc, petit pouding ou fromage). Et, pour le repas de midi, il faut penser aux plats tout prêts du commerce, aux « plats du jour » proposés au rayon trai-teur du supermarché. On peut se ren-seigner auprès de son CLSC concernant le service de popote roulante, destiné précisément aux personnes âgées qui ne peuvent pas cuisiner elles-mêmes.

POMME DE TERRE

AVANTAGES
- *riche en amidon et en fibres*
- *apporte vitamine C, potassium et magnésium*

INCONVÉNIENTS
- *les pommes de terre germées ou verdies renferment une substance nocive*

Les pommes de terre, tubercules riches en amidon, contiennent à la fois des protéines et des fibres. Elles présentent aussi une quantité non négligeable de vitamines C et B_6, de thiamine, de potassium et de magnésium. C'est pourquoi elles font partie du régime de base dans de nombreux pays, loin de leur patrie d'origine, le Pérou, où les Indiens les cultivaient déjà il y a 4 000 ans. Au Canada, elles sont malheureusement le plus souvent traitées ou préparées avec une forte proportion de gras et de sel.

Le contenu nutritif de la pomme de terre, tout comme sa saveur, diffère selon les variétés et le mode de cuisson. Ce féculent s'est acquis à tort la réputation d'être calorique, mais il n'en est rien. Une pomme de terre moyenne bouillie ou cuite au four renferme entre 60 et 100 calories, un peu de protéines et pas du tout de lipides (gras). La même pomme de terre transformée en croustille représente entre 450 et 500 calories et 35 g de lipides. Autre comparaison éloquente : on peut compter 130 calories pour 1 tasse de purée de pommes de terre, mais 355 calories pour la même quantité de pommes de terres gratinées.

COMMENT CONSERVER SES QUALITÉS NUTRITIVES ET GUSTATIVES

La teneur en vitamine C de la pomme de terre décline à partir du moment de la récolte. Ce sont donc les pommes de terre nouvelles qui en contiennent le plus. La cuisson au four, à la vapeur ou au micro-ondes préserve le mieux leurs qualités nutritives. Lorsqu'on les fait bouillir, les pommes de terre perdent une bonne partie de leur vitamine C et de leurs minéraux dans l'eau de cuisson. Néanmoins, si on tient à ce mode de cuisson, c'est une bonne idée que de récupérer cette eau pour enrichir une soupe ou une sauce.

La plupart des nutriments des pommes de terre logent directement sous la pelure. Il vaut mieux se contenter de les brosser sous l'eau avant de les faire cuire. Si vous tenez à les peler, les épluchures devraient rester le plus mince possible.

Outre le fait que la chair de la pomme de terre s'oxyde et noircit très rapidement lorsqu'elle est exposée à l'air, les vitamines disparaissent aussi : plus on fait de tranches et plus on épluche les tubercules à l'avance, moins la quantité de vitamine C est élevée. Si vous tentez de conserver des pommes de terre épluchées dans de l'eau fraîche, elles perdent une partie de leurs qualités nutritives et commencent à fermenter au bout de quelques heures.

Il faut ranger les pommes de terre au frais mais pas au réfrigérateur. À moins de 7 °C, leur amidon se transforme en sucre et leur donne mauvais goût. Il importe aussi de ne jamais ranger les pommes de terre avec les oignons : l'acide des premières contribue à la décomposition des secondes et vice versa.

Enfin, les pommes de terre vendues prélavées, en vrac ou sous vide, sont parfois conditionnées dans un bain contenant du sulfite de sodium et emballées sous atmosphère modifiée, ce qui permet de prolonger leur durée de conservation mais détruit presque totalement la vitamine C.

À PROPOS DES FRITES

Sous forme de frites, les pommes de terre constituent un plat apprécié et énergétique, mais très riche en graisses saturées. Pour les faire frire, il faut utiliser des huiles résistant à la chaleur comme l'huile d'arachide et l'huile de canola. À poids égal, des frites coupées très minces contiennent beaucoup plus de matières grasses que des frites plus épaisses. Les frites surgelées absorbent également la graisse plus rapidement (à l'exception des frites surgelées à cuire au four, qui sont en général moins grasses). On peut diminuer légèrement la quantité de graisse des frites en les faisant égoutter sur du papier absorbant. Quant aux croustilles, qui apportent environ 60 g de lipides pour 100 g, on pourrait dire qu'il s'agit plus de graisse salée que de pommes de terre...

QU'EST-CE QUE LA SOLANINE ?

Comme les tomates, les pommes de terre appartiennent à la famille des solanacées et renferment donc de petites quantités de solanine, un alcaloïde toxique. Cette substance n'est nocive pour l'homme qu'à forte dose, mais il faut rester prudent. Le taux de solanine diminue notablement au fur et à mesure de la maturation ; cependant, on détecte sa présence dans les pommes de terre germées ou verdies –

LE SAVIEZ-VOUS ?

Originaire d'Amérique du Sud et cultivée par les Incas, la pomme de terre fut apportée en Europe par les Espagnols au début du XVIe siècle, puis introduite en France... où on la déclara officiellement dangereuse pour la santé. Il fallut attendre 150 ans la réhabilitation de ce malheureux tubercule. Et on le doit à Antoine Augustin Parmentier, pharmacien militaire et agronome français.

On ignore souvent que les pommes de terre contiennent vitamines et minéraux. Il en existe un grand nombre de variétés, consommées dans le monde entier.

PORC

AVANTAGES
- *très riche en vitamine B et en protéines*
- *contient du zinc*

INCONVÉNIENTS
- *risque de trichinose en cas de cuisson insuffisante*

La viande de porc est savoureuse, fine et tendre. Grâce à de meilleures méthodes d'élevage, le porc du Québec contient moins de gras intra-musculaire que toute autre viande rouge. La majeure partie du gras est à l'extérieur de la viande de sorte qu'elle peut facilement être enlevée.

On avait coutume dans le passé de faire cuire la viande de porc à outrance dans le but de prévenir la trichinose. Cette maladie se caractérise par des maux d'estomac, des diarrhées et des vomissements. Les symptômes apparaissent quelques jours après l'ingestion de la viande parasitée et sont suivis, 1 ou 2 semaines plus tard, de douleurs musculaires et de difficultés respiratoires. Les méthodes d'élevage modernes sont à toutes fins pratiques parvenues à enrayer la cause de cette redoutable maladie. Il s'agit de la trichine, ver plat qui s'encapsule dans les fibres musculaires de l'animal. On sait maintenant que la congélation à – 20 °C détruit le parasite, de même qu'une température de 60 °C. On recommande donc de faire cuire le porc jusqu'à ce qu'il atteigne une température interne de 70 °C, auquel stade la viande conserve encore une légère teinte rosée.

La viande de porc se dessèche rapidement. Aussi convient-il de la faire cuire à basse ou moyenne température.

(SUITE À LA PAGE 276)

ce qui arrive rapidement lorsqu'elles sont exposées à la lumière. Il faut donc jeter une pomme de terre dès que des taches vertes apparaissent, car, même en faible quantité, la solanine peut, chez des sujets sensibles, provoquer des migraines ou des somnolences. C'est également en raison de la présence de solanine que ce tubercule en apparence bien inoffensif doit être parfaitement cuit.

COMPOSITION MOYENNE POUR 100 G :
protéines . . . . 1,5 g
lipides . . . . 0,1 g
glucides . . . . 18 g
apport énergétique . . . . 81 kcal

POUR 100 G DE POMMES DE TERRE FRITES :
protéines . . . . 3,8 g
lipides . . . . 15 g
glucides . . . . 30 g
apport énergétique . . . . 274 kcal

LE POISSON ET SES ATOUTS SANTÉ

Le poisson mériterait d'être davantage consommé : il possède en effet des qualités nutritives reconnues depuis longtemps, et les chercheurs continuent à étudier les effets bénéfiques de ses graisses dans la prévention des maladies cardio-vasculaires.

Trop longtemps cantonné au rôle de « remplace-viande » destiné aux jours maigres, le poisson est en train d'acquérir un nouveau statut : celui d'un aliment à part entière, que l'on choisit pour ses vertus nutritionnelles autant que pour ses qualités gustatives.

Il est nettement moins consommé que la viande. Pourtant, son intérêt comme source de protéines est comparable : le poisson en renferme pratiquement autant (17 à 20 % en moyenne), d'excellente qualité biologique (les acides aminés indispensables sont tous présents).

Le poisson, comme les produits carnés, est également riche en vitamines du groupe B (niacine et vitamine B_{12}). Il apporte des quantités appréciables de phosphore, de magnésium et de fer. Et, d'origine marine, il présente l'intérêt d'être remarquablement bien pourvu en iode (nécessaire au bon fonctionnement de la thyroïde). Mais la grande particularité du poisson réside dans ses graisses : elles sont moins abondantes que dans les viandes et, du fait de leur composition particulière (en tout cas lorsqu'il s'agit de poissons originaires des mers froides), elles peuvent jouer un rôle favorable dans la lutte contre les pathologies cardio-vasculaires.

DES GRAISSES UTILES

La plupart des poissons que l'on consomme renferment en effet entre 0,5 et 4 % de lipides (ce qui est très peu). Seuls quelques-uns, dits poissons demi-gras et gras – thon, saumon, hareng, maquereau, sardine... –, en contiennent davantage (de 10 à 15 % en moyenne). Mais ce taux varie très largement selon la période de l'année : ainsi, en hiver, après la ponte, le taux de lipides est au plus bas dans les poissons gras, tandis qu'à la fin du printemps et jusqu'au début de l'automne il s'accroît considérablement (le réchauffement des eaux augmente la quantité de plancton dont se nourrit le poisson, qui engraisse). Le taux de lipides peut ainsi passer de 1 à 23 % dans la sardine, de 2 à 20 % dans le saumon, de 5 à 35 % dans le maquereau. Les gastronomes considèrent que c'est lorsque le poisson est le plus gras qu'il est le plus savoureux (en particulier si on le prépare grillé). Il est évidemment aussi plus calorique : un poisson peu chargé en graisses (moins de 5 %) fournit environ 90 à 100 kcal pour 100 g, un poisson à 10 % de lipides apporte 170 kcal, et au-delà de 200 kcal pour un pourcentage de lipides supérieur.

Mais c'est sans doute lorsque le poisson est riche en lipides qu'il est aussi le plus bénéfique. Les graisses des poissons des mers froides se caractérisent par l'abondance des acides gras à chaînes très longues et hautement insaturées, les acides gras oméga-3 (l'acide eicosapentaénoïque – EPA –, à 5 doubles liaisons, et l'acide docosahexaénoïque – DHA –, à 6 doubles liaisons). Ces acides gras confèrent aux graisses une grande fluidité, ce qui permet une meilleure adaptation du poisson à la vie en eau froide (dans les eaux tropicales plus chaudes, les graisses des poissons renferment moins d'acides gras oméga-3).

Présents en quantité suffisante dans l'alimentation, ces acides gras diminuent le risque de thrombose, améliorent sans doute la circulation du sang dans les petits vaisseaux, et protègent contre les atteintes cardio-vasculaires. Selon différentes études, la consommation régulière – 2 ou 3 fois par semaine – de poisson riche en oméga-3 pourrait ainsi réduire les risques d'apparition de thrombose et de maladie coronarienne.

LES NOUVEAUX POISSONS

● *Depuis quelques années sont apparues de nouvelles espèces de poissons : grenadier, empereur, sabre, siki... Il s'agit de poissons des grands fonds, que l'on pêche vers 1 000 m de profondeur en raison de l'épuisement progressif des espèces vivant en eau moins profonde. De qualité nutritive et gustative tout à fait correcte, ils sont généralement vendus en filets, car ils sont plutôt laids...*

● *Autre tendance : le développement des poissons d'élevage. Le saumon, le turbot, la sole, et surtout la truite sont maintenant couramment produits ainsi. La composition et la saveur de ces poissons dépendent largement de leur nourriture. On leur reproche parfois une chair molle et fade, et une teneur en matière grasse un peu trop élevée (à noter que les graisses de ces poissons ne sont pas identiques à celles des poissons sauvages, en particulier dans le cas des poissons d'eau froide).*

L'extrémité arrière d'un thon géant, avec un saumon (en haut) et une paire de maquereaux bien brillants (en bas) : ces poissons fournissent des acides gras particuliers, bénéfiques pour la santé cardio-vasculaire.

FRAÎCHEUR AVANT TOUT

Il est essentiel de veiller à la fraîcheur du poisson que l'on achète. Il s'agit en effet d'une denrée particulièrement fragile. À température ambiante, les micro-organismes se développent rapidement dans sa chair, donnant naissance à une importante quantité d'histamine, qui peut être responsable de manifestations d'intolérance. C'est pour cette raison que, dès qu'il est pêché, le poisson est gardé à basse température (souvent sur la glace), ou même congelé dans des bateaux spécialement équipés.

Pour reconnaître la fraîcheur du poisson, on peut se baser sur les caractéristiques suivantes :
– peau de couleur vive et irisée, mucus abondant et transparent ;
– œil bombé, avec la pupille brillante, et remplissant l'orbite ;
– branchies bien colorées, sans mucus ;
– chair ferme, brillante, non colorée le long de l'arête centrale, résistante au toucher (jamais flasque) ;
– odeur rappelant la marée, ni ammoniacale ni trop forte.

LE DANGER DU POISSON CRU

Manger du poisson cru, comme l'exige la préparation de plats japonais tels que le sushi et le sashimi, c'est risquer d'attraper des parasites.

Le poisson (en particulier le hareng et le merlan) peut en effet être porteur de larves d'anisakis, un parasite qui se fixe dans le système digestif humain et donne des troubles aigus ou chroniques. Il est donc déconseillé de consommer du poisson cru, sauf s'il s'agit de poisson congelé (la congélation à –20 °C pendant 3 jours tue les larves). Seule une cuisson suffisante (70 °C au centre) assure la destruction des larves (qui résistent au fumage, à la salaison et à la marinade dans un milieu acide).

UNE BONNE DIGESTIBILITÉ

La digestibilité du poisson est en général excellente : sa chair est pauvre en tissu conjonctif, et elle demeure moins longtemps que la viande dans l'estomac (d'où d'ailleurs la réputation erronée que l'on fait au poisson d'être moins nourrissant que la viande).

Font exception les poissons à chair foncée ou à texture serrée : thon, saumon, hareng, lotte. Le mode de préparation va bien entendu intervenir : cuit à la vapeur ou au court-bouillon, préparé au four ou au gril, donc avec un minimum de corps gras ajouté, le poisson est très digeste. S'il est frit ou pané, ou encore servi accompagné d'une mayonnaise ou d'une sauce chargée en graisses, il est bien entendu nettement moins facile à digérer !

LES POISSONS MAIGRES

Ils renferment 0,5 à 4 % de lipides et sont largement consommés.

La morue est très maigre (1 % de lipides), bien pourvue en protéines (18 %) et peu calorique (moins de 80 kcal pour 100 g) ; on la trouve toute l'année sur le marché. Le merlu appartient à la même famille que la morue et, comme elle, est très maigre. La dorade est un poisson réputé, fin et savoureux. Le flétan vit dans les mêmes eaux que la morue ; il est riche en protéines (près de 20 %) et pauvre en lipides (3 à 4 %). La truite fait normalement partie des poissons maigres mais, du fait de son mode d'élevage actuel, elle renferme en fait parfois plus de 5 % de lipides ; sa teneur en protéines est intéressante (plus de 19 %). Le merlan possède une chair très friable et est extrêmement maigre. La plie, la limande et la sole ont tous les trois une chair très maigre et particulièrement digeste ; la sole est la plus réputée d'un point de vue gastronomique. La lotte ou baudroie est un poisson remarquablement maigre (moins de 1 % de lipides), dont la chair compacte nécessite une cuisson plus longue que celle des autres poissons. La raie, poisson cartilagineux très maigre et digeste, est appréciée pour son absence d'arêtes ; il faut la laver à plusieurs eaux pour la débarrasser de son odeur d'ammoniaque (qui, contrairement à ce qui se passe pour les autres poissons, est pour elle un signe de grande fraîcheur). Le brochet est un poisson d'eau douce très maigre (moins de 1 % de lipides) dont la chair, ferme et savoureuse, est cependant garnie d'arêtes ; sa laitance peut provoquer des troubles digestifs. Le doré (ou sandre) habite les rivières et les lacs. Sa chair est d'une grande finesse, maigre et ferme. Tous les types de cuisson lui conviennent. Les pêcheurs sportifs d'eau douce du Québec connaissent bien l'achigan. Sa chair est fine, blanche, maigre et feuilletée. Le corégone est très utilisé dans les aliments traités. Il possède lui aussi une chair blanche et maigre. C'est un bon poisson à employer pour les soupes et les mets cuisinés.

LES POISSONS DEMI-GRAS ET GRAS

Les premiers renferment 5 à 10 % de lipides, les seconds plus de 10 % (mais ils peuvent aussi être plus maigres à certaines périodes de l'année).

Le thon est beaucoup moins gras qu'on ne le pense : il renferme en général entre 4 et 6 % de lipides (mais certaines parties du poisson sont plus grasses) et une bonne quantité de vitamines A et D ; c'est une excellente source de protéines (23 à 25 g pour 100 g). Le saumon reste un peu plus chargé en graisses (environ 10 %) ; il fournit des quantités intéressantes d'acides gras polyinsaturés. Le maquereau est surtout abondant de mars à novembre et renferme en moyenne 10 à 15 % de lipides. Il existe de nombreuses espèces de hareng ; les amateurs de hareng frais le préfèrent plein, c'est-à-dire pêché juste avant le frai : il est alors riche en lipides (15 %) et très savoureux. La sardine est meilleure (et plus grasse : 15 à 20 % de lipides) à la fin du printemps et en été ; il faut la choisir bien fraîche, rigide et avec l'œil brillant. L'anchois est surtout consommé salé, en semi-conserve. Il renferme alors 8 % de lipides.

La valeur nutritionnelle des poissons

Poissons maigres (morue, sole, turbot, aiglefin, goberge)

75 à 115 kcal
Protéines : 17 à 20 g
Fer : 0,3 à 0,6 mg
Graisses : 0,5 à 4 g

Ces poissons concentrent leurs lipides dans le foie, dont on peut extraire une huile très riche en vitamines A et D (l'huile de foie de morue en est un exemple bien connu).

Poissons demi-gras et gras (hareng, maquereau, saumon, sardine, thon...)

135 à 220 kcal
Protéines : 18 à 25 g
Fer : 0,6 à 2 mg
Graisses : 5 à 20 g

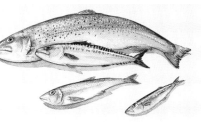

Les poissons gras sont une excellente source d'acides gras oméga-3 ainsi que de vitamine B_{12} (4 à 10 µg). Riches en acides gras fortement insaturés, ces poissons peuvent s'altérer facilement (leurs graisses rancissent rapidement au contact de l'oxygène de l'air). Ils doivent donc être d'une fraîcheur extrême au moment où on les consomme, surtout les poissons tels que les maquereaux et les harengs.

Poissons en conserve (anchois, sardine, thon...)

120 à 215 kcal, selon que le poisson est conservé au naturel ou à l'huile
Protéines : 19 à 27 g
Fer : les produits les plus riches sont les sardines à l'huile (2,5 mg) et les anchois (2,8 mg)
Graisses : de 1,6 g (thon au naturel) à 20 g (anchois à l'huile)

Si les poissons gras sont habituellement une excellente source d'acides gras oméga-3, le thon en boîte en renferme très peu car on utilise un poisson peu gras pour la conserve. En revanche, les sardines et les maquereaux en boîte en fournissent des quantités intéressantes. Les sardines consommées avec leurs arêtes sont riches en calcium.

Poisson fumé (saumon, maquereau, hareng...)

182 kcal (saumon) à 300 kcal (maquereau)
Protéines : 19 à 22 g
Fer : 0,7 à 1,2 mg
Graisses : 11 g (saumon) à 24 g (maquereau)

Le poisson fumé est généralement salé, donc riche en sodium. Sa digestibilité est moyenne. Le fumage est soigneusement contrôlé, afin de limiter les résidus benzoïques indésirables.

Poisson pané

125 kcal (200 à 230 après cuisson)
Protéines : 11 à 15 g
Fer : 0,7 à 1 mg
Graisses : 2 à 5 g
(10 à 12 après cuisson)

Certains enfants ne connaissent hélas le poisson que sous cette forme... La panure absorbe beaucoup de matière grasse lors de la cuisson : le poisson préparé sous cette forme devient un plat gras et peu digeste.

Caviar

250 kcal
Protéines : 25 g
Fer : 1,4 mg
Graisses : 17 g

Ceux qui souffrent de goutte ont intérêt à éviter le caviar, car il est riche en purines. Il est également très riche en cholestérol : 440 mg... mais pour 100 g, et on en consomme généralement beaucoup moins !

(SUITE DE LA PAGE 271)

Il faut compter de 15 à 20 minutes pour les grillades et de 30 à 35 minutes par 500 g pour les rôtis. En revanche, les plats en sauce et les ragoûts nécessitent une cuisson de 2 à 3 heures. À défaut d'un thermomètre à viande, on peut vérifier la cuisson de la viande en y plantant un couteau : il ne doit plus s'écouler de jus rosé.

COUPES DE VIANDE ET MODES DE CUISSON

La longe. C'est la partie la plus tendre du porc. On y retrouve les découpes suivantes :
– rôti coupe du milieu
– rôti de longe
– côtelettes (avec ou sans os)
– côtes levées de dos
– carré de longe
– filet
– tournedos.

La cuisson sèche (à la poêle, au gril, au four), sans ajout de liquide, convient parfaitement à ces morceaux. Les côtes levées doivent néanmoins être bouillies au préalable.

La cuisse. On y détaille les morceaux suivants :
– cuisse (désossée ou non)
– jarret
– croupe
– rôti d'intérieur de ronde
– rôti d'extérieur de ronde
– rôti de pointe de surlonge (la noix)
– tranche de pointe de surlonge
– tranche d'extérieur de ronde.

On détaille également dans la cuisse des coupes spéciales comme les escalopes, les languettes, les cubes à ragoût ou à brochettes et des tranches attendries.

La cuisse, le jarret et la croupe sont le plus souvent fumés et salés (jambon). Frais, ils font d'excellents rôtis. On peut aussi les bouillir ou les braiser. Ces pièces sont charnues et contiennent peu d'os.

L'épaule. On en tire les coupes suivantes :
– jambon « picnic »
– rôti de paleron (avec ou sans os)
– tranche de paleron
– côtes levées.

À partir de l'épaule, on fait aussi du porc haché ainsi que des cubes à braiser ou à brochettes.

La cuisson lente à chaleur humide sied bien à ces découpes ; elles seront plus tendres. On peut aussi utiliser une marinade qui aura pour effet d'attendrir la viande.

Bacon et lard. Le bacon provient de la longe (bacon de dos) ou du flan (bacon tranché). Le lard est la graisse sous-cutanée du porc. Il peut inclure ou non une portion de viande (lard gras ou lard maigre). Le saindoux est de la graisse de porc fondue.

ASSAISONNEMENTS

L'ail, le thym, la sauge, le poivre, la moutarde, le gingembre et le persil se marient bien à la viande de porc. Les fruits – pruneaux, ananas, pommes, raisins, abricots, canneberges – l'accompagnent également à merveille.

VALEUR NUTRITIONNELLE

La viande de porc, comme l'ensemble des viandes, est riche en protéines. Celles-ci sont d'excellente qualité car bien équilibrées en acides aminés essentiels. Elles assurent ainsi à l'organisme l'apport indispensable de ces éléments qu'il ne sait pas fabriquer.

La teneur en lipides varie selon les morceaux. C'est le filet qui constitue le morceau le plus maigre : avec moins de 5 g de graisses pour 100 g, il est aussi maigre que certains morceaux de bœuf, de blanc de volaille ou même de poisson. Enfin, les lipides contenus dans le porc sont composés pour moitié de graisses saturées et pour moitié de graisses monoinsaturées.

Le porc se distingue par sa richesse en thiamine, qui joue un rôle essentiel dans le métabolisme glucidique. Il permet de couvrir une part importante de l'apport recommandé en thiamine dans l'alimentation. Comme beaucoup de viandes, il contient des quantités appréciables de vitamine B_{12}, de fer ainsi que de zinc, qui intervient dans la synthèse protéique.

COMPOSITION MOYENNE POUR 100 G DE LONGE DE PORC GRILLÉE :
protéines . . . . 27,8 g
lipides . . . . 15,3 g
fer . . . . 0,93 mg
apport énergétique . . . . 257 kcal

POUR 100 G DE FILET RÔTI :
protéines . . . . 29 g
lipides . . . . 5 g
fer . . . . 1,5 mg
apport énergétique . . . . 160 kcal

POUR 100 G D'ÉPAULE PICNIC BRAISÉE :
protéines . . . . 32,3 g
lipides . . . . 12,2 g
fer . . . . 1,9 mg
apport énergétique . . . . 248 kcal

PROSTATE

La prostate est un organe solide de la taille d'une noix qui entoure la partie initiale de l'urètre chez l'homme. Elle peut être la source de multiples problèmes allant de l'hypertrophie bénigne à la prostatite, inflammation due, en général, à une infection bactérienne, et au cancer de la prostate, qui entraîne environ 18 000 nouveaux cas au Canada chaque année. Ce cancer peut être soigné à condition d'être détecté à temps.

RÔLE DE L'ALIMENTATION

Une bonne alimentation contribue à la santé de la glande prostatique. Une étude récente effectuée auprès de 48 000 hommes a démontré que le

À privilégier

tomates, pastèques, pamplemousses et petites baies pour le lycopène; 10 portions par semaine

le tofu et autres produits du soja pour prévenir l'inflammation; 4 ou 5 portions par semaine

noix, graines, germe de blé, œufs et produits céréaliers pour la vitamine E; 1 à 2 portions par jour

huîtres, yogourt et autres aliments riches en zinc; à consommer quotidiennement

poisson et huiles végétales pour les acides gras polyinsaturés; à consommer quotidiennement

lycopène, un pigment présent dans certains fruits rouges, pouvait diminuer les risques de cancer de la prostate. La cuisson potentialise l'effet du lycopène présent dans la tomate, de sorte qu'on encourage la consommation de sauces et de soupes à base de tomates. De façon générale, légumes et fruits fournissent des antioxydants et des bioflavonoïdes offrant une protection contre tous types de cancer.

L'organisme a besoin de zinc pour métaboliser les lycopènes. Par ailleurs, on croit que la vitamine E contribue à réduire l'inflammation, notamment celle de la prostate. Enfin le tofu et d'autres produits du soja pourraient avoir cette même vertu qu'on attribue aux isoflavones, composantes chimiques naturelles. Les Japonais, grands consommateurs de soja, seraient moins touchés que les Occidentaux par les problèmes de prostate.

Enfin tout homme qui souffre d'une hypertrophie de la prostate devrait boire beaucoup d'eau et de boissons non alcooliques. Il aurait également intérêt à éliminer la caféine et les aliments épicés qui irritent la vessie.

PROTÉINES

Difficile de lister les rôles des protéines tant ils sont multiples. Les protéines sont nécessaires à la croissance et à la reconstitution de tous les éléments de notre organisme; elles entrent dans la constitution de la peau, des organes, des muscles, des cheveux, des ongles; elles interviennent dans la synthèse des hormones (l'insuline par exemple); elles jouent un rôle fondamental dans l'immunité, car la lutte contre les infections passe par la synthèse de protéines particulières: les anticorps...

Les protéines devraient fournir au plus 15 % de l'apport énergétique de la ration, le reste venant des lipides (35 %) et des glucides (50 %). Si l'apport en lipides et en glucides est insuffisant pour couvrir les besoins énergétiques de l'organisme, celui-ci aura recours aux protéines, qu'il décomposera pour en tirer de l'énergie.

Il est inutile de consommer des protéines en trop grande quantité, car l'organisme ne sait pas les utiliser. Les protéines excédentaires sont converties par le foie en glucose et en sous-produits comme l'urée, qui seront éliminés. Les protéines excédentaires favorisent la production d'acide urique.

Parmi les aliments riches en protéines figurent la viande, la volaille, le poisson, les fruits de mer, l'œuf, le lait et les produits laitiers ainsi que les légumes secs. Les céréales ou dérivés (blé, riz et pain) en contiennent également, mais en quantité moins importante. En revanche, les matières grasses, les fruits, les légumes et le sucre n'en contiennent pratiquement pas.

En moyenne, on estime que le besoin en protéines est de l'ordre de 1 g/kg de poids corporel par jour. Chez les adultes, le besoin en protéines est un besoin d'entretien, alors que chez les enfants, les adolescents, les femmes enceintes s'ajoutent des besoins de croissance et de construction.

LES ACIDES AMINÉS

Les protéines sont constituées d'acides aminés qui renferment les quatre éléments nécessaires à la vie (carbone, hydrogène, oxygène et azote). Certains acides aminés contiennent également du soufre. Il existe une vingtaine d'acides aminés différents, mais au sein d'une protéine certains sont présents plusieurs fois. Chaque protéine se caractérise par le nombre et le type d'acides aminés qu'elle présente, et surtout par leur combinaison. On dénombre ainsi plusieurs dizaines de milliers de protéines différentes.

Chaque protéine a une fonction spécifique dans l'organisme. La kératine et le collagène donnent du tonus et de l'élasticité aux cheveux, à la peau et aux tendons. L'hémoglobine et la myoglobine transportent l'oxygène dans le sang et les muscles. Un autre groupe important de protéines, les enzymes, gouvernent les réactions chimiques des cellules, à la base de la croissance, de la reconstitution des cellules, de la production d'énergie et du rejet des déchets.

Parmi la vingtaine d'acides aminés constitutifs des protéines du corps, certains peuvent être obtenus à partir d'autres acides aminés ou de corps chimiques voisins: l'organisme réalise les transformations nécessaires. D'autres, au contraire, doivent être apportés impérativement par les aliments, car l'organisme ne peut les synthétiser. On les appelle acides aminés essentiels ou indispensables. Ils sont au nombre de huit. Il s'agit de l'isoleucine, la leucine, la phénylalanine, la valine, la thréonine, la méthionine, le tryptophane et la lysine. Chez les jeunes enfants, l'histidine est également considérée comme un acide aminé essentiel, car leur organisme est incapable de la produire en quantité suffisante.

Les protéines d'origine animale contiennent tous les acides aminés essentiels dans les proportions requises par l'organisme. L'œuf en est la source la mieux équilibrée.

Les protéines d'origine végétale sont souvent plus pauvres en un ou plusieurs acides aminés essentiels. Les protéines des céréales sont déficientes en lysine, celles des légumes secs en méthionine. Néanmoins, le déficit ne portant pas sur le même acide aminé, ces deux sources se complètent. Cette complémentarité est d'ailleurs largement utilisée dans le cas d'un régime végétarien. Elle l'est aussi depuis des siècles au travers de plats qui associent la semoule et les pois chiches (couscous), le maïs et les haricots, le riz et les lentilles.

La prune est réputée pour ses propriétés laxatives et diurétiques.

PRUNE

AVANTAGES
- *contient de la vitamine E et du potassium*
- *stimule les fonctions d'élimination*

Juteuse et désaltérante, la prune n'est que modérément calorique et offre bien des avantages. Parmi les nombreuses variétés qu'offre *Prunus domestica,* il faut retenir la reine-claude, la quetsche et la prune d'Ente. La mirabelle appartient à une espèce différente, mais garde les mêmes qualités nutritionnelles.

Les prunes contiennent une bonne quantité de vitamine E, un antioxydant qui contribue à protéger les cellules contre les effets nocifs des radicaux libres et peut retarder certains effets du vieillissement.

Le sorbitol et la diphénylisatine, substances aux propriétés laxatives présentes dans la prune, renforcent l'action des fibres, assez abondantes. En outre, un rapport potassium/sodium plutôt élevé lui confère des propriétés diurétiques. C'est donc un fruit appelé à tenir un rôle dans les fonctions d'élimination de l'organisme.

Les pruneaux sont obtenus soit par dessiccation au four, soit par déshydratation dans une solution sucrée chaude. Comme tous les fruits secs, le pruneau est très énergétique en raison de sa concentration en sucre. C'est un fruit riche en bêta-carotène et en potassium ; il contient également de la vitamine B$_6$ et du fer en quantités significatives. Ses fibres aident à soulager les problèmes de constipation. Le jus, vendu en bouteille, est pauvre en fibres mais conserve néanmoins des propriétés laxatives.

COMPOSITION MOYENNE POUR 100 G DE PRUNES :

protéines	0,8 g
lipides	0,2 g
glucides	12 g
apport énergétique	52 kcal

POUR 100 G DE PRUNEAUX :

protéines	2,5 g
lipides	0,3 g
glucides	39,8 g
apport énergétique	163 kcal

RACHITISME

PRIVILÉGIER

- *une exposition raisonnable de la peau au soleil*
- *les poissons gras, les œufs, la viande, le foie, pour la vitamine D*
- *le lait et les produits laitiers, pour le calcium et la vitamine D*

RÉDUIRE

- *le son de blé, qui contient de l'acide phytique*

Le rachitisme a pour cause majeure une carence en vitamine D. Dans de très rares cas, elle peut être due à un déficit en calcium. L'organisme a besoin d'un apport convenable en vitamine D pour assimiler le calcium alimentaire. Cette vitamine stimule son absorption au niveau de l'intestin. Le développement d'une ossature solide dépend d'un équilibre entre les apports de calcium et de phosphore. Le rapport calcium/phosphore doit être égal à 1. Sans calcium, les os se ramollissent, se déforment et se fracturent facilement. Au Canada, on ajoute systématiquement de la vitamine D au lait pour prévenir le rachitisme.

La vitamine D provient surtout de l'action du soleil sur la peau, mais on la trouve dans certains aliments, tels que le lait enrichi, les poissons gras et les huiles de poisson. On la retrouve également en petites quantités dans la viande, le foie, les œufs. On recom-

mande un apport de 100 à 400 UI par jour ; 250 ml de lait enrichi en fournissent 100, en plus d'être une bonne source de calcium.

L'ostéomalacie est une forme de rachitisme qui frappe les adultes ; elle est assez rare de nos jours dans les pays développés. Le manque de soleil en est l'une des causes. La maladie affecte, par exemple, les personnes à peau pigmentée qui vont vivre sous un climat moins ensoleillé. Mais on la rencontre surtout chez les femmes à grossesses multiples vivant peu au soleil ou chez des gens âgés dont les habitudes alimentaires et le mode de vie limitent les apports en calcium et l'ensoleillement.

L'ostéomalacie peut résulter de difficultés d'absorption du calcium au niveau de l'intestin ou de troubles d'assimilation du calcium. Une défaillance rénale chronique et des affections hépatiques peuvent aussi conduire à l'ostéomalacie, les reins et le foie ne parvenant plus à synthétiser la vitamine D active de façon appropriée.

Il peut exister un risque pour les végétariens qui ne consommeraient pas suffisamment de produits laitiers. L'abus chronique d'alcool est aussi susceptible d'affecter le métabolisme de la vitamine D. L'ostéomalacie peut enfin résulter de l'usage prolongé de certains médicaments, comme les antiacides gastriques, qui augmentent les apports de phosphore. Mais de tels cas ne sont pas fréquents et impliquent une insuffisance de l'apport alimentaire en calcium.

L'ingestion de grandes quantités d'acide phytique, que contiennent en forte proportion le son de blé, le riz brun et les légumineuses, peut accroître le risque d'ostéomalacie en inhibant l'absorption du calcium.

Le traitement de l'ostéomalacie est le même que celui du rachitisme et exige la prise prolongée de vitamine D, prescrite par un médecin. Elle sera associée à une alimentation équilibrée,

riche en calcium, que l'on trouve dans le lait, les produits laitiers et, à un moindre degré, dans les légumes et les fruits. Comme pour le rachitisme, il existe un traitement préventif avec, notamment chez la femme enceinte, une supplémentation en vitamine D en fin de grossesse. Celle-ci doit être très surveillée car un surdosage peut avoir des conséquences graves (hypercalcémie, dépôts de calcium dans les reins, insuffisance rénale...).

RADICAUX LIBRES

Les radicaux libres sont des molécules instables produites continuellement par le corps. Ils résultent du fonctionnement normal de son métabolisme. Cependant, ils seraient très toxiques si les cellules n'avaient pas à leur disposition un arsenal de moyens pour s'en protéger. Le danger survient lorsque l'organisme réagit avec excès face à diverses agressions (tabac, surexposition aux rayons ultraviolets, inflammations chroniques, pollution...). Il relâche alors plus de radicaux libres.

L'OXYDATION

Possédant un électron célibataire, les radicaux libres recherchent dès leur émission d'autres molécules, avec lesquelles ils entrent en réaction. Cette réaction s'appelle l'oxydation. Les radicaux libres peuvent oxyder, et donc altérer, l'ADN et les membranes cellulaires. Ils sont impliqués dans l'apparition de taches brunes sur la peau. On a également associé les radicaux libres au vieillissement, et, plus grave, au cancer et à l'athérosclérose. Mais leur rôle exact dans l'apparition de ces maladies fait toujours l'objet d'importantes recherches médicales.

Les mécanismes de défense contre les radicaux libres que possède l'organisme sont : des enzymes (la superoxyde dismutase, qui contient du zinc, et la glutathion-peroxydase, qui renferme du sélénium) et des vitamines (les vitamines C, E et le carotène, précurseur de la vitamine A). Les bioflavonoïdes, d'origine végétale, semblent également avoir un effet protecteur.

Ces substances sont contenues naturellement dans les aliments : fruits et légumes, viande, produits de la mer, noix, huiles végétales… La meilleure protection contre les radicaux libres est donc d'avoir une alimentation variée et équilibrée.

RADIS

AVANTAGES
- *peu de matières grasses et de calories*

INCONVÉNIENTS
- *risque de flatulences*

Le radis fait partie de la famille des crucifères, comme les brocolis, les navets et les choux… Tous contiennent des composés sulfureux qui pourraient jouer un rôle protecteur contre certains types de cancers. Toutefois, ces mêmes substances peuvent aussi contrecarrer l'assimilation de l'iode par l'organisme, essentielle au fonctionnement de la thyroïde. Il faut donc prendre soin de les intégrer dans un régime équilibré. Ce sont ces mêmes composés sulfureux qui peuvent donner aux radis une saveur très piquante. Parfois mal tolérés, ils doivent être consommés très frais et très jeunes. Leur apport en potassium est intéressant et leur teneur en vitamine C non négligeable, d'autant qu'ils sont pratiquement toujours consommés crus.

Le radis noir, plus piquant que le petit radis rose, offre une chair très blanche sous une peau rugueuse noire

ou violacée. Il est plus énergétique que le radis rose – en raison de sa teneur en glucides plus élevée –, très riche en vitamine C et en potassium ; il stimule par ailleurs le fonctionnement de la vésicule biliaire.

COMPOSITION MOYENNE POUR 100 G DE RADIS ROSE :

protéines	0,6 g
lipides	0,3 g
glucides	2,6 g
apport énergétique	15 kcal

POUR 100 G DE RADIS NOIR :

protéines	2,8 g
lipides	0,3 g
glucides	11 g
apport énergétique	57 kcal

RAIFORT

AVANTAGES
- *riche en vitamine C, en potassium et en calcium*
- *stimule la digestion*

INCONVÉNIENTS
- *irritant à forte dose*

Le nom de cette plante s'écrivait jadis « raiz fors » (racine forte)… Sa racine renferme une huile essentielle qui lui donne son piquant, stimule la digestion, mais devient irritante à forte dose. Elle est riche en vitamine C

(120 mg pour 100 g), en potassium et en calcium. Sa pulpe fraîchement râpée accompagne viandes froides, potées et pot-au-feu ou relève la mayonnaise. On la trouve couramment râpée, mélangée à du vinaigre et à du sel, vendue en petits pots de verre. On l'achète aussi séchée et pulvérisée ; il suffit alors de la diluer dans de l'eau et du vinaigre.

COMPOSITION MOYENNE POUR 100 G DE RAIFORT :

protéines	2,6 g
lipides	0
glucides	9,4 g
apport énergétique	48 kcal

RAISIN

AVANTAGES
- *riches en pectine et en antioxydants*
- *fournit du potassium, du fer et de la vitamine C*
- *peu calorique*

INCONVÉNIENTS
- *les salicylates qu'il renferme peuvent provoquer des allergies*
- *garde souvent des traces de pesticide*
- *souvent traité au bioxyde de soufre pour le conserver frais*

Le raisin est un fruit relativement énergétique en raison de sa forte proportion de glucides. Bonne source de potassium, il n'apporte cependant qu'une faible quantité de vitamines – 20 fois moins de vitamine C que le kiwi – et de sels minéraux. Cependant, le raisin noir est riche en bioflavonoïdes, antioxydants qui, pense-t-on, neutralisent les radicaux libres et aident à protéger l'organisme contre le cancer et les affections cardiaques.

On croit aussi actuellement qu'un pigment qu'il contient, la quercétine, aurait la particularité de régulariser les taux de cholestérol dans le sang et que, en réduisant l'action des plaquettes, le raisin préviendrait par le fait même la formation des caillots. C'est en vertu de la quercétine qu'on attribue au vin des effets bénéfiques sur la santé cardiaque, à condition d'être bu en modération

Le raisin européen, *Vitis vinifera,* a donné naissance à plus de 10 000 cultivars qui incluent la plupart des raisins qui servent à faire du vin et plusieurs variétés de raisins de table que nous connaissons : le cardinal, le muscat de Hambourg et le ribier (celui-ci importé du Chili), classés parmi les raisins bleus ou noirs ; le chasselas et le muscat blanc, classé parmi les raisins verts ou blancs. Les raisins nord-américains, qui incluent le concorde, un raisin bleu avec pépins, et le thompson, un raisin vert sans pépins, ont une peau fine, aisément détachable. Ils servent surtout à fabriquer des gelées et des jus.

La peau du raisin présente des particules de substances contaminantes : levures, moisissures et polluants de l'atmosphère, résidus de pesticides. Il faut bien le laver avant de le consommer.

RAISINS SECS

Autrefois exposés au soleil, les raisins sont maintenant plus généralement séchés artificiellement. On trouve les raisins de Corinthe, la variété sultane, aux grains petits et dorés, pratiquement sans pépins, les raisins de Smyrne et de Malaga, plus gros, plus musqués et moins sucrés. Ayant perdu 90 % de leur eau, les raisins secs sont des concentrés de calories, en raison de leur forte teneur en sucres naturels, et constituent de vraies réserves d'énergie – on les recommande aux athlètes d'endurance. Ils sont en outre riches en potassium (une grosse poignée, soit 30 g, satisfera environ 9 % des besoins quotidiens d'un adulte), en calcium et en magnésium, et renferment également du fer.

COMPOSITION MOYENNE POUR 100 G DE RAISINS FRAIS :

protéines . . . . 0,6 g
lipides . . . . 0,7 g
glucides . . . . 16,1 g
apport énergétique . . . . 69 kcal

POUR 100 G DE RAISINS SECS :

protéines . . . . 2,6 g
lipides . . . . 0,5 g
glucides . . . . 65,8 g
apport énergétique . . . . . . 267 kcal

RÉFRIGÉRATEUR

Les basses températures du réfrigérateur ralentissent les réactions chimiques de dégradation des aliments et diminuent efficacement la multiplication microbienne.

En général, la partie la plus froide se situe dans la portion supérieure de l'appareil. Certains modèles, cependant, sont conçus différemment. Il faut donc consulter la notice du fabricant. La température de cette zone se situe autour de 2 ou 3 °C. Elle ne doit pas atteindre 4 °C, afin d'empêcher le développement des germes cryophiles. Dans la zone intermédiaire, située entre la zone froide et le bac à légumes, la température oscille entre 4 et 6 °C. Au niveau du bac à légumes, la température est comprise entre 8 et 10 °C. Les compartiments des portes sont davantage soumis aux variations de température.

Le froid est régulé par un thermostat, à moduler en fonction de la température extérieure. Attention à ne pas trop charger un réfrigérateur, car les aliments freinent la circulation du froid. Pensez à vérifier de temps à autre la température des différentes zones avec un thermomètre spécial.

ENTRETIEN DU RÉFRIGÉRATEUR

Dégivrage. Il est indispensable sur les appareils qui l'exigent, car le givre augmente la consommation d'énergie. De plus, la glace a tendance à fixer les odeurs. Si vous êtes pressé – mais mieux vaut l'éviter –, dégivrez le compartiment à glace avec de l'eau chaude et un grattoir en plastique, jamais en métal. Pour un réfrigérateur à dégivrage automatique, il suffit de s'assurer que les aliments ne collent pas à l'évaporateur, de nettoyer régulièrement la gouttière et de vérifier, à l'aide d'une aiguille à tricoter, que l'orifice de drainage n'est pas bouché.

Nettoyage. Lavez votre appareil une ou deux fois par mois avec de l'eau additionnée de liquide à vaisselle ou de bicarbonate de soude. Insistez sur les joints de la porte afin de conserver une bonne étanchéité. En cas d'absence prolongée, il est recommandé de vider le réfrigérateur, de le débrancher, de le nettoyer à fond et de caler la porte pour qu'elle reste entrouverte.

281

UN RÉFRIGÉRATEUR BIEN RANGÉ

Dans la zone la plus froide (1) :
– la viande hachée, tranchée, préemballée ; les abats, la charcuterie, le poisson frais. Plus ces aliments sont découpés, plus leur dégradation est rapide ;
– le lait ;
– les pâtisseries ;
– les plats cuisinés sous vide et les crudités en sachets.

Dans la zone intermédiaire (2) :
– les produits laitiers entamés ;
– les viandes, poissons et légumes cuits et refroidis ;
– les grosses pièces de viande et les volailles entières ;
– les fromages dont on veut ralentir la maturation ;
– les plats cuisinés maison – que l'on aura pris soin de laisser refroidir avant de les mettre au réfrigérateur – transférés dans des contenants hermétiques.

– les conserves entamées ;
– les produits surgelés à décongeler.

Dans le bac à légumes (3) :
– les fruits à mettre au réfrigérateur ;
– les légumes, de préférence lavés, isolés les uns des autres. Ne surchargez pas trop le bac, car les légumes risquent de flétrir plus vite ;
– les fromages, emballés individuellement, et placés dans une boîte hermétique. Sortez-les du réfrigérateur 30 minutes avant le repas.

Dans la contre-porte :
– le beurre (dans le compartiment spécial, il reste souple). Comme il absorbe les odeurs, il doit être conservé dans son emballage d'origine ou dans un contenant ;
– les œufs ;
– les boissons.

RÉGIMES AMAIGRISSANTS

Voir p. 284

RÈGLES ET SYNDROME PRÉMENSTRUEL

L'alimentation peut agir sur certains problèmes de menstruation. Mais, en cas de pertes de sang abondantes, d'irrégularité des règles et de douleurs intenses, consultez votre médecin.

LE SYNDROME PRÉMENSTRUEL

PRIVILÉGIER
- *les repas peu copieux et fréquents, riches en glucides complexes et pauvres en graisses*
- *les aliments qui contiennent de la vitamine B$_6$, comme la viande, le poisson, les céréales complètes et les légumes verts à feuilles*

RÉDUIRE
- *le sel*
- *la caféine (café, thé, boissons au cola)*
- *les sucres et sucreries*

ÉVITER
- *l'alcool*

On peut relier le syndrome prémenstruel à la production des hormones féminines – œstrogènes et progestérone – qui contrôlent le cycle, et à la sensibilité personnelle des femmes aux variations des niveaux hormonaux. Ce syndrome provoque des modifications physiques et mentales qui se manifestent généralement dans la seconde moitié du cycle ou au cours de la semaine qui précède les règles. Il disparaît dès l'apparition de celles-ci. Les principaux symptômes sont : douleurs dans le bas du dos, maux de tête, rétention d'eau, crampes, sensibilité accrue des seins, comportement irritable, anxiété, dépression, difficultés de concentration... La compréhension scientifique de ces troubles ayant beaucoup progressé, les médecins sont aujourd'hui mieux à même de les soulager.

Avec la pilule par exemple – hormones progestatives seules ou associées à des œstrogènes (œstroprogestatives) –, beaucoup de femmes ont été soulagées du syndrome prémenstruel.

Une alimentation équilibrée permettant la prévention de l'obésité et de l'accumulation de masse grasse peut avoir une influence sur le syndrome prémenstruel et en diminuer la fréquence. Des études ont démontré l'intérêt d'un régime pauvre en graisses de type saturé, privilégiant les glucides complexes des légumineuses et des céréales complètes.

Certains médecins conseillent des apports en vitamine B6 (pyridoxine), qui participe à la dégradation des œstrogènes dans le foie, et préconisent parfois des suppléments à base d'huile d'onagre. D'autre part, la supplémentation en vitamine B6 peut aider à limiter la rétention d'eau prémenstruelle, qui se caractérise par un gonflement de l'estomac, du visage, des doigts et des orteils, ainsi que par une sensibilité accrue des seins. Il peut être utile de consommer davantage d'aliments renfermant cette vitamine – abats, viande, poisson, céréales complètes et légumes verts à feuilles. On peut aussi réduire la rétention d'eau en limitant les apports de sel. Il suffit pour cela de ne pas resaler les aliments et d'éviter la charcuterie, les plats cuisinés, les croustilles, les noix et les graines salées…

La caféine, qui a des effets stimulants, pourrait intensifier le syndrome prémenstruel. Par ailleurs, la suppression brutale de la caféine pouvant provoquer des maux de tête, il est préférable de réduire progressivement les doses à l'approche des règles.

Certaines femmes éprouvent, en période prémenstruelle, des fringales se portant surtout sur des aliments sucrés. Mais cette consommation excessive de sucre provoque rapidement des maux de tête, des palpitations et une grande fatigue. Dans ce cas, il est préférable de prendre des repas fractionnés, peu copieux et réguliers, afin de stabiliser le taux de sucre dans le sang. Enfin, il est fortement recommandé d'éviter l'alcool, qui accentue les fluctuations de l'humeur et du comportement.

RÈGLES DOULOUREUSES (DYSMÉNORRHÉE)

PRIVILÉGIER
- *la viande, les abats, le poisson, la levure de bière et les légumes verts à feuilles, pour la vitamine B6*
- *les huiles végétales et le germe de blé, pour la vitamine E*
- *les noix et les céréales complètes, pour le magnésium*

Toute femme souffrant régulièrement de ses règles devrait consulter un médecin. Ces manifestations peuvent être liées à un ou des fibromes, à une endométriose (dissémination de la muqueuse de l'utérus dans le petit bassin) ou une autre cause sous-jacente.

Les nouveaux types d'anti-inflammatoires à action antiprostaglandine (qui agissent sur certaines hormones à activité vasculaire appelées prostaglandines) ont beaucoup amélioré le traitement des dysménorrhées. Par leur effet sur les vaisseaux sanguins, ils réduisent les sensations de crampes.

Certains facteurs alimentaires conserveraient néanmoins leur intérêt. L'huile d'onagre et la vitamine B6 soulageraient les symptômes, mais on n'a pas encore démontré l'intérêt de les prendre sous forme de compléments. L'utilité d'une consommation accrue de vitamine C, que l'on trouve dans la plupart des fruits et des légumes, et de vitamine E, contenue dans les huiles végétales, a également été évoquée. Il en est de même pour certains minéraux comme le calcium, présent dans les produits laitiers, et le magnésium des fruits oléagineux (noix) et des céréales complètes.

ABSENCE DE RÈGLES (AMÉNORRHÉE)

La cause la plus naturelle d'un arrêt des règles est, bien entendu, la grossesse. Cependant, l'absence ou l'irrégularité des règles peuvent avoir des raisons médicales, telles que des problèmes thyroïdiens, une obésité ou un diabète. L'exercice physique excessif et intensif, une importante perte de poids obtenue par un régime brutal, des perturbations émotionnelles, une situation de stress important, voire un simple voyage en avion peuvent interrompre les règles. L'aménorrhée est également l'un des symptômes de l'anorexie mentale. Elle peut aussi frapper les jeunes athlètes, en particulier celles qui pratiquent la course de fond ou la gymnastique. Enfin, un changement de pilule contraceptive et la prise de pilules minidosées peuvent éventuellement perturber le bon déroulement du cycle menstruel.

RÈGLES ABONDANTES (MÉNORRAGIE)

PRIVILÉGIER
- *les aliments riches en fer héminique : viande, abats, œufs, poisson*

La ménorragie tend à se manifester lors des premiers cycles menstruels ou à l'approche de la ménopause. Elle est fréquente chez les femmes qui utilisent le stérilet comme moyen contraceptif.

(SUITE À LA PAGE 288)

LES RÉGIMES AMAIGRISSANTS

Pour perdre des kilos et ne pas les reprendre, il est indispensable d'adopter un comportement alimentaire équilibré. Les régimes privation peuvent être à l'origine de problèmes de santé et ne permettent pas une stabilisation durable du poids atteint.

Que ce soit pour des motifs esthétiques ou pour des raisons de santé, maigrir ne veut pas dire suivre le régime à la mode, celui indiqué par l'amie d'une amie, ni adopter un mode d'alimentation excentrique. Seul un régime raisonnable et équilibré, sans suppression totale de certains aliments, peut permettre de maigrir en toute sécurité.

La meilleure façon de maigrir, c'est de perdre du poids lentement et sûrement. C'est aussi adopter des habitudes saines, afin que la perte de poids reste définitive. En fait, les mots « régime » et « diète amaigrissante » devraient être bannis car ils ont une connotation de courte durée. Ils devraient être remplacés par le concept de réforme alimentaire à long terme qui consiste à adopter de nouvelles habitudes quant au choix des aliments et à la pratique d'activités physiques. Le but visé est de se sentir mieux dans son corps et dans sa tête. Les kilos superflus disparaîtront graduellement à mesure que s'installera le nouveau style de vie.

DES PIÈGES À ÉVITER

Il existe certes de multiples méthodes préconisées pour perdre du poids, toutes plus miraculeuses les unes que les autres à en croire les affirmations de toute sorte. La plupart ne reposent pas sur des bases sérieuses, et certaines s'avèrent même très dangereuses pour la santé. Si on les suit scrupuleusement, on perd du poids, c'est sûr et vérifié – et c'est bien là le leurre –, mais quels seront les résultats à plus long terme ?

Il est impératif de savoir que les régimes fantaisistes, outranciers ou trop rigoureux ne favorisent pas l'adoption de bonnes habitudes alimentaires, et encore moins la stabilisation du poids atteint, qui est la partie la plus difficile d'un régime ; qu'il n'existe pas de drogue miracle et que les médicaments (coupe-faim et extraits thyroïdiens), encore trop souvent prescrits, se révèlent être encore plus dangereux.

LES MÉTHODES LES PLUS CONNUES

– Le régime Atkins : qui n'a pas entendu parler de cette méthode « révolutionnaire » qui préconise une alimentation quasi privée de glucides, autorisant à volonté lipides et protéines ? Très pauvre en fruits et en légumes – donc en sels minéraux, en vitamines et en fibres –, surchargé en graisses, ce régime met en danger le cœur et les artères.

– Les régimes dissociés, qui ont connu une certain vogue... Ils sont certes efficaces pendant une courte période, mais,

Maigrir, c'est aussi prendre le temps de cuisiner et de varier ses menus.

déséquilibrés, ils entraînent à la longue des carences et rendent difficile toute vie sociale : « Ah ! non, c'est mon jour de ceci ou de cela... »

– Jeûner, c'est-à-dire ne plus manger mais boire beaucoup d'eau, est une pratique dangereuse risquant d'entraîner de brutales chutes de tension et des défaillances cardiaques. Même si le jeûne s'accompagne d'une surveillance médicale, il est très rare que la perte de poids se maintienne après un retour à une alimentation normale.

– Le régime Mayo Clinic : des œufs durs, encore des œufs durs, toujours des œufs durs... pendant 2 semaines. Outre la mauvaise haleine qui en résulte, le cholestérol et les lipides s'installent, de même que les carences en calcium et en vitamines. Aucun « après-régime » n'est prévu : vous n'avez pas d'autre possibilité que de reprendre les kilos perdus et même un peu plus. Suite aux critiques émises par le corps médical, un nouveau régime Mayo Clinic a vu le jour, assorti d'autres aliments riches en protéines et même d'un programme de stabilisation à... 800 calories, ce qui est bien sûr inconcevable, une alimentation normale tournant autour de 2 000 calories.

– La méthode Montignac, peu éloignée parfois du régime Atkins, est, aux yeux des spécialistes, trop riche en graisses, assortie d'une certaine pauvreté glucidique. Impossible de l'interrompre, au risque de reprendre le poids perdu.

– Le régime Scarsdale : féculents, pâtes, céréales, pommes de terre, desserts sucrés, chocolat, matières grasses, laitages et charcuterie sont interdits. Si ce régime (draconien !) doit durer plus de 2 semaines, il est recommandé d'alterner avec des phases de stabilisation très sévères. Vous maigrissez, c'est sûr, mais vous ne tiendrez pas ainsi toute la vie !

– Les monodiètes (cure de raisin, d'ananas ou d'autres fruits) sont totalement déséquilibrées et peuvent provoquer de graves carences.

– Les thérapies de groupe : il s'agit de faire jouer l'émulation et de profiter de l'expérience des autres. Il existe divers groupes, le plus connu étant celui des Weight Watchers. Il faut reconnaître que le fait d'être soutenu et aidé par l'exemple et l'échange des expériences est une excellente initiative. Le point noir : si l'on ne sait pas conserver les bonnes habitudes respectées durant la thérapie, le problème de l'après-régime reste entier !

– Les régimes accélérés, parmi lesquels les repas de substitution sous forme de boissons, soupes et barres (souvent trop riches en lipides), ne peuvent fournir le même équilibre nutritionnel qu'une alimentation variée. Le succès de tout régime accéléré est de courte durée, car le corps perd de l'eau et des protéines plutôt que son excédent de graisse. Au retour à une alimentation normale, le remplacement des fluides du corps se fait rapidement et le gain de poids est souvent immédiat. Cependant, ces produits hypocaloriques, intégrés dans un régime équilibré à long terme, peuvent simplifier l'organisation des repas pris à l'extérieur et permettre de ne pas sauter un repas.

Un régime de vie sain

Un bon régime alimentaire doit fournir tous les éléments nutritifs dont le corps a besoin. Si vous avez un surplus de poids, votre apport en calories est probablement supérieur aux besoins de votre organisme. En réduisant les produits riches en énergie mais pauvres en valeur nutritive (confiseries, pâtisseries, biscuits salés et sucrés, boissons sucrées ou alcoolisées) pour privilégier des aliments à haute valeur nutritive (légumes, fruits, poisson, viande, volaille, produits laitiers, pain et céréales), vous réduirez l'ingestion de calories dans votre alimentation.

De toutes les grandes composantes alimentaires, la source d'énergie la plus concentrée est la graisse. Avec 9 kcal par gramme, les lipides sont plus de 2 fois plus caloriques que les protéines et les glucides, qui apportent 4 kcal par gramme. Réduire la quantité de corps gras et choisir de préférence des corps gras non saturés constituent donc la première démarche. La seconde consiste à diminuer au maximum (sans pour autant les supprimer totalement, car vous risqueriez de craquer) la quantité de glucides simples : sucre de table, confiseries, boissons sucrées. Les aliments qui allient sucres et lipides (comme les pâtisseries et les viennoiseries) sont contre-indiqués, tout comme l'alcool, qui, pur, contient 7 kcal par gramme. Mais ne supprimez ni le pain, ni les céréales, ni les légumineuses, ni le riz, ni les pommes de terre, ni les pâtes, qui ont été longtemps en butte à une chasse draconienne. On croit volontiers que ces féculents font grossir. En fait, leur teneur en calories est moyenne et leur apport nutritionnel essentiel. L'important est de ne pas leur ajouter trop de corps gras. Les féculents ont en plus l'avantage de bien rassasier. Préférez les céréales, le riz, les pâtes et le pain dans leur version complète, car ils apportent plus de vitamines, de minéraux et de fibres que leurs équivalents raffinés.

Faites la part belle aux légumes. Crus et cuits, consommez-les à volonté aux repas, et même entre les repas si vous avez faim. Les fruits sont les desserts les plus indiqués (salade de fruits, fruits cuits, compotes nature, gratin de fruits, sorbets maison sans sucre...). Entraînez-vous à penser différemment vos achats et votre façon de cuisiner et planifiez vos menus. Il est plus facile ainsi de contrôler la qualité de son alimentation.

De l'exercice physique

En suivant ces recommandations, vous réussirez probablement à réduire votre apport énergétique et à perdre du poids. Visez une chute de poids régulière de 500 g par semaine, qui va se traduire par une diminution des graisses de l'organisme. Le fait d'accroître vos dépenses en calories grâce à un exercice physique régulier (3 fois par semaine, pendant au moins 20 minutes) va vous aider à brûler des graisses, à tonifier et, donc, amincir votre silhouette. Une activité bien choisie et progressive permet de maigrir musclé et de se fabriquer un nouveau corps. Dès que l'on en prend conscience, c'est une motivation supplémentaire pour ne pas succomber aux tentations et revenir aux vieilles habitudes. Si le sport vous paraît difficile ou impossible, marchez le plus possible, évitez les ascenseurs, les escaliers mécaniques, la voiture, emmenez le chien courir au parc…

Les méthodes de relaxation sont une aide, dans la mesure où leur pratique permet de mieux se connaître, d'apprendre à vivre en harmonie avec son corps et à dominer ses émotions.

PRODUITS ALLÉGÉS OU NON ?

Certains produits allégés sont de bons compagnons. Mieux vaut un yogourt à 0 % de matières grasses qui a conservé tout son apport en calcium qu'un yogourt au lait entier. Mieux vaut aussi s'habituer au lait partiellement écrémé plutôt que de continuer à consommer du lait entier. Mais il ne faut pas verser dans l'exagération. Sur le plan du goût, certains préféreront ne savourer que 2 cuillerées à thé de vrai beurre par jour plutôt que d'avaler avec frustration le double de beurre allégé, et déguster un huitième de camembert au lait cru que le quart d'un camembert à 20 %.

Vous pouvez utiliser des édulcorants pour confectionner des desserts moins caloriques, ou pour sucrer vos boissons ; mais vous vous apercevrez vite que le café, le thé et même les tisanes peuvent être bus sans sucre du tout. N'abusez pas des édulcorants, car leur usage entretient le goût du sucré. Quant aux chocolats allégés, ils le sont en sucres, mais la proportion de lipides est plus importante que dans des chocolats ordinaires : il est important de savoir lire les étiquettes ! Enfin, sachez qu'il n'existe aucune huile

réduite en gras : toutes ont le même taux de lipides. Les huiles « légères » le sont certainement au goût, mais elles fournissent le même nombre de calories par portion que n'importe quelle autre huile.

Certains substituts peuvent être intéressants à condition de ne pas forcer la dose. C'est le cas de la mayonnaise allégée, dont une partie de l'huile est remplacée par de l'eau : elle vous permet de petits extras à doser en toute connais-

LES BONNES RAISONS POUR MAIGRIR

Avant de prendre la décision de modifier son régime pour perdre du poids, il importe de faire un bilan honnête de sa situation. Changer des habitudes ancrées depuis plusieurs années n'est pas aussi facile qu'on pourrait le croire. Posez-vous les questions suivantes :

● *Est-ce que je veux maigrir pour plaire à quelqu'un d'autre ?*

● *Est-ce que je veux maigrir pour satisfaire aux standards ?*

● *Est-ce que je veux maigrir pour modifier une partie spécifique de mon corps ?*

● *Suis-je prêt à changer mes habitudes ?*

● *Comment intégrer l'activité physique dans mon horaire ?*

● *Quels sont les aliments qui me font plaisir ? Suis-je prêt à les consommer moins souvent, s'il le faut ?*

● *Quels aliments seraient meilleurs pour moi ? Les consommer m'apporterait-il du plaisir ?*

Vos nouvelles habitudes doivent vous procurer du plaisir, sinon vous ne les garderez pas. Manger devrait vous apporter de la satisfaction et non pas de la frustration. Faites vos choix en conséquence, en fonction de vos besoins, en respectant votre rythme, vos goûts, vos possibilités, votre corps et votre génétique !

sance de cause. L'industrie offre maintenant des produits pleine saveur réduits en gras et en sucre. Les fruits en conserve dans leur jus, les compotes de fruits non sucrées, les confitures double fruits, le thon en conserve dans l'eau ou du bouillon, les vinaigrettes et les soupes légères en sont de bons exemples.

VARIÉTÉ ET PRÉSENTATION

Dans notre société de consommation, la gamme des produits proposés est suffisamment large pour que vous puissiez varier vos menus facilement : c'est une nécessité pour que votre alimentation ne soit pas lassante. Quant à la présentation, vous savez que le plaisir du palais commence par celui des yeux. Donc, une petite touche de couleur par-ci, un brin d'herbe par-là : tomate, poivron, câpres, semis de zeste d'agrume, etc. Jouez avec les brochettes, les préparations en gelée, les papillotes, les mousses légères. Mettez de temps en temps les petits plats dans les grands, sortez votre jolie vaisselle, une nappe de fête, décorez votre table. Vous renforcerez votre motivation à maintenir vos nouvelles habitudes.

DES PRODUITS DE QUALITÉ

Sélectionnez les produits pour leur saveur : les carottes avec leur tige sont beaucoup plus goûteuses que celles que vous achetez en sachet de plastique au supermarché ; il en va de même pour les autres légumes, les fruits, les poissons très frais, les viandes et les volailles de qualité. Il faut parfois être prêt à dépenser un peu plus pour avoir de la qualité, mais on y gagne aux plans de la saveur, de la fraîcheur et du contenu nutritif.

CUISINEZ LÉGER

Pour limiter la part des lipides dans votre alimentation, tirez un trait sur les fritures et tournez-vous vers des modes de cuisson plus sains : à la vapeur, au gril, au four, à la broche, au four à micro-ondes… La cuisson pochée (à l'eau ou au court-bouillon) est idéale pour le poisson et certaines viandes. Si vous laissez refroidir le plat préparé, vous pourrez retirer très facilement toute la graisse remontée à la surface. Si vous préférez la cuisson sautée, utilisez une poêle ou une sauteuse à revêtement antiadhésif.

EFFETS NOCIFS DES RÉGIMES

C'est un fait maintenant bien établi que 95 % des gens qui ont perdu du poids à la suite d'un régime le reprennent (et même un peu plus) en moins d'un an. Soyez conscient que vous devrez adopter de nouvelles habitudes pour le reste de votre vie. Le phénomène du yo-yo est bien connu des habitués des régimes. En effet, pendant et après une période d'amaigrissement, le corps réagit de moins en moins rapidement aux privations car il brûle moins de calories qu'avant. Vous devrez donc, pour ne pas reprendre les kilos perdus, intensifier l'exercice physique à mesure que vous augmenterez vos aliments par très petites quantités à la fois, tout en continuant à respecter les règles qui vous ont bien réussi. En revenant à ses anciennes habitudes, on a tôt fait de reprendre le poids perdu et la nécessité de faire un nouveau régime ne tarde pas à s'imposer. À chaque nouveau régime, le corps dépense de moins en moins d'énergie et engraisser devient de plus en plus facile. Pour augmenter le métabolisme du corps, une seule solution possible : l'exercice.

ET LES ÉCARTS ?

Vous avez beau être animé des meilleures intentions, vous serez amené – et heureusement – à faire des écarts un jour ou l'autre. Si vous les prévoyez, réduisez dès le matin l'apport calorique global. Si vous n'aviez pas planifié ces écarts, opérez la même réduction au repas suivant ou le lendemain et reprenez au plus vite vos bonnes habitudes sans culpabiliser. N'oubliez pas l'exercice physique. Une marche supplémentaire ou la prolongation d'une séance d'activité sportive rétablira l'équilibre.

Équilibrez votre alimentation

Il est indispensable d'apporter à votre organisme des aliments variés à chaque repas. Vous obtiendrez ainsi tous les nutriments dont vous avez besoin pour votre santé.

TYPES D'ALIMENTS	CONSEILS

Produits céréaliers

Riz, pain, céréales et pâtes ne font pas grossir. Ils apportent des glucides complexes et rassasient bien.

Choisissez du pain complet, de seigle, ou au son, plus savoureux et plus rassasiants que le pain blanc. Servez les pâtes et le riz avec des légumes, un coulis de tomates... Évitez les préparations très riches en fromage, crème, beurre ou huile. Supprimez les frites et les croustilles.

Fruits et légumes

Ils apportent minéraux, vitamines et fibres.

Prévoyez des légumes à chaque repas. Calmez votre faim entre les repas en croquant des crudités... ou en buvant un bol de soupe de légumes l'hiver. N'ajoutez pas de sucre sur les fruits. Choisissez des fruits en conserve au naturel. Faites attention aux fruits secs (très sucrés), aux noix de toutes sortes et aux avocats (riches en corps gras).

Produits laitiers

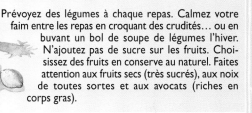

Lait, fromage, fromage blanc, yogourt... sont riches en calcium.

Choisissez le lait à 1 %, 2 % ou écrémé, les yogourts à moins de 2 % de m.g., les fromages maigres tels que fromage cottage, fromage blanc et ricotta. Remplacez les crèmes glacées et les poudings par des desserts maison à base de lait écrémé ou des purées de fruits.

Viandes et substituts

Ils apportent des protéines indispensables. 2 œufs en fournissent autant que 100 g de viande ou de poisson. Les légumineuses renferment également des protéines d'origine végétale, à ne pas négliger.

Préférez le poisson et les fruits de mer, car le poisson le plus gras reste moins gras que la viande la plus maigre. Évitez les conserves à l'huile, les pâtés, les charcuteries, à l'exception du jambon maigre. Choisissez des viandes maigres et retirez-en toute graisse apparente. Supprimez la peau des volailles. Ne consommez pas les sauces et les jus de cuisson. Faites cuire les œufs sans matière grasse.

Matières grasses et sucres

Ce sont les lipides qu'il faut traquer en priorité dans le cadre d'un régime amaigrissant, sans toutefois les éliminer totalement. Les confiseries n'apportent que des calories vides.

Pour la cuisson, préférez des huiles monoinsaturées (comme l'huile d'olive) ou polyinsaturées (tournesol, maïs, etc.) en petites quantités. Mieux vaut ajouter la matière grasse après cuisson. Réduisez la quantité d'huile dans les sauces de salade et faites un assaisonnement à base de jus de citron et de yogourt maigre. Supprimez fritures, biscuits salés et sucrés, bonbons, boissons sucrées. Diminuez le sucre ou remplacez-le par un édulcorant.

(SUITE DE LA PAGE 283)

Un saignement intermittent, tout au long du cycle, peut être, par exemple, lié à un déséquilibre hormonal ou à la présence de fibromes. Consultez votre médecin.

Des règles abondantes peuvent entraîner une anémie par perte de fer. À titre préventif, il est recommandé de consommer beaucoup d'aliments riches en fer héminique : abats – particulièrement le foie –, viande, œufs et poisson.

Les végétariennes renforceront leur ration de fer en mangeant beaucoup de légumineuses, de légumes vert foncé à feuilles et de fruits secs (ce régime est insuffisant en cas d'hémorragies importantes). Les céréales complètes sont riches en fer mais celui-ci est peu absorbé en raison de la présence de phytates, qui en inhibent l'absorption au niveau digestif. On leur conseillera également de boire des jus d'agrumes ou de manger des fruits frais au repas, car ils contiennent de la vitamine C, dont l'organisme a besoin pour optimiser l'assimilation du fer.

RÉGLISSE

AVANTAGES
● *peut aider à calmer les ulcères*

INCONVÉNIENTS
● *peut entraîner une hypertension*
● *peut provoquer une fuite de potassium*

La médecine traditionnelle a longtemps apprécié les vertus apaisantes de la réglisse. Les médecins chinois l'ont utilisée pendant des milliers d'années pour traiter toutes sortes de maux. Cependant, manger trop de réglisse peut être dangereux. En effet, la racine de cette plante est composée de deux grandes substances actives :
– des dérivés flavoniques, à l'action antispasmodique ; ils sont utilisés dans la fabrication de certains médicaments traitant l'ulcère gastrique ;
– de la glycyrrhizine, une substance qui donne sa saveur à la réglisse mais dont les effets sont similaires à ceux de la cortisone ; elle provoque une perte de potassium pouvant entraîner de multiples complications, tant neuromusculaires que rénales et cardiaques.

Il n'y a cependant rien à craindre des bâtons de réglisse vendus dans le commerce. Ceux-ci ne renferment que du sucre et des essences.

REINS
(maladies des)

Voir p. 296

REPAS

Voir p. 300

RESPIRATOIRES
(maladies)

PRIVILÉGIER
● *les fruits, pour la vitamine C*
● *les aliments source de bêta-carotène*
● *les poissons gras, le foie et les œufs, pour la vitamine A*
● *les fruits de mer, pour le zinc*
● *huiles et noix pour la vitamine E*

RÉDUIRE
● *l'alcool*

PROSCRIRE
● *le tabac*

Les affections respiratoires, depuis le simple rhume de passage jusqu'aux maladies chroniques comme l'asthme et l'emphysème, se rangent dans notre pays parmi les causes majeures de maladie, d'invalidité et de mortalité.

LA BRONCHITE

On distingue la bronchite aiguë et la bronchite chronique. La bronchite aiguë est presque toujours une infection secondaire. Les bactéries coupables attaquent un organisme déjà affaibli par un rhume ou par le virus de la grippe, les personnes âgées, les enfants en bas âge, les fumeurs, les sujets souffrant d'autres problèmes pulmonaires. En l'absence de traitement médical, la bronchite aiguë peut se transformer en pneumonie.

La bronchite chronique est une affection grave, qui concerne surtout les fumeurs mais aussi les personnes exposées à des polluants en forte concentration. Mais quelle qu'en soit la cause, elle se manifeste par une inflammation des bronches, une toux grasse provoquée par un épaississement du mucus et une respiration ardue. La bronchite chronique crée un terrain propice aux infections comme la pneumonie et à la détérioration progressive des poumons, comme celle de l'emphysème.

LA PNEUMONIE

Il y a plusieurs types de pneumonie, mais elles se traduisent généralement toutes par une inflammation des poumons qui provoque une sécrétion de mucus, des quintes de toux, un essoufflement et des douleurs dans la poitrine. Parmi les causes on retrouve des virus, des bactéries, des champignons, des parasites et l'exposition à des substances toxiques. Un type de pneumonie, la pneumocystose, est causée par un micro-organisme mal connu appelé « Pneumocystis carinii ». Elle s'attaque aux personnes dont le système immunitaire est déficient, comme les victimes du SIDA. La pneumonie bactérienne la plus

Histoire vécue

André, ouvrier en usine et fumeur impénitent, découvrit qu'il souffrait de bronchite lors de la visite médicale d'entreprise, peu de temps avant sa retraite. Il était entré à l'usine juste après l'école et se souvenait encore des fumées et de la poussière qui régnaient à l'époque dans les ateliers. Les conditions de travail s'étaient depuis fortement améliorées. Le médecin d'entreprise lui fit comprendre que, s'il ne renonçait pas une bonne fois pour toutes à la cigarette, il risquait la bronchite chronique, comme son père et son grand-père. Il lui conseilla de consommer davantage de fruits et de légumes, riches en vitamines. André mit ces consignes en pratique et respire aujourd'hui beaucoup plus facilement : sa bronchite le laisse tranquille.

courante est due au « Streptococcus pneumonia ». Il existe un vaccin et on le recommande aux personnes âgées de plus de 65 ans ou présentant des risques en raison d'une maladie chronique.

L'EMPHYSÈME

C'est une maladie progressive et incurable, généralement liée au tabagisme ou à une bronchite chronique. Elle fait actuellement en Amérique du Nord plus de 2 millions de victimes. Les fines alvéoles des poumons s'enflamment et les cloisons qui les séparent se rompent, formant de grosses poches atteintes de lésions. Cela provoque un durcissement des poumons, qui les empêche de se dilater normalement, fatiguant le cœur. Même le plus léger exercice oblige celui-ci à accélérer son rythme pour fournir suffisamment d'oxygène. Dans la majorité des cas, ce surcroît de travail entraîne une défaillance cardiaque.

UNE BONNE ALIMENTATION

Une alimentation saine peut aider à prévenir ou à soulager les maladies respiratoires en apportant les éléments nécessaires pour renforcer la résistance de l'organisme.

Les vitamines antioxydantes neutralisent les radicaux libres – issus du métabolisme et toujours présents dans le corps –, lesquels peuvent altérer les cellules vivantes et causer les maladies dégénératives : il s'agit des vitamines A, C et E, et du bêta-carotène, que l'organisme transforme en vitamine A. Il importe donc de consommer en quantité des légumes et des fruits frais, particulièrement ceux qui sont vert foncé et orange, des huiles végétales, des produits céréaliers, de la volaille, des œufs et des fruits de mer. Ces quatre dernières catégories d'aliments, et plus particulièrement les huîtres, de même que le yogourt et la viande de bœuf

maigre, contiennent du zinc qui fortifie le système immunitaire. Enfin, il est maintenant reconnu que les poissons gras comme le saumon et les sardines, grâce à l'acide gras oméga-3 qu'ils contiennent, aident à combattre l'inflammation.

Avec une infection aiguë, il importe de boire beaucoup de liquides, de préférence chauds, pour diluer le mucus. Les personnes souffrant d'emphysème se sentiront mieux si elles mangent plus souvent mais en moins grande quantité. Un estomac trop rempli exerce une pression sur les poumons enflammés. Pour cette raison, on évitera les mets gras, plus longs à digérer, et ceux qui causent de la flatulence comme les haricots secs et les membres de la famille du chou. Il est bon aussi de s'abstenir de boire à l'heure des repas.

RESTAURANT ET RÉGIME MINCEUR

Lorsqu'on se préoccupe de son alimentation, prendre un repas au restaurant peut paraître compliqué, dans la

mesure où l'on a le sentiment de ne pouvoir contrôler ni la qualité ni la quantité des mets servis. Ce n'est pas une raison pour se couper de toute vie sociale. Il est tout à fait possible de suivre un régime minceur sans pour autant se priver d'aller au restaurant.

Quel que soit le type de restaurant – évitez cependant les casse-croûte trop sommaires –, il est toujours possible de se composer un menu adapté.

QUELQUES CONSEILS

– En apéritif, prenez un jus de fruits frais ou de légumes, une eau gazeuse ou, à la rigueur, un verre de vin.
– Refusez les amuse-gueule.
– Étudiez les termes du menu : les aliments grillés, rôtis, pochés, bouillis, cuits au four ou à la vapeur sont toujours moins gras que les plats gratinés, au beurre, à la crème, frits ou sautés.
– Choisissez une entrée à base de légumes : salade verte, salade de carottes, salade de chou, soupe aux légumes, jus de tomate.
– Évitez les mets riches en gras comme les pâtés et les terrines, les légumes frits et les aliments panés.
– Ne boudez pas le pain, mais mangez-le sans beurre ou margarine.
– Si possible, commandez une demi-portion.

– Questionnez le serveur : les sauces peuvent être servies à part et les frites remplacées par un légume vert.
– Ne vous sentez pas obligé de terminer votre assiette.
– Pour le dessert, pas de gâteau au chocolat, de tarte ni de pâtisserie à la crème. Régalez-vous d'un fruit frais ou d'une salade de fruits frais, d'un sorbet, d'une crème caramel.
– Si vous optez pour du fromage, n'en prenez qu'un seul morceau.
– Accordez-vous 1 ou 2 verres de vin durant le repas et ayez toujours un verre d'eau à la portée de la main.
– Après le repas, un café ou une infusion mais pas de digestif.

RESTAURANTS DE POISSON

Ils permettent de choisir des plats légers. L'assiette de fruits de mer, par exemple, fait un repas à elle seule. Conservez-lui ses qualités diététiques en n'abusant ni du pain, ni du beurre, ni du vin blanc. Il existe en outre de nombreuses recettes de poissons grillés ou cuits au court-bouillon, servis avec quelques pommes de terre vapeur.

RESTAURANTS ASIATIQUES

Le choix des plats est souvent très important. On peut trouver toute une série de spécialités cuites à la vapeur, accompagnées de différents légumes. Les plats de viande traditionnels comme le bœuf chop suey (aux légumes) ou le poulet à l'ananas sont dans l'ensemble peu gras. En revanche, évitez tous les beignets et autres préparations plongées dans la friture.

Le choix des desserts est souvent plus limité. Optez – en petite quantité – pour les sorbets ou les fruits au sirop, mais laissez ce dernier dans la coupe...

RESTAURANTS ITALIENS

Si vous succombez à l'envie d'une pizza, choisissez une garniture simple : jambon-fromage-champignons, par

exemple, est une association assez complète et variée, qui peut parfaitement s'intégrer au régime. Les pizzas aux légumes et aux fruits de mer sont de bons choix. Bannissez, en revanche, les pizzas au pepperoni, ou garnies de toute autre charcuterie.

La règle de la garniture reste la même pour les pâtes : préférez-les aux fruits de mer, à l'ail ou au basilic *(al pesto)* mais, dans tous les cas, attention à la crème fraîche. Compte tenu des portions généralement importantes, mieux vaut ne pas finir son assiette...

Quant aux desserts, tenez-vous-en aux fruits, salades de fruits et sorbets.

RESTAURATION COLLECTIVE

Les petits enfants dans les garderies, les écoliers ou les étudiants ainsi que les travailleurs à la cafétéria, les patients des hôpitaux... Tous sont des usagers – plus ou moins consentants et satisfaits ! – de la restauration collective. Cela représente une part non négligeable de notre alimentation ; c'est pourquoi il est important que les repas ainsi consommés en dehors de la maison soient sains, de qualité et bien équilibrés.

Différents textes officiels réglementent les conditions d'hygiène applicables en restauration collective, en ce qui concerne tant les denrées et leur transformation que les locaux et le personnel. Les responsables de la préparation de repas pour une collectivité sont tenus de respecter des normes strictes. Dans ce domaine, beaucoup de progrès ont été réalisés, et l'on considère que la qualité hygiénique des repas servis en collectivité est maintenant plutôt satisfaisante.

La valeur nutritionnelle des repas repose évidemment sur la qualité des denrées mises en œuvre. Or, pour des raisons de moindre coût et de commodité pratique, la restauration collective utilise de plus en plus souvent des préparations toute prêtes : poisson ou viande panés, crêpes farcies, etc. Ces préparations n'apportent pas l'équivalent du plat qu'elles sont censées remplacer (viande ou poisson). Elles sont moins bien pourvues en protéines, et la plupart du temps beaucoup plus grasses et plus caloriques. Cette pratique, bien que critiquée par les nutritionnistes, semble se généraliser.

L'équilibre des repas va aussi dépendre en grande partie des menus prévus. Il faut notamment vérifier la bonne diversification des plats principaux (alternance de viandes de différentes catégories et de poisson, présence régulière de légumes frais d'accompagnement), s'assurer qu'un produit laitier (fromage, dessert au lait) figure bien au menu, de même qu'une crudité (légumes ou fruit) : ce sont les points sensibles des repas servis en collectivité.

Si l'on remarque des déséquilibres manifestes (il peut s'agir également d'un excès de féculents, de préparations grasses, de fritures…), on essaiera d'intervenir auprès des responsables. Et l'on s'efforcera, lors des repas pris à la maison, d'atténuer leurs inconvénients en proposant un petit déjeuner assez copieux (avec notamment fruit frais ou jus de fruits) et en prévoyant systématiquement pour le repas du soir des légumes frais (sous forme de plat d'accompagnement ou de potage), des crudités et du fromage (ou un yogourt ou un dessert au lait).

Mais, de plus en plus souvent, avec le système du libre-service, le bon équilibre du menu va dépendre… du convive lui-même ! Dans la mesure où le choix proposé est suffisant, il n'y a pas de problème. Le piège serait plutôt de se laisser tenter par ce qu'on aime…
– au lieu d'un sandwich au fromage grillé (une des bases de la restauration collective), optez pour le sandwich de blé entier farci aux œufs, au poulet ou au thon.
– Si possible, commandez-le sans beurre ou avec moins de mayonnaise et accompagnez-le d'un jus de fruits.
– En passant devant le comptoir avec votre plateau, ne négligez pas le bar à salade. Garnissez votre assiette de verdures et de légumes nature. Ajoutez un œuf cuit dur, du fromage cottage et des légumineuses (pois chiches, haricots rouges, lentilles) pour couvrir les besoins en protéines.
– Utilisez un minimum de vinaigrette et évitez les salades composées liées à la mayonnaise ou contenant beaucoup de sauce à salade.
– Optez de temps à autre pour le plat de poisson.
– N'hésitez pas à terminer avec un yogourt ou un fruit frais en dessert.

RESTAURATION RAPIDE

Ce mode de restauration à l'américaine doit son succès à ses prix relativement bas, à la rapidité du service, à l'aspect pratique et passe-partout des plats proposés et à une ambiance décontractée.

LES CHAÎNES DE FAST-FOODS

Les produits proposés dans ces restaurants sont peu diversifiés et très standardisés. Les plus classiques sont :
– le hamburger : il se compose d'un pain de farine blanche, garni de viande hachée souvent grasse, parfois enrichie de protéines végétales et de plusieurs additifs, de rondelles d'oignon et de cornichon ;

Valeur nutritionnelle moyenne pour 100 g

Les produits figurant ci-dessous sont couramment consommés en restauration rapide. Ils ont en commun d'être assez gras, à l'exception du lait fouetté. L'apport calorique de certains d'entre eux – feuilletés à la viande et au fromage, croque-monsieur, quiche lorraine, croissant au jambon – est composé à 50 % (voire plus) de lipides dus à la pâte feuilletée.

PLAT	PROTÉINES (g)	LIPIDES (g)	GLUCIDES (g)	APPORT ÉNERGÉTIQUE (kcal)
Cheeseburger	13,7	11,0	25,8	260
Croissant	7,5	17,2	55,0	410
Croissant au jambon	10,5	16,6	23,1	287
Croque-monsieur	14,3	16,2	22,0	293
Double cheeseburger	14,9	13,0	19,4	256
Feuilleté au fromage	7,6	21,8	28,1	342
Feuilleté à la viande	12,7	22,4	17,0	322
Frites	3,8	15,0	30,0	274
Hamburger	12,0	9,6	29,0	254
Hot-dog	11,0	14,7	26,0	283
Milk-shake	3,2	2,7	18,0	108
Pain au chocolat	7,4	20,7	46,4	407
Pain aux raisins	8,1	12,0	45,0	325
Pizza	8,2	9,1	22,2	206
Quiche lorraine	11,6	26,2	18,8	359
Souvlaki	18,0	10,6	16,0	233
Tarte aux légumes	7,0	14,2	18,1	231

Restauration rapide : comment rétablir l'équilibre

PRODUIT	INCONVÉNIENTS	RÉTABLIR L'ÉQUILIBRE
Sandwich au jambon Le traditionnel jambon-beurre présente l'avantage de comporter une charcuterie maigre et de fournir des protéines d'origine animale de bonne qualité. L'amidon du pain constitue une bonne source d'énergie. L'apport de graisses dépend du beurre ajouté.	Consommé seul, le sandwich au jambon ne suffit pas pour assurer un apport en nutriments essentiels. Le repas est totalement déficient en calcium, en fibres, en vitamine C et en provitamine A (bêta-carotène).	On peut adjoindre au sandwich une source de calcium comme du yogourt, qui aura l'avantage supplémentaire d'augmenter l'apport de protéines. Un fruit constituera l'apport en végétaux. Un sandwich crudités-fromage-viande ne requiert pas de complémentation.
Pizza Lorsqu'elle est préparée avec une vraie pâte à pain, la pizza peut être considérée comme un produit peu gras et assez complet, surtout si elle est composée de jambon et de fromage, car elle constitue un bon apport de protéines et de calcium. 	La plupart des pizzas renferment des légumes réhydratés et de la viande traitée, et sont recouvertes de fromage. Elles sont alors très grasses et ne peuvent pas constituer à elles seules un repas équilibré.	La vraie pizza, préparée avec de la pâte à pain et garnie de jambon, de fromage et de légumes (poivrons, champignons...), peut constituer un repas. Lui ajouter un fruit, pour les vitamines. On peut ajouter un produit laitier pour augmenter l'apport en calcium.
Feuilleté à la viande Composé de pâte feuilletée garnie souvent d'un simple morceau de saucisse, ce type de produit est toujours très gras. L'énergie fournie par le feuilleté est due presque exclusivement aux lipides apportés par la pâte et par la charcuterie. Il ne présente qu'un seul « avantage », celui d'être très calorique sous un faible volume.	À l'égal d'une viennoiserie, le feuilleté à la viande est un produit très gras, composé essentiellement de lipides saturés. L'apport en protéines est faible, la quantité de viande étant souvent réduite.	Le feuilleté doit obligatoirement être associé à d'autres aliments. Une salade composée et un produit laitier permettront de fournir à l'organisme autre chose que des graisses.
Hamburger-frites Riche en graisses, surtout du fait des frites, cette combinaison fournit néanmoins un apport satisfaisant de protéines. 	L'apport est trop élevé en graisses et insuffisant en autres éléments. Tel quel, ce type de combinaison ne permet pas de fournir à l'organisme ce dont il a besoin : pas de légumes, donc pas de vitamines et de fibres ; pas de produits laitiers, donc pas de calcium.	Le hamburger-frites sera associé à une salade de chou, pour les vitamines et les fibres. L'apport insuffisant de calcium peut être en partie compensé en préférant un cheeseburger. La boisson peut être de l'eau ou un lait fouetté qui, bien que sucré, fournit du calcium.

– le cheeseburger : un hamburger rehaussé d'une tranche de fromage ;
– les doigts de poulet : composés de chair de volaille, ils sont parfois panés, et toujours frits ;
– les incontournables frites.

Il faut ajouter à cela les tartes aux pommes composées de pâte souvent très grasse, les laits fouettés, les crèmes glacées et les boissons gazeuses ou aromatisées.

Certaines chaînes de fast-foods proposent maintenant des salades composées – que l'on assaisonne avec une sauce de son choix – permettant une alimentation mieux équilibrée.

LES CAFÉS

Outre les sandwiches, on s'y régale de viennoiseries salées (quiche lorraine, croissant au jambon et au fromage, feuilletés au fromage ou à la viande...) ou sucrées (croissant nature ou amélioré, chausson aux pommes, muffin, pain aux raisins...). On y trouve également de bonnes salades composées. Les boissons se concentrent sur le thème du café et du chocolat chaud.

LES SANDWICHERIES

Quelques-unes proposent du pain de grain entier, mais la plupart se confinent au pain blanc tranché. Leurs garnitures, très variées, vont du simple jambon-beurre au sandwich très élaboré composé de viandes diverses, crudités, fromage, mayonnaise, etc. Desserts proposés : tartes aux fruits, gâteaux, viennoiseries...

LES MENUS ENFANTS

Toujours conçus sur le même modèle – hamburger - frites - boisson sucrée - biscuits –, ces menus emportent certainement la faveur des enfants, surtout si l'on y ajoute un jouet ; mais, gras et sucrés, ils sont loin de représenter un idéal d'équilibre nutritionnel. Il serait pourtant facile de proposer d'autres combinaisons qui auraient l'avantage de fournir des nutriments essentiels : un lait fouetté ou un yogourt aux fruits, par exemple, pour fournir du calcium et des protéines, une petite salade composée pour la vitamine C et, comme boisson, de l'eau ou un vrai jus de fruits.

DES APPORTS INSUFFISANTS

Incontestablement, plus souvent on mange au restaurant, plus on risque de diminuer la valeur nutritive de son alimentation. Les techniques de la restauration (garder les aliments au réchaud ou conserver les légumes parés dans l'eau) dérobent des vitamines et des minéraux aux aliments sensibles comme les légumes. En outre, le type d'alimentation qui constitue la restauration rapide risque d'entraîner des déséquilibres du fait des associations qui sont faites entre les produits eux-mêmes. Ainsi, l'association hamburger-frites-cola, très courante, constitue une formule alimentaire totalement

insuffisante, tout comme le croissant au jambon associé à un dessert feuilleté aux pommes et accompagné d'une eau pétillante. Ces repas présentent les mêmes insuffisances en minéraux, en fibres et en vitamines et les mêmes excès en lipides et en glucides, auxquels se surajoute, dans le second cas, un bien faible apport de protéines. Si l'on excepte la traditionnelle salade de chou, les apports en fibres, en calcium et en vitamine C, par exemple, sont pratiquement inexistants dans ce type de repas.

LES COMPTOIRS À SALADE

C'est certainement le meilleur type de restaurant pour manger sur le pouce dans la mesure où les salades proposées apportent un certain nombre d'excellents nutriments. Toutefois, à moins que l'on ne s'en tienne à l'huile et au vinaigre, les assaisonnements proposés viennent parfois ajouter d'importants apports en matières grasses. C'est le cas des miettes de bacon et des olives, ainsi que des sauces à salade et de la mayonnaise. Les charcuteries et les fromages apportent aussi beaucoup de gras. Les choix devraient porter le plus souvent sur le jambon maigre, le fromage cottage, les œufs cuit dur et les légumineuses comme sources de protéines.

RESTES

La bonne gestion des restes est importante dans le cadre d'une alimentation qui se veut économique, car elle permet d'éviter bien des gaspillages. Selon la nature, la quantité et le premier mode d'utilisation des produits, les restes permettent de réaliser des préparations très variées.

Il est indispensable de conserver les restes au réfrigérateur ou, éventuellement, au congélateur. Si l'on est équipé d'un congélateur, il est toujours possible

de cuisiner un plat en quantité supérieure et d'en congeler une partie. Cela permet d'avoir à disposition un plat tout préparé en cas d'imprévu. Il faut veiller à le faire refroidir très rapidement avant de le mettre au congélateur.

Au réfrigérateur, les restes doivent être emballés dans du papier d'aluminium ou une pellicule plastique, ou encore rangés dans des contenants fermant hermétiquement. Il faut les stocker dans la partie la plus froide du réfrigérateur, surtout lorsqu'il s'agit de produits d'origine animale. Si l'on

---

QUELQUES IDÉES POUR ACCOMMODER LES RESTES

● **Les légumes**

– carottes : potage aux carottes, purée de carottes-pommes de terre, carottes à la béchamel ;
– chou-fleur ou brocoli : soupe-crème, salade, gratin au fromage, chou-fleur et jambon à la béchamel ;
– épinards : potage, purée, tarte, gratin, crêpes, croquettes ;
– petits pois : macédoine, jardinière.

● **Les féculents**

– pommes de terre : purée, pâté chinois, croquettes, gnocchis, pommes de terre sautées, salade, omelette ;
– riz : salade, potage de légumes, légumes farcis au riz, pouding au riz ;
– pâtes : salade, timbale avec des épinards et de la béchamel, gratin ;
– légumes secs : salade, soupe, purée.

● **La viande :** salade, boulettes à la sauce tomate, pâté chinois, légumes farcis, pâtés, feuilletés, pain de viande, terrine.

● **La volaille :** salade, omelette, chaud-froid, vol-au-vent, riz frit.

● **Le poisson et les fruits de mer :** poisson froid en vinaigrette ou avec une mayonnaise, pain de poisson ou de crustacés, flan au crabe, salade, gratin, timbale.

souhaite hacher un reste de viande, l'opération doit être réalisée au dernier moment, afin de limiter la surface de contact avec l'air, et donc le risque de contamination microbienne.

En général, les restes sont à utiliser rapidement. Ainsi, avant de faire ses courses, un inventaire régulier du réfrigérateur est toujours nécessaire pour éviter l'accumulation de produits alimentaires qui seront inutilisables si on les garde trop longtemps.

DES RESTES « PROGRAMMÉS »

Il peut être intéressant d'acheter un aliment en grande quantité, de le faire cuire et de le servir sous des formes très variées. Par exemple, un gros rôti peut être consommé une première fois chaud, en plat principal, accompagné de légumes. Il sera ensuite présenté froid, accompagné de diverses sauces, de moutarde ou de cornichons. Enfin, il servira à confectionner un hachis parmentier, des légumes farcis, ou une délicieuse sauce à la viande pour napper des pâtes.

LES RESTES IMPRÉVUS

Il est nécessaire de faire preuve d'un peu d'imagination dans ce domaine, car on a souvent affaire à de petites quantités (voir encadré p. 293). La meilleure solution, et souvent la plus facile à mettre en œuvre, est la salade composée. Elle peut être réalisée avec des restes de crudités, de légumes cuits, de viande, de pâtes, de riz, de pommes de terre, d'œufs, de poisson... Les mélanges – à condition de respecter un certain équilibre alimentaire – donnent souvent des résultats originaux. Une autre solution, idéale en hiver : les potages confectionnés à l'aide du mélangeur. Faciles à digérer, ils constituent le menu idéal pour le repas du soir. On peut leur ajouter de la viande, des pâtes ou des légumineuses.

RHUBARBE

AVANTAGES
- *contient du potassium*

INCONVÉNIENTS
- *contient de l'acide oxalique*
- *les feuilles sont très toxiques*

Bien qu'elle soit préparée comme un fruit, la rhubarbe est un légume dont on ne consomme que le pétiole (la tige) et que l'on fait toujours cuire avec du sucre en raison de sa grande acidité naturelle. On augmente ainsi sa valeur calorique (qui est véritablement minime au départ) mais on ne modifie pas substantiellement sa teneur en vitamines et en sels minéraux : elle contient une proportion intéressante de potassium et de la vitamine C. Cependant, cette belle plante originaire de Mongolie renferme aussi de l'acide oxalique, qui inhibe l'assimilation du calcium et du fer par l'organisme et peut aggraver les problèmes d'articulation liés à la goutte et à l'arthrite. Il peut aussi favoriser la formation de calculs rénaux chez les sujets sensibles.

En médecine traditionnelle chinoise, la rhubarbe était fréquemment utilisée comme purgatif, sous réserve, bien sûr, de ne pas en user abusivement. Les fibres qu'elle contient (2,1 g pour 100 g) ont une action efficace sur le transit intestinal.

COMPOSITION MOYENNE POUR 100 G :

protéines	0,6 g
lipides	0,1 g
glucides	1 g
apport énergétique	10 kcal

PRUDENCE

Ne jamais manger les feuilles de rhubarbe car elles sont très toxiques. Éviter les ustensiles en aluminium pour la cuisson, car le métal réagit aux acides et autres composants du jus, et l'absorption d'aluminium peut être nocive.

RHUME

PRIVILÉGIER
- *les liquides*
- *les fruits et les légumes frais, pour leur vitamine C*

Une alimentation équilibrée, faisant la part belle aux fruits et aux légumes riches en vitamine C, permet de renforcer le système immunitaire et offrira l'une des meilleures protections contre le rhume.

Le rhume est une infection virale extrêmement contagieuse. Les virus en prolifération étant capables de survivre plusieurs heures sur des objets tels que téléphones et poignées de portes, il n'est pas inutile de se laver fréquemment les mains lorsqu'on est en présence de personnes enrhumées.

Un rhume ordinaire, une fois apparu, ne connaît pas de remède particulier. Cependant, on sait aujourd'hui que toute carence en un nutriment ou un micronutriment essentiels risque de conduire à une perturbation de l'immunité de l'organisme, en particulier les carences en certaines vitamines (C et A surtout) mais aussi en fer et en zinc.

QUELQUES CONSEILS

Il est recommandé de boire beaucoup pendant un rhume (au moins 1,5 litre par jour), afin d'éviter de se déshydrater et pour accélérer l'élimination des mucosités. Autant d'eau que possible, mais aussi des boissons chaudes. Le traditionnel grog assure un peu de bien-être, calme la douleur et aide à dormir. Le citron apporte de la vitamine C, et le miel calme les irritations de la gorge.

Sur le plan alimentaire, les médecins conseillent de se laisser guider par ses appétits et ses plaisirs. Les potages et les bouillons sont cependant des plats tout indiqués. Riches en eau et en sels minéraux, ils réhydratent l'organisme tout en lui fournissant des calories. Ces plats sont également faciles à digérer. Tout comme un bon pot-au-feu. Dès l'apparition des premiers symptômes, il est conseillé d'augmenter les apports de vitamine C (poivron, persil, brocoli, agrumes, kiwi, cassis, cantaloup…).

La phytothérapie recommande de manger de l'ail et de l'oignon. Ceux-ci ont un effet naturellement décongestionnant et peuvent apaiser les symptômes du rhume. L'ail a également des vertus antibactériennes et antivirales, bénéfiques en cas d'infection.

Les inhalations peuvent aider à libérer un nez bouché. En application, certaines huiles facilitent la décongestion nasale. On peut aussi se frictionner la poitrine avec quelques gouttes d'huile d'eucalyptus mélangées à de l'huile de pépin de raisin, pour soulager les voies respiratoires.

En cas de rhume, l'organisme a besoin de repos. S'il ne bénéficie pas du répit nécessaire, le corps doit redoubler d'efforts pour combattre l'infection. Conséquence : la guérison est retardée. Dès les premiers symptômes, on veillera à ménager les efforts de son organisme.

Un rhume, comme tout état d'affaiblissement, offre un terrain propice aux infections secondaires (bronchite, otite, sinusite). Un traitement médical s'impose donc dès l'apparition des symptômes suivants : toux douloureuse, douleurs faciales, déglutition douloureuse ou difficile, difficultés respiratoires, maux d'oreilles, mucosités sanguinolentes, fièvre élevée qui dure plus de 24 heures.

Le grog est l'un des remèdes les plus anciens contre le rhume.

RIZ

AVANTAGES
- *riche en amidon*
- *ne contient pas de gluten*

INCONVÉNIENTS
- *peut être responsable de carences en thiamine dans les pays où il constitue la base de l'alimentation*

Le riz cultivé a pour nom scientifique *Oryza sativa*. Il appartient à la famille des graminées. Le grain de riz brut que l'on recueille après battage est appelé

LE RIZ SAUVAGE

Il s'agit d'une plante aquatique appartenant à une famille botanique tout autre que celle du riz comestible. Il pousse à l'état sauvage au centre du continent et plus particulièrement dans la région des Grands Lacs. Sa cueillette continue d'être faite par les Indiens en automne. Le grain, noir à maturité, est beaucoup plus long que le grain de riz. C'est une plante riche en protéines, avec une composition en acides aminés comparable à celle de l'avoine. Elle est pauvre en lipides et plus riche que le riz en niacine, en riboflavine et en sels minéraux.

riz de paille ou riz paddy. Il doit subir toute une série de traitements pour être propre à la consommation.

TROIS GRANDES CATÉGORIES

Elles sont basées sur la longueur du grain.
– Le riz à grains courts. Il contient une forte quantité d'amidon riche en amylopectine et a tendance à coller après cuisson. On l'utilise surtout pour les potages et les desserts.
– Le riz à grains demi-longs. Il a la même tendance que le riz à grains ronds de coller après cuisson.
– Le riz à grains longs. Il contient un autre type d'amidon que le riz rond et les grains restent bien détachés après cuisson. Il est largement consommé, et ses utilisations sont multiples.

LES DIFFÉRENTES FORMES DE RIZ

Elles varient selon les traitements qu'on fait subir au riz paddy.
– Le riz complet ou riz brun. Après avoir fait sécher du riz paddy, on le débarrasse de ses enveloppes (glumelles) par friction.

(SUITE À LA PAGE 299)

LES MALADIES DES REINS

*Les reins peuvent être sujets à un grand nombre de troubles, qui exigent souvent
une prise en charge médicale et diététique. La maladie rénale, qu'elle soit aiguë ou chronique,
perturbe l'équilibre hydro-électrolytique et modifie la métabolisation des nutriments.*

L'alimentation joue un rôle important dans la prévention et le traitement des problèmes rénaux mineurs. Dans les cas plus sérieux de défaillance rénale, une surveillance méticuleuse des apports alimentaires peut aider à éviter dialyse ou greffe.

L'IMPORTANCE DES LIQUIDES

Boire de l'eau, et en boire suffisamment, est l'une des meilleures façons de prévenir l'un des problèmes rénaux les plus fréquents : les calculs (ou lithiase). Pour préserver la santé des reins et prévenir la formation des calculs, on recommande de boire environ 1,5 litre de liquide par jour. Il est conseillé de répartir ces boissons sur l'ensemble de la journée, surtout le matin et entre les repas. Toute

personne à risque doit boire encore plus pour que l'apport en fluides excède les pertes hydriques, par la transpiration, les urines ou les selles. La déshydratation, due à une forte chaleur, à l'exercice physique prolongé, à des diarrhées et/ou des vomissements abondants, peut provoquer la cristallisation dans les reins de substances qui sont à l'origine de la formation de véritables pierres.

LES DIFFÉRENTS CALCULS

Les calculs se manifestent notamment par des douleurs intenses qui débutent dans le dos (entre les côtes et le bassin) et migrent progressivement vers la région de l'aine. Ces violentes douleurs persistent jusqu'à ce que la pierre soit éliminée dans les urines. Les médecins conseillent de récupérer dans la mesure du possible tous les calculs évacués, afin de pouvoir les analyser et déterminer leur composition chimique pour mieux adapter le traitement. Ce dernier comprend

également une enquête précisant les habitudes alimentaires.

Les calculs sont le plus souvent des dépôts de calcium (lithiase calcique). Cela ne veut pas dire qu'il faille ingérer moins de calcium alimentaire, à moins que l'apport ne soit nettement exagéré. En règle générale, les médicaments prescrits corrigeront efficacement la réabsorption du calcium au niveau des reins. Il s'agit de diurétiques contenant des thiazides qui réduisent l'excrétion urinaire de calcium en favorisant sa réabsorption. Ainsi, la formation de calculs risque moins de se reproduire.

Une consommation abusive d'aliments produisant des déchets uriques entraîne la formation de calculs d'acide

Un bon régime pour prévenir les maladies des reins : haricots verts (1), biscuits à l'avoine (2), fèves (3), pâtes complètes (4), carottes (5), pommes de terre (6), pain aux grains entiers (7), poire (8), thé (9), jus de fruits (10), brocoli (11), œuf (12), lait (13), côtelette d'agneau maigre (14), darne de saumon (15).

urique, qui peuvent se voir dans la goutte ainsi que dans certaines leucémies. Il convient dans ce cas de diminuer les apports d'abats, de gibier et de limiter sa consommation de viande.

Les calculs oxaliques sont dus à un excès d'acide oxalique dans le sang. Celui-ci peut être fabriqué en surabondance par l'organisme ou résulter d'un excès alimentaire, ou encore être dû à un manque de calcium. Il faut alors diminuer les aliments riches en oxalate, comme les épinards, l'oseille, la rhubarbe, le chocolat... et s'assurer d'un apport suffisant en calcium (produits laitiers).

Les calculs de cystine, plus rares, résultent d'une anomalie métabolique congénitale, qui se traduit par la non-absorption de certains acides aminés (dont la cystine) au niveau des reins. Ainsi, la cystine précipite et forme des lithiases dites cystiniques. Dans ce cas, il faut boire abondamment toute sa vie durant et éviter un apport protéique supérieur aux niveaux nutritionnels recommandés.

Si ces mesures diététiques et une consommation abondante de fluides n'ont pas raison d'un calcul rénal et n'entraînent pas son élimination dans les urines, une intervention chirurgicale peut s'imposer.

Il arrive que la lithiase reste localisée au niveau du rein sans se manifester. Elle est très dangereuse, car susceptible de s'infecter lorsqu'elle atteint un calibre important. L'infection bactérienne due à l'obstruction de l'écoulement de l'urine et appelée pyélonéphrite peut se déclarer par une fièvre intense et des douleurs. Il faut la traiter d'urgence car elle peut causer une défaillance rénale.

DÉFAILLANCE RÉNALE ET RÉGIME

Lorsque les reins ne fonctionnent plus normalement, ils cessent de filtrer l'eau et les composants chimiques du sang puis de les réabsorber ou de les excréter, selon les besoins. De ce fait, certaines substances normalement éliminées par les reins s'accumulent dans le sang (urée, acide urique, phosphates, acides...).

Une défaillance rénale peut être subite et provenir d'une hypertension sévère, d'une infection grave, d'une défaillance cardiaque ou d'une hémorragie. Elle peut aussi survenir à la suite d'une lente détérioration des tissus, sous l'effet d'une affection rénale chronique, d'une hypertension ou d'un diabète. Elle entraîne une rétention d'eau et de sel, un mauvais état général avec manque d'appétit et vomissements. Un traitement approprié peut prévenir des dommages permanents. Si l'évolution de la maladie ne peut être contrôlée, la dialyse ou la transplantation deviennent inévitables. Certaines recommandations diététiques, parfois contradictoires, peuvent être prescrites en fonction de la sévérité de la maladie.

Les apports énergétiques sont souvent limités à cause du manque d'appétit du malade. Aux patients dont le poids est normal, on recommande un apport énergétique suffisant pour prévenir l'utilisation des protéines tissulaires comme source d'énergie.

Il faudra veiller à minimiser l'apport protéique de façon à éviter l'augmentation de l'azote dans le sang. L'azote dérive de la digestion des protéines et, lorsque les reins ne peuvent plus l'excréter, son taux sanguin augmente de sorte qu'il finit par empoisonner la personne atteinte. En contrôlant l'apport protéique, les symptômes tels que la perte d'appétit, les nausées et les vomissements peuvent être soulagés.

Pour réduire la charge pesant sur les reins, les nutritionnistes conseillent de prendre souvent des petites portions de nourriture, mesurées avec précision, et composées de viande, de poisson, de lait et d'œufs, qui satisfont les besoins de l'organisme en protéines. On peut les équilibrer avec des aliments riches en protéines végétales (pâtes, céréales, riz), qui remplaceront d'ailleurs les apports en protéines animales dans des menus convenant aux végétariens.

Les patients peuvent être contraints de réduire leur apport en sel et en sodium, présents dans de nombreux aliments industriels. En effet, des reins défaillants ne contrôlent pas le niveau de sodium dans le sang. Quand celui-ci s'élève, les malades ont soif et boivent beaucoup pour diluer le sodium et le ramener à son niveau normal. Or, des reins malades étant incapables d'excréter un excès de sodium, il peut en résulter une rétention d'eau et un œdème grave.

POTASSIUM ET PHOSPHORE

Dans une maladie rénale progressive, la capacité des reins à éliminer l'excès de potassium et de phosphore peut s'altérer. On réduit alors les aliments riches en potassium et en phosphore pour prévenir une augmentation anormale de la teneur en potassium du sang, qui risque d'entraîner un affaiblissement musculaire et de mettre en danger le cœur. Les aliments fournissant du potassium sont en particulier les avocats, les bananes, les légumineuses, les graines, les fruits secs, le cacao et le chocolat, le café instantané, le lait en poudre... Par ailleurs, on recommande un régime riche en fibres pour préserver le transit intestinal, tout en limitant, outre les aliments ci-dessus, les fruits et les légumes frais qui sont riches en potassium et en phosphore.

Il faut veiller au maintien de l'équilibre phosphore/calcium pour la santé des os. Quand cet équilibre est rompu, il peut en résulter une forte concentration de phosphore dans le sang, qui fait baisser le niveau de calcium. Ces troubles peuvent favoriser une maladie des os.

Restreindre le phosphore peut aider à préserver un niveau de phosphates normal et à éviter l'épuisement des réserves en calcium. Cette restriction est aussi obtenue par la réduction des apports protéiques. De nombreux aliments riches en protéines de qualité – viande, fromage, œufs et lait – contenant du phosphore, cela complique encore l'élaboration d'une diététique adaptée.

(SUITE DE LA PAGE 295)

– Le riz blanc, ou riz poli. On procède au blanchiment par polissage. Le son et les débris sont ensuite éliminés par tamisage.

– Le riz étuvé ou prétraité. On commence par placer le riz paddy dans une enceinte sous vide, afin d'éliminer l'air du grain. Le riz est mouillé à l'eau chaude, puis chauffé à la vapeur. L'excédent d'eau est ensuite éliminé et le riz séché. Il peut subir par la suite n'importe quel autre type de traitement. L'avantage de cette technique est double : d'une part, en pénétrant dans le grain, la vapeur entraîne avec elle des substances nutritives (vitamines, éléments minéraux) présentes dans le son ; d'autre part, la température élevée provoque une gélatinisation de l'amidon qui empêche le riz de s'agglutiner.

– Le riz précuit, ou riz rapide. C'est un riz qui a subi une cuisson complète à la vapeur. Il est ensuite déshydraté. Il ne nécessite que 5 minutes de cuisson.

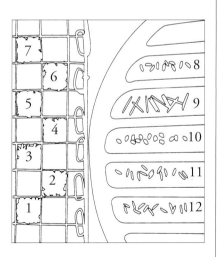

Riz moyen (1), riz gluant (2), riz basmati précuit (3), riz long complet précuit (4), riz long complet (5), riz long blanc (6, 8), riz long précuit (7), riz sauvage (9), riz rond (10), riz basmati complet (11), riz basmati (12).

DES MILLIERS DE VARIÉTÉS

Des croisements d'espèces ont permis d'obtenir quelque 8 000 variétés de riz, cultivées sous les climats les plus divers, qui se distinguent par la saveur que leur donnent le sol et le climat de leur pays d'origine. L'Inde, par exemple, cultive le riz basmati, qui possède un goût bien particulier. La Thaïlande produit, elle aussi, des riz parfumés. Le riz surinam, enfin, à grains longs et fins d'Amérique du Sud, est également un riz très réputé.

VALEUR NUTRITIONNELLE

Le riz contient moins de protéines que la plupart des céréales, mais elles sont de meilleure qualité du point de vue tant de leur composition en acides aminés que de leur digestibilité.

Les lipides, qui sont en majorité localisés à la périphérie du grain, sont presque totalement éliminés par les traitements.

L'apport glucidique du riz est essentiellement dû à l'amidon, très digeste, présent dans l'amande du grain. Celui-ci se compose d'amylose et d'amylopectine – présents en proportion variable selon l'origine du riz –, qui lui confèrent des caractéristiques différentes : plus le taux d'amylose est élevé (riz long), plus les grains gardent leur aspect et restent bien détachés après cuisson ; en revanche, les riz pauvres en amylose et riches en amylopectine (riz rond) donnent des gels à viscosité élevée. Ils sont collants, voire dans certains cas gluants. Le riz blanc est pauvre en thiamine, dont la carence entraîne le béribéri.

VERTUS ET UTILITÉS

Le riz, souvent utilisé pour soigner la diarrhée, est également apprécié dans le cadre des régimes pauvres en fibres. Naturellement pauvre en sodium, il s'intègre bien dans les régimes hyposodés. Ne contenant pas de gluten, il convient parfaitement aux personnes atteintes de la maladie cœliaque.

COMPOSITION MOYENNE POUR 100 G DE RIZ BLANC :
protéines . . . . 2,3 g
lipides . . . . 0,2 g
glucides . . . . 26,3 g
apport énergétique . . . . . . 119 kcal

RUTABAGA

AVANTAGES
- *peut protéger contre le cancer*
- *riche en vitamine C*

INCONVÉNIENTS
- *une forte consommation accroît les besoins en iode*

Le rutabaga – ce légume originaire de Bohême que l'on a coutume ici de nommer navet et que nos parents appelaient chou de Siam – appartient, comme le navet et comme le chou, à la famille des crucifères.

Tous ces légumes contiennent des substances chimiques – les indoles et les isothiocyanates – qui auraient la propriété de prévenir certains cancers. Mais ces substances ont l'inconvénient d'être très gourmandes en iode et risquent de créer des carences au niveau de la thyroïde si on ne puise pas suffisamment d'iode par ailleurs dans le sel de table (au Canada, obligatoirement enrichi d'iode), le poisson et les algues. Même cuit, le rutabaga reste riche en vitamine C. Il contient également de la niacine et du potassium.

COMPOSITION MOYENNE POUR 100 G :
protéines 1,2g
lipides 0,1g
glucides . . . . 7 g
apport énergétique . . . . 34 kcal

LES REPAS ET LEUR RYTHME

Le rythme et la composition des repas jouent un rôle important dans l'équilibre alimentaire. Bien répartir la nourriture durant la journée a une influence bénéfique sur la santé.

On ne mange pas uniquement pour se nourrir ou parce qu'on a faim. Manger est aussi un acte social, et le repas partagé reste l'un des liens sociaux les plus fondamentaux. C'est pourquoi, lorsqu'on est seul, se nourrir correctement demande plus d'efforts : on a tendance à simplifier la préparation des plats (on se contente volontiers du « tout prêt »), on néglige de mettre la table, on mange sans trop se soucier des horaires... Les mangeurs solitaires (de plus en plus nombreux...) seraient-ils des précurseurs, annonçant ce que sera l'alimentation de demain – individualiste, anarchique ou déstructurée ? Rien n'est moins sûr. Car, toutes les enquêtes le laissent penser, les gens restent très attachés à leur mode d'alimentation traditionnel. Et c'est heureux. Selon toute vraisemblance, ce rythme alimentaire bien particulier est sans doute en partie à l'origine du si envié « paradoxe français ».

DES COURBES SIGNIFICATIVES

Notre alimentation traditionnelle comprend trois repas par jour, pris à heures assez régulières. En traçant le graphique de la distribution journalière des apports énergétiques, on constate une première élévation de la courbe, pas très forte, entre 7 h et 8 h 30 : elle correspond au déjeuner. Puis la courbe reste pratiquement plate jusqu'à la période midi-13 h, où se dessine le pic le plus marqué : c'est le repas du midi. Au cours de l'après-midi, la consommation est à nouveau faible, la courbe reste basse. Un nouveau pic signale le repas du soir.

L'alimentation typiquement américaine montre une multitude de petites consommations. Dans le tracé américain, la courbe n'est jamais plate : quelle que soit l'heure, on trouve quelqu'un en train de manger. Autre indication intéressante : avec l'alimentation américaine, la plus grande partie de la consommation d'énergie (60 % du total) prend place après 14 h, alors qu'avec l'alimentation traditionnelle, c'est l'inverse qui se produit.

L'ALIMENTATION DES QUÉBÉCOIS

Selon de récentes enquêtes, 69 % des Québécois prennent trois repas par jour et s'ils en omettent un, c'est généralement celui du matin. Le type de menu qu'ils préfèrent comprend une soupe, un plat principal, une salade et un dessert. La plupart cependant aimeraient pouvoir consacrer plus de temps à leurs repas.

Bien se nourrir, c'est commencer par se mettre à table, manger dans le calme et en prenant son temps.

LE PETIT DÉJEUNER : UN REPAS À NE PAS NÉGLIGER

Selon les nutritionnistes, il serait souhaitable que le petit déjeuner fournisse environ 20 à 25 % de l'apport énergétique de la journée, ce qui veut dire au moins 400 kcal pour la femme et 550 pour l'homme adulte. Voici quelques suggestions pour un matinal équilibré :

- *kiwi ; flocons de son de blé, amandes hachées, lait partiellement écrémé*
- *yogourt nature avec pêche et graines de tournesol ; muffin au son*
- *demi-pamplemousse ; gruau d'avoine avec raisins secs, cannelle et lait partiellement écrémé*
- *jus d'orange ; pain de blé entier ; fromage*
- *banane ; œuf à la coque ; pain de blé entier grillé ; lait partiellement écrémé*

Autre fait intéressant, beaucoup de gens prennent des collations ; 30 % en prennent une le matin, 50 % dans l'après-midi et 60 % en soirée.

L'alimentation des Québécois actuels est donc à mi-chemin entre l'alimentation traditionnelle et l'alimentation américaine. Des horaires de travail surchargés expliquent sans doute les repas irréguliers qui incitent les gens à grignoter. Le grignotage n'est cependant pas aussi néfaste qu'on pourrait le croire. Il se pourrait même qu'il soit bénéfique, à condition de bien choisir ses aliments. Les petits repas et les collations offrent plusieurs avantages. Ils permettent de garder un taux de sucre stable dans le sang sans élévations brusques causées par des repas chargés. En facilitant une digestion plus rapide, ils évitent les baisses d'énergie à la sortie de table qui nuisent à la concentration. L'erreur des Américains serait de grignoter des aliments peu nutritifs mais bourrés de sucres et de gras : croustilles, barres chocolatées, boissons gazeuses, aliments frits. On doit privilégier au contraire les fruits et les légumes frais, les produits laitiers maigres (yogourt, fromage, lait écrémé, à 1 ou à 2 %) et les produits céréaliers entiers (maïs soufflé nature, galette de céréales soufflées, pain de blé entier, céréales à déjeuner, muffin au son maison).

UN BON DÉMARRAGE

Comme son nom l'indique, le déjeuner permet de « dé-jeûner », c'est-à-dire de rompre le jeûne. L'organisme n'a pas reçu de nourriture depuis 10 ou 12 heures, et il faut assurer une recharge en énergie des cellules (en particulier grâce à des glucides, dont le cerveau ne peut se passer longtemps, et qui seront utiles pour le travail musculaire). Ce sera le rôle du pain ou des céréales. Il est souhaitable également que ce premier repas apporte suffisamment de protéines (afin de répondre au besoin permanent de l'organisme, lié au renouvellement cellulaire) : un produit laitier est tout à fait indiqué, et c'est de plus une bonne source de calcium. Enfin, pour bien répartir l'apport de vitamine C au cours de la journée, on conseille de prendre aussi un fruit frais (ou un jus de fruits).

REPAS DU MIDI ET REPAS DU SOIR

C'est au cours des deux autres repas de la journée que sera consommé l'essentiel de l'alimentation quotidienne. C'est pour cela qu'on les appelle repas principaux, bien que l'on ait vu que le petit déjeuner lui aussi est important !

Selon le mode de vie, les habitudes, les goûts, on pourra manger davantage à midi plutôt que le soir, ou l'inverse. Il n'existe pas de règle absolue en la matière, mais un repas copieux le midi n'est pas toujours compatible avec le rythme du travail. Toutefois, selon certaines études, la concentration de la prise énergétique le soir favoriserait le gain pondéral puisque la dépense d'énergie est réduite au cours de la soirée et pendant le sommeil.

Il faut surtout éviter de sauter un repas, car il est alors difficile de maintenir des apports nutritionnels suffisants et équilibrés. Prévoyez des en-cas simples et nutritifs pour éviter la consommation d'aliments gras et sucrés.

Bien sûr, quel que soit le repas, on s'efforcera de manger dans le calme et la tranquillité, en y consacrant suffisamment de temps. Manger sur le pouce est sans doute l'une des habitudes alimentaires qui nuisent le plus à une saine nutrition : une alimentation non planifiée ouvre la voie aux excès de glucides et de lipides. Et on pensera à apprécier la présentation des plats ainsi que la saveur des mets proposés.

SALADE

Voir p. 304

SALSIFIS

AVANTAGES
- *peu énergétique*
- *riche en fibres*
- *contient du potassium et du magnésium*

Ce légume méconnu l'est surtout en raison de la difficulté que l'on éprouve à l'éplucher mais aussi à se nettoyer les mains ensuite. Pourtant, sa saveur est délicieuse, surtout si le légume a subi les premières gelées qui auront transformé son amidon en sucre. C'est néanmoins un légume peu énergétique, qui apporte des protéines ; il renferme du magnésium et du potassium et présente une remarquable quantité de fibres : 9 g pour 100 g. Il convient de ne pas le cuire trop longtemps et de préférer la vapeur à l'eau bouillante.

Le vrai salsifis est blanc, conique et allongé, tandis que le salsifis noir, plus cylindrique et plus long, est en réalité un scorsonère. Produit en Belgique, celui-ci est plus facile à peler, moins fibreux et plus savoureux.

COMPOSITION MOYENNE POUR 100 G :
protéines . . . . 2,2 g
lipides . . . . 0,2 g
glucides . . . . 4,1 g
apport énergétique . . . . . . 27 kcal

SAUCE

AVANTAGES
- *améliore le goût, la texture et l'aspect de nombreux plats*
- *les sauces piquantes ou épicées sont décongestionnantes*

INCONVÉNIENTS
- *peut contenir du sel et du sucre*
- *souvent riche en matières grasses*
- *parfois lourde à digérer*
- *les sauces industrielles peuvent provoquer des allergies*

Très en faveur auprès des gourmets et des gourmands des générations précédentes, témoins du savoir-faire des cuisiniers, les sauces jouissent de nos jours d'une mauvaise réputation. Mais il faut savoir distinguer les différentes préparations et faire la part des choses quant à la composition, la fréquence et la quantité : la mesure est, comme toujours, le meilleur des principes.

SAUCES LIÉES

Parmi les classiques de la cuisine traditionnelle figurent les sauces à base de roux, confectionnées à partir d'un mélange de matière grasse et de farine.
– Lorsque la farine ne cuit que quelques minutes et reste claire avant l'adjonction d'un liquide (lait, vin, bouillon ou fond), le roux est dit blanc ; c'est la base de la sauce Béchamel, de la sauce Mornay, des veloutés auxquels sont ajoutés, selon le cas, de la crème, des œufs, du fromage, etc. Ces sauces sont très caloriques et apportent du cholestérol.
– Les sauces brunes, quant à elles, sont obtenues à partir d'un roux brun : la farine a roussi dans la matière grasse ; ce sont les sauces les plus indigestes (sauce chasseur, sauce madère, sauce piquante, sauce au poivre).

Ces sauces sont non seulement riches par elles-mêmes, mais elles absorbent durant la cuisson une bonne partie de la graisse contenue dans l'aliment. En plus, le cuisinier ajoute souvent en fin de cuisson un beurre manié (beurre et farine) ! À ne consommer qu'à l'occasion, leur haute teneur en lipides ne convenant pas à une alimentation équilibrée.

SAUCES ÉMULSIONNÉES

Les sauces émulsionnées peuvent être chaudes ou froides. Attention, elles sont très caloriques ! À froid, il s'agit tout bonnement de la mayonnaise et de ses multiples dérivés (aïoli, cocktail, tartare, rémoulade, rouille), préparés avec de l'huile et du jaune d'œuf. Parmi les émulsions chaudes, les plus classiques sont la béarnaise, la hollan-

VINAIGRETTES ALLÉGÉES

Une vinaigrette allégée contient au moins 50 % moins de calories qu'une vinaigrette ordinaire. Pour y arriver, on remplace une partie de l'huile par de l'eau et on ajoute un additif qui donne à la vinaigrette la consistance voulue. Ce type de vinaigrette est tout à fait convenable, à condition de ne pas doubler la dose habituelle. Pour une portion individuelle de salade, on peut calculer environ 1 cuillerée à soupe de sauce.

daise, le beurre blanc et la sauce mousseline et la sauce sabayon, élaborées à grand renfort de beurre et de jaunes d'œufs. Elles sont, certes, délectables et sources de vitamine A, mais, en raison de leur grande richesse en graisses saturées, mieux vaut les apprécier assez rarement et en quantité limitée.

PETITES SAUCES FROIDES

La plus courante et que nous consommons pratiquement chaque jour est la vinaigrette. Plus vous y mettez de vinaigre et d'épices piquantes, moins elle est recommandable aux estomacs délicats. Plus vous y mettez d'huile, plus elle est riche en lipides, et donc en calories. En outre, selon l'huile utilisée, cette vinaigrette sera plus ou moins riche en acides gras saturés, monoinsaturés et polyinsaturés.

SAUCES-COMPOTES
ET SAUCES-PURÉES

À base de tomates en purée, de duxelles de champignon, de purées de poivron rouge, ou de compotes de fruits épicées comme les chutneys, elles offrent une valeur alimentaire très variable selon les ingrédients ajoutés (corps gras, sucre). En les faisant vous-même, vous pouvez contrôler l'apport de matières grasses et obtenir des sauces peu caloriques et idéales pour parfumer vos plats.

Les sauces tomate du commerce sont riches en potassium. Elles renferment souvent peu de matières grasses et de calories mais il faut faire attention à leur composition, car elles peuvent être très riches en sel. Il est souvent plus économique et plus sain de faire une sauce maison, avec des tomates fraîches ou en boîte, des oignons, de l'huile d'olive, de l'ail et des aromates. La sauce au pistou faite, comme le pesto italien, à base de basilic pilé, de parmesan, d'huile d'olive et de pignons, est riche en matières grasses, mais on en mange souvent très peu.

LA TOUCHE MAISON

Rien ne vaut une sauce que l'on fait soi-même et dont on sait exactement ce qu'elle contient – ce qui permet également de limiter l'emploi des matières grasses, du sel et du sucre. Voici 3 exemples de versions légères.

● *Remplacez la mayonnaise classique par une sauce confectionnée avec de la moutarde, ⅓ d'huile et ⅔ de yogourt, aromatisée avec des fines herbes et une pointe de sucre.*

● *Confectionnez une petite sauce à base de yogourt, d'ail pilé et de concombre râpé pour assaisonner les brochettes et les tomates à la mode grecque; remplacez le concombre par des fines herbes pour accompagner une salade ou servir en trempette.*

SAUCES TOUTES PRÊTES

L'industrie agroalimentaire nous en offre un bel éventail tant en boîtes qu'en pots, en conserve, surgelées ou en poudre. Il est important de lire les étiquettes pour connaître la composition. De nombreuses sauces contiennent du sucre et du sel en proportions relativement importantes et renferment en outre des additifs (épaississants, émulsifiants, stabilisants, conservateurs et colorants). Prenez soin de vérifier que vous n'êtes pas allergique à l'un de ces additifs.

Vous trouverez également des sauces dites légères ou allégées; ces appellations concernent les sauces émulsionnées dans lesquelles la moitié des corps gras est remplacée par de l'eau.

Ces sauces ne peuvent pas être réalisées en très petites proportions. Le grand avantage des sauces toutes prêtes réside dans le fait que vous pouvez en conserver un pot au réfrigérateur après en avoir prélevé juste ce qu'il vous fallait, ne fût-ce que 1 cuillerée à thé! Cependant, il faut noter qu'en général, ces sauces sont toutes beaucoup plus riches en sodium.

SAUCES-CONDIMENTS

Celles-ci sont faites à base d'épices que nous n'avons pas coutume de garder sous la main:

– La sauce ketchup est riche en sel et en sucres ajoutés. Attention donc à ne pas en abuser. La sauce chili, pour sa part, est nettement épicée.

– Les sauces épicées, comme la sauce Worcestershire, la purée de piments ou le tabasco mexicain, à base de piment, de vinaigre et de sel, peuvent décongestionner le nez. Elles sont généralement consommées en trop petites quantités pour que leur apport nutritif soit à considérer, mais elles sont à éviter en cas d'indigestion ou d'ulcère.

– La sauce harissa, à base de piments, couramment utilisée en Tunisie et au Moyen-Orient, est notamment utilisée dans le couscous.

– La sauce soja, faite à partir de soja fermenté, est un concentré de sodium. Elle est donc à proscrire, comme les autres sauces de la cuisine orientale, en cas de régime hyposodé. Elle contient du blé et doit donc aussi être évitée en cas d'intolérance au gluten.

– La sauce d'huître est un condiment salé couramment utilisé dans la cuisine chinoise. Elle peut provoquer des réactions allergiques chez les personnes sensibles aux fruits de mer. Dans sa version thaïe, la sauce d'huître est faite à partir de poisson salé et séché.

– Les sauces aux haricots noirs et jaunes, faites à partir de soja salé ou fermenté, peuvent être épaissies à la farine de blé et sont donc déconseillées en cas d'intolérance au gluten.

– La sauce Hoisin est un condiment à la fois salé et sucré fait à partir de soja et de riz rouge (coloré par des haricots rouges). Elle sert à aromatiser le canard pékinois.

– La sauce satay est une sauce épicée faite à base d'arachides.

RAFRAÎCHISSANTES SALADES

*Fraîches, colorées et croquantes, les salades font partie des aliments les moins énergétiques.
Mais cela ne les empêche pas d'apporter de nombreux éléments nutritifs.*

L'apport nutritionnel des salades varie selon l'espèce, mais aussi selon l'époque de l'année, la fraîcheur de la plante et même, parfois, selon la coloration des feuilles. Riches en eau (elles en renferment plus de 90 %), les salades apportent très peu de calories : en moyenne, 15 kcal pour 100 g. Elles sont pauvres en matières grasses... à condition, bien sûr, de limiter l'assaisonnement.

Les salades vertes constituent une bonne source de carotène ou provitamine A, aux précieuses propriétés antioxydantes. Toutefois, cet apport est différent selon le degré de pigmentation des feuilles : les plus vertes peuvent en renfermer jusqu'à 50 fois plus que le cœur, plus pâle. Les salades les plus colorées (cresson, épinard, mâche, feuilles de laitue vertes...) sont aussi celles qui apportent le plus d'acide folique, antianémique et, caractéristique des légumes-feuilles, de minéraux et d'oligoéléments (calcium, magnésium, fer, cuivre notamment). Elles sont également les plus riches en vitamine C (40 à 60 mg pour 100 g). Mais cette teneur diminue rapidement après la récolte, en cours de transport et sur les étals des supermarchés.

Les salades contribuent à l'apport de fibres dans l'alimentation (elles en renferment entre 1,5 et 2,5 g pour 100 g). Comme elles sont en règle générale consommées crues, il faut les laver avec le plus grand soin avant de les consommer, mais, pour préserver leur valeur nutritionnelle, on évitera de les laisser tremper.

LES PRINCIPALES SALADES

Chicorées. Une famille pleine de diversité, qui comprend, outre la chicorée proprement dite, aux feuilles épaisses, foncées et amères, et la chicorée frisée (à fines feuilles très découpées), la scarole (au cœur jaune pâle et assez ferme), les chicorées rouges (dont la célèbre trévise, appelée ici radicchio), et l'irremplaçable endive, dont la vraie dénomination est chicorée witloof. Toutes les chicorées contiennent une substance amère, l'intybine, concentrée dans les nervures où le trognon, qui leur confère des propriétés cholagogues (stimulant la sécrétion de la bile).

Cresson. Ses petites feuilles lisses et vert sombre sont très tendres, et il a une saveur typique légèrement poivrée. Il ne doit jamais être ramassé sauvage, en raison des risques de contamination par des parasites. Ses dérivés soufrés, spécifiques des crucifères, possèdent des effets protecteurs vis-à-vis de certains cancers.

Épinard. On mange en salade ses pousses et ses plus jeunes feuilles. Le taux de vitamine C et de carotène qu'il renferme est très élevé.

Laitue. C'est « la » salade par excellence. Il en existe de nombreuses variétés : les laitues, dont la bibb et la boston aux feuilles très tendres (certaines variétés sont colorées de rouge) ; la laitue frisée, aux longues feuilles vertes, un peu plus croquante (il en existe plusieurs variétés) ; les laitues pommées, dont l'iceberg et la lollo rosso, aux feuilles bien serrées ; la laitue feuille de chêne, très douce, aux feuilles vert-roux ; la romaine, assez ferme, de forme allongée... On attribuait à la laitue un effet calmant et sédatif, lié à la présence d'un principe amer, la lactucine. Mais les variétés actuelles n'en renferment que de faibles quantités.

Mâche. D'abord assez insipide, elle dégage sous la dent un goût plaisant de réglisse. Elle est remarquablement bien pourvue en vitamines et en fer, mais doit être consommée rapidement.

Mesclun. C'est un assemblage de diverses petites salades et herbes. On y trouve traditionnellement laitue, frisée, trévise, mais aussi roquette, pissenlit ou épinard, cerfeuil et persil... Une extrême fraîcheur est impérative, et on ne l'assaisonne qu'au dernier moment, car c'est une salade délicate.

Pissenlit. Ses feuilles longues et dentelées peuvent être consommées bien vertes, ou au contraire blanchies (c'est-à-dire étiolées par quelques jours de pousse à l'obscurité). Ses composés amers lui confèrent des vertus dépuratives.

Roquette. Souvent désignée ici sous son nom italien d'arugula, elle a un peu l'apparence du pissenlit, mais possède un goût marqué, âcre et puissant. La roquette, qui fait partie de la famille de la moutarde, s'utilise en petite quantité.

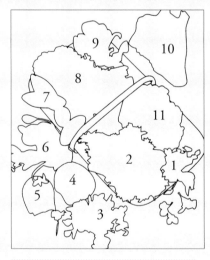

Un large assortiment de salades, toutes savoureuses et vitaminées : cresson (1), chicorée frisée (2), mâche (3), laitue iceberg (4), chicorée trévise ou radicchio (5), roquette ou arugula (6), endive (7), scarole (8), oseille (9), laitue romaine (10), lollo rosso (11).

SCLÉROSE EN PLAQUES

PRIVILÉGIER
- *les céréales complètes, les légumes verts et les fruits frais*
- *les poissons gras, les gras polyinsaturés*
- *l'eau*

RÉDUIRE
- *les graisses saturées, l'alcool*

Environ 50 000 Canadiens sont atteints par la sclérose en plaques, maladie chronique qui se traduit par l'inflammation – parfois la dégénérescence – des gaines qui entourent les fibres nerveuses du cerveau et de la moelle épinière. Fatigue anormale, vision embrouillée ou double, mauvaise élocution, démarche chancelante, affaiblissement musculaire sont quelques-uns de ses symptômes qui apparaissent généralement entre l'âge de 20 et 40 ans. Il peut s'ensuivre une certaine spasticité donnant lieu à des problèmes intestinaux et de vessie et, dans les cas extrêmes, à la paralysie.

Selon l'Association canadienne de la sclérose en plaques, il n'y a aucune preuve scientifique à l'effet que l'alimentation puisse jouer un rôle dans les causes de la maladie ni dans son évolution. L'association prône donc une alimentation fondée sur les principes du Guide alimentaire canadien, qui mettent l'accent sur les hydrates de carbone, surtout ceux qui sont fournis par les féculents, les fruits et les légumes, avec un apport modéré de protéines et un apport minimal de gras et de sucres. Ce régime, fort en fibres et faible en graisses, aide la personne atteinte de sclérose en plaques à conserver son énergie, à réparer les dommages au niveau des tissus, à combattre l'infection et, enfin, à prévenir la constipation.

Certains médecins continuent de vanter les mérites d'un régime mis de l'avant par le professeur Swank en 1950. Ce régime, fondé sur la suppression à peu près totale des graisses animales, a été éprouvé auprès de milliers de victimes de la sclérose en plaques au fil des années, sans apporter de preuves concluantes. Il a néanmoins l'avantage de ne présenter aucun risque pour la santé, contrairement à beaucoup d'autres diètes proposées – diètes liquides, diètes agressives pouvant mener à une déficience en potassium, diètes de fibres crues, diètes éliminant la pectine, le fructose ou le gluten – dont aucune n'a jamais fait la preuve d'une amélioration significative.

Il en va de même pour les suppléments de vitamines et les minéraux, dont une surdose peut causer d'importants problèmes de santé. Un excès de vitamine B_6, par exemple, peut causer des dommages aux nerfs se traduisant par un engourdissement et des fourmillements, symptômes pouvant être confondus avec ceux de la maladie elle-même.

SEL

AVANTAGES
- *régule la pression osmotique et la tension artérielle*
- *relève le goût des plats*
- *conserve les aliments*

INCONVÉNIENTS
- *l'excès de sel favorise l'hypertension chez des personnes prédisposées*

Le sel est utilisé depuis des millénaires soit comme agent de sapidité pour donner du goût aux aliments, soit pour conserver les aliments en empêchant certaines bactéries de s'y développer (viande, poisson...).

Le sel, ou chlorure de sodium, se compose de 40 % de sodium et de 60 % de chlore, ce qui signifie que 1 g de sel apporte 400 mg de sodium.

En retenant l'eau dans les tissus, le sodium assure la bonne hydratation de notre organisme. Il est nécessaire au fonctionnement normal des cellules, des nerfs et des muscles, y compris du cœur, et à l'assimilation de certains éléments nutritifs au niveau de l'intestin grêle et des reins. Il contribue également à réguler la pression osmotique et la tension artérielle.

Le sodium est surtout éliminé dans les urines et la sueur. Il est filtré par les reins, qui, par un phénomène de réabsorption, le maintiennent à un taux constant. Chez le sujet bien portant, l'organisme équilibre la quantité de sodium, quelle que soit la consommation : si l'organisme reçoit peu, il élimine peu, et inversement. Les besoins en sodium de l'individu varient en fonction de l'âge et, surtout, du volume de transpiration, qu'elle soit due à un effort physique ou au climat.

Au cours de la grossesse, l'augmentation du volume sanguin augmente temporairement les besoins en sel. La dose supplémentaire est normalement fournie par l'alimentation pourvu que le régime soit varié et bien équilibré. Les femmes enceintes devraient donc, en préparant les repas, ne pas hésiter à utiliser la quantité normale de sel. Mais elles doivent limiter le sel à table et éviter de grignoter des amuse-gueule salés.

SEL ET HYPERTENSION

D'après de nombreux chercheurs, le chlorure de sodium ne serait qu'un facteur parmi d'autres d'aggravation de l'hypertension artérielle chez des sujets génétiquement prédisposés. Bien que rien ne permette de prouver qu'un excès de sodium soit à l'origine de la maladie, l'ingestion de sel chez un hypertendu favorise une élévation de la tension artérielle, alors qu'elle n'a normalement aucun effet sur le sujet en bonne santé. Divers travaux ont démontré l'existence d'une véritable « sensibilité au sel » chez un pourcentage assez élevé d'individus.

Pour ce type d'hypertension, la réduction des apports quotidiens en sel s'accompagne d'une diminution du risque d'hypertension artérielle. Certains spécialistes ont même suggéré de réduire la consommation en sel dès l'enfance à titre préventif. Une telle précaution pourrait s'avérer rentable pour les gens à risque, ce qui inclut notamment une proportion significative de personnes d'origine africaine.

LE SEL DANS L'ALIMENTATION

Environ un quart du sodium fourni par l'alimentation provient du sel naturellement présent. Bien que tous les aliments en contiennent, certains –

lait, poisson, viande – en sont très riches, alors que d'autres, comme les fruits et la plupart des légumes, n'en renferment que très peu. Le reste est apporté par le sel ajouté et les assaisonnements (au moment de la cuisson, à table et dans les produits industriels). Bien que la ration journalière de sodium recommandée soit de 2 400 mg – un peu plus de 1 cuillérée à thé – la consommation moyenne des Canadiens s'élève à 3 100 mg.

Les aliments traités contiennent une quantité renversante de sel, depuis les céréales jusqu'aux cubes de bouillon, en passant par les légumes congelés, le pain et la charcuterie. La cuisine faite à la maison est donc toujours préférable pour contrôler sa teneur en sodium, sans parler des multiples autres raisons.

On peut prendre l'habitude de cuisiner avec moins de sel et remplacer celui-ci par des épices et des fines herbes, de la poudre d'ail ou d'oignon non salée, du jus de citron. Les condiments comme la moutarde, le ketchup, la sauce soja, de même que les vinaigrettes et les sauces barbecue sont à utiliser avec parcimonie.

Si vous avez un adoucisseur d'eau à la maison, informez-vous auprès du fournisseur du taux de sodium qu'il ajoute à votre eau. Vous préférerez peut-être boire de l'eau embouteillée.

Enfin, les médicaments vendus sans ordonnance et notamment les antiacides, les analgésiques et les laxatifs peuvent contenir une grande quantité de sel. Consultez votre médecin ou votre pharmacien si vous surveillez votre apport en sel.

Attention ! les substituts du sel contiennent du potassium qui peut être nocif aux personnes ayant un problème rénal ou qui prennent des suppléments ou des diurétiques contenant du potassium.

Le sodium dans l'alimentation quotidienne

1 cuillérée à thé de sel correspond à 2 g de sodium. Certains produits recèlent des surprises : un bol de corn flakes, par exemple, contient autant de sodium qu'un paquet de croustilles. Les teneurs ci-dessous sont indiquées pour 100 g d'aliments.

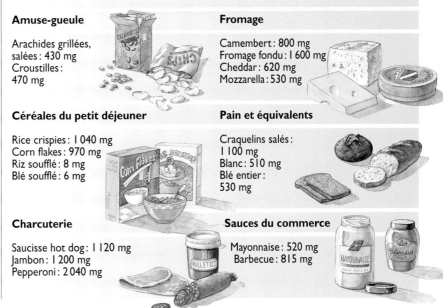

Amuse-gueule

Arachides grillées, salées : 430 mg
Croustilles : 470 mg

Céréales du petit déjeuner

Rice crispies : 1 040 mg
Corn flakes : 970 mg
Riz soufflé : 8 mg
Blé soufflé : 6 mg

Charcuterie

Saucisse hot dog : 1 120 mg
Jambon : 1 200 mg
Pepperoni : 2 040 mg

Fromage

Camembert : 800 mg
Fromage fondu : 1 600 mg
Cheddar : 620 mg
Mozzarella : 530 mg

Pain et équivalents

Craquelins salés : 1 100 mg
Blanc : 510 mg
Blé entier : 530 mg

Sauces du commerce

Mayonnaise : 520 mg
Barbecue : 815 mg

SEMOULE

AVANTAGES
- *riche en amidon*

INCONVÉNIENTS
- *contient peu de fibres*

Pouvant remplacer les céréales, le riz, les pâtes ou le pain, la semoule est essentiellement une source d'amidon, mais elle fournit aussi des protéines. Associée à des légumineuses ou à du lait, elle fournit aux végétariens des protéines complètes. On en fait des salades, des desserts, des soupes ou encore un

semoule est riche en magnésium, contient du phosphore, du potassium, du calcium, du fer, de la niacine et des folates, mais ne renferme que 4 g de fibres pour 100 g. C'est un des aliments les plus pauvres en sodium (3 mg pour 100 g). La semoule dite de couscous a subi une précuisson, ce qui explique la rapidité avec laquelle elle cuit. Le boulgour est du blé complet concassé précuit. Le couscous brun (au blé complet) et le boulgour sont plus riches en fibres que la semoule de blé courante.

COMPOSITION MOYENNE POUR 100 G :

protéines	12,6 g
lipides	1,2 g
glucides	70,4 g
apport énergétique	351 kcal

Mondialement apprécié, le couscous marocain est très parfumé car il est cuit à la vapeur au-dessus d'un bouillon de viande et de légumes bien épicé.

accompagnement pour les mets principaux.

La semoule est obtenue à partir de blé dur. Le blé est séparé de son enveloppe et tamisé pour en isoler les particules les plus importantes, qui vont constituer la grosse semoule. Les diverses semoules – grosse, moyenne et fine – sont obtenues par broyage. La

SEXE (choix du)

La sélection préconceptionnelle du sexe par le régime alimentaire nous vient d'études effectuées sur des animaux (batraciens, bovins). Le fait de modifier les apports en certains éléments minéraux avait permis d'obte-

nir soit plus de femelles, soit plus de mâles.

Dans les années 1970, une enquête alimentaire canadienne montra que 80 % des mères de garçons consommaient des aliments pauvres en calcium, riches en potassium et fortement salés. À l'inverse, 80 % des femmes ayant donné naissance à des filles consommaient des aliments peu salés, riches en calcium et en magnésium, et pauvres en potassium.

D'autres études arrivèrent à des résultats similaires. Certaines équipes hospitalières ont, depuis, mis ce concept en pratique avec 74 à 82 % de succès. Cependant, le mode d'action de ces régimes spécifiques n'est pas défini. On a longtemps pensé qu'ils avaient pour conséquence une modification de l'environnement ionique des spermatozoïdes dans l'appareil génital de la femme, mais rien n'est encore confirmé.

DES MODALITÉS RIGOUREUSES

Toute contraception orale doit être stoppée dès le début du régime, qui commence le premier jour du cycle et dure 8 semaines. Le premier cycle est un mois d'imprégnation durant lequel il ne doit pas y avoir conception.

Le régime destiné à donner un garçon sera pauvre en calcium, donc exempt de lait et de tout produit laitier. En revanche, il sera riche en sodium, donc très salé. Le régime destiné à donner naissance à une fille devra au contraire apporter beaucoup de calcium et de magnésium, mais peu de sodium et de potassium. À chaque type de régime est associé un apport minéral d'appoint sous forme de sels de potassium pour le « régime garçon », de sels de magnésium et de calcium pour le « régime fille ».

Cette méthode de choix du sexe d'un enfant fut fortement décriée, car la diffusion de tels régimes dans la presse grand public, sans explications complémentaires, a donné lieu à des excès. Il est capital que la prescription de tels régimes reste un acte médical, compte tenu des contre-indications telles que l'hypertension artérielle et l'insuffisance rénale. Une surveillance diététique et médicale est indispensable. Le principal reproche fait à cette méthode porte sur sa durée. En particulier, un régime pauvre en calcium et hypersodé ne peut être suivi longtemps sans risquer d'affecter le stock calcique et la tension artérielle de la patiente. De même, un régime riche en calcium n'est pas sans inconvénient sur le plan rénal. Il est donc conseillé aux femmes de ne pas suivre trop longtemps ce type de régime. Dès que la grossesse est déclarée, la future mère doit retrouver une alimentation équilibrée.

SEXUALITÉ

PRIVILÉGIER

- *Légumineuses, grains entiers, céréales enrichies, volaille, germe de blé et légumes verts feuillus, pour les vitamines du groupe B*
- *Volaille, fruits de mer et germe de blé pour la vitamine E*
- *Viandes maigres, poisson, fruits de mer, légumineuses et céréales enrichies pour le fer*
- *Légumes et fruits, pour la vitamine C*

ÉVITER

- *Les gras saturés et l'alcool*

S'il est vrai que la performance sexuelle est reliée à des facteurs d'ordre physique et qu'elle répond à une activité hormonale complexe, on a coutume de dire, avec raison, que la sexualité, « ça se passe entre les deux oreilles ». On sait aujourd'hui que les aphrodisiaques sont le fruit de l'imagination et que le plus que peut apporter la

consommation d'aliments dans le domaine de la sexualité, c'est de fournir les nutriments nécessaires à une bonne santé.

Un système nerveux qui fonctionne bien, un bon équilibre hormonal et une parfaite irrigation sanguine au niveau du bassin sont les fondements d'une vie sexuelle normale. Le régime le plus sain est axé sur les hydrates de carbone que l'on va chercher surtout dans les céréales et les légumineuses, auxquels s'ajoutent une bonne quantité de fruits et de légumes, et une consommation modérée d'aliments riches en protéines. Une telle alimentation fournit amplement de vitamines, en particulier celles du groupe B. On mettra l'accent sur les agrumes, sources de vitamine C, pour renforcer la paroi des vaisseaux sanguins, et sur les produits laitiers partiellement écrémés, les grains entiers ou enrichis et les légumes verts feuillus, sources de riboflavine, pour leurs effets bénéfiques sur la membrane qui tapisse les organes reproductifs de la femme.

On ignore encore la fonction exacte du zinc dans la fonction sexuelle, mais on sait qu'une carence de ce métal dans l'organisme retarde le développement sexuel chez l'adolescent, et diminue la production de spermatozoïdes chez l'homme. On trouve du zinc en abondance dans les céréales enrichies, le yogourt, les huîtres et le bœuf.

Personne n'est sans savoir aujourd'hui que les gras saturés encrassent les artères, mais on ne pense pas toujours que leurs effets sont les mêmes en ce qui concerne les multiples vaisseaux sanguins qui irriguent le pénis. Et à défaut d'une irrigation satisfaisante de cette région, le pénis est empêché de répondre aux stimuli de la sexualité.

Enfin, la fatigue et la dépression sont souvent la cause d'un manque d'intérêt au niveau de la sexualité. On tâchera, dans ce cas, de changer son régime de vie pour faire plus de place

à l'exercice physique et pour assurer la consommation d'une quantité suffisante de viandes maigres, de poisson et fruits de mer, de légumineuses, de céréales enrichies et d'abricots secs, sources de fer dont l'organisme est peut-être déficient.

SIDA

Le syndrome d'immunodéficience acquise (sida) est une dépression du système immunitaire qui se traduit par une incapacité croissante de l'organisme à combattre les agressions microbiennes. Il n'existe à l'heure actuelle ni remède ni vaccin reconnus contre le sida. Cependant, une alimentation appropriée peut aider les malades à conserver une certaine qualité de vie.

À son stade déclaré, la maladie se manifeste par un affaiblissement général. Les risques d'infections bactériennes d'origine alimentaire ou autre deviennent alors plus élevés. Parmi celles-ci, la listériose transmise par les fromages et les pâtés est un danger bien connu. La consommation de coquillages et de fruits de mer n'est pas sans risque non plus, et le sujet immunodéprimé doit plus que d'autres veiller à la qualité, à la fraîcheur et à la propreté des aliments qu'il consomme.

TRAITER LA PERTE DE POIDS

Les victimes du sida souffrent fréquemment de malnutrition grave, parfois irréversible. Aussi certaines recherches se concentrent-elles sur les effets positifs d'une alimentation adaptée. Celle-ci peut, dès la découverte de la séropositivité, renforcer le système immunitaire afin de permettre une meilleure résistance à la maladie.

L'amaigrissement progressif du patient, un effet courant du sida, peut

(SUITE À LA PAGE 312)

309

SOMMEIL ET ALIMENTATION

Le sommeil, indispensable, sacré et réparateur, est aussi un antidote aux pressions du quotidien. Une bonne nuit de sommeil se prépare. L'alimentation peut contribuer à améliorer la qualité de vos nuits.

Rien de plus désagréable que la sensation d'avoir passé une mauvaise nuit. Les muscles et les articulations, tout comme le cerveau et l'humeur, semblent rouillés et grippés. Si l'on se rattrape la nuit suivante, tout rentre dans l'ordre, mais si cela se reproduit plusieurs nuits, et même des semaines, la santé risque de s'en ressentir. Et, pour ceux qui sont sujets à des troubles du sommeil, l'angoisse d'une nouvelle nuit de veille vient chaque soir renforcer les tendances insomniaques. On entre alors dans l'infernal cercle vicieux.

LES CAUSES DE L'INSOMNIE

On estime qu'une personne sur trois dort mal. Bien que les scientifiques s'intéressent depuis longtemps à ce problème, ils ne parviennent toujours pas à comprendre exactement ce qui provoque le sommeil. Ils ont cependant découvert dans le cerveau des centres du sommeil qui servent d'horloge biologique, et la faculté de favoriser le sommeil qu'ont certaines substances chimiques produites par notre organisme.

L'insomnie est souvent associée à un état d'angoisse, de dépression ou de stress. Il est donc essentiel de supprimer dans la mesure du possible la cause de l'angoisse pour améliorer le sommeil, sans pour autant avoir systématiquement recours aux somnifères et aux antidépresseurs : ce ne sont que des palliatifs qui, à long terme, atrophient nos capacités à retrouver un équilibre naturel. L'obésité peut elle aussi nuire au sommeil, car elle gêne la respiration, augmente les risques de ronflement et peut provoquer une apnée du sommeil, c'est-à-dire que l'on cesse de respirer pendant une durée pouvant aller jusqu'à

PRIVILÉGIER

- *les boissons chaudes à base de lait (les sucrer au miel)*
- *la camomille (qui aide également à digérer) ou une autre tisane*
- *les féculents comme les pâtes, le riz ou les pommes de terre lors du dîner*

RÉDUIRE LE SOIR
(ET MÊME DANS LA JOURNÉE)

- *la caféine (thé, café, chocolat et boissons à base de cola)*
- *les boissons alcoolisées*

ÉVITER LE SOIR

- *les repas tardifs comportant des aliments gras, épicés, riches ou lourds (fritures)*
- *les jus d'agrumes (jus d'orange, citron chaud)*
- *les aliments qui provoquent des flatulences (ils varient souvent d'une personne à l'autre)*
- *le tabac*

90 secondes. Maigrir permet parfois de mieux dormir.

BIEN MANGER POUR BIEN DORMIR

Quelle que soit la cause des insomnies, une bonne alimentation peut, sinon régler le problème, du moins l'améliorer ou permettre d'éviter des insomnies ponctuelles. Elle peut détendre l'organisme et favoriser le sommeil, au niveau tant de la quantité que de la qualité.

Essayez de prendre votre repas du soir à peu près toujours à la même heure. Et ne soyez pas tenté de sauter ce repas : il ne faut jamais aller se coucher le ventre vide ; si vous avez faim, vous aurez des crampes d'estomac qui vous feront passer une mauvaise nuit. Le résultat sera tout aussi négatif en cas de repas trop copieux : si vous avez fait des excès de table, vous risquez cette fois de souffrir d'indigestion, de brûlures d'estomac ou de flatulences. Une nourriture trop riche ou trop épicée, un excès de boissons alcoolisées peuvent également provoquer

Les féculents, les boissons sucrées à base de lait, les tisanes, comme le tilleul, la verveine, l'oranger ou la camomille, et le miel, peuvent favoriser le sommeil.

ce type de troubles. Évitez de boire trop chaud ou trop froid et, dans le même sens, n'abusez pas des crèmes glacées.

La consommation de café, de thé, de chocolat ou de boissons à base de cola en grande quantité au cours de la journée fournit au cerveau un apport constant de caféine qui peut empêcher de s'endormir quelques heures plus tard et rendre le sommeil beaucoup plus léger. (Certains gros consommateurs de café développent toutefois une accoutumance et n'éprouvent aucune gêne.) N'abusez pas de jus d'agrumes le soir (orange, citron, pamplemousse). Leur teneur en vitamine C, excitante, est importante. Réservez-les plutôt au petit déjeuner.

DES AIDES NATURELLES

Certains aliments et certains nutriments ont la réputation de venir en aide aux insomniaques.

Féculents. Un repas riche en féculents accroît les capacités d'endurance, mais il peut aussi agir comme un calmant sur le cerveau. Cela s'explique par l'effet de l'amidon sur le taux de glucose dans le sang. On croit aussi que l'amidon pourrait favoriser la production de sérotonine (hormone qui possède des vertus sédatives).

Magnésium. Le magnésium a une action équilibrante sur le système nerveux, décontracturante et défatigante sur le muscle. Les principales sources de magnésium sont les légumes feuillus vert

foncé, les pommes de terre, les céréales complètes, les légumineuses, les noix et les graines.

Lait. Une boisson à base de lait sucré améliore la qualité du sommeil grâce aux sucres qu'elle contient. Le système nerveux central peut ainsi puiser dans le sang une plus grande quantité de tryptophane – un acide aminé qui, selon certains chercheurs, a des effets positifs marqués sur les désorganisations du sommeil – et de calcium (tous deux apportés par la protéine du lait), que le cerveau transforme ensuite en sérotonine.

Tisanes. De nombreuses tisanes sont réputées pour favoriser le sommeil. Les plus connues sont le tilleul, la verveine, la camomille et l'oranger. Sont également efficaces le houblon, la passiflore, la mélisse, la lavande et la valériane. En revanche, la menthe est stimulante.

Miel. Ce remède de bonne femme a un effet légèrement sédatif. Prenez l'habitude de sucrer votre lait chaud ou votre infusion avec du miel plutôt que du sucre.

(SUITE DE LA PAGE 309)

être évité à condition d'intervenir de façon rapide. Le patient doit vérifier son poids tous les mois. Il veillera à ce que son alimentation soit variée et intensifiée, tout en répondant aux critères d'une alimentation recommandée à l'ensemble de la population. Les régimes doivent être évités. Toute perte pondérale supérieure à 5 % du poids de forme devra faire l'objet d'une consultation diététique.

À un stade avancé de la maladie, la perte de poids est due en grande partie à la diminution de la masse musculaire : c'est la cachexie. Or, on a pu observer que le maintien de la masse musculaire d'un sujet séropositif pouvait aider à retarder l'apparition des premiers symptômes de la maladie. C'est pourquoi un régime alimentaire adapté peut s'avérer bénéfique s'il est associé à un minimum d'exercice. La viande, le poisson et les produits laitiers constitueront une source non négligeable de protéines et seront associés à un apport d'acides gras essentiels et de produits laitiers pour assurer à l'organisme des quantités suffisantes de vitamines liposolubles A, D, E et K.

LUTTER CONTRE LES NAUSÉES

Nausées et perte d'appétit figurent au pénible tableau du sida. Il faut pourtant 3 repas par jour et le plus possible de collations pour fortifier le patient. Il conviendra donc d'avoir toujours à portée de la main des aliments faciles à grignoter – noix, céréales, fruits secs, riches en calories, vitamines et sels minéraux – et des boissons énergétiques. En cas de nausées, mieux vaut éviter tout ce qui est épicé ou gras, les mets odorants, les aliments trop sucrés ou trop salés, les boissons acides.

Enfin, rien ne sert de contraindre un grand malade. Passé un certain stade, il va pratiquement sans dire que si la nourriture est encore un plaisir, il

serait vain et stupide de l'interdire, l'important étant de manger.

SINUSITE

PRIVILÉGIER
- *les fruits et les légumes frais pour la vitamine C et les bioflavonoïdes*
- *les produits céréaliers à grains entiers, les légumineuses, les noix pour les vitamines du groupe B*
- *les graines de tournesol, les huiles végétales et les avocats pour la vitamine E*
- *l'ail, l'oignon et les piments pour atténuer la congestion des sinus*

ÉVITER
- *les produits laitiers*
- *le tabac*

La sinusite est l'inflammation de la muqueuse d'un ou de plusieurs sinus de la face. Elle survient souvent à la suite d'un rhume ou chez les gens qui souffrent d'une forme d'allergie affectant le passage nasal.

Quelle qu'en soit la cause, aiguë ou chronique, la sinusite se traduit par une congestion nasale, une sensibilité et parfois l'inflammation du visage et un mal de tête lancinant. Un signe qui ne ment pas est l'intensification de la douleur quand on penche la tête par devant. Il peut aussi y avoir l'écoulement d'un mucus épais, jaune ou vert. Pour favoriser la décongestion, on peut appliquer une débarbouillette chaude sur le visage ou faire des inhalations. Selon la cause, on pourra se faire prescrire un antihistaminique, un décongestionnant, un antibiotique ou un stéroïde.

LE TRAITEMENT ALIMENTAIRE

Bien que l'alimentation ne soit pas directement en cause, certaines mesures d'ordre alimentaire peuvent apporter un réconfort. Une étude importante a rapporté des améliorations notoires à la suite d'une suppression des produits laitiers. Si vous désirez essayer cette approche, n'oubliez pas de compenser le manque de calcium ; au besoin, demandez à votre médecin ou à un diététiste de vous prescrire des suppléments.

Pour fortifier votre système immunitaire contre l'assaut des rhumes et autres infections, consommez des produits céréaliers, des légumineuses et des noix pour la vitamine B, des fruits et des légumes frais pour la vitamine C. Les agrumes entiers plutôt que leur jus, les raisins et les mûres sont des aides précieuses car ils contiennent des bioflavonoïdes, substances végétales anti-inflammatoires.

Certains aliments sont des décongestionnants naturels, comme l'ail, l'oignon, le piment, le raifort, certaines épices dont le gingembre, le clou et la cannelle, et certaines herbes dont le thym et le cumin.

Enfin, il faut éviter autant que possible de respirer un air enfumé ou trop sec, car le dessèchement de la muqueuse prédispose à l'inflammation.

SOJA

AVANTAGES
- *riche en protéines*
- *pauvre en graisses saturées*
- *riche en graisses polyinsaturées*
- *pourrait avoir un rôle préventif sur certaines maladies cardio-vasculaires*

INCONVÉNIENTS
- *allergène*
- *diminue l'absorption du fer*
- *pauvre en calcium*

Le soja, la plus répandue parmi les légumineuses, est cultivé en Chine depuis 4 000 ans. C'est l'aliment

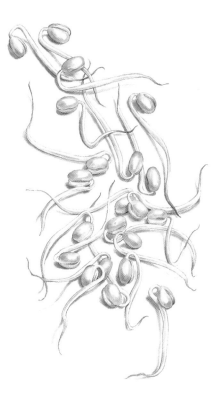

végétal le plus nourrissant qui soit et celui qui se prête au plus grand nombre de transformations.

LES PRINCIPAUX PRODUITS DÉRIVÉS DU SOJA

Les graines, ou fèves, de soja peuvent se préparer comme toutes les autres fèves. Elles peuvent aussi être moulues en farine. Le tofu s'obtient à partir de graines moulues et détrempées. Ces graines peuvent aussi être transformées en huiles, en boisson, en caillé ou en concentrats.

La transformation de la graine de soja requiert une succession de processus techniques destinés à améliorer la digestibilité des protéines et à éviter l'apparition du « goût de fève ». Un premier trempage permet d'éliminer en partie les agents de flatulence et favorise l'inactivation ultérieure des inhibiteurs de la trypsine (acide aminé essentiel). Le produit subit ensuite un traitement thermique qui entraîne l'inactivation complète des agents responsables du goût de fève et des facteurs antitrypsiques. Le trempage final des graines dans un bain chaud provoque la neutralisation des oligosaccharides résiduels à l'origine des flatulences.

On procède ensuite à la fabrication de l'élément de base : le tonyu. C'est un liquide à usages multiples obtenu par broyage, cuisson et filtration des graines de soja transformées. Il peut tout d'abord être consommé en boisson, appelée à tort lait de soja en raison de sa texture onctueuse et de sa couleur blanche. Le tonyu peut aussi être fermenté et conditionné en briques ou mis en bouteilles. Dans le premier cas, on en fait notamment du tempeh, une sorte de caillé de soja, et du miso, une pâte qui aromatise les soupes et les légumes. Sous forme liquide, il donne la sauce de soja. Le tempeh est supérieur au tofu du point de vue nutritif : il fournit beaucoup de vitamine A, davantage de vitamine B et certains minéraux. Le miso et la sauce soja, pour leur part, ont une très haute teneur en sodium.

AUTRES PRODUITS

– L'huile de soja, issue des graines, est riche en acides gras polyinsaturés, notamment en acide linoléique ; elle contient également de l'acide linolénique en proportion non négligeable, qui lui confère une fragilité à la cuisson et la fait réserver aux assaisonnements.
– La farine de soja, plus nutritive que la farine de grain, est obtenue à partir du tourteau des graines, après extraction de l'huile par un solvant.
– Concentrats et isolats protéiques de soja sont obtenus par la concentration des protéines des graines par élimination de l'huile et de la plus grande partie des glucides. Ces préparations sont à la base des produits qualifiés de « végétariens ». Elles sont également incorporées à de nombreux produits de l'industrie alimentaire (garnitures pour raviolis, farces, charcuteries, hamburgers) car elles présentent le double avantage de remplacer une partie de la viande – économie appréciable pour le fabricant – et d'améliorer la consistance de l'aliment.

VALEUR NUTRITIONNELLE

La protéine que renferme la graine de soja contient tous les acides aminés essentiels, ce qui en fait le seul aliment végétal qui puisse se comparer à la viande, au poisson et aux œufs, du point de vue des protéines.

Certains acides aminés essentiels sont moins bien représentés, en particulier la méthionine. En revanche, la protéine du soja est riche en lysine, l'acide aminé déficient des produits céréaliers (blé et ses dérivés). Ainsi, la consommation simultanée de produits issus du soja et de produits céréaliers assure une excellente complémentarité des protéines. Cet avantage est d'ailleurs exploité dans les régimes végétaliens, dénués de tout produit d'origine animale.

La majeure partie des acides gras contenus dans la graine de soja est insaturée, avec un taux appréciable en acides gras essentiels (acide linoléique et acide linolénique), que l'on retrouve d'ailleurs dans l'huile. Ces deux acides sont très importants pour l'organisme : ils entrent dans la composition des membranes cellulaires et aident à la prévention des maladies cardio-vasculaires en agissant sur le métabolisme des lipides et du cholestérol.

Certaines études ont d'ailleurs montré qu'il existait une corrélation entre la consommation de protéines végétales, en particulier de soja, et la diminution de la fréquence des maladies coronariennes.

On a aussi remarqué qu'en Asie, là où le soja fait partie de l'alimentation de base, les taux de cancer du sein et de cancer de la prostate étaient de beaucoup inférieurs à ceux de l'Occident. Certains chercheurs ont attribué ce phénomène aux isoflavones du

(SUITE À LA PAGE 318)

SPORT ET ALIMENTATION

Pour rester en bonne forme, il n'est pas indispensable d'être un sportif de haut niveau : une activité physique régulière, même modérée, est déjà très bénéfique. Elle peut aussi procurer de grandes satisfactions, et même inciter à mieux gérer son alimentation.

Qu'ils pratiquent le hockey, le ski, le football, le baseball, le tennis, le basketball, le nombre des sportifs va sans cesse en grandissant, sans compter ceux qui, à l'occasion, font du jogging, du vélo ou du patin, et ceux qui s'adonnent aux joies de la randonnée en montagne ou de la navigation en voilier pendant les fins de semaine d'été ou à l'époque des vacances... C'est d'abord pour le plaisir que les sportifs amateurs s'investissent dans leur activité préférée. Ils en attendent aussi un bien-être accru et de bonnes performances ! C'est pourquoi ces personnes sont généralement soucieuses de leur alimentation.

UN BON ÉQUILIBRE DE BASE

En fait, pour le sportif « du dimanche », qui au mieux consacre quelques heures par semaine à son sport favori, il n'est nullement nécessaire d'envisager une transformation radicale de son alimentation... à condition, bien entendu, que celle-ci soit saine. Des apports nutritionnels équilibrés et un rythme de repas régulier sont les garants de la bonne forme et des bons résultats du week-end. L'alimentation du sportif devrait être plutôt moins chargée en matières grasses que l'alimentation courante (pour être plus digeste), comporter davantage de pain et de produits céréaliers (bonnes sources de glucides utiles au travail musculaire), et suffisamment de fruits et de légumes frais (pour leur richesse vitaminique et minérale).

Le sportif doit boire beaucoup d'eau : l'effort physique entraîne des pertes hydriques importantes liées à la transpiration et nécessite un surplus d'eau pour l'élimination des déchets de fatigue accumulés dans les cellules. Et il semble d'ailleurs que ne pas boire suffisamment augmente le risque de tendinite chez les sujets prédisposés. La consommation de boissons alcoolisées doit, pour sa part, rester très modérée. Enfin, les sportifs savent bien que la cigarette est l'ennemi du souffle, et la pratique du sport peut souvent les aider à arrêter de fumer.

DES BESOINS SPÉCIFIQUES

Quand on pratique le sport de façon plus intensive – randonnée à ski, stage de tennis, circuit à vélo, alpinisme – ou lorsque des compétitions sont programmées, il devient encore plus essentiel de bien organiser son alimentation. Il faut veiller à ce que l'organisme dispose de suffisamment d'énergie de réserve mais ne soit pas handicapé par la digestion au moment de l'effort le plus intense.

En pratique, si l'épreuve se déroule le matin, on conseille de faire un repas riche en féculents (riz, pâtes...) la veille au soir, et de prendre un petit déjeuner normal, mais suffisamment tôt. Si l'épreuve a lieu l'après-midi, le déjeuner devrait être copieux et le repas du midi plus léger. Et, si l'épreuve se déroule en soirée, on fait un repas de midi bien pourvu en féculents et on prend une légère collation au milieu de l'après-midi.

PRÉVOIR LA BOISSON

Il est essentiel aussi d'être correctement hydraté. Un sportif peut perdre jusqu'à 1 ou 2 litres d'eau par heure lorsque son effort physique est intense (il transpire alors davantage, pour éviter une augmentation de sa température interne) ou quand les conditions climatiques favorisent la déperdition hydrique (chaleur, sécheresse de l'air, altitude…). Si on n'est pas très attentif à ce phénomène, on court le risque de se trouver rapidement en état de déshydratation.

On conseille donc de boire de l'eau à volonté, et sans se restreindre, 1 ou 2 heures avant le début de l'épreuve. Puis, juste avant le départ – ou dès l'échauffement – on en absorbera quelques gorgées. Pendant l'effort, buvez souvent, mais de petites quantités à la fois. N'attendez pas d'avoir soif. La soif n'est pas un bon indicateur du besoin d'hydratation. À ce stade, c'est généralement

Une alimentation équilibrée et un rythme de repas régulier permettent de pratiquer une activité sportive dans de bonnes conditions.

PRÉJUGÉS ET IDÉES FAUSSES

Il existe beaucoup de croyances fantaisistes en matière de diététique sportive. Voici quelques-unes des affirmations que l'on entend couramment mais qui sont totalement erronées :

● **Le sportif doit manger beaucoup de sucre.**
Certes, les glucides constituent le carburant privilégié du muscle. Mais une surcharge de sucre présente des inconvénients réels : risque d'hypoglycémie réactionnelle (cause fréquente du « passage à vide »), de déséquilibre vitaminique dans la ration (le sucre apporte des calories vides, non accompagnées des vitamines B nécessaires à son métabolisme), d'excès calorique et de prise de poids.

● **Il faut réduire les boissons pour ne pas trop transpirer (ou pour ne pas avoir « les jambes coupées »).**
Un très mauvais calcul ! Car, si la déshydratation peut créer au départ une agréable sensation d'euphorie, elle va rapidement s'aggraver, et rendre tout effort très pénible, voire impossible, et même conduire au coup de chaleur ou à des troubles dangereux. Quand on fait du sport, il faut au contraire boire très régulièrement et par petites quantités, même si l'on n'a pas vraiment soif.

● **Avec un bon complément de vitamines, on est sûr de gagner.**
Pour améliorer ses performances, rien ne vaut un entraînement bien conduit, couplé avec une alimentation adaptée. Il n'y a pas de produit ou de médicament miracle pour permettre de gagner ! Quant aux suppléments vitaminiques, ils sont rarement nécessaires et ne devraient être pris que sur prescription médicale.

● **Un peu d'alcool avant une rencontre sportive permet de se sentir en pleine forme et d'être plus performant.**
Au contraire, il faut écarter toute absorption de boisson alcoolisée peu de temps avant et après une épreuve sportive, non
seulement en raison de son action sur le psychisme (diminution de la capacité de jugement, endormissement, ou au contraire excitation), mais aussi parce que l'alcool favorise la déshydratation de l'organisme (en inhibant la sécrétion de l'hormone antidiurétique).

● **Il faut augmenter sa ration de viande rouge pour faire des muscles.**
Toute viande (qu'elle soit rouge ou blanche) apporte des protéines, nécessaires en effet au renouvellement des cellules musculaires. Un déficit alimentaire en protéines diminuerait les performances sportives, mais c'est une situation qui n'existe pas avec une alimentation normalement équilibrée. À l'inverse, un excès de protéines n'améliore nullement les résultats et ralentit la récupération. Il est donc inutile de doubler la portion de steak du sportif !

● **Pour maigrir, il suffit de faire du sport.**
C'est un peu moins simple ! Il est vrai que, en faisant du sport, on augmente la dépense énergétique, et que ceci devrait permettre de manger autant, tout en perdant du poids. Mais pour obtenir un amaigrissement significatif, sans rien modifier à son alimentation habituelle, il faudrait pouvoir pratiquer un exercice sportif très régulièrement, et de façon suffisamment intensive… ce qui est rarement le cas. C'est pourquoi on associe généralement à la pratique sportive (très recommandée !) un contrôle de l'apport alimentaire.

● **Quand on est diabétique, le sport est contre-indiqué.**
Pas du tout ! À partir du moment où le diabète est bien contrôlé, la pratique régulière d'un sport est tout à fait conseillée. Le diabétique insulinodépendant devra évidemment, en accord avec son médecin traitant, adapter sa consommation de glucides et sa dose d'insuline à son activité sportive. Dans le cas d'un diabète non insulinodépendant, l'exercice physique fait partie du traitement au même titre que le régime.

Les particularités diététiques de différents sports

Tous les sports n'entraînent pas les mêmes dépenses d'énergie, et celles-ci peuvent varier pour une même activité selon le degré d'entraînement, le niveau de compétition, etc. Les conditions dans lesquelles on pratique un sport ont aussi une influence sur la façon de se nourrir.

ACTIVITÉ SPORTIVE ET DÉPENSE ÉNERGÉTIQUE POUR 1 HEURE DE PRATIQUE	RECOMMANDATIONS
Alpinisme 480 kcal	En raison de l'altitude, les besoins hydriques sont augmentés : buvez suffisamment (attention ! pensez aux provisions d'eau). Prévoyez des compléments énergétiques à consommer durant la course, tels que fruits secs, noix de toutes sortes, biscuits...
Cyclisme Sur route : 360 kcal vitesse : 700 kcal	Selon les cas (randonnée, course par étapes, course de vitesse...), les dépenses énergétiques peuvent être très différentes. Évitez de démarrer durant la digestion (prenez le dernier repas assez tôt avant le début de la course) ; n'oubliez pas les bidons remplis d'eau ou de boisson sucrée.
Jogging, marathon 500 à 700 kcal	Prévenez le coup de chaleur en buvant régulièrement, par petites quantités à la fois, et en vous rafraîchissant si nécessaire par des aspersions. Pour éviter le « mur du 25e km » (fatigue intense liée à la malnutrition cellulaire), ne négligez surtout pas les points de ravitaillement (tous les 8 ou 10 km en général).
Planche à voile, ski nautique 400 à 700 kcal	N'oubliez pas de bien vous hydrater avant de démarrer et de prendre, au moins 1 heure avant le départ, une collation énergétique.
Ski Ski alpin (slalom) : 750 kcal ski de fond : 960 à 1 080 kcal	Le matin, prenez un copieux petit-déjeuner au moins 1 heure avant le départ ; emportez avec vous boisson (l'altitude augmente les pertes d'eau) et compléments énergétiques (fruits secs, barres granola, noix diverses).
Spéléologie Jusqu'à 500 kcal	Pour améliorer la vision dans la semi-obscurité, constituez-vous une réserve suffisante en vitamine A : les jours précédant l'exploration souterraine, consommez du foie, des carottes, des fromages gras. Pour lutter contre le froid et l'humidité, augmentez un peu les collations riches en lipides (noix diverses, fromage, fruits secs...).
Sports d'équipe (football, basketball, soccer, volleyball...) 400 à 600 kcal	Organisez votre alimentation pour démarrer la partie au moins 2 heures après la fin du dernier repas. Prévoyez pour la mi-temps eau et compléments énergétiques. Attention au repas d'après-match, souvent peu compatible avec une récupération rapide...
Tennis En simple : 800 kcal en double : 350 kcal	Abordez le match avec de bonnes réserves énergétiques, et en ayant bu suffisamment dans les 2 heures qui précèdent. Pendant les courtes périodes de repos, buvez d'abord de l'eau puis, au bout de 45 minutes à 1 heure de jeu, un jus ou une boisson sucrée.
Voile Course : 200 à 500 kcal	Organisez vos provisions pour disposer de vivres et surtout d'eau en quantités suffisantes. Le plus simple est de préparer les menus pour toute la course. Prévoyez aussi des en-cas énergétiques (barres granola, biscuits, fruits secs, fromage...).

signe que le corps n'arrive plus à compenser les pertes hydriques.

Les boissons destinées aux sportifs peuvent être un bon adjuvant pour les athlètes qui s'entraînent intensivement et qui désirent éviter de perdre du poids. Bien utilisées, elles contribuent à la reconstitution des réserves hydriques et fournissent des glucides qui aident à compenser les pertes énergétiques de l'organisme. Ces boissons contiennent de l'eau, du fructose et du glucose, ainsi que des électrolytes qui servent à en accélérer l'absorption. Mais prises en trop grandes quantités, elles causeront des nausées, des troubles gastriques et, à long terme, un gain pondéral. Elles ne sont pas absolument nécessaires : un jus de fruit coupé d'eau fera tout autant l'affaire. Et s'il fait chaud, ou si on se trouve en altitude (où l'air est très sec), il faudra s'efforcer de boire davantage.

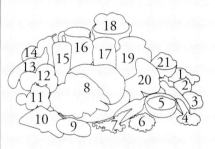

Tous ces aliments de bonne valeur nutritive ont leur place dans l'alimentation des sportifs : dattes (1), tagliatelles aux épinards (2), tagliatelles (3), riz complet (4), lentilles rouges (5), pois cassés (6), haricots rouges (7), pain complet (8), galettes aux céréales (9), galettes de riz soufflé (10), tomates (11), pommes (12), bananes (13), poires (14), jus d'orange (15), eau citronnée (16), flocons d'avoine (17), pommes de terre (18), corn-flakes (19), brocoli (20), figues séchées et abricots secs (21).

La caféine est un puissant diurétique. Thé, café, colas, chocolat sont donc à déconseiller comme tout ce qui accélère les pertes en liquide durant l'effort. Un manque d'hydratation empêche le corps de se rafraîchir par la transpiration ; on risque ainsi la surchauffe.

LA RECHARGE EN ÉNERGIE

Lorsque l'activité physique dure longtemps (randonnée, ski de fond…), il faut s'efforcer de compenser les dépenses énergétiques au fil de l'épreuve : on évite ainsi le coup de pompe dû à la baisse brutale du taux de glucides dans le sang, tout en épargnant les réserves de glycogène (le « carburant » du muscle). Cela permet également de repousser le seuil de fatigue et de récupérer plus vite ensuite.

Les marathoniens ou les randonneurs avisés le savent bien : ils profitent des pauses pour grignoter des fruits secs, des pâtes de fruits, des biscuits, des barres de céréales. Ce sont des aliments parfaitement adaptés car ils sont riches en sucres aisément assimilables, faciles à transporter et faciles à manger. Pour les sports de longue durée qui se pratiquent au froid (ski de randonné, alpinisme…), on préconise aussi le « gorp » *(good old raisins and peanuts)* et les barres de céréales – des concentrés d'énergie qui fournissent, en plus des sucres, des lipides précieux pour la lutte contre le froid.

BIEN RÉCUPÉRER

Pour prévenir la fatigue et atténuer les courbatures, il faut faciliter l'élimination des toxines de fatigue (en particulier, l'acide lactique et l'urée accumulés dans les cellules en raison de l'intense activité musculaire) et reconstituer les réserves minérales de l'organisme (notamment en potassium).

En pratique, dès la fin de l'épreuve, il faut se réhydrater. Dans les heures qui suivent, on continuera à boire de l'eau plate par petites quantités à la fois.

Au repas suivant, on privilégiera les légumes et les fruits, les pâtes ou le riz pour reconstituer les réserves de glycogène, le tout s'articulant autour d'une portion de viande maigre ou de poisson, source de protéines nécessaires au renouvellement des cellules musculaires. Le menu idéal pour bien récupérer pourrait être le suivant : soupe aux légumes, poitrine de poulet grillée, riz complet, yogourt et salade de fruits, pain et eau à volonté…

AVANTAGES DE L'EXERCICE SUR LA SANTÉ

L'exercice permet d'augmenter la masse maigre par rapport à la masse grasse. La masse maigre représente les muscles. Pour une même unité de volume, le muscle est beaucoup plus pesant que la graisse. Ainsi à poid égal, l'individu plus musclé paraît-il plus svelte. De plus, c'est la masse maigre qui brûle les calories. Plus on est musclé, plus on a besoin d'énergie. Faire régime par-dessus régime entraîne une perte de la masse maigre au détriment de la masse grasse. En reprenant du poids, on brûle donc moins de calories de fois en fois et on grossit plus facilement.

L'exercice permet aussi d'augmenter le taux de bon cholestérol dans le sang. Pour cela, il faut un entraînement régulier de bonne intensité. L'exercice améliore le débit et la fréquence cardiaques. Le transport de l'oxygène est facilité et l'effort demande moins de travail. Les individus hypertendus peuvent diminuer leur pression artérielle en suivant un programme régulier de conditionnement physique. Chez les diabétiques, l'exercice, en rendant les muscles plus sensibles à l'insuline, en permet une meilleure utilisation, et la tolérance au glucose s'en trouve améliorée.

Pour bénéficier de ces avantages, il faut compter 3 à 5 séances par semaine de 20 minutes chacune. L'exercice est bénéfique dans la mesure où il augmente la fréquence cardiaque. La personne devrait ressentir un léger essoufflement qui n'empêche pas toutefois de soutenir une conversation.

(*SUITE DE LA PAGE 313*)

soja, substances chimiques qui réduiraient l'action des œstrogènes. Ces mêmes isoflavones auraient, d'après de récentes études, la propriété de réduire la perte osseuse après la ménopause, ce qui rendrait la graine de soja utile pour prévenir l'ostéoporose.

Les glucides du soja sont composés de saccharose, de raffinose et de stachyose, mais ils ne comportent pas d'amidon.

Le soja est pauvre en calcium, comme l'est le tonyu, boisson utilisée en remplacement du lait. C'est pourquoi il existe maintenant des tonyus enrichis en calcium. Néanmoins, ce dernier n'est pas très bien absorbé et ne vaut pas celui que contiennent les produits laitiers.

Enfin, des études ont montré que la consommation d'isolats de soja entraînait une diminution de l'absorption du fer non héminique.

SOJA ET ALLERGIES

Pendant longtemps, lorsqu'une allergie aux protéines du lait de vache était diagnostiquée chez le nourrisson, on avait coutume de substituer au lait des produits issus du soja. Aujourd'hui, cette substitution est abandonnée car il s'est avéré que 25 % des enfants allergiques au lait de vache se sensibilisaient secondairement aux protéines du soja. On utilise donc des hydrolysats de caséine, qui sont efficaces dans 98 % des cas.

L'allergie au soja, surtout chez le nourrisson, a tendance à augmenter dans la population adulte. Elle est vraisemblablement due à l'utilisation croissante dans l'industrie alimentaire de produits issus du soja.

Les personnes qui sont sensibles à l'action des moisissures devraient s'abstenir de consommer des produits fermentés du soja, susceptibles de déclencher chez elles des allergies.

COMPOSITION MOYENNE POUR 100 G DE GRAINES DE SOJA :
protéines . . . . 34,3 g
lipides . . . . 18,7 g
glucides . . . . 31,6 g
apport énergétique . . . . . . 432 kcal

POUR 100 G DE TOFU :
protéines . . . . 11,5 g
lipides . . . . 6,8 g
glucides . . . . 3,3 g
apport énergétique . . . . . . 120 kcal

POUR 100 G DE TONYU :
protéines . . . . 3,8 g
lipides . . . . 2 g
glucides . . . . 1,7 g
apport énergétique . . . . . . 40 kcal

SOMMEIL ET ALIMENTATION

Voir p. 310

SON

AVANTAGES

- *susceptible de réduire les risques de cancer colorectal*
- *le son de l'avoine peut contribuer à diminuer le taux de cholestérol*
- *agit sur la constipation*
- *prévient les hémorroïdes et la diverticulose colique*

INCONVÉNIENTS

- *une consommation excessive peut être à l'origine de colopathies, provoquer des ballonnements et inhiber l'assimilation de minéraux*

Le son, qui désigne les enveloppes du grain de blé, de riz, d'avoine..., est l'un des aliments les plus riches qui soient en fibres naturelles (voir Fibres, pp. 138-139).

Le rôle bénéfique des fibres fut évoqué pour la première fois en 1970 par deux médecins britanniques, Denis Burkitt et Hugh Trowell, qui émirent l'hypothèse que certaines affections des pays industrialisés, notamment la constipation, la diverticulose colique, les hémorroïdes et le cancer colorectal, seraient liées à un déficit en fibres alimentaires. Par la suite, Burkitt publia divers ouvrages pour étayer sa théorie selon laquelle les régimes riches en fibres seraient de nature à prévenir les formes de cancers les plus communes dans les pays occidentaux.

Sur la foi de cette découverte, les gens se mirent à ajouter du son brut à toutes sortes d'aliments, depuis les céréales et les muffins jusqu'aux pains de viande et aux tartes aux pommes. Depuis lors, l'enthousiasme provoqué par cette hypothèse s'est considérablement refroidi. On a découvert à l'usage que tous les types de son n'avaient pas les mêmes propriétés et que, consommé de façon abusive, le son pouvait irriter le passage intestinal à des degrés divers.

Le son de blé, par exemple, a la capacité de se gonfler d'eau et, ce faisant, d'augmenter le volume des selles. En accélérant leur passage en douceur dans l'intestin, il contribue effectivement à prévenir la constipation. Mais consommé de façon abusive, il peut être cause de gonflements et de flatulences.

Par ailleurs, il semble que le son de blé aurait un effet préventif sur la diverticulite, une maladie de l'intestin qui consiste dans la formation, puis l'infection de petites hernies dans la paroi intestinale. Et, parce qu'il empêche la constipation, il pourrait aussi bénéficier aux personnes souffrant d'hémorroïdes.

Selon certains experts, le son d'avoine, riche en fibres solubles, augmenterait l'élimination fécale du cholestérol, l'empêchant d'être absorbé par l'organisme. D'autres affirment, au contraire, qu'il abaisse le taux de cholestérol. Enfin, selon d'autres encore, le son d'avoine, tout comme le son de riz, améliorerait le métabolisme du glucose chez les diabétiques. Mais dans le cas du riz, il se pourrait que cette propriété soit attribuable plutôt à l'huile hautement insaturée, présente dans le germe et qui adhère à l'enveloppe au moment du raffinage.

Le son, comme tous les aliments riches en fibres, par le sentiment de satiété qu'il procure, contribue à rassasier sans faire grossir. Ce serait peut-être la clé du phénomène observé par Burkitt et Trowell. Les populations dont le régime est basé sur des aliments non traités, et donc riches en fibre, seraient moins exposées que les populations industrialisées aux maladies cardio-vasculaires et à certains types de cancer.

Le son brut présente des qualités gustatives assez médiocres. On a coutume de l'associer à la farine ou à des ingrédients, tel du sucre, qui sont moins riches en fibres et plus savou-reux. Toutefois, en raison des dangers d'obstruction intestinale qu'il présente, les diététistes recommandent, au lieu d'ajouter du son, de recourir plutôt aux céréales entières, à la farine non raffinée et au riz brun, lesquels, parce qu'ils n'ont pas été raffinés de façon indue, renferment naturellement du son.

SOUPE

AVANTAGES
- *peut contenir beaucoup de nutriments*
- *facile à digérer*
- *idéal pour les convalescents*
- *économique et facile à faire*

INCONVÉNIENTS
- *les soupes en boîte et en sachets renferment souvent beaucoup de sel et de gras*

Jusqu'au milieu de ce siècle, la soupe représentait dans certaines couches de la société l'élément principal, sinon le seul, du repas du soir – d'où le nom de souper qui demeure malgré un changement d'habitudes. C'est assez dire la place considérable qu'elle occupait, et cela explique facilement la multiplicité des ingrédients utilisés et les variations multiples qu'elle a pu engendrer.

PRÉPARATIONS MAISON

– La soupe. À l'époque où l'on « trempait la soupe », on versait du bouillon, ou un autre apprêt liquide, sur des tranches de pain. Aujourd'hui, on donne plus couramment le nom de soupe à une préparation un peu épaisse, comportant pâtes, riz, pommes de terre, légumes frais ou de légumineuses, de viande ou de poisson.
– Les bouillons sont simplement les liquides de cuisson des viandes pochées ou des légumes bouillis; ils sont servis tels quels, additionnés de vermicelle, de pâtes courtes ou de riz.
– Les consommés sont des bouillons de viande, de volaille, de gibier ou de poisson clarifiés (c'est-à-dire rendus translucides et nettoyés de toute impureté) avant d'être garnis de bouchées de viande, d'œufs pochés, de croûtons, de julienne de légumes, etc.
– Les potages clairs sont en fait des bouillons ou des consommés, alors que les potages liés sont additionnés de beurre, de crème ou de jaune d'œuf. Parmi les potages liés figurent les potages-purées (à base de purée de légumes), les bisques (à base de coulis de crustacés), les potages taillés, dans lesquels les légumes sont coupés en tronçons réguliers.
– Les crèmes sont composées d'un fond blanc ou d'une béchamel. Elles sont liées à la farine ou à la fécule et agrémentées de jaune d'œuf ou de crème fraîche.

QUE CONTIENNENT LES BOUILLONS EN CUBE ?

Les bouillons en cube instantanés sont préparés à partir d'extraits très concentrés de bœuf, de poulet, de champignons ou de légumes. Ils peuvent aussi contenir du sucre, de l'extrait de levure, des aromates, des épices et des épaississants. Bien que le glutamate de sodium (substance rehaussant le goût contenue dans une protéine végétale hydrolysée) ait été banni de nombreuses soupes en boîte, il n'est plus considéré comme responsable du « syndrome du restaurant chinois » et continue d'être largement utilisé dans les bouillons instantanés. Si vous suivez un régime hyposodé, évitez les bouillons en cube : chacun contient environ l'équivalent d'une cuillerée à thé de sel.

– Les veloutés... le deviennent grâce à une liaison de jaune d'œuf et de crème fraîche et sont complétés par une petite garniture (volaille, asperges, champignons, etc.) coupée finement. Crèmes et veloutés sont les préparations les plus riches en matières grasses et en calories.

Outre leur saveur inimitable, l'intérêt primordial des préparations maison est que vous connaissez exactement leur valeur nutritionnelle, puisque celle-ci dépend essentiellement de ce que vous y mettez. De cette manière, vous pouvez contrôler les apports en sel, en sucre et en matières grasses. Vitamines et sels minéraux sont détruits en partie par la cuisson, mais potages et soupes restent des mets de base qui ont l'avantage de préserver la plupart des éléments nutritifs des ingrédients qui les composent.

Pâtes, légumes et haricots secs entrent dans la composition du minestrone.

Soupe à base de carottes, de pommes de terre et de tomates, à la fois économique et nourrissante.

La soupe de crevettes est une spécialité thaïlandaise à base de piment et d'aromates, délicatement relevée de citronnelle.

LES SOUPES DU COMMERCE

Séduisantes car rapides à préparer, ces soupes sont d'une grande variété de présentation. Lisez attentivement les emballages car leur valeur nutritionnelle varie.

– Les soupes en boîte sont généralement savoureuses. Les soupes à la tomate renferment du bêta-carotène, mais leur teneur en vitamine C a tendance à être très faible car elles sont soumises à une cuisson prolongée avant d'être mises en conserve. La plupart des soupes en boîte contiennent beaucoup de sel. Les bouillons et les consommés en boîte sont de bons substituts à ce que l'on fait à la maison. Quoiqu'ils soient plus chers, on devrait les préférer aux bouillons en cubes.

– Les soupes en sachet : elles contiennent en général moins d'éléments nutritifs et plus d'additifs que leurs équivalents vendus en boîte. Outre leurs composants déshydratés, elles contiennent des épaississants, du sel, des colorants et des arômes artificiels. Sous la pression des consommateurs, de nombreuses marques ont réduit la quantité de glutamate de sodium – cause de maux de tête chez certaines personnes – et de sel. Les soupes en sachet sont les moins riches en vitamines, en raison des déperditions qui ont lieu au cours du processus de déshydratation des ingrédients.

Attention : les épaississants que l'on trouve souvent dans les soupes du commerce et le bouillon en cube peuvent être obtenus à partir de blé. Il faut donc lire la composition avec soin en cas d'intolérance au gluten.

320

CONSEILS PRATIQUES

- *Si vous laissez refroidir le bouillon de viande, il se solidifie sous forme de gelée et vous pouvez facilement enlever la couche de graisse qui se trouve à la surface. C'est aussi le cas pour le bouillon de poule. Une bonne astuce pour obtenir une préparation légère.*
- *Si vous avez un congélateur, vous pouvez préparer le bouillon en grande quantité et le garder congelé pendant au moins 6 mois. Étiquetez soigneusement les produits et indiquez la date de fabrication. Consommez tous les bouillons dans un délai de 24 heures si vous ne les entreposez pas au congélateur.*
- *En ajoutant du lait dans la soupe, on l'enrichit en calcium et en protéines. Mais, si l'on utilise du lait entier, on la rend aussi plus grasse. Mieux vaut donc choisir du lait partiellement écrémé, voire écrémé, tout aussi riche en nutriments. L'œuf, bien sûr, y introduit de la vitamine A, mais aussi du cholestérol.*
- *Vous obtiendrez une soupe de légumes tout aussi onctueuse mais beaucoup plus légère en remplaçant la traditionnelle pomme de terre par de la courgette.*
- *Pour faire aimer la soupe aux enfants qui la boudent, rendez les potages plus plaisants grâce à des fines herbes hachées, des petits dés de poulet, du fromage râpé.*

SPASMOPHILIE

PRIVILÉGIER
- *le lait et les produits laitiers*
- *une vie régulière*

La spasmophilie est un trouble caractérisé par des contractions musculaires désordonnées et d'intensité variable pouvant occasionner chutes et blessures. Les crises peuvent être fréquentes, surtout en période de forte tension émotionnelle.

Cette affection, dont on ne connaît pas encore le mécanisme exact, touche plus souvent la femme que l'homme. Certains l'attribuent à un déficit en calcium, par analogie avec les crises de tétanie déclenchées par la même cause, et également parce qu'une injection de calcium soulage les crises. D'autres la relient à un trouble psychologique pur, non métabolique.

Quoi qu'il en soit, un apport calcique suffisant à toute personne victime de crises de spasmophilie ne peut être que bénéfique. Le lait et les produits laitiers sont la source de calcium la plus intéressante. De plus, on a remarqué que les populations faisant habituellement des crises de spasmophilie – il s'agit de femmes jeunes prédisposées à l'ostéoporose – recevaient des apports calciques insuffisants.

Si l'on accepte l'hypothèse d'un trouble psychologique lié au stress, ce n'est en aucun cas une raison pour sous-estimer cette affection, qui doit alors être considérée comme un signal d'alarme et faire rechercher un stress insupportable.

Les crises de spasmophilie, très impressionnantes pour l'entourage, requièrent une consultation médicale pour éliminer une maladie plus grave. Par la suite, les conseils que l'on peut donner aux proches sont d'allonger la personne en crise seule, dans une pièce calme, à l'abri de la lumière et du bruit.

SPORT ET ALIMENTATION

Voir p. 314

STOMIE DIGESTIVE

C'est une opération qui consiste à créer un anus artificiel en abouchant un segment de l'intestin à la paroi abdominale. Elle s'effectue chez des patients atteints de cancer ou de certains types de maladie inflammatoire de l'intestin. Lorsqu'il y a abouchement au côlon, on parle de colostomie, et d'iléostomie lorsqu'il s'agit de l'iléon.

Il n'y a généralement pas de régime alimentaire particulier à suivre. Certains peuvent avoir des ennuis avec un des aliments en particulier dont ils limiteront la consommation. Il faut parfois aussi surveiller les apports en liquide et en sodium. La réabsorption de l'eau se faisant au niveau du côlon dans la physiologie normale, les pertes hydriques seront plus élevées chez les sujets porteurs d'iléostomie. L'organisme possédant de formidables capacités d'adaptation, le réflexe de boire plus souvent et de manger plus salé est la plupart du temps spontané.

Certains aliments – oignons, chou, mets épicés et poissons – peuvent occasionner des odeurs désagréables. Oignon, poireau, ail, chou-fleur, brocoli, chou de Bruxelles, chou peuvent causer des flatulences, tout comme les légumineuses, les boissons gazeuses et tous les alcools. Des fibres dures comme celles des noix peuvent causer de l'inconfort.

En général, le liquide intestinal s'écoulant de la stomie a une consistance quasi liquide et une odeur faiblement sucrée non désagréable. Il n'est pas possible d'en arrêter l'écoulement, en s'abstenant de manger par exemple. À part le jus de pruneaux et le chou, qui augmentent le volume fécal, il n'y a pas lieu de diminuer la consommation de certains aliments.

321

STRESS ET ALIMENTATION

*Le stress peut perturber notre comportement vis-à-vis de la nourriture.
Mais une bonne alimentation est un puissant allié pour mieux faire face aux tensions
dues aux épreuves ou à une fatigue excessive.*

Le stress fait partie de la vie quotidienne. Il peut être provoqué par un événement malheureux (décès, rupture affective...), par des circonstances angoissantes (examen, chômage, maladie...) ou simplement irritantes (conflit, embouteillage, excès de travail...). Le stress entraîne un état de tension qu'on peut chercher à apaiser de diverses façons, notamment par la nourriture.

LA NOURRITURE QUI SOULAGE

Dans les situations inconfortables, on a souvent recours à des activités dites orales : l'enfant suce son pouce, l'adulte va se ronger les ongles, mastiquer de la gomme à mâcher, mordiller son crayon, ou fumer une cigarette... Mais le stress peut aussi faire manger davantage, favoriser le grignotage, entraîner des fringales. Ainsi, après avoir travaillé dans un environnement bruyant, la majorité des sujets testés au cours d'une étude augmentaient leur consommation calorique de plus de 30 %. Et il n'est pas rare qu'à la suite d'un deuil, d'un échec scolaire ou d'une rupture sentimentale, des personnes grossissent de plusieurs kilos en peu de temps.

On trouve du réconfort dans la nourriture. Et cela a pu être relié au fait que manger des aliments agréables augmente dans l'organisme la production de substances de nature opiacée, les endorphines. Ces substances ont des effets calmants comparables à ceux de la morphine et peuvent donc combattre la tension psychique ou la douleur liées au stress. Manger pourrait ainsi, chez certaines personnes en tout cas, abaisser ou supprimer l'état d'anxiété. L'organisme apprend que certains aliments (notamment sucrés) réduisent les effets désagréables du stress, et il devient en quel-que sorte dépendant de la nourriture, comme d'une drogue.

À l'inverse, certaines personnes placées dans les mêmes situations de stress ne vont pas consommer davantage de nourriture ; il se peut même qu'elles mangent moins. Selon les sondages effectués, si 47 % des hommes et 37 % des femmes disent manger davantage sous l'effet d'un stress, 40 % des hommes et 58 % des femmes reconnaissent qu'ils mangent moins. Pourquoi tous les individus n'ont-ils pas la même réponse au stress ? On l'ignore. Mais il est probable que la baisse d'appétit, voire l'anorexie, observée dans certains états de stress (en particulier après un deuil ou une séparation), fait partie d'un ensemble de troubles plus complexes : des composantes dépressives sont vraisemblablement responsables en grande partie de ce désintérêt pour la nourriture.

MIEUX SE CONNAÎTRE

Quand on est un « mangeur émotionnel », c'est-à-dire quand on mange davantage sous l'effet du stress et qu'on a tendance à grossir, on aime en général le goût sucré, les aliments de texture plutôt croustillante, et on mange plus par ennui, ou lorsqu'on est seul. Au contraire, les personnes que le stress fait maigrir, parce qu'il leur coupe l'appétit, préféreraient plutôt le salé. Enfin, il existe aussi de nombreux sujets dont le poids reste constant lorsqu'ils sont stressés, mais qui se plaignent alors de divers troubles digestifs (difficultés à digérer, ballonnements, douleurs d'estomac...).

Dans tous les cas, il est important de prendre conscience de sa façon de se nourrir, et des changements éventuels dans son mode d'alimentation. Réorganiser ses repas est souvent nécessaire, surtout si l'on a tendance à manger sur le pouce, ou à multiplier les grignotages au cours de la journée. S'obliger à se mettre à table pour les repas, manger dans le calme, bien mâcher les aliments, choisir des plats qu'on apprécie et prendre le temps de les savourer : autant de moyens qui permettent de redonner à la nourriture une juste place, tout en retrouvant un meilleur équilibre nutritionnel, ce qui aidera à faire face au stress de manière plus efficace.

UNE ALIMENTATION SAINE

Le stress augmente les besoins nutritionnels et l'organisme réagit en utilisant plus rapide-

La préparation d'un examen est souvent une source de stress très importante. Pour soutenir son effort durant les révisions, il est préférable de grignoter du pain et du fromage et de boire du jus de fruits plutôt que de craquer sur des biscuits ou des chips et de s'abreuver de café !

ment certains nutriments. Il a besoin en particulier de davantage de vitamines du groupe B et de magnésium pour maintenir un fonctionnement optimal des cellules nerveuses. Les premières sont présentes en abondance dans les germes de céréales, les céréales complètes, les fromages (surtout les bleus), la viande de porc, les fruits secs. Le magnésium peut être fourni en bonne quantité par les céréales complètes, les légumes verts, les légumineuses, les noix et les graines. Des aliments à prévoir régulièrement dans les menus en période de stress !

STRESS ET SANTÉ

En cas de stress, la sécrétion d'adrénaline est plus importante, ce qui met l'individu en éveil, et lui permet de réagir plus rapidement : la tension artérielle augmente, le cerveau est mieux irrigué. Parallèlement, l'adrénaline déclenche la mobilisation des réserves d'énergie et favorise leur passage dans le sang et leur mise à disposition des muscles... De quoi mieux faire face au danger et se battre, ou fuir, selon les cas. Le stress est une réaction, à la fois normale et naturelle, de l'organisme face aux agressions : il peut même stimuler et donner de la vitalité pour affronter les épreuves de la vie, sur tous les plans – physique, intellectuel ou social. Mais, au-delà d'un certain seuil – variable pour chaque individu –, il peut avoir des effets négatifs. Des chercheurs pensent, par exemple, que des situations de stress trop souvent répétées, ou trop fortes, pourraient augmenter le risque de maladies cardio-vasculaires, car elles favorisent la hausse du taux de graisses dans le sang ainsi que la formation de caillots. Elles pourraient aussi rendre moins efficaces les mécanismes de défense immunitaire, et donc entraîner une baisse de la résistance aux infections.

Un déficit en vitamine C, même modeste, peut réduire les capacités de l'organisme à bien réagir aux agressions. D'où l'importance de consommer au moins une crudité ou un fruit frais à chaque repas, en privilégiant les tomates, les poivrons, les choux, les agrumes, les fraises, les cantaloups ou les kiwis, très riches en vitamine C.

Pour l'apport d'énergie, on choisira plutôt des féculents comme le pain complet, le riz, les pâtes ou les légumineuses, riches en glucides complexes. Ils libèrent des flux d'énergie réguliers dans l'organisme et sont préférables aux aliments très sucrés, qui sollicitent davantage le pancréas et accentuent inutilement les variations de la glycémie et des taux d'acides gras dans le sang.

ATTENTION AUX FAUX AMIS !

Café ou alcool sont séduisants, car ils donnent un « coup de fouet », paraissent doper sans risque et aident à faire face aux difficultés. Mais le café (ou le thé) crée souvent un cercle vicieux : plus on en prend, moins on se repose, et plus on a besoin d'en prendre. Il perturbe aussi le sommeil et augmente plutôt l'anxiété. Pour se réconforter, du décaféiné ou, mieux, une infusion chaude ou un jus de fruits sont plus adaptés. Les boissons alcoolisées donnent une fausse impression de détente et de facilité : en réalité, elles diminuent le contrôle de soi, la vigilance, et risquent d'entraîner une véritable dépendance.

Quand on est stressé, on fume souvent beaucoup, pour décompresser. Mais pourquoi ne pas faire un peu de sport, ou apprendre à se relaxer ? C'est très efficace pour réduire les tensions et bien plus bénéfique pour la santé. Enfin, bien entendu, l'automédication avec des spécialités stimulantes est à éviter, car ces médicaments peuvent avoir des effets secondaires indésirables et risquent d'accentuer les aspects négatifs du stress. Il ne faut pas hésiter à consulter un médecin si on se sent trop tendu.

SUCRE

AVANTAGES
- *aliment plaisir*

INCONVÉNIENTS
- *trop de sucre provoque des caries*
- *certaines personnes présentent des intolérances au saccharose par le biais du fructose*

Le sucre, ou saccharose, est tiré de la canne à sucre depuis l'Antiquité ; il n'est extrait de la betterave sucrière que depuis Napoléon Ier. Quelle qu'en soit l'origine, sa valeur nutritive est la même : il se compose presque exclusivement de saccharose et ne contient ni protéines, ni lipides, ni sels minéraux, ni vitamines. La cassonade, dont le raffinage n'est pas mené jusqu'à son terme, renferme simplement des impuretés résiduelles. Le saccharose est un disaccharide composé de glucose et de fructose. Au moment de la digestion, le saccharose ne traverse pas la barrière intestinale tel quel : il se scinde en ces deux glucides grâce à une enzyme spécifique.

SUCRE ET MALADIES

Depuis quelques dizaines d'années, on accuse le sucre d'être responsable de certaines maladies (obésité, maladies cardio-vasculaires, diabète). À ce jour, à l'exception des caries dentaires, rien n'est prouvé.

Il n'a jamais été établi, par exemple, que le sucre avait un lien avec l'obésité, car le fait est que beaucoup de gens minces mangent autant, sinon davantage, de sucre que les autres. L'obésité est avant tout liée à une consommation excessive de calories sous forme de glucides – dont le saccharose –, de lipides, de protéines et d'alcool. Le saccharose doit donc être considéré comme une source de calories parmi d'autres. Néanmoins, la consommation de produits sucrés contribue fréquemment à l'excès calorique. Ainsi, les boissons sucrées apportent de grandes quantités de saccharose (entre 100 et 130 g par litre) et on a facilement tendance, à certains âges ou dans certaines populations, à en consommer des quantités excessives. De plus, les aliments sucrés apportent souvent en même temps d'importantes quantités de lipides : pâtisseries, crèmes glacées, certaines friandises... Dans ce cas, l'apport de calories est à mettre sur le compte du sucre, mais surtout sur celui des graisses.

Quant au sucre, il est vrai que, laissé au contact des dents, il induit la prolifération de *Streptococcus mutans*, un germe sécrétant de l'acide lactique, lequel dissout l'émail des dents. Tous les produits sucrés peuvent entraîner des caries. Il est en particulier contre-indiqué de les consommer entre les

Blanc ou brut, en pain, en morceaux ou granulé, le sucre se compose presque exclusivement de saccharose.

repas, car l'émail reste plus longtemps au contact des sucres. De même, il ne faut jamais donner aux jeunes enfants durant la nuit des biberons d'eau sucrée ou de jus de fruits et encore moins « sucrer » leur tétine. Néanmoins, le saccharose n'est pas le seul responsable des caries. La plupart des aliments renfermant des sucres fermentescibles peuvent être cariogènes. Les sucres naturels tels que le fructose, le maltose, les amidons cuits ou des combinaisons de ces nutriments sont capables à des degrés divers de provoquer des caries.

Aucune recherche n'a pu établir un lien entre l'absorption de saccharose et l'athérosclérose. Néanmoins, certaines populations à risque d'hyperlipidémie voient leur taux de lipides sanguins augmenter en cas d'absorption, même modérée, de glucides, et en particulier de saccharose.

En dehors de ces cas particuliers, une consommation excessive de sucre entraîne probablement une petite élévation du taux de lipides, mais qui reste cependant dans les limites de la normale, excepté à très long terme. C'est pourquoi on préconise une consommation modérée de sucreries à titre préventif.

LE SUCRE ET LE DIABÈTE

On peut affirmer qu'il n'existe aucune relation de cause à effet entre la consommation de saccharose et la prévalence du diabète : les populations dont l'alimentation renferme une forte proportion de saccharose ne comportent pas plus de diabétiques que celles qui en consomment moins.

La prise excessive d'aliments ou de boissons sucrés peut révéler, aggraver ou entretenir un diabète méconnu. La diminution ou la suppression de ce type de nourriture permet souvent un retour à la normale du taux de glycémie.

Au cours d'un diabète connu et traité, l'absorption modérée de saccha-

rose, de l'ordre de 10 % au maximum de la ration calorique globale, est tout à fait permise, à condition qu'elle ait lieu au cours des repas, et non pas de façon isolée.

L'INTOLÉRANCE AU FRUCTOSE

L'intolérance au fructose résulte d'un blocage de la transformation du fructose par déficit en une enzyme. Cette intolérance se manifeste par des vomissements, un ictère (jaunisse), des crises d'hypoglycémie. Le seul traitement est la suppression du fructose de l'alimentation (fruits, légumes), mais aussi celle du saccharose et des produits qui en contiennent.

SUPPLÉMENTS ET COMPLÉMENTS NUTRITIONNELS

Depuis que l'on connaît mieux la composition des aliments et les effets sur notre santé des micro- et macronutriments qui les composent, l'industrie pharmaceutique est capable de fabriquer ces nutriments et de les proposer sous forme de concentrés, présentés en comprimés, en poudre ou en solution buvable. Ce progrès considérable permet de lutter contre des carences nutritionnelles et d'améliorer la santé des populations à risque, en particulier celles des jeunes enfants, des femmes enceintes, des sportifs et des personnes âgées. Les compléments sont destinés à accompagner une alimentation carencée, alors que les suppléments servent à couvrir des besoins plus élevés de l'organisme.

Cependant, cette médaille a son revers, car ces compléments et suppléments alimentaires n'étant pas, par définition, des produits toxiques, ils ne nécessitent par d'ordonnance médi-

cale. Ils sont donc souvent utilisés sans discernement par des consommateurs croyant bien faire pour eux ou leur famille. L'autoprescription, c'est-à-dire la possibilité de consommer ces produits sans avis compétent, a des avantages et des inconvénients. L'avantage principal est de ne pas pénaliser les contribuables, ces produits n'étant couverts ni par l'assurance-maladie ni par l'assurance-médicaments. L'inconvénient est que leur vente libre fait que des gens n'en ayant aucun besoin absorbent en excès des produits qui ne sont pas sans risque, sous l'impulsion d'une publicité pseudoscientifique. D'aucuns prennent des cocktails de vitamines et de sels minéraux pour éviter d'éventuelles carences. D'autres privilégient les extraits ou concentrés de certaines plantes pour soigner telle ou telle affection.

QUI DOIT EN PRENDRE ?

Lorsque l'alimentation ne suffit pas à satisfaire les exigences de l'organisme, les médecins et les diététistes recommandent des compléments nutritionnels en vitamines et en sels minéraux. Terminé le temps des navigateurs au long cours privés pendant des mois de fruits frais et de légumes, et victimes du scorbut ! Ces hommes auraient pu éviter la maladie s'ils avaient bénéficié de comprimés de vitamine C.

Sans avoir besoin d'évoquer ces conditions extrêmes rencontrées seulement à l'heure actuelle par de rares aventuriers, il existe des exemples plus proches de nous justifiant l'existence des compléments alimentaires : les nouveau-nés peuvent recevoir de la vitamine D dans les premiers jours de leur existence, puis durant les saisons sans soleil. Les femmes enceintes peuvent, pendant leur grossesse ou après l'accouchement, recevoir des compléments en fer, en folates ou en calcium puisque, pendant cette période, même si les apports ne varient pas, les besoins augmentent du fait de la croissance du fœtus et, plus tard, de l'allaitement. Les personnes âgées, sans beaucoup d'appétit, peuvent également être victimes de carences en protéines ou en fer et avoir besoin d'un apport concentré de ces nutriments.

Par ailleurs, il existe des exemples moins évidents de carences dans certaines catégories de population. Il s'agit des femmes en général et des sportifs de haut niveau. En ce qui concerne les premières, un grand nombre d'entre elles consomment du fer en quantité insuffisante. Cette carence, ou subcarence, peut être efficacement compensée par une alimentation variée et équilibrée comprenant des apports suffisants de viande. Dans ce cas, la supplémentation n'est pas nécessaire. Cependant, un apport de fer concentré peut permettre de reconstituer rapidement les réserves de fer de l'organisme, à condition que cette complémentation soit relayée par une alimentation correcte.

Quant aux sportifs de compétition, ils peuvent souffrir d'apports nutritionnels insuffisants, particulièrement en vitamines, surtout pendant l'intersaison. Il ne faut pas négliger l'aide psychologique que peuvent apporter de tels compléments lorsque l'entraînement diminue.

Toutefois, il ne suffit pas de prendre des compléments pour se nourrir car, comme leur nom l'indique, ces produits sont complémentaires d'une alimentation variée et équilibrée. Dans tous les cas où cela est possible, il faut avoir la certitude de la déficience nutritionnelle avant d'administrer compléments ou suppléments. Par exemple, pour les carences en fer, le diagnostic par dosage sanguin est très facile à réaliser. Pour d'autres, comme le calcium, une enquête réalisée par un diététiste peut permettre de savoir si les apports alimentaires couvrent les besoins du patient en fonction de son état physiologique. Enfin, pour la plupart des vitamines, le diagnostic est plus difficile : une supplémentation pendant une courte période et n'excédant pas les apports nutritionnels recommandés (ANR) permettra d'observer une éventuelle amélioration.

PRUDENCE !

Certains sels minéraux et vitamines peuvent être extrêmement dangereux en quantité excessive. Les vitamines A et D, par exemple, sont liposolubles et ne peuvent pas être rejetées par l'organisme en cas d'apport trop important. Un excès de vitamine A peut endommager le foie et les os et provoquer des anomalies chez le fœtus. En particulier les femmes enceintes doivent donc surveiller leur apport en vitamine A et éviter toute complémentation à moins d'avis médical contraire. Un excès de vitamine D peut provoquer des dépôts de calcium dans des organes comme le cœur et les reins, et causer des dommages irréversibles.

CONSIDÉRER LES BESOINS

Qu'il s'agisse de compléments alimentaires en vitamines, en minéraux ou en oligoéléments, il faut suivre certaines règles afin de bénéficier de leurs avantages sans subir d'inconvénients :
– Les compléments alimentaires s'envisagent la plupart du temps dans le cadre d'une alimentation variée et équilibrée.
– Les compléments ne doivent être ingérés qu'en cas de besoin. Ils répondent à des conditions particulières et temporaires, lorsqu'une alimentation correcte n'est pas possible ou que les besoins de l'organisme sont augmentés.
– Les compléments sont absorbés pendant de courtes périodes (quelques semaines au maximum), sauf indication médicale contraire.
– Les doses de nutriments avalées ne doivent pas être supérieures aux besoins. Les autorités scientifiques ont réalisé des synthèses à la fois des ANR et des apports maximaux de sécurité pour la plupart des micronutriments. En cas de doute, demander conseil à son médecin traitant ou à un diététiste.

SURGELÉS ET CONGELÉS

AVANTAGES
● *la plupart des éléments nutritifs sont préservés*

INCONVÉNIENTS
● *le non-respect des températures entraîne une altération des aliments*

Le froid profond est un mode de conservation qui stabilise l'aliment : au dessous de −18 °C, les micro-organismes ne se développent plus. De plus, l'absence totale d'eau est également un obstacle à la prolifération des microbes.

Alors que la congélation des viandes et des poissons n'affecte en rien leur valeur nutritionnelle, il faut cependant savoir que celle des légumes et des fruits entraîne une perte en certaines vitamines, en raison du blanchiment qui la précède : c'est une cuisson ultra-rapide qui a pour but de stopper totalement l'action des enzymes mais qui, en même temps, détruit des vitamines sensibles à la chaleur, dont la vitamine C.

Cela ne veut pas dire pour autant que les fruits et légumes surgelés aient une valeur alimentaire inférieure à celle des produits frais. Ceux-ci, en effet, perdent aussi une partie de leurs vitamines, et cela dès l'instant de la cueillette. Or, la surgélation des fruits et légumes a lieu immédiatement après la récolte, tandis que les produits maraîchers sont parfois stockés plusieurs jours avant d'arriver sur les lieux de vente.

CONSEILS D'ACHAT

– Vérifier la température des bacs et des vitrines des produits surgelés au moment de l'achat : elle doit être inférieure ou égale à –18 °C.
– Secouer les emballages contenant de petites pièces – pommes, noisettes, petits pois, haricots verts, fruits rouges... S'il n'y a aucun bruit, c'est que les produits sont pris en masse et que la chaîne du froid a été rompue.
– Acheter les surgelés en fin de courses et les transporter dans des sacs isolants. Plus le sac est chargé, meilleur est le maintien du froid.
– Les remettre au froid dans les plus brefs délais.
– Placez les nouveaux produits derrière les plus anciens pour établir une bonne rotation des stocks.
– Ne recongelez jamais un produit décongelé.

SYSTÈME IMMUNITAIRE

Le système immunitaire est l'ensemble des mécanismes défensifs que l'organisme est capable de mettre en œuvre lorsqu'il est soumis à une agression. Il fonctionne grâce à la coopération de divers globules blancs ou leucocytes. Parmi ceux-ci, les monocytes, les macrophages et les neutrophiles sont en quelque sorte des vidangeurs qui ramassent et détruisent bactéries, particules étrangères et déchets cellulaires. C'est la première garde contre les infections.

Les lymphocytes sont un peu plus spécialisés. Ils viennent à la rescousse quand la première garde n'a pas réussi à empêcher l'intrus de franchir la barrière. Ils sont capables de reconnaître une partie précise d'un agent infectieux. Les lymphocytes B ont la particularité de se multiplier à la chaîne et d'engendrer des anticorps spécifiques pour lutter contre un indésirable. Ce sont ces anticorps qui nous permettent de dire si une personne est infectée par tel ou tel virus.

Les lymphocytes T_8 regroupent les tueurs et les suppresseurs. Les tueurs détruisent les cellules anormales infectées par des virus ou des bactéries, ou provenant d'une tumeur ou d'une greffe. Les suppresseurs arrêtent le combat une fois l'infection enrayée. Les lymphocytes T_4 ont un rôle régulateur : ils facilitent le travail des lymphocytes B et orientent les T_8 dans leur travail.

Pour aller au front, une bonne alimentation est nécessaire aux troupes ! Un apport régulier et équilibré en vitamines, en minéraux, en protéines et en énergie est essentiel.

Les protéines constituent la structure même des anticorps et des enzymes qui dégradent les bactéries. Afin qu'elles soient bien utilisées, il faut de l'énergie. Quand l'alimentation n'apporte pas suffisamment de calories, l'organisme et le système immunitaire s'en trouvent affectés. Les vitamines, pour leur part, participent à la transformation des aliments en énergie. Les minéraux, essentiels à la bonne marche du système immunitaire, activent les enzymes et font partie de composés comme les hormones.

UN ALLIÉ CONTRE LE CANCER

On sait maintenant que le système immunitaire joue un rôle dans la prévention du cancer. Des lymphocytes peuvent reconnaître les cellules tumorales aux modifications de leur membrane superficielle. Lorsqu'ils sont en nombre suffisant, les tueurs s'attachent aux cellules tumorales et les détruisent.

Il existe également des médiateurs chimiques produits par les lymphocytes ainsi que par d'autres cellules de l'organisme : les cytokines. Ces molécules sont produites en quantité très importante en cas d'inflammation pour lutter contre celle-ci. Une production excessive de cytokines peut interagir avec les nutriments et influencer le développement ou la progression de maladies ou de cancers.

La nutrition nous livre peu à peu ses secrets influences sur la santé : on peut constater les effets bénéfiques de certains aliments (les légumes, par exemple) sur la maîtrise des cancers, même si l'on ne connaît pas tous les mécanismes y aboutissant. Ainsi en est-il des résultats expérimentaux suivants exposés à titre d'exemples.

Les chercheurs ont prouvé qu'une alimentation riche en acides gras polyinsaturés de la série oméga-3 ou oméga-6 peut abaisser la production de cytokines. Cette thérapeutique nutritionnelle a montré son efficacité pour réduire les phénomènes inflammatoires observés dans la polyarthrite rhumatoïde.

Il a été montré également que, chez des enfants dénutris et carencés en protéines, la production de cytokines est diminuée, ce qui pourrait expliquer la moindre résistance de ces populations aux infections.

Enfin, le problème d'un éventuel lien entre les antioxydants et le système immunitaire fait l'objet de nombreux travaux. On sait qu'en cas de stress oxydatif il y a, comme dans le cas de n'importe quelle agression, une production de cytokines. On connaît par ailleurs le rôle antioxydant de la vitamine E, et des chercheurs ont montré qu'une ingestion de vitamine E pouvait diminuer la production de cytokines. Inversement, il est possible qu'une déficience dans l'un ou l'autre des nutriments connus pour être des antioxydants (zinc, cuivre, magnésium, sélénium, vitamines A, C, D, E...) puisse entraîner une augmentation de la production des cytokines.

TABAC ET ALIMENTATION

PRIVILÉGIER
- *les fruits et les légumes, pour la vitamine C et le bêta-carotène*
- *les produits laitiers*
- *une activité physique régulière*

RÉDUIRE
- *les sucreries et les boissons sucrées*
- *l'alcool*
- *les aliments gras*

Les fumeurs sont plus exposés aux maladies respiratoires et cardio-vasculaires, au cancer des poumons, de la bouche, de la gorge, de l'estomac, de la vessie et du rein. Près de 50 % des fumeurs meurent des suites d'une affection liée au tabac, et la majorité d'entre eux souffrent de troubles divers. Le meilleur conseil à donner à un fumeur – et le seul qui lui permettra réellement d'éviter ces troubles – est d'arrêter de fumer. Mais ce n'est pas là chose facile, car il existe une double dépendance au tabac : d'ordre physique pour la nicotine, d'ordre psychologique pour le geste. Pour être vaincue, cette double dépendance exige avant tout une forte motivation. Il est parfaitement inutile d'essayer d'arrêter de fumer si l'on n'est pas persuadé de la nécessité de cette initiative. En conséquence,

la plupart des produits miracle sont inefficaces, sauf si leur prix, par exemple, est si élevé qu'il constitue à lui seul une motivation.

LIMITER LES DÉGÂTS

Il est prouvé que le tabac affecte la nutrition et le métabolisme. Plusieurs études ont démontré chez les fumeurs des taux sanguins inférieurs à la moyenne en vitamine C, en vitamine A, en bêta-carotène et en calcium.

Parce que la vitamine C est un antioxydant de première importance pour ralentir la formation de tumeurs, le régime alimentaire d'un fumeur devrait inclure au moins un agrume par jour, de même que des fruits et des légumes frais.

À prime abord, il semblerait logique, si l'on est fumeur, de prendre des suppléments de vitamine C. Mais, dans les faits, cela cause plus de mal que de bien. En effet, des doses massives de vitamine C entraînent l'excrétion de nicotine dans l'urine. Et, à mesure que le taux de nicotine baisse, l'organisme cherche à le remplacer. Le résultat pratique est donc que la personne se met à fumer davantage.

Une baisse dans les taux sanguins de vitamine A et de son précurseur, le bêta-carotène, se répercute sur

l'incidence de cancer dans la mesure où ces antioxydants servent à le prévenir. Pour tenter de renverser la tendance, les fumeurs ont donc intérêt à augmenter leur consommation d'aliments riches en antioxydants comme les vitamines A et E et le bêta-carotène. L'effet positif du bêta-carotène a cependant été remis en question par deux études récentes faisant état d'une incidence accrue de cancer du poumon chez les personnes ayant pris des suppléments de bêta-carotène. Encore une fois, il vaut donc mieux s'abstenir de remplacer les fruits et légumes frais par des suppléments.

D'autres recherches ont montré que des fumeurs consommant plusieurs portions de brocoli par semaine avaient réduit leurs risques de cancer du poumon. On attribue cet effet protecteur au sulforaphane, anticancéreux présent dans le brocoli et, à des degrés moindres, dans les autres crucifères comme le chou et le chou de Bruxelles.

On ne sait pas pourquoi les taux de calcium sont abaissés par le tabac, mais on constate que cet état de fait est responsable de ménopauses précoces et de risques accrus d'ostéoporose. On conseille donc aux fumeuses d'augmenter leur apport de calcium, sans avoir l'assurance toutefois que cette mesure puisse contrer les effets du tabac.

Pour ce qui est des maladies cardio-vasculaires, on sait déjà que le tabac favorise l'athérosclérose, soit l'accumulation de dépôts graisseux sur la paroi des vaisseaux sanguins. La nicotine peut aussi être source d'arythmie cardiaque et de spasmes dans les

La vitamine C étant moins facilement assimilée par les fumeurs, on leur conseille de consommer des fruits qui en contiennent beaucoup.

artères coronariennes, causant des douleurs dans la poitrine. Enfin, des études ont démontré que le tabac réduisait les taux de lipoprotéine de haute densité (HDL) qu'on appelle le bon cholestérol. Il est donc conseillé de réduire ses apports de gras, même si les études mettent en doute les bénéfices de cette pratique pour contrer les effets du tabac.

REDEVENIR NON-FUMEUR

Il n'est jamais trop tard pour arrêter de fumer, et cette décision a toujours – à court et à long terme – des effets bénéfiques pour la santé : les irritations pulmonaires et nasales disparaissent presque aussitôt et, quelque 10 à 15 ans plus tard, le risque de maladie cardiovasculaire est retombé au niveau de celui qui n'a jamais fumé.

La plupart des fumeurs craignent de grossir s'ils arrêtent de fumer. La nicotine accroît le métabolisme, c'est-à-dire que l'organisme brûle plus d'énergie pour la même production d'activité musculaire ou de chaleur. En conséquence, certains fumeurs qui abandonnent le tabac grossissent uniquement du fait que le métabolisme ne reçoit plus ce mauvais stimulus.

UN SEVRAGE EN DOUCE

Il peut être utile, pour arrêter de fumer sans prendre de poids, de demander au médecin de prescrire des substituts de nicotine (gomme à mâcher ou timbres transdermiques). Ils seront utilisés régulièrement et de manière dégressive, jusqu'à ce que la dépendance disparaisse et que l'organisme puisse se passer de nicotine.

D'autres aides au sevrage tabagique peuvent également être utiles ; à ce titre, on peut citer l'acupuncture, la relaxation, la psychothérapie comportementale... Tout soutien peut être utile à condition qu'il soit personnellement adapté à chaque individu et qu'il ne nuise pas à la santé. Il faut donc évi-

ter autant que possible tous les compléments ou suppléments inutiles, voire dangereux, ainsi que les médicaments, qui ne remplaceront jamais la motivation.

LE FACTEUR ALIMENTAIRE

Il importe de ne pas remplacer la dépendance psychologique – dont tout fumeur est atteint – par une autre liée à la nourriture. Pour éviter de prendre du poids, il faut s'en tenir à trois repas par jour à des heures régulières. Il faut veiller aussi à consommer des aliments riches en nutriments indispensables et aussi pauvres que possible en calories. Par exemple, augmenter sa consommation de produits laitiers allégés en matière grasse et de légumes pour le bêta-carotène (en particulier la carotte, le poivron rouge et les légumes verts comme l'épinard, le chou vert, le chou de Bruxelles...). En cas d'envie de sucre irrésistible, les fruits – surtout les plus riches en vitamine C, comme les agrumes, le kiwi, les fraises – sont de loin préférables aux sucreries. Attention à l'alcool ! C'est un excitant qui ravive l'envie du tabac et... fait grossir.

C'est une bonne idée que d'effectuer, avant l'arrêt du tabac, un relevé précis de ses prises alimentaires pendant une semaine et de consulter un diététiste. Cela permet d'évaluer quelle est la quantité d'énergie consommée quotidiennement. Il sera plus facile de veiller à ne pas dépasser ce nombre de calories après l'arrêt du tabac.

CHANGER SES HABITUDES

Trouver de nouvelles occupations peut servir de dérivatif au fumeur sevré. La pratique d'un sport est un excellent moyen de concilier l'utile à l'agréable, à condition de ne pas dépasser ses limites. La marche ou le vélo sont une très bonne façon d'améliorer son équilibre de vie, et les sports collectifs procurent un contact social non négligeable.

L'idéal est d'intégrer le sevrage tabagique dans une modification totale de l'hygiène de vie et de l'associer à une nouvelle alimentation et à un nouveau style de vie.

TÊTE (maux de)

PRIVILÉGIER
- *les repas légers*
- *l'eau*

RÉDUIRE
- *la caféine*
- *l'alcool*

ÉVITER
- *de sauter un repas*

Quelques changements simples dans l'alimentation peuvent souvent soulager des maux de tête récurrents. Faire des repas peu copieux et réguliers, par exemple, est une mesure de prévention efficace. En effet, le fait de sauter un repas entraîne une chute du taux de sucre dans le sang, qui peut déclencher des maux de tête. Si ces derniers apparaissent souvent le matin, c'est peut-être le signe d'une hypoglycémie. Essayez de préserver votre taux de glycémie en prenant une collation avant de vous coucher et un bon petit déjeuner dès le réveil.

La déshydratation est aussi une cause fréquente de maux de tête, l'été par temps chaud ou l'hiver dans des intérieurs surchauffés, à la suite d'une séance d'exercice physique, ou après avoir consommé trop d'alcool. Le seul fait de boire beaucoup d'eau pour compenser les pertes en liquides suffit souvent à soulager ces maux de tête. Lorsque vous faites du sport, n'attendez pas d'avoir soif : prenez l'habitude de boire de petites quantités d'eau dès le début de l'effort et régulièrement tout au long de votre séance d'exercice.

Un excès de caféine peut aussi entraîner des maux de tête en provoquant une constriction des vaisseaux et en altérant l'afflux de sang vers le cerveau. Les médecins déconseillent de boire plus de 4 tasses par jour de thé ou de café. Attention ! Les boissons au cola mais aussi le chocolat contiennent de la caféine. Si vous réduisez votre consommation de caféine, veillez à le faire progressivement, car un sevrage trop brutal peut aussi provoquer maux de tête, fatigue, somnolence, tremblements, nausées…

Les additifs contenus dans certains aliments préparés industriellement peuvent également donner des céphalées. Lisez bien les étiquettes des produits que vous achetez. Chez certaines personnes sensibles, les mets des restaurants exotiques déclenchent des maux de tête passagers. On pense que la responsabilité en revient aux sauces fermentées de soja et de poisson que la cuisine chinoise utilise abondamment. Si vous pensez que vos maux de tête sont liés à une allergie alimentaire, essayez de tenir un journal en notant ce que vous mangez, et éliminez les aliments suspects un par un.

En cas de crise, se reposer, boire abondammment et prendre des analgésiques comme l'acétaminophène ou l'aspirine sont des mesures efficaces. Consultez votre médecin :
– si le mal de tête débute brutalement et s'accompagne de fièvre, d'une raideur de la nuque, d'une éruption ou de vomissements. Cela est particulièrement important pour les enfants ;
– lorsque les analgésiques ordinaires n'ont pas d'effet et que la douleur est sévère ;
– si les crises deviennent plus fréquentes ou s'aggravent ;
– si vous avez des troubles de l'élocution, de la mémoire ou de la vue ;
– si vous avez des pertes d'équilibre ou de connaissance ;
– si vous perdez beaucoup de poids ou

ressentez une faiblesse musculaire en plus des maux de tête ;
– si vous vous éveillez avec des maux de tête qui empirent quand vous toussez ou éternuez.

THÉ

AVANTAGES
● *léger stimulant*
● *très bonne source de fluor*
● *fournit des antioxydants*
● *propriétés diurétiques*

INCONVÉNIENTS
● *limite l'assimilation du fer si l'on en boit au cours des repas*
● *peut colorer les dents*

On distingue différentes espèces de thé :
– Le thé vert, obtenu par torréfaction. Il a un goût assez amer. Il est fréquemment parfumé à la menthe.
– Le thé noir, obtenu par flétrissage, fermentation et séchage. Il est moins riche en tanins que le thé vert et par conséquent moins astringent. Il en existe plusieurs variétés : le thé de Ceylan, le thé des Indes, le thé de Chine.
– Les thés oolong. Semi-fermentés, ils donnent des infusions fruitées.
– Les thés parfumés. Les feuilles de thé sont mélangées à des fleurs ou des fruits séchés qui parfument l'infusion (thé au jasmin, à la bergamote...).
– Les thés solubles en poudre. Utiles pour les thés glacés, ils sont beaucoup moins parfumés et souvent sucrés.

THÉ ET SANTÉ

Sans ajout de sucre, de crème ou de lait, le thé ne présente quasiment aucune valeur énergétique (moins de 4 kcal par tasse). Il est aussi très pauvre en sodium et est donc autorisé dans le cadre d'un régime hyposodé.

Le thé est réputé pour être une remarquable source de fluor, dont le rôle

est maintenant bien connu dans la prévention de la carie dentaire. Une grande partie du fluor passe dans l'infusion, ce qui aboutit à un apport moyen d'environ 0,1 mg par tasse. Cet apport peut être majoré si l'eau utilisée pour l'infusion est elle-même riche en fluor.

LA CAFÉINE

Le thé, comme le café, le cola et le cacao, contient de la caféine, appelée dans ce cas théine. On estime qu'une tasse de 150 ml en contient environ 40 mg. La théine est liée à d'autres substances, appelées tanins, de la famille des polyphénols. Du fait de cette association, elle aurait une action plus modérée mais plus longue que la caféine du café.

À faibles doses, soit environ 150 mg par jour, les effets de la caféine se limitent à une attention plus soutenue, une diminution du temps de latence des réactions, une augmentation de la vivacité d'esprit. Mais, à des doses importantes, les effets indésirables apparaissent : accoutumance, excitation, tension musculaire, insomnie, tachycardie… Lors de la préparation du thé, environ 80 % de la théine diffuse dans l'infusion. Contrairement à ce que l'on pense, un thé qui a infusé longtemps n'est pas plus riche en théine qu'un thé légèrement infusé. En effet, la théine diffuse très rapidement dans l'eau. La seule façon d'obtenir un thé léger en théine est de le couper, une fois infusé, avec de l'eau. De par sa teneur en caféine, le thé a une action diurétique.

Les tanins associés aux oxalates diminuent l'absorption de certains éléments minéraux, notamment le fer. Il est donc préférable de prendre le thé entre les repas, tout comme le font les Anglais. Chez les gros buveurs de thé, les tanins peuvent être responsables de l'apparition de taches brunes sur l'émail des dents.

De récents travaux tendent à montrer que la consommation des tanins, et en particulier des bioflavonoïdes, qui sont des antioxydants, pourrait jouer un rôle préventif dans l'apparition de certains cancers et de maladies cardio-vasculaires. Le thé vert aurait les propriétés anticancéreuses les plus marquées. Toutefois, les études menées en laboratoire n'ont pas encore été testées sur l'homme...

THYROÏDE (maladies de la)

PRIVILÉGIER
- *le sel de cuisine iodé*

ÉVITER
- *le tabac, l'alcool, la caféine*

La thyroïde est une glande située à l'avant de la trachée, juste sous la pomme d'Adam. Elle produit des hormones renfermant de l'iode qui contrôlent la vitesse du métabolisme, c'est-à-dire la rapidité avec laquelle l'organisme brûle les aliments et l'oxygène pour produire l'énergie nécessaire à la croissance, à l'activité musculaire, et aussi tout simplement au fonctionnement de nos organes. L'alimentation doit contenir de l'iode pour un fonctionnement normal de la thyroïde. Les troubles liés aux carences en iode sont parmi les plus répandus dans le monde ; ils se traduisent par l'apparition d'un goitre, c'est-à-dire une augmentation de volume de la thyroïde.

Par le passé, les carences en iode étaient nombreuses en Europe dans les régions où l'iode n'était présent qu'à très faible dose dans les sols et l'eau. C'était le cas en particulier dans les régions montagneuses des Alpes où, jusqu'au début du siècle, les habitants consommaient du sel ne provenant pas de la mer, et donc pauvre en iode. Dans ces régions, l'hypothyroïdie était fréquente et entraînait des retards de développement à l'origine de l'appellation de « crétin des Alpes ».

HYPOTHYROÏDIE

L'hypothyroïdie, c'est-à-dire le fonctionnement insuffisant de la thyroïde, provoque un ralentissement du métabolisme. Outre l'apparition d'un goitre, elle se traduit par de la fatigue, des pertes de mémoire, une prise de poids, une plus grande sensibilité au froid, de la constipation et une peau et des cheveux secs. En cas de maladie auto-immune, l'hypothyroïdie est due au fait que l'organisme synthétise des anticorps dirigés contre la thyroïde, qui provoquent une réduction de la production hormonale. Si l'hypothyroïdie se déclenche au cours de l'enfance, elle risque de provoquer des retards de croissance, d'empêcher le développement normal du cerveau et de retarder la maturité sexuelle. L'hypothyroïdie favorise souvent une hausse du taux de cholestérol chez les femmes. Elle est traitée par de la thyroxine, une hormone thyroïdienne.

HYPERTHYROÏDIE

L'hyperthyroïdie survient lorsque la thyroïde se met à produire ses deux hormones en trop grande quantité. À l'inverse de l'hypothyroïdie, il apparaît

Histoire vécue

Bernadette ressentait depuis quelques semaines une douleur dans la main gauche. Le médecin diagnostiqua très vite un syndrome du canal carpien, affection très douloureuse qui se produit lorsque le nerf du poignet est bloqué par une enflure des tissus. Il constata aussi que Bernadette avait la peau rêche, les cheveux secs et le visage bouffi et pâle. Ces symptômes pouvaient laisser penser qu'elle souffrait d'une forme d'hypothyroïdie. En lui posant quelques questions, il constata qu'elle se sentait fatiguée, qu'elle souffrait du froid et avait tendance à être constipée et à grossir. Les résultats des analyses de sang montrèrent qu'elle manquait d'hormones thyroïdiennes. Le médecin découvrit qu'en raison d'antécédents thyroïdiens dans sa famille, Bernadette redoutait les maladies de la thyroïde. Elle consommait donc beaucoup d'aliments riches en iode – fruits de mer, algues, poisson – et prenait régulièrement des compléments iodés. Elle avait, sans le savoir, aggravé son cas. En effet, sa thyroïde produisait des hormones en quantités suffisantes, mais l'excès d'iode les empêchait d'aller dans le sang. Il convainquit Bernadette de cesser de prendre ces compléments iodés et de consommer moins d'aliments riches en iode. Lorsqu'elle revint voir le médecin, plusieurs mois plus tard, la plupart de ses symptômes s'étaient atténués. Elle avait retrouvé son énergie d'antan et sa main ne la faisait plus souffrir la nuit.

331

dans ce cas une accélération des fonctions de l'organisme. Divers symptômes peuvent apparaître : perte de poids, fatigue, accélération du rythme cardiaque, augmentation de l'appétit, irritabilité, diarrhée, goitre, transpiration abondante, sensibilité à la chaleur, exophtalmie (yeux saillants).

Du fait de l'accélération du métabolisme, les patients atteints d'hyperthyroïdie brûlent leurs calories et assimilent les éléments nutritifs à un rythme beaucoup plus rapide que la normale. La perte de poids porte sur les graisses de réserve, mais aussi sur les protéines musculaires, ce qui entraîne une fatigabilité accrue et une diminution des forces. Le traitement médical doit donc être complété par une alimentation très nourrissante. En cas de grave perte de poids, il peut être nécessaire d'augmenter la consommation de protéines, sous forme de viande, de produits laitiers, d'œufs ou de poisson, pour reconstituer le tissu musculaire.

L'hyperthyroïdie est en général due à la production par l'organisme de sub-

Boisson aux mille vertus longtemps délaissée, la tisane retrouve aujourd'hui ses lettres de noblesse.

QU'EST-CE QU'UN GOITRE ?

Le goitre est une déformation du cou provoquée par une augmentation de volume de la thyroïde. En général, le goitre est mou, mais il peut aussi être dur et contenir des nodules. Dans de rares cas, les goitres peuvent devenir très volumineux et augmenter très sensiblement le tour de cou, comprimant même la trachée. Dans les pays industrialisés, le goitre est souvent la conséquence d'une maladie auto-immune qui entrave le fonctionnement de la thyroïde. Le goitre peut également être dû à une carence en iode. Dans ce cas, il n'est accompagné d'aucun autre symptôme. Lorsque l'on soupçonne l'existence d'un goitre, il faut toujours consulter un médecin, de préférence un spécialiste en endocrinologie.

---

stances qui stimulent les cellules de la thyroïde. Mais on ignore encore ce qui provoque ce phénomène. L'hyperthyroïdie est souvent héréditaire et est plus fréquente chez les femmes que chez les hommes. Si vous souffrez d'hyperthyroïdie, vous pouvez atténuer vos symptômes en limitant la nicotine, l'alcool et la caféine (thé, café, boissons à base de cola et chocolat noir), car ces substances favorisent une accélération du métabolisme.

TISANE

Les boissons chaudes confectionnées à partir de plantes ont toujours été populaires. L'infusion est à la fois la macération d'une substance aromatique dans un liquide bouillant et le résultat de cette macération ; la tisane, quant à elle, n'est rien d'autre que le résultat de l'infusion. La décoction ne recouvre pas la même réalité puisqu'il s'agit de l'extraction des principes d'un produit (plante, légume, viande, etc.) mis à bouillir dans de l'eau de façon prolongée.

On prête de multiples vertus aux infusions, basées sur les observations faites depuis l'Antiquité par des herboristes attentifs qui ont su répertorier les qualités spécifiques de divers fruits, herbes, feuilles ou fleurs. Il existe aujourd'hui un très grand choix d'infusions, vendues soit en sachet, soit en boîte, soit en vrac. Évitez celles qui sont vendues en vrac et qui n'ont donc pas été à l'abri de la poussière ou d'autres éléments peu recommandés. Il faut compter en général 1 cuillerée à thé de feuilles séchées (2 pour des feuilles fraîches) par tasse. Versez de l'eau bouillante, couvrez et laissez infuser pendant environ 5 minutes. Filtrez à travers un tamis avant de servir. Sucrez éventuellement avec du miel ou du sucre, ou ne sucrez pas du tout, pour mieux savourer le goût de la plante utilisée.

Camomille. Ses capitules sont depuis longtemps employés pour faciliter la digestion et calmer les douleurs abdominales. On dit aussi qu'elle favorise le sommeil. En usage externe, on peut appliquer les sachets ou des compresses imbibées d'infusion sur les paupières en cas d'inflammation, de démangeaison ou de fatigue oculaire.

Fenouil. Les graines de fenouil facilitent la digestion et peuvent apaiser les troubles digestifs (douleurs abdominales, ballonnements, aérophagie, flatulences).

Lavande. Indiquées dans le traitement des troubles mineurs du sommeil, les fleurs de lavande ont aussi des effets cholagogues (elles facilitent l'évacuation de la bile) et diurétiques.

Mélisse. Les infusions les plus parfumées sont celles faites à partir de feuilles fraîches. Elles ont un effet apaisant et facilitent le sommeil. Elles peuvent aussi soulager les états grippaux.

Menthe. C'est une infusion idéale après un bon repas pour faciliter la digestion et éviter les troubles tels que flatulences, ballonnements, éructations. La menthe est diurétique et peut aussi soulager les nausées.

Oranger. L'infusion de fleurs et de feuilles est indiquée dans les insomnies et les états de nervosité de l'adulte et de l'enfant.

Ortie. Les feuilles (dont les poils sont très urticants!) ont des propriétés fortement diurétiques.

Pissenlit. Ses feuilles sont connues depuis la nuit des temps pour leur efficacité diurétique. Elles sont cholagogues comme les fleurs de lavande.

Romarin. C'est un remontant efficace en cas de fatigue ou d'asthénie passagères. Il peut aussi soulager les indigestions. Son infusion peut s'employer en gargarisme dans les petites affections de la bouche.

Sureau. L'infusion de ses fleurs est indiquée en cas de refroidissement ou d'état grippal, car elles sont sudorifi-

---

AVERTISSEMENT

Les plantes sont riches en principes actifs (hétérosides, alcaloïdes, huiles essentielles et tanins, par exemple); certains d'entre eux sont dangereux et la plupart des alcaloïdes (comme la strychnine, l'éphédrine, l'émétine, sans parler de la ciguë) entrent dans la composition de médicaments. Il ne faut donc jamais abuser des tisanes, le mieux étant souvent l'ennemi du bien.

---

ques. Elles stimulent l'élimination digestive et rénale.

Thym. Antitussif, il est recommandé pour soulager les maux de gorge ou enrouements passagers et les toux bénignes. Le thym facilite la digestion.

Tilleul. Ses inflorescences sont appréciées pour leurs propriétés relaxantes. Cette infusion aide à dormir et soulage la tension nerveuse. Le tilleul peut aussi être efficace contre la toux.

Verveine. Elle est utilisée dans les troubles mineurs du sommeil et les états nerveux. On l'emploie aussi en cas de mauvaise digestion et de lourdeurs d'estomac.

TOMATE

AVANTAGES
- *riche en caroténoïdes et en potassium*
- *contient des vitamines C et E, ainsi que des folates*

INCONVÉNIENTS
- *peut être mal tolérée*
- *peut provoquer des allergies*
- *les tomates vertes peuvent causer des migraines chez les personnes sensibles*

Ce fruit-légume se range au troisième rang parmi les légumes les plus

consommés au Canada. Peu calorique, la tomate est une bonne source de potassium et de bêta-carotène, et n'est pas dépourvue de magnésium. Elle contient également de la vitamine C, de la vitamine E et des folates, surtout lorsqu'elle est crue. Bien que sa saveur soit acide, ce n'est pas un aliment acide, mais alcalinisant; elle peut donc figurer au menu des arthritiques.

Outre les multiples variations auxquelles elle se prête complaisamment en cuisine, la tomate est particulièrement bien considérée dans les recherches menées actuellement contre le cancer: des études récemment réalisées en Grande-Bretagne montrent par exemple que le lycopène, pigment caroténoïde qui donne sa couleur rouge à la tomate, pourrait jouer un rôle préventif en réduisant les effets nocifs des radicaux libres.

Une autre étude menée à Harvard a démontré que les hommes qui mangeaient des tomates ou des plats cuisinés à base de tomate – incluant la pizza! – au moins 4 fois par semaine avaient 20% moins de risques de contracter le cancer de la prostate que ceux qui n'en mangeaient pas du tout. Il semblerait que les tomates cuites offrent à ce point de vue une meilleure protection que les tomates crues. On a tenté d'expliquer ce phénomène par le fait que la cuisson libère le lycopène et que, celui-ci étant liposoluble, la présence de l'huile dans une sauce ou sur une pizza aurait pour effet d'intensifier ses vertus protectrices.

La peau de la tomate, rendue de plus en plus épaisse (pour protéger le fruit au cours des manipulations et des transports), est riche en fibres et peut être irritante pour certains tubes digestifs; il suffit de plonger le fruit quelques secondes dans de l'eau bouillante pour ensuite le peler facilement. De même, les pépins – riches en cellulose et qui peuvent gêner certains organismes – s'éliminent par simple pression.

Les tomates de saison et de pleine terre sont meilleures non seulement au goût mais aussi nutritionnellement. Les tomates vendues en grappes sont souvent plus parfumées. Les délicieuses tomates-cerises, petites et sucrées, se prêtent particulièrement aux décorations de plats et aux apéritifs.

Il arrive que les tomates provoquent des allergies, qui peuvent par exemple se traduire par des aphtes, des picotements sur la langue ou dans la bouche, ou de l'eczéma. Attention, la solanine contenue dans les tomates vertes est un poison pouvant provoquer des migraines. Prenez le temps d'envelopper chaque tomate non arrivée à maturité dans du papier journal et laissez-les mûrir quelques jours à température ambiante.

COMPOSITION MOYENNE POUR 100 G :
protéines . . . . 0,8 g
lipides . . . . 0,3 g
glucides . . . . 3,5 g
apport énergétique . . . . 19 kcal

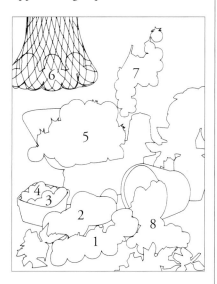

La saveur de tomate dépend de son degré de maturité et du type de tomate. En voici quelques-unes : en grappe (1 et 5), beefsteak (2), tomates-cerises jaunes (3), miniatures (4), italiennes (6), tomates-cerises en grappe (7) et tomates naines (8).

TOPINAMBOUR

AVANTAGES
● *riche en fibres*
● *très riche en potassium*

Pourtant originaire d'Amérique du Nord, ce tubercule est passé dans l'oubli. Son délicat goût de noisette et sa saveur sucrée justifieraient pourtant qu'il soit remis à l'honneur et certains de nos grands cuisiniers s'y appliquent. Ce légume riche en fibres (5,1 g pour 100 g) renferme quelques protéines et fait partie des aliments les plus riches en potassium. Sa teneur en glucides est relativement élevée. Il est délicieux cru, râpé dans les salades. Exposée à l'air libre, sa chair noircit rapidement. Aussi doit-on l'arroser de vinaigre ou de jus de citron. Cuit, il s'apprête comme une pomme de terre.

COMPOSITION MOYENNE POUR 100 G :
protéines . . . . 1,6 g
lipides . . . . 0,1 g
glucides . . . . 9 g
apport énergétique . . . . 44 kcal

TUBERCULOSE

La tuberculose est une maladie infectieuse provoquée par une bactérie appelée *Mycobacterium tuberculosis* et qui se transmet par la toux et les éternuements. Elle se traite au moyen d'antibiotiques, qui doivent être pris tous les jours pendant 6 à 9 mois. Fatigue, manque d'appétit, perte de poids, fièvre, toux…, les symptômes sont divers, mais il arrive aussi que les personnes infectées n'en présentent aucun.

La malnutrition et la pauvreté contribuent au développement de la tuberculose. Bien qu'elle soit surtout présente dans le Tiers Monde, on note depuis peu une recrudescence en Amérique du Nord. Pourtant, grâce aux programmes de vaccination (BCG) et à l'amélioration des conditions de vie, elle était en nette perte de vitesse depuis les années 1950. Une étude détaillée des cas enregistrés montre que la tuberculose, aujourd'hui comme hier, touche toutes les classes défavorisées, quelle que soit leur origine ethnique. Les enfants qui ne sont pas vaccinés, les vieillards et les populations sous-alimentées ou en mauvaise santé sont les plus vulnérables à la maladie. Il semble en outre qu'une souche résistante aux antibiotiques se soit développée. La maladie est de plus en plus fréquente chez les personnes atteintes du sida et elle touche aussi le personnel œuvrant en milieu hospitalier.

L'alimentation joue un rôle important dans la prévention de la maladie. Lors d'une étude menée sur un groupe d'immigrés asiatiques dans le sud de Londres, les chercheurs ont constaté que les personnes qui ne mangent pas de viande, de poisson, de lait ni de produits laitiers courent 8 fois plus de risques d'avoir la tuberculose. On pourrait en conclure qu'une consommation insuffisante de viande est sans doute caractéristique de la malnutrition… et la malnutrition, une caractéristique de la pauvreté.

ULCÈRE GASTRIQUE

PRIVILÉGIER
- *les repas pris à heures fixes et dans le calme*

RÉDUIRE
- *le sel*
- *la caféine*
- *les aliments très sucrés*

ÉVITER
- *les repas copieux*

PROSCRIRE
- *les mets très épicés*
- *l'alcool (surtout à jeun)*
- *le tabac*

L'ulcère de l'estomac est une maladie extrêmement fréquente. Elle touche près de 10 % de la population masculine dans les pays industrialisés (la fréquence chez les femmes est deux fois moins importante). La maladie ulcéreuse se manifeste par des brûlures d'estomac et, dans les cas graves, par des vomissements et une perte de poids. Divers facteurs favorisent sa survenue, dont des facteurs génétiques et nutritionnels, mais aussi l'intoxication tabagique et l'alcoolémie. L'ulcère de l'estomac est très souvent associé à la gastrite chronique.

L'ulcère se forme lorsque la muqueuse qui tapisse le tube digestif se rompt sous l'effet d'une agression de la paroi de l'estomac par des sucs digestifs acides. La création de nouveaux types de médicaments permettant de traiter les causes de la maladie plutôt que ses conséquences a transformé le traitement.

LE RÉGIME ALIMENTAIRE

Les régimes draconiens d'autrefois laissent place aujourd'hui à une alimentation équilibrée, avec cependant quelques règles : repas de faible volume et pris à des horaires réguliers, suppression de l'alcool, des épices (piment, poivre, moutarde et toutes les épices fortes aggravent la douleur) et du tabac, qui irritent la muqueuse.

Les aliments trop salés ou trop sucrés doivent également être évités car ils provoquent une hypersécrétion gastrique et tendent à aggraver l'ulcère. Il en est de même pour les boissons riches en caféine (café, thé, boissons au cola).

UNE NOUVELLE BACTÉRIE

Des données récentes dans le domaine de la recherche sur la maladie ulcéreuse ont amené les scientifiques à incriminer une bactérie, *Hélicobacter pylori*, détectée dans l'estomac des patients atteints d'ulcère. Après un traitement antibiotique spécifique visant à la détruire, les symptômes de la maladie disparaissent, ce qui tendrait à prouver qu'elle contribue à la formation des ulcères. Les chats pouvant être porteurs de cette bactérie, les chercheurs tentent de découvrir s'il existe une transmission directe possible de ces animaux domestiques à l'homme.

LA RÉGLISSE, REMÈDE MIRACLE ?

La réglisse semble avoir une certaine efficacité sur les ulcères (mais attention à l'un de ses composants, qui favorise l'hypertension artérielle). Prise sous forme de comprimés, elle s'est révélée efficace dans le traitement des ulcères provoqués par l'aspirine ou d'autres traitements anti-inflammatoires, lesquels provoquent des lésions sur les parois de l'estomac.

URTICAIRE

PRIVILÉGIER
- *les céréales et le pain enrichis, le poisson, la volaille et d'autres aliments riches en niacine*

ÉVITER
- *les aliments qui contiennent des salicylates, si vous êtes allergique à l'aspirine*

L'urticaire, qui se manifeste par de petites papules rouges accompagnées de démangeaisons, est une réaction allergique à un aliment ou à une substance irritante. Des médicaments comme l'aspirine et la pénicilline, par exemple, peuvent provoquer de l'urticaire. Une personne, même peu sensible aux allergies, peut développer un urticaire à la suite d'une piqûre d'insecte ou du contact avec une plante à poils urticants comme l'ortie ou le sumac grimpant (herbe à puce). L'urticaire peut être accompagné d'œdème autour des yeux et sur d'autres parties du corps et, si l'allergie est alimentaire, autour de la bouche et des lèvres.

Attention ! Si l'urticaire s'accompagne d'un œdème de la gorge, de troubles respiratoires ou élocutoires ou de difficulté à avaler, rendez-vous tout de suite à l'hôpital. Ces symptômes peuvent annoncer un choc anaphylactique potentiellement fatal.

Des éruptions massives d'urticaire peuvent être causées par toutes sortes d'aliments mais en particulier par les crustacés, les noix et les petits fruits. Une personne allergique à l'aspirine devrait éviter les aliments qui contiennent des salicylates : abricots, petits fruits, thé, produits vinaigrés, fruits séchés. Le stress émotif, l'exposition au soleil, le froid (incluant les glaçons dans les boissons) et les infections virales sont d'autres facteurs potentiels d'urticaire.

Habituellement, l'affection se développe dans les heures qui suivent le contact avec l'agent provocateur, mais ce n'est pas toujours le cas. L'allergie à un médicament peut se développer après des jours, des mois et même des années d'usage ; si cela vous arrive, avisez le médecin sans tarder. Ce type d'allergie commence en général par la tête et le visage pour se répandre progressivement jusqu'aux pieds.

On tient souvent les additifs alimentaires responsables d'urticaire. En réalité seule la tartrazine (jaune n° 5), au demeurant très répandue, a été identifiée comme la cause d'un urticaire et ce, dans moins d'un cas sur 10 000. Ce colorant s'utilise dans les boissons, les grignotines à saveur de fromage, les bonbons et les pilules.

TRAITEMENT DE L'URTICAIRE

Une crise d'urticaire peut disparaître au bout de quelques minutes ou au contraire persister durant des jours ou des semaines. Dans ce cas, le médecin prescrira un antihistaminique et une lotion pour calmer la démangeaison et enrayer l'inflammation.

L'urticaire étant, comme tout symptôme allergique, provoqué par des histamines, on conseille d'augmenter sa consommation d'aliments riches en niacine (vitamine B$_3$), susceptible, croit-on, d'en freiner la libération. Volaille, fruits de mer, graines, noix, pain et céréales enrichis sont d'excellentes sources de niacine, mais il faut se méfier car ils sont souvent aussi des sources d'allergies.

VAGINITE

PRIVILÉGIER
- *produits laitiers, œufs, légumes verts et jaunes, fruits jaunes et orange et les poissons, tous riches en vitamines A et D*
- *céréales enrichies, volaille, fruits de mer, bananes, légumes vert foncé, noix et graines, qui contiennent diverses vitamines B*
- *fruits de mer et légumineuses, pour le magnésium et le zinc*

ÉVITER
- *les régimes à la mode*
- *les vêtements trop serrés*
- *les savons irritants*
- *les aliments riches en sucre raffiné*

Si le pH vaginal est déséquilibré, les champignons et autres micro-organismes normalement contrôlés par certaines souches bactériennes peuvent proliférer et causer une vaginite, caractérisée par des démangeaisons, de l'irritation et de l'inflammation. Parmi les causes usuelles de vaginite, on retrouve un champignon (aussi appelé levure), le *Candida albicans,* un protozoaire, le *Trichomonas vaginalis,* et une bactérie anaréobique (qui se développe en l'absence d'oxygène), *Gardnerella vaginalis.*

Les facteurs déclencheurs incluent la fatigue, une alimentation déficiente, une infection et des changements hormonaux reliés à une grossesse, un diabète ou la ménopause, sans oublier les douches vaginales et les contraceptifs oraux, susceptibles de faire varier le pH.

ALIMENTS BÉNÉFIQUES

Bien qu'aucun lien n'ait été établi de façon précise entre la vaginite et l'alimentation, un certain nombre de médecins recommandent à leurs patientes souffrant de vaginite récidivante de diminuer leur consommation de sucre. Pour leur part, bien des patientes prétendent que manger du yogourt prévient l'infection vaginale et certaines études récentes semblent valider cette hypothèse.

On croit également que l'allicine, un antibiotique contenu dans l'ail, aide à bloquer la croissance des organismes responsables de la vaginite. On obtiendrait cet effet en mangeant de l'ail cru ou en prenant des comprimés d'ail, mais on ne sait pas combien un comprimé contient d'allicine.

Le jus de canneberge, qui protège contre les infections du système urinaire, peut empêcher l'infection vaginale de se propager à la vessie.

Certaines recherches ont relié des carences en magnésium, en zinc ou en vitamines A et B à la récidive de la vaginite. La vitamine A est précieuse car elle conserve la santé des muqueuses et leur résistance aux infections. On la retrouve dans les légumes verts et dans les fruits orange et jaune foncé. Les acides gras oméga-3 contenus dans les poisson d'eau froide réduiront l'inflammation causée par la vaginite ; 2 à 3 portions par semaine suffisent. Céréales et grains enrichis, volaille, fruits de mer, légumes feuillus vert foncé, pommes de terre, bananes, noix et graines contiennent de la vitamine B. Enfin, la consommation fréquente de crustacés et de légumineuses aide à maintenir des taux adéquats de zinc et de magnésium.

VEAU

AVANTAGES
- *riche en protéines*
- *la graisse de la viande contient des lipides insaturés*
- *viande maigre, selon les morceaux*

Le veau présente une chair ferme, d'un blanc rosé, au grain serré. La graisse n'infiltrant pas la viande mais l'entourant, il est facile de l'écarter. Comme toutes les viandes jeunes, celle du veau est riche en eau et a tendance à fondre à la cuisson. Pour rester moelleuse, elle doit être saisie à feu vif, puis cuite à feu doux.

VALEUR NUTRITIONNELLE

La viande de veau est une excellente source de protéines. Celles-ci sont de très bonne qualité car elles renferment tous les acides aminés essentiels nécessaires à la synthèse de nouvelles protéines.

La teneur en lipides dépend avant tout du morceau. Mais, dans l'ensemble, les morceaux de veau crus sont maigres : moins de 10 % de lipides, certains n'en contenant même que 5 %. Cependant, la cuisson entraînant une perte d'eau, et donc une concentration des éléments nutritifs, la teneur en lipides est plus élevée dans les morceaux cuits. Ces lipides sont constitués pour 30 à 40 % d'acides gras saturés selon les morceaux, le reste étant composé d'acides gras mono- et polyinsaturés. Certains de ces acides gras insaturés sont qualifiés d'essentiels car ils sont indispensables à la constitution des cellules.

La viande de veau est riche en zinc, élément indispensable à la synthèse des protéines. 100 g permettent de couvrir 20 à 50 % des apports nutritionnels recommandés. Quant à la vitamine B_{12}, indispensable à la constitution des

LE DÉCLIN DU VEAU

La viande de veau, délicate et à peine rosée, a toujours été chez nous une viande de luxe. Pour être sûrs de conserver le grain et la texture qui la caractérisent, les producteurs se sont mis à confiner les jeunes veaux dans des stalles pour les empêcher de brouter l'herbe. Si bien que les bêtes, trop longtemps nourries exclusivement de lait, finissent par devenir anémiques. Comme conséquence de la couverture médiatique qui a entouré cette forme de cruauté animale, la consommation du veau est tombée de moitié.

globules rouges, elle est présente en quantité importante puisque 100 g d'épaule, par exemple, assurent la couverture complète de l'apport recommandé en cette vitamine.

VÉGÉTARISME ET VÉGÉTALISME

Manger végétarien : ce choix, qui remet en cause les habitudes alimentaires traditionnelles, n'est pas anodin. C'est pourquoi il est préférable de peser les avantages et les inconvénients d'une telle alimentation avant de se décider à l'adopter.

DES MOTIVATIONS DIVERSES

On devient végétarien pour de multiples raisons : souvent par désir de se nourrir plus sainement, parfois par souci éthique ou écologique (pour réduire le gaspillage de protéines animales), ou même pour des motivations très immédiates, économiques ou gustatives. La viande est un aliment relativement cher ; si, de plus, on n'est pas très attiré par

les steaks ou le poulet rôti, on est tenté de prévoir en remplacement du poisson ou des œufs, voire de supprimer tout aliment de ce type, ce qui, bien sûr, n'est pas sans conséquence sur l'équilibre nutritionnel.

Dans sa version classique, appelée aussi régime ovo-lacto-végétarien, le régime végétarien ne diffère qu'assez peu d'une alimentation traditionnelle. Certes, on fait des repas sans viande, mais on sert à la place du poisson, des œufs, des légumineuses, et on augmente la part du fromage ou des produits laitiers. On peut ainsi assurer un bon apport protéique : tous ces aliments fournissant des protéines de qualité comparable à celle des protéines de la viande, il suffit de tenir compte de leurs équivalences nutritionnelles.

LES BIENFAITS DU RÉGIME VÉGÉTARIEN

Bien conçu, un régime végétarien peut procurer de véritables « bénéfices santé ». Selon une étude menée en France sur plus de 11 000 individus pendant une période s'échelonnant sur 12 ans, les végétariens ont en général un taux de cholestérol moins élevé que les autres sujets témoins et une tension artérielle plus basse (ce qui réduit le risque cardio-vasculaire). Leur poids est plutôt plus bas, l'obésité est moins fréquente, les cas de calculs biliaires sont plus rares. Les végétariens souffrent moins de problèmes de constipation ou de diverticulose colique. Enfin, il semblerait qu'on observe chez eux moins de cancers.

Les effets bénéfiques d'un régime végétarien sont aujourd'hui attribués à l'abondance des végétaux dans les menus. Ces aliments sont riches en potassium, en fibres, en substances antioxydantes (vitamine C, provitamine A, sélénium, etc.), qui jouent vraisemblablement un rôle protecteur utile. Les légumes frais ont d'autre part une faible densité calorique, ce qui contribue aussi à un rééquilibrage de l'apport nutritionnel. Toutefois, les scientifiques font remarquer que les végétariens ont souvent un mode de vie particulier, éliminant différents facteurs de risque (tabac, excès d'alcool, etc.) : cela peut fausser les résultats des enquêtes… dans un sens favorable à leur mode d'alimentation ! Par ailleurs, s'ils adoptent une alimentation très riche en œufs et en fromage – aliments renfermant une forte proportion d'acides gras saturés –, il arrive qu'on observe chez certains d'entre eux des taux de cholestérol supérieurs à la normale.

VÉGÉTALISME : DES RISQUES !

Bien différente apparaît l'alimentation – et, bien sûr, la situation nutritionnelle – des adeptes d'un régime plus strict et plus restrictif que le régime végétarien classique. Ainsi, les tenants du végétalisme éliminent non seulement la viande, le poisson et les œufs, mais aussi tous les produits animaux, y compris le lait et le fromage. Leurs repas sont essentiellement constitués de légumes frais, de céréales, de légumineuses (lentilles, pois, soja), de fruits (frais ou secs) ainsi que de noix et de graines.

Le risque majeur de ce type de régime est un déficit en acides aminés essentiels : les protéines des céréales sont déficitaires en lysine, celles des légumineuses, du soja, des noix et des graines et des levures sont déficitaires en méthionine. Elles ne peuvent donc être utilisées de façon satisfaisante par l'organisme, et en particulier permettre une croissance convenable. Certes, de bonnes combinaisons (céréales + légumineuses ou noix et graines + légumineuses, par exemple) peuvent

DE BONNES COMBINAISONS VÉGÉTALES

Pour obtenir 18 à 20 g de protéines de bonne valeur biologique (l'équivalent de 100 g de viande), on peut faire les combinaisons suivantes :

- *60 g de poisson + 1 œuf ;*
- *3 tranches de pain complet + 40 g de cheddar ;*
- *60 g de pâtes alimentaires crues + 1 œuf + 15 g de cheddar ;*
- *100 g de millet cru + 125 ml de lentilles cuites ;*
- *150 ml de flocons d'avoine crus + 350 ml de lait ;*
- *80 g de couscous cru + 100 ml de pois chiches cuits ;*
- *100 ml de haricots blancs cuits + 2 tranches de pain complet + 60 g de tofu.*

Noix de cajou, amandes et raisins secs, pour une collation tonique et énergétique.

Des framboises fraîches mélangées à du fromage blanc font un dessert délicieux.

Le matin, un copieux muesli généreusement arrosé de lait.

À midi, une salade de haricots aux champignons, suivie d'un gâteau au tofu et à l'orange, et d'une poire.

Graines de couscous et ratatouille, un plat ensoleillé servi au dîner avec du pain complet.

Les principaux régimes végétariens

VÉGÉTARISME CLASSIQUE	RÉGIME LACTOVÉGÉTARIEN
Exclusion de la viande et de tout produit carné, et parfois du poisson. Correctement conçu, il permet d'atteindre un bon équilibre nutritionnel : protéines, fer, vitamines et minéraux peuvent généralement être trouvés en quantités suffisantes. Ne présente pas de contre-indication s'il est bien établi.	Suppression des produits carnés, du poisson et des œufs. Risques de carences en fer, en zinc et en vitamine B_{12}. Sans compléments médicamenteux, déconseillé aux enfants, aux adolescents, aux femmes enceintes et à celles qui allaitent.
VÉGÉTALISME	**RÉGIME MACROBIOTIQUE**
Aucun produit ou sous-produit animal (ni lait ou laitage, ni œufs, ni produit carné ou poisson). Risque de carence en protéines (nécessité d'associations entre aliments fournissant des protéines complémentaires), en calcium, en fer, en zinc, en vitamine B_{12}. Déconseillé, en particulier aux enfants, aux adolescents, aux femmes enceintes et à celles qui allaitent.	Alimentation de type végétalien (essentiellement à base de céréales) plus restrictive que le végétalisme classique. Régime très déséquilibré, insuffisant quantitativement et qualitativement en protéines, carencé notamment en calcium, en fer, en zinc et en vitamines A, C, B_{12}, D. À éviter.

permettre de compenser certains déséquilibres. Mais, en pratique, associer jour après jour lentilles et riz, pâtes et fèves, soja et arachides, etc., devient vite fastidieux. Et même en s'obligeant à réaliser quotidiennement de savantes combinaisons de protéines végétales, on atteint rarement un équilibre alimentaire satisfaisant.

D'ailleurs, selon différentes enquêtes, la plupart des végétaliens, même lorsqu'ils s'efforcent d'utiliser des compléments de levure ou de germes de blé, par exemple, ou des produits à base de soja, ne contrôlent pas véritablement la quantité et la qualité des protéines de leur alimentation. C'est pourquoi on relève fréquemment chez eux une insuffisance d'apport en protéines, de même d'ailleurs que des déficits en fer, en calcium, en zinc et en vitamine B_{12}.

DES RÉGIMES ENCORE PLUS STRICTS

D'autres régimes végétaliens, tels le céréalisme ou la macrobiotique, imposent des exclusions supplémentaires. Cela augmente encore les risques de déséquilibre et de carence, ce qui peut être préjudiciable aux enfants et aux adolescents (risques de malnutrition et retard de croissance). Les femmes enceintes ou qui allaitent ne doivent pas s'astreindre non plus à ces régimes.

Quand on suit ce type d'alimentation à l'âge adulte, on peut espérer qu'il y aura, à la longue, une certaine adaptation de l'organisme. Mais fatigue, fragilité osseuse, tendance à l'anémie, moindre résistance aux agressions microbiennes sont des phénomènes fréquents. Comme toute option alimentaire extrême, un végétalisme « pur et dur » se révèle, à l'évidence, risqué pour la santé.

VERS PARASITES

Les plus courants sont l'ascari et le ténia, qui s'attrapent en consommant des produits contaminés. Ils vivent dans les intestins, où ils « dérobent » les éléments nutritifs des aliments avant qu'ils ne soient assimilés par l'organisme. Les vers parasites provoquent des diarrhées, des crampes d'estomac, une certaine irritabilité, un manque d'appétit et une perte de poids. Ils peuvent être à l'origine de maladies graves ou de déséquilibres nutritionnels tels que des carences en vitamine B_{12} et en fer, qui peuvent provoquer une anémie.

L'ASCARI

Les enfants de moins de 5 ans y sont très vulnérables. *Enterobius vermicularis* provoque notamment des démangeaisons au niveau de l'anus durant la nuit, lorsque les femelles (qui font 10 mm de long) sortent pour pondre avant de mourir. En manipulant la nourriture après s'être grattés, les enfants peuvent se réinfecter ou contaminer l'entourage. Pour éviter cela, il faut se laver soigneusement les mains après être allé aux toilettes et avant les repas, et prendre si possible un bain le matin pour éliminer les œufs.

LE TÉNIA

C'est un ver plat et annelé qui peut mesurer de quelques millimètres à plusieurs mètres de long. Il se fixe à l'intérieur de l'intestin par des ventouses et des crochets et se nourrit en absorbant des aliments à travers toute la surface de son corps. Des segments remplis d'œufs se détachent du corps et sont rejetés par l'organisme.

Ingéré par un porc ou une vache, le ténia se développe sous forme de kyste dans les tissus. La larve peut ensuite contaminer l'homme qui consomme de la viande infectée, crue ou insuffisamment cuite. Trois espèces affectent couramment l'homme :

– Le ténia de bœuf, *Taenia saginata,* très répandu au Moyen-Orient, en Afrique et en Amérique du Sud. Ne consommer dans ces pays ni viande crue ni hamburgers.

– Le ténia du porc, *Taenia solium,* est plus dangereux, car les larves peuvent franchir la paroi de l'estomac pour se répandre dans tout l'organisme, notamment dans les muscles et les tissus situés sous la peau. Plus rarement, il arrive que les larves atteignent le cerveau et provoquent des épilepsies. Ce parasite est fréquent en Europe de l'Est, en Asie du Sud-Est et en Afrique.

– Le ténia de poisson, *Diphyllobothrium latum,* est présent en Islande, en Chine, au Japon (où il se propage par les sushis), dans le Sud-Est asiatique, en Scandinavie et dans la région des lacs en Suisse. Les grands cuisiniers étant passés maîtres dans l'art de reconnaître un poisson contaminé, il y a peu de risque d'infection dans les bons restaurants. En voyage, mieux vaut éviter le poisson cru. Le ténia du poisson ne donne souvent aucun symptôme mais peut causer des carences en vitamine B_{12}, responsables d'anémie pernicieuse.

AUTRES VERS PARASITES

Ascaris lombricoides, ou ver rond, et *Trichuris trichiura* peuvent être présents dans des légumes contaminés par des selles humaines utilisées en engrais, *Anisakis simplex* dans les harengs crus. Heureusement, ces vers ne survivent pas plus de 3 jours à la surgélation.

LE TRAITEMENT

Toute infection par des vers doit être traitée médicalement. Il existe aujourd'hui des médicaments adaptés, spécifiques et efficaces qui seront prescrits par votre médecin après un diagnostic précis. Certains d'entre eux tuent ou paralysent les vers dans les intestins ou d'autres tissus. Mais le meilleur traitement reste préventif et passe par des règles élémentaires d'hygiène générale. En voyage, il faut prendre soin d'éviter les « aliments à risque ».

VIANDE

AVANTAGES
● *excellente source de protéines*
● *apporte du fer, du zinc et de la vitamine B_{12}*

INCONVÉNIENTS
● *certains morceaux sont gras*

La viande est un aliment indispensable au bon équilibre alimentaire. Elle permet de couvrir en partie les apports nutritionnels recommandés en protéines qui sont de 0,86 g par kilo de poids corporel. Pour un homme moyen de 65 kg, cela correspond à 56 g ; pour une femme de 55 kg, 47 g suffisent. À titre indicatif, 100 g de bœuf haché maigre cuit en apportent 27 g. Les protéines de la viande sont d'excellente qualité, car elles contiennent en bonnes proportions tous les acides aminés essentiels à l'organisme pour réaliser les synthèses dont il a besoin. La viande constitue également un apport très intéressant en minéraux et oligoéléments, notamment en fer, lequel entre dans la constitution des globules rouges, et en zinc.

Parmi les vitamines présentes dans la viande, il faut noter la part importante de vitamine B_{12}, qui participe à la constitution des globules rouges.

IDÉES FAUSSES

– *Les viandes rouges sont plus nourrissantes que les viandes blanches.*
Du point de vue nutritionnel, les viandes rouges et les viandes blanches sont tout à fait équivalentes. L'apport en protéines est pratiquement le même, quel que soit l'animal. En ce qui concerne les vitamines, la teneur est fonction des espèces et des morceaux.

– *La viande donne du cholestérol.*
La viande contient plus ou moins de cholestérol selon les morceaux. Néanmoins, de nombreuses études ont montré que le cholestérol fourni par l'alimentation n'a qu'une faible incidence sur le taux de cholestérol sanguin des personnes bien portantes. La fabrication de cholestérol par l'organisme est fonction de l'apport alimentaire général.

– *Les femmes enceintes doivent éviter de consommer de la viande.*
La viande étant un aliment riche en fer, elle est indispensable, tant durant la grossesse, pour faire face à l'augmentation du volume sanguin, qu'après l'accouchement, pour reconstituer les pertes de sang souvent importantes. Cependant, les femmes enceintes non immunisées contre la toxoplasmose (ainsi que les personnes immunodéprimées) doivent consommer des viandes bien cuites.

– *La viande est grasse.*
Dans chaque animal, il existe des morceaux gras et des morceaux maigres. Les méthodes d'élevage modernes produisent des animaux plus maigres qu'autrefois. Pour un même animal, on retiendra qu'un sujet jeune est généralement plus gras qu'un sujet plus âgé. D'autre part, les méthodes de cuisson – selon que l'on utilise ou non beaucoup de matières grasses – contribuent à l'apport de lipides.

– *Il vaut mieux consommer de la viande une seule fois par jour, et de préférence au repas du midi.*
Une portion quotidienne de viande suffit la plupart du temps à couvrir une grande partie des besoins journaliers en protéines. Sa répartition est laissée au libre arbitre de chacun : répartie entre les repas, ou consommée seulement le midi ou le soir.

VIENNOISERIE

INCONVÉNIENTS
- *riche en matières grasses, surtout saturées*
- *assez pauvre en protéines*
- *très calorique*

Les viennoiseries étaient autrefois essentiellement consommées au déjeuner – le dimanche – ou à l'heure du thé. On les achetait au rayon de la boulangerie. Aujourd'hui, avec l'avènement des croissanteries et autres commerces du même type, leur consommation a considérablement augmenté. Les enfants s'en régalent régulièrement, et il n'est pas rare d'en voir certains avaler chaque jour leur croissant ou leur pain au chocolat au petit déjeuner. Des adultes se contentent à midi d'un repas exclusivement composé de viennoiseries salées et sucrées. Les habitudes alimentaires ont bien changé...

VALEUR NUTRITIONNELLE

Les produits de viennoiserie se caractérisent par leur richesse en glucides et en lipides. Cela vient du fait que la farine et la matière grasse sont les ingrédients principaux et que la teneur en eau est assez faible. Les viennoiseries sont en conséquence très caloriques sous un volume relativement faible. Ainsi, un pain au chocolat, qui pèse en moyenne 70 g, apporte 280 kcal, et plus de 45 % de ces calories sont fournies par les lipides. Les corps gras utilisés sont soit du beurre, soit des matières grasses hydrogénées ou des huiles tropicales. Dans leur ensemble, les acides gras qui les composent sont essentiellement saturés. Or, on sait maintenant que ces derniers sont impliqués dans l'athérosclérose et les maladies cardiovasculaires qui s'ensuivent lorsqu'ils sont présents en grandes quantités dans l'alimentation.

La teneur en protéines de ces produits est dans l'ensemble assez faible, quoique légèrement supérieure lorsque les viennoiseries sont fourrées de fromage, de viande ou de jambon. Leur technique de fabrication nécessitant l'adjonction de sel, il en résulte que toutes les viennoiseries sont souvent riches en sodium. En revanche, leur teneur en éléments minéraux et en vitamines est relativement faible.

Consommées occasionnellement, les viennoiseries restent un aliment plaisir. Avalées quotidiennement, elles nuisent au bon équilibre alimentaire. C'est pourquoi, à l'heure du repas, il est bon de les compléter avec des aliments qui compenseront leurs inconvénients – salade composée, fruits ou salade de fruits, produits laitiers –, et de préférer à une boisson sucrée de l'eau ou du jus de fruits ou de légumes.

VIN

Voir p. 346

VINAIGRE

AVANTAGES
- *stimulant de l'appétit*
- *efficace contre les maux de gorge et les vertiges*

INCONVÉNIENTS
- *peut être mal toléré*
- *peut déclencher des réactions allergiques*

Vinaigre vient du latin *Vinum acer,* qui signifie vin aigre. C'est que l'alcool du vin, au contact des bactéries présentes dans l'air, a la propriété de se transformer en acide acétique. C'est cet acide qui lui donne sa saveur caractéristique et en fait un conservateur efficace. Tout ce qui contient du sucre peut produire de l'alcool – et donc du vinaigre – sous l'action microscopique des acétobacters si les conditions requises sont respectées (oxygène et température). Les vinaigres du commerce contiennent entre 4 et 12 % d'acide acétique.

LES DIFFÉRENTES SORTES

La couleur et le parfum du vinaigre varient selon l'alcool de base utilisé. On peut employer du vin rouge, du vin blanc, du cidre, du malt, du miel, du xérès, de l'alcool de fruit (qui donne des vinaigres délicieusement odorants), de l'alcool de riz (en Chine et au Japon), etc. Alors que certains vinaigres dans lesquels ont macéré des herbes aromatiques, des épices ou des fruits sont agréablement parfumés, d'autres, comme le vinaigre blanc, fabriqué surtout à partir d'alcool de betterave, n'offrent aucun intérêt culinaire. L'un des vinaigres les plus prisés actuellement est le vinaigre balsamique, qui nous vient de nos voisins italiens, produit à partir du vin rouge de Modène ; il est mis en bouteille lorsqu'il a entre 15 et 50 ans d'âge, après avoir vieilli pas moins de 10 ans en fût. C'est ce qui explique son prix relativement élevé, mais sa finesse et sa saveur uniques en valent largement le coup.

DES PROPRIÉTÉS VARIÉES

Stimulant de l'appétit, le vinaigre est aussi efficace dans un gargarisme pour traiter les maux de gorge. En revanche, mieux vaut être prudent en cas d'ulcère à l'estomac ou si l'on a un système

En tant que conservateur, le vinaigre n'a aucun équivalent. Une fois bouché, il peut se garder indéfiniment. Parfumez vos salades (de gauche à droite) au vinaigre balsamique, au vinaigre à l'estragon ou au citron, au vinaigre de vin blanc ou de xérès.

digestif sensible. Enfin, il faut aussi savoir que, dans de rares cas, les sujets allergiques aux levures, aux moisissures et aux aliments fermentés peuvent aussi l'être au vinaigre. La teneur minérale, vitaminique et nutritionnelle du vinaigre est, bien sûr, sans intérêt étant donné les quantités ingérées. Le vinaigre en lui-même n'apporte pratiquement aucune calorie, car il est composé presque entièrement d'eau (88 à 96 %). Il se conserve indéfiniment.

VITAMINES

Voir p. 352

VOLAILLE

AVANTAGES
● *riche en protéines*
● *contient des vitamines B et du fer*
● *la chair est pauvre en graisse*

INCONVÉNIENTS
● *la peau est riche en matières grasses*

Plus riche en protéines et plus faible en gras saturés que la plupart des viandes rouges, la volaille est une excellente source de protéines complètes de haute qualité, de calcium, de cuivre, de fer, de phosphore, de potassium et de zinc. Toutes les volailles ont un même contenu de nutriments. La seule différence entre elles est leur teneur en gras.

Dans la volaille, la plupart du gras loge dans la peau. En retirant la peau, avant ou après la cuisson, on réduit donc considérablement le gras. Pour ce qui est du canard, la meilleure façon de procéder est de piquer la peau en plusieurs endroits avant de le mettre à rôtir, ce qui va permettre au gras de s'écouler en cours de cuisson.

Les viandes de volaille contiennent du fer en quantité légèrement infé-rieure à celle des viandes de bouche-rie. Cependant, comme tout fer d'ori-gine animale, il est beaucoup mieux absorbé que celui fourni par les végé-taux et contribue à la couverture des apports recommandés.

L'ensemble des volailles apporte beaucoup de vitamine A et une assez bonne quantité de vitamines du groupe B. Parmi celles-ci, c'est la nia-cine qui prédomine (6 à 7 mg pour 100 g). Le poulet et le canard con-tiennent une quantité équivalente de cholestérol – 75 mg pour une portion de 100 g de viande rôtie, sans peau – alors qu'une portion de dinde n'en contient que 60.

La chair brune dénote les muscles qui ont été soumis à une plus grande activité. C'est pourquoi les volailles sauvages sont plus foncées que les vo-lailles d'élevage, et pourquoi, dans ces dernières, la chair des pattes est plus foncée que celle de la poitrine.

La méthode employée pour refroidir le poulet sitôt abattu influence son volume et la coloration de sa peau. Le refroidissement à l'eau glacée est la méthode la plus courante, mais elle donne lieu à une infiltration d'eau dans les couches graisseuses et sous la peau. Refroidi à l'air, le poulet a une teinte plus foncée et perd moins d'eau à la cuisson.

LES DIFFÉRENTES VOLAILLES

Le poulet. Il est presque toujours d'éle-vage. Cet animal possède un collagène peu structuré, ce qui confère plus de tendreté à la viande et plus de finesse à la peau. Il présente une faible teneur en graisse.

Le chapon. Il s'agit d'un poulet mâle, castré avant d'avoir atteint la maturité sexuelle, puis engraissé. Il est, par défi-nition, assez gras.

La poule. C'est une volaille âgée d'au moins 1 an. Sa peau est blanche et gru-meleuse. Elle est généralement vendue congelée et il est préférable d'utiliser une cuisson très lente à feu doux dans un liquide pour l'attendrir.

La dinde. Depuis longtemps, la dinde n'est plus seulement la volaille de Noël. Ses différentes présentations (cuisses, escalopes, rôtis…) ainsi qu'un prix assez bas ont permis d'en répartir la consommation sur toute l'année. Le mâle atteint facilement 8 kg, voire plus. La dinde, plus tendre, ne dépasse pas 5 kg.

Le canard. Parmi les canards d'éle-vage, le canard du lac Brôme et le canard de Barbarie sont les plus répan-dus. Le premier est beaucoup plus gras et offre un rendement moins élevé que le canard de Barbarie. Celui-ci possède une chair plus ferme et un goût plus prononcé. Le colvert est le canard sau-vage le plus apprécié pour la finesse de sa chair.

L'oie. L'oie d'élevage s'apprête comme la dinde ou le poulet, mais l'oie sau-

DE GRAIN OU NON ?

Si vous croyez que les poulets de grain picorent dans la basse-cour en toute liberté chez le fermier, détrompez-vous ! L'appellation « de grain » n'est pas réglementée au Canada, aussi faut-il être vigilant. Certains de ces poulets sont élevés comme les autres, mais ils reçoivent, quelque temps avant l'abattage, une moulée qui contribue à la coloration de la chair (maïs, sarra-sin). Le séchage à l'air leur donne une couleur plus sombre, que le consom-mateur interprète comme la preuve que l'animal a été élevé au grain. Certains éleveurs sont pourtant sérieux et le prix plus élevé payé pour leur poulet de grain peut être justifié, mais il est souvent difficile de se renseigner sur les méthodes d'élevage utilisées. En attendant l'entrée en vigueur d'une réglementation, vous devrez vous fier à votre boucher.

Composition moyenne pour 100 g de volaille rôtie

CANARD
(Chair seule)
Protéines : 25 g
Lipides : 10 g
Apport
énergétique : 190 kcal

DINDE
(Chair seule)
Protéines : 29,4 g
Lipides : 2,9 g
Apport
énergétique : 144 kcal

OIE
(Chair seule)
Protéines : 29,1 g
Lipides : 17,5 g
Apport
énergétique : 275 kcal

PINTADE
(Chair et peau)
Protéines : 27,7 g
Lipides : 9,9 g
Apport
énergétique : 200 kcal

POULET
(Chair et peau)
Protéines : 26,4 g
Lipides : 6,2 g
Apport
énergétique : 161 kcal

vage, à la chair beaucoup plus ferme, est à son mieux braisée ou en pâtés, rillettes et confits. L'oie est une des volailles les plus grasses. Pour l'aider à perdre une partie de sa graisse en cours de cuisson, il faut piquer la peau à plusieurs reprises. Le foie gras provient d'une variété spécifique appelée oie grise, qui a été gavée spécialement à cette intention.

La caille. La production et la consommation restent assez marginales. La caille faisait partie du gibier, mais, de nos jours, ce petit oiseau provient surtout d'élevages.

La pintade. Elle a une peau jaune et une chair rosée. C'est une viande maigre.

CAUSES DE CONTAMINATION

La volaille étant vendue avec la peau, elle se détériore rapidement sous l'action des bactéries qui demeurent sur la peau et dans la cavité éviscérée. À une température de 4 °C – celle d'un réfrigérateur ordinaire – la peau devient visqueuse au bout de 6 jours. Cela indique qu'il s'est produit une multiplication par 10 000 du nombre des bactéries présentes.

Avant de ranger une volaille au réfrigérateur, il faut la sortir de son emballage et en retirer les abats. On l'essuie avec un linge humide avant de l'envelopper, sans serrer, dans du papier ciré ou du papier d'aluminium. Toutes les volailles se conservent un maximum de 2 à 3 jours avant cuisson et de 5 jours une fois la viande cuite.

Il faut toujours rincer une volaille sous le robinet d'eau froide avant de la faire cuire. Par précaution additionnelle, il ne faut pas tarder à se laver les mains et à laver tous les outils de cuisine qui sont entrés en contact avec la volaille crue en se servant d'eau chaude, de savon et d'une brosse.

Il faut exercer la plus grande prudence pour faire dégeler une volaille. Ce processus se fait en règle générale au réfrigérateur. Si l'on est pressé, on peut plonger le volatile dans l'eau froide. Ne jamais recongeler une volaille avant de l'avoir fait cuire !

Une fois farcie, la volaille doit être enfournée sans attendre à une température de 160 °C. Plus basse, la chaleur ne servira qu'à faire proliférer les bactéries dans la farce, et plus élevée, elle cuira le volatile avant d'avoir pu atteindre la farce.

Le poulet est considéré comme une des principales causes d'intoxication alimentaire, car il est porteur de la bactérie de la salmonellose. Si les salmo-nelles résistent à la congélation, elles sont détruites au-delà de 60 °C. Il faut donc veiller à bien faire cuire le poulet et ne pas stopper la cuisson tant qu'un thermomètre, placé dans la partie la plus charnue de la cuisse, ne marque pas 60 °C. À défaut de thermomètre, on peut vérifier si la cuisse se détache bien de sa jointure et si le jus qui s'écoule lorsqu'on pique la volaille a perdu toute trace de sang.

LE SAVIEZ-VOUS ?

● *Les foies gras sont des foies d'oie ou de canard gavés de façon à produire l'hypertrophie cellulaire graisseuse du foie. Du point de vue nutritionnel, le foie gras est particulièrement riche en graisses (44 g pour 100 g). Il se caractérise également par une très grande richesse en vitamine A (950 µg pour 100 g).*

● *La dénomination magret (ou maigret) est réservée aux muscles de la masse pectorale constituant le filet, prélevés sur un canard (ou une oie) engraissé par gavage en vue de la production de foie gras. Qu'il soit de canard ou d'oie, le magret doit toujours être présenté avec la peau.*

LE VIN ET LA SANTÉ

*Que serait la gastronomie sans le vin ? Intimement lié au plaisir
de la table, il fait partie de notre patrimoine. Mais, pour profiter de ses qualités,
tant gustatives que nutritionnelles, il est essentiel d'en user avec beaucoup de modération.*

Bien que l'art de faire du vin remonte, dit-on, jusqu'à Abraham, le procédé de fermentation qu'il implique a été compris pour la première fois par Louis Pasteur au siècle dernier. La fermentation est en quelque sorte une détérioration contrôlée. L'alcool, un sous-produit de la fermentation, est une substance toxique ; même les moisissures qui l'engendrent ne résistent pas à une concentration de plus de 15 %, ce qui explique pourquoi il n'y a pas de fermentation au-delà. La plupart des vins français et canadiens renferment environ 12 % d'alcool, tandis que les vins américains s'élèvent à 13 et 14 %. Dans le cas de vins de liqueur comme le porto, l'alcool additionnel est ajouté après la fermentation.

DE VIGNE EN BOUTEILLE...

À l'origine du vin, il y a le cépage, c'est-à-dire la variété du plant de vigne : sur les quelque 6 000 existant, une vingtaine seulement jouent un rôle majeur dans la production du vin. Celui-ci est généralement produit à partir de plusieurs cépages (2 à 5 en moyenne, jusqu'à 13 pour le châteauneuf-du-pape !), mais il arrive qu'il soit obtenu à partir d'un cépage unique, dont il peut alors porter le nom : gamay, pinot, sauvignon...

Le cépage ne serait rien sans le climat, le terroir, l'indispensable savoir-faire du vigneron et la compétence de l'œnologue. Car, après avoir taillé et soigné la vigne, et fait les vendanges, il faut vinifier et « élever » le vin, c'est-à-dire le conserver (en fût ou en cuve) et l'amener à son meilleur degré de qualité avant de le mettre en bouteille.

UNE BOISSON COMPLEXE

Produit de la fermentation alcoolique des raisins frais écrasés ou de leur jus, le vin est une boisson complexe, aux multiples constituants (on en dénombre près de 300 !). Après l'eau (88 à 90 %), son principal composant est l'alcool (le plus souvent 8 à 9,6 g pour 100 ml, soit 80 à 96 g par litre, ce qui correspond à un vin de 10 à 12 % d'alcool). C'est l'alcool qui fournit l'essentiel de l'apport énergétique du vin, qui est de 580 à 700 kcal par litre (soit 72 à 90 kcal pour un verre).

Le vin renferme par ailleurs des acides organiques (acides tartrique, malique, succinique...), de très petites quantités de sucres non fermentés (glucose, fructose), des tanins et pigments flavonoïdes, ainsi que des constituants aromatiques volatils, qui jouent un rôle important pour ses caractéristiques organoleptiques (couleur, parfum, goût). On y relève enfin la présence de minéraux et d'oligoéléments (surtout du potassium, mais aussi un peu de calcium, de magnésium, de sodium et des traces de fer, de zinc, de cuivre, de manganèse...), ainsi que des vitamines du groupe B à très faibles doses. Le vin est donc beaucoup plus qu'une boisson alcoolisée, acide et tannique. Toutefois, il semble bien que l'alcool, les acides organiques et les tanins soient les constituants les plus importants en ce qui concerne ses effets sur l'organisme.

En cave, le vin nécessite des soins constants afin d'assurer sa meilleure évolution.

BÉNÉFIQUE...
EN QUANTITÉ MODÉRÉE

Selon différentes enquêtes épidémiologiques (réalisées notamment par des équipes de chercheurs français et américains), une consommation modérée de vin (particulièrement de vin rouge, riche en flavonoïdes) pourrait avoir une action bénéfique dans la prévention des maladies cardio-vasculaires. La dose journalière utile se situerait entre 1 et 3 verres par jour au maximum. Quoi qu'il en soit, comme toute boisson alcoolisée, le vin ne peut être consommé qu'en quantité très limitée : l'alcool, même à doses relativement faibles, est un toxique qui peut devenir rapidement dangereux (voir pp. 28-31). C'est pourquoi, malgré les effets potentiellement intéressants du vin, on ne peut en aucun cas l'imposer : lorsqu'on est abstinent, il faut bien sûr le rester !

C'est à table – là où il est le mieux mis en valeur – qu'il est préférable de boire du vin, en accompagnement judicieux des plats. Son alcool passe dans la circulation sanguine de façon plus progressive et, grâce à son acidité (ses acides organiques lui donnent un pH comparable à celui de l'estomac), il peut contribuer à une meilleure digestion.

Attention : chez les personnes prédisposées, certains vins peuvent provoquer des troubles de type allergique, comme des migraines ou des crises d'asthme. C'est le cas par exemple des vins blancs s'ils ont été additionnés d'anhydride sulfureux ou de sulfites (pour arrêter l'action des levures) ; d'un vin comme le sauternes, riche en tyramine ; ou encore de vins rouges très tanniques, sans doute en raison de l'abondance de polyphénols. Enfin, faut-il rappeler que, pour les enfants, le vin est à exclure au même titre que n'importe quelle autre boisson alcoolisée ?

LES DIFFÉRENTS VINS

Vin rouge, vin rosé et vin blanc ne sont pas produits de la même façon. On obtient le vin rouge à partir de raisin noir : sa peau colorée macère dans le jus (généralement incolore) et confère au vin sa couleur. Pour le vin rosé, on procède de la même manière, mais pendant un laps de temps plus court. Le vin blanc peut indifféremment provenir de raisin blanc, ou de raisin noir à jus blanc ; mais on ne laisse pas en contact le jus et les peaux, qu'elles soient rouges ou blanches. Les vins effervescents, eux, résultent d'une seconde fermentation, qui s'effectue généralement en bouteille et qui donne naissance à du gaz carbonique générateur de mousse.

Les appellations des vins, qui figurent obligatoirement sur l'étiquette, sont strictement réglementées. On peut les rassembler en deux grands groupes :
– les vins de table (anciens «vins de consommation courante»), dont font partie les «vins de pays» ; ceux-ci, issus de cépages déterminés et d'un territoire

---

PIGMENTS ET TANINS

Les pigments et tanins des vins appartiennent au groupe des flavonoïdes (ou composés phénoliques). Ces substances donnent au vin sa coloration, ainsi que du «corps» et une certaine âpreté. Elles sont beaucoup plus abondantes dans le vin rouge (2,5 à 3,6 g par litre) que dans le vin blanc (moins de 1 g).

On distingue parmi ces composés :
● *les anthocyanes, ou pigments rouges ;*
● *les flavonols, de couleur jaune, et de saveur parfois amère ;*
● *les flavanes ou catéchines, qui sont les tanins proprement dits.*

Ces substances flavonoïdes possèdent des propriétés biologiques intéressantes (protection des petits vaisseaux sanguins, action antioxydante et anti-radicaux libres, action anti-inflammatoire), qui pourraient en partie expliquer certains effets bénéfiques du vin rouge.

---

délimité, sont d'une qualité tout à fait correcte ;
– les vins de qualité, produits dans des régions déterminées (selon la nouvelle désignation européenne), lesquels, en France, comprennent d'une part les VDQS (vins délimités de qualité supérieure) et, d'autre part – le haut de gamme –, les AOC (vins d'appellation d'origine contrôlée). AOC et VDQS sont soumis aux contrôles de l'INAO (Institut national des appellations d'origine), qui vérifie le strict respect des normes prévues pour chaque appellation (zone géographique de production, cépages, conditions de vinification, rendement, qualités à la dégustation, etc.).

LE CHAMPAGNE :
UN VIN D'EXCEPTION

C'est à un moine, dom Pérignon, que l'on doit, depuis la fin du XVIIᵉ siècle, la «recette» du champagne. Les raisins noirs (pinot noir et pinot meunier) sont vinifiés, comme les raisins blancs (chardonnay), sans macérage avec les peaux. Après la fermentation, les vins issus de différents crus locaux sont mélangés pour obtenir la «cuvée» que l'on souhaite. On procède à la mise en bouteille après avoir additionné le vin d'un mélange de sucre et de levures sélectionnées. Au cours de cette seconde fermentation, il se produit un dégagement de gaz carbonique retenu sous forte pression : c'est ce qui provoque l'effervescence. La fermentation en bouteille a pour autre effet de former un dépôt que l'on expulse sous forme de glaçon, au bout de 2 à 3 mois, en plongeant l'extrémité du goulot dans un mélange réfrigérant à –20 °C. Avant de reboucher la bouteille, on complète son contenu avec un mélange – appelé liqueur d'expédition – composé de champagne et de sucre de canne. On obtient, selon la quantité ajoutée, un champagne brut (moins de 1,5 % de liqueur d'expédition), extra-sec (2 %), demi-sec (7 à 10 %) ou doux (10 à 12 %).

VOYAGE, SANTÉ ET ALIMENTATION

Voyager dans certains pays plus ou moins lointains peut présenter des dangers pour la santé. Pour limiter les risques, il suffit de suivre quelques règles avant de partir et d'observer des précautions élémentaires sur place.

MALADIES DANGEREUSES

Si vous vous rendez dans des régions où certaines maladies sont endémiques, renseignez-vous plusieurs mois à l'avance sur les vaccinations nécessaires pour pouvoir les effectuer à temps et demandez à votre médecin quels médicaments vous devez emporter – contre la diarrhée, par exemple.

Choléra. Cette maladie est surtout fréquente dans les régions tropicales. C'est une affection très contagieuse, due à une bactérie qui se développe dans les eaux et les aliments contaminés. Les personnes séjournant en Afrique, en Amérique du Sud ou en Asie du Sud-Est doivent donc faire particulièrement attention à ce qu'elles absorbent. Le choléra se traduit par des crises de vomissements et de fortes diarrhées. Dans les cas graves, il provoque une déshydratation rapide du malade, accompagnée d'une soif aiguë et de crampes musculaires, qui peuvent conduire au décès en 24 heures. Il faut donc intervenir rapidement. Il existe un vaccin contre le choléra, mais les médecins le conseillent rarement car il n'est pas très efficace.

Dysenterie. Il en existe deux formes : amibienne et bactérienne. Toutes deux provoquent de graves diarrhées, parfois accompagnées d'hémorragies. La dysenterie amibienne se manifeste le plus souvent dans les pays tropicaux. Elle est causée par un parasite qui se transmet faute d'hygiène et par les aliments ou les eaux contaminés. Les symptômes peuvent apparaître plusieurs jours après l'infection, voire plusieurs années dans certains cas. La dysenterie bactérienne se transmet également par les aliments et les eaux contaminés et se développe en raison du manque d'hygiène ou de la surpopulation. Les symptômes apparaissent une semaine après la contamination, sous forme de diarrhées, de vomissements et de crampes d'estomac.

Si vous êtes atteint de dysenterie, sans médecin à proximité, buvez le mélange suivant pour vous réhydrater : 1 cuillerée à thé rase de sel et 6 cuillerées à thé rases de sucre, dissoutes dans 1 litre d'eau potable bouillie ou en bouteille. S'il vous est impossible d'obtenir de l'eau bouillie, utilisez quand même n'importe quelle eau plutôt que de risquer une déshydratation grave. Il n'existe aucun vaccin contre la dysenterie. Pour l'éviter, respectez à la lettre quelques règles d'hygiène : ne buvez pas l'eau du robinet et évitez les glaçons ainsi que les bières locales qui ne sont pas servies en bouteille, car elles peuvent ne pas avoir été pasteurisées ; pelez les fruits, évitez les salades et ne mangez que des légumes bien cuits.

Hépatite A. Lorsque l'on se rend dans une région où l'hépatite A est endémique, le vaccin est vivement conseillé. Si vous voyagez dans des pays où la situation sanitaire et les conditions

Dans certains pays, les glaçons, les fruits de mer et même les fruits et légumes frais peuvent contenir des bactéries dangereuses. Les crudités, notamment, posent un problème car elles sont en général lavées à l'eau du robinet.

d'hygiène sont mauvaises, évitez l'eau non traitée, les aliments peu cuits, la viande ou le poisson crus, les légumes crus, le lait et les fruits de mer. Ne vous baignez pas dans des eaux polluées par des égouts. Au cours des premières phases de la maladie, absorbez des soupes de légumes, du bouillon de viande, des jus de fruits en bouteille et du sucre. Évitez les plats épicés, que le foie malade est incapable de digérer, et proscrivez l'alcool.

Fièvre jaune et paludisme. Ces deux maladies sont transmises par les piqûres de moustique. La fièvre jaune peut être mortelle. Son virus est endémique en Afrique tropicale et dans certaines régions du nord de l'Amérique du Sud. Si l'on va dans ces régions, il est essentiel d'être vacciné. Pour vous prémunir des moustiques, portez des vêtements à manches longues et des pantalons. Boutonnez les chemises jusqu'au col (surtout en soirée), dormez sous une moustiquaire et faites brûler des serpentins antimoustiques. La fièvre jaune se manifeste par des frissons, des maux de tête et des douleurs dans les membres, tout comme la jaunisse, d'où son nom. Elle se traite en réhydratant le patient.

Le paludisme est présent dans une centaine de pays. Les risques sont variables, mais particulièrement élevés en Afrique tropicale, où il peut être difficile de trouver un médecin. Il n'existe pas de vaccin, mais on prescrit un traitement quotidien ou hebdomadaire qui doit débuter 1 semaine avant le départ et se poursuivre 4 semaines après le retour. Bien que le traitement limite largement le risque de contracter la maladie, des souches résistantes apparaissent et peuvent être à l'origine d'affections graves. Si vous êtes piqué par un moustique infecté, les symptômes (douleurs, frissons, fièvre et délire) peuvent survenir de 12 jours à 10 mois plus tard. Le paludisme peut être mortel s'il n'est pas soigné rapidement.

L'ABC DU VOYAGEUR

● *Prendre les précautions nécessaires avant le départ pour être immunisé. Aller voir le médecin au moins 2 mois avant de partir.*

● *Observer quelques précautions d'hygiène et faire attention à ce que l'on consomme, car les vaccins ne protègent pas toujours à 100 % ou, pour certains pays, comme l'Égypte, ne sont pas exigés.*

● *Ne boire que de l'eau en bouteille ou bouillie. L'eau gazeuse est la plus sûre, car elle ne peut en aucun cas venir du robinet. Vérifier que la capsule est intacte. Utiliser aussi cette eau pour se laver les dents. S'il est impossible d'obtenir de l'eau en bouteille ou de la faire bouillir, la désinfecter au moyen d'un produit efficace à libération lente vendu en pharmacie.*

● *Prohiber les glaçons : ils ont sans doute été faits à partir d'eau du robinet.*

● *Peler les fruits et les légumes et éviter salades et crudités.*

● *Ne pas se laisser tenter par les aliments vendus par les marchands ambulants pour ne pas risquer une intoxication.*

● *Ne pas avaler d'eau dans les piscines. Ne pas se baigner dans des lacs ou des cours d'eau sans savoir s'ils ne sont pas pollués. Ne pas se baigner non plus dans des eaux douces, chaudes et stagnantes, où les risques de contamination sont accrus.*

● *Ne pas négliger une diarrhée persistante. La déshydratation peut survenir très rapidement et entraîner la mort. Consulter un médecin.*

● *Pour éviter les coups de chaleur, boire au moins 2 litres d'eau par jour.*

● *Éviter de se mettre au soleil entre 11 et 15 h. Utiliser une crème protectrice et se couvrir la tête.*

● *Ne pas marcher pieds nus sur des terrains humides ou marécageux.*

Fièvre typhoïde. Faites-vous vacciner avant de vous rendre dans des pays où l'hygiène pose un problème, surtout en Asie, au Moyen-Orient, en Afrique, en Amérique centrale et en Amérique du Sud. Toutefois, une seule injection sera insuffisante pour vous immuniser si vous ingérez une grande quantité de *Salmonella typhi*, bactérie à l'origine de cette maladie. Veillez donc à éviter les fruits de mer, les aliments réchauffés, les fruits et légumes crus et l'eau du robinet. Si vous contractez la typhoïde, il faut absolument voir un médecin. Les premiers symptômes sont les mêmes que ceux d'une grippe. Outre une sensation de grande fatigue, des taches rouges apparaissent sur la poitrine et l'abdomen. Dans les cas graves, les malades souffrent d'une inflammation de la rate, de délires et d'hémorragies intestinales. La guérison intervient naturellement, mais elle est accélérée par les antibiotiques.

LES VERS PARASITES

Dans les pays où les conditions d'hygiène sont mauvaises, le voyageur imprudent peut contracter une maladie parasitaire due à l'infestation par des vers. Les symptômes sont des troubles digestifs (diarrhées, crampes d'estomac, maux de ventre...), des modifications de l'appétit, une perte de poids, des démangeaisons... La personne infestée perd parfois dans les selles des fragments de vers.

Les vers les plus courants sont les ténias. La meilleure prévention consiste à faire cuire suffisamment les aliments à risque, soit le bœuf, le porc et le poisson et à ne pas manger de viande ni de poisson crus. On peut également attraper d'autres vers parasites en mangeant des légumes contaminés par des selles humaines utilisées en engrais, d'où l'importance de bien laver tous les légumes et de toujours les peler. Le traitement consiste en l'administration d'un médicament antiparasitaire.

DÉCALAGE HORAIRE

Les vols intercontinentaux qui couvrent de grandes distances d'est en ouest, ou inversement, traversent plusieurs fuseaux horaires, ce qui perturbe le cycle naturel de l'organisme. Les voyageurs ont envie de dormir alors que ce n'est pas l'heure, et sont décalés au moment des repas. Ils peuvent aussi se sentir fatigués, irritables et éprouver des problèmes de concentration. En général, les gens s'adaptent plus facilement dans le sens est-ouest. Quand on va vers l'ouest, la journée s'allonge, tandis que si on va vers l'est, elle se raccourcit, et l'organisme semble plus facilement s'adapter à l'allongement de la journée.

Voyagez si possible de jour pour arriver à destination en soirée. Une fois à bord de l'avion, mettez votre montre

À ÉVITER OU À CONSOMMER AVEC PRUDENCE

- *Fruits de mer et poisson, sauf dans les hôtels et restaurants réputés.*
- *La viande crue.*
- *Les fruits et les légumes crus, sauf si vous pouvez les peler.*
- *Les aliments peu cuits, ou les aliments ayant été maintenus au chaud ou servis tièdes.*
- *Les produits exposés aux mouches.*
- *Les glaces d'origine incontrôlable, comme celles vendues sur les marchés ou par des vendeurs ambulants.*
- *Le lait et les produits laitiers non pasteurisés.*
- *La salade, sauf si vous êtes sûr qu'elle a été lavée à l'eau bouillie ou en bouteille.*
- *Les boissons sans alcool, comme le jus d'orange, qui ont pu être coupées avec de l'eau du robinet si elles sont présentées en pichet ou si la bouteille est ouverte.*
- *La bière non servie en bouteille.*

En vacances, dans les pays à risque, pensez toujours à votre santé. Sur les étals des marchés, évitez d'acheter les fruits et les légumes en tranches et les plats préparés d'avance.

à l'heure du pays où vous vous rendez pour vous plonger tout de suite dans le bain. Selon les médecins, on peut atténuer les problèmes liés au décalage horaire en buvant beaucoup de boissons non alcoolisées au cours du voyage pour éviter la déshydratation provoquée par la pressurisation. L'alcool en revanche augmente la déshydratation. Au cours du vol, prenez des repas légers faciles à digérer, et essayez de dormir le plus possible. Dès votre arrivée, adoptez le rythme local pour les repas et le coucher. Vous réglerez ainsi votre horloge interne en stimulant la production de mélatonine. Il arrive d'ailleurs que l'on prescrive des comprimés de mélatonine en cas de troubles liés au décalage horaire.

MAL DES TRANSPORTS

Certaines personnes souffrent de nausées et de maux de tête lors d'un trajet en voiture, en bateau ou en avion. Ces troubles sont provoqués par la contradiction entre ce que voient les yeux et ce que ressentent les organes de l'oreille interne lors du mouvement. Les yeux suivent le mouvement mais ce n'est pas le cas de l'oreille interne, si bien que le cerveau reçoit deux messages contradictoires, d'où les nausées.

Si vous êtes sensible au mal des transports, évitez les repas lourds avant ou pendant le trajet et ne buvez pas d'alcool. Buvez en revanche de l'eau ou des boissons non alcoolisées pour lutter contre la déshydratation, et grignotez régulièrement pendant le trajet.

De nombreux médicaments en vente libre dans le commerce sont efficaces contre ce mal. Le plus souvent, il faut les prendre avant de partir. On peut aussi mastiquer, avant et pendant le voyage, des morceaux de gingembre pelé : lors d'essais cliniques, le gingembre s'est révélé plus efficace que bon nombre de médicaments, sans provoquer de somnolence. Si vous le supportez, vous pouvez aussi sucer de la pulpe de citron.

Le mal d'oreille que l'on ressent souvent en avion au décollage ou à l'atterrissage peut être atténué en suçant un bonbon ou en mâchant quelque chose. Vous pouvez aussi inspirer profondément, vous pincer le nez, fermer la bouche et tenter de souffler par le nez en le maintenant bouché ; cette méthode permet de rétablir une pression normale. Vous pourrez néanmoins ressentir une gêne après le voyage durant 48 heures.

VUE

PRIVILÉGIER
- *les fruits et légumes, pour la vitamine C et le bêta-carotène*
- *les aliments riches en vitamines B*

Une alimentation saine et équilibrée participe au maintien d'un bon état oculaire et d'une vision de qualité. La vitamine A, en particulier, est indispensable à la vision. Dans les pays en voie de développement, la carence en vitamine A est la cause la plus commune de cécité chez les jeunes de moins de 21 ans.

Cette vitamine est apportée par le foie, les œufs, le beurre, la crème, le poisson gras... Le bêta-carotène, que l'organisme convertit en vitamine A, se trouve dans les fruits et légumes jaunes et orange (abricot, carotte, patate douce, courge...) ainsi que dans les légumes à feuilles vert foncé comme les épinards et le chou.

LA DÉGÉNÉRESCENCE MACULAIRE

Due à la détérioration d'une partie de la rétine, la dégénérescence maculaire est la principale cause de cécité chez les personnes âgées. Certains minéraux et vitamines pourraient jouer un rôle dans la protection de la macula et retarder sa dégénérescence : la vitamine C, dont sont riches les fruits et légumes frais (cantaloup, poivron, kiwi, brocoli, fraise, chou rouge, agrumes) ; les vitamines du groupe B, contenues dans la viande, la volaille, les abats, le poisson, les céréales complètes, la levure de bière ; la vitamine E des huiles végétales, des germes de céréales et des avocats ; le zinc des fruits de mer, des noix et des graines, des céréales, de la viande, du poisson. La consommation des bioflavonoïdes qui se trouvent dans la peau blanche des agrumes est également recommandée.

DIABÈTE ET PROBLÈMES OCULAIRES

La cécité est un des risques majeurs de la maladie diabétique. En effet, les atteintes vasculaires causées par le diabète se répercutent sur la rétine, dont les capillaires présentent des fuites de liquide ou des ruptures. La meilleure protection des vaisseaux sanguins chez le sujet diabétique est obtenue par un contrôle glycémique rigoureux. Celui-ci passe par une alimentation équilibrée pauvre en graisses saturées et en sucreries.

LES VITAMINES, INDISPENSABLES À LA VIE

Comme l'organisme est incapable de fabriquer la plupart des vitamines qui lui sont nécessaires, c'est l'alimentation qui doit les lui fournir. Les vitamines ont chacune des actions bien spécifiques, et des carences peuvent engendrer des troubles graves.

Les vitamines constituent l'une des principales découvertes nutritionnelles du XXᵉ siècle. L'existence dans les aliments de substances aux effets bénéfiques était pressentie depuis déjà longtemps : le jus de citron ou la choucroute étaient consommés par les équipages lors des longs voyages en mer dès la fin du XVIᵉ siècle. Mais ce n'est qu'en 1890 que C. Eijkmann, un médecin néerlandais travaillant à Java, réussit à mettre en évidence dans la cuticule du riz la substance capable de guérir le béribéri. C'est ce facteur nutritionnel, une substance azotée ou amine, que C. Funk isolera en 1912. Il l'appellera « vitamine » (vitale-amine).

Cette découverte devait bouleverser les théories nutritionnelles et diététiques qui avaient cours jusque-là. Avec les progrès faits dans la connaissance de ces substances et la découverte de nouvelles vitamines, les scientifiques ont montré que les vitamines étaient des composés organiques qui, contrairement aux lipides, aux glucides et aux protéines, ne libéraient pas d'énergie lors de leur métabolisme. En outre, ils ont établi que la plupart d'entre elles ne pouvaient être produites par l'organisme et devaient donc être fournies – généralement à faibles doses – par l'alimentation, et qu'elles avaient chacune des fonctions spécifiques.

Après qu'on a eu décrit les grandes pathologies classiques de carence grave (scorbut, béribéri, pellagre...), on a pu montrer, plus récemment, l'incidence de certaines déficiences vitaminiques chroniques : bien que moins marquées que de vraies carences, elles pourraient constituer un facteur de risque pour différentes maladies (cancers, maladies cardio-vasculaires, perturbations de l'immunité...). Les

LES 13 VITAMINES

Les nutritionnistes classent généralement les vitamines en deux groupes : les vitamines hydrosolubles (solubles dans l'eau) et les vitamines liposolubles (solubles dans les graisses).

● Les 8 vitamines B et la vitamine C, hydrosolubles, ne peuvent être stockées par l'organisme (à l'exception de la vitamine B$_{12}$). Un apport excédentaire est rapidement éliminé par les urines : ces vitamines doivent donc être fournies régulièrement par l'alimentation.

● En revanche, les vitamines liposolubles, à savoir les vitamines A, D, E et K, ne sont pas éliminées par les urines et, si elles sont fournies en excès – notamment par des compléments diététiques trop fortement dosés –, elles peuvent s'accumuler dans l'organisme et provoquer des troubles (en particulier les vitamines A et D).

vitamines peuvent donc aussi être considérées comme des facteurs de protection.

Les besoins vitaminiques sont difficiles à évaluer très précisément : ils dépendent de l'état physiologique (âge, sexe, mais aussi grossesse), de l'activité physique, et peuvent varier selon la composition de l'alimentation. Au Canada, les apports nutritionnels recommandés (ANR) pour les vitamines sont établis par un groupe d'experts qui tiennent compte non seulement des données scientifiques concernant les besoins nutritionnels, mais aussi des habitudes alimentaires des personnes concernées (dans la mesure où elles sont

compatibles avec un bon état de santé). Ces ANR s'appliquent à plus de 95 % de la population.

LES VITAMINES LIPOSOLUBLES

On en compte quatre. Il s'agit des vitamines A, D, E et K.

Vitamine A (rétinol)

La vitamine A est nécessaire à la croissance, du fait de son action dans la différenciation cellulaire et la synthèse des protéines. Elle intervient dans la réponse immunitaire et dans le processus de détoxication hépatique. Elle est essentielle pour la vision, puisqu'elle permet la synthèse des pigments visuels et la conversion de la lumière en influx nerveux (c'est son rôle spécifique sur la rétine qui lui a valu le nom de rétinol). Elle est importante enfin pour un développement normal de l'embryon.

En cas de carence, on constate un dessèchement de la peau, une plus grande sensibilité aux infections, ainsi que des troubles oculaires (en particulier une diminution de la vision nocturne). Si le déficit persiste, la vue se dégrade progressivement jusqu'à la cécité totale. Une telle carence, rare dans les pays développés, constitue l'une des premières causes de cécité dans le Tiers-Monde.

La vitamine A est présente dans les produits d'origine animale comme le foie, le beurre, les matières grasses du fromage et du lait, les œufs. Elle peut aussi provenir indirectement des produits d'origine végétale, sous forme de bêta-carotène (ou provitamine A), pigment qui donne à de nombreux fruits et légumes leur couleur orangée, et que l'organisme transforme en vitamine A (mais il faut 6 fois plus de bêta-carotène que de rétinol pour obtenir la même activité vitaminique A dans l'organisme).

Pour un adulte, l'apport quotidien recommandé en vitamine A – et bêta-carotène sous forme d'équivalent rétinol – est fixé à 800 à 1 000 µg, dont au moins 60 % devraient provenir du bêta-carotène (une proportion nettement supérieure à celle actuellement constatée chez nous, de l'ordre de 30 à 35 % seulement). En effet, outre son rôle de précurseur de la vitamine A, le bêta-carotène possède de précieuses propriétés antioxydantes (il peut notamment neutraliser les radicaux libres). Les scientifiques ont constaté que les régimes riches en carotène vont de pair avec un taux plus faible de certains cancers (poumon, col de l'utérus, œsophage, etc.). Il faut noter que ces observations ne semblent valables que si le bêta-carotène est d'origine alimentaire, puisque les études réalisées à partir de compléments nutritionnels n'ont pas donné les mêmes résultats.

La meilleure source alimentaire de rétinol, outre l'huile de foie de morue (qui n'est pas vraiment considérée comme un aliment !), est le foie des animaux : il en renferme 10 000 à 20 000 µg pour 100 g, parfois même davantage. Ainsi, il suffit de 5 g de foie pour satisfaire les besoins quotidiens d'un adulte. Comme l'organisme ne parvient pas à éliminer facilement cette vitamine, et qu'elle peut être nocive en cas d'excès, il convient de ne pas consommer du foie trop souvent. Les autres aliments bons fournisseurs de rétinol (avec des teneurs tout à fait adaptées aux besoins physiologiques) sont les œufs (120 µg par œuf), le beurre (en moyenne 720 µg pour 100 g, soit 100 µg dans 15 g de beurre), le fromage (150 à 300 µg pour 100 g, soit 50 à 100 µg dans une portion de 35 g).

Quant au bêta-carotène, sa consommation ne pose aucun problème pour la santé, bien qu'un apport trop élevé puisse donner à la peau une teinte orangée, surtout sur la paume des mains et la plante des pieds. C'est sans danger, et cela disparaît dès que l'on diminue l'apport en carotène. Parmi les fruits et légumes riches en carotène figurent la carotte, le poivron rouge, la mangue, le melon, l'abricot, ainsi que les légumes verts comme l'épinard et le chou. En général, plus la couleur d'un fruit ou d'un légume est intense, plus il contient de bêta-carotène.

Vitamine D (calciférol)

La vitamine D, parfois surnommée « vitamine du soleil » car elle est aussi produite par l'exposition de la peau aux ultraviolets, est indispensable à l'assimilation du calcium et du phosphore, et donc essentielle pour la formation et le bon état des os et des dents. Dans l'organisme, elle est transformée en une substance active qui agit comme une hormone pour contrôler l'assimila-

tion du calcium par l'intestin et réguler le taux de calcium et de phosphore dans le sang et les os.

La vitamine D peut être stockée dans l'organisme au niveau du foie, du tissu adipeux et des muscles. C'est pourquoi, à condition de s'exposer suffisamment au soleil, on considère que la peau peut fabriquer assez de vitamine D au cours des mois d'été pour satisfaire les besoins de l'année entière : l'apport de vitamine D par l'alimentation importe peu dans ce cas. Cependant, pour des personnes ayant la peau foncée, ou sortant peu – comme les bébés, les malades et les vieillards –, ou encore pour des femmes qui portent des vêtements couvrant tout le corps, la vitamine D d'origine alimentaire joue un rôle essentiel.

C'est pour répondre aux besoins de l'ensemble de la population qu'on recommande un apport nutritionnel de 2,5 µg par jour. L'enrichissement du lait en vitamine D étant obligatoire au Canada, 250 ml de lait couvrent 45 % de l'apport recommandé pour la journée. Les autres produits laitiers ne sont pas enrichis de vitamine D, mais le fromage et le beurre en contiennent à l'état naturel, tout comme la viande, le foie, les œufs et les poissons gras.

La carence en vitamine D peut provoquer du rachitisme chez l'enfant et de l'ostéomalacie chez l'adulte. Le rachitisme est devenu beaucoup plus rare qu'autrefois, grâce à un bon suivi médical des nourrissons et à une supplémentation (autrefois par l'huile de foie de morue, aujourd'hui par de la vitamine D médicamenteuse). L'ostéomalacie, qui se traduit par une porosité des os à l'origine de douleurs et de fractures, est relativement fréquente chez les personnes âgées. La prescription de vitamine D médicamenteuse s'avère alors nécessaire : il est important de respecter les doses indiquées, car un surdosage peut provoquer une intoxication aiguë ou chronique aux conséquences graves.

Vitamine E (tocophérols)

Vitamine E est une appellation générique pour un groupe d'antioxydants, les tocophérols. Elle évite la détérioration par oxydation des acides gras polyinsaturés présents dans la membrane des cellules. Pour bénéficier de cette action protectrice, les personnes qui ont une alimentation riche en acides gras polyinsaturés devraient consommer davantage de vitamine E.

Certaines huiles végétales (tournesol, maïs, pépin de raisin) et margarines, les

noisettes, amandes et germes de blé sont de bonnes sources de vitamine E. Elle est aussi présente dans les poissons gras et les légumes verts. Une petite poignée de noisettes ou d'amandes (25 g) ou 1 cuillerée à soupe d'huile de tournesol (10 à 12 g) fournissent environ 6 mg de vitamine E. L'apport nutritionnel recommandé est de 6 mg par jour pour la femme et de 9 mg pour l'homme.

Différentes études tendent à montrer un lien entre la consommation de doses importantes de vitamine E (75 à 100 mg) et un moindre risque de développer certains cancers, ainsi que des maladies cardio-vasculaires (pathologies associées aux effets nocifs des radicaux libres). Aucun régime équilibré ne pouvant fournir de pareilles doses, il faudrait prendre des compléments vitaminés. Mais les essais menés en administrant de fortes doses de vitamine E à des fumeurs n'ont pas été concluants. Son rôle protecteur contre l'artériosclérose est moins controversé mais n'a pas été confirmé.

Les carences en vitamine E sont rares; elles ne frappent que les prématurés ou les personnes ne pouvant pas assimiler les graisses. Elles provoquent des anémies hémolytiques et des détériorations du système nerveux. La vitamine E n'est pas toxique à haute dose mais peut entraîner des carences en vitamine K (en potentialisant dans l'organisme l'action de substances antivitamine K).

Vitamine K (phylloquinones, ménaquinones)

Il existe deux formes naturelles de vitamine K : les phylloquinones, qu'on trouve dans les végétaux, et les ménaqui-

nones, produites par une bactérie dans l'intestin. Ces substances sont essentielles à la formation de glycoprotéines intervenant dans la coagulation sanguine.

Comme les réserves en vitamine K du nouveau-né sont faibles et que son intestin stérile est encore incapable de produire des ménaquinones, il est possible de lui donner après la naissance de la vitamine K sous forme orale ou en injection. Ce traitement est destiné à favoriser la coagulation sanguine ainsi qu'à éviter des maladies hémorragiques.

Chez l'adulte, le besoin (65 à 80 µg par jour) est facilement couvert par une alimentation normale (un repas à lui tout seul peut apporter 200 à 400 µg de vitamine K). Les aliments qui en renferment le plus sont les choux, les épinards, la viande, le foie. La carence, capable de favoriser la survenue d'hémorragies, est donc exceptionnelle. Toutefois, elle peut se produire en cas de malabsorption des graisses ou lors d'une utilisation prolongée d'antibiotiques (qui perturbent la

synthèse intestinale de la vitamine K). Un excès ne peut être dû qu'à un surdosage médicamenteux.

LES VITAMINES HYDROSOLUBLES

On en compte neuf. Il s'agit des vitamines B_1, B_2, B_3, B_5, B_6, B_8, B_9, B_{12} et C.

Vitamine B_1 (thiamine)

La thiamine a pour fonction de permettre la transformation des glucides, des matières grasses et de l'alcool en énergie. Elle participe à la transmission de l'influx nerveux et contribue aussi à éviter l'accumulation de déchets toxiques, issus

du métabolisme, qui risqueraient d'endommager le cœur et le système nerveux.

La levure de bière et le germe de blé sont très riches en vitamine B_1, qui est également présente en quantité appréciable dans le porc (y compris le jambon), le foie, les céréales et le pain complets, les légumes secs, les fruits secs, les pistaches, les pommes de terre. On en trouve aussi un peu dans les produits laitiers, les légumes et les fruits frais. Cette

vitamine est vulnérable à la chaleur : lorsque l'on fait cuire un aliment dans l'eau, il peut perdre plus de 60 % de sa teneur initiale en thiamine.

Pour un adulte, l'apport nutritionnel recommandé est de 0,4 mg/1 000 kcal. Pour un apport énergétique moyen de 2 000 kcal, l'ANR s'établit à 0,8 mg pour une femme ; pour l'homme, il est de 1,1 mg, ce qui correspond à une ingestion moyenne de 2 750 kcal. Une alimentation correctement diversifiée fournit sans peine cet apport (par exemple, 120 g de rôti de porc en renferment 1 mg, 100 g de pain complet 0,3 mg, 200 g de lentilles cuites ou 250 g de pommes de terre cuites à la vapeur 0,25 mg). L'alcoolisme chronique peut entraîner des manifestations plus ou moins graves de carence, de même que les diarrhées chroniques. Le béribéri est dû à une carence sévère en vitamine B_1, et il sévit encore dans les pays où le riz blanc constitue la base de l'alimentation (contrairement au riz complet, il est pratiquement dépourvu de thiamine). La carence se manifeste par un manque d'appétit, des troubles psychiques, une enflure des membres, une certaine torpeur et de la faiblesse musculaire.

Vitamine B₂ (riboflavine)

La riboflavine, essentielle à la transformation des aliments en énergie, comme les autres vitamines B, est également nécessaire au métabolisme des vitamines B₃ et B₆. La capacité de l'organisme à stocker la riboflavine est très faible ; il est donc important d'assurer chaque jour un apport suffisant. Les besoins en riboflavine sont de l'ordre de 1,0 à 1,4 mg pour l'adulte, soit 0,5 mg/1 000 kcal.

Le lait et les produits laitiers (en particulier les fromages persillés et les fromages à pâte molle type camembert) et la viande représentent nos meilleures sources de vitamine B₂. Elle est aussi très abondante dans la levure de bière et le foie, et est fournie également par les champignons, les œufs et les poissons, les germes de céréales, les amandes, les légumes frais. On peut par exemple satisfaire 25 % des besoins d'un adulte en riboflavine avec une tasse de 250 ml de lait, une tranche de 120 g de rosbif ou 50 g de cheddar. Cette vitamine est très sensible à l'action de la lumière : ainsi, il suffit de laisser un verre de lait pendant 2 heures au soleil pour que 85 % de la riboflavine disparaisse.

Les carences, relativement fréquentes dans les pays en voie de développement mais plutôt rares en Occident (sauf parmi les personnes âgées et les malades), se traduisent par des lèvres crevassées, des larmoiements et de la conjonctivite, des troubles cutanés et certaines formes d'anémie.

Vitamine B₃ (niacine)

La niacine sert à la formation de deux coenzymes qui participent à la production d'énergie dans les cellules. Elle est aussi nécessaire à la formation de neurotransmetteurs et contribue au maintien en bon état de la peau et du tube digestif. La niacine est largement présente dans les aliments, notamment dans la levure de bière, le foie, la viande, la volaille, le poisson, les légumineuses, les arachides, les pommes de terre, les champignons, les céréales et le pain complets.

Une partie des besoins en vitamine B₃ est satisfaite grâce au tryptophane – un acide aminé constitutif des protéines –, que l'organisme transforme en niacine. Ainsi, bien que le lait, le fromage et les œufs ne soient pas très riches en niacine, ils permettent d'éviter les carences car ils renferment beaucoup de tryptophane.

Une carence spécifique en niacine est rare (elle se manifeste dans le cadre d'une dénutrition globale). Elle peut se traduire par des sensations de fatigue et une dépression, ainsi que par des éruptions cutanées, surtout après exposition au soleil. Elle peut aussi engendrer la pellagre, maladie grave qui provoque diarrhée, dermatite et démence, et qui était très répandue dans les populations où l'alimentation de base était insuffisamment pourvue en niacine.

Un homme adulte a besoin de 19 mg de niacine par jour, et une femme de 14 mg, ce qui est facilement apporté par une alimentation variée (120 g de poulet ou de saumon fournissent plus de la moitié de l'apport recommandé, et une tranche de 100 g de pain complet plus de 20 %).

Vitamine B₅ (acide pantothénique)

Comme l'indique son nom, qui signifie répandu en grec, l'acide pantothénique est présent dans la plupart des produits d'origine animale ou végétale. Parmi les aliments les plus riches figurent la levure de bière, le foie, la viande, le poisson et les coquillages, les œufs, les germes de blé, le pain complet, les noisettes, les fruits secs.

L'acide pantothénique fait partie d'une coenzyme permettant à l'organisme de transformer les nutriments en énergie, et il intervient dans la synthèse des acides gras et du cholestérol. Il favorise l'activité cellulaire au niveau des muqueuses, de la peau et du cuir chevelu.

La carence, qui peut se traduire par de l'asthénie, des troubles digestifs, des signes psychiques, des douleurs au niveau des extrémités, des ulcérations cutanées, ne survient qu'en cas de malnutrition grave. L'ANR, toujours atteint avec une alimentation normale, est de 4 à 7 mg par jour pour l'adulte. On ne connaît pas de problèmes dus à un excès de vitamine B₅.

Vitamine B₆ (pyridoxine)

Le terme générique de vitamine B₆ recouvre en fait trois substances voisines (pyridoxine, pyridoxal et pyridoxamine). Cette vitamine est nécessaire au métabolisme des protéines. Elle joue aussi un rôle important dans le bon fonctionnement du système nerveux et des défenses immunitaires.

La vitamine B₆ est présente dans toutes sortes d'aliments, mais essentiellement dans des produits riches en protéines comme les abats, la viande, la volaille, le poisson et les fruits de mer, les œufs. Les pommes de terre et d'autres légumes, ainsi que les noix et noisettes, les céréales et le pain complets, le germe de blé, le fromage en contiennent également des quantités appréciables.

L'apport nutritionnel recommandé est de 2 mg pour l'homme adulte et de 1,6 mg pour la femme.

La vitamine B_6 peut être prescrite par le médecin pour soulager les troubles prémenstruels (sautes d'humeur, rétention d'eau…) ou pour contrecarrer certains effets secondaires de la pilule contraceptive. Il ne faut pas dépasser les doses recommandées (au-delà de 1 g par jour, on risque des troubles du système nerveux, se traduisant par une faiblesse ou un engourdissement des extrémités).

La carence grave en vitamine B_6 est très rare. Chez l'adulte, elle peut résulter d'un traitement médicamenteux de longue durée et se traduire par de la dépression, des troubles psychiques et de l'anémie. On peut aussi constater une desquamation de la peau (dermatite séborrhéique), tandis que la langue devient lisse et rouge.

Vitamine B_8 (biotine)
La biotine intervient en tant que coenzyme dans le métabolisme énergétique des nutriments, ainsi que dans la synthèse des acides gras. Cette vitamine est présente – en faible quantité – dans pratiquement tous les aliments. Le foie et les rognons en sont particulièrement riches, mais on en trouve aussi un peu dans les œufs, les légumes secs, le pain complet, le fromage et les laitages. On pense égale-

ment qu'il existe une synthèse de biotine par la flore intestinale.

Les besoins sont relativement faibles (30 à 100 µg par jour) et facilement couverts par l'alimentation. La carence en biotine, très rare, survient parfois chez des patients qui ont été alimentés pendant plusieurs semaines par voie intraveineuse. Elle peut provoquer la chute des cheveux, une dermatite, une baisse de l'appétit, des nausées et des douleurs musculaires.

Vitamine B_9 (acide folique ou folates)
Sous l'appellation vitamine B_9, on regroupe tous les folates, des substances dérivées de l'acide folique. La vitamine B_9 est nécessaire à la division cellulaire, à la formation de l'ADN (structure génétique de base de l'organisme) et de l'ARN (qui transporte vers les cellules les informations contenues dans l'ADN), et à la synthèse des protéines. Son rôle est également essentiel pour la reproduction et pour la formation dans l'hémoglobine de protéines contenant du fer, nécessaires pour fabriquer les globules rouges.

L'apport nutritionnel recommandé pour l'homme est de 230 µg par jour et de 185 µg pour la femme. La levure de bière et le foie renferment de très grandes quantités de vitamine B_9, de même que les légumes verts à feuilles comme les épinards, le cresson ou la salade verte (l'acide folique a d'ailleurs été ainsi nommé parce qu'il est très abondant dans les feuilles). Tous les aliments en contiennent plus ou moins, particulièrement ceux d'origine végétale (on considère que plus de la moitié de la vitamine B_9 provient des légumes et des fruits frais). Les carences vraies sont rares. Une alimentation déséquilibrée, le

tabagisme, la prise de contraceptifs oraux de façon prolongée avant la grossesse sont des facteurs de risque.

Une femme qui désire avoir un enfant devrait surveiller attentivement son apport alimentaire en acide folique : en effet, un déficit en cette vitamine est corrélé avec un risque de malformation du tube neural chez le fœtus. Certains médecins préconisent d'ailleurs un complément nutritionnel pendant les 3 mois qui précèdent la conception et les premières semaines de la grossesse.

Une carence en vitamine B_9, qui peut survenir en cas de régime très pauvre en végétaux frais ou de problèmes d'assimilation dus à certaines affections de l'intestin grêle, peut aussi provoquer fati-

gue, baisse de l'appétit, troubles psychiques et une forme particulière d'anémie, dite mégaloblastique.

Vitamine B_{12} (cobalamine)
La vitamine B_{12}, présente dans les aliments d'origine animale, est nécessaire à la croissance et à la division des cellules, ainsi qu'à la formation des globules rouges. Elle est également essentielle à la fabrication de l'ADN, de l'ARN et de la myéline, gaine blanche qui entoure les fibres nerveuses.

L'organisme n'utilise la vitamine B_{12} qu'en quantité infinitésimale, puisque 1 µg par jour suffit à satisfaire les besoins d'un adulte. Cette vitamine n'est assimilée qu'en association avec une glycoprotéine dite facteur intrinsèque, sécrétée par l'estomac. L'anémie pernicieuse est souvent due à l'incapacité de l'estomac à produire ce facteur intrinsèque, ce qui empêche l'assimilation de la vitamine B$_{12}$, ou encore à une sécrétion insuffisante du suc gastrique. Cette affection – qui n'est pas exceptionnelle chez les personnes âgées – se traduit par une baisse du nombre de globules rouges. Pouvant être mortelle, elle exige un traitement par des injections de vitamine B$_{12}$.

Toute alimentation renfermant des protéines d'origine animale fournit de la vitamine B$_{12}$ en quantité suffisante : 65 % des besoins quotidiens d'un adulte peuvent être satisfaits avec un œuf, 80 à 100 % avec un plat de poisson ou de viande. En outre, si l'apport alimentaire en vitamine B$_{12}$ est trop faible, l'organisme peut en recycler à partir de la bile.

Les végétariens reçoivent assez de vitamine B$_{12}$ par les œufs et les produits laitiers. Mais les végétaliens stricts peuvent souffrir de carences s'ils ne prennent pas de compléments vitaminés. Toutefois certaines sauces et condiments typiques de l'alimentation végétarienne en contiennent du fait de leur fermentation. (On retrouve souvent ces pro-

duits dans les magasins d'alimentation naturelle.) Cette carence se traduit par de la fatigue et une baisse de l'appétit, et elle est susceptible de dégénérer en anémie mégaloblastique, avec détérioration du système nerveux.

Vitamine C (acide ascorbique)
La vitamine C est souvent appelée « vitamine antifatigue » : elle peut en effet stimuler les réactions immunologiques anti-infectieuses. Mais elle a de multiples autres fonctions dans l'orga-

nisme, liées notamment à son pouvoir antioxydant. Elle est ainsi capable de neutraliser les radicaux libres ainsi que les nitrosamines (substances potentiellement cancérogènes formées dans l'intestin). Elle contribue à la production de la noradrénaline et de la carnitine (importante pour la contraction musculaire), et est essentielle pour la production du collagène et la cicatrisation des plaies et des brûlures. Enfin, elle favorise l'assimilation du fer et du calcium d'origine végétale. Contrairement aux animaux, l'homme n'est pas capable de produire sa propre vitamine C.

Une carence en vitamine C se traduit par de la fatigue, une perte d'appétit et une sensibilité accrue aux infections. Dans les cas graves, elle engendre le scorbut, qui fut pendant des siècles un fléau pour les marins au long cours. Le scorbut s'attaque aux gencives et fait tomber les dents, provoque des hémorragies internes et des douleurs osseuses, et peut entraîner la mort par arrêt cardiaque ou complication infectieuse.

La vitamine C est l'une des vitamines les plus fragiles : elle est facilement détruite par l'oxygène de l'air, l'exposition à la lumière et à la chaleur. Les meilleures sources de vitamine C sont les fruits et légumes – les aliments d'origine animale en sont dépourvus, à l'exception du foie –, fraîchement récoltés et consommés crus (si l'on doit les cuire, ne pas prolonger inutilement la cuisson). Les agrumes, la fraise, le cantaloup, le kiwi, et parmi les légumes le poivron, le cresson et les choux sont particulièrement intéressants comme source de vitamine C.

Pour un adulte, l'apport nutritionnel recommandé est de 40 mg. C'est un apport dit « de sécurité » (10 mg suffisent pour éviter le scorbut), permettant de faire face à la plupart des situations individuelles. Cependant, pour les fumeurs, dont le besoin de vitamine C est augmenté, on conseille un apport de 60 mg par jour.

Une belle orange, un pamplemousse ou deux kiwis, ou encore une portion de 200 g de brocolis ou de chou-fleur cuits couvrent largement le besoin quotidien de vitamine C. Une pomme de terre de 100 g cuite à l'eau ou à la vapeur apporte en moyenne 10 mg de vitamine C (15 à 20 mg pour une pomme de terre nouvelle). En dépit de cette teneur relativement modeste, la pomme de terre constitue une source non négligeable de vitamine C, car on en mange régulièrement. En revanche, certains végétaux, parfois présentés comme champions pour

la vitamine C (tels le persil, avec une teneur de 200 mg pour 100 g, ou le piment, avec 100 mg) sont moins utiles de ce point de vue, car on en mange rarement, ou en faible quantité.

Certains types de cancers et de maladies cardio-vasculaires seraient moins fréquents dans le cas de régimes riches en fruits et légumes. Mais on ignore encore quel rôle précis la vitamine C joue dans ce processus. Par ailleurs, et contrairement à ce que l'on dit parfois, rien ne prouve que l'absorption de vitamine C à haute dose (1 000 mg par jour ou plus) puisse éviter d'attraper un rhume ou guérir cette affection.

Si les compléments vitaminés peuvent, au mieux dans certains cas, atténuer les symptômes et réduire la durée de la maladie, ils n'ont jamais empêché personne de s'enrhumer. De plus, de trop fortes doses de vitamine C peuvent à long terme entraîner la formation de calculs rénaux chez les sujets sensibles, ainsi que des maux de tête, des troubles du sommeil et des maux d'estomac.

VITAMINES	MEILLEURES SOURCES ALIMENTAIRES	RÔLE PHYSIOLOGIQUE
VITAMINES LIPOSOLUBLES		
A (**rétinol** pour les aliments d'origine animale, **bêta-carotène** pour les aliments d'origine végétale)	Rétinol : foie, jaune d'œuf, beurre, lait, fromage. Bêta-carotène : carottes, abricots, mangue, melon, poivron rouge, légumes verts (il faut 6 μg de bêta-carotène pour avoir l'équivalent de 1 μg de vitamine A).	Essentielle à la croissance et au développement des cellules, à la vision et au système immunitaire. Mainti en bonne santé la peau et les muqueuses. Le carotèn peut aussi agir comme antioxydant.
D (calciférol)	Lait enrichi, viande, foie, poissons gras (thon, saumon, sardine), foie de poisson, œufs, beurre, fromage (+ synthèse cutanée).	Nécessaire à l'assimilation du calcium et du phospho pour la formation des os et des dents.
E (tocophérols)	Huiles de tournesol, de maïs, de pépin de raisin, noisettes, amandes, germes de blé, légumes verts, poissons gras.	Contribue à éviter l'oxydation par les radicaux libre des acides gras polyinsaturés présents dans les membranes cellulaires.
K (phylloquinones, ménaquinones)	Légumes verts (choux, épinards, cresson), viande, foie (+ synthèse intestinale).	Indispensable à l'activation de protéines spécifiques nécessaires à la coagulation sanguine.
VITAMINES HYDROSOLUBLES		
B_1 (thiamine)	Levure de bière, germe de blé, porc, jambon, foie, rognons, céréales et pain complets, légumineuses, pistaches, pommes de terre.	Nécessaire à la transformation des glucides, des grais et de l'alcool en énergie. Intervient dans la transmiss de l'influx nerveux. Évite l'accumulation des déchets toxiques.
B_2 (riboflavine)	Levure de bière, foie, fromage bleu et camembert, germes de céréales, amandes, champignons, viande, lait, poisson, œufs.	Nécessaire pour transformer les nutriments en éner, et pour le métabolisme des vitamines B_3 et B_6.
B_3 (niacine)	Levure de bière, foie, viande, volaille, poisson, légumineuses, arachides, pommes de terre, céréales et pain complets.	Nécessaire à la production d'énergie dans les cellules à la production de neurotransmetteurs. Contribue a maintien en bon état de la peau et du tube digestif.
B_5 (acide pantothénique)	Présente dans tous les produits d'origine animale ou végétale, surtout la levure de bière, le foie, la viande et le poisson, les œufs, le germe de blé et les céréales complètes, les noisettes.	Contribue à transformer les aliments en énergie. Essentielle à la synthèse des acides gras et du cholestérol. Favorise l'activité cellulaire au niveau de la peau et des muqueuses.
B_6 (pyridoxine)	Abats, viande, volaille, poisson, fruits de mer, œufs, fromage, noix et noisettes, pain et céréales complets, germe de blé, levure de bière, légumes, pommes de terre.	Contribue à la transformation des protéines en éner Importante pour le bon fonctionnement du système nerveux et les défenses immunitaires.
B_8 (biotine)	Présente dans presque tous les aliments, surtout foie, rognons, œufs, légumineuses, pain complet, fromage, produits laitiers (+ synthèse intestinale probable).	Nécessaire pour transformer les aliments en énergie Importante dans la synthèse des acides gras.
B_9 (acide folique ou folates)	Foie, levure de bière, épinards, cresson, salade verte, persil, choux, germes de blé, noix.	Nécessaire à la division des cellules, à la formation de l'ADN, de l'ARN et à la synthèse des protéines. App supplémentaire parfois conseillé avant la conception durant le début de la grossesse.
B_{12} (cobalamine)	Aliments d'origine animale : viande, volaille, abats, poisson, fruits de mer, œufs, lait et produits laitiers (+ synthèse intestinale).	Essentielle à la fabrication de l'ADN, de l'ARN et de myéline. Nécessaire à la croissance et à la division de cellules, ainsi qu'à la formation des globules rouges.
C (acide ascorbique)	Fruits et légumes, surtout agrumes, cantaloup, kiwi, fraise, poivron, cresson, choux, pommes de terre.	Stimule les réactions immunologiques. Nécessaire à l production du collagène, de la noradrénaline et de la carnitine. Importante en tant qu'antioxydant. Favoris l'assimilation du fer et du calcium d'origine végétale.

ANR (Apport nutritionnel recommandé ou *estimé)		SYMPTÔMES DE CARENCE	SYMPTÔMES D'EXCÈS
HOMMES	FEMMES		
1000 µg par jour (dont 60 % sous forme de bêta-carotène)	800 µg par jour	Mauvaise vision nocturne, risque accru d'infection, dessèchement de la peau. La détérioration de la vue peut aboutir dans les cas extrêmes à une cécité totale.	Irritabilité, maux de tête, vertiges, nausées et vomissements, troubles cutanés, détérioration du foie et des os. Chez la femme enceinte, risque de fausse couche et d'anomalie à la naissance. Un excès de bêta-carotène peut donner une couleur orangée à la peau.
2,5 µg par jour	2,5 µg par jour	Douleurs osseuses et musculaires. Augmentation de la transparence osseuse, fractures (ostéomalacie). Chez les enfants, déformation du squelette (rachitisme).	Troubles digestifs (nausées, perte de l'appétit) en cas de surdosage médicamenteux. Dépôts de calcium et détérioration irréversible de certains organes.
9 mg par jour	6 mg par jour	Carence ne survenant que chez les sujets qui n'assimilent pas les graisses et chez les prématurés. Provoque anémie hémolytique et détérioration du système nerveux.	Faiblement toxique mais peut, à haute dose, être à l'origine de carences en vitamine K.
80 µg par jour*	65 µg par jour*	Carence rare chez l'adulte (souvent la conséquence d'une maladie ou d'un traitement médicamenteux). Peut entraîner une diminution de la capacité de coagulation du sang.	Vitamine assez peu toxique (des doses médicamenteuses excessives peuvent néanmoins provoquer une anémie hémolytique et des troubles hépatiques chez le nouveau-né).
1,1 mg par jour	0,8 mg par jour	Perte de l'appétit, troubles psychiques, enflure des membres, torpeur, faiblesse musculaire, pertes de la sensibilité et dilatation du cœur (s'observe assez souvent chez les alcooliques), béribéri.	Pas de symptôme connu car la thiamine est éliminée par les reins en cas d'excès.
1,4 mg par jour	1 mg par jour	Lèvres crevassées, larmoiements et conjonctivite, dermatite et légère anémie.	Pas de toxicité connue : la riboflavine en excès est éliminée par des urines qui deviennent jaune vif.
19 mg par jour	14 mg par jour	Carence spécifique assez rare (généralement liée à une dénutrition globale) : fatigue, dépression, éruptions cutanées (plus fréquentes après exposition au soleil). Pellagre provoquant dermatite, diarrhées, démence.	De trop fortes doses d'acide nicotinique sous forme de complément vitaminé peuvent entraîner réactions vasomotrices (rougeurs du visage), troubles digestifs et lésions du foie.
4 à 7 mg par jour*	4 à 7 mg par jour*	La carence, extrêmement rare, peut provoquer fatigue, troubles digestifs et psychiques, ulcérations cutanées, douleurs des extrémités (syndrome des « pieds brûlants »).	Pas de symptôme connu.
2 mg par jour	1,6 mg par jour	Carence grave rare chez l'adulte (peut être provoquée par des médicaments) : anémie, dépression, troubles psychiques.	Lésion du système nerveux. Prise à haute dose sur une durée assez longue, insensibilisation et troubles fonctionnels des mains et des pieds.
30 à 100 µg par jour*	30 à 100 µg par jour*	Carence inexistante en cas de régime normal, mais pouvant apparaître avec une alimentation artificielle (voie intraveineuse). Se traduit par dermatite, chute des cheveux, douleurs musculaires et nausées.	Pas de symptôme connu.
230 µg par jour	185 µg par jour	Fatigue, baisse de l'appétit, troubles psychiques, anémie mégaloblastique. Anomalies du tube neural chez le fœtus.	La vitamine B9 n'est pas toxique en cas d'excès.
1 µg par jour	1 µg par jour	Fatigue, baisse de l'appétit, anémie mégaloblastique, détérioration du système nerveux, fourmillement et perte de sensibilité dans les membres.	Pas de symptôme connu.
40 mg par jour (60 mg pour les fumeurs)	40 mg par jour	Fatigue, perte d'appétit, mauvaise cicatrisation des plaies et sensibilité accrue aux infections. En cas de carence grave, scorbut, troubles mentaux et hémorragies internes, risque de mort subite par crise cardiaque.	L'excès est rejeté dans les urines. Mais des doses excessives peuvent provoquer des calculs rénaux chez les sujets sensibles, ainsi que des maux de tête et d'estomac, des troubles du sommeil : à éviter pour les femmes enceintes.

YOGOURT

AVANTAGES
- *très riche en protéines*
- *excellente source de calcium*
- *bonne digestibilité*
- *aurait un rôle antibiotique*

La dénomination yogourt est spécifiquement réservée au lait ayant été fermenté sous l'action de deux bactéries spécifiques : *Lactobacillus bulgaricus* et *Streptococcus thermophilus*. Toutes les préparations lactées qui font intervenir d'autres bactéries sont appelées « laits fermentés » (voir encadré ci-contre).

On distingue les yogourts selon leur teneur en matière grasse, leur goût ou leur texture.
– Les différentes teneurs en matière grasse varient de 0,1 à 10 %.
– Les différents goûts : yogourt nature (sans addition), yogourt aux fruits, yogourt aromatisé (aux arômes naturels ou artificiels).
– Les différentes textures : yogourt ferme (coagulé en pot), yogourt brassé (coagulé en cuve et brassé avant la mise en pots), yogourt à boire (texture liquide).

Suivant les cas, le yogourt est fabriqué à partir de lait entier, partiellement écrémé ou écrémé. On ajoute même parfois de la crème au lait pour obtenir un yogourt plus onctueux. *Lactobacillus bulgaricus* acidifie le milieu en transformant le lactose en acide lactique alors que *Streptococcus thermophilus* élabore les substances aromatiques qui confèrent au produit ses caractéristiques spécifiques. Le lait utilisé est généralement renforcé en matière sèche par une évaporation partielle ou une addition de poudre de lait. Cette opération donne au yogourt une consistance plus ferme.

Après pasteurisation, le lait refroidi à 45-50 °C est ensemencé par les deux bactéries puis mis en pots. L'incubation est faite en étuve pendant 2 à 3 heures. Un refroidissement rapide bloque alors l'acidification et maintient le coagulé dans l'état de consistance souhaitée.

VALEUR NUTRITIONNELLE

Le yogourt, comme le lait, est une bonne source de protéines qui renferment tous les acides aminés essentiels à l'organisme.

La teneur en glucides est la même que celle du lait s'il y a addition de poudre de lait avant fermentation. Elle est inférieure sans cette addition, du fait de la fermentation. La teneur en glucides est beaucoup plus importante dans le cas des yogourts sucrés, aromatisés ou aux fruits.

La teneur du yogourt en sels minéraux est identique à celle du lait. Cependant, l'addition de poudre de lait permet un apport supplémentaire de calcium. Divers travaux ont montré que l'acidification par la production d'acide lactique provoque une solubilisation du calcium, du magnésium, du phosphore et de certains oligoéléments et donc une meilleure biodisponibilité de ces éléments dans le yogourt.

Les vitamines présentes dans le yogourt sont celles qu'on trouve dans le lait. Néanmoins, les teneurs du

---

LES LAITS FERMENTÉS

- *Les laits au bifidus contiennent des bactéries considérées comme des agents actifs de protection contre les infections intestinales. Associées aux ferments classiques du yogourt, elles renforcent les propriétés digestives du produit, en adoucissent le goût. Leur consommation améliore le transit intestinal.*
- *Les laits à l'adicophilus sont préparés en associant Lactobacillus acidophilus aux deux bactéries du yogourt. On reconnaît à ces laits des effets bénéfiques liés à la production de substances à activité antimicrobienne.*
- *Les laits au caséi pourraient améliorer l'immunité naturelle en aidant à réduire la croissance de bactéries pathogènes.*
Afin de bénéficier de ces propriétés, la culture bactérienne ne doit pas avoir été inactivée par la pasteurisation. On s'en assurera en vérifiant l'étiquette qui devrait mentionner : culture active.

Composition moyenne pour 100 g

TYPE DE YOGOURT	PROTÉINES (g)	LIPIDES (g)	GLUCIDES (g)	APPORT ÉNERGÉTIQUE (kcal)
Yogourt aromatisé (2,8 % m.g.)	3,8	2,8	15,2	105
Yogourt à boire (1,7 % m.g.)	2,5	1,9	14,0	83
Yogourt aux fruits (1,7 % m.g.)	3,9	1,7	17,6	103
Yogourt léger (0,1 % m.g.)	3,7	0,1	6,2	38
Yogourt nature (3,9 % m.g.)	3,9	3,9	5,5	75

Bien avant la mode des yogourts parfumés, nos grands-mères en fabriquaient elles-mêmes dans l'armoire au-dessus du poêle.

yogourt sont supérieures du fait de l'adjonction de poudre de lait et d'une production de thiamine, riboflavine, niacine et acides foliques par les ferments.

L'ACTION DES FERMENTS

Digérant partiellement les protéines du lait, les bactéries lactiques améliorent leur assimilation. Elles stimulent l'activité de la lactase intestinale, faci-litant ainsi la digestion du lactose. De ce fait, les personnes qui ne supportent pas le lait peuvent souvent le consommer sous forme de yogourts.

Selon des expériences de laboratoire, les bactéries lactiques auraient également la faculté d'inhiber certains germes pathogènes. Il semble en effet que le développement des deux ferments vivants crée un contexte tel que des bactéries étran-gères ne peuvent s'y reproduire. Par ailleurs, certaines expérimentations tendent à montrer que les ferments produisent eux-mêmes des substances antibiotiques.

D'autre part, l'acide lactique a une action antibiotique intestinale bénéfi-que. On recommande de manger des yogourts lors d'un traitement antibio-tique, pour restaurer la flore bacté-rienne et éviter les mycoses.

GLOSSAIRE

Acétobacter Bactérie responsable de la fermentation acétique.

Acide ascorbique Vitamine C.

Acide citrique Acide organique existant dans divers fruits, dont le citron, et qui est obtenu avec des moisissures par fermentation industrielle.

Acide désoxyribonucléique (ou ADN) Grosse molécule présente dans le noyau de toutes les cellules et porteuse du patrimoine génétique de chaque individu. Elle est constituée de quatre bases puriques, ou purines, associées à des sucres, répétées et reliées entre elles en formant une double hélice. L'ordre selon lequel ces bases se succèdent constitue le code génétique. (*Voir aussi* Acide ribonucléique ou ARN.)

Acide folique Molécule, appelée aussi vitamine B_9 comme ses dérivés ou folates. Elle agit avec la vitamine B_{12} pour produire le matériel génétique de l'ADN et de l'ARN, et intervient dans la multiplication cellulaire. On en trouve, entre autres, dans le chou.

Acide linoléique Acide gras essentiel polyinsaturé, le principal dans l'alimentation, du groupe oméga-6. Il est présent à l'état naturel dans des huiles végétales et dans certaines graisses animales. Sa transformation dans la paroi des cellules crée des substances jouant un rôle dans l'agrégation des plaquettes sanguines.

Acide linolénique Acide gras essentiel polyinsaturé du groupe oméga-3. On le trouve dans des huiles végétales.

Acide organique Terme de chimie organique désignant un acide qui comprend du carbone dans sa composition. Cet acide est capable de s'associer à d'autres substances auxquelles il donne un atome d'hydrogène.

Acide oxalique Acide organique qui bloque l'assimilation du calcium et du fer. Il peut être mortel en cas de forte concentration.

Acide phytique Des sels d'acide phytique (phytates) se trouvent, entre autres, dans les céréales. Ils se combinent à un certain nombre de sels minéraux comme le calcium, le fer et le zinc, rendant leur assimilation plus difficile. On risque de contrecarrer l'assimilation de ces sels minéraux lorsque l'on consomme trop de son, très concentré en acide phytique.

Acide ribonucléique (ou ARN) Grosse molécule présente dans toutes les cellules et assurant la synthèse des protéines conformément au code génétique prévu par l'ADN. L'ARN a la même structure que l'ADN, mais la nature des sucres diffère. Il en existe plusieurs formes. L'ARN messager copie une chaîne d'ADN et transmet l'information aux ribosomes, où l'ARN ribosomal joue un rôle de fixation. L'ARN de transfert, se combinant aux acides aminés, les transporte selon un ordre précis au cours de la synthèse des protéines.

Acide urique Acide organique contenant de l'azote, produit de la dégradation des purines, qui est rejeté par les urines. Quand il s'accumule exagérément dans le sang, il se dépose sous forme de cristaux, lesquels peuvent provoquer des crises de goutte.

ADN, *voir* Acide désoxyribonucléique.

Adrénaline Hormone qui prépare l'organisme à réagir en cas d'urgence ou de vive émotion. Elle accélère le rythme cardiaque et respiratoire, augmente la glycémie et retarde la fatigue musculaire. Elle est sécrétée par les glandes surrénales, situées au-dessus des reins.

Agrégation plaquettaire Accolement entre elles de plaquettes sanguines, petites cellules en forme de disque issues de la moelle osseuse, qui permet le colmatage d'une blessure en arrêtant l'écoulement du sang. Mais, dans le cas d'une lésion des artères, cela peut aussi former un caillot accolé à la paroi, qui ralentit ou même obstrue l'écoulement du sang, et cause une thrombose.

Alcaloïdes Composés azotés, essentiellement d'origine végétale. Certains sont utilisés en médecine, comme la codéine, la morphine et la quinine. D'autres peuvent être toxiques, comme la nicotine ou la solanine, présente dans les pommes de terre qui ont verdi à la lumière. La nicotine, stimulante à petite dose, devient nocive à haute dose.

Allergène Substance provoquant une allergie, comme les pollens, qui déclenchent le rhume des foins, ou les fruits de mer, qui peuvent faire enfler la langue et la gorge.

Allicine Essence volatile présente dans le jus de l'ail, qui a des propriétés antiseptiques, stimulantes, hypotensives, expectorantes et vermifuges. Elle aurait également des vertus antibactériennes.

Amibien Qui est dû aux amibes, parasites unicellulaires causant des diarrhées et, plus gravement, une dysenterie.

Amidon Glucide complexe formé par une association de molécules de glucose et constituant les réserves des végétaux. C'est la principale source d'énergie et de glucides dans l'alimentation. Le pain, les pâtes, le riz et les pommes de terre en sont particulièrement riches, ainsi que certains fruits avant maturité. (L'amidon est transformé en maltose d'abord dans la bouche par la salive, puis dans l'intestin grêle grâce aux sucs pancréatiques.)

Amines Composés azotés présents dans certains aliments. Ils peuvent se combiner avec des nitrites pour former des nitrosamines, qui seraient liés à l'apparition de cancers.

Amylopectine et amylose Les deux constituants de l'amidon, glucides complexes qui diffèrent entre eux par leur structure. Ils se combinent en proportions variables selon le type d'amidon.

Analgésique Qui diminue ou supprime la douleur.

Anaphylactique (choc), *voir* Choc anaphylactique.

Anhydride sulfureux Gaz incolore formé par la combinaison de soufre et d'oxygène, employé comme conservateur ; il fait partie des additifs alimentaires.

ANR, *voir* Apport nutritionnel recommandé.

Anthocyanines Pigments du groupe des flavonoïdes, responsables des colorations rouge et bleue des fleurs, et que l'on retrouve également dans des fruits (bleuets, canneberges, raisins...). Cette coloration peut par la suite être modifiée par la présence d'autres pigments (chlorophylle, caroténoïdes...).

Anticorps Protéine du système immunitaire appelée immunoglobuline, capable de détruire les bactéries et autres substances potentiellement dangereuses. Les anticorps sont fabriqués par la lymphe en réponse à la présence d'une substance étrangère dans l'organisme, comme un allergène ou un virus. Ils sont véhiculés par le sang.

Antihypertenseurs Médicaments destinés à réduire la tension artérielle en cas d'hypertension.

Antispasmodique Médicament utilisé pour le traitement des contractions du tube digestif, par exemple les coliques hépatiques ou néphrétiques.

Antitrypsine Facteur qui empêche l'assimilation de certaines protéines par la trypsine, enzyme indispensable à leur digestion. Elle est détruite par la cuisson.

Antitussif Qui calme ou supprime la toux.

Antiviraux Médicaments efficaces contre les virus. Certains aliments comme l'ail ont également des propriétés antivirales.

Apathie État d'une personne sans énergie, indifférente aux désirs et aux émotions et dans l'incapacité de réagir.

Apport nutritionnel recommandé (ou ANR) Quantité moyenne d'éléments nutritifs essentiels à consommer chaque jour. Au Canada et aux États-Unis, ces quantités sont souvent portées sur les emballages. La quantité de fer est par exemple indiquée en pourcentage de l'apport quotidien recommandé. Ces chiffres ne s'appliquent qu'à l'adulte type et ne sont à utiliser qu'à titre indicatif. Ils ne tiennent pas compte de l'âge, du sexe, de l'activité, etc.

ARN, *voir* Acide ribonucléique.

Arythmie cardiaque Anomalie du rythme cardiaque qui peut conduire à la tachycardie et à l'insuffisance cardiaque.

Athérogène Qui déclenche la formation d'un athérome.

Athéromateux Relatif à l'athérome.

Athérome Plaque formée par un dépôt lipidique et l'épaississement fibreux de la paroi interne d'une artère ; l'athérome est souvent calcifié.

Auto-immune (maladie) Maladie causée par l'existence dans l'organisme d'anticorps dirigés contre des antigènes de ses propres tissus, comme dans le rhumatisme articulaire aigu ou le lupus érythémateux. On croit aussi qu'elle est la cause du diabète de type I.

Bacille Bactérie de forme cylindrique, causant généralement une maladie.

Bactéries Micro-organismes simples, très divers, constitués d'une seule cellule et ne mesurant que quelques millièmes de millimètre. Les bactéries se développent partout, dans l'air, les aliments, l'eau, le sol et les organismes vivants, dont le corps humain. Elles ne sont pas nécessairement dangereuses. Celles qui sont présentes dans le tube digestif peuvent combattre certaines infections. Mais d'autres causent des maladies : choléra, pneumonie, intoxications alimentaires ou tuberculose, etc. Certaines bactéries produisent des toxines ou des poisons.

Bêta-carotène Pigment jaune orangé qui donne leur couleur vive à des fruits et des légumes comme les carottes, les melons, les abricots, les mangues, les poivrons rouges, les épinards... Il possède de précieuses propriétés antioxydantes et peut notamment neutraliser les radicaux libres. Le bêta-carotène peut être transformé en vitamine A par l'organisme.

Biochimique (réaction) Réaction chimique se produisant dans les organismes vivants.

Biodisponible Les éléments nutritifs présents dans l'ensemble de l'alimentation sont dits biodisponibles quand l'organisme peut facilement les extraire d'un aliment. Le fer est, par exemple, plus facilement accessible dans les produits d'origine animale qu'il ne l'est dans les produits d'origine végétale.

Broméline Enzyme présente dans l'ananas. Elle a la propriété de dégrader les protéines, et de ce fait, attendrit les viandes.

Calcique (apport) Apport de calcium dans l'organisme par l'alimentation.

Canal cholédoque Canal reliant le foie et la vésicule biliaire au duodénum et par lequel la bile s'écoule dans l'intestin grêle.

Cariogène Qui provoque l'apparition de caries dentaires.

Carnitine Acide aminé qui facilite l'utilisation des graisses et leur transformation en énergie. On trouve la carnitine dans les aliments d'origine animale.

Caroténoïdes Groupe de pigments variant du jaune au rouge, présents dans de nombreux végétaux et parmi lesquels se trouve le bêta-carotène. Certains sont des précurseurs de la vitamine A. Ils sont exclusivement fournis par l'alimentation.

Catabolisme Ensemble des réactions biochimiques de dégradation des grosses molécules organiques en molécules plus simples, accompagné d'une libération d'énergie utilisable par l'organisme.

Cellulose Glucide complexe, principal constituant de la paroi cellulaire des plantes. L'estomac ne digère pas ce glucide, mais il est important d'en manger, car la cellulose est une source de fibres insolubles qui facilitent le transit intestinal.

Cétoniques (corps) Composés organiques produits lorsque les matières grasses sont décomposées pour fournir de l'énergie en raison d'une insuffisance en gluci-des. La quantité de corps cétoniques dans le sang peut s'élever en cas de jeûne prolongé ou de diabète. Cette accumulation anormale crée un état pathologique appelé cétose.

Choc anaphylactique Réaction allergique aiguë, au cours de laquelle d'importantes quantités d'histamine sont libérées, ce qui provoque enflures et problèmes respiratoires. Si l'on ne traite pas le phénomène, il peut déboucher sur des pertes de conscience, des défaillances cardiaques et la mort. Chez les sujets sensibles, ces réactions peuvent être déclenchées par des aliments comme les crustacés et les noix – en particulier les arachides –, par des piqûres d'insecte ou par certains médicaments.

Cholagogue Une substance cholagogue facilite l'évacuation de la bile des voies biliaires et de la vésicule.

Chronique Terme utilisé pour décrire une maladie qui se développe lentement, se prolonge ou même s'installe définitivement, comme l'asthme, la bronchite ou l'arthrose.

Coenzymes Composés organiques qui agissent avec les enzymes pour accélérer des processus biologiques comme la digestion. Les coenzymes peuvent être des vitamines ou en contenir; par exemple, la coenzyme A, qui intervient dans le métabolisme des glucides et des matières grasses, contient de l'acide pantothénique, une des vitamines B. La coenzyme Q, ou ubiquinone, est localisée dans les mitochondries de la cellule et participe au transfert d'électrons dans les phénomènes d'oxydoréduction.

Cofacteur Substance non protéique qui doit être présente en quantité suffisante pour que certaines enzymes puissent fonctionner.

Collagène Grosse molécule fibreuse formant la substance intercellulaire qui lie les cellules entre elles. Le collagène est présent dans les tendons, le derme, les parois vasculaires, les os et les cartilages.

Congénital Terme utilisé pour désigner les troubles préexistant à la naissance, que ces anomalies soient héréditaires ou accidentelles. Exemples: bec-de-lièvre ou spina-bifida.

Corps cétoniques, *voir* Cétoniques (corps).

Crucifères Famille de plantes dicotylédones dont les fleurs ont quatre pétales disposés en croix.

Cryophile Qui résiste au froid.

Cyclamates Molécules produites chimiquement et employées comme édulcorants, dont le pouvoir sucrant est 25 à 30 fois celui du saccharose. L'innocuité des cyclamates est remise en cause et ils sont déconseillés aux femmes enceintes.

Cynorhodon Fruit de l'églantier, riche en vitamine C quand il est frais.

Décalcifiant Qui fait diminuer la quantité de calcium dans l'organisme.

Dégénérative (maladie) Maladie entraînant une altération des cellules d'un tissu ou d'un organe, comme le cancer et la maladie d'Alzheimer.

Dermatite Inflammation de la peau.

Desquamation Élimination de l'épiderme sous forme de lamelles ou de plaques plus étendues.

DJA Dose journalière admissible.

Double liaison Une liaison chimique est une force qui relie entre eux deux atomes.

Dans les molécules organiques, le carbone peut être lié à quatre atomes ; on dit qu'il a quatre valences. Deux sont occupées par les atomes de carbone entre lesquels il se trouve, les deux autres par deux atomes d'hydrogène par exemple : c'est une liaison simple, dite saturée. Si l'une des deux n'est pas occupée, un des carbones est alors lié par une double liaison. La caractéristique de celle-ci est d'être fragile et de se rompre facilement. Un atome d'oxygène peut alors occuper la place : on dira que la molécule est oxydée.

Drépanocytose Maladie due à une anomalie héréditaire de la structure de l'hémoglobine causant une anémie chronique.

Dyslipidémie Taux anormal de lipides dans le sang.

Électrolytes Substances capables de se décomposer en deux groupements de charges électriques opposées, qui circulent dans le sang et facilitent l'équilibre hydrique. On regroupe sous ce nom le sodium, le potassium, le chlorure et le bicarbonate.

Émulsifiants Additifs qui homogénéisent des substances ne se mélangeant pas, comme l'huile et l'eau. Ils stabilisent les émulsions et empêchent toute modification chimique indésirable.

Endémique Une maladie endémique est une maladie persistante qui frappe régulièrement une partie de la population.

Endorphines Hormones produites par le cerveau, ayant un effet analgésique et tranquillisant. Elles ont des effets comparables à ceux de la morphine et sont produites en cas d'effort ou de stress importants.

Enzymes Protéines qui agissent comme catalyseur pour accélérer les processus biologiques sans être elles-mêmes affectées. Elles se combinent avec la substance à transformer pour la convertir en une autre substance. Les enzymes présentes dans la salive, le pancréas et l'intestin grêle jouent un rôle essentiel dans la digestion en facilitant la transformation des aliments qui sont utilisés ou rejetés par l'organisme.

Chaque enzyme a une fonction spécifique ; ainsi, celle qui décompose les graisses ne peut agir sur les protéines ou les glucides. Les enzymes sont nécessaires à l'organisme. Si l'une d'elles vient à manquer, il peut en résulter des troubles graves, comme dans le cas de la phénylcétonurie.

Épidémiologie Discipline appliquée à la description des phénomènes de santé en général, à l'explication des causes des maladies et à la recherche des méthodes d'intervention les plus efficaces. Les études épidémiologiques observent aussi les résultats obtenus par ces méthodes.

Éthylisme Alcoolisme (abus de boissons alcooliques qui aboutit à une dépendance et à une intoxication à l'origine de déséquilibres dans l'organisme et de problèmes sociaux).

Exsudat Liquide organique qui suinte d'un aliment.

Fébrifuge Qui combat la fièvre et en prévient le retour.

Fer héminique Fer que l'on trouve dans la viande. Il est assimilé plus efficacement que le fer contenu dans les céréales, les légumes secs et autres produits d'origine végétale, appelé fer non héminique. L'absorption conjointe de vitamine C, par exemple en buvant un verre de jus d'orange au cours des repas, facilite le travail de l'organisme.

Ferment Micro-organisme, ou enzyme, qui provoque une fermentation, c'est-à-dire la transformation d'une substance organique en une autre substance.

Flavonoïdes Groupe de pigments que l'on trouve dans certains fruits, dont le citron, ainsi que dans la farine de blé noir. Comme le bêta-carotène, les flavonoïdes

possèdent en général d'importantes propriétés antioxydantes. Ils agissent aussi en association avec la vitamine C pour renforcer les capillaires et les petits vaisseaux sanguins. On les appelle parfois aussi vitamine P.

Flore intestinale Ensemble de bactéries vivant dans l'intestin.

Folates, Folique (acide), *voir* Acide folique.

Fongicide Pesticide détruisant les champignons parasites.

Glucagon Hormone sécrétée par le pancréas, qui augmente le taux de glucose dans le sang en mobilisant les réserves stockées dans le foie et les graisses.

Glucose Sucre simple, appelé aussi dextrose, véhiculé dans le sang et utilisé directement par l'organisme comme source d'énergie. L'organisme tire la majeure partie de son glucose de la décomposition des amidons et du saccharose (sucre de table) au cours de la digestion. La concentration de glucose dans le sang est régulée par deux hormones, le glucagon et l'insuline.

Glutathion peroxydase Enzyme modifiant le degré d'oxydation du glutathion, molécule présente dans de nombreux tissus de l'organisme.

Gluten Partie protéique des farines de blé et de seigle qui permet de transformer ces céréales en pain.

Glycémie Taux de glucose dans le sang.

Glycérol Terme de chimie organique désignant un alcool formé par une molécule à trois atomes de carbone, qui se combine avec des acides gras pour former un triglycéride.

Glycogène Grosse molécule stockée dans le foie et les muscles, constituée d'un certain nombre d'unités de glucose, que l'organisme met en réserve lorsqu'il absorbe plus de glucose qu'il ne lui en faut pour satisfaire ses besoins immédiats en énergie. Le glycogène peut être décomposé rapidement et libéré dans le sang à la demande, par exemple au cours d'un effort.

Glycoprotéine Protéine associée à un glucide.

Glycosurie Présence anormale de sucre dans les urines.

Graisse hydrogénée Corps gras liquide auquel on a ajouté de l'hydrogène pour lui donner une consistance épaisse comme la margarine.

HDL, *voir* Lipoprotéines.

Hématie Globule rouge, coloré par l'hémoglobine. On en compte environ 5 millions par millimètre cube de sang.

Héminique (fer), *voir* Fer héminique.

Hémoglobine Pigment contenant du fer, qui transporte l'oxygène dans toutes les parties du corps. L'hémoglobine se combine à l'oxygène lorsque le sang traverse les poumons et donne leur couleur aux globules rouges. Plus le sang est oxygéné, plus il est rouge vif.

Hémolytique Qui provoque la destruction des globules rouges.

Hétéroside Molécule composée d'un sucre simple comme le glucose, le lactose ou le fructose, et d'une autre substance non glucidique.

Histamine Substance chimique présente dans la plupart des tissus, qui fait partie des défenses immunitaires de l'organisme et participe à la sécrétion gastrique et à la contraction des muscles. L'histamine est libérée en grande quantité dans l'organisme en cas de réaction allergique, provoquant démangeaisons, enflures, éternuements et problèmes respiratoires. Les aliments déclenchant ces réactions sont appelés histaminolibérateurs.

Hormones Messagers chimiques libérés dans le sang pour contrôler le fonctionnement de l'organisme. La plupart des hormones sont sécrétées par les glandes du système endocrinien, régulé par l'hypophyse, glande de la taille d'un petit pois située à la base de l'encéphale. L'insuline et les œstrogènes sont des hormones.

Hydrique (équilibre) L'organisme doit maintenir un bon équilibre en eau dans ses tissus pour fonctionner correctement. Normalement, cet équilibre reste constant, quelle que soit la quantité de liquide absorbée. Les électrolytes et les reins, qui éliminent les urines, contribuent à sa régulation. En cas de maladie, il peut être perturbé : ainsi, les diarrhées risquent de provoquer des pertes d'eau excessives et d'entraîner une déshydratation du malade, alors que les œdèmes traduisent une rétention d'eau provoquant des enflures locales ou généralisées.

Hydroélectrolytique (équilibre) Équilibre de l'eau et des électrolytes dans l'organisme, et particulièrement dans la composition du sang. Le potassium et le sodium sont les principaux électrolytes que l'on retrouve dans le sang.

Hypercholestérolémie Taux anormalement élevé de cholestérol sanguin.

Hyperphagie Consommation excessive d'aliments.

Hypertriglycéridémie Taux anormalement élevé de triglycérides dans le sang.

Hyperuricémie Présence d'un excès d'acide urique dans le sang.

Hypophagie Consommation insuffisante d'aliments.

Hyposodé (régime) Régime pauvre en sel.

Hyposoluble Qui se dissout mal.

Immunologiques (réactions) Réactions de défense de l'organisme contre un agent pathogène.

Immunotoxique Dont la toxicité peut déclencher une réaction allergique.

Indoles Composés azotés que l'on trouve dans les légumes de la famille des crucifères, celle du chou, du chou-fleur, du brocoli. Les indoles d'origine végétale accéléreraient l'élimination des œstrogènes et pourraient donc protéger contre certains cancers d'origine hormonale, comme ceux de l'utérus et du sein.

Inhibiteur Substance qui bloque une réaction biochimique ou la retarde.

Insuline Hormone sécrétée par le pancréas, qui abaisse le taux de sucre dans le sang (glycémie). Elle permet aux cellules d'en prélever une partie et active la transformation du surplus en glycogène et en graisses. En cas de diabète sucré, l'organisme ne produit pas assez d'insuline, et le taux de sucre dans le sang augmente.

Inuline Sucre complexe composé d'un grand nombre d'unités de fructose, lequel est stocké dans certains végétaux.

Kéfir Boisson gazeuse fermentée, acide et légèrement alcoolisée, de couleur jaune. D'origine caucasienne, le kéfir peut être fabriqué à partir de lait de vache, de chèvre, de brebis ou même de chamelle. Il est obtenu par association de ferments lactiques et de levures.

Kératine Protéine fibreuse à haute teneur en cystine, acide aminé riche en soufre ; c'est le principal constituant des formations épidermiques : ongles, poils, cheveux.

Lactase Enzyme sécrétée par l'intestin grêle, qui décompose le lactose du lait en ses sucres constitutifs. Certaines personnes souffrent d'une carence héréditaire en lactase qui les rend intolérantes au lactose, donc incapables de digérer les sucres du lait.

Lactose Sucre présent naturellement dans le lait. Il est décomposé dans l'intestin grêle en ses deux constituants – le glucose et le galactose – par une enzyme appelée lactase.

Lactosérum Liquide (petit-lait) qui se sépare du lait caillé pendant la coagulation du lait lorsque l'on fait du fromage.

LDL, *voir* Lipoprotéines.

Lécithine Ce phospholipide, qui est l'un des constituants des membranes cellulaires, est présent dans divers tissus animaux et végétaux. La lécithine favorise l'absorption des lipides dans l'intestin. Elle n'est pas soluble dans l'eau et peut constituer avec elle une émulsion stable. On l'emploie donc comme émulsifiant dans l'industrie alimentaire pour des produits comme la mayonnaise. On trouve de la lécithine de soja, sous forme de complément nutritionnel, dans le commerce.

Légumineuses Grande famille de plantes où l'on trouve des arbres et des plantes herbacées. En alimentation, le terme de légumineuses est le plus souvent utilisé pour désigner uniquement les légumes secs.

Liaison (double), *voir* Double liaison.

Liliacées Famille de plantes monocotylédones dont font partie l'oignon, l'ail, le poireau, la ciboule et la ciboulette.

Linolénique, *voir* Acide linolénique.

Lipoprotéines Molécules constituées par l'association de protéines et de lipides, qui véhiculent les lipides insolubles dans le sang (triglycérides, cholestérol). On distingue les lipoprotéines de basse densité ou LDL *(Low Density Lipoproteins)*, de faible densité ou VLDL *(Very Low Density Lipoproteins)* et de haute densité ou HDL *(High Density Lipoproteins)*. Les deux premières transportent le cholestérol vers les cellules, où il participe principalement à la constitution des membranes cellulaires. Les protéines de haute densité favorisent

l'épuration des lipoprotéines riches en triglycérides et le retour du cholestérol dans le foie, où il est détruit, contrebalançant ainsi l'action des LDL.

Liposoluble Soluble dans les lipides.

Lithiase Présence de calculs dans la vésicule biliaire ou dans les reins.

Lutéine Pigment caroténoïde jaune présent dans le jaune d'œuf et dans certains végétaux.

Lysine Acide aminé indispensable à la croissance, que l'on trouve dans l'alimentation.

Macroéléments Minéraux dont l'organisme a besoin en quantité relativement importante, tels le calcium, le potassium et le sodium.

Mélatonine Hormone sécrétée par l'épiphyse, glande située dans le cerveau, dont le taux varie selon la lumière ambiante; elle joue aussi un rôle dans le contrôle du cycle de la reproduction.

Métabolisme Terme recouvrant les réactions biochimiques dans l'organisme. Le métabolisme peut être divisé en deux grandes parties : la dégradation des substances chimiques complexes en substances plus simples avec libération d'énergie (catabolisme) et les processus de synthèse des molécules organiques pour la croissance et le remplacement des tissus (anabolisme). Les sujets ayant tendance à rester naturellement minces ont en général un métabolisme rapide. Métaboliser signifie transformer par métabolisme.

Méthionine Acide aminé essentiel comportant du soufre.

Microgramme (µg) Unité de poids équivalant à un millionième de gramme, soit un millième de milligramme.

Micro-organisme Organisme trop petit pour être distingué à l'œil nu. Parmi les

micro-organismes figurent les bactéries et les virus.

Monoinsaturés (acides gras) Acides gras dont la chaîne d'atomes de carbone comporte une double liaison. Ils pourraient jouer un rôle protecteur contre les maladies cardio-vasculaires et le rétrécissement des artères en diminuant le taux de cholestérol, en particulier le cholestérol LDL, tandis qu'ils favoriseraient le cholestérol HDL.

Mucilage Substance végétale composée de pectine, présente dans certaines plantes, qui gonfle en présence d'eau en formant une gelée.

Muqueuse Membrane tapissant certaines cavités du corps (bouche, sinus, estomac, intestins...). Elle sécrète un mucus qui constitue une barrière protectrice contre les agressions, agit comme lubrifiant et véhicule les enzymes.

Neurotransmetteurs Molécules ayant un rôle de messagers chimiques. Émises par les terminaisons des cellules nerveuses (neurones), ces molécules transmettent l'influx nerveux à d'autres cellules.

Nitrates Composés chimiques contenant de l'azote, dont certains sont utilisés comme engrais et d'autres comme conservateurs, en particulier dans les charcuteries. Leur présence en excès dans l'alimentation et dans l'eau en particulier peut devenir néfaste.

Nitrites Comme les nitrates, les nitrites sont utilisés comme conservateurs pour la viande. Ils peuvent aussi être produits par l'organisme à partir des nitrates présents dans la nourriture et l'eau potable, par l'intermédiaire des bactéries du tube digestif.

Nitrosamines Substances formées par interaction entre les nitrites et les amines, qui pourraient favoriser l'apparition des cancers de la gorge, de l'œsophage et de l'estomac.

Noradrénaline Hormone secrétée par les glandes surrénales et certaines terminaisons nerveuses. Tout comme l'adrénaline, elle augmente la tension artérielle, resserre les vaisseaux périphériques, augmente le métabolisme des glucides et des lipides.

Nutriments Substances nutritives produites par la digestion et pouvant être assimilées directement par l'organisme : acides aminés, glucides simples, lipides, sels minéraux, vitamines, eau.

Œstrogènes Hormones qui contrôlent le développement sexuel de la femme et sont principalement produites par les ovaires.

Oligoéléments Minéraux indispensables à l'organisme, où ils sont présents en quantité infinitésimale. L'iode, le sélénium et le magnésium sont des oligoéléments.

Oligosaccharides Sucres constitués d'un faible nombre de glucides simples.

Oméga-3 (acides gras) Acides gras dérivés de l'acide linolénique (acide gras polyinsaturé à plusieurs doubles liaisons), ainsi nommés selon la numérotation biochimique ; celle-ci indique par oméga et un chiffre la place de l'atome de carbone ayant la première double liaison dans la chaîne des carbones.

Oméga-6 (acides gras) Acides gras dérivés de l'acide linoléique, dont le sixième carbone participe à la première double liaison.

Organoleptiques (caractéristiques) Caractéristiques perceptibles par les organes des sens : saveur, odeur, consistance, aspect.

Osmotique (pression) Pression exercée par une solution très concentrée sur une autre solution peu concentrée dont elle est séparée par une membrane semi-perméable laissant passer l'eau plus facilement que les substances dissoutes. C'est le cas dans les tissus de l'organisme, où s'établit un équilibre dit osmotique entre les fluides et les cellules.

Oxalate Composé formé à partir de l'acide oxalique.

Oxydation Réaction chimique au cours de laquelle une substance se combine à de l'oxygène.

Pathogène Qui est susceptible de provoquer une maladie.

Pectine Substance glucidique gélifiante contenue dans de nombreux végétaux.

Peroxydase Enzyme qui déclenche les réactions d'oxydation.

Pesticides Terme général qui regroupe les insecticides, fongicides, herbicides et fumigants, autant de produits chimiques utilisés dans l'agriculture pour combattre les parasites. Si les pesticides sont présents dans les aliments, ce n'est qu'en quantités infinitésimales ; on peut les éliminer presque totalement en lavant les fruits et les légumes.

pH Indice caractérisant l'état acide ou basique d'une solution. La solution est neutre quand le pH est égal à 7, acide quand il est au-dessous, basique de 7 à 14.

Phénylcétonurie Maladie due à l'impossibilité pour l'organisme de transformer un acide aminé, la phénylalanine, parce qu'il lui manque les enzymes nécessaires. L'accumulation excessive de phénylalanine peut être à l'origine de malformations et de troubles mentaux si la maladie n'est pas traitée.

Phospholipides Lipides composés en partie de molécules non lipidiques. Ils jouent un rôle essentiel dans l'architecture des membranes cellulaires.

Phytosanitaires (produits) Produits utilisés en agriculture pour préserver la santé des végétaux.

Pigment Substance colorée synthétisée par les êtres vivants, en particulier les végétaux. Les pigments le plus souvent rencontrés dans les aliments sont les caroténoïdes, les flavonoïdes et la chlorophylle.

Plaquettes Petites particules sanguines produites par la moelle osseuse et transportées dans le sang. Elles s'agglutinent aux bords des plaies et peuvent les colmater par agrégation plaquettaire. Dans les lésions plus importantes, elles déclenchent des réactions chimiques qui attirent les globules rouges pour en faire un caillot.

Plasma Liquide jaunâtre clair constituant 55 % du sang, dans lequel tous les composants du sang, dont les globules blancs, les globules rouges et les plaquettes, sont en suspension. Le plasma véhicule également beaucoup d'autres substances : protéines, glucose, minéraux, vitamines, anticorps.

Polyinsaturés (acides gras) Acides gras dont la chaîne d'atomes de carbone comporte plusieurs doubles liaisons. Un régime riche en graisses polyinsaturées et pauvre en graisses saturées peut limiter le taux de cholestérol et donc le risque de maladies cardio-vasculaires.

Polypes Petites grosseurs qui se forment sur les muqueuses. Bien qu'ils soient rarement cancéreux, il faut faire l'ablation des polypes pour éviter des désagréments et des infections chroniques.

Polyphénols Groupe de composés organiques (auquel appartiennent les tanins), présents dans de nombreux aliments comme le thé, le café et le vin rouge. Ils se combinent avec le fer et peuvent donc en contrecarrer l'assimilation.

Polyphosphates Substances chimiques utilisées comme stabilisants pour la conservation de la viande et de la charcuterie, dont elles maintiennent la couleur.

Précurseur Molécule à partir de laquelle l'organisme synthétise une molécule active dans une série de réactions biochimiques. Les caroténoïdes sont des précurseurs de la vitamine A.

Prostaglandines Médiateurs chimiques formés à partir d'acides gras polyinsaturés présents dans de nombreux tissus. Les prostaglandines jouent un rôle dans le métabolisme du calcium, les échanges d'énergie et divers autres processus ; elles régulent l'action de certaines hormones.

Provitamine Substance présente dans les aliments et que la digestion transforme en vitamine active.

Purines Substances présentes dans l'ADN. Elles sont au nombre de quatre : adénine, cytosine, guanine, thymine. Leur dégradation produit l'acide urique.

Quinine Alcaloïde extrait de l'écorce de quinquina, arbre originaire d'Amérique du Sud.

Saccharose Glucide composé de glucose et de fructose.

Saturés (acides gras) Acides gras dont la chaîne d'atomes de carbone ne comporte pas de double liaison. À haute dose, les matières grasses saturées aggravent le risque de maladies cardio-vasculaires.

Sérotonine Neurotransmetteur de la douleur sécrété par les fibres nerveuses.

Solubilisation Action de rendre une substance soluble.

Sorbitol Édulcorant préparé à partir du glucose, au pouvoir sucrant plus faible que celui du saccharose. Il est aussi présent dans certains fruits. L'abus de sorbitol, qui provoque un appel d'eau dans le côlon, peut causer des diarrhées.

Spina-bifida Malformation congénitale causant une fissure d'un ou plusieurs arcs vertébraux postérieurs et qui peut être compliquée par une hernie des méninges et de la moelle épinière.

Stéatorrhée Selles grasses dues à une mauvaise absorption des graisses alimentaires.

Stéroïdes Hormones sécrétées par les glandes corticosurrénales et les glandes génitales. L'industrie pharmaceutique en fabrique pour répondre à la demande thérapeutique, notamment en médicaments anti-inflammatoires stéroïdiens.

Stomachique Qui facilite la digestion gastrique.

Sudorifique Qui augmente la transpiration.

Sulfites Composés issus de l'acide sulfureux utilisés comme conservateurs. Ils peuvent provoquer des réactions allergiques chez les personnes sensibles.

Superoxyde dismutase Enzyme jouant un grand rôle dans la défense des tissus contre les oxydations.

Synthèse Processus par lequel des substances complexes sont créées à partir de leurs composants. Dans la synthèse des protéines, par exemple, les acides aminés obtenus par leur décomposition sont amenés par le sang, qui les transporte dans les organes, où ils servent à former de nouvelles protéines.

Systémique (maladie) Maladie qui affecte des tissus à localisation diffuse dans tout l'organisme, comme le lupus érythémateux, qui atteint le système immunitaire.

Tanins Substances végétales possédant des qualités astringentes (qui resserrent les tissus) et antiseptiques. On trouve des tanins par exemple dans le thé et dans le vin ; un vin riche en tanins est dit tannique.

Théobromine Alcaloïde extrait du cacao et qui a une action stimulante.

Thiamine Vitamine B$_1$.

Tocophérols Vitamine E.

Toxémie Empoisonnement sanguin dû à des toxines que l'organisme ne peut éliminer. Une toxémie peut se déclarer à la fin de la grossesse avec hypertension, albuminurie, œdème.

Toxines Substances toxiques produites par des micro-organismes.

Transgénèse Technique consistant à transférer un ou plusieurs gènes étrangers dans le patrimoine génétique d'un animal.

Triglycérides Forme sous laquelle les acides gras sont stockés dans l'organisme et présents dans les aliments. Au cours de la digestion, les triglycérides des aliments sont décomposés puis absorbés dans les cellules de la paroi intestinale avant de passer dans le sang. Il existerait un lien entre un taux élevé de triglycérides et le risque de maladies cardio-vasculaires.

Trigonelline Substance naturelle présente dans de nombreux végétaux, dont le café, précurseur de la niacine.

Tube neural Ébauche nerveuse du fœtus d'où dérive la moelle épinière.

Tyramine Amine dérivé d'un acide aminé, la tyrosine.

Urée Produit de la dégradation des acides aminés par le foie, qui est éliminé dans les urines.

Vasculaire Qui concerne les vaisseaux sanguins.

Virus Particules infectieuses, à l'origine de nombreuses maladies, qui n'ont pas la structure d'une cellule complète et sont invisibles au microscope. Un virus ne se multiplie que dans la cellule vivante dont il est parasite et à laquelle il est intégré. Il reste dans la descendance de celle-ci quand elle se multiplie.

VLDL, *voir* Lipoprotéines.

INDEX

Les chiffres en **gras** renvoient aux articles principaux ; les chiffres en maigre aux noms cités dans les textes ; les chiffres en *italique* aux encadrés et aux tableaux.